U0555212

桑逢康·著

胡适
人际关系

文汇出版社

目 录

序　言 1

第一章　留美学友，中公同窗 1
　　朱经农 /5　　杨杏佛 /12　　许怡荪 /17　　赵元任 /23
　　梅光迪 /33　　任鸿隽 /41　　陈衡哲 /48

第二章　《新青年》同仁 55
　　陈独秀 /57　　钱玄同 /61　　刘半农 /66　　李大钊 /70
　　鲁迅 /74　　周作人 /79　　陶孟和 /83　　高一涵 /87

第三章　北大人部落（早期）................................. 93
　　蔡元培 /95　　傅斯年 /102　　罗家伦 /111　　顾颉刚 /116
　　俞平伯 /120　　梁漱溟 /124　　辜鸿铭 /129

第四章　师之辈 135
　　梁启超 /137　　章太炎 /141　　王国维 /145　　马君武 /148
　　王云五 /152　　高梦旦 /155

第五章　道不同，不相为谋 163
　　郭沫若 /164　　郁达夫 /173

第六章　人以群分，星月闪耀 183
　　丁文江 /185　　徐志摩 /191　　陈西滢 /198　　林语堂 /204
　　梁实秋 /208　　闻一多 /213　　罗隆基 /218

第七章　北大人部落（中期） 227
蒋梦麟 /229　　周柄琳 /235　　钱穆 /240　　毛子水 /242
饶毓泰 /246　　吴大猷 /248　　江泽涵 /251　　罗常培 /254
魏建功 /257　　罗尔纲 /259

第八章　政界高端 267
孙中山 /269　　蒋介石 /273　　毛泽东 /291
爱新觉罗·溥仪 /297　　汪精卫 /301

第九章　学界政界两栖友 309
章士钊 /311　　吴稚晖 /316　　王世杰 /320　　朱家骅 /325
陶希圣 /329

第十章　友校友人 335
张伯苓 /337　　梅贻琦 /341　　陈垣 /346　　陈寅恪 /351
冯友兰 /354　　周鲠生 /358　　吴晗 /363

第十一章　北大人部落（晚期） 369
汤用彤 /370　　陈雪屏 /373　　郑天挺 /376　　季羡林 /381
邓广铭 /385　　千家驹 /389

第十二章　故友新交在美、台 393
陈光甫 /395　　雷震 /401　　吴健雄 /406　　王重民 /412
李济 /416　　唐德刚 /420　　胡颂平 /425　　李敖 /432

第十三章　红颜知己，"小脚村姑" 437
韦莲司 /441　　江冬秀 /443　　曹佩英 /450

第十四章　外国友人 455
杜威 /457　　罗素 /464　　泰戈尔 /467　　司徒雷登 /471

序　言

"人的本质并不是单个人所固有的抽象物。在其现实性上,它是一切社会关系的总和。"(马克思:《关于费尔巴哈的提纲》)

"我的朋友胡适之",是过去不少人经常挂在嘴边上的口头禅。胡适一生的确有许多朋友,在社会上编织了一个相当广泛的关系网。交情有深有浅,友谊或长或短。有人终生为友,有人先合后分。从复杂的人际关系中折射出了胡适的思想与品格,从胡适人际关系的演变中又可以看到现代中国思想史、文化史、政治史的轨迹。一句话:胡适的人际关系网以文化教育学术界为中心,旁及政界、军界、商界,是他所处的那个时代知识分子相互关系以及知识分子与政治人物关系的缩影。从人际关系的视角考察胡适,是胡适研究中一个不可或缺的重要方面。

本书涉及到的与胡适关系密切的人物近百人,分门别类而又大致按照时间顺序一一叙述并加以评说。这近百个人物虽然不足以囊括胡适人际交往的全部,但却几乎代表了胡适人际关系的主要部分,也是胡适人际关系最本质的体现。

在写法上借鉴司马迁《史记》的纪传体,不同的是各色人等都围绕一个中心人物即胡适展开,编入与胡适有关的部分,舍弃与胡适无关的部分。并且采用开放式的结构,每个人物各自成篇,根据材料的多少或增或减,开合自如而又不致影响全局。跨门类与跨越时间段的人物,则按其主要属于何种类别,以及何时与胡适交往较多或关系较为密切,列入较比适合的地方且不在另处存目。这在各章之前的提要中会有所说明。

而就众多的人物史料来说,本书从某种意义上讲也是一部工具书,既可供研究工作者参考,又适用于中等文化程度的读者扩大人文历史知识面。

本书主要依据44卷本《胡适全集》,并参考了其他一些相关材料。为忠于历史,向读者展示胡适人际关系的原貌,故而引文较多。为避免繁琐,除在行文中顺便提及外,其余绝大多数引文均不一一注明出处(包括书名、篇名、发表与出版时间、刊物与出版社等等)。特此说明。

桑逢康
2009年3月23日

第一章

留美学友，中公同窗

朱经农　杨杏佛　许怡荪　赵元任　梅光迪　任鸿隽　陈衡哲

浩瀚无际的太平洋上，一艘海轮自西向东迎着太阳破浪前行。船上有七十一名中国青年学子，个个欢欣雀跃，人人踌躇满志。他们是1910年考取第二批庚款官费生到美国去留学的，其中有一个眉清目秀的年轻人叫胡适。

在此之前的1906—1909年，胡适就读于上海中国公学。留美学友中有几位便是过去的中公同窗。

胡适在美国留学七年(1910—1917)。他在留学期间，接受了初步的美国式的政治训练，接受并形成了实验主义的哲学观。最有意义的是通过与一些学友的辩论，萌生并提出了文学改良的主张。

胡适与在台湾的中国公学校友合影。(摄于1954年)

胡适（右）、任鸿隽（左）、陈衡哲（中）1920年8月摄于南京。

1910年8月胡适（三排左一）考取第二批庚款官费后，与同期赴美留学的学子们合影。

朱经农

朱经农(1887 – 1951),生于浙江浦江。少年丧父,后随叔父迁居湖南。1903年(光绪二十九年)考入常德府中学堂,次年赴日本进弘文学院、成城学院学习。1905年(光绪三十一年)加入同盟会。是年日本文部省颁布"取缔中国留学生规则",包括朱经农在内的部分我留日学生愤而回国,在上海新靶子路黄板桥北创办中国公学,继续学业。

中国公学全校的组织分为"执行"与"评议"两部,执行部的职员(教务干事、庶务干事、斋务干事)均用民主方式从学生中选出,朱经农为中国公学三干事之一。有几门功课如高等代数、解析几何、博物学最初请的是日本教员,讲课时由朱经农等懂日语的同学翻译。

中国公学系民办学校,经费十分困难,作为干事的朱经农忧愁过度,以致神经错乱,有一天他走出校门,来到徐家汇一条小河边,竟跳下河去,幸亏被人救起。从这一件小事,便可看出他做事情是何等的执着,以至到了钻牛角尖的程度。

胡适1906年夏考入中国公学,和朱经农是同学。教员和学生中能作诗的人不少,胡适在学校里有"少年诗人"之名,常常和同学唱和,其中就有朱经农。后来胡适在回忆中公学习生活时说:"经农为中国公学之秀,与余甚相得,余庚戌《怀人诗》所谓'海上朱家'者是也。"

辛亥革命后,朱经农应宋教仁和覃振的邀请,到北京任《民主报》、《亚东新闻》编辑。"二次革命"中遭袁世凯通缉。1916 年由清华津贴赴美国入华盛顿大学就读。当时中国教育主管部门在美国首都华盛顿设有学生监督处,朱经农来后兼任书记,负责留美学生的相关事务。

胡适早几年考取庚款官费生来美留学,此时正在哥伦比亚大学师从杜威攻读哲学。他在日记中专门记有"喜朱经农来美"一条,说:"(辛亥)革命后,国中友人,音问多疏,独时时念及汤保民及经农二人,今闻其来,喜何可言?惜不能即相见耳。"

胡适这天的日记写于1916年6月9日,朱经农8月底即怀着同样渴望见面的心情,从华盛顿千里迢迢赶来看他。两个老朋友别后重逢,畅谈极欢,胡适在一首诗中这样写道:

六年你我不相见,见时在赫贞江边;
握手一笑不须说,你我如今更少年。
回头你我年老时,粉条黑板作讲师;
更有暮气大可笑,喜作丧气颓唐诗。
……
年来意气更奇横,不消使酒称狂生。
头发偶有一茎白,年纪反觉十岁轻。
旧事三日说不全,且喜皇帝不姓袁,
更喜你我都少年。'辟克匿克'来江边,
赫贞江水平可怜。树下石上好作筵:
牛油面包颇新鲜,家乡茶叶不费钱。

他们谈往日在中公同学时的情景,谈窃国大盗袁世凯在全国人民一致声讨中死去;他们带着面包、茶水等物出游,在赫贞江边树下石上野餐,吃饱喝胀快活赛神仙……朱经农在胡适处整整逗留了三天。"三日之留,忽忽遂尽。"天下没有不散的筵席,朱经农走后胡适终日不欢,怅然若失。

在围绕"国文"与"国语"、文言与白话的争论中,朱经农起初也和胡适的意见相左。他认为"白话诗无甚可取"、"盖白话诗即打油诗",又说胡适的诗"谓之返古则可,谓之白话则不可"。胡适则"极反对返古之说",他宁受"打油"之号,不欲居"返古"之名。

胡适在与留美学友的相互辩驳中,经过认真思考,逐渐形成了自己的一套新文学观,他概括为"文学革命八条件",即"新文学之要点,约有八事":

(一)不用典。
(二)不用陈套语。
(三)不讲对仗。
(四)不避俗字俗语。(不嫌以白话作诗词)
(五)须讲求文法。
——以上为形式的方面。
(六)不作无病之呻吟。
(七)不摹仿古人。

（八）须言之有物。
　　——以上为精神（内容）的方面。

　　这"八不主义"的新文学观，胡适在1916年8月19日写给朱经农的一封信中最早提了出来。10月寄书陈独秀重申"欲言文学革命，须从八事入手"。又据此要点写成《文学改良刍议》一文，于1917年1月1日发表在《新青年》第2卷第5号，同年3月《留美学生季报》春季第1号上也登载了这篇文章。致陈独秀书和《文学改良刍议》中言及"八事"表述虽有所不同，前后顺序也有所调整，但均脱胎于8月19日胡适写给朱经农的那一封信。所以说从历史的角度看，朱经农是胡适"八事"（或称"八不主义"）新文学观的第一位读者，第一位知悉者，要略早于陈独秀。

　　朱经农并不像梅光迪那样固执旧见，他对胡适的几首白话诗持赞许的态度，后来他自己也尝试用白话写诗："日来作诗如写信，不打底稿不查韵。……觐庄若见此种诗，必然归咎胡适之。适之立下坏榜样，他人学之更不像。请看此种真白话，可否再将招牌挂？"这让胡适感到很高兴，说：

　　"余初作白话诗时，故人中如经农、叔永、觐庄皆极力反对。两月以来，余颇不事笔战，但作白话诗而已。意欲俟'实地试验'之结果，定吾所主张之是非。今虽无大效可言，然《黄蝴蝶》、《尝试》、《他》、《赠经农》四首，皆能使经农、叔永、杏佛称许，则反对之力渐消矣。经农前日来书，不但不反对白话，且竟作白话之诗，欲再挂'白话'招牌。吾之欢喜，何待言也！"

　　高兴之余，胡适回了朱经农一首："寄来白话诗很好，读了欢喜不得了，要挂招牌怕还早。'突然数语'吓倒我，'兴至挥毫'已欠妥，'书未催成'更不可。且等白话句句真，金字招牌簇簇新，大吹大打送上门。"

　　1917年5月胡适参加了哥伦比亚大学博士论文答辩，随即于6月回国。朱经农自华盛顿远道来送别。胡适作《朋友篇》（即《将归之诗》）赠怡荪、经农，其中有"人生无好友，如身无足手"二句堪称是至理名言。

　　朱经农在美国实际上是半工半读，他在国内有七旬老母，所以经济上很是拮据。胡适有意召他回国执教，朱经农写信给胡适说："清华津贴仅限一年，若毅然而去，则明年此日不但无费留学，且将无费归国矣，故不得不仍旧俯首作工，必俟生计问题稍有把握，然后去之。兄所赐之绍介片一张，敬谨收存，留待后用。"胡适得悉朱母生活困难，从自己薪津中拿出一部分予以接济，这让朱氏母子甚为感动。朱母写信给经农说:"不料儿于此薄世中能得此等好朋友。"朱经农则对胡适言道,"兄诚为我之好朋友矣","我母亲每次来信都说你是我的第一个真朋友,这句话是真真不错的",同时表示"弟万不欲以款事累兄,已去信令早日归还兄款。弟所望于兄者,但于暇时偶过舍间一坐,问问老人健否,则感戴无涯矣"。

胡适回国后任北京大学教授,又加入《新青年》编辑行列,声名鹊起,如日中天。朱经农在《新青年》上读到了胡适写的《文学进化观念与戏剧改良》,认为文章"所说很有道理。中国人有守旧的根性,并有一种坏习惯,就是无论何种不合时宜的东西,都要借几句西学门面语来搪塞欺人,如指脸谱为图案之类"。又说:"我对于白话文学现在甚为欢迎。但文字这样东西是mean(手段),不是end(目的)。"若专重文字,恐怕要陷入文艺复兴时代狭隘的人文主义教育的覆辙,"我们最重要的事体是替中国造成一种Spirit of nationality(民族主义精神)"。他提醒胡适:"我们既要用白话文字造成一种国魂,便要使白话文字受多数人的欢迎。要使白话文字受多数人的欢迎,先要求减少障碍。有些无味的笔墨官司少打些为是,留着精神做Construction work(建设工作)罢。"

那时在学校里、社会上,在众多人的心目中,胡适是从美国留学回来的博士,大家都尊称他"胡适博士"。胡适的《中国哲学史大纲》(卷上)1919年2月由商务印书馆出版时,封面上也赫然印了一行字:"胡适博士著"。然而也有人对胡适的"博士"头衔提出了置疑:胡适只是参加了哥伦比亚大学的博士论文考试,并未正式拿到博士文凭。一时间胡适是真博士还是假博士成了人们热议的话题。胡适本人并没有怎么在意,在美国的朱经农倒为他着急起来了,两次致信胡适要他设法自卫:

"今有一件无味的事体不得不告诉你。近来一班与足下素不相识的留美学生听了一位与足下'昔为好友,今为雠仇'的先生的胡说,大有'一犬吠形,百犬吠声'的神气,说'老胡冒充博士',说'老胡口试没有Pass',说老胡这样那样。我想'博士'不'博士'本没有关系,只是'冒充'两字决不能承受的。我本不应该把这无聊的话传给你听,使你心中不快。但因'明枪易躲,暗箭难防',这种谣言甚为可恶,所以以直言奉告,我兄也应设法'自卫'才是。凡是足下的朋友,自然无人相信这种说法。但是足下的朋友不多,现在'口众我寡',辩不胜辩。只有请你把论文赶紧印出,谣言就没有传布的方法了。"(1919年9月7日)

"你的博士论文应当设法刊布,此间对于这件事,闹的谣言不少,我真听厌了,请你早早刊布罢。"(1920年8月9日)

美国大学有一项规定:参加博士论文考试的每位博士候选人,要向学校当局提供论文副本100份。胡适因忙于回国,没有提供论文副本,所以手续不全,他在哥伦比亚大学注册记录上只是博士候选人,离正式的博士学位还差一大截。别人对他的"博士"头衔提出置疑不是毫无道理的,朱经农一再催促他把论文赶紧印出,也正是为朋友着想,"亡羊补牢,时犹未晚"。1927年胡适再度去美国纽约时,才正式获得了哥伦比亚大学博士文凭,比参加博士论文答辩整整迟了十年之久。

胡适和朱经农有一共同之处,就是他们都怀抱着"教育救国"的理想与热忱。胡适将"为祖国造不能亡之因"看作是自己义不容辞的历史责任,曾经说过:"适以为今日造因之道,首在树人;树人之道,专赖教育。故适近来别无奢望,但求归国后能以一张苦口,一支秃笔,从事于社会教育,以为百年树人之计。"朱经农对教育也有很浓厚的兴味,他认为"救国的第一着全在教育",主张"应当集合全国的智能(Concentraion of all intellectual forces),一方面与萎靡不振的旧习惯挑战,一方面替'万花齐放'的新气象立个稳固的基础。"否则,"高谈改革政制,不从国民智识方面入手,也不过如无源之水,无根之草,昙花一现,没有实际利益的"。

先期回国的胡适,有意召朱经农回国在北大任教。朱经农虽然获得了华盛顿大学硕士学位,但他觉得自己的学问尚不足以充当大学教授,所以1920年转学哥伦比亚大学师范研究院继续深造。之所以专攻师范,自然是为了实现"教育救国"的抱负。

本着这种信念,朱经农于1921年回国,担任北京大学教育系教授。他发表了多篇有关教育问题的文章,在教育界引起了很大的反响。1923年朱经农应王云五之邀赴上海,为商务印书馆主编中小学教科书。他还和朱其慧、晏阳初、陶行知、黄炎培等发起成立中华平民教育促进会,并与陶行知合编《平民千字课本》。胡适将小说《差不多先生传》寄给朱经农,由朱经农在《平民周刊》第一期上发表后,传诵一时。作为答谢,朱经农特意让《平民周刊》购买了一本日人渡边秀方近著《支那哲学史概论》送与胡适,供其讲授和撰写《中国哲学史大纲》参考。

清末维新变法以后设立的新式学堂,在学制上各地很不统一,部分学校仿效日本的学制。1921年在广州召开第七届全国教育会联合会,讨论学制改订并草拟新学制方案。胡适在《新教育》4卷2期上发表文章,谈了他对于新学制的一些感想,引起了教育主管部门和有关人士的重视。1922年9月25日至30日,胡适作为新学制的起草人之一,出席了教育部召集的学制会议。紧接着,10月在山东济南召开第八届全国教育会联合会,由教育部提出的学制草案引发了诸多争议。

朱经农因为在商务印书馆编中小学教科书,无暇与会,但他和王云五先生对学程编制问题都有许多意见。朱经农特地写信给胡适说:"改革学制,非改革学程不可,这回山东开全国教育联合会,第一要紧的事体就是讨论中小学校课程的标准。若不把课程的分量和时间的配置大致规定出来,闹了两年的新学制,真是一点实用没有。"他的意见提供给了胡适作一些提案的材料。

胡适在这次会议上被推为新学制草案的主要起草员,他归纳并折衷广州议案和教育部草案,参照英美学制,连夜拟定了一个综合方案,经会议作了某些修正,最后获得通过。从这一年起,中国改订新学制,将小学七年制改为六年制,中学四年制改为六年制(初中三年,高中三年),而把大学预科取消。大学本科仍为四年,毕业后再进研究院。可能是看待问题的角度不同,朱经农对新学制抱有一定的怀疑态度,说:"我们编教科书的人,拿着这样一个'囫囵吞枣'的学制真是没有办法。"

1925年8月教育总长章士钊下令解散女师大,并强行武装"接收",引起女师大学生的强烈反对。为支援女师大,北京大学评议会以7票对6票通过决议,宣布北大独立,与北洋政府脱离关系。作为北大评议会的成员,胡适在表决时投了反对票,因而招致其他一些教授、教员以及青年学生的不满。不过朱经农却持赞成的态度,他写信对胡适说:"你们这一次出来反对评议会,我极以为然,所以写一封信向你们表同情。北京教育界如果像这样下去,中国学术界要永远沉沦了。有胆识的人应该出来自树旗帜。"

在朱经农眼里,胡适有胆有识,是教育界的一面旗帜。这也就是他为什么要动员胡适去出席联大太平洋国民会议,"今年会议我们希望另外找几位出色代表,希望你能够出去走一遭,替国家争争面子"。

朱经农的胞兄朱我农,留学英国,娶了一位英国女人做妻子。因为胡适和朱经农有深交,故而朱我农同胡适也亲如兄弟。

胡适是中英庚款顾问委员会三位中方委员之一,另两位是丁文江、王景春。1926年3月三位英方委员来华,与中方委员一起在上海开会,研究款项使用分配事宜。我国教育界人士对庚款问题十分关注，时任北方交通大学校长的朱我农致函胡适提出：

（一）英国应明白宣布退还庚款。

（二）保管及支配权须由中国人自己掌握。

他十分动情而又严肃地说："……弟与兄亲近如兄弟，弟所期望于兄者，至大且巨，望兄勿以弟言为泛泛者。英款一事，全国智识阶级皆十分注意，务望兄十分精细，十分坚定，以代表多数意见为最要责任，勿有一丝一毫之疏忽，勿为一、二人之见解所蔽，至盼至祷。"

全国教育联合会等团体代表也致函胡适等中方委员提出了同样的要求，希望他们"遵从公意，保卫国权"，签名者中有朱我农。

更有意思的是，朱我农在致胡适信中特别提示说："兆熙兄之得加入委员会，系另有作用者，弟亲闻叶玉虎言之。弟与兄至交，不敢不以告，望注意。此纸阅后，请付火，因王与弟亦有交谊，不愿伊知弟有此言，此言非兄，弟也不敢告也。"兆熙即王景春，朱我农与他也有交情，但远远不如与胡适的交情深厚。他和胡适是"至交"，"亲如兄弟"。

朱我农1930年底病逝，临危时胡适曾去医院探视，并到朱家慰问我农、经农年迈的母亲。他在12月7日的日记中写道："今天经农没有信来，傍晚我到我农家，始知我农今早七点死了。见到他八十岁老母，不胜感伤。"胡适对朱我农是很了解的，他说："我农天资极聪明，少年时不谨慎，在英国时尤多过失，几至犯罪。但十余年来，总算能改过，而往年的恶名终为一生之累，少年所学又无根柢，只能混饭吃，而不能有所成立。家累又重，一个英国妻子，三个孩子，一个老母。近年教书至卅余点钟，劳瘁而死，可怜。"

和早逝的朱我农不同，胡适在教育工作岗位上有着辉煌的经历，先后担任过北京大学教授、教务长、文学院长、校长，还担任过一段时间的中国公学校长。有人称颂胡适是现代中国的孔夫子。朱经农同样毕生致力于教育事业，1923年担任过光华大学教务长、上海市教育局长。1928年后任国民政府大学院普教处长、教育部普教司长、教育部代理常务次长、专任常务次长。1931年担任中国公学副校长。1932年至1943年任湖南省教育厅长，在推行小学义务教育，增设中、小学和创办大专院校方面，做了不少工作。1943年起历任中央大学教育长、国民政府教育部政务次长、商务印书馆总经理兼光华大学校长等职。集多年办学之经验，朱经农深知，"中国的政客，看见教育界有一种潜势力，所以都想来操纵教育",但"国民党如果想党化国立大学,也未必有好结果。大学校不是军队,不能不容许学者思想自由与讲学自由。若排除异己,则除善阿谀者外皆不能自安"。这些犯忌的话他只能和胡适作"二人的私谈"。

朱经农1948年11月任中国出席联合国文教会议首席代表。后在美国从事译著。1951年初,即胡适逃亡美国做寓公期间,朱经农因患中风去世,胡适当时曾用"惨不忍言"四个字表述自己的悲痛。

杨杏佛

杨铨(1893－1933),字杏佛,江西清江人。早年居杭州,并就读于上海中国公学。1910年加入同盟会。1911年考入唐山路矿学堂。武昌起义爆发后赴武昌参加保卫战。1912年1月孙中山就任中华民国临时大总统,杨杏佛到南京任总统秘书处收发组组长。孙中山辞职后,杨杏佛1912年10月获"稽勋留学生"官费赴美国,入康奈尔大学机械工程专业学习。毕业后又入哈佛大学攻读工商管理、经济学和统计学,并于1918年获商学博士学位。

胡适在中国公学读书期间,曾应聘以学长的身份给低年级同学讲授英文,杨杏佛就是当时他教过的一名学生。所以说胡适和杨杏佛既是师生关系又是同学关系。胡适在《自述》中不无得意地说:

"以学问论,我那时怎配教英文?但我是个肯负责任的人,肯下苦功夫去预备功课,所以这一年之中还不曾有受窘的时候。我教的两班后来居然出了几个有名的人物:饶毓泰(树人)、杨铨(杏佛)、严庄(敬斋),都曾做过我的英文学生。后来我还在校外收了几个英文学生,其中有一个就是张奚若。可惜他们后来都不是专修英国文学;不然,我可真'抖'了!"

杨杏佛来到美国后入读康奈尔大学,和胡适在同一所学校,这样两个人就名副其实地成为留美学友了。当时杨杏佛曾作词《水调歌头》一首,赠与胡适:

三稔不相见,一笑遇他乡。暗惊狂奴非故,收束入名场。秋水当年
神骨,古柏而今气概,华贵亦苍凉。海鹤入清冥,前路正无疆。
羡君健,嗟我拙,更颓唐。名山事业无分,吾志在工商。不羡大王
声势,欲共斯民温饱,此愿几时偿?各有千秋业,分道共翱翔。

词的上阕对胡适多有赞美，如"古柏气概"、"秋水神骨"、"前路无疆"，等等。下阕则系言志：他学的是机械工程专业，以后又攻读工商管理，其"志在工商"，并不羡慕那些托拉斯"大王"富甲天下，只为"斯民"图"温饱"。胡适长于文史哲学，他们两个朋友"各有千秋业，分道共翱翔"。

胡适称赞杨杏佛"亦扬州梦醒之杜牧之耳"，说："余既喜吾与杏佛今皆能放弃故我，重修学立身，又壮其志愿之宏，故造此词（《沁园春》）奉答"：

朔国秋风，汝远东来，过存老胡。正相看一笑，使君与我，春申江上，两个狂奴。万里相逢，殷勤问字，不似黄垆旧酒徒。还相问："岂当年块垒，今尽消乎？"

君言："是何言欤！祗壮志新来与昔殊。愿乘风役电，戡天缩地（科学之目的在于征服天行以利人事），颇思瓦特（Jame Wart），不羡公输。户有余粮，人无菜色，此业何尝属腐儒？吾狂甚，欲斯民温饱，此意何如？"

胡适十分赞赏杨杏佛立志为民造福、献身科学的远大抱负，并认为此绝非腐儒们之所能为之所敢为。杨杏佛不作空言，他将自己的宏愿付诸实践，与留美学友发起成立了中国科学社，创办《科学》杂志，大力提倡科学，鼓吹实业，传播知识。杨杏佛担任《科学》月刊"编辑部长"（即主编），在月刊上发表了《人事之效率》一文，介绍当年风行美国、影响世界的泰罗"科学管理"思想，并且联系中国社会实际宣传泰罗学派"效率主义"的核心价值观和方法论，指出："成败优劣之所由，分在用之有尽有不尽耳。尽之之道唯何？曰：必自增进人事效率始。"

他们几个留美学友有时聚在一起，或议论政事，或切磋学问，或赋诗唱和。有一回胡适、梅光迪、任鸿隽、杨杏佛四位朋友照了一帧合影，杨杏佛特题诗一首道：

良会难再得，光画永其迹。科学役化工，神韵传黑白。
适之开口笑，春风吹万碧，似曰九洲宽，会当舒六翮。
觑庄学庄重，莞尔神自奕，糠秕视名流，颇富匡时策。
其旁鲁灵光，亦古亦蕴藉，欲笑故掩齿，老气压松柏。

> 诸君皆时彦，终为苍生益。小子质鲁钝，于道一无获。
> 作诗但言志，为文聊塞责。必欲道何似，愿得此顽石。
> 既为生公友，岁久当莹泽。

他称赞朋友们"诸君皆时彦"，把自己比作"岁久当莹泽"的"顽石"，于友与己都寄予"终为苍生益"的厚望。胡适1917年归国时，杨杏佛又作诗送行："遥洒泪送君去，故园冠正深。共和已三死，造化独何心？腐鼠持旌节，饥鸟满树林。归人工治国，何以慰呻吟？"诗中表达的一如既往仍是关注斯民温饱的情怀，并且希望胡适归去之后能够很好地治理国家，以慰饥民。

1918年杨杏佛获哈佛大学商学博士学位后回国，初任汉阳铁厂会计处成本科长，后署副处长一职。不过，"汉厂人习气极深，难与有为，吃饭易，作事难。"在汉阳铁厂工作期间，胡适接济朱经农母亲的钱就是由杨杏佛转交的，杨杏佛并表示："如以后朱宅需款，请告，弟当设法接济也。"他和胡适一样有着帮助朋友的热心肠。

这一时期杨杏佛还兼事《科学》杂志编辑事务，为中国科学社召开年度会议操劳。他在写给胡适的一封信中说："此间自由少，时间少，而吾偏好事，所以忙不胜忙。月内《科学》编辑又将由铨担任。不担任，老胡太苦，问心过意不去；担任则不知从何处得文章，兄能以讲义帮忙否？此事极重要，吾辈能在国外办报，不能在国内维持之，岂非笑话。"中国科学社为开展工作，颇想从美国退还之庚款的余额中分得一部分，杨杏佛提议请胡适专为此事赴美游说，由科学社提供旅费。

杨杏佛后来离开了汉阳铁厂，应聘担任东南大学教授、商科主任。他经常与共产党人恽代英接触，利用业余时间到中国共产党创办的上海大学讲课，因而遭到东南校方忌恨，被迫离校，奔赴广州担任孙中山秘书。1925年3月12日孙中山在北京病逝，杨杏佛担任治丧筹备处总干事。1926年1月国民党上海特别市党部执行委员会秘密成立，杨杏佛被选为执行委员，主持策应北伐军的工作。1927年春中国共产党在上海发动工人起义，杨杏佛出席国共联席会议，并在起义胜利后当选为临时政府常务委员。

1928年6月中央研究院在当时首都即国民政府所在地南京成立，蔡元培任院长，杨杏佛担任总干事。胡适是中研院人文组的院士，又是第一届评议会的评议员。这一年5月胡适去南京参加全国教育会议，期间曾与几位朋友游览第一林场，

并到紫霞洞求签。他在日记中写道:

"杏佛近年来过的生活简直不是人的生活;在铭德里时,家中虽有灶而不举火,烧水都没有器具。他常说,他的生活可叫做蜡烛主义;点完即算了。现在他居然天天出去骑马;昨晚我们赴宴晚了,也正是因为他野外骑马去了,我们等候他的汽车来邀。这种气象使人起一点兴致。"

1930年杨杏佛在国民党南京市党部发表讲演,记录稿由《民国日报》刊载。其中有一段批评胡适说:"我们教育界的通病,就是犯了秀才做八股的老套头。……胡先生又觉得三民主义很好,于是预备做一部三民主义的哲学,急急乎要出版。那时正是十五年的秋天,我劝胡先生不要出版,免得人家骂他投机。到了本党将统一的当儿,胡先生又骂国民党不礼贤下士。他在《新月》上做了一篇文章,本来是恭维国民党,一会儿不高兴起来,就添上一段骂起国民党来了,上半篇里说'知难行易'是如何的好,下半篇却提起'知难行亦不易'的话来了。中国学者做文章,今日好上天,明日就骂到地。犯了秀才做八股文章的毛病,这实在是不对的。"

讲演中有引"走江湖的博士"一句,本是陈独秀批评江亢虎的话,由于记录者误以为"江湖"指两姓,遂将江亢虎与胡适混为一谈,均列为杨杏佛批评的对象:江亢虎尝作"洪水猛兽"之言,"胡先生亦犯此毛病,不肯作第二人,故好立异"。杨杏佛写信给胡适详作解释,胡适回信说了一大篇很有名的话:

"我受了十余年的骂,从来不怨恨骂我的人。有时他们骂的不中肯,我反替他们着急。有时他们骂的太过火了,反损骂者自己的人格,我更替他们不安。如果骂我而使骂者有益,便是我间接于他有恩了,我自然很情愿挨骂。如果有人说,吃胡适一块肉可以延寿一年半年,我也一定情愿自己割下来送给他,并且祝福他。"

这些话后来被许多人引用,以此说明胡适具有"宽容"的精神。它的出处,就是1930年4月30日胡适致杨杏佛的这封信。

为了维护基本民权,争取言论、出版、结社、集会等自由,由宋庆龄、蔡元培、鲁迅、杨杏佛等发起的中国民权保障同盟,于1932年12月30日在上海成立。杨杏佛担任中国民权保障同盟总干事兼执行委员,胡适担任民权保障同盟北平分会的主席,他们两人曾一起到北平军委会下属反省院调查政治犯的情况,据胡适讲确有政治犯脚上带锁、院中饭食营养亦不足。但不久胡适即被中国民权保障同盟开除。

事情的原委比较复杂。北平陆军反省分院的一名监押人员写了一份控诉书，指控对犯人使用"酷刑"。美国记者史沫特莱女士获此材料，在民权保障同盟临时执行委员会开会传阅后，由宋庆龄签发分送中西文报纸。《大陆报》率先在2月2日发表，有如一颗炸弹爆炸了开来，当局使用酷刑对待监押人员顿时在社会上受到广泛的抨击。

胡适随即在《字林西报》上发表谈话，声明这份控诉书是伪造的，他根据视察北平陆军反省分院时的亲眼所见，说那里根本不存在使用酷刑的弊端。胡适为此事接连致函上海总会，指出"改良"政治犯待遇"不能以虚构事实为依据"，并提出了民权保障同盟处理政治犯的待遇问题应遵循的四条原则，强调"不应当提出不加区别地释放一切政治犯，免于法律制裁的要求，如某些团体所提出的那样。一个政府为了保卫它自己，应该允许它有权去对付那些威胁它本身存在的行为。"这实际上是把共产党员和革命青年排除在了"民权保障"之外，而且赋予了国民党蒋介石"对付"即镇压的权力。中国民权保障同盟鉴于胡适"在报章攻击同盟，尤背组织常规"，要求他"公开更正，否则唯有自由出会，以全会章"。胡适不予理睬，民权保障同盟乃于3月3日召开临时会议，决定开除胡适会籍。

在胡适同民权保障同盟上海总会争执过程中，杨杏佛扮演的角色尴尬而又微妙。他曾致函胡适，说明"监犯来件"不是"由我等携带或捏造"，同时承认在报上披露的史沫特莱提供的材料"全文未经详阅校正"，因而出现了若干错误，如将"陆军监狱"误为"反省院"等，但作为同盟总干事的杨杏佛重申"本会目的乃在一切政治犯之释放"，批评胡适"对外公开反对会章，批评会务，必为反对者张目，且开会员不经会议、各自立异之例"。很显然，杨杏佛和胡适在这个事情上的态度是不相同的，而根本原因就在于杨杏佛对蒋介石颁布《危害民国紧急治罪法》，变本加厉地推行法西斯统治颇为不满，胡适则在言论上和行动上逐渐向国民党执政当局靠拢。

政治上的歧见产生之后，胡适对杨杏佛的看法也变得恶劣了起来：

"杏佛来；此为二月初在北平见他之后第一次见他。为了民权保障同盟事，我更看不起他，因为他太爱说谎，太不择手段。我曾于三月四日写信给蔡先生说，'我所耿耿不能放心者，先生被这班妄人所包围，将来真不知如何得了啊！'蔡先生回信说，'弟与语堂稍迟当退出同盟。'他不提及杏佛，其意可想。"

在胡适眼里，多年来的朋友成了"说谎"且"不择手段"的"妄人"，所以他"看不起"杨杏佛。

仅仅过了两天，即1933年6月18日，杨杏佛驾车外出时被军统特务暗杀于上海亚尔培路。那天胡适去一友人家，入门即闻此噩耗："今早上八点半，杏佛从研究院出门，被四个人从三面开枪射击，杏佛即死，其子小佛脚上受伤，汽车夫也受重伤。凶手三人逃了，其中一人被追，开枪自杀。"胡适接着发了一通感慨——说是对杨杏佛的变相批评甚或指责也可以：

"此事殊可怪。杏佛一生结怨甚多，然何至于此！凶手至自杀，其非私仇可想。岂民权同盟的工作招摇太甚，未能救人而先招杀身之祸耶？似未必如此？

"前日我与杏佛同车两次，第二次他送我的车即是今日被枪击的车。人世变幻险恶如此！

"我常说杏佛吃亏在他的麻子上，养成了一种'麻子心理'，多疑而好炫，睚眦必报，以摧残别人为快意，以出风头为作事，必至于无一个朋友而终不自觉悟。我早料他必至于遭祸，但不料他死的如此之早而惨。他近两年来稍有进步，然终不够免祸！"

"杏佛吃亏在他的麻子上"这句话，使人不禁联想到胡适过去曾写过一首《戏题杨杏佛的大鼻子》："鼻子人人有，唯君大得凶。直悬一宝塔，倒挂两烟囱。亲嘴全无分，闻香大有功。江南一喷嚏，江北雨蒙蒙。"这首打油诗既然是"戏题"，当然带有调侃开玩笑的味道，足以博人一乐。不过，杨杏佛明明是遭国民党特务暗杀的，胡适却把他的死归咎于他的"麻子心理"，恐怕就是妄加猜测，属于"莫须有"了。从客观上讲，胡适这样说多少是在为国民党特务开脱罪责。

胡适除"嘱其同事保存其诗词稿"外，没有对杨杏佛遇害表示什么哀悼之情，也没有对暗杀杨杏佛的特务表示过什么谴责与愤慨。当天他倒是在那位友人家里一连打了八圈麻将。这当然不是难过的样子。

许怡荪

1914年8月许肇南在获得威斯康星大学理学士及电汽工程师学位后，怀着"愿集志力相夹辅，誓为宗国去陈腐"的抱负启程归国。临行前他问胡适：

"你知道国内有什么人才？"

胡适微微一笑："有两个许少南。"

"两个许少南？"

"一个是你自己，另一个是……"

他指的"另一个"就是许绍南（怡荪）。"肇南"与"绍南"发音近似，都可以读成"少南"，故而胡适这么向留美学友许肇南推荐说，多少有点卖关子的意味。

许肇南（1886－1960），名先甲、号石楠、字肇南。贵州贵阳人。曾入读四川高等学堂，加入中国同盟会。1906年赴日本留学。1908年转赴美国入伊利诺斯大学，为贵州省第一位赴美留学生。1910年回国后，考取第二届清华公费生再次赴美国，入威斯康星大学专攻电机工程专业。毕业后又入哈佛大学学习工业经济和经营管理。在美留学期间，许肇南被推举为中国留美学生会会长，并与他人共同发起成立中国科学社及中国工程师学会。1914年回国。1915年任南京河海工程专门学校校主任，创建南京下关灯厂，任厂长。这一年的10月23日他从南京致函胡适说：

"目下帝制运动极形活动。中华民国早变官国，其必有皇帝，宜也。时局危险，当局亦岂不知之？然爱国之心不敌其做皇帝与封侯拜相之瘾，故演成现时怪状。"

"五四"学生爱国运动爆发，许肇南被推为南京临时主席。1921年任鄱东煤矿矿长。后赴广东任国立高等师范学校教授，并担任广东省长廖仲恺的秘书。北伐军占领武汉后，在宜昌海关监督署任监督。嗣后放弃所学专业，钻研中国古文字学并有所成就。

许绍南，生年不详，卒于1919年。本名棣常，后改怡荪。安徽绩溪人，与胡适是同乡。少时进绩溪仁里的思诚学堂，毕业后到上海求学，入读中国公学，和胡适同窗，两人还住在一起。后转入复旦公学。其父逝世，许怡荪为照顾家事店事，离开学校，以自修为主，并从复旦搬出再次与胡适同住。同乡、同窗、同住，这样的"三同"生活使得许怡荪和胡适特别要好，特别亲近。

中国公学迫于经费困难，1908年将当初成立时以学生为主体的制度，改变为以董事会为主体。这一改变招致大多数学生的反对，从而酿成了分裂的风潮，一部分学生集体退学，在爱而近路庆祥里另觅校舍，组建"中国新公学"。后经调停，新旧合一，仍称中国公学。

就在新公学解散之后，胡适寄居上海，遇着一班浪漫的朋友，便跟着他们堕落了。"从打牌到喝酒，从喝酒又到叫局，从叫局到吃花酒，不到两个月，我都学会了。"胡适自述说，"幸而我们都没有钱，所以都只能玩一点穷开心的玩意儿：赌博到吃馆子为止，逛窑子到吃'镶边'的花酒或打一场合股份的牌为止。""有时候，整夜的打牌；有时候，连日的大醉。"终于有一次闹出了事，酩酊大醉的胡适被关进巡捕房囚禁了大半夜……

那时许怡荪在复旦公学，他见胡适随着一班朋友发牢骚，学堕落，便常常从吴淞跑来加以规劝。胡适在《朋友篇》中有几句诗就此写道：

少年恨污俗，反与污俗偶。自视六尺躯，不值一杯酒。
倘非良友力，吾醉死已久。从此谢诸友，立身重抖擞。

胡适当然不是自甘堕落的人，他觉得自己对不住在家乡时时刻刻悬念着、期望着他的母亲！朋友的规劝，加上自我反省，使他在精神上有了大的转机，抱着"天生我材必有用"的信心和勇气，决定去北京参加留美庚款官费考试。

然而经费问题困扰着他：一是要筹养母之资，二是要还清一点小债务，三是筹足到北京应考的旅费和两个月的生活费。没有足够开销的费用，他的北上计划只能落空。

又是许怡荪向胡适伸出了援助之手！许家开店铺，许怡荪是长子，父亲死后店事由他照应，他告诉胡适他可以设法帮忙。胡适的另一位好友程乐亭，也让其父松堂解囊相助，加上胡适的同族叔祖节甫先生垫了一些钱，终于解决了胡适的一大难事，在家闭门苦读两个月后到北京，考取了1910年第二批庚款官费生赴美留学。胡适在《自述》中怀着感激的心情说道："没有这些好人的帮助，我是不能北去，也不能放心出国的。"

胡适赴美留学后，许怡荪住在杭州西湖白云庵研读国学旧书和自修英文。后考进浙江法官养成所，为的是"稍功国法私法及国际法，期于内政外交可以洞晓；且将来无论如何立身，皆须稍明法理，故不得不求之耳"。1913年（民国二年）许怡荪又东渡日本，入东京明治大学法科就读。

他们两人自上海分别后整整七年没有见面，但异域传书，友情恒在。

胡适到美国之后，许怡荪写给他的第一封信就说："足下此行，问学之外，必须祓除旧染，砥砺廉隅，致力省察之功，修养之用。必如是持之有素，庶将来涉世，不至为习俗所靡，允为名父之子。"这些话既是规劝又是鼓励：胡适的父亲胡传能吏而善文，曾任淞沪厘卡总巡、台东直隶知州，为抵抗日本鲸吞宝岛台湾而牺牲。胡适幼年时母亲经常给他讲父亲的种种好处，说："你总要踏上你老子的脚步。我一生只晓得这一个完全的人，你要学他，不要跌他的股"（跌股便是丢脸,出丑)。许怡荪希望胡适能像他父亲那样,这对胡适不能不是很大的触动。

1914年7月1日许怡荪又致信胡适:"足下去岁来书,谓一身常羁数事,奔走外务,不识近来已能读书否?想足下在留亦不过两年,宜多读书,且于学位亦宜留意图之。盖发心造因,期挽末劫,不得不于足下望之也。"

胡适在美国留学长达七年之久,许怡荪写给他的信里几乎没有一封不在规劝他,勉励他。胡适有时说了一句可取的话,或做了一首可读的诗,许怡荪一定会写信来称赞、鼓励一番。

反之亦然,胡适对许怡荪到日本求学同样抱鼓励与支持的态度。许怡荪刚进明治大学就给胡适写了一封信,从中透露了是胡适帮他下了东渡日本留学的决心:"君既去国,乐亭复云亡。此时孤旅之迹,若迷若惘,蓬转东西,而终无所栖泊。……去岁以来,思之重思之,意拟负笈东瀛,一习拯物之学。然因经济困难,尚未自决。嗣得足下手书,慰勉有加,欲使膏盲沉没,复起为人,吾何幸而得此于足下!"由此看来,胡适当时曾一再写信给许怡荪指点迷津,而许怡荪对胡适非常感激。

袁世凯称帝、二次革命……国内情势不宁,大局纷乱,许怡荪决意回国,他写了一封长信给胡适,其中有一段最让胡适佩服:"自古泯棼之会,沧海横流,定危扶倾,宜有所托。寄斯任者,必在修学立志之士,今既气运已成,乱象日著,虽有贤者不能为力。于此之时,若举国之士尽入漩涡,随波出没,则不但国亡无日,亦且万劫不复矣。在昔东汉之末,黄巾盗起,中原鼎沸,诸葛武侯高卧隆中,心不为动。岂有鞠躬尽瘁死而后已之人而能忘情国家者乎?诚以乱兹方兴,于事无益耳。于此乱离,敢唯足下致意焉。"许怡荪视胡适为唯一能与之纵论国事、谈古论今的人,是能与之说心里话的挚友。因为道路不平静,许怡荪当时未能回国,他在东京加入了孔教会,并就孔子学说的一些问题写信与胡适探讨。

造因——"为祖国造不能亡之因"——是胡适和"两个许少南"当时在通信中热衷讨论的话题。许肇南说:"以吾国现在人心社会,若不亡国,亦非天理。吾人一息尚存,亦努力造因而已。欲扬眉吐气,为强国之民,吾辈曾元庶得享此幸福。"胡适认为:"倘祖国有不能亡之资,则祖国决不致亡。倘其无之,则吾辈今日之纷纷,亦不能阻其不亡。不如打定主意,从根本下手,为祖国造不能亡之因,庶几犹有虽亡而终存之一日耳。"针对许怡荪寄希望于他"发心造因,期挽末劫",胡适又说:"适以为今日造因之道,首在树人;树人之道,端赖教育。故适近来别无奢望,但求归国后能以一张苦口,一支秃笔,从事于社会教育,以为百年树人之计。"这些话是他寄给许怡荪的信中讲的，在另一篇《论"造新因"》中他还说过这样的意见：

"倘若缺乏某些确定的、必要的条件，那就无法保证获得一个好政府。有人认为，为达到国内统一与强大，中国需要君主制；又有人认为，中国只有实施共和政体，才能创造奇迹。吾以为，上述两种主张皆是愚蠢之举。倘若缺乏吾所谓之'必要的先决条件'，那么，无论是君主制，还是共和制，皆不能救中国。吾辈之职责在于，准备这些必要的先决条件——即'造新因'。"

胡适在哥伦比亚大学为准备博士论文《中国古代哲学方法之进化史》，其中涉及先秦诸子，他需要俞樾的《读公孙龙子》作参考。为此写信给在日本的许怡荪，请许怡荪帮他寻一部《俞楼杂纂》。许怡荪买不到此书的单行本，就跑到上野图书馆抄一部《读公孙龙子》寄往美国，并写信鼓励胡适说："世言东西文明之糅合，将生第三种新文明。足下此举将为之导线，不特增重祖国，将使世界发现光明。"胡适在1916年4月13日的日记中写有一条《怡荪、近仁抄赠的两部书》，云："昨日怡荪寄赠所手抄之俞樾《读公孙龙子》一册，读之甚快。友朋知余治诸子学，但海外得书甚不易，故多为余求书。去年近仁为余手写吴草卢《老子注》全书，今怡荪复为写此书，故人厚我无罄，可感念也。"近仁即胡近仁，系胡适的族叔，与胡适过甚密。许怡荪和胡近仁都关心胡适的学业，凡有所求必尽力相助。

胡适有记日记、写札记的习惯。早年在澄衷学堂，以后留学美国期间写的日记、札记，许怡荪都帮他保存着。胡适留学后期忙于撰写博士论文，没有时间写文章，许怡荪就把他的《藏晖室札记》用小楷节抄了一部分，送给《新青年》杂志发表。那些札记本是胡适随手乱写出来的，重新用小楷一笔一划抄写自然要化费许多时间和精力。胡适回国后看到许怡荪的小楷抄本，对他这种鼓励朋友的热心十分感动，说"实在能使人感激奋发"。

许怡荪1916年夏从日本明治大学毕业归国。那时他主张"政治中心"论，认为凡可以"救国"的方法都是好的。回国住了一年，他的政治观受到很大打击，从"政治中心"论变为"领袖人才"论，主张："欲图根本救济，莫如结合国中优秀分子，树为政治社会之中坚。"胡适从美国写信说，他盼望国民党不要上台执政，专力组织一个开明强健的在野党监督政府。后来许怡荪也主张有一监督政府的在野党"抵衡其间，以期同入正轨"。

1918年冬许怡荪应许肇南聘请，到南京河海工程学校教授国文，两个"许少南"由他们共同的朋友胡适牵线走到了一块,成为相投共事的同仁。已经回国并在北大任教的胡适,有一次路过南京,同许怡荪畅谈了两天,两人心中都充满了愉快。

北京大学精英荟萃,引领新思潮、新文化。同时北大也是一个是非之地。许怡荪经常给胡适写信,提醒胡适"莫走错路","举措之宜,不可不慎",要胡适"打定主意,认定路走,毋贪速效,勿急近功"。就在他死前十几天,看见报上说胡适和几个朋友因为提倡新思潮被北洋政府驱逐出北京大学,许怡荪不知这是谣言,一天之内连写了两封快信给胡适,劝胡适"切不可因此灰心,也不必因此愤慨",说:"无论如何,总望不必愤慨,仍以冷静的态度处之,……所谓经一回的失败,长一回的见识。"

这是许怡荪写给胡适的最后一封信。

1919年3月22日许怡荪因患肺炎不治而逝。一个最忠厚、最诚恳的好人,不幸死得这样早!

胡适与他做了十多年的朋友,深知许怡荪的为人。他专门写了一篇《许怡荪传》,其中说道:

"怡荪是一个最富于血性的人。他待人的诚恳,存心的忠厚,做事的认真,朋友中真不容易寻出第二个。他同我做了十年的朋友,十年中他给我的信有十几万字,差不多个个都是楷书,从来不曾写一个潦草的字。他写给朋友的信,都是如此。只此一端已经不是现在的人所能做到。他处处用真诚待朋友,故他的朋友和他来往长久了,没有一个不受他的感化的。

"爱谋生(Emerson)说得好:'朋友的交情把他的目的物当作神圣看待。要使他的朋友和他自己都变成神圣。'怡荪待朋友,真能这样做。他现在虽死了,但他的精神,他的影响,永永留在他的许多朋友的人格里,思想里,精神里……将来间接又间接,传到无穷,怡荪是不会死的!"

的确,许怡荪在胡适心里是不会死的。1920年7月5日傍晚他在南京和几位朋友一起游秦淮河,船过金陵春酒店,回想起去年曾和怡荪等在此处吃饭,夜十时回寓途中又经过怡荪住过的中正街。抚今追昔,胡适凄然堕泪,感慨万分:"人生能得几个好朋友?况怡荪益我最厚,爱我最深,期望我最笃!我到此四日,竟不忍过中正街,今日无意中过此,追想去年一月之夜话,那可再得?"回到寓所仍情不自禁,遂写了一首追念怡荪的诗:

你夸奖我的成功,
我也爱受你的夸奖;
因为我的成功你都有份,
你夸奖我就同我夸奖你一样,
我把一年来的痛苦也告诉了你,
我觉得心里怪轻松了,
因为有你分去了一半,
这担子自然不同了。

赵元任

"每与人平论留美人物,辄推常州赵君元任为第一。此君与余同为赔款学生之第二次遣送来美者,毕业于康南耳,今居哈佛,治哲学、物理、算数,皆精。以其余力旁及语学、音乐,皆有所成就。其人深思好学,心细密而行笃实,和蔼可亲。以学以行,两无其俦,他日所成,未可限量也。余以去冬十二月廿七日至康桥(Cambridge,坎布里奇),居于其室。卅十一日,将别,与君深谈竟日。居康桥数日,以此日为最乐矣。君现有志于中国语学。语学者(Philology),研求语言之通则,群言之关系,及文言之历史之学也。君之所专治尤在汉语音韵之学。其辨别字音细入微妙。以君具分析的心思,辅以科学的方术,宜其所得大异凡众也。别时承君以小影相赠,附粘于此而识之。"

以上录自胡适1916年1月26日的日记,其中记载了他对赵元任的评价以及和赵元任的亲密交往。他们两人早年同为庚款官费留美学生,以后数十年相交甚厚,可谓友谊地久天长,堪称人际关系的佳话。

赵元任(1892-1982),字宣仲,江苏武进人,生于天津。十四岁时进常州溪山小学读书。1907年升入南京江南高等学堂预科,成绩优异,英语、德语都学得很好,并对西洋音乐开始产生浓厚的兴趣。

1910年7月赵元任和胡适同时在北京报考第二批庚款官费留学美国,考试结果双双被录取:赵元任在榜上名列第二,胡适列第五十五名。这一年8月16日,包括胡适和赵元任在内的这一批青年学子共七十一人,从上海乘轮船赴大洋彼岸的美国。胡适一篇文章中记述了他们在船上的情景:

"……船上十多天，大家都熟了。但在那时已可看出许多人的性情嗜好。我是一个爱玩的人，也吸纸烟，也爱喝柠檬水，也爱学打'五百'及'高，低，杰克'等等纸牌。在吸烟室里，我认得了宪生，常同他打'Shuffle Board'；我又常同严约冲、张彭春、王鸿卓打纸牌。明复从不同我们玩。他和赵元任、周仁总是同胡敦复在一块谈天；我们偶然听见他们谈话，知道他们谈的是算学问题，我们或是听不懂，或是感觉没有趣味，只好走开，心里都恭敬这一小群的学者。"

船上的相处，让胡适和赵元任彼此留下了深刻的难忘的印象。

胡适给赵元任的印象是：健谈，爱辩论，自信心极强，在那么多学生中显得很突出，"当时大家都留着辫子，用力一甩，生气的时候就说要把辫子拿掉……他的身体瘦，看起来并不十分健康，可是精神十足，让人觉得他雄心万丈。"

赵元任给胡适的印象是：个性沉默，害羞，不大讲话，但功课很好，像个小学者。

来到美国后，胡适和赵元任又都就读于康奈尔大学。胡适初读农科，一年半后改修政治、经济，兼修文学、哲学；赵元任主修数学，选修物理、音乐。两个人在离学校不远的一条小溪旁各自租了房子居住，相距很近，虽然所学专业不同，但课余常聚在一块儿切磋。胡适日记中有一条记载："赵君元任谱笛调一曲，以西乐谐声和之，大学琴师亟称之，为奏于大风琴之上，余往听之，犹清越似笛声也。"又赵元任和另一位中国留学生胡达同时获得大学两种学会荣誉，胡适衷心为他们高兴，说："此二种荣誉，虽在美国学生亦不易同时得之，二君成绩之优，诚足为吾国学生界光宠也。"赵元任、周仁、胡达、秉志、章元善、过探先、金邦正、杨铨（杏佛）、任鸿隽等经过商量，倡议成立"中国科学社"，创办《科学》月报，以"提倡科学，鼓吹实业，审定名词，传播知识为宗旨"，胡适肯定并称赞"其用心至可嘉许"。

在康奈尔大学期间，有一天胡适和赵元任一起去拜访哲学教师阿尔培（E.Albee）先生，师生长谈至深夜。从阿尔培先生谈话中始知西方学者兴趣之浓，使胡适深受启发："一物之物物者，专门也，精也。物物之一物者，旁及也，博也。若终身守一物，虽有所成，譬之能行之书橱，无有生趣矣。今吾国学者多蹈此弊，其习工程者，机械之外，几于一物不知，此大害也。吾屡以为言，然一二人之言安能奏效，是在有心人之同力为之，庶可挽救此偏枯之弊耳。"不用说，一专多能的赵元任在这方面与胡适正相契合。

赵元任1914年获康奈尔大学数学学士学位。又在哲学院研究一年后，于1915年入哈佛大学主修哲学，并继续选修音乐，师从音乐教授有希尔（E.B.Hill）和斯帕尔丁（W.R.Spaulding）。胡适则于1915年转入哥伦比亚大学，师从实验主义哲学家杜威攻读哲学，成为实验主义哲学的忠实信徒。

在美国的中国留学生有自己的学生会组织。1915年夏天，美国东部中国学生会新成立了"文学科学研究部"，胡适是文学股的委员，其主要责任是为召开年会进行分股讨论时作些准备，诸如拟定论文选题、物色撰稿人之类。那时他已经处在"文学革命"的结胎期，第一步就是想在汉字改革方面尽点力，而赵元任一直对语言问题尤其是对汉字拼音和拉丁化感兴趣，所以胡适就和赵元任商量，把本年度文学股的讨论议题定为"中国文字的问题"。之所以选择赵元任，是因为他认为从教会学校出来既不懂汉字又不能写汉文的人，实在不够资格来谈汉字拉丁化这一类的问题，"换言之，只有像我同学朋友赵元任这样的人才能以科学分析方法来谈谈汉字拉丁化这一类的问题。"对"中国文字的问题"讨论涉及"文"和"言"两个方面，由胡适和赵元任分做两篇论文：胡适的文章题为《如何可使吾国文言易于教授》，赵元任的文章题为《吾国文字能否采用字母制及其进行方法》。两篇论文都在年会上宣读了，这是胡适和赵元任在学术会议上的第一次合作。

赵元任觉得一篇文章份量不够，又接连写了好几篇长文来讨论汉字拼音化的问题，主张汉字可以采用音标拼音。胡适在日记中赞曰："元任辨音最精细，吾万不能及也。"胡适当时并不反对拼音字母的中国文字，只是觉得字母的文字不易实行，所以他的文章着重强调要改良文言的教授方法，使汉文容易教授。从这一点出发，他提出了古文是半死的文字、白话是活文字。梅光迪、任鸿隽等都反对他的观点，于是在一些留美学友中间围绕文言与白话、"国文"与"国语"展开了热烈的讨论。

1916年是双方争论最激烈的一年。通过相互驳难，胡适的观点更趋坚定与成熟，正式提出了以"八不主义"为中心内容的"文学革命"命题。赵元任致力于语言的研究，没有直接参与胡适和梅光迪、任鸿隽等人关于"文学革命"问题的争论，但他曾对胡适本人说过胡适的那些"白话诗"和"白话文"都"不够白"，不是一般人所常用的真正的"语体"。胡适对此表示认同，承认像他那样"做古文作旧诗起家的人，不能完全运用白话文，正和小脚放大的女人不能恢复天足一样。"

胡适的《文学改良刍议》一文，1917年1月经陈独秀在《新青年》杂志第二卷第五号上发表，有如风乍起吹皱一池春水，在古老闭塞沉闷的中国知识界产生了极大的反响。胡适也因而声名鹊起，成为"文学革命"的主要倡导者之一。也是由陈独秀举荐，北大校长蔡元培聘请胡适担任北京大学文科教授，于是胡适便在通过哥伦比亚大学博士论文考试之后启程回国，于9月10日抵达北京，就任北大教职。这一年他尚不足二十七周岁。

赵元任1918年在哈佛获哲学博士学位后，又在芝加哥和加州大学作过一年研究生。1919年回康奈尔大学物理系任教一年。1920年9月回国，在清华学校教授物理、数学和心理学几门课程。是年冬英国著名哲学家罗素（B.Russell）来华讲学，赵元任担任翻译。这个时候胡适正在北大任教，两个老朋友同居一地，友情重叙且开新篇：赵元任与杨步伟女士结婚，特请胡适为证婚人。

杨步伟女士留学日本，在西绒线胡同开了一家医院。实验主义哲学家杜威在北京讲演时，胡适现场作翻译，杨步伟曾同女友一起去听过并对胡适的风采印象颇佳。与赵元任相识、恋爱后，有一天赵元任带着她去拜访一位"最好的朋友"，但没有告诉其人究竟姓甚名谁。其实就是胡适，那时住在钟鼓寺后的嵩祝寺4号。见面后胡适哈哈大笑说："元任你有女朋友了！"杨步伟也哈哈大笑，对胡适说："原来是你啊！"接着就讲了她为瞻仰胡适的风采而去听演讲的故事。胡适抱着杨步伟女士大笑不已。

赵元任与杨步伟一对新人，事先拟定并印刷了中、英文通知书。"因为要破除近来新旧界中俗陋的虚文和无谓的繁费的习气"，所以他们申明，"除底下两个例外，贺礼一概不收。"例外一为"抽象的好意"，如书信、诗文或音乐等非物质且是送礼者自创的贺礼；例外二为用自己名义给中国科学社的捐款。胡适非常赞成赵元任与杨步伟女士的做法，说："这是世界——不但是中国——的一种最简单又最近理的结婚式。"

婚后两个多月，赵元任即携杨步伟去了美国。他在哈佛大学研习语音学，继而担任哈佛大学哲学系讲师、中文系教授。1925年6月回国，在清华大学教授数学、物理学、中国音韵学、普通语言学、中国现代方言、中国乐谱乐调和西洋音乐欣赏等课程。清华设有国学院，聘请国内卓有成就的学者教授担任指导，赵元任也被聘为国学院导师之一，指导范围为"现代方言学"、"中国音韵学"、"普通语言学"，他与梁启超、王国维、陈寅恪一起当时被誉为清华"四大导师"。清华在西郊，北大在沙滩，尽管相距很远，那时交通又不方便，但赵元任和杨步伟夫妇几乎每个星期都要进城，同胡适等老朋友聚谈。

赵元任1929年6月被聘为中央研究院历史语言研究所研究员，担任史语所语言组主任，专门从事语言学研究，曾进行了大量的语言田野调查和民间音乐采风工作。通过长期深入的研究，赵元任成为汉字注音两大系统之一——"国语罗马字"——的主要编制人。中央研究院是国民党政府的官办学术机关，地点在当时的首都南京。赵元任举家从北平迁至南京，胡适到南京来时总要到赵元任家与他们夫妇小聚，老朋友之间的友谊从未中断过。

如前所述，赵元任等几个留美同学成立了"中国科学社"，以后随着学成归国的科学人才逐渐增多，"中国科学社"在南京、上海设立事务所，联络人才，召开年会，做出了显著成绩。胡适特为"中国科学社"写了一首社歌，赵元任作曲，1930年在北平的社友会上演唱：

> 我们不崇拜自然，他是个刁钻古怪。
> 我们要捶他煮他，要使他听我们指派。
> 我们叫电气推车，我们叫以太送信。
> 把自然的秘密揭开，好叫他来服事我们人。
> 我们唱天行有常，我们唱致知穷理。
> 不怕他真理无穷，进一寸有一寸的欢喜。

这是胡适和赵元任的又一次合作：为了科学。

1930年12月胡适就任北京大学文学院长。12月17日这一天是北大32周年校庆，又恰逢胡适40岁生日，众多亲朋好友都聚集到米粮库4号胡适住宅处庆贺。在贺寿礼物中有一件最让人开心而又弥足珍贵，那就是由赵元任撰写、毛子水手书的《胡适之先生四十整寿贺诗》：

> 适之说不要过生日，
> 生日偏又到了。
> 我们一般爱起哄的，
> 又来跟你闹了。
> 今年你有四十岁了都，
> 我们有的要叫你老前辈了都；
> 天天听见你提倡这样，

提倡那样,

觉得你真有点对了都:

你是提倡物质文明的咯,

所以我们就来吃你的面,

你是提倡整理国故的咯,

所以我们都进了研究院;

你是提倡白话文学的咯,

所以我们就罗罗嗦嗦的写上了一大片。

我们且说带笑带吵的话,

我们也别说胡闹胡搞的话,

我们并不会说很巧妙的话,

我们更不会说"倚少卖老"的话;

但说些祝颂你们健康美好的话,

就是送给你们一家子大大小小的话。

　　赵元任是搞语言的,他写的这首贺寿诗全用口语,风趣幽默,类似胡适用白话写的打油诗。不过,正如朱自清所说:"全诗的游戏味也许重些,但说的都是正经话。"也许只有像赵元任这样的老同学、老朋友,才会写这种"虽带游戏味,意思却很庄重"的贺寿诗。别人不会写,也写不了。

　　抗日战争爆发后,胡适受命于危难之时,由国民政府和蒋介石选派赴美,担任中华民国驻美利坚合众国特命全权大使。任职时间从1938年9月至1942年9月,不多不少不长不短正好四年。胡适在大使任上,以独特的学者外交,为争取美国朝野支持中国抗战、增进中美两国人民友谊,做了大量卓有成效的工作。

　　赵元任携夫人和孩子1938年去美国定居,他先后在夏威夷大学、耶鲁大学、哈佛大学任教。以后又加入美国国籍。担任驻美大使的胡适,尽管外交事务十分繁忙,仍和赵元任保持联系并时与过往。仅举数则胡适日记与书信为例:

　　"得赵元任来信,始(知)他平安到了New Haven(纽黑文),心里一宽。

　　"元任是希(稀)有的奇才,只因兴致太杂,用力太分,故成就不如当年朋友的期望。此次他从Nevada(内华达)写信来,说他们一家六口到Yosemite(约塞米蒂)时,元任又发了心悸病。我听了很着急,写信去劝他要多多的休息,千万不要太劳苦。我说:'步伟(赵太太)虽是医生,但她的enthusiasm(热情)

大过于她的 wisdom（智慧），不能算是好看护。你的一家人口太多；劳力太苦，不是适宜于养病的.'（1939年9月22日）

"赵元任来接到他家，见他的四个女儿。在他家吃中国饭，是步伟自己做的。今天是步伟五十岁生日。(1939年11月25日）

"赵元任夫妇来游美京，来吃晚饭。饭后久谈。（1940年3月15日）

"元任老兄：

"谢谢你的信。……在这里我要请教你一件小事。我在二十年前曾翻译波斯诗人Omar的'绝句'一章，当时本是'借他人的酒杯，浇自己的块垒'，译文虽然有人爱读——因为文字通顺，音节响亮，——但是很不正确。……前些时，一天晚上睡不着，我把这首诗改翻了，开了电灯，记在一个本子上，才睡了。后来周鲠生看了这新译本，说是比旧译好得多了。我把这稿子抄给你看，请你不客气的修改，请你注意修改两个方面：一是白话的文法和'习惯'（idiom），二是音节。还有第三方面，就是译文的正确程度。"（1942年2月17日致赵元任）

在他们的交往中还有一件趣事：胡适暇时常以收藏火柴匣自娱，外国报纸登了花边新闻，一家火柴公司便给他送了两木箱火柴来，令胡适啼笑不得。他把两木箱火柴全都转送给了赵元任，赵元任用了几年还没用完。

1942年9月胡适卸任驻美大使。当时中国的抗日战争正处于战略相持阶段，国民党军队在正面战场上已经败退至西南一隅，共产党领导的八路军和新四军在日军的不断"扫荡"下也处于十分困难的境地。国内形势严峻。加之胡适心脏有毛病，所以他没有立即回国，而是从华盛顿移居到了纽约。赵元任和杨步伟夫妇劝他离开政治回到教育界来，因为他们深知胡适"为人一生忠诚和义气对人，毫无巧妙政治手腕，不宜在政治上活动，常为人利用，而仍自乐。"胡适原本就是学者、教授，"于今回向人间去，洗净蓬莱再上天"是他的宿愿。在赵元任夫妇的一再敦劝下，胡适接受了在哈佛大学讲学一年的邀请，其后又在几所大学讲学。在寓居纽约期间，他重拾旧业，写了《易林考》、《曹操创立的"校事"制》、《两汉人临文不讳考》等考据文章，并开始了对《水经注》的考证与断案工作。进行学术研究是离不开参考书的，考证尤其不能不依赖于古籍，可是在国外寻觅中国的典籍很困难，胡适面临书荒，在这方面又是赵元任帮了他的大忙：

"我前天忽然写信给元任，说，哈佛一处有三部《四部丛刊》，未免太多了；我愿出一千元美金买他的那部道林纸本《四部丛刊》。他今天写信来，竟愿意把这书让给我！我有了这部大丛书，加上我现在已有的书，我的'书荒'问题可算

大半解决了!"（1943年4月7日）

"元任兄把《四部丛刊》寄来了，今天收到。我打电报给他说：'I feel as rich as Indian Maharaja. A thousand thanks'（我觉得像印度的王公一样富有。万分感谢。）……我有了这三百多种书，大致可以解决我的'书问题'了。以后所需，只有《道藏》、《佛藏》与理学书耳。"（1943年4月19日）

抗战胜利以后，1945年9月国民政府任命胡适为国立北京大学校长。教育部长朱家骅从国内致电胡适告之此项任命的经过，众望所归的胡适于1946年6月初自美启程，经过一个多月的海上航行抵达上海，在南京受到蒋介石召见后飞赴北平，8月底正式就任北京大学校长一职。朱家骅也曾打电报请赵元任出任南京中央大学校长，赵元任回电："干不了。谢谢!"他和胡适两位老朋友在选择上有所不同，从1947年到1962年退休为止，赵元任始终未离开教职，在伯克莱加州大学教授中国语文和语言学，退休后仍担任加州大学离职教授。

胡适是一个入世的文人，在政治上坚定地拥蒋反共。当国民党蒋介石从大陆全线溃退之际，他迫于无奈，不得不于1949年4月6日由上海乘船前往美国。4月27日抵达纽约，寓居在当年卸任驻美大使后租住的那所房子——纽约东81街104号，以一介平民的身份，靠着自己的积蓄，过起了寓公生活。

起初胡适自然很不适应，加上国内外形势急剧变化，弄得心情很是郁闷。幸好有赵元任夫妇在美国定居，他可以向多年的老朋友倾诉自己的苦况与心境，求得他们的帮助：

"我现在的情形，很像一个Baby sitter（保姆），困难万分。……现在我才知道，这个小小Apartment（破旧公寓）若要弄的洁净，必须我自己动手扫地，抹桌子，重洗玻璃杯，化冰箱的冰，洗客人留下烟头烟灰堆满的Ash tray（烟灰缸）。只有一位老太太，每星期二来做六点钟的工，但家中若没有人对清洁有兴趣，有指示能力，用人当然要躲懒的。

"你们劝我在外教书，把家眷接来。此事我也仔细想过，但我不愿意久居外国。读了White Book（白皮书）之后，更不愿留在国外做教书生活。

"我想回去做点我所能做的事。第一，决不做官，第二，也不弄考据了。……至于'我能做'什么，我现在还不很明白。也许写文章，也许是讲演，也许是两项都来。此事请元任替我想想，就给我一个判断，请不必告诉外间朋友。"

由于心绪恶劣，又缺乏图书资料，胡适无法开展深入的学术研究工作。他只能写点《象棋小考》之类的文章，为的是"在这百忧交迫的时候，决心休息三天"；

或者在"百无聊之中试作此短文"——《试考董沛所见全氏的水经注校本》。赵元任夫妇想送他原版的《四部丛刊》，多达2100册，但胡适谢绝了，因为住处逼窄，实在没有地方安置这些宝贝。他将实情写信告诉赵元任夫妇："一个书架此时已很不易得，何况2100册至少要四个或五个大书架？（若有书架，必须六七大架，怕还不够。）冬秀对于书架，绝对不感兴趣，她绝对不能帮我的忙。"

一年多后夫人江冬秀也从台湾来到这里。为维持生活，胡适在1950年5月间接受聘请，担任了普林斯顿大学所属葛斯德东方图书馆的管理员。在华盛顿的一位老朋友的遗孀，遵照这位朋友生前的意愿，赠给胡适200美元，胡适用这笔钱托商务印书馆的香港工厂经理李孤帆（系北大出身），以6折的优惠价格从香港购买了《四部丛刊》缩印本共440册，并运至纽约。葛斯德东方图书馆的馆藏书籍也能使用。这样，胡适手头上有了基本的参考书，他的学术研究就可以继续进行了。于是乎就有了一系列学术论文的面世和学术讲演的出台……

1956年10月31日赵元任过六十五岁生日时，胡适前去赵家祝寿并送了一份贺礼。他对赵元任说："你的生日，我从来没有送过贺礼。今年难得我们能够在一处过你的生日，我要你破例收下送你的一套生日贺礼。你千万别怪我，更不可因此生气！这是我们认识以来四十六年中的第一次破例送礼贺你的生日，我借此祝你能够继续过四十六年的平安、快乐、有用的生活。"

第二年春天胡适因患胃溃疡住进医院开刀，胃部切去一半有余。由于他的病患，使得一班上了年纪的老朋友都惊觉了起来，认识到了"健康"的重要，都自觉地肯费点工夫去检查身体。赵元任老觉得身体不舒服，结果查出是胆石；杨步伟（韵卿）的腿三个月不能走动，经检查是脊骨的毛病。胡适知道后吓了两大跳！便写信希望韵卿安心"修养"（他觉得治病"修养"比"休养"更重要），盼望元任的"根本治疗"一定可以收"一劳永逸"的效果。他还将自己过去写的一首打油诗略加改动，当作"开心丸"寄给赵元任，以博老友一笑：

依我现在想来，这病该怪胡适。
二月胡适破肚，五月你割胆石！

胡适在美国当寓公期间，曾于1952年、1954年两度到台湾访问和讲学。蒋介石有意请胡适回台湾担任中央研究院院长，胡适也想去台湾定居。赵元任和杨步伟夫妇对胡适的将来十分关切，曾向U.C.提出胡适重来大学执教的问题。在

胡适心里,赵元任始终是他可以推心置腹商定大事的挚友,也是历经沧桑仍友谊长存的一位老同学、老朋友。他写信对他们夫妇说:

"……我现在的计划是要在台中或台北郊外的南港(中央研究院所在地)寻一所房子为久居之计。不管别人欢迎不欢迎,讨厌不讨厌,我在台湾是要住下去的。

"我在今年初——也许是去年尾——曾有信给元任,说明为什么这几年总不愿在美国大学寻较长期的教书的事。我记得我说的是:第一,外国学者弄中国学术的,总不免有点怕我们,我们大可以不必在他们手里讨饭吃或抢饭吃。第二,在许多(美国)大学里主持东方学的人,他们的政治倾向往往同我有点'隔教',他们虽然不便明白说,我自己应该'知趣'一点,不要叫他们为难。(以下两点是今天加上的。)第三,我老了,已到了'退休'年纪,我有一点小积蓄,在美国的(话)只够坐吃两三年,在台北或台中可以够我坐吃十年而有余。第四,我诚心感觉我有在台湾居住工作的必要。其中一件事是印行我先父的年谱和日记全部;第二件事是完成我自己的两三部大书。

"以上说的,都是对我的两个老朋友说的诚心'自我坦白'!我知道你们一定能谅解我的。"(1956年11月18日夜)

1958年4月胡适回到台湾,由蒋介石圈定,担任中央研究院院长。

他不仅自己回到了台湾,而且动员赵元任到台湾来讲学:"听说你明年夏天'退休'了,羡慕之至!我很诚恳的劝你退休之后回到南港来住,把史语所的语言学组光大起来,训练出几个后起的人来,我们还可以多多见面,大家高兴高兴!我们在南港兴造四座'学人住宅',明年夏天可以完成。其中一座是留给你们住的。"

胡适为老朋友想得多周到!赵元任允其所请,于1959年1月12日携夫人及外孙女飞到台北,胡适亲往机场迎接。第二天在史语所为赵元任夫妇举行的欢迎会上,胡适以老友的身份致词,他充满感情地说:

"我和赵先生相识已有四十九年,明年就要五十年了。在民前一年参加留学考试时,还没相识,等到同船赴美时才认识,在康奈尔大学同学五年。到了民国四年,我转哥伦比亚大学,他转哈佛大学才离开。从那时到现在,我们之间的联系,始终没有间断。"

回顾了这一段交往的历史之后,胡适着重讲了他对赵元任的高度评价和对老友所寄予的厚望:

"赵先生的天才很高,而且各方面的天才都高,他的天性之厚,做人之可爱,在朋友中,很难找到。我有一次在一个宴会中,坐在美国语言学权威教授勃劳潘尔旁边,这位教授对我说:'中国语言学,有了赵元任李方桂两人,我可以不必担忧了。'可惜二十年来,战祸迭起,赵先生的语言调查工作不得不中断了,只有在外国训练别国的青年。我已到退休年龄,也希望我的老友赵先生也能退休回来,在四季常春的环境中,在祖国无数青年的热望下,来完成他未完成的工作,和训练自己国家的青年。"

赵元任来台后,应邀在台湾大学讲学。作为中央研究院院士,他还出席了7月初由胡适院长主持召开的中研院第四次院士会议。赵元任在致词中谈到日本汉学界有很多人在用新的方法、新的观点研究中国的东西,胡适特别提出对此国人应警惕。

1962年2月24日胡适因心脏病突发去世。在美国加州大学的赵元任夫妇闻此恶耗极为悲痛:"胡适死了!当时,我拿着听筒发楞,半天放不下来,我……你知道我是如何难受。"赵元任这样对访问者说,"我认为,他在中国史上,是值得一提的儒家、革命文学家,他给人留下长远的记忆,他的精神是长存不朽的……"

叫我如何不想他? 一首广泛流传的歌,在作曲者赵元任的心里此时此刻又有了新的含意。

梅光迪

梅光迪(1890－1945),又名觐庄,安徽宣城人。曾就读于安徽高等学堂,1911年考取官费生留美,先后在威斯康辛大学、芝加哥西北大学学习,1915年入哈佛大学研究院攻读文学。1920年归国,在南京高等师范学校(后改名为国立东南大学)任教,并担任西洋文学系主任。1922年和胡先啸、吴宓等创办《学衡》杂志,极力提倡封建复古,反对新文学与新文化,鲁迅曾著《估学衡》等文予以批驳。

胡适在上海中国公学读书时,经人介绍认识了比自己年长一岁的梅光迪,他们都是安徽籍人氏,俗话说"亲不亲,一乡人"。1910年6月间胡适从上海乘船到北京参加庚款官费留美考试,在船上遇到了梅光迪,他此行也是为了北上应试的，两人志趣相投，目标一样，不期而遇自然倍加亲切。"由是议论渐畅，而交益以密。每浪静月明，相与抵掌，扼腕竟夜，不少休止。令余顿忘海行之苦"。梅光迪后来这样回忆说。

胡适这一年7月考取了第二批庚款官费留美，9月即入康奈尔大学攻读农科。梅光迪未被录取，他第二年（1911年）才赴美国留学。先期抵达美国的胡适在1911年8月18日的日记中云："见清华学堂榜，知觐庄与钟英均来美矣，为之狂喜不已。"梅光迪来后就读于美国威斯康辛大学，胡适那时尚在康奈尔大学，从农科改修政治、经济，兼修文学、哲学。他们两人间或有书信来往，互相切磋学问。胡适在《留学日记》中有所记载：

"作书寄觐庄，约二千言。

"得觐庄一书，亦二千字，以一书报之，论宋儒之功，亦近二千言。

"得觐庄书，攻击我十月四日之书甚力。"

胡适在和留美学友共处或通信时，常以"乐观"二字相勉，认为这是他来后几年观念上的最大收获。"三年之前尝悲歌：'日淡霜浓可奈何！'年来渐知此念非，'海枯石烂终有时！'一哀一乐非偶尔，三年进德只此耳。"梅光迪则进言："要使枯树生花，死灰生火，始为豪耳。况未必为枯树死灰乎！"对梅光迪的这句豪言壮语，胡适说"余极喜之"。

在留学期间，他们两人又都各自上了一个新台阶。1915年9月胡适转入哥伦比亚大学，师从实验主义哲学家杜威攻读哲学。也是在1915年，梅光迪离开芝加哥西北大学进哈佛大学研究院，在文学批评家白璧德门下攻读文学。胡适在《送梅觐庄往哈佛大学诗》中，对他有这样的描绘与赞许：

> 梅君少年好文史，近更撷拾及欧美。
> 新来为文多谐诡，能令公怒令公喜。
> 昨作檄讨夫已氏，倘令见之魄应褫。
> 又能虚心不自是，一稿十易犹未已。

1916年夏天，任鸿隽、陈衡哲、梅光迪、杨杏佛、唐钺等几个留美学子，在风景秀丽的绮色佳（Ithaca）一起度暑假。有一日他们在凯约嘉湖上划船，忽然黑云翻滚，风暴骤至，平静的湖面顿时汹涌起来，他们急切往岸边划去，可是已经来不及了，一个个被突降的大雨淋得狼狈不堪，近得岸时慌乱之中差点把船也弄翻了……

事后任鸿隽写了一首四言古诗记述这次湖上遇险,其中有"言棹轻楫,以涤烦疴"、"猜谜赌胜、载笑载言"一类的句子。他把这首诗寄给了胡适,正在思考和酝酿"文学革命"的胡适,看后认为任鸿隽把陈腐的文字和现代的语言掺和在一起,以至文字殊不调和,他根本不赞成用"三千年前之死语"来写现代的诗。任鸿隽对此颇为气愤,梅光迪替任鸿隽打抱不平,他在写给胡适的信中陈述己见说:

"足下所自矜为'文学革命'真谛者,不外乎用'活字'以入文,于叔永诗中稍古之字,皆所不取,以为非'二十世纪之活字'。此种论调,固足下所持为哓哓以提倡'新文学'者,迪亦闻之素矣。夫文学革新,须洗去旧日腔套,务去陈言,固矣。然此非尽屏古人所用之字,而另以俗语白话代之之谓也。……"

于是围绕"国文"与"国语"、文言与白话展开了热烈的讨论。大家各抒己见,胡适关于白话是活文字、古文是半死的文字的观点,尤其遭到持守旧立场的梅光迪的坚决反对。他驳斥胡适说:

"……文字者,世界上最守旧之物也。一字意义之变迁,必须经数十百年而后成,又须经文学大家承认之,而恒人始沿用之焉。足下乃视改革文字如是之易易乎?

"足下所谓'二十世纪之活字'者,并非二十世纪人所创造,仍是数千年来祖宗所创造者。且字者,代表思想之物耳。而二十世纪人之思想,大抵皆受诸古人者。足下习文哲诸科,何无历史观念如是?如足下习哲学,仅读二十世纪哲人之书,而置柏拉图、康德于高阁,可乎?不可乎?

"总之,吾辈言文学革命,须谨慎出之。尤须先精研吾国文字,始敢言改革。"

两人争论不已,通过相互辩驳,胡适的观点不仅未退缩分毫,反而愈趋激烈了。9月17日梅光迪离开绮色佳前往纽约哈佛大学时,胡适在送他的一首长诗中率先提出了"文学革命"这个概念,并大胆地宣告:

> 神州文学久枯馁,百年未有健者起。
> 新潮之来不可止,文学革命其时矣。
> 吾辈势不容坐视,且复号召二三子,
> 鞭笞驱除一车鬼,再拜迎入新世纪。

后来胡适在《逼上梁山》一文中谈到"文学革命的开始"阶段时,说:"……

从中国文字问题转到中国文学问题,这是一个大转变。这一班人中,最守旧的是梅觐庄,他绝对不承认中国古文是半死或全死的文字。因为他的反驳,我不能不细细想过我自己的立场。他越驳越守旧,我倒渐渐变得更激烈了。我那时常提到中国文学必须经过一场革命;'文学革命'的口号,就是那个夏天我们乱谈出来的。"

的确,胡适对"文学革命"的态度是很认真的,而且怀有责无旁贷的使命感。之所以又特别强调"诗国革命",是因为用活的文字即白话写文章作讲演,提倡起来阻力较小,而用白话写诗阻力就大多了。比如梅光迪就认为:"诗之文字(Poetic diction)与文之文字(Prose diction)自有诗文以来(无论中西),已分道而驰。"任叔永赞同梅光迪的观点,同时向胡适指出:"无论诗文,皆当有质。有文无质,则成吾国近世萎靡腐朽之文学,吾人正当廓而清之。然使以文学革命自命者,乃言之无文,欲行其远,得乎?近来颇思吾国文学不振,其最大原因,乃在文人无学。"胡适后来把他们的争论归结为哪一种文字配写诗,哪一种文字不配写诗,说在梅光迪、任叔永等人的心里,"诗与文是正宗,小说戏曲还是旁门小道。他们不承认白话可作中国文学的唯一工具。所以我决心要用白话来征服诗的壁垒,这不但是试验白话诗是否可能,这就是要证明白话可以做中国文学的一切门类的唯一工具。"

在胡适看来,新文学是从新诗开始的,最初新文学的问题就是新诗的问题,也就是诗的文字的问题。

发生在中国留美学生之间的这场争论,胡适在《答梅觐庄——白话诗》中对"新大陆之笔墨官司"有相当生动的记述:

> 人闲天又凉,老梅上战场。
> 拍桌骂胡适,"说话太荒唐!
> 说什么"中国要有活文学!"
> 说什么"须用白话做文章!"
> 文字岂有死活!白话俗不可当!
> 把《水浒》来比《史记》,
> 好似麻雀来比凤凰!
> 说"二十世纪的活字,
> 胜于三千年的死字",

若非瞎了眼睛,
定是丧心病狂!

老梅牢骚发了,老胡呵呵大笑。
且请平心静气,这是什么论调!
文字没有古今,却有死活可道。
古人叫做"欲",今人叫做"要"。
古人叫做"至",今人叫做"到"。
古人叫做"溺",今人叫做"尿"。
本来同是一字,声音少许变了。
并无雅俗可言,何必纷纷胡闹?
至于古人叫"字",今人叫"号";
古人悬梁,今人上吊;
古名虽未必不佳,今名又何尝不妙?
至于古人乘舆,今人坐轿;
古人加冠束帻,今人但知戴帽;
这都是古所没有,而后人所创造。
若必叫帽作巾,叫轿作舆,
何异张冠李戴,认虎作豹?
总之,
"约定俗成之宜",
荀卿的话很可靠。
若事事必须从古人,
那么,古人"茹毛饮血",
岂不更古于"杂碎"?岂不更古于"番莱"?
请问老梅,为何不好?

不但文字如此,
文章亦有死活。
活文章,听得懂,说得出。
死文章,若要懂,须翻译。

> 文章上下三千年,
> 也不知生生死死经了多少劫。
> ……
> 今我苦口哓舌,算来却是为何?
> 正要求今日的文学大家,
> 把那些活泼泼的白话,
> 拿来"锻炼",拿来琢磨,
> 拿来作文演说,作曲作歌:——
> 出几个白话的嚣俄(维克多·雨果),
> 和几个白话的东坡。
> 那不是"活文学"是什么?
> 那不是"活文学"是什么?

梅光迪对胡适的这首诗大加奚落与抨击:"读大作如儿时听'莲花落',真所谓革尽古今中外诗人之命者! 足下诚豪健哉! 盖今之西洋诗界,若足下之张革命旗者,亦屡见不鲜,……大约皆足下'俗话诗'之流亚,皆喜以前无古人,后无来者自豪,皆喜诡立名字,号召徒众,以眩骇世人之耳目而已,己则从中得名士头衔以去焉。"又说:"文章体裁不同,小说词曲固可用白话,诗文则不可。今之欧美,狂澜横流,所谓'新潮流'、'新潮流'者,耳已闻之熟矣。有心人须立定脚跟,勿为所摇。诚望足下勿剽窃此种不值钱之新潮流以哄国人也。"

这样就说得很不客气了,而且怀疑到胡适提倡白话新诗目的在于为自己博得名士头衔,缺乏正当性与合理性。至于他自己的"文学革命"主张,梅光迪归纳了四条:一曰摈去通用陈言腐语;二曰复用古字以增加字数;三曰添入新名词。如"科学""法政"新名字,为旧文学所无者;四曰选择白话中之有来源有意义有美术之价值者之一部分以加入文学,然须慎之又慎。

有一次再过绮色佳时,胡适和梅光迪当面争论了起来。

"吾以为文学在今日不当为少数文人之私产,而当以能普及最大多数之国人为一大能事。吾又以为文学不当与人事全无关系。凡世界有永久价值之文学,皆尝有大影响于世道人心者也。

"觐庄大攻此说,以为Utilitarian(功利主义),又以为偷得Tolstoi(托尔斯泰)之绪馀;以为此等十九世纪之旧说,久为今人所弃置。

"余闻之大笑不已。夫吾之论中国文学，全从中国一方面着想，初不管欧西批评家发何议论。吾言而是也，其为 Utilitarian，其为 Tolstoian（托尔斯泰主义），又何损其为是。吾言而非也，但当攻其所以非之处，不必问其为 Utilitarian，抑为 Tolstoian 也。"

根据胡适上述的记载，可见他们两个人针锋相对，争论很是激烈。梅光迪对胡适"活文学"之说大加攻击，胡适"细析其议论，乃全无真知灼见，似仍是前此少年使气之梅觐庄耳"。胡适认为梅光迪治学有一大毛病：喜读文学批评家之言，而未能多读所批评之文学家的原著。"如此道听途说，拾人牙慧，终无大成矣"，作为诤友，他把这个意见当面直率地提了出来，希望梅光迪能够改正。

梅光迪没有接受胡适的直言，相反他在分别之后又给胡适写了一封长信来挑战。胡适因为生病，没有立即回答。梅光迪听说胡适病了，便向任鸿隽说："莫不气病了？"任鸿隽把他的话告诉了胡适，胡适就写了一首打油诗寄给任鸿隽和梅光迪：

居然梅觐庄，要气死胡适。譬如小宝玉，想打碎顽石。
未免不自量，惹祸不可测。不如早罢休，迟了悔不及。

梅光迪收读了胡适的寄诗，回复道："读之甚喜，谢谢。"

胡适看罢梅光迪的回复大笑不止。"譬如小宝玉"一句，他本来是想用"鸡蛋壳"的，——以卵击石焉有不败之理？所以下一句引出"未免不自量，惹祸不可测"就显得十分自然，顺理成章。但这样把梅光迪比作"鸡蛋壳"，梅光迪读了肯定不高兴，也不会道声"谢谢"了。胡适斟酌之后改用了"小宝玉"：把梅光迪比作"小宝玉"会让他舒服一点。

他们两个人的争论，并未就此罢休。及至第二年节假，梅光迪和擘黄来纽约游玩，胡适与梅光迪仍天天辩论文学改良问题。"觐庄别后似仍不曾有何进益，其固执守旧之态仍不稍改"，让胡适感到很失望。他想："夫友朋讨论，本期收观摩之益也。若固执而不肯细察他人之观点，则又何必辩也？"

胡适关于"文学革命"的主张，经过一年多的讨论，还不能说服一两个好朋友，他还想在国内倡导"文学革命"的大运动吗？胡适是实验主义哲学的忠实信徒，他深知需要用实验的结果来证明自己的主张，因此他决定努力做白话诗的试验，不再打嘴仗，打笔墨官司了。用他自己的话来说，就是"决心要用白话来征服诗的壁垒"。

> 前年任与梅,联盟成劲敌,与我论文学,经岁犹未歇。
> 吾敌虽未降,吾志乃更决。暂不与君辩,且著尝试集。

于是就有了一系列的尝试性的白话新诗的横空出世。胡适的《尝试集》其实是争论的结果,没有和朋友们的争论,就没有胡适的白话诗。为此他很感谢那些同他激烈争论的朋友们:"若无叔永,觐庄,定无《尝试集》。"1917年6月即将回国之前,他在《〈文学篇〉——别叔永、杏佛、觐庄》一诗中回忆往日争论情景时说:

> 回首四年来,积诗可百首。'烟士披里纯',大半出吾友。
> 佳句共欣赏,论难见忠厚。今当远别去,此乐难再有。

"论难见忠厚",是胡适对他和梅光迪、任鸿隽等留美学友围绕"文学革命"进行辩论的总结:尽管争论激烈,但那是朋友之间的争论。

胡适回国后担任北京大学文科教授,同时参与《新青年》编辑事务,继续大力鼓吹"文学革命"。梅光迪则于1922年回国,任教于南京高等师范学校,并和吴宓、胡先骕一起创办了复古派刊物《学衡》。他本人写了《评提倡新文化者》、《评今人提倡学术之方法》等文章,坚持已往反对白话文学的主张,攻击"文学革命"的倡导者是"政客"和"诡辩家","标袭喧攘,侥幸尝试","故语彼等以学问之标准与良知,犹语商贾以道德,娼妓以贞操也"。胡适虽然明知"东南大学梅迪生等出的《学衡》,几乎专是攻击我的",但他没有再和梅光迪进行公开的辩论,只是写了一首打油诗回敬:

> 老梅说:
> "《学衡》出来了,老胡怕不怕?"
> 老胡没有看见什么《学衡》,
> 只看见了一本《学骂》!

1922年5月由胡适等筹办的《努力周报》正式出版,这是一个专门谈论政治的刊物。梅光迪在5月31日致信胡适,说:"《努力周报》所刊政治主张及其他言论，多合弟意。兄谈政治，不趋极端，不涉妄想，大可有功社会，较之谈白话文与实验主义胜万万矣。久不通讯，故特致数语，以见'老梅'宽大公允，毫无成见，毫无偏私也。"胡适将梅光迪的这封信收录在《我的歧路》前面，并在自述中回答道"梅先生是向来不赞成我谈思想文学的，现在却极赞成我谈政治"，然而"梅迪生说我谈政治'较之谈白话文与实验主义胜万万矣'，他可错了；我谈政治只是实行我的实验主义，正如我谈白话文也只是实行我的实验主义"。两人观点仍大相迥异。

任鸿隽

我们三个朋友：胡适、任鸿隽、陈衡哲。
胡适曾以此为题写了一首诗：

上
雪全消了，
春将到了，
只是寒威如旧。
冷风怒号，
万松狂啸，
伴着我们三个朋友。

风稍歇了，
人将别了，——
我们三个朋友。
寒流秃树，
溪桥人语，——
此会何时能有？

下
别三年了！

月半圆了,

照着一湖荷叶;

照着钟山,

照着台城,

照着高楼清绝。

别三年了,

又是一种山川了,——

依旧我们三个朋友。

此景无双,

此日最难忘,——

让我的新诗祝你们长寿!"

这首诗写于1920年8月22日,地点在南京,副题为"献给叔永与陈莎菲",他们夫妇和胡适都是留美学友。

任鸿隽(1886——1961),字叔永,祖籍浙江归安(今吴兴县),生于垫江(今属重庆直辖市)。1904年参加清末最后一次科举考试,得中巴县秀才第三名。后入重庆府中学堂速成师范班直至毕业。1907年到上海进中国公学高等预科,与胡适为中公同学。1908年赴日本,在东京高等工业学校应用化学科学习,并加入了孙中山领导的同盟会。胡适在《中国公学校史》一文中对此曾记述说:"有时候,忽然班上少了一两个同学,后来才知道是干革命或暗杀去了。如任鸿隽忽然往日本学工业化学去了,后来才知道他去学制造炸弹去了。"

作为同盟会会员,任鸿隽于辛亥革命前夕回国,1911年临时政府在南京成立后任总统府秘书,曾为孙中山起草过《告前方将士文》、《咨参议会文》、《祭明孝陵文》。临时政府迁至北京后担任国务院秘书。因对袁世凯窃居总统职位并阴谋复辟帝制不满,1912年岁末经孙中山批准,作为对辛亥革命有贡献的首批"稽勋生"赴美留学。胡适《留学日记》1912年12月1日记云:"十二时下山,至车站迎任叔永(鸿隽),同来者杨宏甫(铨,字杏佛),皆中国公学同学也。二君皆为南京政府秘书。叔永尝主天津《民意报》。然二君志在求学,故乞政府资遣来此邦。多年旧雨,一旦相见于此,喜何可言。"

任鸿隽在康奈尔大学文理学院主修化学和物理学专业,早两年入康奈尔大学的胡适，此时已由农科改修政治、经济兼修文学、哲学。他们两人继中公同窗之后，再次同在一校求学，友谊自然愈加深厚。1915年8月胡适转往哥伦比亚大学时，任鸿隽曾有一诗相赠：

我昔识适之，海上之公学。同班多英俊，君独露头角。
明年我东去，三山隔云雾，目击千顷波，苦忆黄叔度。
秋云丽高天，横滨海如田，扣舷一握手，君往美利坚。
我居神仙境，羡君登仙行。不谓复三年，见君绮佳城。
忆昔见君时，潇洒琼树姿。异俗夸少年，佻达安可期？
及我重见君，始知大不然。出辞见诗书，"博士"名久宣。
手中三寸纸，叠积成小册。问君复何为？"芭斯有演说"。
自此二三年，同舍喜得师。谈诗或煮茗，论时每扬眉。
学问自君物，谁能测所之？临岩各自返，君乃绝尘驰。
我昔赠君言，"雕彤岂素志？"今日复赠君，我言将何似？
不期君以古，古人不足伍。不期君今人，今人何足伦？
丈夫志远大，岂屑眼前名？一读卢（骚）马（志尼）书，千载气峥嵘。

任鸿隽在诗中叙述了他与胡适两次同窗的经过，由此建立的情同手足的友谊，以及对胡适的评价与期望。胡适深为感动，将这首诗抄录在自己的日记上，说："故人赠言，期许至厚，录之于此，不独以志故人缠绵之意，亦以供日月省览，用自鞭策耳。"胡适并且回赠任鸿隽诗一首，怀着同样深厚的友情，同样的相互鼓励：

遥闻同学诸少年，乘时建树皆宏达。
中有我友巴县任，翩翩书记大手笔。
策勋不乐作议员，愿得西乞医国术。
远来就我欢可知，三年卒卒重当别。
几人八年再同学？况我与君过从密：
往往论文忘晨昳，时复议政同哽咽。
相知益深别更难，赠我新诗语真切。
君期我作玛志尼（Mazzini），

> 我祝君为倭斯袜（Wilhelm Ostwald）。
> 国事今成遍体疮，治头治脚俱所急。
> 勉之勉之我友任！归来与君同僇力。

怀有远大志向的任鸿隽认为："现今世界，假如没有科学，几乎无以立国。"他所谓的"科学"并非专指化学物理生物等自然科学，而是西方近三百年来用归纳方法研究天然与人为现象所得结果之总和。"欲效法西方而撷取其精华，莫如介绍整个科学"。为了实现科学救国的理想，1914年夏，任鸿隽与留美学友赵元任、胡明复、周仁等联合发起成立科学社，创办《科学》杂志，以"提倡科学，鼓吹实业，审定名词，传播知识为宗旨"。次年中国科学社正式成立，这是中国最早的综合性科学团体；《科学》杂志也于同年公开出版，是我国最早的综合性科学杂志。任鸿隽被推举为董事会董事长和中国科学社社长。

胡适肯定并称赞提倡科学的任鸿隽等人"用心至可嘉许"。中国科学社第一次年会的合影照片，刊登在《科学》第三年一号上，胡适在日记中说："此中不独多吾旧友故交，其中人物，大足代表留美学界之最良秀一分子，故载之于此。"他本人也加入了科学社，为一普通会员。

不过，胡适的兴趣和所长在于文史哲等人文科学领域，志向在于从提倡白话文学入手，在中国掀起一场新文学的革命运动。在"国文"与"国语"、文言与白话的争论中，胡适与梅光迪、任鸿隽等人产生了很大的分歧。

前条"梅光迪"里已经介绍了那一场争论的大致经过，其实争论最初是由胡适批评任鸿隽的一首诗引起的：1915年夏几位留美学友在绮色佳度假，任鸿隽写了一首四言古诗《泛湖即事》寄给胡适，诗中用了"言"、"载"一类的老字（如"言棹轻楫"、"载笑载言"）。胡适看后批评这首诗写翻船一段"借用陈言套语"，"故全段一无精彩"，尤其是把陈腐的文字与现代语言夹在一起，致使文字很不调和。并以"猜谜赌胜，载笑载言"二句为例，说："上句为二十世纪之活字，下句为三千年前之死句，殊不相称也。""诗中所用'言'字、'载'字，皆系死字。"

任鸿隽中过秀才，喜作旧诗，偏爱古文，他根本就不赞成胡适关于白话是活文字、古文是半死的文字的观点，尤其不赞成用白话写诗。在致胡适的书信中任鸿隽率直地说道，"白话自有白话用处（如作小说演说等），然却不能用之于诗"，因为"盖诗之为物，除有韵之外，必须有和谐之音调，审美之词句"。胡适以陆放翁若干诗句为例,论证"白话入诗,古人用之者多矣"。任鸿隽反驳道:"所引诸白话诗所以佳者,皆以其有诗情在,不独以白话故耳。""如凡白话皆可为诗,则吾国之京调高腔,何一非诗?吾人何必说西方有长诗东方无长诗?但将京调高腔表而出之,即可与西方之莎士比亚、米而顿、顿里孙等比肩。有是事乎?"他置疑胡适倡导的"文学革命",说:"今且假定足下之文学革命成功,将令吾国作诗者皆京调高腔,而陶、谢、李、杜之流,永不复见于神州,则足下之功又何若哉?"

胡适《送梅觐庄往哈佛大学诗》中曾经用了十一个外国字的译音,任鸿隽把它们连缀起来,组成了一首游戏诗挖苦胡适:

牛敦,爱迭孙,培根,客尔文,
索房,与霍桑,"烟士披里纯"。
鞭笞一车鬼,为君生琼英。
文学今革命,作歌送胡生。

"任叔永戏赠诗,知我乎?罪我乎?"胡适在日记里记了这么一行。他本着"自古成功在尝试"的精神,自家努力尝试用白话写新诗,任鸿隽也持否定的态度,一再说:"兄等的白话诗(无体无韵)绝不能称之为诗。"用白话写新诗的尝试"完全失败"。他甚至嘲笑:"《新青年》之白话诗究竟有何好处?隽答其好处在无诗可登时,可站在机器旁立刻作几十首。"

那一场争论很激烈,双方各执己见,观点大相径庭。好在是朋友之间的讨论,即使争得面红耳赤也不会影响彼此的友谊,正如胡适在一首诗中所写的那样:

你还记得,绮色佳城,凯约嘉湖上,
山前山后,多少瀑泉奇绝,
更添上远远的一线湖光;
瀑溪的秋色,西山的落日,真个无双;
还有那到枕的湍声,夜夜像骤雨打秋林一样?
那是你和我最难忘的"第二故乡"。
如今回想,
往日的交情,旧游的风景,

> 一半在你我的诗囊，一半在梦魂中来往。

任鸿隽的兴趣与关注的重点是在科学方面。1916年他步胡适之后进入美国哥伦比亚大学学习，1918年获哥伦比亚大学化学硕士学位。胡适1917年应蔡元培邀请回国担任北京大学文科教授，两年后又代理北大教务长，为了网罗人才，他曾致函任鸿隽等留美学友来北大任教。对此任鸿隽回答说：

"你们尽管收罗文学、哲学的人才，那科学方面（物理、化学、生物学等）却不见有扩充的影响，难道大学的宗旨，还是有了精致的玄谈和火荼的文学，就算了事么？我这个话并不是因为你代理教务长才说的。我知道你不做教务长，于大学的前途也有密切的关系，故愿你注意注意。"

这个意见胡适是接受了的。从1920年起，北大的自然科学诸系陆续聘请了丁巽甫、颜任光、李润章主持物理系，李四光主持地质系，在化学系原有王抚五、陈聘丞、丁庶为，又增聘了谭仲达。这些举措虽然主要由校长拍板决定，不过作为教务长的胡适也起了重要的作用。

任鸿隽在国内已经结婚，来美留学后认识了就读于美国瓦沙女子大学的江南才女陈衡哲，遂开始了新的追求。胡适和陈衡哲由于为《留美学生季刊》约稿撰稿常有书信来往，但两个人并未谋面。后来任鸿隽带胡适去见过一次陈衡哲女士，他在《五十自述》中是这样说的：

"一九一七年春间，余已就学哥伦比亚大学，与陈（衡哲）女士所住之瓦沙女子大学为程火车三时可达。会胡君适之亦与陈女士订交而未晤面。余乃于春假之暇约适之往颇基卜施为访陈之行。此后吾三人邮筒往返几无虚日。朋友之乐，于斯为盛。此适之《尝试集》中所以有《我们三个朋友》之作，吾亦作《减字木兰》词答之。"

任鸿隽留美期间曾经回故乡四川一趟，目的是"归家一视"，"顺便得视察西南情势"，主持筹建钢厂和铁厂。当时胡适已在北大任教，他邀请任鸿隽到北京"一罄别来积愫"，任鸿隽走后又写了一首诗相送：

> 这回久别再相逢，便又送你归去，未免太匆匆！
> 多亏得天意，多留你两日，使我做得诗成相送。
> 万一这首诗赶得上远行人，
> 多替我说声"老任珍重珍重！"

1920年9月任鸿隽和陈衡哲在北京结婚，胡适担任婚礼的司仪。

任鸿隽后来曾一度出任北京大学化学系教授，此事无疑得力于胡适的帮助，1922年8月13日任鸿隽自重庆写给胡适的信中就表达了他的求职愿望：

"现在有一件事要重托重托你。我们看四川这个扰乱的样子，晓得非四五年之后是没有什么事可办的……外面的事体，我想还是北京容易找而且相当的多一点，又可以替《努力》努一点力，所以我想托你特别替我留心一下。大学的化学系不晓得现在还缺人不，你现在在做教务长，是知道的，请你也告诉我一声。"

聘请教授系教务长份内之事，这个忙胡适是完全可以帮的。

除担任北大化学系教授外，任鸿隽还在教育部任专门教育司司长。因其主持的中国科学社设在上海，刊物《科学》也在上海编辑出版，所以任鸿隽经常去上海，1922－1923年并在上海商务印书馆任编辑，兼顾科学社与《科学》杂志事务。1923－1925年任南京东南大学化学系教授、副校长。

中华教育文化基金董事会是继中英庚款顾问委员会之后成立的，负责美国所退还庚款的管理与使用。1927年6月在中华教育文化基金董事会第三次年会上，胡适被聘为董事会董事，兼任秘书。1929年6月董事会在杭州召开第五次年会，董事人选问题几经周折，最后全照胡适拟定的名单通过，胡适本人既是旧董事又是国民政府任命的新董事，其担任的秘书一职改由任鸿隽继任。"修正章程是叔永的初稿，我的改稿，由我提议，共五处，皆是文字细点，都通过了"。以后任鸿隽担任过中基会的专门秘书、董事、干事长。

1928年4月起胡适任上海中国公学校长，为时两年有余。任鸿隽1926－1929年任北海图书馆（后改为北平图书馆）委员会委员长。这一段时间两人从胡居北任居南调换成了胡居南任居北。胡适每次去北京时必定会见老朋友，1929年2月25日记云：

"我一月十九日到北京，今日出京，在京住了三十六天，在叔永家住了三星期，在在君住二星期，天天受许多朋友的优待，吃了一百几十顿酒饭，见了无数熟人。"

他在任鸿隽家住的时间最长，因为他和任鸿隽、陈衡哲夫妇最熟。

任鸿隽1935－1937年出任四川大学校长。1938－1942年任中央研究院化学研究所所长。从以上经历说明：任鸿隽一生都在致力于科学教育救国，这是他心中常住的梦想。与任鸿隽不谋而合，胡适上个世纪30年代初担任北大文学院长后，北大在1933-1934年度为全校各系一年级学生开设了一门"科学概论"的新课，胡适亲自讲"引论"和"结论"，其他专科知识分别由相关的专门家上课，如江泽涵等讲"数学方法论"、萨本栋等讲"物理学方法论"、曾昭抡讲"化学方法论"、丁文江讲"地质学方法论"、林可胜讲"生物与生理方法论"，等等。这在当时是一个创举。

1932年5月胡适和几个朋友发起并自筹基金，成立了"独立评论"社，出版《独立评论》（周刊）。任鸿隽为成员之一，他不论身在何处，都经常为《独立评论》撰稿。胡适在1937年7月4日《独立评论》（周刊）第242号编辑后记中，专门有一条记云："任鸿隽先生此次坚决的辞去了国立四川大学校长职务，是我们关心高等教育的人都很惋惜的。他在川大的两年，真可以说是用全副精力建立了一个簇新的四川大学，我们深信他这两年努力种下的种子不久一定可以显现出很好的结果。这一次他寄来了一篇《进步的基础》的讲演稿子，是一篇很平恕的对四川的观察和期望。"

抗日战争爆发以后，胡适担任了四年的驻美大使。任鸿隽曾就纪念蔡元培的方法、中基会今后工作开展问题，从国内致函胡适就商。信中总会有"起居何似，时在念中"、"偶于由美来华友人处得闻起居清胜，至为忻慰"之类的话，足见故友情深。

陈衡哲

陈衡哲（1890-1976），祖籍湖南衡山，生于江苏武进。她是一位典型的江南才女，长于书香门第与官宦之家，自幼饱读诗书，后就读于上海爱国女校。1914年夏被清华学校录取为庚款留美生，入美国瓦沙女子大学攻读西洋历史，兼修西洋文学。后入芝加哥大学继续深造，获硕士学位。

在美国留学期间，胡适作为《留美学生季报》的编辑之一，曾写信向陈衡哲约稿，两人从此开始了书信往来。据胡适1917年4月11日追记："吾于去年十月始与女士通信，五月以来，论文论学之书以及游戏酬答之片，盖不下四十余件。"那时他们通信彼此称呼"先生"，故而胡适在一封信中戏曰：

你若"先生"我，我也"先生"你。

不如两免了，省得多少事。

陈衡哲同样以打油诗答复胡适：

> 所谓"先生"者，"密斯忒"云也。
> 不称你"先生"，又称你什么？
> 不过若照了，名从主人理，
> 我亦不应该，勉强"先生"你。
> 但我亦不该，就呼你大名。
> 还请寄信人，下次寄信时，申明要何称。

胡适又回了陈衡哲一首打油诗：

> 先生好辩才，驳我使我有口不能开。
> 仔细想起来，呼牛呼马，阿猫阿狗，有何分别哉？
> 我戏言，本不该。
> 下次写信，请你不用再疑猜：
> 随你称什么，我一一答应响如雷，决不敢再驳回。

胡适把"偶然说点天真烂漫的玩笑"视为"朋友之间的乐事"。从以上相互戏答中，的确可以看出他和陈衡哲彼此建立了相当不错的友情，尽管他们还没有见过面。

任鸿隽也是《留美学生季报》的一名编辑，1917年4月7日他去普济布德村（Poughkeepsie）看望陈衡哲时，邀胡适同往，胡适和陈衡哲两人这才见上一面。已经结婚的任鸿隽追求陈衡哲到了痴迷的程度。据说胡适和陈衡哲互有好感，胡适因为陈女士系任鸿隽心爱之人，本着"朋友之友不可友"、"朋友之爱不可夺"的为人信条，主动退而避之，与陈衡哲始终保持亲密但未超过友谊的关系。

胡适提倡白话文学，尝试用白话写新诗，在一班留美学生中间引起了热烈的讨论。梅光迪、任鸿隽、杨杏佛等人都持反对的态度，陈衡哲则赞成胡适的观点，并且作为响应，她由文言改为白话写作，在《留美学生季报》上发表了《一日》等白话短篇小说。所以胡适称"她是我的一个最早的同志"，说"她不曾积极地加入这个笔战；但她对于我的主张的同情，给了我不少的安慰和鼓舞"。

陈衡哲是中国现代最早从事新式白话小说创作的女作家，有的研究者认为她的白话短篇小说《一日》出世要早于鲁迅的《狂人日记》。陈衡哲还写了不少白话诗。其创作力之旺盛，用她写给胡适的一封信中所言："发明品将日新月盛也。"

1917年9月胡适被蔡元培聘为北大教授，两年之后又升任北大教务长。陈衡哲是他向蔡元培推荐到北大任教的第一位女性教授，他还和史学系主任朱希祖具体商谈如何安排陈衡哲的课程。

1920年7月陈衡哲与任鸿隽回国，先到了南京。其时胡适应南京高等师范学校之邀在南京讲学，他和陈衡哲、任鸿隽别后重聚，自然分外高兴，便在8月22日写了一首新诗《我们三个朋友》，抒写他们之间的友情。胡适甚至给自己刚生的女儿取了一个与陈衡哲笔名"莎菲"读音相近的名字：素斐。

暑期结束，学校开学。陈衡哲由胡适举荐并由校方安排，在北大主讲西洋哲学史。

9月16日陈衡哲与任鸿隽在北京举行了简单的新式结婚仪式，蔡元培为证婚人，胡适担任司仪（当时称"赞礼"）。胡适在婚礼上戏作对联"无后为大，着书最佳"赠与一对新人。

不过，胡适那副对联算是白写了：陈衡哲婚后不久即怀孕，无法再上课，这让她的推荐人也感到很为难。但女人结婚就会怀孕生孩子。"此事自是天然的一种缺陷，愧悔是无益的。"胡适在日记中这样说，他尽量想办法把事情安排得妥贴一些。

陈衡哲一直把胡适当作自己亲密的朋友，尤其是任鸿隽赴南方大学任教，不在北京的时候，她有很多事情都求胡适帮忙，出主意：

"适之：我有两件小事要和你商量：（一）我很希望星期六没有课。你和朱（希祖）先生排时间的时候，若能做得到，极盼望你们给我这个 favor（恩宠）。（二）我一天大约有两三小时的课若能连在一起，便可省俭不少光阴，不知做得到吗？

"……我看见各处对于《努力》评论文章，都是你一人作答语，很为你抱不平。我差不多要劝叔永回到北京去帮帮你的忙了。

"适之：……北京朋友虽多，但你是旧友中的最相知的。"

以后陈衡哲离开了北大，随任鸿隽到南方居住与生活，先后执教于东南大学、四川大学。教授西洋哲学史仍然是她的主业，此外并应胡适邀约向《努力》等刊物写稿，有小说、诗歌以及抨击社会与教育界弊端的文章：

"我们自然照例的要出外去对牛弹弹琴，但我亦想借此骂骂四川的吃人阶级与情愿被人吃的阶级。

"我现在所做的事是：(一)编《西洋史大纲》。(二)为川中的青年制造一点反军阀的心理（演说，文章，或在言论及社交之间），此事在四川为之，真如逆水行舟，甚为费力，然颇有可慰的效果。(三)作点文艺小品自遣。可惜重庆的空气太坏了，女子的程度又是低之又低，朋友之乐，竟是沙漠中的甘泉了!

"你们把我邀入努力社，我很感谢你们的厚意，但我对于政治上恐不能有所努力，这一层大约你们也不曾希望我的。我所能努力的，是借了文艺思想来尽我改造社会心理的一分责任。我很感谢你们能帮助我走那一条路。"

陈衡哲与任鸿隽到北京时必定会去看望胡适。胡适去上海、南京、杭州等南方城市讲学或度假、养病时，只要有机会，他们一些老朋友也总会见面叙谈，共度欢乐的时光，1923年9月赴浙江海宁观潮，"在船上大谈"即是一例。

仿照胡适《我们三个朋友》，陈衡哲写有一首诗送胡适：

……我们总不该忘了
这三天聚谈的快乐：
我们梦了过去又梦未来，
游了沧海大陆，
重还去寻那曲涧幽壑。
这三天的快乐，
当时不觉心足，
及后自思，
何时方能再续？

不能再续！
只有后来的追想，
像明珠一样，
永远在我们的心海里，
发出他的美丽的光亮。

1931年1月5日胡适南下参加中华文化基金董事会，赵元任、陈衡哲几位同行。胡适和陈衡哲在车上有一段极有趣的谈话。

陈衡哲说:"Love(爱)是人生唯一的事。"

胡适说:"Love(爱)只是人生的一件事,只是人生许多活动的一种而已。"

陈衡哲笑道:"这是因为你是男子。"

胡适坚持己见:"其实今日许多少年人都误在轻信Love(爱)是人生唯一的事。"不知道他是否当面向莎菲这么讲过,但确凿无疑的是他把这句话写在了当天的日记里。

陈衡哲在北大等校讲课的成果是《西洋史》的出版。1926年7月胡适经苏联赴伦敦出席中英庚款顾问委员会全体委员会议,火车沿贝加尔湖边前行,一边是淡蓝的平寂如镜的湖水,一边是巉巉的岩石,胡适遥念国内几位治历史的朋友,便在火车上写了一篇文章:《介绍几部新出的史学书》。其中他高度评价陈衡哲的《西洋史》"是一部带有创作的野心的著作。在史料的方面,她不能不依赖西洋史的供给。但在叙述与解释的方面,她确然做了一番精心结构的功夫。这部书可以说是中国治西(洋)史的学者给中国读者精心著述的第一部西洋史。在这一方面说,此书也是一部开山的作品"。胡适尤其赞赏:"这样综合的、有断制的叙述,可以见作者的见解与天才。历史要这样做,方才有趣味,方才有精彩。……方才可以在记述与判断的方面自己有所贡献。"

陈衡哲的小说集《小雨点》,1928年4月由上海新月书店出版。胡适应陈衡哲所请特为之作序,对陈衡哲在文学上的成绩作了充分的历史的肯定。他说:

"当我们还在讨论新文学问题的时候,莎菲却已经开始用白话做文学了。《一日》便是文学革命讨论初期中的最早的作品。《小雨点》也是《新青年》时期最早的创作的一篇。民国六年以后,莎菲也做了不少的白话诗。我们试回想那时期新文学运动的状况,试想鲁迅先生的第一篇创作——《狂人日记》——是何时发表的,试想当日有意作白话文学的人怎样稀少,便可以了解莎菲的这几篇小说在新文学运动史上的地位了。

"所以我很高兴地写这篇小序,给读者知道这几篇小说是作者这十二年中援助新文学运动的一部分努力。"

陈衡哲和胡适的关系,曾被好事之徒当作一件诽闻来炒作。1934年4月《十日谈》杂志第26期上,一个化名"象恭"的人撰文说:陈衡哲女士原是追求胡适的,胡适没有接受,这才把她介绍给了任鸿隽,这就是为何陈衡哲与任鸿隽婚后感情仍然平淡的原因。此文一出,社会为之轰动。任鸿隽陈衡哲夫妇斥责说这是有意的造谣和诽谤,任鸿隽写信给胡适指出:"那篇原文意存诬毁",除非有更明确的表示,"不能洗刷原来的诬辱"。胡适也十分生气,他写信质问《十日谈》编者,并逐条加以驳斥,要求编者与文章作者道歉。《十日谈》编者只得在第39期杂志上刊出《胡适之来函》,向被攻讦诬枉的陈衡哲任鸿隽夫妇与胡适道歉。后来苏雪林还有其他一些人仍喋喋不休,根据陈衡哲的小说《洛绮思的问题》,说男女主人公洛绮思和瓦德即影射陈衡哲与胡适,两人互相倾慕,却又没能结合在一起,只是"继续不断"的保持着"友谊"的关系。真实的情况究竟如何不得而知,恐怕有"考据癖"的胡适会让好事者"考据"一番了。不过,本书是把陈衡哲作为胡适的留美学友看待的,所以并未把她列入胡适的"红颜知已"一章。

第二章

《新青年》同仁

陈独秀　钱玄同　刘半农　李大钊　鲁迅　周作人　陶孟和　高一涵

　　《新青年》原名《青年》杂志，1916年在上海由陈独秀创办。1917年1月迁至北京，改名《新青年》。陈独秀以《新青年》为阵地，吸引并团结了一批知识精英与时代先锋，大力提倡民主，提倡科学，积极宣传新思想、新文化，在当时的中国社会尤其知识阶层起到了振聋发聩的作用，为方兴未艾的五四新文化运动准备了坚实的基础。

　　胡适的文章《文学改良刍议》，1917年1月在《新青年》杂志第2卷第5号上发表，由此掀开了文学革命的第一幕。由于和陈独秀相交甚厚，胡适自然而然地加入了《新青年》的编辑人行列，与其他同仁们一起在新文化运动中大显身手。

　　也是由于胡适后来在编辑方针上提出不谈政治，专重哲学文艺，从而引起同仁们意见分歧，最终导致了《新青年》的分裂。

1925年3月胡适（右二）与钱玄同（左三）、单不庵（左一）、徐炳旭（左二）、查良钊（左五）等吊唁孙中山后合影。

陈独秀

陈独秀（1880—1942），原名庆同、干生，字仲甫，号实庵。安徽怀宁人氏。曾先后五次东渡日本，并以日本为媒介，广泛接触了西方资产阶级各种社会思潮。1912年在安庆组织青年励志学社，首次提出了"民主与科学"的口号。1916年起在上海编辑《青年》杂志，次年改名《新青年》。陈独秀以《新青年》为阵地，大力提倡民主与科学，积极宣传新思想、新文化，在当时的中国知识界起到了振聋发聩的作用，为方兴未艾的五四新文化运动准备了坚实的基础。陈独秀本人通过对各种学说的比较鉴别之后，选择并接受了马克思主义，成为中国共产党早期的创建人和领导者之一。

1917年1月陈独秀正式就任北大文科学长，《新青年》杂志也随之从上海迁至北京，箭杆胡同9号小院就是陈独秀当时寄寓的所在，《新青年》杂志的编辑部也设在这里。他协助校长蔡元培做了许多有益的工作，而就思想意识来讲陈独秀比蔡元培更为激进，态度也更为大胆。他身兼《新青年》杂志编辑人和北京大学文科学长，两个阵地互相配合，左右开弓，掀起了声势浩大的新文化运动。

新文化运动的一个重要方面是传统文学的变革图新，于是陈独秀自然而然地想到了一个人——正在美国留学的胡适之。他之所以举荐胡适来北大任教，一来是出于同乡情谊，两人都是"皖中名士"，属于徽帮；二来是陈独秀对胡适文学改良的主张颇为赏识，并引为志同道合者。后一条原因是主要的。

陈独秀和胡适本不认识，他们两人最初相交是通过一位共同的朋友——汪孟邹。

汪孟邹在上海亚东图书馆经销书籍杂志，他和胡适是绩溪同乡，又与陈独秀早有交往。《青年》尤其是《新青年》杂志锐意革新，倡导新思想新文化，所以陈独秀对在国外留学的知识分子极为看重，几次托汪孟邹写信给胡适，希望胡适能为杂志写文章。胡适遂于1916年2月寄了一篇译稿给陈独秀，从此两人便开始了信函往返，"纸上谈兵"。

陈独秀认为"中国万病，根在社会太坏"，所以他最初是想"仰望"胡适"就所见闻论述美国各种社会现象，登之《青年》，以告国人"。这段话出自1916年8月13日陈独秀写给胡适的一封信，中心意思是要借他山之石以攻玉，匡正中国社会的种种弊端。其时胡适正和几个留美学生就"国文"与"国语"、文言与白话展开讨论，他自己还尝试用白话写了一些新诗，众人对之褒贬不一。朱经农当时住在华盛顿，任教育部学生监督处书记，8月19日胡适在写给他的信中谈到了"新文学之要点，约有八事"。10月胡适又致信陈独秀，提出以此八项为"文学革命"的条件。陈独秀对此极表赞同，复函胡适云：

"文学改革，为吾国目前切要之事。此非戏言，更非空言。……务求足下赐以所作写实文字，切实作一改良文学论文，寄登《青年》，均所至盼。"

在陈独秀的殷切盼望与催促下，胡适随后不久写出了《文学改良刍议》一文，并用复写纸抄了两份，一份给《留美学生季刊》，一份寄上海。陈独秀得之以后如获至宝，很快将胡适的文章在1917年1月《新青年》杂志第2卷第5号上发表了，由此掀开了文学革命的第一幕。

《文学改良刍议》是胡适实验主义文学观的一个纲领性文件，尽管它存在着注重形式（语言）变革而对内容革新关注不够的缺点，但仍不失为五四文学革命的第一篇正式宣言。陈独秀高度赞扬胡适的这一历史性贡献，称："文学革命之气运，酝酿已非一日，其首举义旗之急先锋则为吾友胡适。"不仅如此，陈独秀还亲自撰写了一篇《文学革命论》，声言："余甘冒全国学究之敌，高张'文学革命军'大旗，以为吾友之声援。"并在文章中旗帜鲜明、直捷了当地提出了"文学革命的三大主义"：推倒雕琢的阿谀的贵族文学，建设平易的叙情的国民文学；推倒陈腐的铺张的古典文学，建设新鲜的立诚的写实文学；推倒迂晦的艰涩的山林文学，建设明了的通俗的社会文学。这在很大程度上补充了胡文之不足。

胡适由于《文学改良刍议》一文在《新青年》杂志上发表并产生了很大的影响，因而一般人在谈到五四文学革命时往往陈（独秀）、胡（适）并列，称他们一个是"主帅"，一个是"急先锋"。由此可见当时陈独秀和胡适两人的关系非同一般。

因此，很合乎常理和逻辑地，自然而然地，陈独秀被蔡元培延聘为北大文科学长后，便向蔡元培推荐了尚在美国留学的胡适来北大任教。陈独秀在写给胡适的一封信中，披露了内中的详情：

"……蔡子民先生已接北京总长之任，力约弟为文科学长，弟荐足下以代，此时无人，弟暂充乏。子民先生盼足下早日回国，即不愿任学长，校中哲学、文学教授俱乏上选，足下来此亦可担任。学长月薪三百元，重要教授亦有此数。"（信中"北京总长"为"北大校长"之误）

这也就是说，陈独秀一切都替胡适安排好了：职务——学长、教授任选；薪津——每月三百大洋。这两项都是非常优厚的条件。陈独秀之所以如此热心敦请胡适来北大，是因为他深感"中国社会可与共事之人，实不易得"。而有了前一段共同鼓吹文学革命的经历，陈独秀认为胡适是自己最好的搭挡，他与胡适"神交颇契"。

陈独秀是把胡适引进北大的关键人物，也是把胡适推到新文化运动舞台上的主要人物。可惜好景不长，陈独秀由于细行不检招致众多非议，被迫以"请长假"的名义，于1919年春离开了北大。以后陈独秀专注于《新青年》和《每周评论》，积极从事政治活动，与主张"二十年不谈政治"的胡适产生了分歧。

《新青年》自1920年5月七卷五号起，由北京迁回上海出版。陈独秀征求各位同仁对今后编辑方针的意见，胡适针对杂志"色彩过于鲜明"而"北京同人抹淡的工夫决赶不上上海同人染浓的手段之神速"，曾经提出《新青年》从九卷一号再移北京，并"声明不谈政治"，只"注重学术思想艺文的改造"，否则就应"另创一个哲学文学的杂志"。同仁们意见不一，胡适的建议虽然得到部分人的支持，但未被陈独秀采纳，故而胡适哀叹："自此以后陈独秀便与我们北大同人分道扬镳了。……我们在北大之内反而没有个杂志可以发表文章了。"

《新青年》在上海由陈独秀主持，又加进了陈望道、李汉俊等有共产主义倾向的年轻人，"色彩"继续"染浓"，逐渐成为早期共产主义者的舆论阵地，中国共产党成立之初又将《新青年》作为机关刊物。"时日推移，陈独秀和我们北大里的老伙伴，愈离愈远。我们也就逐渐的失去我们学报"。胡适以及和他持同一立场的人遂与《新青年》脱离，于1922年5月另创《努力周报》，从鼓吹"多研究些问题，少谈些主义"过渡到鼓吹"好政府主义"。

五四运动开始时，是共产主义的知识分子、革命的小资产阶级的知识分子和资产阶级知识分子三部分人统一战线的革命运动。随着运动的深入和扩展，尤其是工人阶级登上政治舞台和中国共产党的成立，原先的统一战线发生了分化，作为运动右翼的资产阶级知识分子逐渐站到了革命的对立面。围绕"问题"与"主义"的论争以及《新青年》的分裂就是统一战线发生分化的两个重要标志。

1925年上海发生"五卅"惨案，陈独秀和胡适又就帝国主义问题进行了激烈的争论。在胡适眼里不平等条约是存在的，但他不承认有帝国主义。在和陈独秀的一次辩论中，胡适拿起手杖在地板上接连戳了几下，发出"笃笃"的声响，质问陈独秀道："仲甫，哪有帝国主义！哪有帝国主义！" 这个生动的细节系根据汪原放的回忆，从中可以窥见胡适的政治态度。

中国共产党成立早期陈独秀担任了总书记，他的政治主张与胡适的政治主张是南辕北辙，甚至水火不容。尽管如此，陈独秀对胡适在近代思想史上的贡献和在中国思想界的地位还是充分肯定的，他在《前锋》月刊第一期上发表的一篇文章中说："号称新派的学者如蔡元培、梁启超、张君劢、章秋桐、梁漱溟等，固然不像王敬轩、朱宗熹、辜鸿铭、林琴南那样糊涂，然仍旧一只脚站在封建宗法的思想上面，一只脚或半只脚站在近代思想上面，真正了解近代资产阶级思想文化的人，只有胡适之。张君劢和梁漱溟的昏乱思想被适之教训的开口不得，实在是中国思想界一线曙光。"又说："适之所信的实验主义和我们所信的唯物史观，自然大有不同之点，而在扫荡封建宗法思想的革命战线上，实有联合之必要。"陈独秀致函胡适，希望求得"切实指教"，"以当面晤"。

他们两人的私交也很好。据胡适口述，陈独秀、高一涵和他三位安徽同乡，1919年6月12日在城南一个叫做"新世界"的娱乐场所吃茶聊天，陈独秀从他的衣袋中取出事先印制好的传单《北京市民宣言》，向其他桌子上的客人们散发。传单要求撤换步兵统领王怀庆，因为王怀庆素有"屠夫"之称，曾在6月初拘捕了在北京街头宣传反日和抵制日货的学生。高一涵和胡适先走一步，陈独秀仍在继续散发传单，不久警察来了把他拘捕送入警察总署监牢，直到夜半才有人将此事打电话告诉胡适。陈独秀被捕之后始终未经公开审讯，他的一大群安徽同乡和老朋友们，包括胡适和高一涵在内，终于想方设法在8月间把他保释出狱。

陈独秀在狱中被关押了将近三个月，其间胡适代他编辑《每周评论》杂志。1920年1月，华中几所大学请胡适去做学术演讲，胡适因为正在为杜威讲演作翻译，无法分身，所以推荐陈独秀前往。陈独秀回到北京后，警察又来查问，陈独秀知道大事不好，便偷偷跑到胡适家中躲避，后和李大钊一起离开了北京。

1920年陈独秀结婚时，胡适是他的证婚人，并作对联"未团圆先离别，出监狱入洞房"相贺。

陈独秀多次被捕，胡适都曾多方营救。1932年10月15日，陈独秀在上海又一次被捕，国民党当局判处他有期徒刑13年（后改为8年）。胡适曾两次在南京探视过陈独秀，一次是1933年6月13日，胡适在当天的日记中写道：

"饭后与书贻同去看陈仲甫；慰慈、仙槎（何）同去。仲甫仍住看守所，室中书籍满架，此种生活颇使我生羡。他仍有胃病，但精神很好。他现研究古史。"

另一次是1934年2月10日，"……饭后同去地方法院看守所访问独秀。独秀有肠病，他又好吃，所以近日有肚痛病，脸色甚黑，精神稍不如前。他要写《自传》，有信给原放，要我先疏通叶楚伧等人，使此书可出版。我劝他放手写去，不必先求早出版。若此时即为出版计，写的必不得不委曲求全，反失真相。不如不作出版计，放手写去，为后人留一真迹。他颇以为然。"

胡适持客观公正态度，于1932年10月30日在北大发表《陈独秀与文学革命》的讲演，对陈独秀在五四新文化运动中的历史作用作了充分的肯定，同时又哀叹老友为政治所误走上了歧路。据胡适归纳，陈独秀对于文学革命有三个大贡献：一、由我们的玩意儿变成了文学革命，变成三大主义。二、由他才把伦理道德政治的革命与文学合成一个大运动。三、由他一往直前的精神，使得文学革命有了很大的收获。

1937年芦沟桥事变爆发后，胡适上书时任行政院长的汪精卫，要求国民党当局释放陈独秀。汪精卫商得蒋介石的同意，由司法院开释，陈独秀终于结束了牢狱生活，避居到四川江津。晚年的陈独秀既遭共产党内同志批判，又为国民党当局所不容，心情郁闷，贫病交加，十分凄凉。胡适为念旧谊，利用出任驻美大使的机会，多方联系让老友赴美治病，不过陈独秀本人不愿意出国，只好作罢。

胡适按照自己的思想观点与政治立场这样评价晚年的陈独秀："读《陈独秀最后论文和书信》，深喜他晚年大有进步，已不是'托派'了，已走上民主自由的路了。"胡适说这话的时间是1949年2月23日，也就是他所谓的"民主自由的路"在中国大陆走进了死胡同，即将彻底破灭的时候。

钱玄同

钱玄同（1887-1939），原名夏，字中季，号疑古。浙江湖州人。1906年赴日本早稻田大学学习师范，次年加入同盟会。1908年与鲁迅、黄侃等人师从章太炎，研究音韵、训诂及《说文解字》。1910年回国后，历任中学教员、浙江省教育总署教育司视学、北京高等师范附中教员、高等师范国文系教授、北京大学教授、《新青年》编辑、北平师范大学中文系主任。

钱玄同和胡适既是北大卯字号的同事，也是《新青年》杂志的同仁。他们两人合作打得一次漂亮仗，是同守旧势力代表林纾围绕"白话文学"的那一场争论。

读过鲁迅《呐喊.自序》的人都知道那里面提到一个"金心异"，他极力动员鲁迅写文章，说"几个人既然起来"就"不能说决没有毁坏这铁屋的希望"。这个"金心异"就是钱玄同,鲁迅正是在他的动员下写了《狂人日记》并在《新青年》上发表,成为五四新文学运动的一声春雷。从这件事情上可以看出钱玄同是一位相当激进的人物。

钱玄同是语言文字学家,出自章太炎的门下。胡适在《新青年》上发表《文学改良刍议》,率先提出"八不主义"之后,钱玄同积极响应,他与陈独秀在《新青年》的通信中,说:

"顷见胡适之先生《文学刍议》,极为佩服,其斥骈文不通之句,及主张白话体文学,说最精辟。……具此识力,而言改良文艺,其结果必佳良无疑。"

他又于1917年7月2日致书胡适,言道:"玄同年来深慨于吾国文言之不合一,致令青年学子不能以三五年之岁月通顺其文理以适于应用,而彼选学妖孽与桐城谬种方欲以不通之典故与肉麻之句调戕贼吾青年,因之时兴改革文学之思;以未获同志,无从质证。……顷闻独秀先生道及先生不日便将返国,秋后且有来京之说,是此后奉教之日正长。文学革命之盛业,得贤者首举义旗,而陈独秀、刘半农两先生同时响应,不才如玄同者,亦得出其一知半解,道听途说之议论以就正于有道,忻怵之情,莫可名状。"

钱玄同从语言与文字的关系及其演变,根据"言文一致"的规律断言白话文取代文言文是不可阻挡的历史趋势,旗帜鲜明地反对拟古复古的骈文与散文。所谓"选学妖孽"、"桐城缪种",就是当时他对这一类散发古代僵尸气味的文章所作的酷评。陈独秀称赞钱玄同:"以先生之声韵训诂学大家,而提倡通俗的白话文学,何忧全国之不景从也!可为文学界浮一大白。……"《新青年》杂志也在钱玄同的倡议和影响下于1918年第4卷第1号起用白话文出版。

钱玄同还自导自演了一出双簧戏——他化名王敬轩,摹仿旧文人的口吻给《新青年》写信,将封建复古派反对白话文、反对新文学的观点尽悉罗列,然后由刘半农用复信的方式一一加以驳斥。这出双簧戏在社会上引起了众多人士的兴趣与关注,陈独秀、胡适、钱玄同、刘半农等关于"文学革命"的主张更加深入人心。后来这出双簧戏在现代文学史上成了一件人们乐谈的趣事轶闻。

封建复古派代表人物林纾怒不可遏,他除了撰文《论古文白话之消长》、《致蔡鹤卿太史书》对白话文对新文学大肆攻击、诋毁外,还写了两篇文言小说《荆生》、《妖梦》,用影射的手法极力将陈独秀、胡适和钱玄同加以妖魔化:田其美(影射陈独秀)、狄莫(影射胡适)、金心异(影射钱玄同),聚集在陶然亭商议提倡白话反对孔教,三个人讲话像狗像禽兽,被一个叫"荆生"的伟丈夫出来将他们擒住，责骂痛打了一顿。钱玄同和胡适、陈独秀一样被封建旧文人视为眼中钉肉中刺，因为他们站在了同一条战线上。

钱玄同甚至比胡适旗帜更为鲜明，态度更为激烈。他曾经就宋春舫关于"歌剧之势力且驾文剧而上之"的言论，批评胡适说：

"老兄的思想，我原是很佩服的。然而我却有一点不以为然之处：即对于千年积腐的旧社会，未免太同他周旋了。平日对外的议论，很该旗帜鲜明，不必和那些腐臭的人去周旋。老兄可知道外面骂胡适之的人很多吗？你无论如何敷衍他们，他们还是很骂你，又何必低首下心，去受他们的气呢？我这是对于同志的真心话，不知道老兄以为怎样？"

胡适没有完全接受钱玄同的意见，他回信说："我用不着替自己辩护。我所有的主张，目的并不止于'主张'，乃在'实行这主张'。故我不屑'立异以为高'。我'立异'并不'以为高'。我要人知道我为什么要'立异'。换言之，我'立异'的目的在于使人'同'于我的'异'。"并在这个地方特别加注说明：正当的"立异"皆所以"求同"。

这是胡适一贯的思想，对任何事情采取宽容的态度，"立异"以"求同"。他认为这样做，"无论如何，总比凭空闭户造出一个王敬轩的材料要值得辩论些"。钱玄同是一个多疑的人，胡适怕他怀疑自己有意"挖苦"，所以紧接着声明："其实我的意思只要大家说个明明白白，不要使我们内部有意见就是了。"

虽然有些意见不尽相同，但胡适和钱玄同的友情始终保持着。胡适的《尝试集》是五四新文学运动中出版最早的一本个人诗集，开创了名噪一时的"胡适之体"，而应胡适所请为这本诗集作序的不是别人，正是钱玄同。"我以前看见适之作的一篇《文学改良刍议》，主张作诗文不避俗语俗字；现在又看见这本《尝试集》，居然就实行用白话来作诗。我对于适之这样'知'了就'行'的举动，是非常佩服的"，钱玄同在序言中这样说道。他高度称赞胡适"是中国现代第一个提倡白话文学——新文学——的人"，《尝试集》"用现代的白话（表）达适之自己的思想和情感，不用古语，不抄袭前人诗里说过的话。我以为的确当得起'新文学'这个名词"。

胡适和钱玄同还都是教育部下属"国语研究会"的成员，共同致力于国语统一即制定标准语和普及白话文的工作。钱玄同较早提出了"国音不必点声"、"中国今后之文字问题"，陈独秀主张"先废汉文，且存汉语，而改用罗马字母书之"。胡适认为"凡事有个进行次序"，认为"中国将来应有拼音的文字。但是文言中单音太多,决不能变成拼音文字。所以必须先用白话文字来代替文言的文字;然后把白话的文字变成拼音的文字。至于将来中国的拼音字母是否即用罗马字母,这另是一个问题"。钱玄同、陈独秀和胡适都是汉语拼音化的最早倡议者,他们的意见既可相互补充,又可供后人参考借鉴。

1922年8月27日,钱玄同曾就《诗经新注》中关于"韵"的问题致信胡适说:"你这部注做成了之后,我想奉赠短序一篇。这篇短序中一切'废话'一概不说,单表明一件事:就是你对于训诂方面的大胆。如云'流'即'捞','芼'即'摸','痡'即'瘦',以及《苤苢》诗中之'袺'、'襭'用徽语说明之类,我想此类新训诂,以后一定还很多。这一层一定要惹起一班'食古不化'的先生们的反对。但我以为这实在是对于汉唐以来陋儒所说训诂的革命,古义必须用了这个方法,才能'拨云雾而见青天'。这个方法就是——

(1) 从声音上求字义,不为字形所拘;
(2) 以今语证古义。

自黄生、钱大昕、王念孙父子发明(1)法,于是弄明白了许多古义;章太炎师作《新方言》,发明(2)法,又弄明白了许多古义。我们现在读古书非用此法不可,而吾兄即用此法,所以打算作一短序表彰一下,一以证明你用此法将《诗经》中字义讲明白了许多,一以指示阅者对于古书难明之字义须用此法去疏通证明他。"

钱玄同1928年任辞典处国音大字典股主任,1931年任国音字母讲习所所长,1932年与黎锦熙共任《中国大辞典》总编纂。他还曾参与审订由吴稚晖编写的《国音字典》。他在音韵学研究方面的代表作是《文字学音篇》,在文字学方面的著作有《说文部首今读》、《说文音符今读》等。

胡适和钱玄同还有一次非常有意义的合作。1933年傅作义将军率部与进攻热河的日军浴血奋战,有367名健儿在怀柔壮烈牺牲。寻得的203具遗骨埋葬在大青山下,并建有抗日战死公墓供人们凭吊追祭。胡适特作纪念碑文,由钱玄同手书,镌刻在公墓石碑上:

> 这里长眠的是二百零三个中国好男子!
> 他们把他们的生命献给了他们的祖国。
> 我们和我们的子孙来这里凭吊敬礼的,
> 要想想我们应该用什么报答他们的血。

钱玄同曾讲过这样极端的话："四十岁以上的人都应该枪毙"，他自己在四十一岁生日时要做"成仁纪念"。1927年8月，在钱玄同四十一岁生日之前，胡适写了一首打油诗《成仁周年纪念歌》寄给他：

该死的钱玄同，怎么还没有死！
一生专杀古人，去年轮着自己。
可惜刀子不快，又嫌投水可耻，
这样那样迟疑，过了九月十二。
可惜我不在场，不曾来监斩你。

今年忽然来信，要做"成仁纪念"。
这个倒也不难，请先读《封神传》；
回家去挖一坑，好好睡在里面，
用草盖在身上，脚前点灯一盏。
草上再撒把米，——瞒得阎王鬼判，
瞒得四方学者，哀悼成仁大典，
年年九月十二，到处念经拜忏，
度你早早升天，免在地狱捣乱。

这当然带有开玩笑的意思，不过也把钱玄同的个性淋漓尽致地刻画出来了。1934年1月17日，钱玄同因脑溢血去世。胡适回想他们多年的友谊，忍不住哀思，又抄录了这首诗，藉以表达对亡友的纪念。1939年8月18日，国民政府在重庆发布命令称："国立北平师范大学教授钱玄同，品行高洁，学识湛深。抗战军兴，适以璎疾不良于行，未即离平。历时既久，环境益艰，仍能潜修国学，永保清操。卒因蛰居抑郁，切齿仇雠，病体日颓，赉志长逝。溯其生平，致力教育事业，历二十余载，所为文字见重一时，不仅贻惠士林，实有功党国。应予明令褒扬，以彰幽潜，而昭激励。"胡适8月28日将此明令照录在自己的日记中。1947年4月，北京师范大学举行钱玄同和高步瀛两人的追悼会，胡适出席并发表讲话，称赞钱玄同是南方学人的典型。

刘半农

刘半农（1891-1934），原名刘寿彭，后改名刘复，字半农。江苏江阴人，出生于知识分子家庭。早年受《新青年》的影响，刘半农积极投身"五四"文学革命，受到蔡元培和陈独秀的赏识，仅有中学毕业文凭的他被破格聘任为北京大学预科教授。鲁迅记述说他"到了之后，当然更是《新青年》里的一个战士。他活泼，勇敢，很打了几次大仗"。其中一次大仗是在林纾与胡适等人围绕文言与白话的论争中，他和钱玄同合作演出了一出双簧，钱玄同化名"王敬轩"模仿林纾高唱复古滥调，而由刘半农作文《奉答王敬轩先生》予以痛快淋漓的驳斥与抨击。这就好比是从半路上杀出来了个程咬金，打得林纾丢盔卸甲，旧派势力溃不成军，胡适等新派人物大获全胜。

刘半农和胡适同岁，都是北大"卯字号"里的"小兔子"。他追随胡适用白话写新诗，是"五四"诗坛中的一位佼佼者。他的短诗《相隔一层纸》，用浅白的诗句和自然的韵节抒写人世间贫富的悬殊，堪称杜甫名句"朱门酒肉臭，路有冻死骨"的现代版。发表于1920年4月1日《新青年》第7卷第5号的《敲冰》，是第一首白话长诗，在现代诗歌史上有其一定的地位。刘半农的抒情诗《教我如何不想她》脍炙人口，由赵元任谱曲后传唱至今。

刘半农和胡适既是北大同事，又是《新青年》同仁，在新诗界他们两个也是诗友，基本上属于同一个写实主义诗派。当时郭沫若异军突起，其诗作以高昂的狂飙式的浪漫主义为艺术特色，震动了"五四"新文坛。恰巧1921年7月胡适应高梦旦的邀请到上海帮助筹划商务印书馆编译所的改良计划，他在8月9日晚高梦旦的一次宴请上有机会见到了郭沫若。在胡适同郭沫若握手的时候，何公敢在一旁说："你们两位新诗人第一次见面。"胡适接着说了一句："郭先生的诗才是真正的新诗，我的要算旧了，是不是啦？"

刘半农一向尊胡适为诗歌革命的倡导者与领军人物，认为应由胡适坐新诗界的第一把交椅。他在法国巴黎听说了上面这件事后，9月15日便给胡适写信责问说："你何以不努力做诗？我老实警告你：你要把白话诗台的第一把交椅让给别人，这是你的自由；但白话诗从此不再进步，听着《凤凰涅槃》的郭沫若辈闹得稀糟百烂，你却不得不负些责任。"

刘半农对郭沫若显然很不服气，连带着对胡适也有了意见，不过他是从维护胡适的态度出发的。同时，他把自己在梦中所做的一首诗寄给了胡适：

> 我的心窝和你的，
> 天与海般密切着；
> 我的心弦和你的，
> 风与水般协和着。
> 啊！
> 血般的花，
> 花般的火，
> 听他罢！
> 把我的灵魂和你的，
> 给他烧做了飞灰飞化罢！

胡适和刘半农在五四时期都致力于国语与文字改革，他们共同向教育部提出了"请颁行新式标点符号议案"，并获准在全国实施。过去第三人称"他"男女共享，容易混淆，刘半农创造了一个专用于女性的"她"，得到大家认可，一直沿用了下来。

刘半农1920年曾到英国伦敦大学的大学院学习实验语音学，1921年夏转入法国巴黎大学学习，1925年获得法国国家文学博士学位，所著《汉语字声实验录》荣获法国康士坦丁伏尔内语言学专奖。1925年秋回国，任北京大学国文系教授，讲授语音学，《中国文法通论》、《四声实验录》是他这一方面的代表性著作。1926年出版了诗集《扬鞭集》和《瓦釜集》。胡适曾这样评价刘半农：

"……半农的早年训练太不好，半途出家，努力做学问，总算是很有成绩的。他的风格（taste）不高，有时不免有低级风趣，而不自觉。他努力做雅事，而人但觉其更俗气。但他是一个时时刻刻有长进的人，其努力不断最不易得。一个'勤'字足盖百种短处。"

胡适和刘半农私交甚睦，刘半农有《自题画像》，胡适和了一首：

> 未见"名师"画，何妨瞎品题？
> 方头真博士，小胖似儒医。
> 厅长同名姓，庄家"半"适宜。

不嫌麻一点，偕老做夫妻。

（刘半农原名刘复，"厅长同名姓"指安徽省民政厅长，也叫刘复；末一句系由刘半农诗句"妻有眉心一点麻"而来。）

胡适考证古典名著《红楼梦》，创立了新红学派。刘半农有一次在厂甸买了一幅黛玉葬花图，便给胡适写去一信说：

适之兄：
于厂甸中得黛玉葬花图一幅，虽是俗工所为，尚不觉面目可憎。此已重加裱制，欲乞《红楼》专家胡大博士题数字，将来更拟请专演葬花之梅博士题数字，然后加以刘大博士之收花印，亦一美谈也。即请
大安
弟复顿首　三月十三日
请用甚小字题于画之上方，并留出一定地位予梅博士

胡适果然允其所请，题了几句，谓之《题半农买的黛玉葬花画》：

没见过这样淘气的两个孩子！
不去爬树斗草同嬉戏！
花落花飞飞满天，
干你俩人什么事！

1934年，刘半农冒着酷暑到绥远百灵庙（今属内蒙古）一带调查方言，搜集民间歌谣。那一带贫穷落后，卫生状况极差，蚤虱很多，刘半农不幸染上当地流行的"蒙古伤寒"，但仍扶病工作，回到北平后病势已经很沉重了。7月14日一早他的夫人打电话告诉了胡适，并说方石珊医生叫他进协和医院诊治，但半农最恨协和，不肯去。胡适九点赶到他们家看望，见刘半农病得很委顿，遍体发黄，不断的打嗝逆。胡适劝他听医生的话去协和医院看一看，老友相劝，刘半农夫妇同意了，要胡适请一位协和医院的医生先到家里来看看再说。协和医院是美国人开办的，胡适找到医院院长Dr.Frazer（弗雷泽医生），院方派Dr.Marlow（马洛医生）去刘家看了刘半农的症状，初步怀疑是黄疸病，并说这种病分好几种，

有可治的也有不可治的，当务之急是病人必须马上住院作进一步诊察。

胡适因为家中约了一位德国神父，就先回去了，他托樊逵羽陪病人进医院。中午十二点樊逵羽从医院打来电话告诉胡适说医院已取血验看，并给病人打了一针，症状似乎安定一点。

验血的结果是：刘半农得的是"回归热"。下午一点半以后，病人渐渐变弱，心脏不支，循环渐停。下午三点医院打来电话，刘先生死了！

胡适闻听大吃一惊，他立刻打电话告诉了蒋梦麟，两人一起坐车去协和医院。那时蒋梦麟任北大校长，胡适任文学院长，刘半农是北大教授。

胡适在这一天的日记中写道："到医院时，他们已把半农尸体搬到冰室去了。刘夫人母女号啕，见了我们，跪下去恸哭。我们都很伤心。"又说："冬秀常劝我莫荐医生，我终不忍不荐。今天半农夫人与其弟都对我责怪协和，我安然受之，不与计较。"

刘半农四十四岁正值壮年之际为学术尽瘁而死，又是为公殉职，死在北大教授任上。所以在北京大学举行的追悼会上，胡适做了一首挽联哀悼这位挚友兼同事：

　　　　守常惨死，独秀幽囚，新青年旧伙，如今又弱一个。
　　　　拼命精神，打油风趣，老朋友之中，无人不念半农。

他还在追悼会上十分动情地说："我与半农皆为以前'卯字号'人物，至今回忆起这段故事，令人无限伤感。缘半农与陈独秀、林损及我皆为卯年生，我们常和陈独秀、钱玄同先生等在二院西面一间屋里谈天说笑，因此被人叫做'卯字号'人物。'卯属兔'，陈独秀先生比我们大十二岁，即是比我们大一个卯字，他们叫他做'老兔子'，叫我和半农、林损诸人为'小兔子'。现在我们'小兔子'的队伍，逐渐凋零了。……"

胡适讲到刘半农的学术成就和他为学术鞠躬尽瘁死而后已的情形，令全场痛哭失声。

这是对朋友最好的纪念。

李大钊

　　李大钊（1889－1927），字守常，河北乐亭人。1913年毕业于天津北洋法政专门学校，后赴日本留学，入早稻田大学政治科，期间为反对日本旨在灭亡中国的"二十一条"，曾以留日学生总会名义发出《警告全国父老》通电。1916年5月回国，先后在北京创办《晨钟报》、《甲寅日刊》任编辑。1918年任北京大学图书馆主任，以后任经济、历史系教授，参与编辑《新青年》和创办《每周评论》。1920年发起组织马克思学说研究会，同年10月和邓中夏、高君宇、何孟雄等一同建立北京共产主义小组。

　　胡适和李大钊接近是从共同编辑《新青年》开始的。方兴未艾的五四新文化运动给他们提供了合作的契机，同时也埋下了分裂的种子。

　　李大钊较早接受了马克思主义，成为中国早期一名优秀的马克思主义者。1918年李大钊在《新青年》5卷5号上发表了《庶民的胜利》和《布尔什维主义的胜利》；1919年5月编辑出版了《新青年》"马克思主义专号"，发表了《我的马克思主义观》。这一系列举措犹如"风乍起，吹皱一池春水"，在思想界和整个社会上产生了相当大的影响，可以说是继五四运动前夕提出"民主"、"科学"两大口号之后又一次思想启蒙，它的口号换成了更具鼓动性和战斗性的"阶级斗争"和"布尔什维主义"。正如毛泽东在《论人民民主专政》中所说的那样：

　　"十月革命一声炮响，给我们送来了马克思列宁主义。十月革命帮助了全世界的也帮助了中国的先进分子，用无产阶级的宇宙观作为观察国家命运的工具，重新考虑自己的问题。走俄国人的路——这就是结论。"

　　然而胡适却是把新文化运动当作中国的"文艺复兴运动"来看待的，而他所谓的"文艺复兴"实际上是一种"超政治构想的文化运动和文学改良运动"。为此他提出了"不谈政治"的口号，力图把《新青年》办成一个纯哲学文学的杂志。

　　由于五四运动前后中国政治形势发生巨变，指导无产阶级进行革命的马克思主义为中国先进的知识精英所接受，并得到迅速的传播，这样就同信奉实验主义哲学的胡适产生了分歧。胡适坐不住了，因为他看到事态的发展超出了"纯粹的文化运动和文学改良运动"的范围，这种情况是违背他的意愿的，也是他不能接受的。"那时正当安福部极盛的时代，上海的分赃和会还不曾散伙。然而国内的'新'分子闭口不谈具体的政治问题，却高谈什么无政府主义与马克思主义。我看不过了，忍不住了，——因为我是一个实验主义的信徒——于是发愤要想谈政治"。

创刊于1918年12月的《每周评论》是陈独秀、李大钊等人批评时政、策动政治改革的刊物，陈独秀被捕入狱期间由胡适代为编辑。"我既然无法避免谈政治，我就决定谈点较基本的问题"，本着这个主旨，胡适利用接编《每周评论》的机会，在1919年7月20日出版的刊物上发表了《多研究些问题，少谈些"主义"！》一文，将这一主张作为"政治导言"。挑起了同早期马克思主义者的第一场论战。

胡适在文章中说："空谈好听的'主义'，是极容易的事"；"空谈外来进口的'主义'，是没有什么用处的"；"偏向纸上的'主义'，是很危险的"。按照他的说法，凡主义都是应时势而起的，"主张成了主义，便由具体的计划，变成一个抽象的名词。'主义'的弱点和危险，就在这里。因为世间没有一个抽象名词能把某人某派的具体主张都包括在里面"。全文的核心是这么两段话：

"我因为深觉得高谈主义的危险，所以我现在奉劝新舆论界的同志道：'请你们多提出一些问题，少谈一些纸上的主义。

"更进一步说：'请你们多多研究这个问题如何解决，那个问题如何解决，不要高谈这种主义如何新奇，那种主义如何奥妙'。"

胡适开列了一大堆亟待解决的具体问题，不无埋怨地指责道："现在中国应该赶紧解决的问题，真多得很。……我们不去研究人力车夫的生计，却去高谈社会主义；不去研究女子如何解放，家庭制度如何救正，却去高谈公妻主义和自由恋爱；不去研究安福部如何解散，不去研究南北问题如何解决，却去高谈无政府主义；我们还要得意扬扬夸口道，'我们所谈的是根本解决'。老实说罢，这是自欺欺人的梦话，这是中国思想界破产的铁证，这是中国社会改良的死刑宣告！"

胡适的上述主张，显而易见植根于他所信奉的杜威实验主义哲学。在他看来一切学说理想，一切知识，都只是待证的假设，实验主义只承认那一点一滴做到的进步。由此出发，他着眼于一个个具体问题的解决，却忽略了从根本上解决问题，对中国社会进行革命性的全盘改造。所以说他的主张又是改良主义的——通过一点一滴的改良，做到一点一滴的进步，解决一个一个的具体问题。胡适尤其反对马克思主义关于通过"阶级斗争"实现"无产阶级专政"，他认为这种学说使资产阶级和无产阶级社会上本来应该互助而且可以互助的两种大势力成为两座对垒的敌营，使许多建设的救济方法成为不可能，使历史上演出许多本不须有的悲剧。

李大钊首先站出来反驳胡适的观点。他在一封公开信中，旗帜鲜明地肯定了介绍马克思主义的合理性与必要性,他指出:"布尔什维克主义的流行,实在是世界文化上一大变动。我们应该研究他,介绍他,把他的真相,昭布在人类社会;不可一味听信人家为他们造的谣言,就拿凶暴残忍的话抹煞他们的一切。"在李大钊看来,"问题"与"主义"是不能截然分开的,更不能把两者对立起来,因为"问题"的解决有赖于"主义"的正确指导。中国社会中的确存在着各种各样的具体问题,举不胜举,多如牛毛,但唯其如此,才需要一个根本的解决办法,否则在没有生机的社会里任何具体问题都无法解决。"要想使一个社会问题成了社会上多数的共同的问题,应该使这社会上可以共同解决这个那个社会问题的多数人,先有一个共同趋向的理想主义,作他们实验自己生活上满意不满意的尺度"。因此,"我们的社会运动,一方面固然要研究实际的问题,一方面也要宣传理想的主义"。李大钊认为能够提供"根本解决"的"主义"只有一个,那就是马克思主义,而俄国十月革命的成功已经提供了对"一切问题的激进的解决办法"。

李大钊是《每周评论》的创办人之一,胡适将他的公开信发表在 8 月 17 日《每周评论》第 35 号上,并加了一个《再论问题与主义》的题目。

胡适自己接着又写了《三论问题与主义》、《四论问题与主义》,在固执己见的同时作了一点小小的修正,把"少谈些主义"改为"少谈些抽象的主义",并表示"我虽不赞成现在的人空谈抽象的主义,但是我对于输入学说和思潮的事业是极赞成的"。胡适用相当多的篇幅大谈"输入学理的方法",目的是想把这一场争论纳入"学理"的范畴,抹掉其内在的政治蕴涵。

尽管胡适一再鼓吹"多研究些问题,少谈些主义",但根本不能遏制马克思主义广泛传播的势头。1920 年 3 月,北京大学成立了"马克斯学研究会",同年 8 月《共产党宣言》中译本(陈望道翻译)在上海出版。随后京、沪等地相继成立了共产主义小组。

关于上述"问题与主义"的争论,胡适晚年在向唐德刚的《口述自传》中也有比较详细的记叙。其中一段说:

"在第二组内反对我的人则是我的北大同事李大钊教授。……李大钊对我的批评是从一个布尔什维克主义的新信徒的观点出发的。他坦白地说,要解决任何社会问题,必须要有一个绝大多数人民所支持的一个伟大的运动(当李氏提到一个'问题'时,他总是说要找'一个社会的解决')。"

胡适当然不会接受李大钊的批评。他甚至认为李大钊"这番话并不是对我的回答,因为他所考虑的一些问题,根本不是我所考虑的问题;我考虑的是'主义'(这个问题)"。

不过,在围绕"问题"与"主义"进行争论之后,李大钊和胡适仍有一段合作共事的经历。1922年5月《努力》周报出版,胡适是主要创办人,由他起草的《我们的政治宣言》极力鼓吹"好政府主义"。饶有意味的是:胡适在起草这个宣言时,他第一个征求意见、与之商量的朋友就是李大钊。他们商定邀集更多的人次日在蔡元培家中聚会,胡适、李大钊、丁文江、陶行知、汤尔和、梁漱溟、王宠惠、罗文干等一干人在蔡宅集体讨论并略作修改后,16位与会者均作为提议人签署,作为大家共同的政治宣言。

《努力》周报刊行以后,胡适在8月30日的日记中录有李大钊写给他的一封信。全文如下:

> 适之吾兄:
> 学潮如何结束?中山抵沪后,态度极冷静,愿结束护法主张,收军权于中央,发展县自治,以打破分省割据之局。洛阳对此可表示一致,中山命议员即日返京。昨与浦泉、仲甫商结合'民主的联合战线'democratic font 与反动派决战。伯兰稍迟亦当来京,为政治的奋斗。《努力》对中山的态度,似宜赞助之。弟明日与仲甫赴杭一游,一二日即回沪去洛返京矣。余容面谈。请将此情形告知梦麟、一涵诸同人。
>
> 弟 李大钊

李大钊是中国共产党的创建人之一。在国共合作期间,李大钊帮助孙中山改组国民党,确定了联俄、联共、扶助农工的三大政策。胡适曾出席李大钊宴请苏俄代表越飞的招待会。李大钊不赞成胡适对于孙中山的批评,明确表示应当支持孙中山,这又是他们两人的一个不同。

李大钊1927年4月28日被军阀张作霖杀害。

在李大钊被捕之前,胡适经莫斯科赴伦敦出席中英庚款顾问委员会全体委员会议。李大钊眷念旧好,当时曾对一些朋友说:"我们应该给适之写信,劝他仍旧从俄国回来,不要让他往西去打美国回来。"他的这一番话包含着深刻的内容,是一种带有指示性的、方向性的、富于象征意义的忠告。如果胡适听得进去,有可能对他今后的人生道路产生积极的影响,帮助胡适在复杂的中国政治斗争格局中找好坐标。遗憾的是胡适已经往西去了美国,并对美国的民主政治模式佩服得五体投地,真正走上了一条——借用胡适自己的一句话——"政治的歧路"。

1934年1月2日胡适陪几位朋友去游西山。"路上过万安公墓,我们进去看李守常(大钊)的坟",他在当天的日记中写道:"去年他葬时,我不曾去送。今天是第一次来凭吊。他葬后不久,他的夫人又死了,也葬在此。两坟俱无碑碣。当嘱梦麟补立一碑。"

这一年出版《胡适文存》三集时,胡适特地在扉页上题了"纪念四位最近失掉的朋友",李大钊名列第一,依次是王国维、梁启超、单不庵。

胡适与李大钊的关系可以概括为四句话:思想有分歧,观点有不同,彼此非敌人,终究是朋友。

鲁 迅

鲁迅(1881-1936),原名周树人,字豫才。浙江绍兴人,出生于一个由小康坠入困顿的士大夫家庭。少时接受诗书经传的传统文化教育,1898年考入南京矿务铁路学堂,开始接触"新学"。1902年官费留学日本,在仙台医学专门学校读书时,因观看日俄战争的纪录片而痛感于中国人精神的麻木,毅然放弃医学,转向用文学作武器唤醒国人的灵魂。对"国民性"的深刻剖析贯穿鲁迅的一生,也是作为思想家的鲁迅最大的贡献。

1909年鲁迅从日本回国,先后在杭州、绍兴任教。民国成立后,应教育总长蔡元培邀请在教育部任佥事。教育部自南京迁至北京,鲁迅随同来到北京,一度苦闷,数年沉思。1918年1月《新青年》杂志改组,鲁迅加入编辑人行列,5月他的第一篇白话短篇小说《狂人日记》在《新青年》第四卷第五号上发表,犹如在"铁屋子"里一声惊天动地的呐喊,在知识界和社会上产生了极大的反响。

从1920年8月起,鲁迅又应聘在北京大学、北京高等师范学校、女子师范大学等校讲课。

也就是说,胡适和鲁迅既是北大的同事,又是《新青年》的同仁。

胡适和陈独秀共同倡导文学革命,胡适在《新青年》上先声夺人,著有《文学改良刍议》一文。鲁迅对胡适大力提倡白话文学的历史功绩予以充分肯定,曾经说过:"但白话的生长,总当以《新青年》主张以后为大关键,因为态度很平正,若夫以前文豪之偶用白话入诗文者,看起来总觉得和运用'僻典'有同等之精神也。"

不过陈独秀和胡适都着重于口号的提出与理论的探讨,胡适虽然也尝试写过一些白话诗和少量话剧,但也承认他对于创作"提倡有心,创造无力"。任何文学运动,如果仅有口号、仅有理论而无大量优秀的作品予以支撑,终究是建筑在沙滩上的危楼,必定会倒塌。作品在任何时候都是第一位的,创造作品的作家在任何时候都是第一位的,而填补五四文学革命开初这一重大缺陷的,正是现代文学史上最著名作家之一 —— 鲁迅。这也正好符合胡适的意见——白话要成为"标准国语",必须要有用这种语言写的第一流小说,人们从阅读中间自然形成通行的普遍的"标准"。否则,仅靠胡适的几篇文章和质量欠佳的"尝试"性作品未必能撼动得了旧文学的根基。

鲁迅自发表了短篇白话小说《狂人日记》之后便一发不可收,相继推出了《孔乙己》、《药》、《阿Q正传》等名篇佳作,充分显示了五四文学革命的实绩,也使白话文学得以崭新的姿态,在文学领域确立了牢固的正宗的地位。这对于陈独秀和胡适倡导的文学革命,无疑是最重要也是最有力的支持。

也就是在这个时候,胡适和鲁迅开始有了交往。鲁迅日记中陆续记有"收胡适之与二弟信"(1918年8月12日)、"夜胡适之招饮于东兴楼,同坐十人"(1919年5月23日)、"晚与二弟同至第一舞台观学生演剧,计《终身大事》一幕,胡适之作……"(1919年6月19日)、"午后得胡适之信,即复"(1921年1月3日)、"午后胡适之至部,晚同至东安市场一行"(1922年2月27日)等等。

鲁迅的日记大都甚简略,而在1922年8月11日胡适的日记中,则有关于周氏兄弟(周树人、周作人)的"可爱的"记述:

"讲演后,去看启明,久谈,在他家吃饭;饭后,豫才回来,又久谈。周氏兄弟最可爱,他们的天才都很高。豫才兼有赏鉴力与创造力,而启明的赏鉴力虽佳,创作较少。启明说,他的祖父是一个翰林,滑稽似豫才;一日,他谈及一个负恩的朋友,说他死后忽然梦中来见,身穿大毛的皮外套,对他说'今生不能报答你了,只好来生再图报答。'他接着谈下去:'我自从那回梦中见他以后,每回吃肉,总有点疑心。'这种滑稽,确有点像豫才。豫才曾考一次,启明考三次,皆不曾中秀才,可怪。"

在这之前的1922年3月4日,胡适和周氏兄弟谈翻译问题。鲁迅深感创作文学作品的人太少,劝胡适多作文学作品。胡适说他没有文学野心,只有偶然的文学冲动，但他表示"我这几年太忙了，往往把许多文学的冲动错过了，很是可惜。将来必要在这一方面努一点力，不要把我自己的事业丢了来替人家做不相干的事"。胡适后来并没有在文学创作方面努力，像鲁迅希望他的那样多作文学作品，他只是偶尔写一点白话诗，小说、戏剧概不涉及。

胡适在北大讲授中国哲学史，整理国故，考据古籍。鲁迅钩沉古代小说，讲授中国小说史略。两人在学术研究领域（主要是古典小说考证与研究方面）有某些相通或相近之处，互相借阅、抄寄材料，彼此参照或征引对方的观点与看法自然成为了他们交往中的一项内容。胡适日记中录有鲁迅两封有关的信札。

"适之先生：关于《西游记》作者事迹的材料，现在录奉五纸，可以不必寄还。……

"适之先生：前回承借我许多书，后来又得来信。书都大略看过了，现在送还，谢谢。大稿已经读讫，警辟之至，大快人心！我很希望早日印成，因为这种历史的提示，胜于许多空理论。"

胡适作《三国志演义序》时曾参阅鲁迅《小说史讲义》稿本，作《西游记序》时鲁迅给他提供了许多关于作者吴承恩的材料。同样，胡适将他视为宝书的《京尘杂录》提供给鲁迅，其中关于《品华宝鉴》及其作者陈森的事迹，正是鲁迅《小说史讲义》需要而又搜求未得的宝贵资料。

对于鲁迅的《中国小说史略》，胡适曾称赞说："在小说的史料方面，我自己也颇有一点点贡献。但最大的成绩自然是鲁迅先生的《中国小说史略》；这是一部开山的创作，搜集甚勤，取材甚精，断制也甚谨严，可以替我们研究文学史的人节省无数精力。"鲁迅对此表示了感谢，他写信给胡适说：

"《小说史略》竟承通读一遍，惭愧之至。论断太少，诚如所言；玄同说亦如此。我自省太易流于感情之论，所以力避此事，其实正是一个缺点；但于明清小说，则论断似较上卷稍多，此稿已成，极想于阳历二月末印成之。"

对于胡适的考证，鲁迅在前期也有所肯定。他赞成胡适对金圣叹何以要腰斩《水浒》的分析："'圣叹生于流贼遍天下的时代，……故他觉强盗是不应该提倡的，是应该口诛笔伐的。'这话很是。"关于《红楼梦》的作者曹雪芹，鲁迅用肯定的语气说："现经胡适之先生的考证，我们可以知道大概了。"对胡适关于《红楼梦》是曹雪芹的"自叙传"的观点，他也认为"实是最为可信的一说"。

不过鲁迅后来对此作了大幅度的修正，指出："如果作者手腕高妙，作品久传的话，读者所见的就只是书中人，和这曾经实有的人倒不相干了。例如《红楼梦》里贾宝玉的模特儿是作者自己曹霑,《儒林外史》里马二先生的模特儿是冯执中,现在我们所觉得的却只是贾宝玉和马二先生,只有特种学者如胡适之先生之流,这才把曹霑和冯执中念念不忘的记在心儿里:这就是所谓人生有限,而艺术却较为永久的话罢。"这样,鲁迅就从艺术创作规律驳斥了胡适的"自叙传"说,并在言语之间对胡适颇含揶揄与讽刺。

这样的歧见既反映出了小说创作大家鲁迅和"创造无力"的胡适在艺术感悟与鉴赏力上的差别,两人的着眼点和着力点有很大的不同,也反映出了他们在治学方法上各行其道,间有交叉或逆行。自称有"历史癖"与"考据癖"的胡适,遵循实验主义,惯于"大胆的假设,小心的求证",而鲁迅则明确表示他的方法与胡适有所不同。

"……胡适之法,往往恃孤本秘籍,为惊人之具,此实足以炫耀人目,其为学子所珍赏,宜也。我法稍不同,凡所泛览,皆通行之本,易得之书,故遂孑然于学林之外。"

五四时期胡适和鲁迅是一条战壕里的战友,他们以《新青年》为主要阵地,共同向封建旧文学、旧道德发起了一次又一次猛烈的进攻。胡适撰写的《贞操问题》、《"我的儿子"》等文,批判以"三纲五常"为中心内容的封建伦理道德,在当时产生了相当大的影响。鲁迅的随感录和《狂人日记》等短篇小说,更是深刻揭示了封建礼教"吃人"的罪恶本质。

但是在《新青年》以后的编辑方针上,他们产生了分歧。胡适主张不谈政治,专重哲学文艺;陈独秀已将《新青年》迁至上海,故对于杂志"移回北京而宣言不谈政治"颇为生气;李大钊意欲保留一个宣传马克思主义的阵地,绝对不赞成《新青年》停办;鲁迅则认为"不必声明不谈政治",如"一定要这边拉过来,那边拉过去",不如"分裂为两个杂志的好"。由于同仁们意见分歧,最终导致了《新青年》的分裂。

1925年5月,北京女子师范大学校长杨荫榆借口"整顿学风",将学生自治会的郑德音、刘和珍、许广平等6名学生开除,学生们则以"驱逐"杨荫榆相抗衡。8月,教育总长章士钊下令解散女师大并强行武装"接收",更是引起女师大学生的强烈反对。鲁迅等北大40余名教员发表宣言,抨击北洋军阀政府摧残教育、迫害女师大的暴行。北京大学评议会为支持女师大,通过决议宣布北大独立,与北洋政府脱离关系。胡适是北大评议会的成员,他在表决时投了反对票,所持理由是"本校应该脱离一般政潮与学潮"、"本校不应滚到政治漩涡里去"。在对待"女师大"事件上，胡适所持的态度与鲁迅迥然不同。

女师大事件标志着自《新青年》内部分裂之后，五四运动统一战线的进一步分化。胡适和鲁迅，在时代的暴风雨中，在各种政治势力与派别的激烈斗争中，各自沿着不同的思想发展道路与政治走向，逐渐演变成了对立的两极。一个成为自由主义知识分子的代表和国民党方面的文化班头，一个成为了左翼文学运动的盟主、中国文化革命的伟大旗手；一个拥蒋反共，企望按照美国的民主政治模式改造中国，一个相信"惟新兴的无产者才有将来"，把希望寄托在"那切切实实，足踏在地上，为着现在中国人的生存而流血奋斗者"们的身上，支持并拥护中国共产党的主张。

胡颂平在《胡适之先生年谱长编初稿》第3册中记述了这样一件小事：1932年11月鲁迅去北平探望母病，有一天见到胡适，胡适风趣地对鲁迅说："你又卷土重来了！"几天之后鲁迅在北大等校讲演，针对胡适那句话说："有人怕我卷土重来，我便卷土重去！"胡颂平引述这个故事，用意无非是诬指鲁迅心胸狭窄（即俗话说的"小心眼子"），报复心又特重，把人家胡适的好心当成了驴肝肺。但我们从这件小事中，可以看到分别代表左右两翼的鲁迅和胡适，在三十年代确实已经处于针锋相对的状态。胡适主张"宽容"，反对报复，有人给他以"其争也君子"的美誉，而鲁迅反对费厄泼赖，主张痛打落水狗，以牙还牙以眼还眼，对怨敌一个都不宽恕。这并不是因为鲁迅性格偏执，心胸狭窄，而是恰恰表现出了他的爱憎分明与宝贵的"硬骨头"精神。

鲁迅对胡适这个人的看法似乎感觉不太好。"假如将韬略比作一间仓库罢，（陈）独秀先生的是外面竖一面大旗，大书道：'内皆武器，来者小心！'但那门却开着的，里面有几支枪，几把刀，一目了然，用不着提防。适之先生的是紧紧的关着门，门上粘一条小纸条道：'内无武器，请勿疑虑。'这自然可以是真的，但有些人——至少是我这样的人——有时总不免要侧着头想一想"。

鲁迅的意思是指胡适城府很深，他不大相信胡适所说的话。

这对胡适可能有些冤枉。不过胡适并未反唇相讥，相反他很不赞成苏雪林在鲁迅逝世后对鲁迅肆意进行人身攻击，胡适说：

"我以为不必攻击其私人行为。鲁迅狺狺攻击我们，其实何损于我们一丝一毫？他已死了，我们尽可以撇开一切小节不谈，专讨论他的思想究竟有些什么，究竟经过几度变迁，究竟他信仰的是什么，否定的是些什么，有些什么是有价值的，有些什么是无价值的。如此批评，一定可以发生效果。"

胡适又说：

"凡论一人，总须持平。爱而知其恶，恶而知其美，方是持平。鲁迅自有他的长处。如他的早年文学作品，如他的小说史研究，皆是上等工作。"

这些话恐怕可以算作是胡适对鲁迅的"持平"之论了，然而"猎猎"云云又作何解释呢？

"猎猎"者，狗叫声也。也就是说，胡适骂鲁迅是狗，骂鲁迅对胡适及其之流的批评是狗在汪汪叫。这无论如何都不能让人视之为"宽容"吧？"其争也君子"的古风又表现在哪里呢？

也许有人会说胡适的文章也有刻薄的一面，但胡适的刻薄有不同于鲁迅的地方，胡适的刻薄很少表现在对个人的批评上，而鲁迅的刻薄却在个人的批评上表现得特别突出。

这就奇怪了，胡适骂鲁迅是"猎猎"的狗，难道不是针对个人的？难道胡适是在用高射炮打蚊子？或者仅仅是偶而用了"一个意气词语"？

再说，鲁迅一贯的手法是"泛论"之中见典型，所以才让许多正人君子疑神疑鬼，即使点名道姓也是为了"揭出病苦，引起疗救的注意"，怎么能说鲁迅在个人的批评上特别地刻薄？就拿胡适来说吧，遍查鲁迅批评胡适的文章，称其"特种学者"是有的，"为之颜厚有忸怩耳"是有的，但鲁迅从来没有骂过胡适是狗。"叭儿狗"、"丧家的'资本家的乏走狗'"之类的头衔是鲁迅加之于别的文人头上的，并非专指个人，而是一种典型，即病态社会中的病态的知识分子群落。

看来一贯主张"宽容"的胡适有时候也并不那么宽容，他用"猎猎"两个字加诸于鲁迅，多少带着些"攻击"的味道。难怪鲁迅生前要"侧着头"去看胡适了……

周作人

周作人（1885-1967），原名櫆寿，号启孟、启明、知堂等。浙江绍兴人，鲁迅的二弟。1903年进江南水师学堂学习海军管理，1906年毕业后考取官费留学日本。1911年回国，在绍兴任中学英文教员。辛亥革命后任浙江省军政府教育司视学、绍兴县教育会会长、省立五中教员。1917年7月任北京大学文科教授，1918年参与《新青年》杂志的编辑工作，1921年参与发起成立文学研究会。作为《语丝》周刊的主编和主要撰稿人之一，周作人写了不少平和冲淡、清隽幽雅的散文，形成了具有独特风格的散文创作流派。1927年4月李大钊被杀害后，其子李葆华曾由周作人接至家中避居达一个月之久。

周作人与胞兄树人（鲁迅）一样，是胡适在北大的同事，又是《新青年》杂志的同仁。他和胡适的关系较之鲁迅和胡适的关系似乎要更亲近一些，这也许是因为他们都标榜自己为"自由主义知识分子"的缘故。

在交往之初，胡适的名气比周氏兄弟大，地位比周氏兄弟高，胡适对周作人也是多有帮助，比如：

一、周作人译有《希腊拟曲》，卖给了胡适主持的中华教育文化基金会"编译委员会"，胡适给了周作人最高的稿酬：一千字10元。周作人在序文中感谢胡适说："这几篇译文虽只是戋戋小册，实在也是我的很严重的工作。我平常也曾翻译些文章过，但是没有像这回费力费时光，在这中间我时时发生恐慌，深有'黄胖搡年糕，出力不讨好'之惧，如没有适之先生的激励，十之七八是中途搁了笔了，现今总算译完了，这是很可喜的，在我个人使这三十年来的岔路不完全白走，……"译稿4万字共得稿费400银元，周作人用这笔钱在北平西郊扳井村买了二亩地。

二、胡适素有爱才之心，怀荐才之德，他觉得"岂明在北大，用违所长，很可惜的，故我想他出去独当一面"，于是便向司徒雷登推荐周作人去燕京大学担任"中国文"一门的主任。当时燕京大学想改良国文部，请一位懂得外国文学的中国学者去做国文门的主任，校长司徒雷登曾亲自上门找到胡适，用高薪聘请胡适去燕京大学，但胡适最后推荐了周作人。他在一封信中对周作人说：

"我细想了一回，觉得此事确是很重要。这个学校的国文门若改良好了，一定可以影响全国的教会学校及非教会的学校。最要紧的自由全权，不受干涉；这一层他们已答应我了。我想你若肯任此事，独当一面的去办一个'新的国文学门'，岂不远胜于现在在大学的教课？"

周作人虽然因为生病未去燕京，但内心对胡适充满了感激。

胡适和周作人在一起的时候相互切磋，不在一起的时候书信往返，寄托"两地相思"。两人还有打油诗唱和，如"绝代人才一丘貉"、"邀客高斋吃苦茶"之类。

1924年10月胡适反对冯玉祥的国民军将逊帝溥仪逐出故宫，招致学界舆论界的广泛批评。周作人也不同意胡适的做法，写信给胡适"直抒所感"说："这次的事从我们的秀才似的迂阔的头脑去判断，或者可以说是不甚合于'仁义'，不是绅士的行为，但以经过二十年拖辫子的痛苦的生活，受过革命及复辟的恐怖的经验的个人的眼光来看，我觉得这乃是极自然极正当的事。"又说"在中国的外国人大抵多是谬人"，担心胡适"为外国人的谬论所惑"。胡适在回复周作人时仍坚持己见，不过也说了一句委婉客气的话："你以为'这乃是极自然极正当的事'，这话里的感情分子之多，正与我的原书不相上下。"他们这些"自由主义知识分子"就是这样，尽管意见不同甚至完全相左，仍可抱着宽厚的态度互相容忍。

1929年胡适在上海因言论不合得罪了国民党当局，受到教育部的"警告"。周作人曾致信胡适，推心置腹说了一些"交浅言深"的话："'这个年头儿'，还是小心点好，……我想劝兄以后别说闲话，而且离开上海。最好的办法是到北平来。"他劝胡适把《中国哲学史》等著作写出来，不要把时间和精力"耗费于别的不相干的事情上面"。周作人甚至开玩笑道："我如做了卫戍司令，想派一连宪兵把适之优待在秘魔崖"，这样胡适就可以专心着书立说了。胡适则回信表示："生平对于君家昆弟，只有最诚意的敬爱，种种疏隔和人事变迁，此意始终不减分毫。相去虽远，相期至深。此次来书情意殷厚，果符平日的愿望，欢喜之至，至于悲酸。此是真情，想能见信。"

胡适向周作人讲了他暂不愿回北平的原因："因为党部有人来攻击我，我不愿连累北大做反革命的逋逃薮。前几天百年兄来邀我回北京去，正是上海市党部二次决议要严办我的议案发表的一天，我请他看，说明此时不愿回去的理由，他也能谅解。俟将来局面稍稍安定，我大概总还是回来的。"

这些话同样推心置腹，他们老朋友之间彼此怀有真诚的敬爱。

胡适1930年底回到北大，担任文学院长。他和周作人同居北平，时有来往。周作人曾借给胡适《病榻梦痕录》两种，其中一种为道光六年桂林阳耀祖在广东刻的，是各本中之最早最精的，不过尚不及胡适的嘉庆元年初刻本。周作人又借给胡适一本李圭（小池）的《思痛记》，是光绪六年刻的。周作人写信对胡适说他读此书比读《扬州十日记》印象更深刻。胡适晚上一口气读完后有同样的感受，第二天他就写信给周作人，借《思痛记》发了一通议论：

"我们的大问题是人命不值钱。……人命太贱，可作牛马用，当然可供烹吃，可供淫乐，亦当然可以屠杀为乐。一切不忍人之心，不忍人之政，到此都成废话。……救济之道只有工业与社会主义双管齐下，或可有较大进境罢。"

有人据此说胡适也赞成"社会主义"，以证明他并不反对马克思主义，这显然是一种莫大的误解。胡适这里所谓的"社会主义"，并不是马克思主义者主张并为之奋斗的社会主义（共产主义社会的初级阶段），这只要从他认为英国工党"倾向于社会主义的经济立法"就可以明白了。推行经济制度社会化和社会主义是性质不同的两回事。

芦沟桥事变后日军占领北平，当时许多文化界人士都希望周作人南下，投身全民抗日的洪流。在欧美开展民间外交的胡适，特地从伦敦给周作人寄了一首他写的诗，对这位"在北平的一个朋友"遥致思念并多方劝导：

> 藏晖先生昨夜作一梦，
> 梦见苦雨庵中吃茶的老僧。
> 忽然放下茶钟出门去，
> 飘萧一仗天南行。
> 天南万里岂不大辛苦？
> 只为智者识得重与轻。——
> 醒来我自披衣开窗坐，
> 谁人知我此时一点相思情！

胡适自称"藏晖先生"，称周作人为"苦雨庵中吃茶的老僧"。他希望老朋友在民族危机空前严重的时刻，能够认清孰"重"（抗日救亡）孰"轻"（个人利益），不避艰难与辛苦，毅然"南行"参加抗日工作。

这就是胡适对周作人的一片"相思情"！

周作人给胡适回了一首诗，虽然"多谢藏晖居士的问讯"，"可惜我行脚却不能做到"，"只能关门敲木鱼念经，出门托钵募化些米面"。周作人没有听从胡适和其他文化界朋友的劝告，滞留北平犹豫观望，最后竟向日本侵略者屈膝，当了一名可耻的汉奸。南京大屠杀远远超过当年的扬州屠城，在日本侵略者眼里中国人的命更不值钱，可作牛马，可供烹吃，可供淫乐，可以屠杀为乐。不知道周作人对此又有何印象？！

抗战胜利后，南京高等法院以"通敌叛国，图谋反抗本国"的罪名，判处周作人有期徒刑10年，剥夺公民权10年。此案审理过程中，沈兼士、俞平伯、废名等15位教授曾为周作人说情。俞平伯致函尚在美国的胡适，希望胡适替周作人求情，胡适以"案子正在审理，照美国习惯是不能说什么的"为由拒绝了。不过他后来就任北大校长，还是以北京大学的名义开具"查点校产及书籍，尚无损失,且有增加"的证明,加上蒋梦麟出示的华北沦陷后确曾委托周作人保管北大校产,对南京高等法院在周作人量刑上可能起了某些作用。周作人后被解往南京老虎桥监狱服刑。

1948年冬北平和平解放前夕,胡适仓皇飞往南京,未几转赴上海,准备东去美国。周作人彼时也在上海,他曾托人向胡适致意,劝胡适留在大陆,正如当年胡适劝他"南行"一样。胡适没有听从周作人的劝告。如果两人彼时彼地各自听从了对方的劝告,那么无论胡适还是周作人,他们后半生的历史都会被重新改写,对他们的正面评价就会多得多。可惜一失足成千古恨,如今都成为永远的遗憾了……

陶孟和

陶孟和(1887-1960),原名履恭,祖籍浙江绍兴,生于天津。幼时在近代教育家严修创办的家塾中就读,1904年严氏家塾改为敬业中学堂,1906年迁址改称南开学校,由张伯苓任校长。陶孟和系南开学校第一届师范毕业生,也是张伯苓最得意的门生之一,因成绩优异以官费生资格于1906年被派赴日本留学,在东京高等师范学习历史和地理。1910年又赴英国伦敦大学经济政治学院学习社会学和经济学,1913年获经济学博士学位。同年归国后,先在商务印书馆任编辑,后任北京高等师范学校教授。1914年应聘担任北京大学教授,主讲《社会学》、《社会问题》、《英文学戏曲》等课程。1917年蔡元培就任北京大学校长,陶孟和积极支持蔡元培整顿北大的改革主张和措施,在多方面出力襄助蔡元培的校务工作。至1927年,陶孟和在北大历任系主任、文学院院长、教务长等职。

陶孟和还是五四新文化运动的积极参加者,《新青年》的编辑人之一。

胡适1917年刚入北大执教的时候,毕竟初来乍到,人地生疏,最初与之要好的两个人即高一涵与陶孟和。胡适1918年5月8日曾写信给陶孟和,就两本外国书中的两个人物进行比较,从区别中观察世变:

"今天病中把Tess看完了,此书写Clare名为'开通'而实未能免俗,与Jude之写Sue虽久经'释放'而实不能脱去旧日陋想同一用意。……前日老兄说Tess的事迹有点像《老洛伯》中之锦妮,果然果然。但锦妮是十八世纪中人,故仅'让他亲了一个嘴,便打发他走路',又'不敢想着他',还能'努力做一个好家婆'。

Tess是十九世纪下半的人，受了新思潮的间接感化，故敢杀了他所嫁而不爱的男子，以图那空屋几日夜的团圆快乐。这个区别，可以观世变。……

"中国的我，可怜锦妮，原谅锦妮；西洋廿世纪的我，可怜Tess，原谅Tess。这是过渡时代的现象，也可以观世变了。"

陶孟和是研究社会学的，从区别中观察世变正是社会学的一项重要内容。

陶孟和是一个热心人，每当出国访问或调查，他总是为鼓吹新文化的刊物《新青年》、《每周评论》、《新潮》做宣传，总是为北京大学物色优异的人才。仅以陶孟和1919年分别从日本和英国写给胡适的两封信函为例：

"昨日东京又遇见王勇公君……亦盛赞吾人之《新青年》，尝劝其同学购读，并谓中国惟此杂志为有精神。又遇石醉六君（湘人），亦小伟人之一，亦赞美《新青年》。后恭告王君，近吾人又出有《每周评论》。王君极欲一读，可否嘱仲甫将前数期各寄五份来。又王君知大学学生有《新潮》之刊，惟未能购得。望嘱徐彦之将所存之《新潮》寄三五册来。……在东京见留学此间陆海军大学者十余人，或曾在国内任官吏，或曾从事革命事业。想将来之前途颇有事业可作，设《新青年》之精神得以贯输，亦可喜也。"又说："吾校如有应调查之事，望函告以便为一调查"。

"此间学生有专门地质者李君四光，曾在伯明翰充助教，若能延至吾校，当能胜任。又有丁君燮林，年只二十四岁（丁在君之堂兄弟），在伦敦充物理学之助教，亦不多靓之材，望与校长一商，如能得两君来吾校，则大佳矣。"

信中特别提到李四光著有英文《中国地质调查史》，约五百余页，附地图十数页，伯明翰大学拟出版，但李四光担心外国人会利用书中关于经济的那一部分"谋我国之利源"，故陶孟和提出是否可由北大出版。

蔡元培和胡适都是爱才之人，1920年新学期开始，李四光和丁燮林双双被聘为北京大学教授，李四光主持地质系，丁燮林与颜任光、李润章主持物理系。陶孟和对此实有首荐之功。

由陶孟和与马叙伦等发起成立了北大哲学研究会。在北大图书馆工作的毛泽东对哲学甚感兴趣，参加过哲学研究会的一些活动。1919年冬蔡元培、陶孟和、胡适曾应毛泽东之邀，与十几位新民学会会员座谈学术及人生观问题。

胡适曾对高一涵与陶孟和讲："二十五年来，只有三个杂志可代表三个时代，可以说是创造了三个新时代：一是《时务报》，一是《新民丛报》，一是《新青年》。而《民报》与《甲寅》还算不上。"由此可见胡适对《新青年》评价是很高的，也是极为看重的。陶孟和也同样如此，他在《新青年》第2卷（1917

年)至第8卷(1920年)上,陆续发表了《我们政治的生命》、《战后的欧洲》、《怎样解决中国的问题》、《中国的人民的分析》、《新青年之道德》、《贫穷与人口问题》、《女子问题》、《论大学教育》、《论平民教育运动》等十余篇文章,内容涉及社会的诸多方面。

后来《新青年》内部产生了分歧,胡适提出了三种办法供同仁们讨论,陶孟和的意见是"赞成移回北京。如实不能则停刊,万不可分为两种杂志,致破坏《新青年》精神之团结"。胡适和李大钊则对"停办"持绝对不赞成的态度。

陶孟和从子书与各代笔记中搜集有趣的故事约150条,编成一部《国文故事选读》,并请胡适作序。

陶孟和本是专攻社会学的,1926年他受英庚款基金会之托在北平筹建社会调查部,并担任秘书职务。这一机构1929年改称北平社会调查所,陶孟和任所长。虽然离开了北大的教职,但他和胡适仍然保持着密切的关系。胡适发现了北大学生千家驹是一难得的人才之后,主动推荐给了陶孟和。陶孟和对胡适很是敬重,老朋友推荐的人员他自然乐于接纳。不过他对胡适转来的《东方民族改造论》提出了尖锐的批评,认为作者"只不过看了现在中国的情形,模仿优生学的议论(西洋优生学鼓吹者就有许多是瞎说的),高唱种族灭亡危险罢了。他所用历史的材料如大人的寿命与身长都是极不可靠的。书中差不多每节都有不合伦理或不合事实的话"。

北平社会调查所是中华教育文化基金董事会的下属学术机构,陶孟和在北平社会调查所工作期间,因为经费问题同任鸿隽(叔永)产生了很大的矛盾,陶孟和甚至认为任鸿隽"想把社所逐出中基会",对他个人"实行与夺生杀之大权"。胡适是中基会的名誉秘书、董事会的董事,而陶孟和与任鸿隽又都是他的老朋友。陶孟和同任鸿隽都给他写信申诉各自的看法和意见,胡适只好多方斡旋,他劝任鸿隽"不要打笔墨官司",对陶孟和说"叔永无意驱逐社所,他不过想为中基会省些款项"。在朋友争执不下的时候,胡适充当了一个和事佬。

大约是在1927年,陶孟和向胡适提出扩大北平社会调查所并使之独立,他请胡适在中基会的大会上对此予以讨论。他对胡适说:"现在能够明白社会科学研究重要的人很少,就是稍为明白,也常缺乏远大的眼光。像这个小机关永远做一个行政机关的小附庸,终非长久之策,……我现在正起草一种意见书及计划,将来请你教正,并且希望你在明年二月大会里有所主张——如你赞成的话。"

那时胡适已经去了上海,陶孟和在信中剖露了自己对挚友的一片思念之情:

"北京自从诸位友人去后,又经变成沙漠似的枯寂。我们所过的是离群索居的生活。我每天除了八小时的公事房,便是在家庭里。小孩们因为请不到合式(适)的先生,太太也变成老夫子了。……"

啊!陶孟和大概同那位俄国的盲诗人爱罗先珂君一样,心中也在感叹:

"寂寞呀,寂寞呀,在沙漠上似的寂寞呀!"

1934年,社会调查所并入中央研究院社会科学研究所,仍由陶孟和担任所长。

日本图谋发动侵华战争,陶孟和在一封信中提示胡适说:"顷探得国防军大计画,弟无暇撰文,可否请董撰一文登之《密勒》。外一纸为其计画。又一证据,则北京电话册中参战处项下有'坂西'(Banzai)少将及'坂谷'(Sakatani)二号。每次军火自秦皇岛等处运来,坂西皆奔走,又坂西常到张作霖处,大阴谋家也。恭以为只列其计划,不加论断,斯已足矣。"

抗战爆发后,由陶孟和负责将社会研究所迁至四川宜宾李庄。抗战胜利后迁回南京。1948年陶孟和当选为第一届中央研究院院士。

那时对于担任北大校长的胡适来说,最感头痛的是怎样对付连绵不绝的学生运动。他当然是不赞成学潮的,因为学生运动以反对国民党统治为目的,但他又无力平息学潮。在对待学生运动的方式方法上,策略上,胡适同国民党当局也有分歧:一般来说他主张用"疏导"的方法,通过法律手段解决,他不赞成动辄使用军警镇压。1947年5月中旬,胡适在北平行辕召集的茶话会上发表讲话,认为"对于青年人应该给予合理的自由",现在"还有不合法逮捕的事,是一种遗憾"。陶孟和看了有关报道后,于5月20日从南京致信胡适对此表示赞同:

适之吾兄:

久违,至以为念。我兄缄默久矣,识与不识,每谈及时,常深为忧虑。今早得读我兄对目前学潮谈话,谓政府动感情,诬学生有背景为不当,所见公平正确,直言无忌,不逊当年,曷胜钦佩!大家所忧虑者,可从此冰释矣。欣幸之余,专函奉告,尚祈谅察是幸。此颂

大安

弟 孟和顿首 五月四日

胡适将陶孟和的这封来信照录在自己的日记中,并写了两段话:"陶孟和兄来信,可见一班朋友的心绪。此信亦可见南方报纸也有发出我批评政府的话的,

此则甚可喜。""北方官报如《华北日报》,把我批评政府的一段删去了。"

1949年政权更迭之际,社会研究所全部人员及图书、研究资料在陶孟和主导下留在了南京。1949年10月起陶孟和担任中国科学院副院长,负责社会、历史、考古和语言四个研究所,同时兼任社会研究所所长。

高一涵

高一涵(1885-1968),原名高永浩,别名涵庐、梦弼。安徽六安人。自幼读书好学,十三岁即能作诗文。1912年自费留学日本,入明治大学政法系就读。1916年毕业回国,任北京大学编译委员兼中国大学、法政专门学校教授。在北大任教期间与陈独秀、李大钊等人交往,参与《新青年》的编辑工作,后又参与编辑《晨钟报》、《甲寅日报》、《每周评论》、《努力月刊》、《现代评论》等刊物。主要著作有《政治学大纲》、《政治学纲要》、《欧美政治思想史》等他还翻译过美国《杜威的实用哲学》和《杜威哲学》。

高一涵和胡适可谓"三同":安徽同乡,北大同事,《新青年》同仁。胡适最初入北大时,就和高一涵一起住在朝阳门南竹竿巷的一座小院内,两人关系相当不错。胡适曾有一首诗写道:

> 一涵!
> 月亮正在你的房子上,
> 正照在我的窗子上。
> 你想我如何能读书,
> 如何能把我的心关在这几张纸上!

据高一涵在写给胡适的一封信中说,他生平有过三个"垂危的时期":一是辛亥后在安庆教育厅就事时已无再继续读书的志向,后来刘希平逼迫他到日本去,才又走进了求学的大门;二是他在日本拟学习日文而把英文完全抛弃,后来遇着章士钊(行严),经章的一番谈话,他才闭门读了半年英文,达到能勉强看英文书的程度。三是他到北京以后对政治学很有兴趣,所以又读了一点政治书,但这几年因为放荡的结果,差不多把读书的兴趣在不知不觉中丢掉了。"今又遇

着你的良言，或者又可以起死回生了"。（此信载1923年6月7日胡适的日记）

使高一涵"起死回生"的胡适"良言"是指这样一件事：当时高、胡两家住在一起，高一涵将一名妓女接来同居，协助编辑《努力周报》、同为绩溪老乡的章洛声将此事写信告诉了正在上海的胡适，胡适听说后便写信给妻子江冬秀，叮嘱她要善待这个女人。1923年5月30日胡适的日记中对此记载得颇为详细：

"昨日洛声信上说，一涵接了一个妓女来家做老婆。洛声的口气似不以为然。故我今日写信与冬秀，请他千万不要看不起一涵所娶的女子，劝他善待此女。'他也是一个女同胞，也是一个人。他不幸堕落做妓女，我们应该可怜他，决不可因此就看不起他。天下事全靠机会。比如我的机会好，能出洋留学，我决不敢因此就看不起那些没有机会出洋的男女同胞。……'一涵住在我家的一院，我怕冬秀不肯招呼他们，故作此信。"

胡适又给高一涵写信，敦劝他新娶之后，要检点自家的行为，戒绝赌博，多读书，继续学问的事业。"我常常想着怡荪。自从怡荪死后，我从不曾得着一个朋友的诤言。……如果我有话在肚里，不肯老实向你说，我如何对得住你？如何对得住怡荪？"另一位安徽同乡、大名鼎鼎的陈独秀，因为"细行不检"而落下遭人非议的话柄，胡适不愿意看到高一涵重蹈覆辙。

这封信真是让高一涵十二分地感激！他复信胡适解释说："我这一件事所以不敢告诉你，也有种种原因。她是读过书的人，只因受夫家虐待，中途离婚。（离婚书我已看过）她因此无家可居，只得到北京来依她的表妹过生活。我看见她气质还好，所以作成此事。如果能相聚长久，或者可以终止我的放荡行为。因为没有经过长期的试验，不知结果如何，所以不曾告诉你。谁知你竟能超脱一切俗见，竟于宽恕之外，来勉励我前进，真使我感愧无地！"

高一涵又向胡适倾诉衷肠："我这几年得无家庭的好处背后得到许多无家庭的坏处——打牌和逛胡同。又从你的生活里头，看出读书的兴趣，可是又感得求学的难处。我因为我的天分不及你，我的求学的基础不及你，我的身体不及你，所以前几年（虽）然敢编《欧洲政治思想史》，近来简直又不敢执笔了。因困难而气馁，因气馁而放荡；我也知道这是宣布自己的死刑！"

高一涵在北大讲政治学史，因"任事已有一年，一点没有成绩，不但无以对大学，也无以对自己"，所以在蒋梦麟代理北大校务时曾提出辞职。胡适等朋友们支持他出国进修、深造，于是高一涵1919年12月下旬和王文伯一同赴日本访学，临行前胡适曾为之饯行。

高一涵到日本后，因为《新青年》和陈独秀与胡适的声望，有许多人把他这位北京大学和《新青年》的同仁当作"天使"来看待。日本报界送了他一个"高教授"的头衔。有一次高一涵在"统一纪念会"演讲结束后走下讲坛，一些被称为"离经叛道"和"忤逆不孝"的中国留学生都跑来争着和他握手。高一涵在给陈独秀与胡适的信中激动地说：

"这是你们鼓吹的功劳，也就是你们无穷的不可推脱的责任，还望你们快快努力，尽你们'天使'的责任才好！"

高一涵还向陈独秀与胡适报告了日本青年会及其他新进人物对中国新文化运动的期待，他说："《新青年》代派事，我已同青年会的干事说到，且于昨晚在'统一纪念会'会场报告了。大家仿佛得到宝贝一样的欢喜。我想这事万不能辜负他们的好意，并望商同梦麟和新潮社、国民杂志社按期寄《新教育》、《新潮》、《国民》和其余有价值的杂志前来。"

高一涵在东京购得200多册书，又得到大学图书馆的帮助，经过四个月的时间编成《政治学史》上古部分。但他并不打算回北大，只是想把《政治学史》上古部分修改抄写成功，交给北大算是了却一桩心事。他还劝胡适也到日本来专心做学问，利用日本丰富的图书资料把《中国哲学史大纲》写完，免得让人奚落为"无下"之人。胡适被高一涵说得有些心动了，一度产生到日本东京与高一涵、王文伯一起从事学术研究的打算。于是高一涵又帮着为胡适在东京租房子，定旅馆。不过胡适这次并未成行，之后高一涵也回到了北京。

1920年8月1日，胡适、高一涵与蒋梦麟等七人在《晨报》临时增刊发表了《争自由的宣言》。后来胡适、丁文江、高一涵等又自筹经费，于1922年5月创办了《努力周报》。胡适亲自撰写了《我们的政治主张》鼓吹"好人政府"，在16位签名者中也有高一涵。1924年底创刊的《现代评论》由北大法律系主任王世杰担任主编，胡适为刊物的精神领袖，主要撰稿人有陈西滢、周鲠生、徐志摩、郁达夫、高一涵。以上情况说明，高一涵和胡适这一时期的交往主要偏重在办刊物方面。胡适在北大休假一年，去了南方，《努力周报》的编辑工作主要由高一涵在北京操办。关于"科学与玄学"之争就是在《努力周报》上展开的，高一涵当时曾致函胡适报告刊物计划：

"本期《努力》拟将所有关于《科学与玄学》的讨论完全注销，——在君要占14栏以上，经农3栏，林宰平有6、7栏——作一结束。《读书杂志》暂缓一周。下一期文稿还缺乏数栏……"

高一涵还经常从北京向在南方的胡适捎报情况，就有关问题进行请示、商谈："北京政变，我不敢发议论，究竟本报应该取什么样的态度？……你能做极短的时评吗？赶快寄来，还可以赶得上第57期。"

"我前回生怕文字不够，所以写信托你向他们催催文字。信发后反而懊悔，因为没有催到别人，倒反使你自己着急起来了。我以后又有一封信给叔永，内中说到《努力》或者停刊的话，也是为催文字而发的，……真正说到停办，我也同你一样想，觉得可惜！不过在这一个半月中，我总可以维持下去，或者为凑篇幅起见，文字不好或有之，断不致中止。"

胡适对于《努力周报》的方针大计经过深思熟虑，向高一涵、陶孟和等人提出："我想，我们今后的事业，在于扩充《努力》，使他直接《新青年》三年前未竟的使命，再下二十年不绝的努力，在思想文艺上给中国政治建筑一个可靠的基础。"

"在这个大事业里，《努力》的一班老朋友自然都要加入；我们还应当邀请那些年老而精神不老的前辈，如蔡孑民先生，一齐加入。此外少年的同志，凡愿意朝这个方向努力的，我们都应该尽量欢迎他们加入。"

《努力周报》是他们几个朋友自筹资金办的，全靠朋友出于友谊写稿供稿，刊物不发稿费，连发行部的人也不支薪。胡适为此甚感不安，所以后来《努力周报》改为《努力月刊》，由上海亚东图书馆或商务印书馆承办，胡适提出每月应有最低限度的编辑费。商务印书馆的几位朋友很赞成胡适他们"奋斗牺牲的态度"，答应以6千部的销数作为计算的基础，超出部分以版税二成交付著作人。这本是一件好事，可是高一涵却在《晨报副刊》上发表《关于〈努力月刊〉的几句话》，指责商务印书馆"扳起资本家的面孔，说：'给你们做文字的人3块钱至5块钱一千字'"。胡适为此严厉批评了高一涵，说："一个人要表示清高，就不惜把一切卖文的人都骂为'文丐'，这是什么道德？……这样说话，但求一时的快意，而不顾事实的不符，也是我不希望我的朋友做的。"

胡适特别向高一涵指出："君子立论，宜存心忠厚。凡不知其真实动机，而事迹有可取者，尚当嘉许其行为，而不当学理学家苛刻诛心的谬论，——何况我深知'商务'此番全出于好意的友谊，而你说的话太过火了，使我觉得很对'商务'不住。我又不愿把我们的契约无故披露在报纸上，以博一班神经过敏的人的谅解。……我说的话有不免太直切之处，但我对朋友的通信是从来不会作伪的，对你尤其不敢矫饰，想你能谅解。"

尽管存在某些分歧，尽管有不愉快的时候，但胡适1928年4月就任中国公学校长时仍聘请高一涵为社会学院院长。一句话，他对得起朋友。

以后胡适因为写了《人权与约法》、《知难行亦不易》、《我们什么时候才可有宪法》等文章而招致国民党当局的不满，于1930年5月辞去中国公学校长职务。继任校长的人选问题在中公引发争议，一些人主张由于右任继任，另一些人则主张由马君武担当。在这个事情上胡适几乎和高一涵绝交而散。高一涵曾致函胡适说："亮功来信托我劝劝你不必管中公风潮，此事你我皆在局中，我之不能劝你，亦犹你之不能劝我，然旁观者的意见究竟不能抹煞。"马君武出任中公校长后，高一涵在写给胡适的另一封信里又抱怨道："中公是非真多，上学期已得兄允许，准我辞卸一切职务，马校长处请代为助一臂之力。我实不愿受此无期徒刑，教书已够生厌了，教书外更受莫须有之冤，真是冤哉枉也。"

尽管两人几至绝交，但胡适仍念"故者无失其为故也"之义，1931年1月从北平到上海出席中华文化教育基金董事会第五次常会时，特地去看望了老朋友高一涵。

第三章

北大人部落（早期）

蔡元培　傅斯年　罗家伦　顾颉刚　俞平伯　梁漱溟　辜鸿铭

胡适是现代思想文化史上一位重要的人物，也是教育领域里的重要人物。他早年在五四新文化运动中起过积极的倡导者的作用，影响很大，因此被聘为北京大学教授，主讲中国哲学史等课程。以后又担任北大教务长、文学院长。抗日战争胜利后，国民党政府任命胡适为国立北京大学校长，直至北平和平解放。

在现代知识界引领风骚的代表性人物中，以胡适与北大的关系最为深厚。北大众多同事与学生信仰胡适，追随胡适，胡适与这些人编织成了颇为亲密的关系网，逐渐形成了一支活跃于学术文化与教育界的胡适派系。

而这一切，首先要从胡适进入北大"卯字号"开始。那是蔡元培执长北大的时期……

（包括陈独秀、胡适在内的《新青年》编辑人同时也在北京大学任教，他们既施大的影响予社会，又惠泽于青年学子。关于胡适和《新青年》同仁的关系已列入本书第二章，故本章不再重列。）

1946年7月胡适乘机抵北平就任北大校长,傅斯年(左一)在机场迎接胡适归来。右为北平行辕主任李宗仁。

蔡元培

蔡元培（1863—1940），字鹤卿，号孑民。浙江绍兴人氏。清光绪新科进士，翰林院庶吉士。受维新思潮影响，积极参加反清排满活动，曾先后组织光复会并加入孙中山领导的同盟会。1902年与章炳麟等创办中国教育会，主张用共和的教育造就理想的国民，进而建立理想的国家。辛亥革命成功以后，蔡元培被临时政府委任为教育总长。因为反对袁世凯复辟称帝，被迫赴欧，在法国组织"华法教育会"，倡导并支持留法勤工俭学，使许多有为青年受益匪浅。1917年1月回国，出任北京大学校长。

1927年4月，国民党中央监察委员吴稚晖、李石曾、张静江、陈果夫加上蔡元培，提出"弹劾共党案"，为蒋介石"清党反共"铺路。尽管如此，但蔡元培后来对蒋介石的独裁统治是深为不满的，所以1933年1月在上海与宋庆龄、鲁迅、杨铨等著名进步人士一起成立了"中国民权保障同盟"。瑕不掩瑜，青史留芳，蔡元培逝世后周恩来对其一生言行作了高度评价："从排满到抗日战争，先生之志在民族革命；从五四到人权同盟，先生之行在民主自由。"

蔡元培的杰出贡献主要在教育方面，尤其是在1917年执长北大后，他借鉴国外办学经验，大力贯彻新的近代教育理念，对中国这所最高学府进行了一系列的改革与整顿。明确提出："大学学生当以研究学术为天职，不当以大学为升官发财的阶梯。"提倡"思想自由"、"兼容并包"，广纳贤士与学有专长的人才，而不论其主张与信仰如何，也不看其为新派旧派。"无论何种学派，苟其言之成理，持之有故，尚不违自然淘汰之运命，即使彼此相反，也听他们自由发展"，"令学生有自由选择的余地"。在蔡元培的倡导与推动下，北京大学一扫昔日京师大学堂时期的沉闷与守旧，面貌焕然一新，各种学说、思潮、流派异彩纷呈，百家争鸣，相互竞争交融，学术空气十分活跃。北大也因此成为了新文化运动的酝酿与发祥之地。

正是出于上述教育理念，尤其是改革文科的迫切需要，蔡元培根据北京医专校长汤尔和与北大预科教授沈尹默的推荐，聘请了著名的急进民主主义者陈独秀出任北大文科学长，又由陈独秀推荐聘请胡适任文科教授。

如果说胡适是千里马，蔡元培就是伯乐。

胡适晚年曾对秘书胡颂平说，蔡元培看过他十九岁时写的《〈诗〉三百篇言字解》后，就有意聘请他到北大来任教。查《胡适文存》一集卷二及胡适《留学日记》卷十二，均收录有这篇文章并注明"辛亥年稿"，但并没有被蔡元培看中的相关记载。蔡元培本人在《我在北京大学的经历》一文中是这样说的："那时候因《新青年》上文学革命的鼓吹，而我们认识留美的胡适之君，他回国后，即请到北大任教授。"

1917年5月胡适在美国哥伦比亚大学通过博士论文的考试后，于7月10日回国。在安徽绩溪老家大约住了一个月光景，即返上海，由沪北上，于9月10日抵达北京，正式接受了北京大学的聘书。系由校长蔡元培9月4日签发的职务文科教授，月薪260元。"此为教授最高级之薪俸。适初入大学便得此数，不为不多矣。"胡适写信告诉母亲说，兴奋之情溢于言表。

胡适就这样进了北大。

一只"兔子"挤进了"卯字号"。

北大校址当时设在城内景山东街马神庙，距金碧辉煌的昔日皇宫、水波荡漾的三海和明末崇祯皇帝上吊的地方都很近，既适宜潜心读书又便于游玩，还能引发思古之幽情。文科教员预备室系一排平房，一位教员一间。同人中陈独秀、朱希祖生于己卯年（1879），胡适、刘半农、刘文典生于辛卯年（1891），他们都属兔，年龄正好相差一轮，人称"两个老兔子和三个小兔子"，他们常常聚在教员预备室里高谈阔论，故这里被戏称为"卯字号"。

那一年胡适二十六岁（虚岁二十七），可以说是很年轻的教授，而且他虽然通过了博士论文的最后考试，但毕竟还没有拿到正式的博士文凭。他之所以能进入中国最高学府北京大学教授的行列，一是靠陈独秀的大力举荐，二是靠蔡元培不拘一格，任贤用能。否则，胡适就很有可能如他后来所说的那样，做一个二三流报刊的编辑终此一生。

蔡元培执长北大，锐意改革，重用具有新思想、新观念的新进人物。陈独秀、胡适都是蔡元培新教育方针的受益者和实践者，同时他们也都为充实、完善这一新的教育方针各尽所能，各展其才。胡适在美国接受了实验主义哲学和自由主义的政治观，他对蔡元培提倡的"思想自由"、"兼容并包"是一拍即合，拥护之至。蔡元培曾这样评价胡适说：

"北大关于文学哲学等学系，本来有若干基本教员，自从胡适之君到校后，声应气求，又引进了多数的同志，所以兴会较高一点。"

又说："胡君真是'旧学邃密'而且'新知深沉'的一个人，所以一方面与沈尹默、兼士兄弟、钱玄同、马幼樵、刘半农诸君以新方法整理国故,一方面整理英文系;因胡君之介绍而请到的好教员,颇不少。"

陈独秀、胡适、钱玄同倡导新的白话文学,反对封建旧文学和旧礼教遭到了旧派势力的诋毁与攻击。因为他们都是北大的教授,所以学校和校长也受到了株连。林纾的文言小说《妖梦》里,讥笑北大是"白话学堂"。在他致蔡元培的信中更指责北大离经叛道,给北大加上了莫须有的"(颠)覆孔孟,铲(除)伦常"的罪名。在新旧势力这一场斗争中,蔡元培坚定地支持胡适、陈独秀等新派人物,在《公言报》上重申北大循思想自由之原则,取兼容并包主义,并用事实真相驳斥了林纾对北大的无端攻击。蔡元培举的一个重要例子,就是胡适的《中国哲学史大纲》上编,其中所引古书多系原文并非白话,怎能说北大专用白话尽废古文?蔡元培质问林纾说:

"北京大学教员中,善作白话文者,为胡适之、钱玄同、周启孟诸君,公何以证知为非博极群书,非能作古文,而仅以白话文藏拙者?"

蔡元培在文章中特别称赞了胡适:"胡君家世从学,其旧作古文,虽不多见,然即其所作《中国哲学史大纲》言之,其了解古书之眼光,不让清代乾、嘉学者。"

将胡适与清代乾嘉学者并提,这是很高的奖誉了。后来胡适考证古籍也确实有乾嘉学者的遗风,为了一个字、一个词是否错讹或一种版本的年代真伪绞尽脑汁,废寝忘食。

亚里士多德有一名言:"朋友和真理既然都是我们心爱的东西,我们就不得不爱真理过于爱朋友了。"在《红楼梦》问题上,蔡元培属于旧红学中的索隐一派,认为小说以"红"隐"朱","本事在吊明之亡,揭清之失。"胡适认为这是牵强附会之说,他提出《红楼梦》系曹雪芹的"自叙传",开创了所谓的"新红学"。尽管新旧不同属,观点有差异,但他们在学术上是相互尊重的,是彼此容忍的。蔡元培肯定胡适对曹雪芹的家世与生平"搜集许多材料。诚有功于《石头记》",胡适则是本着亚里士多德的精神与态度,和蔡元培先生商榷。用胡适自己的话来讲:"我把这个态度期望一切人,尤其期望我所最敬爱的蔡先生。"

五四运动的导火线是在巴黎和会上欧美列强无视中国主权,悍然决定战败一方德国在山东半岛的特权由日本继承。蔡元培将中国外交失败和北洋政府准备接受的消息透露给了北大的学生,于是群情激愤。北大和其他学校共有3000多名学生在天安门前集会游行,火烧赵家楼,痛殴卖国贼。北洋军阀政府发布通令:"各校对于学生当严尽管理之责,其有不遵约束者,应即开除,不得姑息。"

蔡元培主张青年学生应爱国御侮，但不赞成采用罢课游行的方式，他曾经亲自在校门口拦阻学生。无奈一方面是学生们"再接再厉的决心"，一方面是北洋政府"持不做不休的态度"，蔡元培作为校长夹在北洋政府与广大学生之间无力应付，只得于5月9日辞去了北京大学校长一职，并委托工科学长温宗禹代为主持校务委员会。

五四运动发生时胡适不在北京，5月12日他从上海回到学校，蔡元培已离开北大返回故乡绍兴。在北大校内"挽蔡"与"驱蔡"分成了两派，大多数师生主张挽留蔡元培，也有少数师生附合北洋政府"驱逐"蔡元培的旨意。6月北洋政府正式任命胡仁源接任北京大学校长，北大广大师生于是开展了各种形式的"拒胡迎蔡"活动，迫使北洋政府收回成命，允许蔡元培回校主持校务。蔡元培对胡适有知遇之恩，胡适担心没有蔡元培北大就会散了，所以在这一场"校园风波"中，他坚定地站在了大多数师生一边，对"拒蔡迎胡"的言行进行了揭露和批驳。

蔡元培9月回北大复职后，由蒋梦麟任总务长，胡适代理教务长，协助校长工作。1922年4月胡适又正式当选为北大教务长兼英文系主任。胡适自此进入了北京大学校、系两级的领导岗位，积极协助蔡元培把北大作为一个实验场，逐步推行并实践现代教育理念和教育主张，其中包括北大应注重"提高"、改订学制、开放女禁、推行平民教育等等。胡适日记中有这样的记载：

"七时，到蔡先生家，孟馀、任光、聘丞也来。我谈大学进行事，决定'破斧沉舟'的干去。蔡先生尚不退缩，我们少年人更不当退缩。是夜商定：⑴图书募捐事，⑵主任改选事，⑶教务长改选事，⑷减政事，⑸组织教育维持会事。(1921年9月19日)

"与蔡先生谈大学改良事，他要我写出来。我回家后，即写了一封详信给他。(1921年9月25日)

"……与蔡先生同到他家谈话。他很赞成我给他的信，他批了几句话，要我带去提出今天的教务会议。"(1921年9月26日)蔡元培的批语是："胡先生提议各条，元培均甚赞同，惟进行程序须经教务会议议定，请提出为幸。

"九时，开评议会。议及教授兼任他校教课钟点的限制，我提议'不得过本校授课钟点二分之一'。后经修正为'不得过六小时'。有几位评议员反对，颇有讨论。蔡先生起立，大声发言，面色红涨，很有怒气。……我认得蔡先生五年了，从来不曾见他如此生气。他实在是看不过贺之才一类的人，故不知不觉的发怒了。后来此案付表决，只有两人不举手。蔡先生事后似悔他的发怒，故后来说话非常和气。"

北大的改革不是一帆风顺的,在前进的道路上遇到了许多困难,受到了种种阻挠与压力。蔡元培每每一去就抗争,表现出了要做人而官有所不做、要做人而钱有所不取的狂狷精神与高尚品格。

1923年国务会议通过教育总长彭允彝干涉司法独立与蹂躏人权的提议,蔡元培奋然辞去北大校长职务,声言:"元培目击时艰,痛心于政治清明之无望,不忍为同流合污之苟安,尤不忍于此种教育当局之下,支持教育残局,以招国人与天良之谴责,惟有奉身而退,以谢教育界及国人。"蔡元培的辞呈原来请邵飘萍代拟,因邵文不满人意,后由胡适另行起稿,经蔡元培删改后见诸报端。胡适还在《努力》周报上接连发表了两篇文章《蔡元培与北京教育界》、《蔡元培是消极的吗?》,指出蔡元培"这一次的抗议,确然可以促进全国国民的反省,确然可以电化我们久已麻木不仁的感觉力",并说"蔡先生的抗议在积极方面能使一个病废的胡适出来努力,而在消极方面决不会使一个奋斗的陈独秀退回怯懦的路上去!"胡适的文章是对蔡元培的有力支持,用他的话来说"我在这时候差不多成了蔡先生的唯一辩护人"。

另据胡适《山中杂记》,1923年6月间他在杭州度假时,蔡元培从绍兴来杭,与之同游西湖及其附近名胜,同游者还有商务印书馆的元老高梦旦先生。"烟霞洞的风景打动了我的心,蔡、高两丈力劝我住此过夏,因为那时北京已乱了——北京军警于九日罢岗——我也不愿就回去"。

蔡元培回绍兴后,北大教职员代表陈惺农等三人赶到杭州,复去绍兴,蔡元培遂和他们一起再到杭州来,邀约胡适一同商议行止,"我们在平湖秋月的大杨树下商定了蔡先生的三个宣言"。秋天蔡元培赴欧洲访问,胡适曾和他合影留念。

上海英文周报《密勒氏评论报》就"谁是中国今日的十二个大人物?"在外国读者中进行投票。胡适认为外国人"不很知道中国的情形",因而选举的结果有失公平,所以便在他主编的《努力》周报上提出近二十年影响全国青年思想的有四人:康有为、梁启超、蔡元培、陈独秀。由此可见蔡元培在全国青年中的位置,也可见蔡元培在胡适心中的位置。

国民党蒋介石在1927年"四一二"政变后基本上控制了局势,由南京国民政府行使中央政府的权力。在教育领域有两项重大的变动:一是将教育部改为大学院,任命蔡元培为大学院长;二是仿效德国实行大学区制,北平、天津、河北、热河四省市为一个大区,统称北平大学。这样,原来的北大就成了"北平大学"

下属的一个分院,其地位和重要性大为降低。

在这中间,胡适与蔡元培有一次小小的过节儿。蔡元培出任大学院长后,曾请胡适任大学委员会委员,但胡适因为不赞成"党化教育"拒绝了。蔡元培批评胡适"脾气不好",说这样"必致破坏院中雍穆的空气"。再则蔡元培准备将北京大学更名为中华大学,由李石曾任校长,这遭到了胡适的强烈反对。他在一次大学委员会上直率地发表意见说北大不宜改名,李石曾派别观念太深更不宜出任校长。结果自然是不欢而散,胡适写信告诉蔡元培,他今后不再列席大学委员会。

教育体制上的改变遭到了一片反对之声,南京国民政府只得重设教育部,并任命蒋梦麟为部长。北大恢复独立建制,重执教育界牛耳,蔡元培仍为北京大学校长。

中华文化教育基金董事会是1924年9月18日正式成立的,宗旨是利用美国退还的庚子赔款,发展中国的文化教育事业。第一届董事会由中美双方共十五人担任董事,其中中方董事十一人,美方董事四人。董事会成员后来有所变化,1927年6月在天津举行的董事会第三届年会上胡适当选为董事之一。

1928年大学院曾遵照国民政府令改组中华文化教育基金董事会,但此事久拖未决,一直延续到蒋梦麟走马上任执长教育部的时候。蔡元培是董事会的董事长,胡适是董事,他在12月22日的日记中有这样一段记载:

"最可笑的是蔡先生的态度。我告诉他,此事我当初虑的是美国方面不认改组命令,孟禄却说,困难正在美国政府不能不认国民政府的命令为有效;因为命令有效,故美国财政部不能继续付款,因为受款的机关已取消了。蔡先生对我说:'美国财政部此举未免太早了。外交部并不曾正式通知美国政府,他们正可以当作不知道。'堂堂政府的命令,却要人家当作不知道!"

胡适显然不满意,所以他对蔡元培说:"美国财政部虽不曾接得正式通告,但他们不能不虑到这一层。原来的董事会是七月底明令'着即取销'的。假使美国继续付款至九月底,忽然发现受款的董事会已成为非法机关,那么,财政部便得负赔偿此两月的款子的责任了。"

这样一层意思,胡适说"是蔡先生听得懂的了"。

在本书第一章叙述胡适和杨杏佛的关系时,已经将"中国民权保障同盟"开除胡适的缘由和经过作了比较详细的介绍,这里不再重复。值得一提的是,胡适在1933年3月21日的日记中收录了蔡元培写给他的一封信,全文如下:

适之先生大鉴：

奉四日惠函，知先生对民权保障同盟'不愿多唱戏给世人笑'，且亦'不愿把此种小事放在心上'，君子见其远者大者，甚佩甚感。弟与语堂亦已觉悟此团体之不足有为，但骤告脱离，亦成笑柄；当逐渐摆脱耳。承关爱，感何可言！此复，并祝

着祺

　　　　　　　　　　　　　　　　弟元培　敬启　三月十七日

蔡元培这封信写得很客气，大概也说明了他的一种态度。胡适自谓"读之甚慰"。1930年11月，蔡元培辞去北大校长之职。中央研究院成立后，蔡元培改任中研院院长，胡适为中研院历史语言研究所的通讯研究员。为感念蔡元培对发展我国文化教育事业的卓越贡献，胡适和王星拱、丁燮林、蒋梦麟等人曾于1935年9月7日联名提出要合力建造一所房屋赠与孑民先生作为住家与藏书之用。蔡元培对此美善之意复信道：

"接二十四年九月七日惠函，拜读以后，蓌悚得很！诸君子以元培年近七十，还没有一所可以住家藏书的房屋，将以合力新建的房屋相赠。元培因没有送穷的能力，但诸君子也不是席丰履厚的一流，伯夷筑室，供陈仲子居住，仲子怎么敢当呢？

"诸君子的用意，在对于一个终身尽忠于国家和文化而不及其私的公民，作一种纪念。抽象的讲起来，这种对于公而忘私的奖励，在元培也是极端赞成的，但现在竟以这种奖励加诸元培，在元培能居之不疑么？

"但使元培以未能自信的缘故，而决然谢绝，使诸君子善善从长的美意，无所藉以表现；不但难逃矫情的责备，而且于赞成奖励之本意，也不免有点冲突。元培现愿为商君时代的徙木者，为燕昭王时代的骏骨，仅拜领诸君子的厚赐；誓以余年，益尽力于对国家文化的义务；并勉励子孙，永永铭感，且勉为公而忘私的人物，以报答诸君子的厚意。"

蔡元培1940年3月5日在香港逝世，享年七十三岁。胡适在日记中评价说："蔡公是真能做领袖的。他自己的学问上的成绩，思想上的地位，都不算高。但他能充分用人，他用的人的成绩都可算是他的成绩。"

胡适生前每当提起北大，必定要讲蔡元培，讲蔡元培怎样提倡"兼容并包"、"学术自由"，并把这当作蔡元培留给北大的宝贵精神财富。他还往往把"蔡元培

思想"与"胡适思想"并提,给人一种在北大历史上曾一度"双星并耀"、共创辉煌的印象,不知道胡适是否怀有这样的心思?

傅斯年

傅斯年(1896-1950),字孟真。祖籍江西永丰,生于山东聊城。其父为清末举人,故幼时即在家中熟读孔孟之书,打下了扎实的旧学根基。1909年就读于天津府立中学堂,1913年考入北京大学预科,1916年升入北京大学国文部,师从国学大师刘师培、黄侃(季刚)先生。五四运动爆发时,作为北大学生会领袖之一的傅斯年担任游行总指挥。毛泽东对傅斯年在五四运动中的贡献曾给予了积极评价,并手书北宋钱惟演的两句诗"不将寸土分诸子,刘项原来是匹夫"相赠。

傅斯年终生视胡适为师,终生与胡适为友。

胡适初进北大时,在哲学部讲授中国古代哲学史。他一改前任教师的讲法,另辟新路,丢开唐虞夏商,直接从周宣王以后讲起,并且用《诗经》来作说明,称西周后期是"诗人时代",那些训世诗的作者们是真正的思想家。然而他的讲课虽然新颖,却引起了一些争议,有些过激的同学甚至想要把这位从美国回来的"胡博士"轰下讲台。傅斯年在顾颉刚的建议下去听了几次胡适的讲课,觉得胡适虽然书读得不多,但他走的这一条"学术造反"的路是对的,便告诉同学们不能闹,从而使一场"倒师"风波未涌而息,为胡适解了围。

胡适本人对他第一次出师北大是这么说的:"……那时北大哲学系的学生都感觉一个新的留学生叫作胡适之的居然大胆的想绞断中国哲学史,……他一来就把商朝以前割断,从西周晚年东周说起。这一班学生们都说这是思想造反,这样的人怎么配来讲授呢!那时候,孟真在校中已经是一个力量。那些学生就请他去听听我的课,看看是不是应该赶走。他听了几天之后,就告诉同学们说:'这个人书虽然读得不多,但他走的这一条路是对的。你们不能闹。'我这个二十几岁的留学生,在北京大学教书,面对着一班思想成熟的学生,没有引起风波。"他怀着感激的心情说:"孟真暗地里做了我的保护人。"

傅斯年不仅"保护"了胡适,还"背叛"了黄门,转到陈独秀和胡适的门下,成为北大学生中间一个新派的代表。1918年底傅斯年、罗家伦等人成立"新潮社",并出版《新潮》杂志,由傅斯年主编。他们聘请胡适担任顾问,积极响应胡适关于"八不主义"的主张,提倡新思潮与新文化。《新潮》全部采用白话文,这是对胡适倡导"文学革命"的有力支持。自此,傅斯年和胡适既是师生又是挚友,这种关系一直持续并发展着。

傅斯年在北大与胡适的帮助下获得官费赴英国与德国留学,自1920年起共历时七载,先后入伦敦大学研究院、柏林大学哲学研究院。鉴于在北大读书时"一误于预科一部,再误于文科国学门",醒悟到"若不于自然或社会科学有一二种知道个大略,有些小根基,先去学哲学定无着落",所以他有意识地选择了多种学科进行研习:实验心理学、生理学、数学、物理(包括爱因斯坦的相对论、勃朗克的量子论)。另外他对比较语言学和考据学也产生了浓厚兴趣。

到伦敦后半年多,傅斯年给胡适寄去了第一封信,其中写道:"先生自提倡白话文以来,事业之成就,自别人看之实在可惊,然若自己觉得可惊,则人之天性,本是以成就而自喜,以自喜而忽于未来之大业。所以兴致高与思想深每每为敌。人性最宜于因迫而进,而惯怠于实至名归之时。……我在北大期中,以受先生之影响最多,因此极感,所念甚多。愿先生终成老师,造一种学术上之大空气,不盼望先生现在就于中国偶像界中备一席。"

作为学生,他对老师既充满了感激又寄予了厚望。后来当有人骂胡适时,傅斯年会挺身而出为胡适辨护,说:"你们不配骂适之先生!"

1926年7月,胡适赴伦敦出席中英庚款顾问委员会全体委员会议,在欧洲滞留十个月之久。期间他和傅斯年多次见面畅谈,胡适日记中不时记载云:

"傅孟真来,我们畅谈。

"孟真今天谈的极好,可惜太多了,我不能详细记下来。

"这几天与孟真谈,虽感觉愉快,然未免同时感觉失望。孟真颇颓放,远不如颉刚之勤。

"晚上,与孟真论政治。他总希望中国能有一个有能力的Dictator who will impose some order & civilization on us.(会施于我们某种秩序和文明的独裁者)我说,此与唐明宗每夜焚香告天,愿天早生圣人以安中国,有何区别?况Dictator(独裁者)如Mussolini(墨索里尼)之流,势不能不靠流氓与暴民作事,亦正非吾辈所能堪。德国可学,美国可学,他们的基础皆靠知识与学问。此途虽迂缓,然实唯一之大路也。"

傅斯年对胡适撰写政论和考证古典名著这两件事甚表赞许,使胡适感到很是高兴。他在一封信中对傅斯年说:"相别几年,各自寻觅途径,结果却很接近,如古话所谓'条条路可以到罗马',又可以因互相印证而知道各人所得的得或失。"傅斯年留学欧洲在文化观念上的体会之一是:"一学得其野蛮,其文明自来。"胡适在《我们对于西洋近代文明的态度》一文中也曾说过类似的话:"西洋近代文明不从宗教出发,而结果成一新宗教,不管道德,而结果自成一新道德。"胡适认为在这个问题上与傅斯年见解相同,但没有傅斯年说得那么痛快,所以他对傅斯年提倡的"野蛮主义"尤表佩服。

胡适曾去巴黎国家图书馆查阅敦煌史料。有一天晚上他同傅斯年等人约在万花楼吃饭,胡适因临时有事,到得迟了些。他在门口碰着万花楼老板张楠,张楠低声对胡适说:

"楼上有人发传单骂你。我特为站在门口等你。你不要进去了吧?"

胡适大笑,说:"不要紧,我要吃饭,也要看看传单。"

他上楼去,傅斯年、梁宗岱等人都在虚席以待,候他吃饭。胡适留心四下观望,竟没有发现一张传单,也就索性不提此事,那毕竟是有些"煞风景"、"倒胃口"的。吃完了晚饭,几个人又走进对街路角上的咖啡摊坐下闲谈,傅斯年这时才告诉胡适说他们怕他生气,把传单全收起来了。胡适说决不生气,他们便将几张传单一齐交给了胡适。胡适展开一张来仔细看了看,传单上开首写着:"请注意孙传芳走狗胡适博士来欧的行动!"落款是"中国旅欧巴黎国民党支部"。

傅斯年1926年冬回国,1927年春广州中山大学即聘请他担任教授,兼任文学院院长与历史、中文两系的系主任。执教期间傅斯年数度致函胡适,邀请胡适到中山大学讲课,并云:"来则我们大乐一阵,不来则物化之后尚可为厉。"用烧成了灰变作"厉鬼"相威胁,自然是开玩笑的话。

傅斯年致力于历史研究,1928年11月起长期担任中央研究院历史语言研究所所长,创办并主编《历史语言研究所集刊》。1929年春历史语言研究所从广州迁往北平。1931年初胡适就任北京大学文学院院长,曾与傅斯年共同筹划,由中华文化教育基金董事会为北大提供资金支持。傅斯年还应胡适聘请兼任了一段时间的北京大学教授。1932年傅斯年加入由胡适主持的独立评论社,经常在《独立评论》周刊上发表政论文章。

他们两人那时都住在北平米粮库胡同内,相邻而居,过往甚密,经常在一起切磋学问,纵论时政。傅斯年对胡适是非常敬重的,一直以"先生"呼之,在和胡适谈话时总是"端坐"而言,毕恭毕敬。陶孟和虽然也属于老师一辈,但傅斯年和他谈话时常常翘着二郎腿,并且直呼其名。

还有这样一件趣事：有一天胡适和蒋梦麟约傅斯年到北京饭店乘凉吃饭，傅斯年把他的女友俞大彩带来了。俞大彩是俞大维的妹妹，傅斯年同她恋爱两个多月了，硕大一个山东汉子弄得神魂颠倒，终日发疯，写信时引用陶渊明诗句"君当恕醉人"，竟将"醉人"误写为"罪人"。胡适写了一首打油诗来调侃他：

是醉不是罪，先生莫看错。
这样醉糊涂，不曾看见过。

胡适和傅斯年对"西安事变"所持的态度大致相同：斥责张学良、杨虎城，反对共产党，充当铁杆保蒋（介石）派。胡适视张学良逼蒋抗日为"叛国"，傅斯年则担心"如真形式的收编红军，使此二十万悉拥西北国际路线，则西北五省只等于东北四省。如真有政治之契合，则冀察必立时变，日本必立时进兵，吾国之准备不及用矣。如此一大阵，中央军必于半年内消耗其半，此时华北必尽失，而南方必为共产之天下，故我认为此路绝不可通……"以后的事实当然不像他们所预料的那样。

抗战爆发后，胡适受蒋介石的委派出访欧美开展民间外交，途中又接连收到蒋介石的两封电报，拟任命他为驻美利坚合众国特命全权大使。1938年9月2日胡适在致傅斯年的信中说："我自己被逼去美国做大使，此事想你已知。……我为此事踌躇了七天，明知非群小所喜，但终不忍推辞，故廿七日决心允任。"又说："大概此事我不能逃，亦不愿逃。明知不能有所作为，姑尽心力为之。……以后总得牺牲学术生活两三年。但战事一了，我必仍回我老生涯去。兄等当信此誓言。"

傅斯年曾竭诚劝说胡适接受蒋介石的委派与任命，据说他是哭着敦劝胡适的，胡适后来谈及此事时说：

"我出国五年，最远因起于我写给雪艇的三封长信（廿四年六月），尤其是第三封信（廿四，廿六，廿七）；次则廿六年八月尾蒋先生的敦促，雪艇的敦劝；但最后的原因是廿六年九月一夜在中英文化协会宿舍孟真的一哭。

"孟真的一哭，我至今不曾忘记。五年中，负病工作，忍辱，任劳，都只是因为当日既已动一念头，决心要做到一点成绩，总要使这一万三千万人（指美国当时人口，应为一亿三千万人——引者注）复认识我们这个国家是一个文明的国家，不但可与同患难，还可与同安乐。四年成绩，如斯而已。

……今日之事，或为山妻所笑。但山妻之笑，抵不得孟真之一哭。"

胡适赴美上任后，傅斯年给胡适写信详细报告了抗战初期国内的一些情况，诸如"抗战之意识有增无减，老百姓苦极而无怨言"等等，同时就美英对日态度提请胡适"多多考查"。北大、清华、南开三校在长沙组建临时联合大学，傅斯年担任了校务委员会委员。临时联合大学后迁至昆明，改名为西南联合大学，简称"西南联大"。

中研院史语所自南京迁至昆明，复从昆明迁至四川宜宾李庄。傅斯年为搬迁之事奔波劳累，以致患上了高血压症。1941年傅斯年到重庆任中研院总干事。蔡元培去世后，傅斯年曾极力主张由胡适继任中研院院长，为此他给胡适写了一封长信。胡适当时尚在驻美大使任上，他没有直接给傅斯年回信，但在致王世杰的信中表示"做大使是战时征调，所以不辞；何时用不着我，我随时可去，不用为我寻下台位置。中研院长不是战时征调，我可以自由去就。所以我先声明，我若离开驻美大使任，我可以回去做教授，但不愿做中研院长"。中研院院长职务后来决定由朱家骅代理，胡适于是复信给傅斯年，讲了讲他上面对王世杰说的那一番意思。这封信的一开头，是对朋友诚挚的关怀：

"孟真兄：昨晚得你四月三十日的飞邮，才知道你病了，我真十分担心，因为你是病不得的，你的'公权'是'剥夺'不得的！你是天才最高，又挑得起担子的领袖人才，国家在这时候最少你不得。故我读了你病了的消息，比我自己前年生病时还更担心。"

傅斯年对胡适最大的支持与帮助当是替胡适担任北大校长铺平道路，扫清障碍。

抗日战争胜利以后，战时组建的西南联合大学一分为三，北大、清华和南开三所大学恢复原先建制，分别迁回北平、天津各复其位。由于蒋梦麟1945年6月就任行政院秘书长，按照《大学组织法》不得兼长北大，北京大学校长一职需要另觅他人。当时蒋介石有意让胡适或傅斯年接任北大校长，因胡适卸任驻美大使后仍滞留美国未归，所以由教育部长朱家骅先征求傅斯年的意见。傅斯年推辞不就，他于8月17日上书蒋介石，极力推荐胡适担任北大校长：

"北京大学之教授全体及一切有关之人，几皆盼胡适之先生为校长，为日有年矣。适之先生经师人师，士林所宗，在国内既负盛名，在英美则声誉之隆，尤为前所未有。今如以为北京大学校长，不特校内仰感俯顺舆情之美；即全国教育界，亦必以为清时佳话而欢欣；在我盟邦，更感兴奋，将以为政府选贤任能者如此,乃中国政府走上新方向之证明;所谓一举而数得者也。适之先生之见解,容与政府未能尽同,然其爱国之勇气,中和之性情,正直之观感,并世希遇。……盖适之先生之拥护统一反对封建,纵与政府议论参差,然在紧要关头,必有助于国家也。今后平、津将仍为学校林立文化中心之区,而情形比前更复杂。有适之先生在彼,其有裨于大局者多矣。"

傅斯年信中所谓的"拥护统一反对封建"即指胡适拥护蒋介石谋求政令军令的统一,由国民党蒋介石一统天下,反对中共及其领导的人民军队和解放区,后者被国民党诬蔑为"封建割据"。胡适在学界久负盛名,影响很大,所以对蒋介石来说这位"诤友"无疑是最佳的人选。

1945年9月6日,国民政府正式任命胡适为北京大学校长,在胡适回国之前暂由傅斯年代理。傅斯年同日致电胡适表示:"北大复校,先生继蒋梦麟先生,同人欢腾,极盼早归。此时关键甚大,斯年冒病勉强维持一时,恐不能过三个月。"胡适在致朱家骅、蒋梦麟、傅斯年的回电中说:"孟邻兄为政府征调,只是暂局,孟真兄肯扶病暂代,最可感幸。将来弟归国,若不得已,亦愿与孟真分劳,暂代一时,以待孟邻兄之归,此意至诚恳,乞亮察……"

偌大一所学校,上千师生,众多仪器设备图书从大后方的昆明迁回北平,其艰难繁巨可想而知。"复员"的重担压在了代理北大校长傅斯年的身上,而他也乐意"为君前驱",为老师兼挚友的胡适先生开辟道路。1945年10月17日他在致胡适的一封长信中说道:

"我身体本来极坏,早已预备好,仗一打完,便往美国住医院,乃忽然背道而驰,能支持下与否,全未可知,即送了命亦大有可能。大?为此由李庄跑来,一连教训三天,最后付之一叹而已。(最后谅解了,说我这样牺牲法可佩!)"

北大预定在1946年暑假后在北平复校开学,傅斯年于1946年5月4日从重庆飞往北平,主持相关事宜。敌伪时期沿用"北大"校名,由日本人和汉奸把持学校,投靠日本的"自由主义知识分子"周作人担任了"伪北大"文学院院长。因此,清理敌伪时期的录用人员就成了必须要做而又影响很大的事情。傅斯年接管北大后多次声明:"我的任务,就是要为校长返国主持校务扫除障碍,目的是保持北大的清洁。北大有绝对的自由,不聘请任何伪校组织之人任教,无论现在还是将来,北大都不允许伪校伪组织的人留在这里。"傅斯年生就山东人刚直豪爽的性格,办事大刀阔斧,决不拖泥带水,"伪北大"的教职人员没过多久就被他赶走了,不过其中不包括周作人——这个臭名昭著、国人唾骂的汉奸文人,已经被逮捕并解往南京交付审判了……

傅斯年为复员后的北大清理出了一片净土。这件事办得很成功,很受各方面的好评,傅斯年自己也很满意。他在给夫人俞大彩的信中说:"大批伪教职员进来,这是暑假后北大开办的大障碍,但我决心扫荡之,决不为北大留此劣迹。实在说这样局面之下,胡先生办远不如我,我在这几个月给他打平天下,他好办下去。"胡适上任后,对傅斯年辛勤而富有成效的工作给予了高度的赞扬。

胡适和傅斯年都是典型的自由主义知识分子。在政治上,他们拥蒋、反共,但又都不愿在国民党政府里面做官,保持一种"独立"超然的地位。

傅斯年在一封信中对胡适说:

"自由主义者各自决定其办法与命运。不过,假如先生问我意见,我可以说:

"一、我们与中共必成势不两立之势,自玄学至人生观,自理想至现实,无一同者。……

"二、使中共不得势,只有今政府不倒而改进。

"三、但,我们自己要有办法,一入政府即全无办法。与其入政府,不如组党;与其组党,不如办报。

"四、政府今日尚无真正开明,改变作风的象征,一切恐为美国压力,装饰一下子。政府之主体在行政院,其他院长是清中季以后的大学士,对宋(子文)尚无决心,其他实看不出光明来。

"五、我们是要奋斗的,惟其如此,应永久在野,盖一入政府,无法奋斗也。又假如司法院长是章行严(杜月笙之秘书),岂不糟极!

"六、保持抵抗中共的力量,保持批评政府的地位,最多只是办报,但办报亦须三思,有实力而后可。今日斗争尖锐强烈化,如《独立评论》之 free lancer (自由作家),亦不了也。"

在另一封信中傅斯年将自己的主意概括为两句话:"责备政府不可忘共党暴行,责共党不可忘政府失政,此谓左右开弓,焉得尽此两极败类而坑之哉?"

胡适在回信中披肝沥胆:

"我因为很愿意帮国家政府的忙,所以不愿意加入政府。……

"我在野,——我们在野,——是国家的、政府的一种力量,对外国,对国内,都可以帮政府的忙,支持他,替他说公平话,给他做面子。若做了国府委员,或做了一院院长,或做了一部部长,……结果是毁了我三十年养成的独立地位,而完全不能有所作为。结果是连我们说公平话的地位也取消了。——用一句通行的话,'成了政府的尾巴'!……"

"这个时代,我们做我们的事就是为国家,为政府,树立一点力量。"

胡适和傅斯年的这些私人来往信件,完全可以看作是他们的"联合宣言",集中表达出了他们共同的政治立场和策略。这是他们的心里话,也是他们的政治哲学:站在"自由主义"的立场上,以"在野"的身份支持国民党,以"独立"地位匡辅蒋介石政权。

基于共同的政治立场,胡适和傅斯年在国共两党斗争中采取了大致相同的步调。所以,毛泽东在《丢掉幻想,准备斗争》一文中,直捷了当地把"胡适、傅斯年、钱穆之类"列为"帝国主义及其走狗中的反动派只能控制"的中国知识分子中的极少数人。

稍有差别的是:胡适"责备共党"比"责备政府"更甚,傅斯年"责备政府"比"责备共党"要多。傅斯年作为国民参政会参议员、立法院立法委员,对贪官污吏嫉恶如仇,曾相继把孔祥熙和宋子文从行政院长的宝座上轰下台,博得了"傅大炮"的称号。蒋介石为此召见了他,说:"你既然信任我,那么就应该信任我所任用的人。"傅斯年则对曰:"因为信任你也就该信任你所任用的人,那么砍掉我的脑袋我也不能这样说。"而胡适虽然对宋子文深怀不满,但至多在私人信函上斥其为"卑劣小人"而已,更多更厉害的举动他做不出来。胡适对傅斯年"打倒孔家店"也持保留态度,认为孔祥熙也有好处。这从一个侧面反映出了他们师生兼挚友在性格与行为方式上的不同。

国民政府委员会为集议决策机构,其职权大于过去的参政会,性质则相同。1947年蒋介石为了装点门面,亲自写信、托人游说胡适出任改组后的国民政府委员会委员。胡适几次推辞"国府委员"未被蒋介石获准,因为傅斯年是"傅大炮",所以胡适就写信向他求教:

"此事于我个人绝无益而有大损失,于国家除了'充幌子'之外亦无其他用处。但我的子弹已用光了,不得不求教于炮手专家。若老兄别有奇'兵'妙计,可以保护小人安全出险,则真是大慈大悲的大菩萨行了!"

胡适在一则日记中有一段谈到傅斯年:"晚八点在总统官邸吃饭,同席者傅孟真。孟真谈军事政治,我很少意见可以提出。病根在作风,在人才不能尽其长。今日则人才没有机会出头,故我们(拒)斥一个人甚易,而抬举一人甚难。"在一份由自由主义者组阁的名单中,傅斯年出任行政院副院长。这份名单虽然不是由胡适提出来的,但多少反映出了他的某种"意想",所以他原封不动地录在了

1948 年 11 月 26 日的日记中。

1948年是国共斗争的关键之年,丧失民心的国民党蒋介石在军事上被人民解放军彻底打败,蒋家王朝即将不保。这一年旧历除夕之夜,南京到处是严冬的肃杀景象,国民党气数已尽,上上下下笼罩着行将灭亡的恐惧与悲哀。胡适与傅斯年两人一边喝着闷酒,一边流着眼泪背起了陶渊明的一首古诗:

> 种桑长江边,三年望当采。
> 枝条始欲茂,忽值山河改。
> 柯叶自摧折,根株浮沧海。
> 春蚕既无食,寒衣欲谁待?
> 本不植高原,今日复何悔!

这首古诗从他们嘴里吟诵出来,更像是历代南京小朝庭亡国时的哀音。

是的,无可奈何花落去。1948年的胡适和傅斯年共饮失败的苦味之杯,他们心里充满了失败者的悲哀。

国民党蒋介石从大陆溃败之际,傅斯年遵命去台湾担任台湾大学校长。胡适让妻子江冬秀随傅斯年夫妇前往台湾,他自己则远去美国,当了一名落魄的寓公。傅斯年夫妇在台对师母江冬秀多有照顾。

1950年12月20日,傅斯年因患脑溢血在台北逝世,胡适闻悉后深感悲痛,在日记中写下了这样两段话:

"孟真天才最高,能做学问,又能治事,能组织。他读书最能记忆,又最有判断能力,故他在中国古代文学与文化史上的研究成绩,都有开山的功用。

"他对我始终最忠实,最爱护。他的中国学问根柢比我高深的多多,但他写信给我,总自称'学生斯年',三十年如一日。我们做学问,功力不同,而见解往往相接近。"

另外,在胡适从美国写给傅斯年遗孀俞大彩的唁函中,动情地说"孟真待我实在太好了!"还说他和傅斯年两个朋友见面时,"也常'抬杠子',也常辩论,但若有人攻击我,孟真一定挺身出来替我辩护。他常说:'你们不配骂适之先生'!意思是说,只有他自己配骂我。我也常说这话,他并不否认!可怜我现在真失掉我的 Best critic and defender 了。"

罗家伦

罗家伦(1897—1969),字志希,原籍浙江绍兴,生于江西南昌。早年受家塾传统教育,并在传教士开设的夜校补习英文。1914年入上海复旦公学。1917年夏考入北京大学,主修外文。受陈独秀、胡适倡导"文学革命"的影响,与傅斯年等一些北大学生组织了"新潮社",出版《新潮》杂志。《新潮》全部使用白话文,以对胡适提倡"白话文学"表示倾力支持。

1919年4月,中国在巴黎和会失败的消息传到北大,罗家伦和一些同学商定5月7日联合市民游行抗议。5月3日校长蔡元培得知北洋政府同意在山东问题上退让,当即通知了罗家伦、段锡朋、傅斯年等人。当天深夜大家决议改在次日去天安门集合游行,罗家伦与江绍原、张廷济被各校代表推举为总代表。由罗家伦起草的《北京学界全体宣言》大声疾呼:"中国的土地,可以征服,而不可以断送;中国的人民,可以戮,而不可以低头,国亡了,同胞起来呀!"5月4日北大学生游行时,罗家伦和傅斯年等人走在队伍最前面,罗家伦作为学生代表前往东交民巷美、英、法、意等国使馆递交意见书,还作为北京学生界代表到上海参加全国学联成立大会。

"五四运动"一词最早是由罗家伦提出来的。1919年5月26日他以"毅"为笔名,在《每周评论》第23期发表了一篇题为《五四运动的精神》的短文,说这次运动体现出了"学生牺牲的精神"、"社会的制裁精神"和"民族自决的精神"。从此"五四运动"一词不胫而走,作为中国新民主主义革命的伟大开端载入了史册。

"鸳鸯蝴蝶派"的人在上海《时事新报》上发表文章,要与白话新诗的倡导者胡适谈诗。胡适是"新潮社"的顾问之一,罗家伦代表"新潮社"致信胡适:"同人等的意思,想先生不理;若是先生理他,便是中了他的计。因为他们这班无聊的人,求先生理而未得,先生理他就是同(帮?)他登广告。"罗家伦的态度是很鲜明、很坚定的。

胡适是杜威实验主义哲学的信徒,杜威来华讲学期间常由胡适担任现场翻译。杜威每次讲演,总是预先用他自己随身带来的打字机把大纲打好,交一份给翻译的人,以便事先想好一些适当的中文词句。讲演完后,又将大纲交给作记录的人校对,并拿去发表。胡适把后面这个任务交给了罗家伦。虽然杜威讲演"思想的派别"有两次没有大纲,现场发挥很多,但罗家伦听得非常认真,记得也很详细,加上胡适又是实验主义派的学者,将杜威的讲演发挥得很是透彻,所以罗家伦整理的稿子经胡适再审阅一遍,不须对照原稿也没有什么差错。

师生二人通力合作,工作进展颇为顺利。然而,中间也出了一次意外的事故:有一日罗家伦携稿到西山去整理,途经海甸(淀)时忽然天上下起雨来,人力车夫拉着他乱跑,不慎将一个小包袱丢掉了,那里面除了几件换洗衣服外,还有杜威的几次讲演稿。罗家伦急得不行,赏给车夫5块钱让他去找,结果也没有找到。罗家伦心里真是又惭又气,只好请胡适补救:"我看先生所有的底稿,乃是复写的;杜威先生一定还有原稿。所以我还要请先生写信给杜威先生或夫人,将原稿借下。寄到之后,我立刻先雇一个人先打一份还先生,再拿来做参考。"

杜威在北京连续作了若干次大的学术讲演:"近代教育的趋势"(3讲)、"社会哲学与政治哲学"(16讲)、"教育哲学"(16讲)、"伦理学"(15讲)、"思想的派别"(8讲)。五大题目共计58讲,内容涉及教育、社会、政治、伦理各个方面。经胡适校阅、罗家伦整理的记录稿由各报全文刊载,并印成单行本,在学界乃至社会上产生了很大的影响。

罗家伦1920年秋从北大外文系毕业后,被校长蔡元培选中推荐出国留学。那一年北大选出了段锡朋、罗家伦、周炳琳、康白情、汪敬熙共五个人,戏称北大"五大臣出洋"。清朝末年曾经派五位大员出国考察宪政,时称"五大臣出洋",北大借用了这个典故。

罗家伦到美国后,在杜威教授门下攻读历史与哲学。一句话,他走的是胡适走过的路子。在他的眼里胡适不仅是老师,也是他效法与崇拜的偶像。罗家伦留美期间曾给胡适写信报告学习情况,并请胡适赐教:

适之先生:

前寄一书收到否?尊恙何如,甚念。

……年来为学,窃以有进无止自慰。去年年底承美国历史学会之招,在其年会中读一论文,颇蒙负宿望之学者奖饰。现集精力于历史哲学,甚得 Woodbridge, Dewey 之赞助。绝少作文,世事如此,无可为力,只以努力学问,为忧愤之出路也。

望常赐教。

家伦谨启

1923年秋，罗家伦在结束了三年的留美生涯后转赴英国伦敦大学、德国柏林大学和法国巴黎大学深造。1925年上海发生了"五卅"惨案，胡适等人发了长3000多字的电报给在伦敦的罗家伦，以爽朗的文笔叙说事件的经过，揭露英方军警在上海租界枪杀我无辜同胞的罪行。罗家伦把这封电报印了5000份，并加了一个醒目的标题《中国的理由》，送给英国职工联合总会秘书长屈林（Citrine），由他们发给下属基层工会团体。许多英国工人与各界人士了解"五卅"惨案真相后，都对中国人民表示同情。

英国政府1922年1月通知中国政府，拟将英国所得之庚子赔款列入特别款项，"考虑何种用途对中英两国最有利"。此项提案在英国议会通过后，1925年由英方九人、中方三人组成顾问委员会，作为处理庚款的咨询机构。1926年3月英方三名委员来华，与中方三名委员一起考察，商定由"中英庚款顾问委员会"全权管理英国退还庚款的使用，并于1926年8月在伦敦召开第一次全体委员会议。此即是"中英庚款顾问委员会"的由来。

酝酿顾问委员人选时，罗家伦正在伦敦。1925年5月27日，他致信胡适报告有关情况："顷与朱代办接洽，知庚款委员二人中，先生之名已定。英政府已同意，后来北京（政府）名单中亦有先生之名。其余一人尚未大定，曾国藩之孙女，英政府已不坚持，现在我们还在push（力争）丁在君君，但还在往返电商之中。望先生积极筹备，以便早日启程。路费是由英政府担任，月薪约千余元之数（第一年当在英，以后行动再定）。英政府当初曾说过，希望可以give public lectures（作大学讲座）。来时必带一教育用途之具体计画。……"

当时中国政府密保七人中有胡适，英方表示同意，这说明胡适是众望所归，是没有争议的人选。从"往返电商"一语中可以看出罗家伦在为此事操心奔忙。

胡适1925年年底应聘为"中英庚款顾问委员会"三名中方委员之一（另二人为丁文江、王景春）。1926年3月起与来华的英方三位委员在汉口、南京、杭州、北京、天津等地访问考察，7月即取道莫斯科赴伦敦出席"中英庚款顾问委员会"全体委员会议。他在欧洲一共滞留十个月。

罗家伦1925年回国，任东南大学教授。1926年参加北伐，在北伐军总司令蒋介石麾下工作，为蒋介石起草文稿，深得蒋氏信任，被委任为国民革命军总司令部参议、编辑委员会委员长。1928年任总司令部政务委员会教育处处长。

这段时间胡适与蒋介石尚无交往，和过去的学生罗家伦倒是有几次畅谈。有一次他举《民国日报》的一篇社论为例，证明国民党今日还没有公认的中心思想。

罗家伦不同意胡适的看法，说《民国日报》不是党报。胡适当即批评道：

"此是以辩胜为贵，非虚心论事的态度。你说是吗？"

事后胡适给罗家伦写了一封信，开首以"志希兄"相称，接着说道："这几次的畅谈，使我很感觉愉快。稍有余憾的只是意气稍盛，稍欠临事而惧的态度。勇气不可没有，而客气却不可有。"

罗家伦现在做了官了，所以胡适又向罗家伦提了一个建议："前天听说你把泉币司改为钱币司，我很高兴。我因此想，你现在政府里，何不趁此大改革的机会，提议由政府规定以后一切命令、公文、法令、条约，都须用国语，并须加标点，分段。此事我等了十年，至今日始有实行的希望。若今日的革命政府尚不能行此事，若罗志希尚不能提议此事，我就真要失望了。"

他所谓的"革命政府"是指1928年4月1日建都南京的国民党政权——国民政府，由蒋介石任国民政府主席。所以在信的末尾，胡适又特地加了一句："稚晖、子民、介石、展堂诸公当能赞助此事，此亦是新国规模之大者，千万勿以迂远而不为。"

1928年8月，南京国民政府接收教会学校清华学校，并改为国立清华大学，年仅三十一岁的罗家伦被任命为首任校长。长校期间增聘名师，裁并学系，招收女生，添造宿舍，裁汰冗员，结束旧制留美预备部，停办国学研究院，创设与大学各系相关联的研究所，对清华大学的发展作出了开拓性的贡献。1932年起他改任南京中央大学校长，提出建立"诚朴雄伟"的学风，改革教学方法，培养了一大批人才。

罗家伦一只脚踩在教育界，另一只脚伸向了政界。1941年9月起他任滇黔考察团团长、新疆监察使兼西北考察团团长。抗战胜利后任国民党中央党史编纂委员会副主任。1947年5月出任驻印度大使，为期两年。1949年去了台湾，任国民党中央党史编纂委员会主任委员。1952年任考试院副院长。1957年任"国史馆"馆长。

罗家伦同老朋友胡适一直保持着昔日的友情，但直接的交往不像同居北平、同在北大时那么多了。根据现有材料，有几件事值得提一提：

一、胡适担任驻美大使期间，为促进中美两国人民友谊，尤其是在珍珠港事件发生后协调中美两国共同对日作战发挥了积极的作用。罗家伦对他的外交工作评价很高，说："执行的大使在其驻在国的声誉、人望，及其和当局的友谊与互信不能说不是其中重要的因素。"

二、1948年4月4日，蒋介石在国民党中央执行委员会临时全体会议上，提出他本人不参加总统竞选，由国民党提出党外人士作总统候选人，大家都明白这是在为胡适当总统铺路。中执委中占绝大多数的"主战派"主张由"最高领袖"蒋介石为唯一总统候选人，赞成蒋介石提案——也就是赞成胡适当总统的只有两人：一个是吴敬恒，一个是罗家伦。

三、罗家伦曾任驻印度大使。1949年10月，已经在美国做寓公的胡适曾就中印关系致信罗家伦，并附寄他写给尼赫鲁、潘又新的两封信稿，特别叮嘱"此两信稿完全是供吾兄参考，但请勿示外人，并请勿告受信人兄曾见此两信稿"。胡适在信中言道："我在十月二十夜Dewey（杜威）先生九十大寿的庆典得见Nehru先生，……尼君对外人说，他要等印度驻华大使潘君回国报告之后，他才能决定印度应否承认中国共产党政权的问题。因此，我写此长信与潘君，姑尽人事焉耳！（我听说，尼公接到兄由少川转给他的长电，他颇不高兴。尼公此时颇有骄气，颇使此邦人失望。潘君也是很自负的才人。所以我不愿意他们两公知道我把两件信稿给吾兄看了。……）"信中"尼公"指尼赫鲁，"潘君"指印度驻华大使潘友新，"少川"指赖少川。当时胡适和罗家伦都极力阻挠印度尼赫鲁政府与新生的中华人民共和国建立外交关系。胡适在致罗家伦的这封信中还吐露了自己到美国后的心情："我来此邦已半年，日夜焦虑，而一筹莫展！活了五十八岁，不曾尝过这样苦心境！"

四、台湾的"三民主义研究所"编印的《五四运动论丛》，其中《救起中华民国垂危的文化》一文，引用了孙中山的一段话并加了引号。（这段话是"中国有一个道统，自尧、舜、禹、汤、文、武、周公、孔子，相继不绝。我的思想基础就是这个道统，我的革命就是继承这个正统思想来发扬光大。"）胡适查了《国父全书》，没有寻出这段话。许君武的《足感篇》中也只记述当年孙中山对苏俄代表马林讲过一句类似的话，但也不见于《国父全书》。戴季陶的《孙文主义之哲学的基础》，虽有一段大致相近的话，但也不能印证这一段话的来源。对史料一丝不苟、十分认真的胡适写信给罗家伦请他帮助查一查，并对五四运动时的风云人物、北大学生领袖之一的罗家伦说："这本《五四运动论丛》，你也应该读读。"

五、佛教产生于印度，胡适1960年1月5日夜曾就佛祖释迦牟尼的生死时间，列出种种不同的说法寄给罗家伦夫妇，"供老兄与大嫂新年一笑"。

胡适毕竟是学者，谈起这一类问题来引经据典，滔滔不绝，不仅能博老友一笑，大概也会自得其乐。

顾颉刚

顾颉刚(1893—1980)，原名诵坤，字铭坚。江苏苏州人。出生读书世家，幼时入私塾读《四书》。1906年入当地一所公立高等小学，1908年转入苏州第一中学堂。1912年秋入上海神州大学。1913年考入北京大学预科，1916年升入北京大学本科哲学门，是胡适的得意门生之一。

胡适初进北大讲《中国哲学史》时，听课的学生之中就有顾颉刚。据顾颉刚在《古史辨》自述中回忆，当时的情形是这样的：

"第二年，改请胡适之先生来教，'他是一个美国新回来的留学生，如何能到北京大学来讲中国的东西？'许多同学都这样怀疑，我也未能免俗。他来了，他不管以前的课业，重编讲义。辟头一章是《中国哲学结胎的时代》，用《诗经》作时代的说明，丢开唐、虞、夏、商，径从周宣王以后讲起。这一改，把我们一般人充满着三皇五帝的脑筋，骤然作一个重大的打击，骇得一堂中挢舌而不能下。许多同学都不以为然；只因班中没有激烈分子，还没有闹风潮。……"

有一些人将胡适的这种讲法称之为"思想造反"，但顾颉刚听了几堂胡适的讲课，却渐渐听出一些道理来了。他对同宿舍的傅斯年说："胡先生讲得的确不差，他有眼光，有胆量，有断制，确是一个有能力的历史家，他的议论处处合于我的理性，都是我想说而不知道怎样说才好的。你虽不是哲学系，何妨去听一听呢？"傅斯年在顾颉刚的鼓动下去旁听了胡适的讲课，也很满意，认为"这个人虽然读书不多，但他走的这一条路是对的"。顾颉刚和傅斯年一样，从胡适"另类"的讲课中深受启发，"从此以后，我们对于适之先生非常信服"。

顾颉刚也是"新潮社"的成员，不过他热衷的是古史辨证，由胡适主编的北京大学《国学季刊》第一期上，就刊登了他的《郑樵著述考》。顾颉刚还参加了胡适整理国故的计划，承担的项目是《戏曲选》。

1920年顾颉刚在北大毕业后，留校任助教。1921年北大成立研究所国学门，顾颉刚在研究所从事有关古史的专题研究，并兼任《国学季刊》编委，编点《辨伪丛刊》。

有一段时间，胡适与顾颉刚有关学术问题的书信可以用"密集"两个字来形

容:

  1920年11月26日胡适致书顾颉刚《嘱点读伪书考》,

  12月18日胡适告顾颉刚《拟作伪书考长序》,

  12月23日胡适告顾颉刚《续得姚际恒著作》,

  12月26胡适答顾颉刚,《论竹柏山房丛书》及《庄子内篇》书,

  12月29日胡适与顾颉刚书《论辑录辨伪文字》。

  1921年1月24日胡适告顾颉刚得《东壁遗书》(后将崔述的这部书送给顾颉刚看,顾颉刚"读了大痛快"),

  1月28日 胡适致书顾颉刚,自叙其古史观。

  ……

  在胡适的日记中也有相关的记载,如:"顾颉刚得着一册抄本《二余集》,是崔东壁的夫人成静兰的诗集,我与颉刚求之多年未见,今年由大名王守真先生抄来送他,他又转送给我。" "晚间读顾颉刚的新作《周易卦爻中的故事》(《燕京学报》6),其中有论《系辞传》中'制器取象'的一段,引起我的注意,作长函和他讨论,约二千多字。""回家,见颉刚留下的崔述的《知非集》抄本,为校读一过,凡赋三篇,诗百六十四首,词十四首,其中传记材料不多。"

  胡适在作《红楼梦考证》时,顾颉刚多方为他搜寻、提供材料,借阅有关书籍,帮助考查曹雪芹与高鹗的履历,校读并对清样中的某些错讹进行订正。胡适在考证中遇到什么难题,往往写信与顾颉刚商量,若有所悟所得,也必定告之顾颉刚。"若有应修改之处,请你修改"、"你看了必定欢喜"等等就是胡适信中向顾颉刚说的话,不是客套也非官腔,乃是学人之间的由衷之言。

  顾颉刚在谈及胡适对他的影响时,在不同时候说过并不完全相同的话:

  "我自小就欢喜研究,但没有方法,也没有目标。自从遇见了先生,获得了方法,又确定了目标,为学之心更加强烈。

  "我比他只是小两岁,所受的时代教育又是相同的。我和他都是从小读旧书,喜欢搞考据,学问兴趣又是相同的。他从外国带了新方法回来,我却没有,所以一时间钦佩的五体投地。

  "1926年以后,我做什么他就反对什么。我本是跟着他走的,想不到结果他竟变成反对我。

  "我把经学变化为古史学,给我最有力的启发是钱玄同先生,同胡适绝不相干,胡适还常常用了封建思想给我们反驳呢!"

不管顾颉刚前后说法有怎样的不同，当年胡适对他的《古史辨》却是赞赏有加。胡适说："这是中国史学界的一部革命的书，又是一部讨论史学方法的书。此书可以解放人的思想，可以指示做学问的途径，可以提倡那'深彻猛烈的真实'的精神。治历史的人，想整理国故的人，想真实地做学问的人，都应读这部有趣味的书。"

胡适特别赞赏顾颉刚关于"层累地造成的中国古史"的见解，说这是他这部《古史辨》的基本方法，包括有三个涵义：（一）可以说明为什么时代愈后，传说的古史期愈长。（二）可以说明为什么时代愈后，传说中的中心人物愈放愈大。（三）我们在这上，即使不能知道某一件事的真确的状况，至少可以知道那件事在传说中最早的状况。胡适认为在中国的古史学上，"崔述是第一次革命，顾颉刚是第二次革命，这是不须辩护的事实"。

对于顾颉刚的治学态度，胡适肯定其两点：一方面是虚心好学，一方面是刻意求精。1922年4月12日的日记中云："颉刚近年的成绩最大。他每做一件事，总尽心力做去；这样做的结果，不但把那件事做的满意，往往还能在那件事之外，得着很多的成绩。同辈之中，没有一人能比他。"

关于顾颉刚《古史辨》一书的由来，胡适并不掩饰自己提携后进，甘为人梯。"承顾先生的好意，把我的一封四十八个字的短信作为他的《古史辨》的第一篇。我这四十八个字居然能引出这三十万字的一部大书，居然把顾先生逼上了古史的终身事业的路上去，这是我当日梦想不到的事。然而这样'一本万利'的收获，也只有顾先生这样勤苦的农夫做得到"。

胡适的这封四十八个字的短信写于1920年11月20日前后，"颉刚：你的《清籍考》内没有姚际恒。此人也是一个狠大胆的人。我想寻求他的《九经通论》，不知此书有何版本？你若知道，请你告我"。

据胡适说，他那时之所以请顾颉刚点读《古今伪书考》，只是因为顾颉刚经济困难，想帮助他通过点读此书得点钱。顾颉刚答应了，"但他不肯因为经济上的困难而做一点点苟且潦草的事。他一定要'想对于他征引的书，都去注明卷帙、版本；对于他征引的人都去注明生卒、地域。'因为这个原故，他天天和宋、元、明三代的'辩伪'学者相接触，于是我们有《辩伪丛刊》的计划。先是辩'伪书'，后转到辩'伪事'。颉刚从此走上了辩'伪史'的路"。

当然，胡适也有不同意顾颉刚观点的时候，比如《系辞》的制器尚象说，《老子》成于战国末年说，顾颉刚的这两种看法都受到了胡适的批评。不过这属于学术探讨，梁启超、冯友兰、钱穆和顾颉刚一样认为老子出于孔子之后。有一次胡适在北大讲堂上说："我反对老聃在孔子之后的说法，因为这种说法的证据不足。如果证据足了，我为什么反对？反正老子并不是我的老子。"这几句话既阐明了观点，又讲得很风趣。

胡适主张"宁疑古而错，不信古而错"。在20年代，以胡适为首，加上傅斯年、顾颉刚，在学术界曾经形成了一个"疑古学派"，其主要理论来自胡适1921年1月28日致顾颉刚的那封信。胡适在信中自述道：

"大概我的古史观是：

"现在先把古史缩短二三千年，从《诗三百篇》做起。

"将来等到金石学，考古学发达上了科学轨道以后，然后用地底下掘出的史料，慢慢地拉长东周以前的古史。

"至于东周以下的史料亦须严密评判，'宁疑古而失之，不可信古而失之'。"

"后来胡适的态度有所改变，1929年他告诉顾颉刚说："现在我思想变了，我不疑古了，要信古了。"顾颉刚听了禁不住出了一身冷汗，想不出胡适的思想为什么会突然改变的原因。这大概就是顾颉刚所说的"1926年以后，我做什么他就反对什么。"

顾颉刚后来因学校欠薪而离开北大，在燕京大学、厦门大学、中山大学和中央研究院以及香港、澳门辗转糊口，一直没有找到适合做研究的地方。而且每到一地，不知怎的总是陷入人事纠葛之中：在北大研究所国学门为沈兼士所"疑忌"，在中山大学和好友傅斯年闹翻，在厦门大学受章廷谦"挑拨"、"包围"且与"校长及其他同事固无望其合作"……

这些不愉快的事情，顾颉刚都会写信向胡适诉说，而且信都写得很长，把几年来的烦闷、愤怒、希望、奋斗一古脑儿倾倒出来。胡适回信劝他"不要骄傲"，说："到北京去定有不少是非，不如在广州尚可做学问上的事。"顾颉刚对胡适的上述意见并未完全接受，他觉得自己"傲则有之，骄则未也"，又说："我有一个中心问题，便是想得到一个研究的境地。除了这件事，什么名，什么利，都不放在我心上。"

作为胡适的学生，顾颉刚对老师还是很关心的。1925年他在报上看到"反清大同盟"欲将胡适驱逐出北京，就马上给在上海的胡适写信，恳劝老师"不必与任何方面合作，要说话就单独说话，不要说话就尽守沉默"。1926年胡适赴伦敦出席中央庚款委员会全体委员会议，滞留欧洲10个月，国内政局发生剧烈变动。

回国时顾颉刚又"以十年来追随的资格"挚劝胡适"万勿回北京去",以免掉进政治斗争的漩涡而"累及先生"。顾颉刚对胡适说:

"先生在学问上的生命,我认为方兴未艾,可以开辟的新天地不知有怎样大,此中乐事正无穷尽。在这一方面,我们固常为先生鼓吹,使先生的力量日益扩大,就是反对先生的人,他们也不敢说什么话,即使说来也是极浅薄的,比之蚍蜉撼大树而已。所以我希望先生不要辜负了自己的才性和所处的时势,努力向这方面做去,成就新史学的功绩。先生在这方面的领袖地位,是没有人抢夺得了的。"

不过顾颉刚也出了一个馊主意:要胡适加入国民党。

1931年胡适担任北大文学院长,顾颉刚重回北大任教。在朋友们为胡适夫妇四十双寿的拜寿名单中有"顾颉刚"的名字。不过,后来在胡适执长北大的几年期间,据顾颉刚说他从未向胡适要过什么职务。

新中国成立以后,在50年代批判胡适思想的运动中,顾颉刚表态要和胡适划清界限:"我痛恨他的反动思想的本质,决心和他分离。"胡适倒也没有怎么计较,1952年11月19日他在台湾举行的一次记者招待会上说:"朱光潜、顾颉刚都是我的老朋友,他们写骂我的文章,还是引我的书里面的话。……他们已经丧失了自由意志,我还忍心责备他们吗?"

俞平伯

俞平伯(1900－1990),原名俞铭衡,字平伯。祖籍浙江德清,生于苏州。系清末著名学者俞樾之曾孙,自幼受到古典文化的浓厚熏陶。1915年考入北京大学预科。1918年与傅斯年、罗家伦等北大同学发起成立新潮社。1919年12月从北京大学毕业后,曾赴日本考察教育,并在杭州第一师范学校任教。1925年任教于燕京大学,1928年转至清华大学,1946年转入北京大学任教授。北京三所名牌大学俞平伯都先后执教过。

俞平伯最初是以新诗创作为主,是现代新诗的先驱者之一。

胡适倡导"文学革命",尝试用白话写新诗,这些都给了"新潮社"成员很大的影响。正是在胡适的影响下,俞平伯投身于五四新文学运动,用白话写诗写散文,取得了优异的成绩。1918年5月,他的第一首新诗《春水》在《新青年》上发表。1919年他又与朱自清等人创办了我国最早的新诗月刊《诗》。至抗战前夕，俞平伯创作的诗歌，先后结集的有《冬夜》、《西还》、《忆》等。在散文方面结集出版的有《杂拌儿》、《燕知草》、《杂拌儿之二》、《古槐梦遇》、《燕郊集》等，其中《桨声灯影里的秦淮河》传诵一时，与朱自清的同名散文有异曲同工之妙。

胡适倡导的"文学革命"开花结果，俞平伯就是其中的一支花、一个果。

他的新诗《春水船》，胡适曾赞誉道："这种朴素真实的写景诗乃是诗体解放后最足使人乐观的一种现象"。其中一段是这样写的：

> ……对面来了个纤人，
> 拉着个单桅的船徐徐移去。
> 双橹挂在船唇，
> 皱面开纹，
> 活活水流不住。
> 船头晒着破网，
> 渔人坐在板上，
> 把刀劈竹拍拍的响。
> 船头立个小孩，又憨又蠢，
> 不知为什么？
> 笑迷迷痴看那黄波浪。

1922年3月，俞平伯的第一本新诗集《冬夜》由上海亚东图书馆发行。胡适在3月15日的日记中写道："俞平伯的《冬夜》诗集出来了。平伯的诗不如（康）白情的诗；但他得力于旧诗词的地方却不少。他的诗不很好懂，也许因为他太琢炼的原故，也许是因为我们不能细心体会的原故。"

胡适接着又写了一篇评论，指出："平伯主张'努力创造民众化的诗'。假如我们拿这个标准来读他的诗，那就不能不说他大失败了。因为他的诗是最不能'民众化'的。""所以我们读平伯的诗，不能用他自己的标准去批评他。'民众化'三个字谈何容易！"

胡适藉着评论俞平伯的诗，提出了一条重要的原则："民众化的文学不是'理智化'的诗人勉强做得出的。……诗的一个大原则是要能深入而浅出；感想（impression）不嫌深，而表现（expression）不嫌浅。"

胡适认为俞平伯自己所谓的"民众化"的诗作其实艰深难解，毛病就在于"深入而深出，所以有时变成烦冗，有时变成艰深了"，他的有些小诗如《所见》、《引诱》倒是"很有意味"：

    骡子偶然的长嘶，
    鞭儿抽着，没声气了。
    至于嘶叫这件事情，
    鞭丝拂他不去的。
      ——《所见》

    "颠簸的车中，孩子先入睡了。
    他小手抓着，细发拂着，
    于是我底头频频回了！"
      ——《引诱》

  总的来说，胡适认为："平伯最长于描写，但他偏喜欢说理；他本可以作诗，但他偏要想兼作哲学家；本是极平常的道理，他偏要进一层去说，于是越说越糊涂了。"如此一来，"反叫他的好诗被他的哲理埋没了。"

  埋没就埋没了罢，俞平伯好像也不大在乎，因为他的兴趣转到了《红楼梦》上面。

  1921年，俞平伯开始研究《红楼梦》。1923年出版了《红楼梦辨》，考证出《红楼梦》原书只有前八十回是曹雪芹所作，后四十回是高鹗续作。俞平伯与胡适一同被称为新红学的奠基人之一。

  的确，后来将俞平伯与胡适紧紧捆绑在一起的恰恰是《红楼梦》研究。胡适创立了新红学派，提出了《红楼梦》是曹雪芹自叙传的观点。受了胡适的感染，俞平伯精心研读《红楼梦》，并且效法胡适，用实验主义的方法去研究《红楼梦》这部伟大的现实主义巨著。顾颉刚在其《古史辨自序》中对此有所记述：

  "红楼梦问题是适之先生引起的，十年（1921）三月中，北京国立学校为了索薪罢课，他即在此时草成《红楼梦考证》，我最先得读。

  "我的同学俞平伯先生正在京闲着，他也感染了这个风气，精心研读红楼梦。我归家后，他们不断地来信讨论，我也相与应和，或者彼此驳辩。这件事弄了半年多，成就了适之先生的《红楼梦考证》改定稿，和平伯的《红楼梦辨》。"

胡适的《红楼梦考证》和俞平伯的《红楼梦辨》，是公认的新红学派的两本代表性著作。《红楼梦考证》初稿改定于1921年11月，载亚东图书馆《红楼梦》新式标点本；《红楼梦辨》完稿于1922年，1923年由亚东图书馆出版。后者对前者显然存在着某种观点与方法上的血缘关系：俞平伯依据胡适提出的治学方法与原则，即"大胆的假设，小心的求证"，进行琐细隐僻的考证。结果是愈研究愈糊涂，以至俞平伯最终得出了这么一个结论："这书在中国文坛上是个'梦魇'"。

当然在研究过程中，俞平伯也有比较清醒的时候。他并不完全同意胡适关于《红楼梦》是曹雪芹自叙传的观点，在1925年的《〈红楼梦辨〉修正》中他就明白地表示：

"1923年《红楼梦辨》出版以后，我一直反对那'刻舟求剑'、'胶柱鼓瑟'的考据法，因而我对这旧版自己十分不满。书中贾家的事虽偶有些跟曹家相合或相关，却决不能处处比附。像那《红楼梦年表》将二者混为一谈实在可笑。"

在1954年1月至4月香港连载的《读红楼梦随笔》中，俞平伯进一步阐释说："近年考证《红楼梦》的改从作者的生平家世等等客观方面来研究，自比以前所谓红学着实多了，无奈又犯了一点过于拘滞的毛病，我从前也犯过的。他们把假的贾府跟真的曹氏并了家，把书中主角宝玉和作者合为一人；这样，贾氏的世系等于曹氏的家谱，而《石头记》便等于雪芹的自传了。这很明显，有三种的不妥当。第一，失却小说所以为小说的意义。第二，像这样处处粘合真人真事，小说恐怕不好写，更不能写得这样好。第三，作者明说真事隐去，若处处都是真的，即无所谓'真事隐'，不过把真事搬了个家而把真人给换上姓名罢了。"

以上所言本是持平、公允之论，可是不知为什么上世纪50年代在批判《红楼梦》研究中的资产阶级唯心论的时候，"自叙传"说却成了俞平伯的一大罪状。对俞平伯来讲这实在有些冤乎哉！莫非——正像胡适说的那样——"俞平伯之被清算，……'实际对象'是我——所谓'胡适的幽灵'"。

俞平伯在一定程度上与胡适划清界限以后，不幸又做了胡适的陪绑。

在胡适与俞平伯的交往中，还有两件事需要补充说一说。

（一） 1931年"九一八"事变后，北平各大学学生群情激愤，抗议日本侵占我东北大好河山。北大和清华的一些教授们，也常在欧美同学会或胡适家中议论国家大事和世界形势。俞平伯"恐一般民众及学生运动将渐入歧途"，致函胡适说："现今最需要的，为一种健全、切实、缜密、冷静的思想，又非有人平素得大众之信仰者主持而引导之不可，窃以为斯人，即先生也。"他认为救国之道在于既治标又治本,故提出"北平宜有一单行之周刊",并敦请胡适出来主持。"换言之,即昔年之《新青年》,精神上仍须续出也。……先生以为如何? 如有意则盼大集同人而熟商之。大锣大鼓,发聋振聩,平虽不敏,愿从诸先生之后。……"1932年5月22日,《独立评论》在北平创刊,俞平伯虽未直接参与其中,但由胡适任主编的这家周刊正好满足了他的愿望与企求。胡适在《独立评论》第5号上发表有《论对日外交方针》一文。

(二) 抗战胜利后,南京高等法院以"图谋敌国,图谋反抗本国"罪,判处周作人有期徒刑10年,剥夺公民权10年。这本是汉奸文人周作人应得的下场,然而俞平伯却为之抱屈,说什么"国家纲纪不可以不明,士民气节不可以不重,而人才亦不可以不惜","(周作人)以一书生而荷重咎,亦不得谓之不冤"。此时胡适卸任驻美大使职务后尚滞留美国,俞平伯特致函胡适,请求他"建议政府,或致书友好之当道者,或诉诸舆论",为周作人开脱、求情,"薄其罪责,使就炳烛之余光,遂其未竟之著译"。胡适没有回复,只是表示"案子正在审理,照美国习惯是不能说什么的"。

梁漱溟

梁漱溟(1893—1988),原名焕鼎,字寿铭、萧名。祖籍广西桂林,生于北京。蒙古族人,系元宗室梁王贴木儿的后裔,长于世代诗礼仁宦之家,六岁时启蒙读书,早年受其父梁济(巨川)影响颇深,青年时代又一度崇信康有为与梁启超。辛亥革命时期参加同盟会京津支部。二十岁起潜心研究佛学,曾两度自杀未遂。经过几年的沉潜反思后,又逐步转向了儒学。

梁漱溟入北京大学任教,时间与胡适相近,都是1917年秋冬之间由蔡元培聘请的,只不过胡适是从美国留学回来的洋博士,而梁漱溟仅有中学毕业文凭。他完完全全是靠自学成才的,在北大执教前后共约七年,先为讲师后升为教授。讲授的课程则有《印度哲学》、《唯识学》、《孔家思想史》。授课之外梁漱溟还经常作学术讲演,如"佛教哲学"(1918上半年)、"孔子哲学"(1918下半年)、"因明学在佛法中的地位"(1919年)、"宗教问题"、"东西文化及其哲学"等等。

当年北大学生分为新旧两派,各自以《新潮》和《国故》两种杂志为阵地。梁漱溟说:"我个人虽偶尔投书于《新青年》或《新潮》,却不屑新派,亦非旧派。"

他在北大，最佩服陈独秀，同李大钊私谊颇好，对于胡适在新文化运动中的作用，也给予了很高的评价。梁漱溟认为胡适"最早开始用白话文写文章，这是开创性的"，又说"胡先生头脑明爽，凡所发挥，人人易晓"，这对提倡用白话文发表自己的思想见解，起了很大推动作用，可以说"胡先生的白话文运动是当时新文化运动的主干"。

梁漱溟的父亲梁巨川先生是一位殉道者，因痛感山河破碎而自杀。梁漱溟写了一封信给陈独秀讨论此事，胡适看了以后觉得梁漱溟对他父亲平生事实的解释不免有点"倒果为因"，认为梁巨川先生致死的原因不在精神先衰，乃在知识思想不能调剂补助他的精神。所以胡适强调：

"我们应该早点预备下一些'精神不老丹'，方才可望做一个白头的新人物。这个'精神不老丹'是什么呢？我说是永远可求得新知识新思想的门径。这种门径不外两条：（一）养成一种欢迎新思想的习惯……（二）极力提倡思想自由和言论自由……"

梁漱溟与胡适第一次思想交锋是由胡适的一篇文章《一年半的回顾》引起的。胡适在文章中说："其实我们的《努力》里最有价值的文章恐怕不是我们的政论而是我们批评梁漱溟、张君劢一班先生的文章和《读书杂志》里讨论古史的文章。……《努力》将来在中国的思想史上占的地位应该靠这两组关于思想革命的文章，而不靠那些政治批评，——这是我敢深信的。"陈独秀著文响应："张君劢和梁漱溟的昏乱思想被适之教训的开口不得，实在是中国思想界的一线曙光！"

梁漱溟感到很难过，说："照这样说来，然则我是他们的障碍物了！"感叹之余他又表明自己"和而不同"的主张："天下肯干的人都是好朋友！"在这一点上彼此"有同的一面"，大家都是愿为社会进步尽力的。梁漱溟说："我不觉得我反对他们的运动。我不觉得我是他们的敌人，他们是我的敌人，我是没有敌人的！"又说："我们的确根本不同。我知道我有我的精神，你们有你们的价值。"只要大家"抱各自那一点去发挥，其对于社会的尽力，在最后成功上还是相成的——正是相需的。我并不要打倒胡适之、陈独秀而后我才得成功"。这种态度其实正符合胡适后来一再强调的"容忍"精神。

东西方文化问题是梁漱溟在北大着力从事的一项研究，他为此付出的时间与心血最多，所取得的成果也最为重要。在一次蔡元培主持的会议上，他率直地诘问："将中国文化带到西方去是带什么东西呢？西方文化我姑且不问——而所谓中国文化究竟何所指呢？"当时在场的人都没有话回答，及至散会后胡适同陶孟和笑着对他说："你所提的问题很好，但是天气很热，大家不好用思想。"

在梁漱溟看来，当时的旧派感觉到了西方化的压迫，但也只是"为东方化盲目的积极发挥"，并非看到东西文化问题而去作解答。至于新派，则"是被世界西方化的潮流所鼓动"，只是"能感觉西方化的美点而力谋推行"，"有似受了药力的兴奋，也并非看到这东西文化的问题，有一番解决而后出之"。这后一种显然是指胡适。

以上两种看似截然相反的情况，表明人们对解决这个问题的急迫性缺乏认识。梁漱溟说："这个问题自是世界问题"，"而直逼得刀临头顶，火灼肌肤，呼吸之间就要身丧命倾的却独在中国人，因为现在并不是东西文化对垒激战，实实在在是东方化存亡的问题。"

1920年秋冬间，梁漱溟首次以连续讲演的形式，在北大系统阐述了自己关于东西方文化问题的观点。1921年他又应邀去山东济南再次作了连续讲演，并于同年将两次讲演记录加以合并整理后，以《东西文化及其哲学》为书名首次出版。这是他最重要的一部著作。

梁漱溟的结论是：全世界的文化大略可分为三大系——中国文化、印度文化与现代西方文化。它们各自有其"特异色彩"与"根本精神"，它们之间虽有不同但非古今新旧之分。世界的文化是多元的，各有其存在的意义与价值，一如现代西方文化有其存在的意义与价值，以孔子思想为代表的中国文化同样具有它不可磨灭的意义与价值，并将在今后为人类做出应有的贡献。

梁漱溟以上这些看法并非无知妄说，乃是他"始终拿自己思想作主"，重新审视孔家诸经以及宋明人书后，所形成的自己的"一套思想"。在当时一片"打倒孔家店"的高喊声中，这些看法无疑是在维护并赞扬孔子；主张"全盘西化"者则又认为这是对新思潮的一种反动。胡适在《读梁漱冥先生的〈东西文化及其哲学〉》中，就批评梁漱溟说：

"……文化的分子繁多，文化的原因也极复杂，而梁先生要想把每一大系的文化各包括在一个简单的公式里，这便是笼统之至。公式越整齐，越简单，他的笼统性也越大。

"他的根本缺陷只是有意要寻一个简单公式，而不知简单公式决不能笼罩一大系的文化，结果只有分析辨别的形式，而实在都是一堆笼统话。"

胡适在这篇文章中提出了与梁漱溟相反的观点："我们的出发点只是：文化是民族生活的样法，而民族生活的样法是根本大同小异的。""我们承认各民族在某一时代的文化所表现的特征,不过是环境与时间的关系,所以我们不敢拿'理智''直觉'等等简单的抽象名词来概括某种文化,我们拿历史眼光去观察文化,只看见各种民族都在那'生活本来的路'上走,不过因环境有难易,问题有缓急,所以走的路有迟速的不同,到的时候有先后的不同。"总之一句话:"对于各民族的文化不敢下笼统的公式。"

为此,两人有一番书信来往:

梁漱溟致胡适:"往者此书出版曾奉一册请正,未见诲答。兹承批评,敢不拜嘉?独惜限于篇幅,指示犹嫌疏略,于漱冥论文化转变处,未能剀切相诲;倘更辱评论其致误之由,而曲喻其所未达,则蒙益者,宁独一漱冥乎?至尊文间或语近刻薄,颇失雅度;原无嫌怨,曷为如此?……"

胡适答梁漱溟:"'嫌怨'一语,未免言重,使人当不起。至于刻薄之教,则深中适作文之病。然亦非有意为刻薄也,……承先生不弃,恳切相规,故敢以此为报,亦他山之错,朋友之谊应尔耳。先生想不以为罪乎?"

梁漱溟复函胡适:"承教甚愧!早在涵容,犹未自知也。冥迩来服膺阳明,往时态度,深悔之矣。"

以上文章和书信都是1923年写的。过了几年,在围绕中西方文化的论争中,胡适又写过《我们对于西洋近代文明的态度》(1926年)、《介绍我自己的思想》(1930年)、《信心与反省》(1934年,共3篇)、《试评所谓"中国本位的文化建设"》(1935年),从颂扬西洋文明、贬损东方文明一直到鼓吹"全盘西化"。不过争论的主要对手已经换了人,不再是梁漱溟了。

梁漱溟除研究东西方文化及其哲学外,另一项重要活动是推行乡村建设运动。

1924年梁漱溟辞去北大教职,到山东菏泽办高中,又创办了山东乡村建设研究院,发表了《中国民族自救运动之最后觉悟》、《乡村建设大意》、《乡村建设理论》等著作。他的主要观点是认为应该通过恢复"法制礼俗"来巩固社会秩序,并"以农业引导工业的民族复兴"。1931年他又在邹平创办山东乡村建设研究院。抗战期间曾在重庆北碚办勉仁书院,发起组织"统一建国同志会"。

众所周知,在旧中国广大农村是最贫穷落后愚昧的地方。胡适在1930年《新月》杂志第2卷第10号上发表了《我们走哪条路》一文,提出"五鬼乱中华",将贫穷、疾病、愚昧、贪污、扰乱视为应该打倒铲除的五个大仇敌。"这五大仇敌之中,资本主义不在内,因为我们还没有资格谈资本主义。资产阶级也不在内,因为我们至多有几个小富人,哪有资产阶级?封建势力也不在内,因为封建制度早已在二千年前崩坏了。帝国主义也不在内,因为帝国主义不能侵害那五鬼不入之国。"

胡适的上述言论,不仅遭到了郭沫若等左派人士的痛斥(参见第五章"郭沫若"条),而且也受到推行乡村建设运动的梁漱溟的批评。梁在《村治》1930年3月10日第1卷第2期上以《敬以请教胡适之先生》为题,质疑胡适道:

"在三数年来的革命潮流中,大家所认为第一大仇敌是国际的资本帝国主义,其次是国内的封建军阀;先生无取于是,而别提出贫穷,疾病,愚昧,贪污,扰乱,五大仇敌之说。帝国主义者和军阀,何以不是我们的敌人?"

梁漱溟判定胡适的"主张恰与三数年来的'革命潮流'相反"之后,口气变得严厉起来了:"先生凭什么推翻许多聪明有识见人所共持的'大革命论'?先生凭什么建立'一步一步自觉的改革论'?如果你不能结结实实指证出革命论的错误所在,如果你不能确确明明指点出改革论的更有效而可行,你便不配否认人家,而别提新议。"他还讽刺胡适道:"先生所说五大仇敌谁不知得,宁待先生耳提面命?"

在梁漱溟看来,"疾病,愚昧,皆与贫穷为缘;贪污则与扰乱有关;贫穷则直接出于帝国主义的经济侵略;扰乱则间接由帝国主义之操纵军阀而来:故帝国主义实为症结所在。这本是今日三尺童子皆能说的滥调,诚亦未必悉中情理;然先生不加批评反驳,闭着眼只顾说自家的话,如何令人信服?"

胡适在《新月》上又发表了一篇《答梁漱溟先生》的短文。他没有正面回答梁漱溟的诘问,只是玩弄了一番文字游戏:"'贫穷则直接由于帝国主义的经济侵略',则难道八十年前的中国果真不贫穷吗?……'扰乱则间接由于帝国主义之操纵军阀',试问张献忠、洪秀全又是受了何国的操纵?今日冯、阎、蒋之战又是受了何国的操纵?"如此辩驳,虽然胡适说是依据"历史事实",但实在显得有些无力。

总之,思想上的对手,交谊上的朋友。——这就是胡适和梁漱溟别具特色的相互关系。梁漱溟晚年对胡适的评价更要客观和公正一些,既肯定其历史贡献,又指出胡适在学术上的缺陷和政治方面存在的弱点。主要是:

(一)"他最早开始用白话文写文章,提出《文学改良刍议》八项主张,倡议用语体文,这是开放性的。""胡先生功劳很大,提倡语体文,促进新文化运动,这是他的功劳。"

（二）"他的缺陷是不能深入；他写的《中国哲学史大纲》只有上卷，卷下就写不出来。因为他对佛教找不见门径，对佛教的禅宗就更无法动笔，只能做一些考证；他想从佛法上研究，但著名的六祖慧能不识字，在寺里砍柴、舂米，是个卖力气的人。禅宗不立语言文字，胡先生对此就无办法。"

（三）"胡适为人有个弱点，就是怕共产党。"

他使用了"弱点"这个词，不是缺点，更不是错误。其实对共产党由"怕"而"反"，才更符合胡适的实际。

辜鸿铭

辜鸿铭（1857-1928），字汤生，生于马来半岛槟榔屿，其祖辈由福建迁居南洋，生父辜紫云系英国人布郎经营的橡胶园的总管，母亲是碧眼金发的西洋女子（一说为马来人）。布朗先生将他收为义子，1867年返回英国时把十岁的辜鸿铭也带到了英国。在布朗的指导下，辜鸿铭从阅读西方经典文学名著入手，很快掌握了英文、德文、法文、拉丁文、希腊文。由于成绩优异被爱丁堡大学录取，并于1877年获得文学硕士学位。后又赴德国莱比锡大学等著名学府研究文学、哲学，获哲学博士学位。

1887年辜鸿铭三十岁时回到中国，在清末实权派大臣张之洞幕府中任职二十年，一边帮助统筹洋务，一边精研国学。曾任上海黄浦睿治局督办、上海南洋公学校长。五四时期辜鸿铭任教于北京大学。

自1883年在英文报纸《华北日报》上发表题为《中国学》的文章开始，辜鸿铭一直致力于宣扬中国文化，对他熟悉、精通的西学则持嘲讽的态度。19世纪末20世纪初他将《论语》、《中庸》、《大学》相继译成英文并在海外刊载和印行。从1901至1905年又分5次发表了127则《中国札记》，反复强调东方文明的价值。1909年英文著本《中国的牛津运动》（德文译本名《为中国反对欧洲观念而辩护：批判论文》）出版，在欧洲尤其是德国产生巨大影响，一些大学哲学系将其列为必读参考书。第一次世界大战爆发后，欧洲大陆遍地狼烟，生灵涂炭。辜鸿铭所著《春秋大义》（即《中国人的精神》）适时于1915年出版，以理想主义的热情向世界展示只有中国文化才是拯救世界的灵丹。很多西方人崇信辜鸿铭的学问和智慧几乎到了痴迷的程度，据说当年辜鸿铭在东交民巷使馆区内的六国饭店用英文讲演"The Spirit of theChinese People"(《春秋大义》)时，票价高过"四大名旦"之首的梅兰芳，外国人对他的重视由此可见一斑。

然而，就是这样一位获得过13个博士学位，被外国人称之为"最尊贵的中国人"的辜鸿铭，却又被视为北大一怪。胡适同他的关系也有些怪异。

说辜鸿铭怪，就怪在他是从英、德留学回来的洋博士，精通英、德、拉丁和希腊文，在北大讲授《英国文学史》，却又头戴瓜皮小帽，身穿长袍马褂，还留着一根长长的小辫子，一副清末遗老的装束。还怪在他既娶妻又纳妾，并且公开声言"男人纳妾就像一个茶壶配四个茶碗"，而女人要是有两个丈夫则断断乎不可，理由是，"你什么时候见过四个茶壶配一个茶碗呢？"

辜鸿铭在北京大学任教，梳着小辫走进课堂，惹得学生们哄堂大笑，老先生却平静地说："我头上的辫子是有形的，你们心中的辫子却是无形的。"这句话虽然刺耳却颇让人深思玩味，学生们遂一片静默。

辜鸿铭既然如此之怪，那么他极力张扬国粹，反对新文化新思潮也就不足为怪了。这样一位拖着小辫子的遗老式洋博士，对同是洋博士却又鼓吹文学革命的胡适一百个瞧不起。当时英文《密勒氏译论》上就刊登了辜鸿铭讥讽胡适的一篇文章，他断言说：

"当胡适教授用他那音乐般的声音谈论'活文学'和'重估一切价值'，'谈论'为观念和思想的彻底变革铺路，惟有此种变革，能够为全民族创造条件时，我敢肯定，许多在中国读到这些激情冲动之辞的外国人，都将如坠五里雾中，不知所云。"

胡适是《密勒氏译论》的通讯员，他在上面发表文章反驳辜鸿铭，说中国的文言文过于古奥，对于普通老百姓来讲实在太难学了，以致造成了百分之九十的中国人不识字的状况。正是由于这个原因，才有提倡白话文学的必要。

辜鸿铭随即又写了《归国留学生与文学革命——读写和教育》，痛骂留学生与文学革命。他用十足的贵族老爷式的口吻质问道："中国十人有九人不识字，正是我们应该感谢上帝的事。要是四万万人都能读书识字，那还了得吗？要是北京的苦力、马夫、汽车夫、剃头匠、小伙计……等人都认得字，都要像北京大学生那样去干预政治，那还成个什么世界？"

辜鸿铭指责胡适错误地"把识字和受教育看成了一回事"，并且用奚落的口吻说："我不得不感谢你的通讯员胡适之为我提供了一个机会，使我能对愚蠢的文学革命说得更多些。"

胡适反唇相讥:"我看了这篇妙文,心里很感动。辜鸿铭真肯说老实话,他真是一个难得的老实人!"

两位北大教授,两位留洋博士,就这样一来一往打开了笔仗。

另据胡适讲,他和辜鸿铭有两次饭局上的很有趣味的"对手戏"。

有一次王彦祖请法国汉学家吃饭,胡适和辜鸿铭等几位朋友陪席。辜鸿铭在饭桌上对胡适说:

"去年张少轩(张勋)过生日,我送了他一副对子,上联是'荷尽已无擎雨盖',——下联是什么?"

胡适以为是集句的对联,一时对不上来,就问辜鸿铭:"想不好对句,你对的什么?"

辜鸿铭摇晃着头上那根小辫笑道:"菊残犹有傲霜枝。"

胡适也笑了,心想这位遗老居然把头上小辫誉为傲霜之枝,真也称得上怪人之一怪。

辜鸿铭接着眉飞色舞地讲开了安福国会选举时他卖票的故事。当时凡在国外大学获有学士、硕士、博士文凭的归国留学生均有选举权,但他们中的许多人并不去参加选举,而是以每张200元的价格将文凭卖给那些想弄张选票贿选的小政客。某位小政客想请辜鸿铭投他一票,辜鸿铭要了400元的高价,但他根本未去投票,而是转身去了天津,用这些钱临时配了一个茶壶,花在了一位姑娘的身上。那个人大骂辜鸿铭不讲信义,辜鸿铭拿起一根棍子指着小政客高声训斥道:"你瞎了眼睛,敢拿钱来买我!你也配讲信义!你给我滚出去!从今以后,不要再上我门来!"

此即是辜鸿铭也!大家听罢忍不住哈哈笑了起来。

辜鸿铭转过头来对胡适说:"你知道,有句俗话:'监生拜孔子,孔子吓一跳。'我上回听说山东孔教会要我去祭孔子,我编了一首白话诗:监生拜孔子,孔子吓一跳。孔会拜孔子,孔子要上吊。胡先生,我的白话诗好不好?"

当着白话诗的提倡者胡适念这样的白话诗,实在不是出于恭维而是有些奚落。辜鸿铭接着对法国人大发议论。主人王彦祖觉得空气太紧张了,只好提议散席。胡适回来后,据此写了一篇《记辜鸿铭》在报上发表。

还有一次,胡适和辜鸿铭同在一个饭店与各自的朋友分桌吃饭,胡适把随身带来的一份《每周评论》送给辜鸿铭看,那上面有一篇他写的关于这位怪人的随感,其中有几句说到了"傲霜枝"的由来:

"现在的人看见辜鸿铭拖着辫子,谈着'尊王大义',一定以为他是向来顽固的。却不知辜鸿铭当初是最先剪辫子的人。当他壮年时,衙门里拜万寿,他坐着不动。后来人家谈革命了,他才把辫子留起来。辛亥革命时,他的辫子还不曾养全,他带着假发接的辫子,坐着车子乱跑,很出风头。这种心理很可研究。当初他是'立异以为高',如今竟是'久假而不归'了。"

辜鸿铭把文章看了看,不急也不恼,笑着说:"胡先生,你写的这段纪事不很确实。我告诉你我剪辫子的故事——"

按照辜鸿铭自己的说法,他是遵照"人之发肤,受之父母"的古训,遵照父亲大人的嘱咐,把辫子留起来的,在国外读书时尽管受到洋人的嘲笑也不肯剪去。有一位英国小姐常拿他的"傲霜枝"摇来晃去把玩,还夸奖中国人的头发黑、好看,辜鸿铭为讨英国小姐的喜欢,当即把辫子剪下来送给了她。

这个辫子的故事如果让鲁迅听到了,也许会写出一篇绝佳的讽刺小说出来,胡适不会写小说,听听也就罢了。饭后他向辜鸿铭要回《每周评论》,辜鸿铭却把报纸折叠起来装进了自己的口袋里,一脸严肃地说:

"密斯忒胡,你在报上毁谤了我,你要在报上向我正式道歉。你若不道歉,我要向法院控告你。"

胡适没有料到辜鸿铭会这样,忍不住笑了:"辜先生,你说的话是开我玩笑,还是恐吓我?你要是恐吓我,请你先去告状;我要等法庭判决了才向你正式道歉。"

说罢胡适点点头走出了饭店。

事情过了大半年,有一次胡适见到辜鸿铭,就问他:"辜先生,你告我的状子进去了没有?"

辜鸿铭正色道:"胡先生,我向来看得起你,可是你那段文章实在写的不好!"

胡适在一则日记里,记载了他去访问意大利学者Z.Volpicelli(佛弭执礼)时,从这位外国人嘴里听说的关于辜鸿铭的几则传闻:

"(1) 辜氏生于Penang(槟榔屿),早年的闽侨多不带女眷,故V.疑其母是是马来人。

"(2) 辜氏曾做英公使Sir Thomas Wade(托马斯.韦德爵士)的秘书,他的脾气很坏,有一天同英公使吵起来,他遂拾起墨水瓶去掷他,因此他脱离了英使馆。

"(3) 他年轻时,思想很激烈,可说是'革命的',后来越老越变守旧。

胡适说："此说与我几年前所记相印证。……"

1928年4月30日，辜鸿铭因患肺炎在北京私宅去世，享年七十二岁。5月1日胡适在日记中写道："辜汤生先生死了。此老对我虽表示反对，然相见时却总是很客气的。他尽管嬉笑怒骂，也还不失为一个'君子'人。他的著作里最崇拜'君子'一（两）个字，死后我这样评论他，似乎不失为平允。"胡适还写了一篇回忆文章，对他和辜鸿铭的关系做了总结："辜鸿铭向来是反对我的主张的，曾经用英文在杂志上驳我；有一次为了我在《每周评论》上写的一段短文，他竟对我说，要在法庭控告我。然而在见面时，他对我总很客气。"

第四章

师之辈

梁启超　章太炎　王国维　马君武　王云五　高梦旦

　　胡适1923年在《谁是中国今日的十二个大人物?》一文中提出了一个名单,其中"影响近二十年的全国青年思想的人"有四位,梁启超继康有为之后名列第二,学者三人,章太炎列第一,王国维列第三。另据《清华大学国学研究院始末》记载,1924年胡适曾建议清华聘请梁启超、王国维、章太炎"三位大师"任导师,称他们是"第一流学者"。

　　在清末民初,梁启超、章太炎、王国维都是学界的重要人物,各领风骚,成就卓著,影响巨大。相对于他们而言,胡适是晚一辈的新一代学者,胡适视他们为师之一辈。新旧两代、老少两辈学者相互交往,碰撞,爆发出了不少耀眼的火花,也产生了许多动人的佳话。

　　马君武、王云五是胡适在中国公学读书时的老师,胡适与他们是名副其实的师生关系。胡适还自称是商务印书馆元老高梦旦的"一个小同志"。

胡适、曹诚英（右一）、高梦旦（左一）、郑振铎（左二）在北京西山，大约摄于1923年。

梁启超

梁启超（1873—1929），字卓如，号任公，广东新会人。中国近代维新派代表人物之一，曾协助康有为发起戊戌维新变法运动。维新变法失败之后一度成为保皇党、改良派。辛亥革命推翻帝制，建立民国，梁启超先后出任北京政府的司法总长、财政总长。其间积极参加反对袁世凯复辟称帝斗争，为护国运动的兴起和发展做出了重要贡献。梁启超同时也是一位著名的学者和启蒙思想家，其学术研究涉猎广泛，在哲学、文学、史学、经学、法学、伦理学、宗教学等领域均有建树，尤以史学研究成绩最著，各种著述达一千四百万字。

大名鼎鼎、著作等身的梁启超是胡适那一代年青人崇拜的偶像。据胡适在《四十自述》中说，当他十几岁还在上海澄衷学堂读书时，就受到梁启超非常大的影响，"我个人受了梁先生无穷的恩惠。现在追想起来，有两点最分明。第一是他的《新民说》，第二是他的《中国学术思想变迁之大势》"。具体地讲："《新民说》诸篇给我开辟了一个新世界，使我彻底相信中国之外还有很高等的民族，很高等的文化；《中国学术思想变迁之大势》也给我开辟了一个新世界，使我知道《四书》、《五经》之外中国还有学术思想。"

梁启超自号"新民"，办的杂志也叫《新民》，含义都是要把中华老大的病夫民族改造成为一个新鲜活泼、强而有力的民族，而欲达此目的，必须"从根柢处推毁廓清，除旧而布新"。梁启超的文章于明白晓畅之中又带着浓挚的热情，令胡适佩服之至，"我们在那个时代读这样的文字，没有一个人不受他的震荡感动的。他在那时代……主张最激烈，态度最鲜明，感人的力量也最深刻"。

在美国留学期间，胡适读过梁启超著的《政治之基础与言论家之指针》和《中国法理学发达史》，均有所评论，在1912年11月10日的日记中更有一番赞扬梁启超的话语：

"梁任公为吾国革命第一大功臣，其功在革新吾国之思想界。十五年来，吾国人士所以稍知民族思想主义及世界大势者，皆梁氏之赐，此百喙所不能诬也。去年武汉革命，所以能一举而全国响应者，民族思想政治思想入人已深，故势如破竹耳。使无梁氏之笔，虽有百十孙中山、黄克强，岂能成功如此之速耶！近人诗'文字收功日，全球革命时'，此二语惟梁氏可以当之无愧。"

深受梁启超影响的胡适回到国内后又与梁启超缘于学术而结识。

他在北大讲授《中国哲学史》，其中涉及到墨子哲学，而梁启超正是研究墨子的大家，收集有许多"墨学"的材料。那时梁启超住家天津，作为年轻的后起之辈，胡适对梁启超仰慕已久，所以就乘到天津讲演的机会专门去拜访过梁启超。事先他用谦恭的态度，给梁启超写了一封求见信：

  任公先生有道：

    秋初晤徐振飞先生，知拙著《墨家哲学》颇蒙先生嘉许。徐先生并言先生有"墨学"材料甚多，愿出以见示。适近作《墨辩新诂》，尚未脱稿，极思一见先生所集材料，惟彼时适先生有吐血之恙，故未敢通知左右。近闻贵恙已愈，又时于《国民公报》中奉读大著，知先生近来已复理文字旧业。适后日（十一月二十二日）将来天津南开学校演说，拟留津一日，甚思假此机会趋谒先生，一以慰平生渴思之怀，一以便面承先生关于墨家之教诲，倘蒙赐观所集"墨学"材料，尤所感谢。适亦知先生近为欧战和议问题操心，或未必有余暇接见生客。故乞振飞先生为之介绍，拟于廿三日（星期六）上午十一时趋访先生，作二十分钟之谈话，不知先生能许之否？适到津后，当再以电话达尊宅，取进止。

                   胡适七年十一月廿日

  梁启超允胡适请求在宅里接见了他，这是两位学者第一次见面。胡适说："任公先生是前辈，比我大十八岁。他虽然是和易近人，我们总把他当作一位老辈看待。"

  胡适把自己授课的讲义进一步加工整理后，以《中国哲学史大纲》（卷上）为书名，于1919年2月由上海商务印书馆印行，这本书是"北京大学丛书"里的一本。

  为活跃学术空气，北京大学经常邀请各方面的知名人士来学校讲演。梁启超应北大哲学社邀请，在北大专门就胡适的《中国哲学史大纲》作了两次讲演，每次约两小时。任公事先声明"只是把我认为欠缺或不对的地方老实说出"，而不是进行全面的评述。他认为胡适对孔子、庄子讲得最不好，讲得最好的是墨子、荀子，又说书中关于知识论方面常见石破天惊的伟论，关于宇宙观人生观方面则十之九浅薄或谬误。尽管讲演中有肯定胡适的部分，不过批评胡适的话确实不少，诸如说胡适"把思想的来源抹杀得太过了"，"写时代的背景太不对了"，"时

髦气味未免重些,有时投合社会浅薄心理,顺嘴多说几句俏皮话"之类……当时听演讲的北大学生陈雪屏有以下记述:

"任公的讲演经过了长时间的准备,批评都能把握重点,措词犀利,极不客气,却颇见风趣,引导听众使他们觉得任公所说很有道理。"

第一次讲演胡适没有去,第二次他去听了,聚精会神,心态平和。主持人特意留下一半的时间,待梁启超讲演完毕,胡适便走上台去对任公的某些批评当场进行了答辩。

"……胡先生对第一天的讲词似乎已先看到记录,在短短四十分钟内,他便轻松地将任公主要的论点一一加以批驳,使听众又转而偏向于胡先生。"

双方的主要歧见是:梁启超认为"天地与我并生,而万物与我为一"是孔子与庄子共同的理想境界,只是他们实现理想境界的方法不同。胡适不同意这种观点,说梁启超的见解未免太奇特了,完全是卫道者的话,让他大失所望。胡适更不赞成庄子的宇宙观如梁启超所言是"静止"的说法。关于《老子》一书晚出于战国末期,胡适与梁启超见解也大相径庭。

这是一场真正的学术讨论,充分体现出了校长蔡元培所倡导的"思想自由"、"兼容并包"的精神。论年纪,梁启超长胡适十八岁;论资历,梁启超比胡适老得多;论声望,梁启超也比当时的胡适高。再从学术史上来看,梁启超整个身子在近代,仅有一只脚迈进现代,而胡适虽然留着近代的尾骨,身子却在现代。如果说梁启超是维新派元老,胡适则是后起之新锐,属于开启现代学术思想的新一代学者,两辈(或曰两代)学者的学术交流与思想碰撞持相互尊重、平等讨论的态度,"如果用'如醉如狂'来形容当时听众的情绪似乎不算过分"。

后来梁启超写了《墨经校释》,请胡适为之作序。胡适写了序言,开头一段便恭维说:"梁任公先生把他十余年来读《墨子》(的)《经上下》《经说上下》四篇随时做的签注,辑为一书,写成《墨经校释》四卷。他因为我也爱读这几篇书,故写信来,要我做一篇序。我曾发愿,要做一部《墨辩新诂》,不料六七年来,这书还没有写定。现在我见了梁先生这部《校释》,心里又惭愧,又欢喜。这篇序,我如何敢辞呢?"

如今请名人或恩师写序在学界中成为一种风气,一种时尚,甚至是一种顽症。作序者未必看过至少没有认真看过文章看过书,应人所请信笔一挥,或者在由作者事先代写的所谓"序言"上签上自己的名字。彼时的梁启超却是请比他名望低、年纪轻的胡适为自己的书写序,而胡适写的序言实际上是一篇高水准、高质量的学术论文，非细读《墨经校释》及对《墨子》有精深研究是写不出这样的序言的。用梁启超的话来说："此种序文，表示极肫笃的学者态度，于学风大有所裨，岂维私人刟感而已。"

话虽如此，胡适的序言中对梁任公的批评却多于称赞，梁启超遂写了答辩与胡适商榷。胡适则回复曰："先生对于我那篇匆促做成的序文，竟肯加以辩正，并蒙采纳一部分的意见，这是先生很诚恳的学者态度，敬佩敬佩。"不过《墨经校释》刊行时，梁启超把自己的答辩放于书前而将胡序置于其后，让胡适颇觉不快。这一故事从一个小小的侧面说明了他们两人不同的脾性。

梁启超和胡适应清华学校、《清华周刊》所请，分别拟定了《一个最低限度的国学书目》，以帮助普通青年人得到一点系统的国学知识。梁启超晚年发起成立"中国文化学院"，宣称"大乘佛教为人类最高的宗教；产生大乘佛教的文化为世界最高的文化"。胡适对此批评说："他晚年的见解颇为一班天资低下的人所误，竟走上卫道的路上去"。

按照胡适后来的说法，"任公才高而不得有统系的训练，好学而不得良师益友，入世太早，成名太速，自任太多，故他的影响甚大而自身的成就甚微。近几日我追想他一生著作最可传世不朽者何在，颇难指名一篇一书。后来我的结论是他的《新民说》可以算是他一生的最大贡献。《新民说》篇篇指摘中国文化的缺点，颂扬西洋的美德可给我国人取法的，这是他最不朽的功绩"。胡适这样说显然是取己所好，因为主张"全盘西化"的他直言不讳地宣称："我很不客气的指摘我们的东方文明，很热烈的颂扬西洋的近代文明。"

胡适1926年南下在上海住了几年，其间担任中国公学校长、赴欧美考察等等。1929年1月中旬他重回北平，19日那天夜里到了任叔永家里，抬头见有梁启超写的一副对子。胡适知道梁任公已经病了很长时间，这次北来他也想见见老朋友们，其中梁先生就是非见不可的一位前辈。

"任公病如何？"他问任叔永。

任叔永说："你也许见得着他。"

其实梁启超已于这一天下午两点一刻去世了，也就是在他们对话之前大约八个小时，只是任叔永还不知道，第二天胡适和任叔永才从报上看到任公逝世的讣闻。20日胡适和任叔永、陈寅恪、周寄梅去广慧寺送任公入殓，第一个见着的人是两眼噙着老泪的蹇季常，胡适的眼泪也堕下来了，哽噎道："我赶来迟了八点钟。"

胡适写了几句言简意赅的挽联："文字收功，神州革命。生平自许，中国新

民。"在当天的日记里,他又写了对逝者的追怀:

"任公为人最和蔼可爱,全无城府,一团孩子气。人们说他是阴谋家,真是恰得其反。

"他对我虽有时稍露一点点争胜之意,——如民八之作白话文,如在北大公开讲演批评我的《哲学史》,如请我作《墨经校释.序》而移作后序,把他的答书登在卷首而不登我的答书,——但这都表示他的天真烂漫,全无掩饰,不是他的短处。正是可爱之处。

"以《墨经校释.序》一事而论,我因他虚怀求序,不敢不以诚恳的讨论报他厚意,故序中直指他的方法之错误,但这态度非旧学者所能了解,故他当时不免有点介意。我当时也有点介意,但后来我很原谅他。

"近年他对我很好,可惜我近年没机会多同他谈谈。"

梁启超逝世后,由胡适的好友丁文江担任主编,在梁启超子女协助下,编纂了《梁任公先生年谱长编初稿》。1958年,也就是梁启超死后二十九年,丁文江死后二十二年,世界书局据重钞本在台湾排印出版,胡适为之作序,说:"我们相信这部大书的出版可以鼓励我们的史学者和传记学者去重新研究任公先生,去重新研究任公和他的朋友们所代表的那个曾经震荡中国知识分子至几十年之久的大运动。"可以肯定胡适是把他自己列为梁启超的"朋友们"之中的。

章太炎

章太炎(1869-1936),名炳麟,号太炎。浙江余杭人。清末民初民主革命家与思想家,也是古经文学的最后一位大师,研究范围涉及小学、历史、哲学、政治等等。时人称其为"革命先驱,国学泰斗"。

1908年章太炎旅日期间曾为留学生开设讲座,讲授《说文》、《庄子》、《楚辞》、《尔雅》等典籍。是年7月又为周树人、周作人、朱希祖、钱玄同等单独开设一班,另行讲授,所以章太炎是鲁迅的老师。鲁迅写有《关于太炎先生二三事》一文,其中说到去听太炎先生讲课的原因时他说:"并非因为他是学者,却为了他是有学问的革命家,所以直到现在,先生的音容笑貌,还在目前,而所讲的《说文解字》却一句也不记得了。"

和鲁迅不同,胡适与章太炎没有师生关系,胡适并非因为章太炎是"革命先驱"而去接近他，主要是因为钦慕章太炎"国学泰斗"的学识和盛名。再从年龄上来说，胡适比章太炎要小二十二岁，属于晚一辈的学者，他们两代人的接触缘于学术，也终于学术。

胡适还在美国留学的时候就研读过章太炎的一些著作，并写有《读章太炎〈驳中国用万国新语说〉后》、《太炎论"之"字》、《论"我吾"两字之用法》等文章，对章说或表示赞同或提出置疑。1917年胡适应蔡元培聘请回国担任北大文科教授，讲授《中国哲学史》。当时北大有名的教授有不少出之于章太炎的门下，如黄侃、朱希祖、钱玄同、沈兼士等等。章太炎为人戏谑，他以太平天国为例，封黄侃为天王，汪东为东王，朱希祖为西王，钱玄同为南王，吴承仕为北王。胡适不是他的门生，在太炎先生的眼里显然属于"另类"刚从美国留学回来的"海归"博士（？）却信口胡诌，讲起中国古代哲学来了，这在章太炎先生看来，简直是在他这位"国学泰斗"面前班门弄斧。"哲学，胡适之也配谈吗？康（有为）、梁（启超）多少有些'根'，胡适之，他连'根'都没有！"言谈话语之间颇有轻蔑之意。

胡适把自己授课的讲义进一步加工整理后，以《中国哲学史大纲》（卷上）为书名，于1919年2月由上海商务印书馆印行。他主动将自己的著作送给章太炎请予赐教，并恭恭敬敬地写上"太炎先生指谬"几个字，下署"胡适敬赠"。

古文本无标点，为古文标点断句是一项专门的学问，一些新派文人参考外国的标点符号，凡遇人名旁边必加一黑杠，胡适自然循例而为之。章太炎看到自己大名右旁加了黑杠，不禁大骂：

"何物胡适！竟在我名下胡抹乱画！"

及至看到胡适的名旁也有黑杠，才消了气说："他的名旁也有一杠，就算互相抵消了罢！"

章太炎给胡适写了一封信，通篇是长者教训后生的口吻："适之你看。接到中国哲学史大纲。尽有见解。但诸子学术。本不容易了然。总要看他宗旨所在。才得不错。如但看一句两句好处。这都是断章取义的所为。不尽关系他的本意。仍望百尺竿头再进一步。"

信中特别指出胡适对庄子有曲解之处："庄子说的'万物皆种也'你看作易传说的'大哉干元。万物资始。'又说'首出庶物'这是万物一元的话。后来又说'群龙无首。天德不可为首也。'却是无尽缘起的话。自说自破。"庄子说的"以不同形相禅"，指的是事物的变化，而非胡适所解释的"物种起源"。"万物一元。其实尚差。……若万物一元的话。中今中外。大概不异。只是所指的元不同。却不是庄子的意。你要细看。"

因为这本《中国哲学史大纲》只有上卷而无下卷，章太炎老先生在北大讲学时经常奚落胡适为"著作监"，意谓著作者和太监一样"无下"。太监是长出来被生生阉割了，胡适是自己没长全。一直到1929年收入《万有文库》时，为避"无下"之嫌，将《中国哲学史大纲》卷上改为了《中国古代哲学史》。

墨经有云："辩争彼也"。胡适以《广韵》引《论语》"字西佊哉"为例，认为"彼"系"佊"字之误，"争佊"即是争驳的意思。章太炎在致章行严（士钊）的一封信里，说胡适"以争彼为争佊，徒成辞费，此未知说诸子之法与说经有异，盖所失非武断而已。"这封信刊登在章行严主编的《新闻报》上，胡适读后也给章行严写了一封信，回应道：

"我是浅学的人，实在不知说诸子之法与说经有何异点。我只晓得经与子同为古书，治之之法只有一途，即是用校勘学与训诂学的方法，以求本子的订正与古义的考定。……先生倘看见太炎先生，千万代为一问：究竟说诸子之法，与说经有什么不同？这一点是治学方法上的根本问题，故不敢轻易放过。"

在章行严的安排下，章太炎、胡适加上他自己于一天晚上面对面讨论。章太炎随即又给章行严写了第二封信，指出："按校勘训诂，以治经治诸子，特最初门径然也。经多陈事实；诸子多明义理。……治此二部书者，自校勘训诂而后，即不得不各有所主。此其术有不得同者。"同时申明自己的态度说："凡为学者，期于惬心贵当，吾实有不能已于言者，而非求胜于适之也。"于是胡适又给章行严写了第二封信，除表示那天晚上当面听了二章的言论"十分快慰"外，引经据典，详细阐述了他的看法。结论是："知'佊'字在《墨辩》为专门术语，然后知以争佊训辩，不为语赘，不为夏训。"

为了一个字（"彼"和"佊"），不是同一代、同一辈的两位学者各持己见。孰是孰非，姑且不论，这种学术上的争论体现出了治学严谨和追求真理的精神，正如章太炎所说"惬心贵当"、"而非求胜于适之也"正如胡适所说"治学方法上的根本问题，故不敢轻易放过。"

胡适在长篇论文《五十年来中国之文学》中将桐城派以来五十年间的古文学分为四个段落：（一）严复、林纾的翻译的文章。（二）谭嗣同、梁启超一派的议论的文章。（三）章炳麟的述学的文章。（四）章士钊一派的政论的文章。胡适充分肯定"章炳麟是清代学术史的押阵大将"，说"他的古文学工夫很深，他又是很富于思想与组织力的，故他的著作在内容与形式两方面都能'成一家言'"。

站在白话文学的立场用新的"文学革命"的观念考察，胡适对章太炎在学术上作了如下总结：

"章炳麟的古文学是五十年来的第一作家，这是无可疑的。但他的成绩只够替古文学做一个很光荣的下场，仍旧不能救古文学的必死之症，仍旧不能做到那'取千年朽蠹之余，反之正则'的盛业。

"故章炳麟的古文，在四派之中自然是最古雅的了，只落得个及身而绝，没有传人。"

可能是对章太炎奚落他为"无下"的"著作监"心存芥蒂，胡适在日记中说过"章炳麟是在学术上已半僵了"这样不敬的话。另外他还详细记载了章老先生遭人诟病的一件"怪事"：

"下午，陈仲恕（汉第）来谈。……仲恕为熊内阁国务院秘书时，曾看见许多怪事。章太炎那时已放了筹边使，有一天来访仲恕，——他们是老朋友，——说要借六百万外债，请袁总统即批准。仲恕请他先送计划来，然后可提交临时参议院。太炎说：'我哪有工夫做那麻烦的计划？'仲恕不肯代他转达，说没有这种办法。仲恕问他为什么要借款，太炎说：'老实对你说罢，六百万借款，我可得六十万的回扣。'仲恕大笑，详细指出此意的不可能。太炎说：'那么，黄兴、孙文们为什么都可以弄许多钱？我为什么不可以弄几个钱？'他坚坐至三四点钟之久，仲恕不肯代达，他大生气而去。明日，他又来，指名不要陈秘书接见，要张秘书（一麟）见他。张问陈，陈把前一晚的事告诉他，张明白了，出来接见时，老实问太炎要多少钱用，可以托燕孙（梁士诒）设法，不必谈借款了。太炎说要十万。张同梁商量，梁说给他两万。张回复太炎，太炎大怒，复信说：'我不要你们的狗钱！'张把信给梁看了，只好不睬他了。第三天，太炎又写信给张，竟全不提前一日的事，只说要一万块钱。张又同梁商量，送了他一万块钱。太炎近来很有钱，他有巨款存在兴业银行，近来还想做兴业的股东哩！"（1922年6月7日）

这个故事胡适完全是听来的，并非亲眼所见，可他却记得这么详细、具体，煞有介事，字里行间流露出颇为不屑的意味，尤其是后一句"还想做兴业的股东哩"！奚落的程度恐怕不亚于章太炎说他"著作监"。

王国维

王国维（1877—1927），字伯隅，号静安、静庵。浙江海宁人。自幼苦读，稍长曾两次到杭州参加乡试未中。1894年甲午战争后到上海，为《时务报》当书记校对，并用业余时间入罗振玉所办东文学社，从日本藤田丰八等学习日文及理化等课程。1901年赴日留学，次年因病回国，先后在南通师范学堂、江苏师范学堂任教员，讲授心理学、伦理学及社会学。1906年随罗振玉到北京，在学部总务司行走，任学部图书馆编译。辛亥革命后又与罗振玉逃亡日本，并听从罗振玉劝告尽弃前学，专治经史。1916年回到上海，应哈同之聘担任《学术丛编》杂志编辑，后又任包圣明智大学教授。1923年清室废帝溥仪召王国维为南书房行走，为溥仪当先生。1924年冯玉祥将溥仪驱逐出故宫，王国维认为是"大辱"从而产生自杀的念头，经家人严密监视未遂。

上述经历说明王国维是一位拥护帝制的清末遗老，属于旧式学者一列，但这并不防碍作为新学者的胡适与之交往，就一些学术问题进行探讨。

众所周知，胡适曾应溥仪之邀到故宫去会见过这位末代皇帝，舆论界将此一闻炒得沸沸扬扬。"我称他'皇上'，他称我'先生'"，胡适讲的这句话京城几乎无人不晓，他还极力反对冯玉祥把溥仪驱逐出故宫，所有这些，都让王国维对胡适颇有好感，至少没有把胡适视为"乱党"分子。

胡适和王国维在政治上没有多少共同语言，两人相互交往主要是谈学术。胡适1923年12月16的日记中云："往访王静庵先生（国维），谈了一点多钟。他说戴东原之哲学，他的弟子都不懂得，几乎及身而绝，此言是也。"两人都博学多识，谈话内容涉及中外古今，均是随兴而谈。

王国维问胡适："小说薛家将写薛丁山弑父，樊梨花也弑父，有没有特别意义？"

胡适回答说他还不曾想过这个问题，不过希腊古代悲剧中常有这一类的事。

王国维潜心研究过叔本华、康德和尼采的哲学，叹气说道："西洋人太提倡欲望，过了一定限期，必至破坏毁灭。"

胡适说："我对此事却不悲观。即使悲观，我们在今日势不能不跟西洋人向这条路上走去。"

王国维点点头："我也以为然。"

胡适又说:"我以为西洋今日之大患不在欲望的发展,而在理智的进步不曾赶上物质文明的进步。"

王国维举了一个例子,说:"美国一家公司制一影片,费钱六百万元,用地千余亩,这种办法是不能持久的。"

胡适笑着打了一个比方:"制一影片而费如许资本工夫,正如我们考据一个字而费几许精力,寻无数版本,同是一种作事必求完备尽善的精神,正未可厚非也。"

王国维是近代国学大师,尤其在词和戏曲的研究上造诣精深。1908年有《人间词话》问世,1912年又有《宋元戏曲考》问世。胡适经常就一些学术问题,写信或当面向王国维请教,仅举数例:

"'鸡坊拍衮'是什么?翻阅唐、宋两史的《乐志》,皆不详'拍衮'之义。先生曾治燕乐史,便中能见教否?以琐屑事奉烦先生,千万请恕我。

"下午复检《教坊记》,仍有所疑。……《教坊记》之曲目尚未足证明教坊早有《菩萨蛮》等曲调。不知先生有以释此疑否?便中幸再教之。

"先生谓教坊旧有《忆江南》等曲调,中唐以后始有其词,此说与鄙说原无大抵捂。鄙意但疑《教坊记》中之曲名表不足为历史证据,不能考见开元教坊果有无某种曲拍耳。此是史料问题,故不敢不辨;史料一误,则此段音乐历史疑问滋多。鄙意段安节《乐府杂录》,《杜阳杂编》,《新唐书·乐志》,皆足证崔《记》中曲目之不可信,尊意以为何如?屡以琐事奉扰,幸先生见原。

"昨日辞归后,细读廿四日的手教,知先生亦觉《教坊记》为可疑,深喜鄙见得先生印可。……先生要我将《教坊记》各调源流一一详考,将来得一定论。此事似不易为,正以来书所谓'诸书所记曲调原起多有不足信者'故耳。

"夏间出京,归后又以脚疾不能出门,故久不得请教的机会。顷作所编《词选》序,已成一节;其中论长短句不起于盛唐,及长短句不由于'泛声填实',二事皆与传说为异,不知有当否,甚欲乞先生一观,指正其谬误。千万勿以其不知而作,遂不屑教诲之也。"

王国维《曲录》(《晨风阁丛书》本)卷一至卷五有宋元清各种曲本共三千一百七十八种列目,其全本留传者大概只有十之二三。胡适专门买了一本王国维《曲录》来读,并写了《读王国维先生的〈曲录〉》一文,感慨道:"'正统文学'之害,真烈于焚书之秦始皇!文学有正统,故人不识文学;人只认得正统文学,而不认得时代文学。收藏之家,宁出千金买一部绝无价值之宋版唐人小集,而不知收集这三朝的戏曲的文学,岂不可惜!"他充分肯定王国维《曲录》收集之劳与列目之丰，说"全本既不可得，则保存一部分精华之各种总集为可贵"。同时指出《曲录》于此类总集"也有小错误"和"短处"。胡适更向王国维进言："此书出版于宣统元年，已近十四年了。这十四年中，戏曲新材料加添了不少。我们希望王先生能将此书修改一遍，于每目下注明'存''佚'，那就更有用了。"

学术研究离不开有价值的图书资料，有的学者据为己有、藏而不露，轻易不肯示之于人，但胡适却主动给王国维提供：

静庵先生：
送上《广陵思古编》十册，王氏两先生之作在卷十九，也许多是先生所已见的。
卷十一有焦里堂与王伯申一书，其言殊重要，先生曾见之否？
丛氏盘拓本，易寅村先生所赠，亦送上。先生关于此器如有释文或考证，亦甚盼见赐一观。寅村先生来书一页附呈。

胡适敬上

胡适曾提出"整理国故"的口号，并担任北大《国学季刊》主编。他有时也向王国维约稿："顷闻先生论戴东原《水经注》一文已撰成，千万乞赐与《国学季刊》登载。《季刊》此次出东原专号，意在为公平的评判，不在一味谀扬。闻尊文颇讥弹东原，同人决不忌讳。……"

由美国退还之庚子赔款成立的清华学校于1924年改为大学制。校长曹祥云在美留学时与胡适是同学，他为了让清华上一个新台阶，提升学校在国内外的声望，请胡适代为清华设计"国学研究院"这样一个组织。胡适仿照旧时书院及英国大学制，绘制了"国学研究院"的蓝图：置导师数人（不称教授），常川住院，其职责是主讲国学科目，指定研究生进行专题研究，并共同治院；另置特别讲师，讲授专门学科。曹祥云请胡适任导师，胡适很谦逊的说：

"非第一流学者，不配作研究院的导师，我实在不敢当，你最好去请梁任公、王静安、章太炎三位大师，方能把研究院办好。"

胡适推荐王国维担任"国学研究院"院长，并偕同曹祥云去拜访了王国维，当面商议此事。溥仪被逐出故宫后，"南书房行走，为溥仪当先生"的王国维也随之迁出，居住在地安门内织染局十号。另据顾颉刚《古史辨序》云，当时王国维同许多"遗老"一样落魄，生计无着，所以顾颉刚请老师胡适推荐王国维去清

华"国学研究院"。不过在这件事上胡适仍起了关键的作用,《王静安年谱》对此事记载说:

"时清华学校当局,拟创办研究院,欲聘海内名宿为院长。绩溪胡适之(适)先生以先生荐。主其事者,亲往致辞,先生以时变方亟,婉辞谢之。"

王国维仍奉溥仪为"皇上",他跑到日本使馆面见溥仪并获"恩准"后,才答应了清华的聘请,不过只担任"国学研究院"导师,未接受院长之职。胡适为此致信王国维:"清华学校曹君已将聘约送来,今特转呈,以供参考。"并说明"约中所谓'授课十时',系指谈话式的研究,不必是讲演考试式的上课"。

在胡适的大力推荐和斡旋下,王国维1925年1月正式到清华"国学研究院"任教,聘期为3年。梁启超、王国维、赵元任、陈寅恪当时号称清华的四大导师、四大台柱。胡适对旧式学者的评价以王国维为佼佼者:

"现今的中国学术界真凋蔽零落极了。旧式学者只剩王国维、罗振玉、叶德辉、章炳麟四人;其次则半新半旧的过渡学者,也只有梁启超和我们几个人。内中章炳麟是在学术上已半僵了,罗与叶没有条理系统,只有王国维最有希望。"

1927年6月2日,王国维在颐和园投昆明湖自尽。遗书云:"五十之年,只欠一死。经此世变,义无再辱。"当时胡适正在欧洲考察,他把王国维投湖自尽的有关报道剪下来贴在自己的日记本上,还写了这样一段文字:

"前天报纸登出王静庵先生(国维)投河自杀的消息,朋友读了都很不好过。此老真是可爱可敬的,其学问之博而有要,在今日几乎没有第二人。"

马君武

马君武(1881-1940),原名道凝,号君武。广西桂林人。早年就读于桂林体用学堂,1900年入广州丕崇书院(法国教会所办)学法文。1901年入上海震旦学院,同年冬赴日本京都帝国大学读化学。1905年8月第一批加入同盟会,并和黄兴、陈天华等人共同起草同盟会章程,为《民报》主要撰稿人之一。年底回国,任上海中国公学总教习。

马君武为南社诗人之一,早年曾参加梁启超倡导的"诗界革命",任公称其诗作"好哲学而多情"。

胡适是1906年夏考入中国公学的,时任总教习的马君武亲自担任监试。国文考试一项是根据《言志》这个题目作篇文章，胡适后来也不记得自己究竟写了些什么，但马君武看了卷子后甚觉满意，他又拿去给谭心休、彭施涤先生传观，都说中公得了一个好学生。

马君武任中国公学总教习为时不久，因躲避清政府迫害于1907年赴德国，进入柏林工业大学学冶金。1911年武昌起义爆发后回国，作为广西代表参与起草《临时政府组织大纲》和《中华民国临时约法》，并任南京临时政府实业部次长。二次革命失败后再度赴德入柏林大学学习，获工学博士学位。

1916年5月马君武自欧洲回国，中途经过美国并在纽约逗留数日。行前曾致书已在美国留学的胡适，并附诗《离乡十载悄然忽归》一首：

> 故乡吾负汝，十载远别离。
> 万里生还日，六洲死战时。
> 疾声唤狮梦，合泪拜龙旗。
> 吾岁今方壮，服劳或有期。

马君武在纽约一共逗留了五天，胡适和他聚谈之时甚多。"万里生还日，六洲死战时"这两句诗，在胡适看来"今日竟成诗谶"——君武先生果真要回到故乡中国去了。"对其所专治之学术，非吾所能测其深深"，胡适在日记中说，"然颇觉其通常之思想眼光，十年以来，似无甚进步。其于欧洲之思想文学，似亦无所心得。先生负国中重望，大可有为，顾十年之预备不过如此，吾不独为先生惜，亦为国家社会惜也"。

不过，胡适对老师的上述评价未必全面、准确。事实上，马君武回国后即参加了1917年孙中山发起的护法运动，任广州军政府交通部长。1921年孙中山就任非常大总统，马君武任总统府秘书长，后又任广西省省长，因军阀横行，被迫辞职出走。马君武精通英、日、德、法等国文字，曾用旧诗格律译过拜伦、歌德、席勒等人的诗篇，并编译了《德华字典》。《共产党宣言》的纲领也是由他首次译成中文，刊登在《民报》上。他在中国第一个翻译并出版了达尔文的《物种起源》，时人戏曰："马君武"对"达尔文"，是一副"绝世好联"。

1924年国民党实行改组，马君武趋于保守，和冯自由、章炳麟等发表宣言，反对国民党改组和联俄、联共、扶助农工三大政策。1925年出任北洋政府司法总长，因而被国民党第二次全国代表大会开除党籍。

1927年春北伐军进入上海后，中国公学由何鲁接办。1928年3月中国公学再起风潮，何鲁被迫辞职，校董会和全校师生公推校友胡适回母校担任校长。当时胡适从欧美游历考察回国后，正寓居沪上，打算埋头著述。他在几位老同学老朋友的一再劝说与动员下，只得勉为其难，暂且帮助母校度过眼前的困难局面。

4月30日，胡适到校就职，马君武先生主持全体师生大会，他兴奋地致词说："1906年胡先生考进中公时，我就认定已替中公取了一位好学生；不但成绩好，品行好，风景也很好。果然，二十年后的今天，这位当年的好学生已经成为国际著名的学者了。现在由他回到母校来做校长，是我们中国公学最光荣的事，也是我感到生平最高兴的事。"

胡适在热烈的掌声中致辞，他简要叙述了中国公学创办的历史，特别就中国公学"公"字的意义作了发挥，强调要把"以大公无我之心，行共和之法"作为品格教育的最高目标。

当时中国公学校董有百余人之多，孙中山、黄克强皆系校董，死亡分散，无法集会，而且不合于当时法令上的规定。胡适就任校长办的第一件事就是制定校董会新章程，新章程在6月10日举行的校董会上通过，规定校董名额为15人，每两年改选1/3。在这次会上由投票选举产生的15名新校董组成校董会，胡适与马君武均列其中。

这一时期胡适在《新月》杂志上发表了《人权与约法》、《我们什么时候才可有宪法》等多篇文章，批评国民党实行"一党专政"、钳制思想言论自由。曾参与起草《临时约法》的马君武，与胡适同感共鸣，"以为此时应有一个大运动起来，明白否认一党专政，取消现有的党的组织，以宪法为号召，恢复民国初年的局面"。他对胡适说：

"当日有国会时，我们只见其恶，现在回想起来，无论国会怎样腐败，总比没有国会好。究竟解决于国会会场，总比解决于战场好的多多。"

胡适为他进一解："当日袁世凯能出钱买议员，便是怕议会的一票；曹锟肯出钱买一票，也只是看重那一票。他们至少还承认那一票所代表的权力。这便是民治的起点。现在的政治才是无法无天的政治了。"

国民党当局对胡适的上述言论极为不满，上海市党部呈报国民党中常会要求撤消胡适所担任的中公校长职务，并由教育部据此发布1282号训令。胡适因而被迫于1930年5月辞去中公校长一职。由谁继任中公校长呢？胡适日记中有比较详细的记述：

（2月6日）"丁毂音与马君武先生同来，谈中公校长事。我坚请君武先生继任，他仍推辞。后来我们三人同去访蔡先生，他也力劝君武。君武始有允意。

（2月14日）"今早丁毂音来，说中国公学教职员明日下午二时开会，要挽留我。此最不好的事，我极力阻止，……下午陆侃如来，我知道他是发起开会之一人，极力劝他们不要使马君武先生不安，第二不可以去就争我的去就。

马君武一定是有所不安，所以他写信给胡适说："中公事，前因兄郑重相托，不便当面固辞。嗣经详加考虑，党外部之压迫固应避免，内部之团结尤须坚固。若武冒昧从事，则以后之外（部）压迫必不能避免，而目前之内部团结即起破裂。故望兄于出国以前勉为其难，出国时再由董事会另选他人。武无论如何不敢使中公陷于两重困难，且于中公于自己两俱不利。"

据中国公学校董会5月15日致胡适函中透露：在1月12日、4月13日两次常会上，胡适两次推举马君武继任中公校长，马君武两次都未应允。5月5日校董会召开临时会议，各董事帮同胡适强劝马君武允许继任，在接受胡适辞职的同时推选马君武先生为中公校长。

马君武后半生致力于科学教育事业，曾与北大校长蔡元培齐名，被称为"北蔡南马"。他先后任上海大厦大学、北京工业大学、上海中国公学校长。1927年应广西省政府之邀在梧州创办广西大学并任校长，在任期间聘请有才识之士和进步学者任教，提倡科学研究，作出了一定贡献。

1930年7月17日（旧历六月廿二）是马君武五十岁诞辰，他约胡适去吃饭，胡适送给马君武先生一本瞿氏影宋本《离骚集传》以表庆贺，并题诗一首：

树蕙滋兰意兴，种桃酿蜜先生。
一点一滴努力，满仓满屋收成。
识路何嫌马老？救国终待牛敦。
活到八十九十，桃李尽出公门。

这首题诗充分肯定并赞扬了马君武作为教育家辛勤育人，桃李满天下。胡适青出于蓝而胜于蓝，绝对是其中最大、最饱满的一颗桃、一枚李。马君武早年出国留学时，曾赋诗留别中国公学学生，其中有一句"中国待牛敦"，胡适题诗中"救国终待牛敦"即本于此。

"九一八"事变后，马君武坚主抗日，激于爱国义愤作《哀沈阳》一诗。抗战爆发后出任国民参政会参政员。1940年8月1日在桂林病逝。

王云五

王云五（1888-1979），广东香山（今中山）县人，原名鸿桢，字日祥，号岫庐。出生于上海一个小商人家庭，早年入五金店当学徒，业余在夜校学英文，并广泛涉猎多种学科。1906年起先后在上海同文馆、中国公学等校教授英文。1912年任南京临时大总统府秘书，后在北洋政府教育部任事。1913年5月辞去教育部任职，南下上海担任中国公学大学部教授，讲授英文、英国文学等课程。

1906年夏，胡适考入中国公学，在中公大约读了三年半书，他与王云五相识就是在这个期间。胡适一则日记（1921年7月23日）中提到王云五时说："他曾教我英文。"在《四十自述》中又说："我在中国公学两年，受姚康侯和王云五两先生的影响很大，他们都最注重文法上的分析，所以我那时虽不大能说英国话，却喜欢分析文法的结构，尤其喜欢拿中国文法来做比较"，因而"在文法方面得着很好的练习"。不过，据《胡适之先生年谱长编初稿》的编者胡颂平讲，胡适生前曾对他谈起王云五，胡适说："我在中国公学读书时，好像上过云五先生的课，但云五先生自己说，他是中国新公学成立之后才进去的；这样，又好像不曾上过他的课。"不管怎么说，王云五是教员，胡适是学生，他们在中国公学的确有过一段师生关系。

王云五是靠自学成才的，他学习十分勤奋、刻苦，涉猎也很广泛，每日平均必要读100页的外国书，这些都为他日后成为著名出版家打下了坚实的基础。胡适曾这样称赞王云五："他是一个完全自修成功的人才，读书最多，最博。家中藏西文书一万二千本，中文书也不少。"王云五自己也说他的好奇心竟是没有底的，但苦于没有系统。

胡适由于倡导"文学革命"而爆得大名，成为学界的一个香饽饽。所著《中国哲学史大纲》卷上，1919年2月作为"北京大学丛书之一"由上海商务印书馆出版，由于这一缘由，商务高层人士特别赏识与看重胡适。1921年7月商务印书馆编译所所长兼出版部部长高梦旦（风谦）邀请胡适南下代筹改良计划，胡适遂到上海住了近两个月，许多在沪朋友来看他并与之倾谈，这中间当然少不了王云五先生。

在他们两人有一次交谈时，针对王云五读书虽博但苦于没有系统，胡适依据自己做学问的经验，建议他"提出一个中心问题来做专门的研究（最好是历史的研究）"，这样就"自然会有一个系统出来。有一个研究问题做中心，则一切学问，一切材料都有所附丽"。王云五想了半天，对胡适的意见极表赞成，决定作一部中学用的大《西洋历史》，以"平和的英雄"代替平常历史上的"战争的英雄"，以文化的进步代替国家朝代的兴亡，并参考威尔逊所著《美国史》的写法，本文极少而附注极多。胡适十分赞赏王云五的上述设想，并劝王云五即日动手。王云五踌躇满志，答应一个月之内拟出纲目给胡适看，一年为成书之期。

高梦旦邀请胡适的本意是想由胡适替代他担任商务印书馆编译所所长一职。胡适虽然认为这个编译所确是很要紧的一个教育机关，但他觉得自己的性情和训练都不配做这件事，加上不愿离开北大，所以考虑再三没有接受。高梦旦要胡适另外推荐一个相当的人，便问有谁可以担任？彼时留学回国的人才倒是不少，然而胡适想来想去竟寻不着一个堪当此重任的人。最后他推荐了王云五，这让高梦旦等商务高层颇感意外，因为王云五不过是自学成才，没有什么显赫的学历，在他们随时留意备选的"人才库"中根本就没有王云五的名字，胡适才是商务的第一位人选呢！为了慎重起见，由王仙华出面在一品香设饭局招待胡适和王云五，其余陪客均是商务印书馆的重要职员，用胡适的话来讲：实际上是"丈母看女婿"。

胡适一再说："王云五先生是我的教师，又是我的朋友，我推荐他自代，这并不足奇怪。""云五的学问道德都比我好，他的办事能力更是我全没有的。我举他代我，很可以对商务诸君的好意了。"

商务的几个老前辈很信任胡适，董事长张元济（菊生）和王仙华代表商务印书馆商请王云五，王云五答应担任编译所副所长，双方互相提出若干条件。胡适从上海回北京后，高梦旦就请王云五每天到编译所去，把所里的工作——指示给他看，又过了一个月高梦旦辞去编译所所长职务，由王云五继任。

王云五觉得自己是一个新来的人，虽然平素不怕劳苦不怕负责，但是信用究竟未孚，所以写信请胡适向高梦旦转达他的意见，仍由"梦旦照旧主持，至于做事方面，我们年轻的人当然有替长者服劳的责。况且我对于这样有兴趣的事业，更没有些微诿责的心"。王云五在信中还对胡适说：

"如恐怕我没有相当名义，不容易应付各处，那就照你的计划案，给我一个副所长的名义，也未尝不可应付。至于报酬一层呢，我从前也曾见过大钱，不过自己肯做愚人,所以进宝山而空返。现在如果命运好些,我所办的矿只要希望不空,也不难做富翁,要是不好呢,那就每月多少几十元,都没甚关系……"

胡适依高梦旦所托,对王云五做了劝说工作。10月下旬高梦旦到北京探视病危的侄子时,曾抽空去看过胡适,他告诉胡适说王云五好极了,将来一定可以代他。胡适感到非常高兴,在日记中写道:"云五号岫庐,此次真是'云无心而出岫'了!"

"云无心而出岫",全靠胡适的举荐。

不是老师举荐学生,而是学生举荐老师。

胡适在上海期间,曾写出了一份《对商务印书馆的考察报告》。王云五对胡适说:"你的改革计划交到这里以来,商务的主体人物都存有必须改革的念头。我近来观察所及,也有多少改革的意见,可以做你的补助。"正式就任后,王云五以"教育普及"、"学术独立"为方针,组织编译了一批介绍中外古籍名著的丛书《万有文库》,受到文化教育界乃至全社会的重视。1925年3月,他又发明了"四角号码检字法",编辑出版了《王云五大词典》,在学术界获得很高声誉。1930年春,王云五出任商务印书馆总经理。作为一位著名出版家和大出版商,他积极推行科学管理方法,开创了商务印书馆每日出一种新书的兴旺局面,出版了许多有价值、有特色的书籍,对我国文化教育事业作出了重要贡献,商务印书馆也因而在出版界跻身于前列。

在这期间商务印书馆曾遭到一次大灾难:1932年"一二八"上海战事中,日军进攻闸北及吴淞一带,馆藏各种图书及底版绝大部分毁于战火,损失惨重,各界人士为之同深扼腕。经过几个月努力,总馆始得复业。王云王致函胡适,云:

"敝馆虽经此巨创,有感于所负使命之重大,且不愿贻我民族以一蹶不振之消,数月以来,收拾余烬,并与种种阻力奋斗,以维持此不绝如缕之事业。现当总馆复业之始,不能不仰赖全国著作界念其已往之成绩,悯其遭遇之困难,加以扶掖指导。……凤仰先生学术湛深,著作宏富,爱护敝馆尤不遗余力。务祈时赐南针,匡我不逮。如承以大作委托印行,当视能力所及,次第出版。"

胡适应王云五要求,在商务印书馆陆续出版的著作有:《中国古代哲学史》(由《中国哲学史大纲》卷上改名,列入《万有文库》)、《词选》(高级中学国语科教材)、《戴东原的哲学》、《胡适论学近著》、《胡适留学日记》等。这既是对商务印书馆和王云五的支持,另一方面胡适上述著作的出版也都有王云五的一份功劳。

王云五后来一度投身政界，曾连任国民参政会参议员达四届之久。1946年出任国民党政府经济部部长，1947年4月又升任行政院副院长。随着内战的扩大，国统区经济濒于崩溃，王云五等人在蒋介石授意下提出币制改革方案，以金圆卷代替法币，致使原本就高涨不已的物价更如脱缰野马一样狂涨，王云五因而被弹劾下台。

胡适和王云五都积极支持国民党蒋介石发动内战，也都反对共产党。在1948年中共授权新华社发布的43名国民党战犯名单中，王云五被列为第15号战犯。胡适虽未列入战犯名单，但国统区许多教授和进步学生认为战犯名单中也应包括胡适在内。

随着国民党蒋介石，被逐出大陆，胡适不得不亡命美国，王云五则跟着蒋介石跑到了台湾。1954年王云五出任台湾"考试院"副院长、"行政院"副院长。1957年11月他访问美国期间曾赴胡适寓所长谈，当时台湾当局有意请胡适回台担任"中央研究院"院长，胡适鉴于王云五"对台湾情形认识较真切"，故"殷殷以其行止相询"，王云五力劝胡适接受。1958年4月，胡适回到台湾就任"中央研究院"院长。1960年《自由中国》发行人雷震被台湾当局逮捕并判刑，胡适和王云五对此案均持异议，从而与蒋介石产生了某些不睦。

王云五1964年退出政坛，重新将主要精力投入文化教育事业。1962年2月24日胡适在台北逝世，王云五为治丧委员会副主任委员之一。王云五1979年去世，他活了九十一岁，颇享高寿。

高梦旦

高梦旦(1870-1936)，原名凤谦，字梦旦，福建长乐人。生于书香门第之家，因厌学八股，故弃科举仕途之路而以笔耕自娱。1896年（清光绪二十二年）随长兄高凤歧赴杭州入林启幕府，1902年（光绪二十八年）为浙江大学堂教习。次年改任浙江大学堂留日学生监督，得以赴日本短期考察。同年冬回国后，被聘为上海商务印书馆编译所国文部部长。自此作为商务元老之一，历任商务编译所所长、出版部长、董事会董事等职。

胡适在《新青年》上率先倡导"文学革命"而爆得大名，又在北京大学主讲《中国哲学史大纲》博得了名教授、名学者的声誉。这引起了上海商务印书馆和高梦旦的关注。胡适的第一部学术著作《中国哲学史大纲》（上卷）最早就是由商务印书馆于1919年2月印行的。1921年春末夏初，时任商务印书馆编译所所长的高梦旦又专程从上海到北京看望胡适，当面表示他决定辞去编译所所长职务，希望胡适能去商务作他的继任者：

"北京大学固然重要，我们总希望你不会看不起商务印书馆的事业。我们的意思确是十分诚恳的。"

高梦旦那时已经是五十多岁的人了，而胡适还不满三十。屈尊相邀，谈话又是那么的诚恳，使胡适很受感动。他对高梦旦说：

"我决不会看不起商务印书馆的工作，一个支配几千万儿童的知识思想的机关，当然比北京大学重要多了。我所虑的只是怕我自己干不了这件事。"

两人商量的结果是胡适在暑期去上海住一两个月，考查一下商务印书馆的工作并帮助筹划改良事宜。就胡适一面来说，也有"看看我自己配不配接受高先生的付托"的意思。

若问高梦旦为何如此看重胡适？从他一封未曾发出的书信中可以知其缘由："弟生平不作白话文，而对于白话文并不反对，盖知非此不能普及也。……此间编辑教科用书，本以普及教育为职志，故不能不注重白话文，以期养成多数国民之智识，而弟既不能白话文，势不足应时势之需要，颇思求可自代者。有人盛称胡氏之为人，初不敢过信，因与之往返，委托其校阅稿件，相知既久，相信较深，颇欲招致来沪，引以自代。"信中又说："胡氏年少气盛，言论行检，不无偏激之处，然事亲孝，取与严，娶妇貌不飏，相敬如宾，当局以巨金乞其一文，而胡氏处卧病困顿时，竟置不理。"总而言之，高梦旦充分肯定胡适倡导白话文，认为白话文对于编辑教科用书和普及教育都大有益处，另外他对胡适之为人亦多有赞许，所以执意相邀，引以自代。

胡适应商务印书馆邀请，于7月至9月到上海去住了四十五天。馆中把他当作上宾接待，专门租了公馆，又备了高头大马车代步。至于具体的办公情况，胡适是这样说的："高先生每天都把编译所各部分的工作指示给我看，把所中的同事介绍和我谈话。每天他家中送饭来，我若没有外面的约会总是和他同吃午饭。"

胡适在上海期间，经过一番调查研究，为商务印书馆拟定了一份改良计划。但他终究没有同意接任编译所所长一职，因为他觉得自己的性情和训练都不宜做这件事，加上不愿离开北大，"放弃自己的事，去办那完全为人的事"。他推荐过去的老师王云五任编译所长，张菊生、高梦旦等几位商务元老几经商量，最后接受了胡适的举荐。胡适感慨地说：

"最难能的是高梦旦先生和馆中几位老辈，他们看中了一个少年书生，就要把他们毕生经营的事业付托给他。后来又听信这个少年人几句话，就把这件重要的事业付托给了一个他们平素不相识的人。这是老成人为一件大事业求付托的人的苦心，是大政治家谋国的风度。这是值得大书深刻，留给世人思念的。"

虽然胡适没有接受商务编译所所长职务有些辜负了高梦旦的盛情相邀，但他自此以后视高梦旦为师长一辈，亲昵地称呼其为"梦旦丈"，彼此关系也愈来愈亲近了，从家事到馆中事两人几乎无一不可倾心畅谈。

有一天高梦旦请胡适在"消闲别墅"吃午饭，这是一家福建馆子，以"佛跳墙"闻名沪上。席间谈到胡适与江冬秀的婚事，高梦旦对胡适说："许多旧人恭维你不背旧婚约，是一件最可佩服的事！我的敬重你，这也是一个条件。"胡适详细讲了讲他对待这件婚事的态度，高梦旦听了说这事办得不错。（参见第十三章"江冬秀"条）

商务印书馆内部意见纷争，高梦旦有一次对胡适抱怨道："我们只配摆小摊头，不配开大公司。"胡适说"此语真说尽一切中国大组织的历史"，并由此感叹："我们这个民族是个纯粹个人主义的民族，只能人自为战，人自为谋，而不能组织大规模的事业。"

1923年夏天胡适请了"病假"，从北京到上海又转到了杭州。在烟霞洞养病期间，高梦旦和他的儿子仲洽也常来烟霞洞小住，蔡元培先生也来同游，加上几个年轻人，老中青三代人真是不亦乐乎。尤其让胡适感动的是高梦旦和仲洽父子同乐的情景，他在一首诗中写道：

    在我的老辈朋友之中，
    高梦旦先生要算是最
    无可指摘的了。
    他的福建官话，
    我只觉得妩媚好听；
    他每晚大叫大喊地说梦话，
    我只觉得是他的特别风致。
    甚至于他爱打麻将，
    我也只觉得他格外地近人情。

> 但是我有一件事,
>
> 不能不怨他:
>
> 他和仲洽在这里山上的时候,
>
> 他们父子两人时时对坐着,
>
> 用福州话背诗,背文章,
>
> 作笑谈,作长时间的深谈,
>
> 像两个最知心的
>
> 小朋友一样,——
>
> 全不管他们旁边还有
>
> 两个从小没有父亲的人,
>
> 望着他们,妒在心头,泪在眼里!——
>
> 这一点不能不算是
>
> 高梦旦先生的罪状了!

诗中"两个从小没有父亲的人",指胡适幼年丧父,其侄思聪也幼年丧父。胡适将这首诗送给高梦旦,并题写在了他儿子仲洽的扇面上。

1927年4月胡适从欧美访问回国途中,路过日本东京,当时正值"四一二"政变刚刚发生,国内政局混乱,险恶,许多朋友出于关心和爱护,都劝胡适暂时不要回来。高梦旦4月26日写信给胡适说:

"得电知已抵东,甚慰。时局混乱已极,国共与北方鼎足而三,兵祸党狱,几成恐怖世界,言论尤不能自由。吾兄性好发表意见,处此时势,甚易招忌。如在日本有讲授机会或可研究哲学史材料,少住数月,实为最好之事,尚望三思。战事近日无进步,当然为内部破裂之影响。外传陈(独秀)氏已被捕,似不确。……"

信中所谓"战事"指北伐。由于蒋介石发动"四一二"政变,致使轰轰烈烈的大革命功败垂成,全国处于一片白色恐怖之中。

5月5日高梦旦又给胡适发去一信,不无担忧地言道:"顷晤乡人之为海军政治部主任者,言有人主张请胡某为上海市宣传部主任,徐志摩为之副,业已决定,云云。似此,足下返国后如何能不问事,且有吴(稚晖)、蔡(元培)诸君关系较深,亦必不放手。故弟以为稍缓归国为得策,尚祈再酌。"

胡适在日本停留了三个多星期,还是回到上海来了。对时局他还要观察——或者说是"观望"。

国民政府已于4月18日在南京成立，国民党和蒋介石取得了对全国的统治权力。高梦旦"对于新政府并不抱悲观，且以为比较的有希望，即其不容异己，亦未（必出）于当局之本心，可以原谅"。他同时提醒胡适："惟是我辈遇事好批评，且不择巨细。吾兄负盛名，尤使人注意。即如早间所云'借死人为发财工具'，意指市侩，而听者或以为有他用意。近来有人于报纸稍发反抗言论，即招疑忌，是其证也。吾兄对于当局或有意见，可以尽言，且甚有效力。但平时言论能稍谨慎，对于不相干之人尤宜注意，想兄必谓然也。"这一番语重心长的话语是朋友对朋友，也就是高梦旦对胡适的忠告。

高梦旦早年自号"崇有"，取自晋裴頠《崇有论》，意谓崇尚实事，痛恨清谈。他晚年提出了几件改革的建议，用"都是小问题，并且不难办到"作为标题。胡适十分赞赏高梦旦的这种精神，这种志趣，认为："他一生做的事，三十年编纂小学教科书，三十年提倡他的十三个月的历法，三十年提倡简笔字，提倡电报的改革，提倡度量衡的改革，都是他认为不难做到的小问题。"这和胡适自己一贯提倡的"一点一滴的改良"、"一点一滴的进步"是一致的，所以胡适又说："他的赏识我，也是因为我一生只提出一两个小问题，锲而不舍的做去，不敢好高骛远，不敢轻谈根本改革，够得上做他的一个小同志。"

1929年高梦旦六十大寿，胡适作了一首词《好事近》以表祝贺：

"很小的问题，可以立时办到。"
圣人立言救世，话不多不少。

一生梦想大光明，六十不知老。
这样新鲜世界，多活几年好。

他在日记中又写了一段话："梦旦先生一生最得意的文字，只是几个小小的提议，如'周历'，如检字法，如'对于电报局的希望'中的取消译费及邮局转电等等提议，都是不费力而有大用的改革。他的电报一文开篇引何应钦的话'只是几个很小的问题，而且立刻可以办到'做'标语'。此言很可以表示梦旦的实验主义。世界的进步都靠这一点一滴的修正，故我说这是圣人之言也。"

胡适把高梦旦崇尚实事提升到哲学的高度，用他信奉的实验主义解释并说明高梦旦关注容易解决的小问题以及产生的实际效果。这与其说他够得上做高梦旦的一个小同志，不如说他要引梦旦先生为同志——实验主义的志同道合者。

1930年11月，胡适离开上海回北平，就任北大文学院长。临行前他在一则日记中写道："住上海三年半，今将远行了，颇念念不忍去。最可念者是几个好朋友，最不能忘者是高梦旦先生，其次则志摩、新六。菊生先生太拘礼，每见客必送出大门，故我怕常去扰他，但他的功力之勤，任事之忠，皆足为后生的模范。能常亲近梦旦、菊生两公，是我一生的大幸事。"

1936年7月23日，高梦旦谢世，胡适曾为之撰写墓碑，又写了一篇《高梦旦先生小传》发表在1937年1月《东方杂志》第34卷第1号上。他在小传中简要叙述了自己和高梦旦交往的过程，怀着敬爱的感情强调说道：

"'梦旦'是在茫茫长夜里想望晨光的到来，最足以表现他一生追求光明的理想。

"高先生的做人，最慈祥，最热心，他那古板的外貌里藏着一颗最仁爱暖热的心。……是一个处处能体谅人，能了解人，能帮助人，能热烈的爱人的、新时代的圣人。他爱朋友，爱社会，爱国家，爱世界。他爱真理，崇拜自由，信仰科学。

"他爱惜我们一班年轻的朋友，就如同他爱护他自己的儿女一样。

"他的最可爱之处，是因为他最能忘了自己。他没有利心，没有名心，没有胜心。人都说他冲澹，其实他是浓挚热烈。在他那浓挚热烈的心里，他期望一切有力量而又肯努力的人都能成功胜利，别人的成功胜利都使他欢喜安慰，如同他自己的成功胜利一样。因为浓挚热烈，所以冲澹的好像没有自己了。"

高梦旦的精神，高梦旦的品格，高梦旦的为人通过胡适生动的描述跃然纸上，我们完全可以把这篇小传看作是胡适为高梦旦先生立的一座非人工的纪念碑。

1937年"七七"事变爆发，胡适应邀去庐山参加蒋介石召集的谈话会。他和高梦旦于1928年4月曾同游庐山，在梦旦先生周年忌日那一天，即1937年7月23日，胡适在山上追念旧游故友，写了这样一首诗：

> 九年没有到庐山了，——
> 泉声山色都如旧，——
> 每一个峰头，每一条瀑布，
> 都叫我想起那同游的老友。

他爱看高山大瀑，
就如同他渴慕像个样子的人。
他病倒在游三峡上峨眉的途中，
他不懊悔他那追求不倦的精神。

我知道他不要我们哭他，
他要我们向前，要我们高兴。
他要我们爬他没有登过的高峰，
追求他没有见过的奇景。

胡适继续向前攀登"高峰"去了——不久之后即出任驻美大使，饱览并亲自参与描绘全国军民抵抗日本侵略的壮阔"奇景"……

第五章

道不同,不相为谋

郭沫若　郁达夫

在现代文学史上,创造社与"新月"派不和,郭沫若、郁达夫同胡适、徐志摩相左,是众所周知的事实。他们的分歧最初是由于文艺主张的差异,以及留学背景的不同,同时又夹杂着文人意气。后来演变成政治选择上的分野:郭沫若成为继鲁迅之后革命与进步文艺界的又一面旗手,胡适则成了右翼的资产阶级的代表国民党方面的文化班头。

郭沫若

郭沫若（1892-1978），本名开贞，号尚武，四川乐山人。四岁半入私塾，十三岁以优异成绩考入乐山县高等小学，开始接受"新学"教育。1907年秋升入嘉定府中学堂，1910年赴成都考入四川高等学堂分设中学，1913年底东渡日本留学。后根据故乡沫水和若水两条河名取名"沫若"，并一直沿用了下来。

胡适比郭沫若年长一岁，成名也比郭沫若早。1917年1月他的《文学改良刍议》一文在《新青年》杂志第2卷第5号上发表，这是提倡白话文学的第一篇正式宣言，胡适由此奠定了五四新文化运动倡导者之一的历史地位。同年8月胡适又被北京大学聘为文科教授。

当胡适声名鹊起之际，郭沫若还在日本冈山第六高等学校读医科。

胡适在理论倡导的同时也进行了一些"尝试性"的文学创作实践。他写过小说，编写过剧本，而写得较多的是新的白话诗。1920年3月出版的《尝试集》是现代文学史上第一部个人白话新诗集，"胡适之体"因而名噪一时。

郭沫若最早写作新诗的时间他本人有几种说法：1916年夏秋之交、1918年初夏、1919年夏秋之间，不过有据可查的是1919年9月11日才在上海《时事新报》副刊《学灯》上第一次发表新诗，并首次使用"沫若"的署名。大名鼎鼎的胡适，肯定没有注意到一个崭新的"东方未来的诗人"正在大步朝他逼近！

1921年8月郭沫若的《女神》面世，立即引起了巨大的反响。胡适的《尝试集》虽说出版较早，开风气之先，但毕竟不过是"尝试"而已，就连胡适本人也承认"像一个缠过脚后来放大了的妇人"，未完全摆脱旧的痕迹。郭沫若的《女神》才是真正意义上的新诗，无论内容和形式都令人耳目一新，用"震撼"两个字来形容它对诗坛的影响一点也不为过。从历史的角度看，"五四"文学革命在诗歌领域取得的标志性的重大成就不是胡适的《尝试集》，而是郭沫若的《女神》。

1921年7月至9月，胡适应高梦旦邀请到上海代筹商务印书馆编译所改良计划。郭沫若为筹画创造社事宜往返于日本和上海之间，此时正在上海泰东图书局编纂《女神》。高梦旦先生8月9日晚特意在一枝香番菜馆宴请胡适和郭沫若，郑心南、何公敢、郑伯奇等作陪。高梦旦是商务元老，他坐在长餐桌上手一边的正中，左边是胡适，右边是郭沫若，两位主要的客人还没有见过面，高梦旦就向胡适介绍说：

"这是沫若先生,我们沫若先生很有远大的志向,不久还要折回日本去继续学业。"

"很好的。"胡适发出了第一声,又说:"很好的,我们就等郭先生毕了业之后再作商量了。"

在胡适和郭沫若握手的时候,何公敢说:"你们两位新诗人第一次见面。"

胡适接着说道:"要我们郭先生才是真正的新,我的要算旧了,是不是啦?"

郭沫若没有摸准胡适这样问究竟是什么意思,只是感觉着好像自己也应该说一句客气的话来满足对方的要求,然而却没能立刻想出来怎么讲,便含糊地笑了一笑以示回应。对郭沫若的这一举动,当然也可以解释为他是"笑纳"了胡大博士的"恭维"。

胡适的"恭维"恐怕只有一半是真实的,他在当天的日记中谈到郭沫若时说:"沫若在日本九州学医,但他颇有文学的兴趣。他的新诗颇有才气,但思想不大清楚,工力也不好。"后两句显然就有些贬意了。

为了便于两位新诗人交谈,高梦旦索性把自己的座位让给了郭沫若,这样郭沫若就紧挨着胡适。胡适问郭沫若有无新作,郭沫若回答说有一篇未完成的戏剧《苏武与李陵》正在《学艺》杂志上发表,胡适当即不是批评地批评道:

"你在做旧东西,我是不好怎样批评的。"

郭沫若在《创造十年》中对他同胡适的第一次见面有相当详尽的记述,上面所引即本于此。《创造十年》作于1932年,那时郭沫若和胡适在政治上思想上和学术观点上已经产生了严重的分析,因此郭沫若在重提往事时不免带着相当浓厚的个人感情色彩,字里行间对胡适杂有不少讽刺和调侃。比如:

"博士到得很迟,因为凡是名脚登场总是在最后的。——光荣到了绝顶的是,他穿的也是夏布长衫。他那尖削的面孔,中等的身材,我们在那儿的像片上早是看见过的,只是他那满面的春风好像使那满楼的电风扇都掉转了一个方向。

"这要算是我们自有生以来的最大光荣的一天,和我们贵国的最大的名士见面,但可惜我这个流氓,竟把那样光荣的日期都忘记了。

"这样煊赫的红人,我们能够和他共席,是怎样的光荣呀!这光荣实在太大,就好像连自己都要成为红人一样。

"……博士先生也懂得一些德文。但他的德文发音好像很有点'不落肯'。"

郭沫若还特意写了一个胡适"奉仕"他的细节:"我那时候也在吸香烟,在电风扇之下擦了几根火柴都不能擦燃。博士把火柴匣接过去,顺手又取了一个酒杯来打横,把左手的姆指和无名指挟着酒杯边,食指和中指挟着火柴匣,那样酒杯便成了一个玻璃罩,火柴也就擦燃了。他向我笑了一下,我也着实地佩服着他:毕竟不愧是我们的博士!"

从郭沫若的叙述中,可以看出中间有"文人相轻"的成份:胡适名声显赫,偶作谦虚却难掩自大,多少有些居高临下,倚老卖老,而郭沫若作为文坛新锐,并不买胡大博士的账。

不久以后郭沫若和胡适就因为翻译的问题打起了笔仗,起因是余家菊由英文转译德国哲学家威铿的著作《人生之意义与价值》。郁达夫写了一篇文章指摘余的译文有错误,然而郁达夫自己却把"establish"译成了"建设",同样出了错,郁达夫还在文章中使用了"粪蛆"之类骂人的语言。胡适针对郁达夫在《努力周报》上发表了一篇题为《骂人》的短文,摆出一副教师爷的架式,用教训的口吻批评"初出学堂门"的郁达夫"浅薄无聊"而"不自觉",其改译"几乎句句是大错的",且有"全不通"之处。为了纠正余家菊和郁达夫译文的错误,胡适还示范性地亲自把那几句重新改译了一遍。

这件事本来和郭沫若没有什么直接关系,但郁达夫是创造社中人,那时大家都有些"文人的小集团主义倾向",抱成一团,党同伐异,因此郭沫若就站出来替郁达夫打抱不平了。他在《创造季刊》1卷3期上发表文章《反响之反响》,指责胡适"起首便把达夫文中前半的几句愤慨语挑剔出来,一面把他愤慨的原因全盘抹杀了,一面又把他的愤慨语专门扯到余家菊身上去。我不知道以'公道'自任的胡适,何以竟会有这种态度?"文章用了很多的篇幅,将胡适的几句译文与威铿著作的德文初版相对照,奚落留学美国以英文见长的胡大博士"翻译更错得一塌糊涂",竟连极普通的"while"都错译为"虽然"去了。胡适在自己引为骄傲的领域,被(他看来是)"一班不通英文的人"抓住了把柄,感到很是恼火,一边赌着气,一边身份拿得十足地声言:"我没有闲工夫来答辩这种强不知以为知的评论。"郭沫若毫不客气,又著文回击道:"通英文一事不是你留美学生可以专卖的","我劝你不要把你的名气来压人,不要把你北大教授的牌子来压人,不要把你留美学生的资格来压人,你须知这种如烟如云没多大斤两的东西是把人压不倒的!要想把人压倒,只好请'真理'先生出来,只好请'正义'先生出来!"文人相争中还掺和了留美留日之争。

这场笔墨官司闹得不小,除上面提到的几位主角外,张东荪、成仿吾、吴稚晖、陈西滢、徐志摩等人都参加了进去。从积极的一面来说,对推动文学翻译不无帮助，但毕竟暴露出了文人相轻、感情用事的毛病。

按照郭沫若的说法，后来是以胡适的主动"求和"而告终结。1923年5月15日胡适给郭沫若和郁达夫写了一封长信，表白道："……我是最爱惜少年天才的人；对于新兴的少年同志，真如爱花的人望着鲜花怒放，心里只有欢欣，绝无丝毫'忌刻'之念。但因为我爱惜他们，我希望永远能作他们的诤友，而不至于仅作他们的盲徒。"

"至于我对你们两位的文学上的成绩，虽然也常有不能完全表同情之点，却只有敬意，而毫无恶感。我是提倡大胆尝试的人，但我自知'提倡有心，而实行无力'的毛病，所以对于你们的尝试，只有乐观的欣喜，而无丝毫的恶意与忌刻。

"至于我的《骂人》一条短评，如果读者平心读之，应该可以看出我在那一条里只有诤言，而无恶意。……"

鉴于"不通英文"那句话伤害了郭沫若和郁达夫的自尊心，胡适恳求他们宽恕："只当是一个好意的诤友无意中说的太过火了。如果你们不爱听这种笨拙的话，我很愿意借这封信向你们道歉。"最后，胡适"盼望那一点小小的笔墨官司不至于完全损害我们旧有的或新得的友谊。"

应该讲，胡适在这封长信中尽管也有"长者"教诲"少年同志"的意味，但总的来说态度还是相当诚恳的，像他那样有名的人物能主动屈尊道歉求和也诚属不易，说明宰相肚子能撑船，确有绅士风度。郭沫若和郁达夫接受了胡适的道歉，郭沫若5月17日给胡适回复了一封信，表示：

"所有种种释明和教训两都敬悉。先生如能感人以德，或则服人以理，我辈尚非豚鱼，断不至因小小笔墨官司便致损及我们的新旧友谊。目下士气沦亡，公道凋丧，我辈极思有所振作，尚望明晰如先生者大胆尝试，以身作则，则济世之功恐不在提倡文学革命之下。"

郭沫若这样说，含有肯定胡适倡导文学革命的意思。后来胡适到民厚南里看望过郭沫若和郁达夫，郭沫若、郁达夫、成仿吾也到胡适的下榻处回拜，一场笔墨官司就这样结束了。郭沫若在《创造十年》中是这样说的：

"我们的回信去后，胡大博士毕竟是非凡的人物，他公然到民厚南里来看我们。一年不见的他是憔悴多了。他说在生病，得了痔疮；又说是肺尖也不好。我看他真有点像梁山泊的宋公明，不打不成相识，《骂人》的一笔官司就像是从来没有的一样。他那时住在法租界杜美路的一家外国人的贷间里，我们，仿吾、达夫和我，也去回拜过他一次。我们被引进了一间三楼的屋顶室，室中只摆着一架大木床；看那情形，似乎不是我们博士先生的寝室。博士先生从另一间邻室里走来，比他来访问时，更觉得有些病体支离的情景。"

胡适和徐志摩在他们的日记中也分别作了记述。胡适1923年日记中有以下几条：

（5月25日）"出门，访郭沫若、郁达夫、成仿吾。结束了一场小小的笔墨官司。

（5月27日）"下午，郭沫若、郁达夫、成仿吾来。

（10月11日）"饭后与志摩、经农到我旅馆中小谈。又同去民厚里692访郭沫若。沫若的生活似甚苦。

（10月13日）"沫若来谈。前夜我作的诗，有两句，我觉得不好，志摩也觉得不好，今天沫若也觉得不好。此可见我们三个人对于诗的主张虽不同，然自有同处。……沫若邀吃晚饭，有田汉、成仿吾、何公敢、志摩、楼××（石庵），共七人。沫若劝酒甚殷勤，我因为他们和我和解之后这是第一次杯酒相见，故勉强破戒，喝酒不少，几乎醉了。是夜沫若、志摩、田汉都醉了，我说起我从前要评《女神》，曾取《女神》读了五日。沫若大喜，竟抱住我，和我接吻。

（10月15日）"……与志摩同请沫若、仿吾等吃饭。田寿昌和他的夫人易漱瑜女士同来。叔永夫妇也来。"

徐志摩1923年的几则日记可以作为佐证：

（10月11日）"午后为适之拉去沧州别墅闲谈，……适之翻示沫若新作小诗，陈义体格词采皆见竭蹶，岂《女神》之遂永逝？

"与适之、经农，步行去民厚一二一号访沫若，久觅始得其居。沫若自应门，手抱褓襁儿，跣足，敝服（旧学生服），状殊憔悴，然广额宽颐，怡和可识。入门时有客在，中有田汉，亦抱小儿，转顾间已出门引去，仅记其面狭长。沫若居至隘，陈设亦杂，小孩屡杂其间，倾跌须父抚慰，涕泗亦须父揩拭，皆不能说华语；厨下木履声卓卓可闻，大约即其日妇。坐定寒暄已，仿吾亦下楼，殊不话谈，适之虽勉寻话端以济枯窘，而主客间似有冰结，移时不涣。沫若时含笑谛视，不识何意。经农竟嗫不吐一字，实亦无从端启。五时半辞出，适之亦甚讶此会之窘，云上次有达夫时，其居亦稍整洁，谈话亦较融洽。然以四手而维持一日刊，一季刊，其情况必不甚愉适，且其生计亦不裕，或竟窘，无怪其以狂徒自居。

（10月15日）"前日沫若请在美丽川，楼石庵自南京来，故亦列席。饮者皆醉，适之说诚恳话，沫若遽抱而吻之——卒飞拳投置而散——骂美丽川也。

"今晚与适之回请,有田汉夫妇与叔永夫妇,及振飞。大谈神话。"

无论是郭沫若的《创造十年》,还是胡适和徐志摩的有关日记,都记载了那一段时间他们交往的事实。事实是谁也否认不了的,但有几点不妨多说几句:

一,说胡适"其争也君子"也好,"绅士风度"也罢,胡适抱病登门去访郭沫若、郁达夫,说明他的态度是诚恳的,他的确想结束那一场笔墨官司,并为此采取了主动。

二,胡适的诗基本上可纳入写实主义范畴,郭沫若是积极浪漫主义的代表,徐志摩致力于现代格律诗的试验。胡适当时欣赏并赞扬徐志摩,对郭沫若则有所肯定也有所保留:"英美诗中,有了一个惠特曼,而诗体大解放。惠特曼的影响渐被于东方了。沫若是朝着这方向走的;但《女神》以后,他的诗渐呈'江郎才尽'的现状。"这句话可以印证徐志摩日记中所说:"适之翻示沫若新作小诗,陈义体格词采皆见竭蹶,岂《女神》之遂永逝?"他们三个人"对于诗的主张虽不同,然自有同处",这体现了胡适一贯对不同主张、不同风格持宽容的态度。实际上,"不同中有同处"正是艺术创作多样性的表现,也是作家之间相互关系的准则,兼容并包,各呈其长。作诗如此,其他方面也应如此。

三,徐志摩日记中把郭沫若写得很寒酸,郭沫若那时生活的确很清贫,胡适与徐志摩比他要阔绰得多,至少免不了那种"穷书生而有阔少爷的脾气"。尤其是和社会底层接触以后,郭沫若的思想发生了重大变化,从而走上革命的道路。胡适和徐志摩一辈子过的都是养尊处优的生活。

四,在饭桌上,当醉酒之际,郭沫若听到胡适说"曾取《女神》读了五日"的话,竟高兴得抱住胡适接吻。徐志摩用"遽抱而吻之"五个字把郭沫若当时"大喜"的样子描述得活灵活现,说明写诗较晚的郭沫若还是很希望像胡适这样的名人为自己捧场的。这也是人之常情,不足为怪。胡适晚年曾对唐德刚讲:有一次在一个宴会上他称赞了郭沫若几句,郭氏在另外一桌上听到了,特地走了过来在他脸上 Kiss 了一下以表谢意。如果这指的是高梦旦的那次宴请,两位新诗人第一次见面,那么郭沫若 Kiss 胡适恐怕就不怎么确切了,胡适当天日记中并无此记载。何况高梦旦作为主人,不会安排他宴请的两位主要客人分坐两桌,因而也就不会有郭沫若从另外一桌"特地走过来"与胡适接吻的情况发生。晚年的胡适之所以对唐德刚那样讲,十之八九是他的记忆有些混淆了,转述者唐德刚又没有加以订正。郭沫若抱住胡适接吻确有其事,不过不是在他们第一次见面的时候,而是在那之后,郭沫若请胡适、徐志摩等在美丽川吃饭的饭局上,有那么一次酒醉后的"抱而吻之"。郭沫若是自视很高的人，按照他自由豪放、昂扬奋进、天马行空的个性，不会也不可能接二连三地抱吻胡适，尤其是当他清醒的时候。

相投本以诗为友，结怨终因歧见多。郭沫若和胡适并没有将"友谊"继续保持下去，随着政治上的分析日趋严重，愈来愈演变为对立的两极。

现在有人指责或者惋惜郭沫若未能守住"艺术之宫"，跟政治跟得太紧因而成了政治的"喇叭"，殊不知在这方面胡适其实和郭沫若一样。郭沫若和胡适都不是纯粹的文人，他们都深深地卷入了现代中国复杂激烈尖锐的政治斗争，要他们这样"入世"的文人游离或独立于政治之外，简直是不可思议的事情。胡适和郭沫若的差别，仅仅在于他们政治方向选择上的不同。在中国现代文学史乃至整个文化史上，如果说鲁迅和郭沫若属于左翼，代表无产阶级和人民大众，同情、支持甚或加入了中国共产党，先后成为革命文学和革命文化的旗手，那么胡适就是右翼的，代表资产阶级的，国民党方面的文化班头（也可以说是"文化旗手"）。

在旧中国，帝国主义、封建主义和官僚资本主义是压在中国人民头上的三座大山，它们理所当然地成为革命的对象。胡适却从改良主义的立场出发，提出"五鬼乱中华"，藉以混淆视听，转移革命斗争的大方向。他在1930年《新月》杂志第2卷第10号发表了《我们走哪条路》一文，以"探路"者自居向世人指示说：

"我们要铲除打倒的是什么？我们的答案是：我们要打倒五个大仇敌：第一大敌是贫穷。第二大敌是疾病。第三大敌是愚昧。第四大敌是贪污。第五大敌是扰乱。这五大仇敌之中，资本主义不在内，因为我们还没有资格谈资本主义。资产阶级也不在内，因为我们至多有几个小富人，哪有资产阶级？封建势力也不在内，因为封建制度早已在二千年前崩坏了。帝国主义也不在内，因为帝国主义不能侵害那五鬼不入之国。帝国主义为什么不能侵害美国和日本？为什么偏爱光顾我们的国家？岂不是因为我们受了这五大恶魔的毁坏，遂没有抵抗的能力了吗？故即为抵抗帝国主义起见，也应该先铲除这五大敌人。"

民主革命时期的三大对象就这样被胡适一笔勾销了。既然帝国主义、封建主义、资本主义在中国根本就不存在，革命岂不成了无的放矢？于是乎反对革命尤其是反对"暴力革命"，在胡适那里就成了顺理成章的事。

郭沫若在《创造十年》中针对胡适的"五鬼乱中华"，用犀利尖锐而又略带嘲讽的文笔，进行了批驳：

"胡大博士真可说是见了鬼。他像巫师一样一里招来、二里招来的所招来的五个鬼,其实通是些病的征候,并不是病的根源。要专门谈病的征候,那中国岂只五鬼,简直是百鬼临门。重要的是要看这些征候,这些鬼,是从甚么地方来的。

"我们的博士先生'浅薄'得真是有点可爱。他说'资本主义不在内,……资产阶级也不在内',是的,内或者是不在。外呢?中国的金融、交通、矿山、纱厂等等是在贵何国度的贵何主义、贵何阶级的手里呀?他说'封建势力也不在内,因为封建制度早已在二千年前崩坏了'。这只是在名词上玩把戏。他说的'封建制度'是秦以前的封功臣建同姓的说法……现在所谈的'封建势力'是指在行帮制下的各种旧式产业,在地方上割据着的军阀、官僚、地主的那个连锁,以及因之而发生的各种痼弊的迷信与腐化(胡博士所说的五大仇敌都包含在这里面),这些是崩坏了的吗?问题不是徒逞唯名的(nominalistic)诡辩,而是要你看着事实!更可爱的是我们的博士问'帝国主义为什么不能侵害美国和日本?'——这该不是多喝了两杯洋酒时说的话罢?因为这等于在问:'疟疾的病源虫为什么不侵害Plasmodium,梅毒的病源菌为什么不侵害Spirochaeta pallida?'

"博士先生,老实不客气地向你说一句话:其实你老先生也就是那病源中的一个微菌。你是中国的封建势力和外国的资本主义的私生子。中国没有封建势力,没有外来的资本主义,不会有你那样的一种博士存在。"

胡适自谓:"哲学是我的职业,文学是我的娱乐,政治只是我的一种忍不住的新努力。"他的政治构想,简单地说来,就是按照美国的民主政治模式在中国建立"民主宪政"体制。胡适的确为此做出了持续不断的努力,然而可悲亦复可笑的是,他将自己的"民主"追求与"自由"梦想同蒋介石的法西斯独裁统治紧紧绑在了一起,甘心情愿地充当蒋家王朝的遮羞布,并最终成为了笑柄。

作为人民解放事业的积极参与者,真正的中国民主进程的推动者,中共坚定的支持者实际又是其中一员的郭沫若,对胡适倒行逆施、为虎作伥、替反动派"曲为辩护"的行径进行了无情的揭露和批判。这是理所当然的,也是很自然的事,非如此则非郭沫若。他把胡适的种种表演斥之为"裸体胡魔舞",他借替胡适改诗,嘲笑胡适"作了过河卒子,只得奉命向前"。在《斥帝国臣仆兼及胡适》中,郭沫若写道:

"胡适学无根底,侥幸成名,近二三年来更复大肆狂妄。蒋介石独裁专擅,祸国殃民,而胡为之宣扬'宪法',粉饰'民主',集李斯、赵高、刘歆、杨雄之丑德于一身而恬不知耻。更复蛊惑青年,媚外取宠,美国兽兵,强奸沈崇,竟多方面为之开脱。平日蒙上'自由主义者'之假面具，高唱'理未易明，善未易察'之滥调，以乡愿贼德，毒害学生。……"

郭沫若把胡适骂得体无完肤，完全是从政治立场上出发的，他和胡适分属于两个对立的政治营垒，在国共两党决战的时候，两位"文化班头"之间的斗争也到了白热化的程度。至于文章中说胡适"学无根底，侥幸成名"，当然并不完全符合事实，胡适在新文化运动初期还是作了很大贡献的，他也并非侥幸而成名。以人废言，骂倒一切，文人常犯这种绝对化的毛病，郭沫若也未能完全避免。不过郭沫若当时是在进行政治斗争，并不是在作学术评价，因此文章写得过火一点也是可以理解的，为了清除诸多"病源"中的一个"微菌"，需要投一剂猛药。

胡适对郭沫若火药味十足的攻击性文字没有作任何的回应，大概他是不想给对方提供更多的子弹。1947年2月他在给王世杰的一封信中曾透露出了自己难言的苦衷：

"自从我出席国大之后，共产党与民盟的刊物（如《文萃》，如《文汇报》）用全力攻击我。……听说郭沫若要办七个副刊来打胡适。我并不怕'打'，但不愿政府供给他们子弹，也不愿我自己供给他们子弹。"

当时的政治形势，决定了郭沫若在这场斗争中最终占了上风。1948年12月16日，北平已处在人民解放军的重重包围之中，"红妆素裹，分外妖娆"，然对困守北平的胡适等人来说，却是"无可奈何花落去"，一片寒冬肃杀景象。胡适自感大势已去，无力回天，不得不乘坐国民党政府派来的专机，悄然南下。与胡适形成强烈对照的是，郭沫若和大批进步文化人与民主人士在中共地下党的安排下，离开香港赴东北解放区，迎接新中国的成立。一个兴高采烈地北上，一个落荒而逃似的南下，形成了巨大的反差。

20世纪50年代，大陆开展对胡适思想的大规模的系统批判，作为胡适长期对手与论敌的郭沫若，提出了旨在"彻底清除"胡适思想"遗毒"的《三点建议》。胡适又恼又恨，咒骂郭沫若是共产党的"文化奴才"。——多年来台湾、香港的反共文人，以及近年来大陆某些持"自由主义"观点的所谓知识"精英"，在攻击和诋毁郭沫若时都追随胡适，操着与胡适同样的腔调，使用同胡适一样的语言，甚至比当年的胡适有过之而无不及。

郁达夫

郁达夫（1896-1945），原名文，浙江富阳人。七岁入乡塾启蒙，1907-1911年就读于富阳县立高等小学堂，1912年夏转入美国长老会办的之江大学预科，次年春改入杭州蕙兰中学。1913年去日本求学，先后就读于东京第一高等学校预科、名古屋第八高等学校和东京帝国大学，所学专业由医科转至政治学科、经济学科。1922年从东京帝大毕业，获经济学士学位。

胡适和陈独秀倡导文学革命，唤起了在日本留学的郁达夫的同感与关注。1919年9月，郁达夫回国参加外交官和高等文官考试，在北京逗留时间两个月有余。此时胡适正任教北京大学并代理北大教务长，郁达夫仰慕胡适的大名，便在10月13日夜里给他写了一封信，一开头就这样说：

"胡先生：

"我并不认识你，你当然是不认识我的。你们的那一番文艺复兴的运动，已经唤起了几千万的同志者。大约不认识你的青年学生，唐唐突突的写信给你的人，也一定不少的了……我也就是这些青年学生中间的一个人。我此番想写这封信给你的动机，大约也是同另外的青年的差不多。自己的心理解剖，同老式的钦慕的话头，我想不再说了。"

通篇是年青学生对师长的语气。信中还举了一个外国的例子：R.W. Emerson同当时的许多少年人一样，到欧洲去的原由是要和几个著作家会面。郁达夫借此说明他到北京来的原因是想和胡适先生会面："我的信的最后的目的，已经说出了，你许我不许我，我也不能预料。……"

他没有告诉胡适自己的姓名和学籍。只是留了一个地址：本京西城锦什坊街巡捕厅胡同门牌二十八号。这是郁达夫长兄郁曼陀住家的所在，郁曼陀时任北京大理院推事，郁达夫在北京期间就住在大哥家里。

胡适收到了这封来信，但不知是什么缘故却没有回复，也可能他当时没有在意一位并不认识的青年学生的来信。

郁达夫酷爱文学，自1920年起尝试进行现代小说创作。处女作《银灰色的死》发表于1921年7月上海《时事新报》副刊《学灯》，同年10月15日第一部小说集《沉沦》由上海泰东图书局出版，产生了很大的反响，并由此奠定了郁达夫在新文学运动中的重要地位。1921年6月郁达夫还和郭沫若、成仿吾等发起成立了著名的文学团体创造社，被公认为创造社的三巨头之一。

郁达夫这样说过自己："志虽不大，也高足以冲破牛斗，言出无心，每大而至于目空一世。"中华书局出版的"新文化丛书"中，有一本是余家菊根据英文重译的德国哲学家威铿所著《人生之意义与价值》。郁达夫将英文本和中文本对照着读了一读，发现有多处错误，便在1921年5月4日夜半写了一篇随笔，并在第二年8月25日《创造》（季刊）第1卷第2期上以《夕阳楼日记》为题发表了。文章除指责余家菊译文中的几处错误外，强调译书"总要从著者的原书译出来才好；讲到重译，须在万不得已的时候，才能用此下策"。这个意见无疑是正确的，但郁达夫笔锋一转，竟写了这样一段话：

"我们中国的新闻杂志界的人物，都同清水粪坑里的蛆虫一样，身体虽然肥胖得很，胸中却一点儿学问也没有。有几个人将外国书坊的书目录来誊写几张，译来对去的瞎说一场，便算博学了。有几个人，跟了外国的新人物，跑来跑去的跑几次，把他们几个外国的粗浅的演说，糊糊涂涂的翻译翻译，便算新思想家了。……"

郁达夫没有说这些话是针对胡适讲的，别的人也拿不出确凿的证据证明郁达夫这是在骂胡适，但胡适看了之后肯定不舒服，疑心作者是在骂他，因为这一年的5月分美国实验主义哲学家杜威来华讲学，胡适不仅为杜威讲学担任现场翻译，还接二连三地撰写文章作讲演，不遗余力地宣扬实验主义哲学。郁达夫文章中说的"跟了外国的新人物，跑来跑去的跑几次，把他们几个外国的粗浅的演说，糊糊涂涂的翻译翻译，便算新思想家了"，不是明摆着在骂胡适么？

胡适气恼不过，便写了一篇题为《骂人》的短文，刊登在他主编的《努力周报》第20期"这一周"的"编辑余谈"里。郁达夫指责余家菊译文错误的同时，自己改译却又将"establish"误译为"建设"，因而胡适在短文中以仲裁者的身份批评道："说一句公道话：余先生固然也不免有错误，郁先生的改本却几乎句句是大错的"，有一句"竟是全不通了"。貌似公道，实则批评的矛头指向了郁达夫，胡适还用教训的口吻说道：

"译书是一件难事，骂人是一件大事。译书有错误，是狠难免的。自己不曾完全了解原书，便大胆翻译出来，固是有罪。但有些人是为糊口计，也有些人确是为介绍思想计：这两种人都可以原谅的。批评家随时指出他们的错误，那也是一种正当的责任。但译书的错误其实算不得十分大罪恶：拿错误的译书来出版，和拿浅薄无聊的创作来出版，同是一种不自觉的误人子弟。又何必彼此拿'清水粪坑里的蛆虫'来比喻呢？况且现在我们也都是初出学堂门的学生，彼此之间相去实在有限,有话好说,何必破口骂人?"

胡适那时在学界与文坛正如日中天,名气大得不得了。郁达夫挨了胡适的骂,不消说心里是异常的悲愤,给郭沫若写信说他要跳黄浦江。郭沫若、成仿吾都为郁达夫抱不平,成仿吾从田汉那里找到了威铿所著《人生之意义与价值》一书的德文初版,郭沫若根据德文初版,断定胡适的重译和原文隔了十万八千里,创造社的几员大将遂抓住胡适的误译向胡大博士发难,由此开始了由郁达夫引发的一场笔墨官司。郭沫若写了《反响之反响》、《讨论注译运动及其他》,成仿吾写了《学者的态度——胡适之先生的"骂人"的批评》,郁达夫自己写了《答胡适之先生》,一齐向胡适展开了密集的反击。

郭沫若和成仿吾的文章发表在他们自编的《创造》(季刊)上,郁达夫的文章换了一个地方,发表在《时事新报》副刊《学灯》上。郁达夫以其人之道,还治其人之身,在文章中首先不无讽刺地诘难道:

"我在第二十期(九月十七)的《努力周报》的《编辑余谈》里,读了胡适之先生的《夕阳楼日记》的批评以后,不知道他题目上所标的'骂人'两字,究竟还是在骂我'骂人'呢,还是在说他自家'骂人'。"

郁达夫除重申自己关于翻译的意见以外,字里行间一再对胡适进行调侃挖苦:"讲到讨论德国哲学家的著作的翻译,总要由德文直接翻译出来的译本,才有讨论的价值,否则我以为毫无讨论的必要,因此去年我写完了那篇日记的时候,心里就觉得有一种做了一件愚事的想头。如今胡先生因为讨论德国哲学家的以德文所著的原书的翻译问题,竟拿了英文来讲起英文法的考据学来,岂不是更愚么?我在讨论德国哲学家的著作的译本的时候,带叙了几句关于英文的话,已经觉得唐突了,这一次胡先生的详细的英文法的讲解,怕更要唐突那位德国的老哲学家呢!胡先生教训我说'彼此之间,相去实在有限',我对于胡先生的这种谦让的态度,委实是佩服得很。"

郭沫若和郁达夫都是靠创作起家的,他们尊重创作,郭沫若就曾经因为说过"翻译是媒婆,创作是处女,处女应该加以尊重"而招致鲁迅的误解。胡适的短文中有一句话:"拿错误的译书来出版,和拿浅薄无聊的创作来出版,同是一种不自觉的误人子弟。"这让郁达夫看了同样感到不舒服,认为胡适是在骂他"浅薄无聊",贬低甚至否定他创作的小说,他直言不讳地反唇相讥道:

"我对于胡先生的《余谈》后面的几句话,更有一点意见。中国新文化运动,自胡先生提倡以来,创作出版的却不很多,间或有几册创作出世,也许是'浅薄无聊'如胡先生所说的,不过胡先生若自家仿佛说只有《胡适文存》、《尝试集》、《中国哲学史大纲》卷上的三本创作不是'浅薄',不是'无聊'的,其他的一切现代中国人的创作都是'浅薄无聊'的时候,怕也未免过于独断了罢。这是我友人所说的暴君的态度,是我们现代人所不应该取的。"

除用这篇文章正面回答胡适外,擅长小说创作的郁达夫还写了一篇历史题材的小说《采石矶》,用清末学者戴震(东原)影射胡适,通过黄仲则(郁达夫自比)和洪稚存(比做郭沫若)的嘴把自称有"历史癖与考据癖"的胡适痛骂了一通:

"……近来大名鼎鼎的考据学家很多,伪书却日见风行,我看那些考据学家都是盗名欺世的。

"戴大家这一回出京来,拿了许多名人的荐状,本来是想到各处来弄几个钱的。今晚上竹君办酒替他接风,他在席上听了竹君夸奖你我的话,就冷笑了一脸说'华而不实'。仲则,叫我如何忍受下去呢!这样卑鄙的文人,这样只知排斥异己的文人,我真想和他拼一条命。"

郁达夫对郭沫若说:"我的《采石矶》把他比成了戴东源,他一定在暗暗得意。"

要问郁达夫何以要那么骂胡适?两年多前胡适没有回他的信,因而心存芥蒂,可能是一个原因。不过郁达夫的心胸不至于如此狭窄,更重要、更深层的原因还在于创造社"异军苍头突起",在《创造》出版预告中他们就愤愤不平地说过:"自文化运动发生后,我国新文艺为一二偶像所垄断,以致艺术之新兴气运,澌灭将近。"并誓言"创造社同人奋然兴起打破社会因袭,主张艺术独立,愿与天下之无名作家共兴起而造成中国未来之国民文学"。所谓"一二偶像",一般认为是指文学研究会,但又何尝不包括胡适在内?胡适大名鼎鼎,被很多人奉为"偶像"来崇拜,然而郭沫若、郁达夫、成仿吾偏偏不买他的账,初生牛犊不怕虎,无名者或小有名气者敢于向大人物挑战。

郑伯奇在《忆创造社》中对这场争论是这样说的:

"达夫在《夕阳楼日记》中批评余家菊的误译,立刻引起了一场激烈的笔战。达夫对于余译的指责,惹来了胡适的盛气凌人的谩骂,沫若和仿吾不得不连环出马应战。笔战的结果,不仅暴露了胡适的浅薄,同时还证明了重译的不可靠。创造社的刊物一出世马上招来了胡适一派的进攻,也可以说是并非偶然。创造社作者的那种反帝反封建的革命激情和胡适一派的买办资产阶级思想感情是格格不入的。胡适对于达夫指摘误译的短文章,不惜亲自出马挑战,可能是借题发挥,想给创造社这个不顺眼的初生婴儿来一个致命的打击。不料胡适遇到沫若和仿吾的回击，招架不住，张东荪便从旁来参战。张东荪的《形而上学序论》的误译被仿吾揭穿，'手势戏'的笑话轰传一时，落得个无趣。接着陈西滢指摘沫若的《茵梦湖》的译文，徐志摩嘲骂沫若的'泪浪滔滔'的诗句。这些事实说明，创造社成立以来就不断遭受到胡适等新月派的敌视和攻击。"

这篇文章写于1959年，受意识形态领域阶级斗争观念的影响，郑伯奇认为创造社和新月派的一系列笔战"属于敌我斗争的范围"。不过，由郁达夫《夕阳楼日记》引发的那一场争论，主要是就翻译问题展开的，双方意见不同，又加上文人相轻，意气用事，所以一时间闹得沸沸扬扬。但不管怎么说都算不上是敌我之间的斗争，要不然就无法解释意见相左的双方怎么会迅速走向和解？

胡适事前大概没有料到自己的一篇短文会招来创造社主要成员如此强烈的不满和协同一致的反击，左思右想之后他打算主动寻求和解，于是便给郭沫若和郁达夫写了一封长信，而这封信涂抹得很厉害，足见其字斟句酌的程度：

"沫若、达夫两位先生：

"我这回南来，本想早日来看你们两位，不幸在南方二十天，无一日不病，已有十天不曾出门一步了。病中读到《创造》二卷一号，使我不能不写这封信同你们谈谈我久想面谈的话。……"

胡适在信里表白自己是"最爱惜少年天才的人"，对郭沫若和郁达夫两位文学上的成绩，"虽然也常有不能完全表同情之点，却只有敬意，而毫无恶感"。他特别就《骂人》那一篇短文作了详细的解释：

"至于我的《骂人》一条短评，如果读者平心论之，应该可以看出我在那一条里只有诤言，而无恶意。我的意思只是要说译书有错算不得大罪，而达夫骂人为粪蛆，则未免罚浮于罪。至于末段所谓'我们初出学堂门的人'，稍平心的读者应明白'我们'是包括我自己在内的，并不单指'你们'，尤其不是摆什么架子。

"……我很诚恳地希望你们宽恕我那句'不通英文'的话，只当是一个好意的诤友无意中说的太过火了。如果你们不爱听这种笨拙的话，我很愿意借这封信向你们道歉。——但我终希望你们万一能因这两句无礼的信的刺激而多读一点英文。我尤其希望你们要明白我当初批评达夫的话里，丝毫没有忌刻或仇视的恶意。

"如果你们不见怪，我很诚恳地盼望你们对我个人的不满意，不要迁怒到'考据学'上去。

"最后，我盼望那一点小小的笔墨官司不至于完全损害我们旧有的或新得的友谊。"

胡适的这封信态度很诚恳，该说的都说了，该解释的都解释了，该道歉的地方道歉了（"不通英文"），该坚持的地方也坚持了（"译书有错算不得大罪，而达夫骂人为粪蛆，则未免罚浮于罪。"）虽然在郭沫若他们看来这是一封"似道歉而非道歉"的信，但郭沫若和郁达夫还是分别给胡适写了回信，同样表示了和解的意愿。

郁达夫回复胡适的信写得也相当长：

"适之先生：

"五月十五日的来函接读了。我也想来看你，不过因为刚从浙江回来，还有种种事情没有干了，所以不能来奉访，是很抱歉的。

"我在《创造》二卷一期一五二页上所说的话，你既辩明说你'并无恶意'，那我这话当然是指有恶意的人说的，与你终无关系。

……

"我们讨论翻译，能主持公道，不用意气，不放暗箭，是我们素所主张的事情，你这句话是我们最所敬服的。

"至于'节外生枝'，你我恐怕都不免有此毛病，我们既都是初出学堂门的学生，自然大家更要努力，自然大家更要多读一点英文。

"说到攻击考据学的话，我们对你本来没有什么恶感，岂有因你而来攻击考据学之理？

……

"我的骂人作'粪蛆'，亦是我一时的意气，说话说得太过火了。你若肯用诚意来规劝我，我尽可对世人谢罪的。

"我们对你本来没有恶感，你若能诚恳的规劝我们，我们对你只有敬意，万无恶感发生的道理。

"你若能在南方多住几天，我们很希望和你有面谈的机会。"

双方通信言和之后，胡适去民厚南里看望过郭沫若和郁达夫，郭沫若、郁达夫、成仿吾也到胡适下榻处回拜。以后还有几次互访和宴请。据徐志摩日记：有郁达夫在场时他们彼此谈话比较融洽。这可能和郁达夫自诩为"中国的勒汉特"有关，勒汉特（Le Hunt）交游最广，和同时代的作家都相处得很好，郁达夫曾对郑伯奇说"我希望将来在中国文坛上也能作个勒汉特那样的人"。1923年10月22日在致周作人的一封信中,郁达夫表示了南北文人溶合的愿望,并两次提到胡适:

"闻适之君又欲出一文艺月刊,此举亦有所闻否?我想国内文人廖廖无几,东分西裂,颇不合算。适之不识又要去拉拢几个人来干也?近与陈君通伯谈及此事,颇想将南北文人溶合成一大汇……"

1923年10月至1924年底,郁达夫北上担任北京大学统计学讲师。他和胡适在同一所大学任教,见面唔谈的机会总是有的,北大有教授聚餐会,胡适1924年1月5日的日记就有记载:"到聚餐会。是日到会的只有陈通佰、张仲述、陈博生、郁达夫、丁巽甫、林玉堂。但我们谈的很痛快。"

1925年初至11月,郁达夫应聘担任武昌师范大学文科教授。这一年9、10月间,武昌大学和武昌商科大学邀请胡适去武汉讲学,胡适专门写有《南行杂记》,说:"此次在武汉见着许多新知旧友,十分高兴。旧友中如郁达夫、杨金甫,兴致都不下于我,都是最可爱的……"胡适还特别记述了他们一起逛窑子的情景:

"有一天夜里,小朋、达夫和我把周老先生(鲠生)拉去看汉口的窑子生活;到了一家,只见东墙下靠着一把大鸡毛帚,西墙下倒站着一把笤帚,房中间添了一张小床,两个小女孩在上面熟睡。又有一天,孤帆得了夫人的同意,邀我们去逛窑子,到了两家,较上次去的清洁多了。在一家的席上,有一个妓女是席上的人荐给金甫的;席散后,金甫去她房里一坐,她便哭了,诉说此间生活不是人过的,要他救她出去。此中大有悲剧,固是意中的事。此女能于顷刻之间认识金甫不是平常逛窑子的人,总算是有眼力的。那夜回寓,与达夫、金甫谈,我说,娼妓中人阅历较深刻,从痛苦忧患中出来,往往 more capable of real romance(更擅长于真正的浪漫风情),过于那些生长于安乐之中的女子。"

胡适和郁达夫都有逛窑子的经历,在武汉的这几次冶游即是例证。

胡适这次在武昌大学作公开演讲,题为《新文学运动的意义》。章士钊本其一贯守旧立场,在《甲寅》周刊上撰文抨击说:"吾之国性群德,悉存文言,国苟不亡,理不可弃。今举百家九流之书,一一翻成白话,当非君等力能所至。"郁达夫是用白话写作的新文学作家,是胡适倡导"文学革命"的拥护者和受益者,假若不是胡适大力提倡白话文学,将白话文学提升到文学正宗的地位,也许像郁达夫一类的青年人仍在"之乎者也"中打转转。所以,郁达夫站出来帮胡适说话,他写了一篇《咒〈甲寅〉十四号的评新文学运动》，直捷了当地以"咒"字开头，痛快淋漓地将《甲寅》和章士钊奚落了一番："当胡氏在武昌讲演的时候，我却在座听见。他第一句话就说，真正的文学，本无所谓新旧，不过我们用以表示思想的工具有新旧而已，孤桐氏若能了解这一句话，我想他那一篇大文，可以不做。"

1927年蒋介石发动了"四一二"政变，上海乃至全国笼罩在白色恐怖之中。郁达夫在向日本文艺战线社代表小牧近江和里村欣三谈话时抨击蒋介石"头脑昏乱，封建思想未除，这一回中华民族的解放运动，功败垂成，是他一个人的责任"。胡适则对蒋介石发动的"四一二"政变表示支持，认为"确有很重要的历史意义"。郁达夫在1927年5月23日的日记中记载："在新新酒楼吃晚饭，遇见胡适之、王文伯、周鲸生、王雪艇、郭复初、周佩箴诸人。主人李君极力想我出去做个委员，我不愿意。"郁达夫日记中没有记载胡适在饭局上有何言论，可能是无话可谈，要谈他们也谈不拢。

郁达夫1934年8、9月间曾去北京一行，到过北大，见过许多朋友。8月24日的日记中有一句："明日天晴，当去看适之、川岛及北大诸旧日同事者。"但究竟见了胡适没有却无下文，胡适日记中也无记载。揣想起来，他们两人可能见了，但没有见的可能性更大——如果见了胡适，郁达夫肯定会记上一笔的，不仅因为胡适那时担任北大文学院长，也因为他们毕竟是旧交。

抗日战争全面爆发以后，胡适受蒋介石派遣赴欧美开展民间外交，寻求国际上对中国抗战的同情和支持。擅长讲演的他每到一处必向当地公众和旅外侨胞发表演讲，分析抗战形势，表达中国人民反抗侵略的坚强决心与坚定意志。他的讲演自然也有不足甚或欠妥之处。郁达夫1937年12月1日在福州《小民报·救亡文艺》上发表了《读胡博士的演词》，针对胡适在美国向侨胞的一次讲演，首先肯定讲演"前段所说的，中国已完成百分之百的统一，各党各派各系，从前是反抗中央的，现在各已精诚团结，在最高领袖指导之下，一致抗敌了。这话很对，新兴中国只单持这一点理由，我想就可以制胜而有余"。同时他也指出胡适对日本的分析有两点"未免太抱悲观"：一是"日本的经济不至于崩溃"，二是"民众不至于起自坏作用"。郁达夫根据他对日本的多年实际观察，认为："日本经济制度的脆弱，国债数额之庞大，实为世界各国所绝无之现象。……民众的动摇，是紧跟着经济制度而来的，不管你警察如何的严密，军队如何的凶暴，民众若一有不平，则日本人老说的'农民一揆'是必然地要起来的，但凭军力的压力，怕是弹压不住的。"郁达夫在文章的最后说：

"除此两点之外，胡博士的演词，我也全部赞成，尤其是注重于自力更生，劝国人不要生依赖之心的那一段话，确为我民族在这时候所必有的决心。"

胡适后来担任驻美大使，开展学者外交，成绩卓著。而郁达夫远赴南洋开展抗日宣传工作，不幸在抗战胜利后即被日本宪兵秘密杀害于印度尼西亚苏门答腊岛。

第六章

人以群分，星月闪耀

丁文江　徐志摩　陈西滢　林语堂　梁实秋　闻一多　罗隆基

俗云：物以类聚，人以群分。中国的知识分子往往以共同信仰和留学背景组成各自的小圈子。胡适、丁文江以及徐志摩等英美派文人就聚集在一起,组织社团、创办刊物、呼风唤雨、激扬文字，在社会上尤其在知识界形成了一股很大的势力，20世纪20—30年代曾一度如星月一般灿烂。

这些人信奉和标榜自由主义，在意识形态上反对马克思主义，在政治上具有明显的反共倾向，而对国民党蒋介石则给予程度不等的支持。根据这一特性，通常将他们称之为"自由主义知识分子"。

先后成立和出版的"现代评论"社及《现代评论》杂志、"新月"社及《新月》杂志、"独立评论"社和《独立评论》》杂志，是他们的主要阵地和喉舌。胡适作为中国"自由主义知识分子"的代表，是这些"现代"的"独立"者们公认的精神领袖，是以英美派文人为主的"新月"圈的一面旗帜。犹如众星捧月一般，"我的朋友胡适之"这句口头禅最初就出自这些人并在社会上流传开来。

随着历史的演变，尤其是中国革命进程的发展，以胡适为代表的这一自由主义知识分子群落也随之发生变化，有的固执己见，有的转向，其最终的结果是自由主义在中国整体的陨落。

本章列入徐志摩等几位有代表性的英美派文人。另有王世杰（曾任《现代评论》主编）和朱家骅（留学德国），他们后来弃文弃教从政做官，分别当了外交部长、教育部长，故而列入第九章"学界政界两栖友"。周作人虽留学日本，但也是"自由主义知识分子"中颇有影响的一位，已列入第二章"新青年同仁"，本章不再重复。

胡适（左四）1923年在杭州与朋友们游西湖。

胡适（左一）与中英庚款咨询委员会委员们合影，右二为另一位中方委员丁文江。

丁文江

丁文江（1887-1936），字在君，江苏泰兴人。五岁即入蒙馆读书，十六岁赴日本留学。1904年夏复由日本远渡重洋前往英国，先后在剑桥大学、格拉斯格大学攻读，获动物学及地质学双学士。1911年5月离英回国，曾在上海南洋中学讲授生理学、英语、化学等课程，并编著动物学教科书。1913年2月赴北京担任工商部矿政司地质科科长，与章鸿钊等人创办农商部地质研究所，并任所长。1914年辞去所长职务，赴云南进行野外调查。

丁文江虽然是一位科学家，但同时具有很高的文学修养。写古文和白话文都很好，他写的英文在中国人之中算得上一把好手，比许多学英国文学的人还要高明。

1918年年底丁文江随梁启超赴欧洲考察，并列席巴黎和会。胡适认识他是在丁文江去欧洲考察之前、由陶孟和介绍的。陶孟和也曾留学英国，那时正和胡适一样担任北京大学教授，又同是《新青年》的编辑。在《新青年》同仁中，只有他们两个是从英美留学归来的，对许多问题的看法彼此很接近。陶孟和介绍胡适与丁文江相识，胡适与丁文江也乐于过从，他们显然都带有扩大英美派朋友圈的意愿。

丁文江只比胡适大四岁，但自认识以后，就把胡适当做了他应该照管"操心"的小弟弟。胡适颇爱喝酒，丁文江则滴酒不沾，有一次他见胡适醉得厉害，就写信劝说道："前天晚上看见兄吃得那样大醉，心里很不自在。《朋友篇》的诗里面不说么？'少年恨污俗，反与污俗偶。'现在我只望兄'从此谢诸友，立身重抖擞。'就是中国前途的幸福了。"丁文江还特意请梁启超先生将胡适的那几句诗写在扇子上，他把扇子送给胡适，要小弟弟戒酒。不过胡适是名教授名学者，应酬很多，即使他想要戒酒，恐怕在宴席上也架不住别人的敬酒撺掇。所以丁文江又语重心长地说："一个人的身体不值得为几口黄汤牺牲了的，尤其不值得拿身体来敷衍人！"奉劝胡适"不要'畏人讥诃'，毅然止酒"。

北京大学在1916年以后重办理科的地质学系。丁文江同校长蔡元培商定：北大恢复地质系，担任造就地质人才的工作。地质调查所专门作调查研究的工作，可以随时吸收北京大学地质系的学生，使他们有深造的机会。因为这种渊源关系，丁文江对北大地质学系总是很关切的。北大恢复地质学系之后，初期毕业生到地质调查所去找工作，丁文江亲自对他们进行考试，结果很不满意。有一次他带了考试的成绩单来看胡适，对胡适说：

"适之，你们的地质系是我们地质调查所的青年人才的来源，所以我特别关心。前天北大地质系的几个毕业学生来找工作，我亲自给他们一个简单的考试，每人分到十种岩石，要他们辨认，结果是没有一个人及格的！你看这张成绩表——"

胡适看那成绩表上果然每个人有许多零分。他问丁文江想怎么办？丁文江说："我来是想同你商量，我们同去看蔡先生，请他老人家看看这张成绩单，我要他知道北大的地质系办得怎样糟。你想他不会怪我干预北大的事吗？"

胡适说："蔡先生一定很欢迎你的批评，决不会怪你。"

他们两人一同去看蔡先生。蔡元培认真听了丁文江对地质系的批评，又看了那张有零分的成绩单，不但不生气，还很虚心地请丁文江指教怎样整顿改良的方法。那一席谈话的结果，第一是请李四光来北大地质系任教授；第二是北大与地质调查所合聘美国古生物学大家葛利普先生到中国来，一面在北大教古生物学，一面主持地质调查所的古生物学研究工作。

从1920年起，北大的自然科学诸系，请到了丁巽甫、颜任光、李润章主持物理系，李四光主持地质系，在化学系原有王抚五、陈聘丞、丁庶为，又增聘了谭仲达。在社会科学方面，过去能教授比较法的，只有王宠惠、罗文干，两人均服务司法部，只能任讲师，不能任教授，1920年请到王世杰、周鲠生、皮宗石，加强了师资力量。自此北大始达到各系平均发展的境界。

1921年丁文江应刘厚生邀请担任北票煤矿总经理。为了专注于煤矿的事务，他辞去了地质调查所所长职务，但仍兼任名誉所长。在他任总经理的5年时间里，北票煤矿发展为一个很有成绩的新式煤矿公司。胡适举了一个例子：丁文江每天接到不少的推荐书，他叫一名书记员把这些荐书都分类归档，若是需要用某项人时，作为总经理的他就亲自写信通知被荐者定期来接受考试，凡考试及格一概录用，不及格者也一一通告他们的原荐人。因而丁文江写信最勤，蔡元培曾称赞他"案无留牍"。

虽然身为煤矿总经理，但丁文江从不肯用一个不正当的钱。他最恨人说谎，最恨人懒惰，最恨人烂举债，最恨贪污，包括拿干薪、用私人、滥发荐书、用公家免票来做私人旅行、用公家信笺来写私人信件，等等。他常说："我们是救火的，不是乘火打劫的。"这句话成了丁文江一生的座右铭，不论他在什么地方什么岗位做什么工作，他都一以贯之身体力行，从不懈怠。

由于经营煤矿的需要，丁文江那时经常往来于沈阳、北京、天津之间。根据实地观察，他对张作霖一系的军队和将校级军官的情形颇为了解，他特别忧虑在"直皖战争"之后将会由奉系军人控制北京政府，深怕在那个局势之下中国政治必然会变得更无法纪、更腐败、更黑暗。这是丁文江时常警告一班朋友的议论。他特别责备胡适"二十年不干政治，二十年不谈政治"的主张，对胡适说："你的主张是一种妄想，你们的文学革命，思想改革，文化建设，都禁不起腐败政治的摧残。良好的政治是一切和平的社会改善的必要条件。"在与朋友们谈话中，丁文江常说的一句话是："不要上胡适之的当，说改良政治要先从思想文艺入手！"

胡适接受了丁文江的批评，加上他本人的兴趣，从不谈政治转向了"发愤要谈政治"。

1922年5月胡适、丁文江等人创办《努力》周报，作为他们议论和批评政治的阵地。据胡适说丁文江是"最热心发起的"。

胡适撰写了《我们的政治主张》一文，鼓吹"好政府主义"。他说："我们的根本态度是要国中的优秀分子平心降格地公开'好政府'一个目标，作为现在改革中国政治的最低限度的要求。而下手的第一步是要求国中自命'好人'的人们出来批评政治、干预政治、改革政治。"丁文江认为："我们中国政治的混乱，不是因为国民程度幼稚，不是因为政客官僚腐败，不是因为武人军阀专横——是因为'少数人'没有责任心而且没有负责任的能力。"所以他在《少数人的责任》一文中强调："要认定了政治是我们唯一的目的，改良政治是我们唯一的义务。不要再上人家的当，说改良政治要从实业教育着手。"丁文江和胡适在《努力》上一唱一和，尽管他们的具体主张不尽相同。

胡适说："在君是一个欧化最深的中国人，是一个科学化最深的中国人。在这一点根本立场上，眼中人物真没有一个人能比上他。"1923年"科学与玄学"的论战就是由丁文江发起的，批评的对象是《人生观》的作者张君劢。针对张君劢所谓"自孔孟以至宋元明之理学家，侧重内心生活之修养，其结果为精神文明"，丁文江尖锐地抨击这种"提倡玄学，与科学为敌"的论调"有误青年学生"。他用优美的文字颂扬科学，阐述科学的人生观：

"科学……是教育同修养最好的工具。因为天天求真理，时时想破除成见，不但使学科学的人有求真理的能力，而且有爱真理的诚心。无论遇见什么事，都能平心静气去分析研究，从复杂中求简单，从紊乱中求秩序；拿伦理来训练他的意想，而意想力愈增；用经验来指示他的直觉，而直觉力愈活。了然于宇宙生物心理种种的关系,才能够真知道生活的乐趣。这种活泼泼的心境,只有拿望远镜仰察过天空的虚漠、用显微镜俯视过生物的幽微的人,方能参领的透彻,又岂是枯坐谈禅妄言玄理的人所能梦见?"

胡适后来高度评价了丁文江在这一场论争中的作用,说:"回想那一场论战的发难者,他终身为科学戮力,终身奉行他的科学的人生观,运用理智为人类求真理,充满着热心为多数谋福利,最后在寻求知识的工作途中,歌唱着'为语麻姑桥下水,出山要比在山清',悠然地死了。——这样的一个人,不是东方的内心修养的理学所能产生的。"胡适本人对"东方文明"即中国固有文明的批判,比丁文江更有过之而无不及。

胡适和丁文江都是中英庚款顾问委员会的中方委员(另一位是王景春)。1926年3月中英庚款顾问委员会在上海召开会议,中、英双方委员出席,并到汉口、南京、杭州、北京、天津等地访问。7月下旬胡适随英方委员取道苏联到伦敦出席全体委员会议,丁文江没有一同前往,因为此时他接受了北洋军阀孙传芳的委派,就任淞沪商埠总办一职。这在一些人的眼中成了丁文江依附军阀的一大诟病,不过胡适却肯定他做淞沪总办时,"一面整顿税收,一面采用最新式的簿记会计制度",仅仅不到一年"就能建立起一个大上海市的政治、财政、公共卫生的现代式基础"。在胡适看来丁文江是治世之能臣:"在那个时代,在君曾对我说:'许子曾说曹孟德可以做治世之能臣,乱世之奸雄;我们这班人恐怕只可以做治世之能臣,乱世之饭桶罢!'这句自嘲的话,也正是在君自赞的话。"

作为我国第一代地质学科的奠基者与带头人,丁文江1929年曾负责对西南诸省的地质调查,并兼任地质调查所新生代研究室名誉主任。由他主编的《中国古生物志》,在地质学界极有影响。

1931年初胡适就任北大文学院长。举措之一是设立"研究教授"职位,待遇比一般教授高出四分之一,授课时间也比一般教授少。所聘者均为出类拔萃、国内一流的专家学者。首批入选的"研究教授"有15位,丁文江为其中之一。这样,从1931年起丁文江担任北京大学地质学教授整整有三年时间。这也是他一生中最快乐的三年。

丁文江"是天生的最好教师,因为他最爱护青年学生,因为他真能得到教师的乐处"。胡适日记中有这么一段记述:

"在君来吃午饭,谈了一点多钟。他是一个最好的教师,对学生最热心,对功课最肯费工夫准备。每谈起他的学生如何用功,他真觉得眉飞色舞。他对他班上的学生某人天资如何，某人工力如何，都记得清楚。今天他大考后抱了25本试卷来，就在我的书桌上挑出三个他最赏识的学生的试卷来，细细的看了，说：'果然！我的赏识不错！这三个人的分数各得八十七分。我的题目太难了！'我自己对他常感觉惭愧。"

丁文江的妻子史久元女士是一位和蔼可亲、诚恳热情、持家有方的贤惠妇人。他们夫妇同年，未曾生育子女。丁文江生平最恨奢侈，但也最注重生活的舒适和休息的重要，每年夏天都要找一个凉爽的胜地去避暑。这也是他"欧化最深"、"科学化最深"的生活方式之一。1924年夏天丁文江和史久元夫妇在北戴河租了房子，见胡适劳累过度，一再邀请胡适到北戴河去休养。胡适去玩了几个星期，丁文江和他常常赤着脚在沙滩上散步，有时也下水去洗海水浴或浮在水上谈天。唐元微之送白乐天两首绝句云："君应怪我留连久，我欲与君辞别难。白头徒侣渐稀少，明日恐君无此欢。自识君来三度别，这回白尽老髭须。恋君不去君应会：知得后回相见无？"八月十五中秋月圆之夜，两位朋友一起吟唱这两首绝句，第二天丁文江又依元微之原韵作了两首诗送给胡适：

留君至再君休怪，十日流连别更难。
从此听涛深夜坐，海天漠漠不成欢。

逢君每觉青来眼，顾我而今白到须。
此别原知旬日事，小儿女态未能无。

两位朋友在海边度过了几个星期愉快的闲暇的时光。"峰头各采山花戴，海上同看明月生。"丁文江的这两句诗就是生动的写照。

由于起居无度，不知节劳，胡适得了糖尿病，做点事腰背疼痛，夜里两点后不能安眠，不得不向学校请了病假到南方养病。丁文江说他的家庭生活太不舒适，硬逼着胡适搬家，并越俎代庖，替胡适定了一所房子。"小脚太太"江冬秀嫌每月80元房租太贵，丁文江就给房主说妥，每月向这位胡家主妇收70元房租，另外10元由他来垫付。这件事让胡适终生难忘，他十分感激丁文江暗中慷慨相助，说"这样热心爱管闲事的朋友是世间很少见的"。

胡适曾这样描述过丁文江："在君的为人是最可敬爱、最可亲爱的。他的奇怪的眼光，他的虬起的德国威廉皇帝式的胡子，都使小孩子和女人见了害怕。他对不喜欢的人，总得斜着头，从眼镜的上边看他，眼睛露出白珠多，黑珠少，怪可嫌的！我曾对他说：'从前史书上说阮籍能作青白眼，我向来不懂得；自从认得了你，我才明白了'白眼对人'是怎样一回事！'他听了大笑。其实同他熟了，我们都只觉得他是一个最和蔼慈祥的人。他自己没有儿女，所以他最喜欢小孩子，最爱同小孩子玩，有时候他伏在地上作马给他们骑。他对朋友最热心，待朋友如同自己的弟兄儿女一样。"

1934年6月丁文江接任中央研究院总干事，到他逝世止为时一年半。胡适高度评价他"把这个全国最大的科学研究机关重新建立在一个合理而持久的基础之上"。

就在中央研究院总干事任上，1935年12月丁文江应铁道部长顾孟余之邀，赴湖南探查粤汉铁路沿线的煤矿资源。当时日本帝国主义者正加紧全面侵华战争的步伐，华北地区煤矿岌岌可危，一旦陷于敌手，必须另外在南方寻找可开采的煤矿资源，以支持战争和工业以及民生的迫切需要。丁文江是著名的地质学家，他怀着深深的"忧患意识"，亲自出马，在第一线考查粤汉铁路一带的煤矿储量与开采现状。湖南省湘潭县谭家山是他考察的重点，因为那是沿粤汉铁路唯一的重要煤矿。从当时的一项记载中，可以看到丁文江对工作极端认真负责的献身精神，和一丝不苟的严格的科学态度：

"七日晨九点钟，在君先生由南岳乘铁路局汽车到茶园铺。此地距矿山约十五里，有人主张雇轿去，但在君先生坚不肯从，决定步行。未及休息，即向谭家山进行。沿路所见的岩层，他必仔细测量其倾角及走向。……

"午餐后，下洞考察。矿洞倾角四十五度，斜深一百七十公尺。洞内温度甚高，着单衣而入，亦汗流浃背。然年事已高的在君先生竟不畏艰苦，直到洞底，亲测煤系倾角及厚度，始行出洞。事前王晓青君劝请勿入，由他代下洞勘测，亦不允许。

"在君先生出洞时，衣服已尽湿。由洞口到公事房，约百余公尺，洞外空气是极冷的。在君先生经过这百余公尺的旷野，到公事房，坚不肯入浴，因为已是下午五时，他还要赶回南岳歇宿。他将汗湿的衣服烘干，加上外衣，径回茶园铺车站……"

连日的奔波劳累，加上极热极冷的迅速转换，丁文江感冒伤风了。所以第二天他在衡阳生了炉火，关闭了窗户，服了一片安眠药才睡觉。不料煤气中毒，株(州)韶(关)铁路局的医生救治又不甚得法，按溺水的人施以人工呼吸，弄断了一根肋骨，种下了"胸脓"的祸根，一旦溃裂而不可收拾，于1936年的元月5日去世。

消息传来，知识界为之震动。胡适当即写了《丁在君这个人》(1936年2月)，其中有两首诗写道：

　　　　明知一死了百愿，无奈余哀欲绝难！
　　　　高谈看月听涛坐，从此终生无此欢！

　　　　爱憎能作青白眼，妩媚不嫌虮怒须。
　　　　捧出心肝待朋友，如此风流一代无！

对故人的怀念有如绵绵不尽的流水，二十年后胡适在台湾又撰写了十多万字的《丁文江的传记》(1956年)。最后一段结束性的文字是这样说的：

在君是为了'求知'死的，是为了国家的备战工作死的，是为了工作不避劳苦而死的。他的最适当的墓志铭应该是他最喜欢的句子：

　　　　明天就死又何妨！
　　　　只拼命做工，
　　　　就像你永永不会死一样！

是的，丁文江永远不会死，他活在胡适和众多人的心里。

徐志摩

徐志摩(1897-1931)，名章垿，字志摩，浙江海宁人。幼读私塾，1911年入杭州府中学。1914年秋考入北京大学预科，后期拜梁启超为师。1918年赴美留学。因慕英国哲学家罗素的大名于1920年转赴伦敦，入剑桥大学研究院攻读政治经济学博士。在剑桥留学期间，深受欧美浪漫主义和唯美派诗人的影响。

1922年回国，在北京松林图书馆工作，并经常在报刊上发表诗作，博得了"新诗人"的桂冠。1924年徐志摩与梁实秋、闻一多、陈西滢等留学英美的文人，在北京组织了一个社团"新月社"。1927年在上海办了一个新月书店，1928年3月出版《新月》月刊（由新月书店发行）。"新月社"、新月书店、《新月》月刊组成了活跃于中国文坛的"新月"系，它们虽然都以"新月"冠名，但又并不完全是一回事，前后人员也有所变动，惟徐志摩、梁实秋、闻一多是贯彻始终的人物。

在现代文学史上，胡适最早倡导用白话写新诗，他的《尝试集》又是最早出版的个人新诗集。大凡用白话写新诗者，不论何人何派，也不论成就大小，其实都是跟着胡适的脚印走，尽管后来有的人超过了他，跑在了"先行者"胡适的前面。徐志摩也不例外。"新月社"成立之后，胡适和徐志摩的关系更为密切，用梁实秋的话来说："胡先生当然新月的领袖，事实上志摩是新月的灵魂。"

1923年夏胡适在杭州西湖烟霞洞养病期间，徐志摩曾去看望过胡适，他们和几个朋友一起游西湖，观海潮，玩得真是不亦乐乎。胡适日记中记载云：

"下午一时，志摩自硖石来。我们闲谈甚久。

"到湖心亭，看月。我在石板上仰卧看月，和志摩、经农闲谈。后来又到平湖秋月，人都睡了。我们抬出一张桌子，我和志摩躺在上面，我的头枕在他身上，月亮正从两棵大树之间照下来，我们唱诗高谈，到夜深始归。"

多么亲昵的场面！"我的头枕在他身上"，"月亮正从两棵大树之间照下来"……如果不是胡适和徐志摩两个大老爷们儿，如果换了一男一女，此情此景岂不是绝好的恋爱场面？

胡适和徐志摩的友谊由此可见非同一般。

徐志摩的日记中也有相关的记载，如："与适之谈，无所不至，谈书谈诗谈友情谈爱谈恋谈人生谈此谈彼，不觉夜之渐短。"

他们两个都是诗人，谈诗论诗自然成为重要内容。胡适主张"诗的原理"应以"明白"和"有力"为主要条件，徐志摩不尽以为然，他认为 massively（雄伟、庄严）才是一个要件。不过徐志摩当时不能自申其说，所以未能让胡适心服。"自申其说"云云乃是名教授大学者胡适博士的长项，而诗人徐志摩却未必能讲出多少道道出来。反之做诗是徐志摩的长项，被时人誉为"诗哲"、"诗豪"，胡适则如他自己所说"提倡有心，创作无力"。

徐志摩做了一首《灰色的人生》，胡适大加赞叹，说"志摩寻着了自己了！"徐志摩又做了一首长诗《天宁寺闻礼忏声》，胡适读了更是觉得"气魄伟大"。1923年10月25日他在日记中说：

"志摩对于诗的见解甚高，学力也好，但他一年来的作品，与他的天才学力，殊不相称。如在《努力》上发表的《铁栊歌》，他自己以为精心结构之作，而成绩实不甚佳。我在山上也如此对他说。我当时以为这还是工具不曾用熟的结果。及见《灰色的人生》，始觉他的天才与学力都应该向这个新的，解放的，自由奔放的方面去发展。《铁栊歌》时代的枷锁镣铐，至此才算打破。志摩见我赞叹此诗，他也很高兴。此次《天宁寺》一首，他说也是因为我赞叹《灰色的人生》，他才决定采用这种自由奔放的体裁与音节，此诗成绩更胜于《灰色的人生》，志摩真被我'逼上梁山'了！"

徐志摩的这首诗全名《常州天宁寺闻礼忏声》，其中写道："有如在火一般可爱的阳光里，偃卧在长梗的，杂乱的丛草里，听初夏第一声的鹧鸪，从天边直响入云中，从云中又回响到天边：／……我听着了天宁寺的礼忏声！／这是哪里来的神明？人间再没有这样的境界！／这鼓一声，钟一声，磬一声，木鱼一声，佛号一声……乐音在大殿里，迂缓的，曼长的回荡着，无数冲突的波流谐合了，无数相反的色彩净化了，无数现世的高低消灭了……／这一声佛号，一声钟，一声鼓，一声木鱼，一声磬，谐音盘礴在宇宙间——解开一小颗时间的埃尘，收束了无量数世纪的因果；／……"

这首诗显然具有美国诗人惠特曼的风格。胡适说："英美诗中，有一个惠特曼，而诗体大解放。惠特曼的影响渐被于东方了，……我很希望志摩在这一方面作一员先锋大将。"郭沫若也深受惠特曼的影响，不过胡适更看好徐志摩。原因就在于他和郭沫若"道不同，不相为谋"，而他和徐志摩则是"人以群分，物以类聚"，同声相应，同气相求，属于"自由主义"一伙子。

徐志摩是一个多情种子，与发妻张幼仪结而后离，又陷入与林徽音镜花水月的苦恋。胡适此次到杭州西湖烟霞洞，名曰"养病"实则与表妹曹诚英共尝"婚外恋"的苦果。他们两个人都有各自的难言之隐。当徐志摩看了胡适写的《烟霞杂诗》，便问胡适"尚有匿而不宣者否？"胡适红着脸回答说"有"。胡适问徐志摩他与林徽音是否在"冒险"，徐志摩只得对曰"大约梦也"。又在一封写给胡适的信里，叙说自己的苦闷心情道：

"我在家里，真闷得慌。……也不知怎的，像是鸽子的翎毛让人剪了，再也飞腾不起来。我在这里只是昏昏的过时间！我分明是有病；但有谁能医呢？"

后来徐志摩找到了一为医治他"心病"的人，不过不是名医，而是一位名媛——陆小曼。

陆小曼原本是有夫之妇，徐志摩与陆小曼狂热的倍受指责的结合，被梁启超骂了个狗血喷头,胡适却是徐志摩和陆小曼婚事的撮合者,他称赞这是徐志摩"冒了绝大的危险,费了无数的麻烦,牺牲了一切平凡的安逸,牺牲了家庭的亲谊和人间的名誉,去追求,去试验一个'梦想之神圣境界'"。胡适为这一对情侣帮了不少忙,夫人江东秀女士为此一再同他吵嘴。

胡适1926年7月赴伦敦出席中英庚款顾问委员会全体委员会议,途中经过莫斯科,当时他曾写信给徐志摩,对苏俄"发愤有为的气象"尤其是教育颇多称赞,认为"不能单靠我们的成见就武断社会主义制度之下不能有伟大的生产力",同时又提倡"新自由主义"或曰"自由的社会主义"。徐志摩作有长信回复,对胡适关于苏俄的意见表示"不很能赞同"。

在访欧期间,胡适曾托老朋友恩厚之帮忙,让徐志摩与陆小曼到欧洲住上两三年。但恩厚之给徐志摩寄去了一笔汇款,徐志摩却因种种原因未能起程。以后徐志摩就与陆小曼在上海定居下来,胡适访欧回国之后也在上海住了三年半,期间与徐志摩等"新月派"朋友出版《新月》月刊,又成立"平社",出版《平论》周刊。"新月书店"胡适是先入股后又退出。

徐志摩对英国女作家曼殊菲儿的作品情有独钟,曾译有《曼殊菲儿小说集》,1927年由上海北新书局出版。张友松在《春潮》第二期上发表文章,不仅指责徐志摩的译文有这错那错,而且同"哲"、"诗"、"豪"甚至同"他家里的某宝贝"无端联系起来,带有明显的"宰人"的意味。胡适随即在1929年2月出版的《新月》第一卷第十一期上,发表了一封《论翻译》的长信,批评张友松的态度"未免令读者发生不愉快的感想"。他为徐志摩辩护说:

"翻译是一件很难的事,谁都不免有错误。……

"翻译曼殊菲儿,更有难事。她的小说用字造句都有细密的针线,我们粗心的男人很难完全体会。民国十二年,我和志摩先生发起翻译曼殊菲儿的小说,我译的一篇是《心理》,译成一半,就搁下了,至今不敢译下去。

"志摩却翻成了好几篇,他的热心居然使许多不能读原文的人得读曼殊菲儿的代表作品,这是我们应该感谢的。

"他的译笔很生动,很漂亮,有许多困难的地方很委屈保存原书的风味,可算是很难得的译本。他的译本也许不能完全没有一两处小错误。若有人能指出他的一些错误,我想志摩一定很感谢。志摩决不是护短的人,他一定很愿意订正。"

印度诗翁泰戈尔曾两次来中国访问。胡适和徐志摩一起参加了欢迎活动,一次是1924年在北京,另一次是1929年在上海。另外,在1929年胡适的日记中,与徐志摩相关的记载尚有以下二则：

"志摩送来张寿林编的贺双卿《雪压轩集》，……我疑心双卿是史震林的捏造品。所传诗词，有几首可诵的词，其实不很佳。志摩过于推崇，张寿林推崇尤甚，皆失其平。

"看志摩的病，谈了许久。

"志摩近读《醒世姻缘》旧木刻本，颇嫌此书噜苏，不信此是蒲留仙的手笔，他竟不能终卷。

"下午我把亚东排印的清样送给他看，他后来打电话来，说，此书描写极细腻，的是名家作品。此本标点分段，故易见书中精彩。版本之重要有如此之大！"

徐志摩尽管稿费收入不菲，仍难以维持家中偌大的开支。交际花似的陆小曼是挥霍惯了的，诗人哪能养得起？徐志摩只有一个法子：拼命地挣钱。他开办新月书店，又在光华大学、大夏大学和南京中央大学教书。然而照样人不敷出，徐志摩很是发愁。

胡适在为他想办法，一则日记中云：

"到《哲学评论》社聚餐，忽然志摩到了。

与志摩谈别后事，劝他北来回北大。"

胡适1931年担任北大文学院长，出于中兴北大的需要，同时也出于对徐志摩的同情与帮助，聘请徐志摩到北京大学任研究教授。"研究教授"职位是胡适创立的，待遇比一般教授高出四分之一，但徐志摩是诗人，不是学者，他教书也只是玩票，所以接到胡适的聘请后不免"自视阙然，觉得愧不敢当"。胡适虽然也觉得"志摩之与选，也颇勉强。但平心论之，文学一门中，志摩当然可与此选"。这样，徐志摩就名列在了北大中基会合作研究特款顾问委员会第一次聘请的15位研究教授之中，时间为1931年8月5日。

徐志摩到北平后，就住在胡适家里。那是座落于米粮库胡同4号的一所小洋楼，进门有一个称为"百松园"的长方形的小院子，顾名思义长着许多棵松树。徐志摩说胡大哥的家"比较宽舒，外加书香得可爱"，胡适便将楼上一大间向阳的房子让给他住，徐志摩在这里备课，写诗，写信……每天下午由罗尔纲陪着到北海公园散散步，权当休息。胡适的夫人江冬秀酷爱方城之戏，胡家晚上常有人来打麻将，但徐志摩从不参与。

亚东图书馆标点重印《醒世姻缘》，请胡适作序，但胡适因为没有考证出作者"西周生"究竟是谁，所以拖了六七年序言一直未写。胡适有意与徐志摩合作，由徐志摩对这部小说做文学的批评,由他做历史的考据,所以便利用徐志摩住在他家里的机会,把这位作诗的诗人在小楼上"关"了四天,"逼"徐志摩写了一篇《醒世姻缘》的长序,足有9千字,是徐志摩生平最长最谨严的议论文字。胡适希望这是徐志摩安心做文学(研究)工作的开始。

徐志摩在北大开了两门课程:英国诗歌与翻译。有一次他拿了T.S.艾略特的一本诗集给胡适读,胡适读了几首,丝毫不懂得,并且不觉得是诗。徐志摩又拿了Joyce(乔伊斯)等人的东西给胡适看,胡适更不懂。又看了E.E.卡明斯的《It's 5》(《是5》),连徐志摩也承认不很懂了。胡适在日记中写道:

"志摩说,这些新诗人有些经验是我们没有的,所以我们不能用平常标准来评判他们的作品。我想,他们也许有他们的特殊经验,到底他们不曾把他们的经验写出来。

"志摩历举现代名人之推许T.S.Eliot(T.S.艾略特),终不能叫我心服。我对他说:'不要忘了,小脚可以受一千年的人们的赞美,八股可以笼罩五百年的士大夫的心思!'"

两个诗人,又是两位教授,再一次就诗歌展开了讨论。1931年初徐志摩还与陈梦家、方玮德创办了《诗刊》(季刊),胡适致信徐志摩谈了他对刊物和新诗的意见与希望:

"我读了《诗刊》第一期,心里很高兴,曾有信给你们说我的欢喜。我觉得新诗的前途大可乐观,因为《诗刊》的各位诗人都抱着试验的态度,这正是我在十五年前妄想提倡的一点态度。只有不断的试验,才可以给中国的新诗开无数的新路,创无数的新形式,建立无数的新风格。若抛弃了这点试验的态度,稍有一得,便自命为'创作',那是自己画地为牢,我们可以断定这种人不会有多大前途的。"

徐志摩除在北大讲课外,还在女子大学兼课。两校薪金共计580元,这对他的开支不无补益。看来他对北大的教书生涯还是满意的,他曾对欢迎他的英文系全体学生动情地说:

"我现在又回到北大来了。我在外面漂流了几年,重新的倒在母亲的怀里,觉得无限的沉着与甜蜜。"

这种感觉不是张幼仪给他的:他已经把这位最早与之结婚的女人淡忘了;也不是林徽音给他的:这个他曾经挚爱的女性留给他的只有拂之不去的苦涩和遗憾;甚至不是他费尽千辛万苦才寻觅到的陆小曼,现在这个女人他仍然狂热地爱着,但他总隐隐地感到其中潜伏着什么凶险——

"……湘眉那猫忽然反了,约了另一只猫跳上床来攻打我,凶极了,我几乎要喊救命。"

那种"无限的沉着与甜蜜"只有一个人给他,或者说给他创造了条件,提供了机会。这个人就是"胡大哥"胡适。

然而他终究放心不下陆小曼。他频繁来往于北平与上海之间,而最后一次是由南京乘中国航空公司的飞机北上,时间是1931年11月19日。中途飞机在山东济南附近因大雾误触西大山坠毁,才华横溢的一代"诗圣"不幸遇难,年仅三十六岁。胡适记述说:

"昨早志摩从南京乘飞机北来,曾由中国航空公司发一电来梁思成家,嘱下午三时雇车去南苑机场接他。下午汽车去接,至四时半人未到,汽车回来了。我听徽音说了,颇疑飞机途中有变故。今早我见《北平晨报》记飞机在济南之南遇大雾,误触开山,堕落山下,司机与不知名乘客皆死,我大叫起,已知志摩遭难了。电话上告知徽音,她也信是志摩。上午十点半,我借叔永的车去中国航空公司问信,他们也不知死客姓名。我问是否昨日发电报的人,他们说是的。我请他们发电去问南京公司中人,并请他们转一电给山东教育厅长何思源。十二点多钟,回电说是志摩。我们才绝望了!"

他在当天的日记中还写了一段话:"朋友之中,如志摩天才之高,性情之厚,真无第二人!他没有一个仇敌;无论是谁都不能抗抗(拒)他的吸力。"

徐志摩遇难后,北大召开了隆重的追悼会。胡适写了《追悼志摩》、《再忆志摩》两篇文章,表达自己对亡友的深切悼念之情:

"志摩走了,我们这个世界里被他带走了不少的云彩。他在我们这些朋友之中,真是一片最可爱的云彩,永远是温暖的颜色,永远是美的花样,永远是可爱。

"……志摩是走了,但他投的影子会永远留在我们心里,他放的光亮也会永远留在人间。他不曾白来了一世。我们有了他做朋友,也可以安慰自己说不曾白来了一世。我们忘不了他和我们在那交会时互放的光亮!"

一只可爱的猫蜷伏在胡适身后。这只猫是徐志摩生前送给他的,志摩最喜欢这只猫,管它叫"狮子"。胡适忽然萌生诗意,当即以《狮子》为题写了一首悼念亡友的诗:

狮子蜷伏在我的背后,

软绵绵的他总不肯走。
我正要推他下去，
忽然想起了死去的朋友。

一只手拍着打呼的猫，
两滴眼泪湿了衣袖：
"狮子，你好好的睡罢——
你也失掉了一个好朋友。"

诗人在悼念诗人，胡适在悼念徐志摩。

陈西滢

陈西滢（1896-1970），原名陈源，字通伯，笔名西滢。江苏无锡人。幼就读于无锡三等公学堂。1912年赴英国留学，长达10年之久，并于1921年获伦敦大学政治经济学院博士学位。1922年回国，应蔡元培聘请任北京大学英文系教授、系主任。他是"新月社"的成员之一，和徐志摩十分莫逆。陈西滢、徐志摩还与王世杰、周鲠生、陶孟和等人创办了《现代评论》周刊，陈西滢任文艺部主编，开辟《闲话》专栏。"新月社"和《现代评论》共同的精神领袖则是一个人——胡适。

陈西滢和胡适都是北大教授，又都属于西洋（欧美）留学派系。1922年在胡适与郁达夫、郭沫若就翻译问题展开的"对骂"中，陈西滢和徐志摩都站在了胡适的一边，他们称得上是同一条战壕里的战友。

胡适1925年1月17日的日记中，记载了他和陈西滢的一次谈话，内容涉及北大内部、善后会议和所办刊物等几个方面：

"晚上，到北大英文演说赛会作评判员，完事后与陈通伯同步行回到我家中，谈甚久。他说，他们盼望我们不办《努力周报》，而把《太平洋》归我来办。前者我本已与一涵说过，后者我也赞成。

"通伯说，昨夜他们（现代评论社）请精卫、稚晖等国民党领袖吃饭，席上力劝国民党加入善后会议。精卫说，他自己是如此主张，'先生'（孙文）也有此意。但到后来精卫倒在椅子上睡着了。

"通伯又谈北大所谓'法国文化派'结党把持,倾轧梦麟的情形,闻之一叹:'梦麟方倚此辈为心腹朋友呢!我虽早窥破此辈的趋势,但我终不料他们会阴险下流到这步田地!此辈者,李石曾、顾孟余、沈尹默一班人也。'"

陈西滢提到的"善后会议",是段祺瑞执政府于1925年2月在北京召开的,它打着"解决国是"的幌子,假惺惺地邀请孙中山北上共商大计,但实际上不过是各派系军阀划分势力范围的分赃会议。中国共产党、孙中山及其改组后的国民党,都对"善后会议"持反对的态度,主张召开国民会议解决中国政治问题。胡适作为知名学者,受到"国民会议促成会"和"善后会议"两方面的邀请,许多人都劝胡适不要出席"善后会议",但胡适却认为"会议式的研究时局解决法总比武装对打好一点",执意参加了由段祺瑞执政府召开的"善后会议"。他的这种态度受到社会上的不少批评,有的批评来自年青学生,语气十分尖锐,指责胡适同梁启超、章士钊拥戴段祺瑞是"认贼作父","卖身于段贼"。

在随后发生的女师大事件中,胡适和陈西滢都反对北大宣布独立,与北洋政府脱离关系。陈西滢还在《现代评论》第3卷第57期上发表了一篇《闲话》,说什么女师大风潮系由"在北京教育界占最大势力的某籍某系的人在暗中鼓动",污蔑女师大是"臭毛厕",说"现在的女学生是都可以叫局"的。明眼人一看就明白:"某籍"指浙江,"某系"指北大国文系,针对的都是周氏兄弟。这篇《闲话》首先招来了周作人的一顿痛骂,继而又遭到鲁迅逐句逐条的驳斥。在《并非闲话》一文中,鲁迅用他无比犀利的笔锋,揭露并指责陈西滢"自在黑幕中,偏说不知道;替暴君奔走,却以局外人自居;满肚子怀着鬼胎,而装出公允的笑脸;有谁明说出自己所观察的是非来的,他便用了'流言'来作不负责任的武器"。

据有的研究者说:陈西滢其实没有讲过"现在的女学生是都可以叫局"那样下流的话,他只是跟别人议论过这句话。但不管怎么讲,这仇恨总是结下了,鲁迅以后经常拿现代评论派的"正人君子"们开刀,陈西滢根本不是鲁迅的对手。

胡适因到上海出席中英庚款顾问委员会,并随访问团到汉口、南京、杭州、天津等地考察,所以由陈西滢的《闲话》引发的这场争论他没有直接参加。临出国赴伦敦之前,1926年5月24日,他"怀抱着无限的友谊的好意,无限的希望",给鲁迅、周作人和陈西滢写了一封劝和的信,恳切地说:

"你们三位都是我很敬爱的朋友;所以我感觉你们三位这八九个月的深仇也似的笔战是朋友中最可惋惜的事。我深知道你们三位都自信这回打的是一场正谊之战；所以我不愿意追溯这战争的原因与历史，更不愿评论此事的是非曲直。我最惋惜的是，当日各本良心的争论之中，不免都夹杂着一点对于对方动机的猜疑；由这一点动机上的猜疑，发生了不少笔锋上的情感；由这些笔锋上的情感，更引起了层层猜疑，层层误解。猜疑愈深，误解更甚。结果便是友谊上的破裂，而当日各本良心之主张就渐渐变成了对骂的笔战。

"我是一个爱自由的人——虽然别人也许嘲笑自由主义是十九世纪的遗迹，——我最怕的是一个猜疑、冷酷、不容忍的社会。我深深地感觉你们的笔战里双方都含有一点不容忍的态度，所以不知不觉地影响了不少的少年朋友，暗示他们朝着冷酷、不容忍的方向走！这是最可惋惜的。

"敬爱的朋友们，让我们都学学大海。'大水冲了龙王庙，一家人不认得一家人。'他们的'石子'和秽水，尚且可以容忍；何况'我们'自家人的一点子误解，一点子小猜疑呢？

"亲爱的朋友们，让我们从今以后，都向上走，都向前走，不要回头踩那伤不了人的小石子，更不要回头来自相践踏。我们的公敌是在我们的前面；我们进步的方向是朝上走。"

以上就是胡适对这场争论的态度。他回避了鲁迅同陈西滢的实质性分歧，客观上起到了掩护陈西滢的作用，而他那一片劝和的诚心又无异于事后诸葛亮。

1927年陈西滢与女作家凌淑华结婚后，夫妇俩同赴日本寓居。胡适访问欧美归国途中经过日本，因日本费用太高，难以久住，所以只停留了三个多星期便回上海去了。彼时"四一二"政变刚发生不久，国内政局纷繁、险恶，出于对老朋友的关心，陈西滢劝胡适千万不能回北平去，上海又乌烟瘴气，不如也和他们夫妇一样东渡日本，在樱花树下埋头做学问。

"国事我觉得很难乐观"，他在一封信中这样对胡适说："如胡太太同来，更不成问题了。这样一家的开销，一定不会比上海贵，而心身宁静，学问的空气浓厚，西京有的是中国书和汉学者，做你的工作，亦当然比上海方便。"

胡适没有去日本，而陈西滢和凌叔华夫妇1928年回国担任了武汉大学的教职，办了一个《文哲季刊》。据陈西滢说，武汉大学的精神实在可以算不坏，但武汉地方的环境实在也可以说不能更坏，凌叔华时时闷得要哭。"全得靠活人中的活人来给我们些新东西、新养料。我们尤其希望你给我们些勇气，给我们些鼓励，每期至少给我们一篇文章，使我们可以继续的与环境奋斗，继续的在这里勉强住下去"。陈西滢一如既往，把胡适当作了精神领袖，当做了"大哥"。

另外，从凌叔华写给胡适的信里，也可以看出这位"大哥"在他们夫妻心目中的地位：

"通伯身体倒是比从前好许多，只是学校事及教课忙，一点时间也剩不下写文章，我觉得可惜。他有时见人家都有成绩，未免自己也要难过，可是事情又不能不管。

"他原不打算终身教书，有一天能帮你忙，靠近你更好了。（他一向就说在文学界里，你同志摩是最爱惜他的人，所以我一向也觉得只有对你同志摩才谈起通伯的事业。）不过他怕你是为了他忘了自己（这两句话他没有叫我说）。……你认识他比我久，你也知道他对你也同志摩一样爱敬，他没有话要避你的。

"我这几年更无成绩可言，本来自己早就觉得，墙角的蟋蟀，多叫几声与少叫几声有什么要紧？有了这种原因，自己更可原谅自己了。不过这两三年我脚没有停过，我的耳目不在城里在乡里，我比我们的朋友多认识一些真的中国人，他们是平凡穷困的人。……"

1929年陈西滢出任武汉大学文学院院长。他请胡适帮忙为武大聘用专门人才，点名要顾颉刚来担任中国史教授。不过，他对胡适提倡整理国故，以及为青年学生开列国学最低限度阅读书目，却有些不同的看法："……不幸的是胡先生在民众心目中代表新文学运动的唯一的人物。他研究国故固然很好，其余的人也都抱了线装书咿呀起来，那就遭了。"

另外，陈西滢评论胡适的著作，单取《胡适文存》不取《中国哲学史大纲》，对此胡适说：

"西滢究竟是一个文人，以文章论，《文存》自然远胜《哲学史》。但我自信，中国治哲学史，我是开山的人，这一件事，要算是中国一件大幸事。这一部书的功用能使中国哲学史变色。以后无论国内国外研究这一门学问的人都躲不了这一部书的影响。凡不能用这种方法和态度的，我可以断言，休想站得住。"

抗战爆发后，武汉大学由武昌内迁至四川乐山，陈西滢夫妇随校前往。他在致胡适的一封信中说："抗战时期后方生活稍苦，一般人们的脾气也较大，许多学校都有磨擦或风潮，武大也不例外。"胡适在美国帮他联系转至昆明西南联大，陈西滢十分感激，对胡适说：

"由于兄的一信，北大曾邀我下年度去昆明。兄在数万里外，如此热切的关心，实在非常的感激。我对于武大的前途，已经完全绝望，在此已丝毫不感觉兴趣，所以有机会脱离，决不轻易放过。而我最愿意去的地方也莫过于西南联大——此时国内大学负盛誉者也只有西南联大。北大见招,在我是最理想,最冀希的。"

可是经过长时间的考虑之后,陈西滢还是放弃了这次难得的机会。原因是他有年已七十五岁的老母需要照顾,战时交通困难,迁徙多有不便甚或发生意外。"如我他行,既无法同走,又无人可托。所以无论我怎样厌恶这地方,暂时只有勉强的在此住下去了。兄之盛情,没有能利用,是很可惜的,但是感激之心,是一样的深"。

1940年蔡元培去世后,中央研究院推选继任院长。陈西滢是中研院评议员,他认为胡适是"最适当的人选",但驻美大使的"使命太重要",所以又不愿意让胡适"在此时离开美国"。想来想去,陈西滢提出了一个方案:由吴稚晖暂时出任院长,等和平之后,吴老先生年事太高,那时再推举胡适为院长。不过最后决定由朱家骅代理中央研究院院长。

陈西滢对胡适出任驻美大使是十分支持和看重的,他对胡适说:"兄之职责,一向非常的重大,此时更比任何时期,任何其他使节,重大得多。"陈西滢自己对国际问题也很感兴趣,写了一些关于国际形势和欧洲战事的短文,登载在《大公报》、《扫荡报》、《益世报》上。他选了其中一篇《论三国同盟》给胡适寄去,并告之"此文刊出后,英大使曾手函称谢,弟之有亲英派之名,良有以也!"又说:"近来全国充满了乐观的空气,与滇缅路封锁时,几乎有天渊之别。一般向来没有信心的人现在也觉得中国不至失败了。谁都眼睛望着美国,谁都同时望着你和(宋)子文先生,希望为国珍重!"

陈西滢有着留英十年又获得博士的学历,有着北大教授、英文系主任和武汉大学文学院院长的资历,关注国际问题又有"亲英派"的名声,所以也实在是一位难得的外交人才。1945年11月1日至16日,联合国教育科学文化组织在伦敦召开第一次会议,中国代表团由胡适任首席代表,代表团成员有李书华、程天放、陈西滢、赵元任。(首席代表原为教育部长朱家骅,因朱家骅国内事务繁巨,改为由胡适担任)

陈西滢是代表团中打前站的,他9月先赴伦敦参加筹备会议,并从伦敦致信胡适,就会议中各国代表争论最多的"组织法草案"和"议程范围"两个问题向胡适通报情况。陈西滢在信中说:"自有教育文化会的决议,我们即希望你来代表中国出席。现命令已发表,而且听杨钟健兄说,你已决定来英一行,真是无限的高兴。希望你及元任兄能于开会前几天到,可以多一点准备。"因为代表团下榻的伦敦最高贵的旅馆,非穿晚礼服不能到餐厅吃晚饭,所以他叮嘱胡适和赵元任一定要把晚礼服带上。陈西滢的晚礼服是借用的,他请胡适为他代买晚礼服用的衬衣二件和领子半打。二战刚刚结束,英国货物奇缺,只好从美国买来。装绅士也要煞费苦心。

胡适在伦敦出席了联合国教育科学文化组织第一次会议之后,便回美国去了。陈西滢作为中国代表常驻伦敦,处理有关事务。执委会要求各代表团提出对于教育、科学工艺议案,陈西滢向胡适报告:"至望兄等参考各方意见,提出一个提纲挈领、简括详尽的方案。"1946年12月美英两国代表就教科文组织秘书长一职由谁担任争执不下,陈西滢和赵元任联名致电教育部并转胡适,建议由胡适出任:

"教科文组织秘书长事,美将原推弼德尔名取消,同时反对赫胥黎甚力,形成僵局,均愿拥护第三者,但必须世界名人。理事会密会中不止一国提兄名,认为最合理想。如成事实,有两好处:(一)此职西名为指挥总裁,权威甚高;我国得此,不但使国家地位作空前之猛跃,且可得实际利益甚多。(二)英美之争为此会目前一大危机,兄出解决亦可成一大贡献。故弟等极赞成接受,惟理事会须知本人是否有接受可能,始能正式提出。盼速予考虑复电……"

此时胡适已就任北大校长,他让胡颂平代复一电,云:"此事弟绝对不能考虑,乞谅。"

中华人民共和国成立以后,1956年外交部顾问周鲠生赴瑞士出席"世界联合国同志会"后,又应"英联合国同志会"邀请访问伦敦。陈西滢和周鲠生过去曾经在武汉大学共事,分别多年后在伦敦重见,实属难得。两人谈话中自然提到了一位共同的老朋友——胡适。周鲠生负有中共高层领导委托的一项秘密使命:通过陈西滢与胡适联络。周鲠生同时也劝陈西滢回大陆看一看。陈西滢随后给胡适写了一封信,将他和周鲠生的谈话内容作了扼要的介绍,供胡适作决定时参考:

"我说起大陆上许多朋友的自我批判及七八本'胡适评判'。他说有一时期自我批判甚为风行,现在已过去了。

"对于你,是对你的思想,并不是对你个人。你如回去,一定还是受到欢迎。我说你如回去看看,还能出来吗?他说'绝对没有问题'。

"他要我转告你,劝你多做学术方面的工作,不必谈政治。他说应放眼看世界上的实在情形,不要将眼光拘于一地。"

胡适以"没有胡适的思想就没有胡适"为由,拒绝了中共方面向他伸出的橄榄枝。陈西滢也没有回大陆看一看,于1970年客死伦敦。

林语堂

林语堂(1895-1976),原名和乐,后改玉堂、语堂。福建龙溪人。受基督教家庭出身影响,1912年入上海圣约翰大学。1916年毕业后,由校方推荐到清华学校任英文教员。1919年秋赴美国哈佛大学留学,1922年获文学硕士学位。同年转赴德国莱比锡大学专攻语言学,并于1923年获博士学位。后回国任北京大学教授、女子师范大学教务长和英文系主任。1926年到厦门大学任文学院长。1927年任外交部秘书。

林语堂曾是《语丝》的主要撰稿人之一。以后又先后主编《论语》半月刊(1932年),创办《人间世》(1934年)和《宇宙风》(1935年)。提倡"以自我为中心,以闲适为格调"的小品文,成为"论语派"的主要人物。

据林语堂在《我最难忘的人物——胡适博士》一文中回忆说:"1918年,他回到北平了,已成了全国知名的文学革命提倡者。我以北大教员的身份前去迎接他。"这段回忆显然与事实有所出入:胡适从美国归来并到北京的时间为1917年8月底,那时林语堂在清华学校任英文教员,并非是北大教员,而"清华学校"改名为"清华大学"则是十年之后即1928年的事。也是在1928年,在南京建都的国民政府为避免两"京"相混甚至形成对峙,将北京改名为北平。

胡适提倡用白话写诗作文,致力于国语统一与标准化,为此同封建复古派进行了激烈的论争。他曾对青年说:如果你们在研究了中国语言的实际状况以后还不同意我的看法,再出来反对就是了。当时林语堂写了一篇关于通俗英文和意大利文演进的文章,在英文报纸上发表后引起了胡适的注意。所谓"通俗英文和意大利文",不就是英国和意大利的白话么?人家的"通俗"能"演进",为什么我们的白话文学不能成为正宗?

胡适又找到了一个支持者:林语堂。

林语堂和胡适熟悉起来,大约是在这之后与胡适资助林语堂留学有很大关系。

1919年,清华学校的年轻教师林语堂,获得了美国哈佛大学的"半奖",每月40块美金。林语堂已经结婚,这些钱是养不活一对夫妇的,但要因此失去了赴美留学的机会,又实在有些可惜。在北京大学任教的胡适知道了林语堂的困难,就向他说:"你回国以后到北大来教书,我们每月补助你40块美金"。就是这么一句话,没有任何契约,这对新婚夫妇就启程了。

到了美国，林语堂的妻子廖凡女士生病了，需要住院开刀。没有钱，林语堂只好打电报给胡适，马上收到500美元的支票，他靠这笔钱治好了妻子的病。

结束了在哈佛的学程，林语堂和廖凡这对奋斗的年轻人，到法国教华工识字，辛勤工作了一年，积蓄了一些钱。又到德国莱比锡大学深造。这是一段困苦的日子，他们的积蓄花完了，在绝望中，胡适又寄来了一千美金，帮他们解了围。

1923年，林语堂离开了博士学位考试的试场，牵着即将临盆的太太的手，跳上回国的轮船，辗转到了北京。见到北大代校长蒋梦麟博士，他一再感谢北大的帮助。蒋梦麟先是惊讶，接着哈哈大笑，原来胡适寄的两次钱，都不是北大的什么"补助金"，而是胡适自掏腰包。这份"无声的援助"，体现出了胡适的助人之心与成人之美。

林语堂本人后来是这么说的："1920年，我获得官费到哈佛大学研究。那时胡适是北大文学院院长（应为北大教务长——引者注）。我答应他回国后在北大英文系教书，不料到了美国，官费没有按时汇来，我陷入困境，打电报告急，结果收到了2000美元，使我得以顺利完成学业。回北平后，我向北大校长蒋梦麟先生面谢汇钱事。蒋先生问道：'什么2000块钱？'原来解救了我困苦的是胡适，那笔在当时近乎天文数字的钱是他从自己腰包里掏出来的。他从未对我提起这件事，这就是他的典型作风。"

虽然记述的具体时间与某些细节有所出入，但都表现出了胡适的作风与品质。

林语堂回国后在北大任英文系教授。胡适和他又都是先后从美国留学回来的博士，自命不凡，老子天下第一。胡适曾引用伊拉斯摩斯从意大利回国时的一句豪言壮语，对林语堂说：

"我们回来了。一切都会不同了。"

他们两人接触的机会很多，切磋学问，相得益彰。胡适日记中有以下记载：

（1928年12月7日）"约了林语堂来谈。我把我《与夏剑丞书》稿请他指教。他赞成我的大旨，认为不错。我请他带回去批评。

"语堂近年大有进步。他的近作，如《西汉方音区域考》，如读珂氏《左传真伪考》，皆极有见解的文字。

（1929年1月15日）"下午去看林语堂，谈入声事。语堂对于我的《入声考》大体赞成。他指出戴东原《与段若膺论声韵》一书中有许多暗示很同我接近。如我论'对转'的三角关系，东原亦主张以入声为枢纽；又如我除夕与语堂一书中论歌部为古入声的话，东原也指出歌戈近于有入声，麻近于无入声。戴氏此书，我不曾细读，当详考之。

"语堂颇信Karlgren(珂罗倔伦)的b g d三种声尾说，我则很反对此说……"

据林语堂说："在北平，胡适家里每星期六都高朋满座，各界人士——包括商人和贩夫，都一律欢迎。对穷人，他接济金钱；对狂热分子，他晓以大义。我们这些跟他相熟的人都叫他'大哥'，因为他总是随时愿意帮忙或提供意见。"

大哥——这就是胡适在朋友们心目中的地位。他是一个能给别人提供帮助与指导的人，也是一个宽厚平和待朋友如手足的人。林语堂每当见到胡适都会产生"仰之弥高"的感觉。

1932年9月林语堂创办幽默杂志《论语》。鉴于胡适的朋友太多，"我的朋友胡适之"成了不少人的口头禅，所以林语堂有一次在《论语》上非常幽默地宣布：本杂志的作者谁也不许开口"我的朋友胡适之"，闭口"我的朋友胡适之"。大家哈哈一乐，照常开口闭口"我的朋友胡适之"……

中国民权保障同盟于1932年12月30日在上海成立时，林语堂为执行委员，胡适担任北平分会的主席。指控北平陆军反省分院对犯人使用"酷刑"的材料，由美国记者史沫特莱女士获得后，由宋庆龄签发分送中西文报纸发表。因原件译成英文后文字过长，史沫特莱和林语堂作了某些压缩。胡适闻讯后在《字林西报》发表谈话，声明这份控诉书是伪造的，他和杨杏佛到北平陆军反省分院视察过，那里根本不存在使用酷刑问题。胡适为此事接连致函上海总会，指出"改良"政治犯待遇"不能以虚构事实为依据"。林语堂1933年2月9日以朋友身份，写信给胡适说：

适之兄：

得来札，知道北平监狱调查报告出于捏造，此报告系由史沫特烈（莱）交来，确曾由临时执行委员会开会传观，同人相信女士之人格，绝不疑其有意捏造，故使发表。不幸事实如先生来函所云。接信后蔡、杨及弟皆认为事情极其严重，须彻查来源，弟个人且主张负责纠正。大约明日开紧急会议，恐会议上即将发生重要波折。但以弟观察，现此临时组织极不妥当，非根本解决不可。此事尤非破除情面为同盟本身之利益谋一适当办法不可。

所幸此报告中文原文因某种关系尚未发表，否则更难补救。（你来函态度之坚决，使我们更容易说话。）

本会现此情形，谅你由份子之结合可推想得到。

知道你关怀，所以先写几字，作为私人的答复。开会后当有正式的信报告一切。

弟 语堂"

当时宋庆龄、蔡元培、杨杏佛、鲁迅等人与胡适的分歧，不在于一份材料的真实性究竟有多大，而是胡适强调民权保障同盟"不应当提出不加区别地释放一切政治犯，免于法律制裁的要求，如某些团体所提出的那样。一个政府为了保卫它自己，应该允许它有权去对付那些威胁它本身存在的行为"。这就违反了中国民权保障同盟的宗旨，因为胡适实际上是把共产党员和革命青年排除在了"民权保障"之外。中国民权保障同盟鉴于胡适"在报章攻击同盟，尤背组织常规"，要求他"公开更正，否则唯有自由出会，以全会章"。胡适当然不会理睬，其结果是被开除出了民权保障同盟。

林语堂对此完全无能为力。他既不是恐怖制造者，也不是恐怖受害者，他走的是一条"幽默"、"闲适"的路。

1935年后林语堂在美、法两国从事文化与长篇小说写作，著有《吾国与吾民》、《风声鹤唳》、《京华烟云》。抗战期间曾一度回国在重庆讲学，并到陕西宝鸡参观内迁的申新窑洞工厂。1945年赴新加坡筹建南洋大学并担任校长。1945年11月联合国教育科学文化组织在伦敦召开第一次会议，胡适任中国代表团首席代表，林语堂则于1947年担任联合国教科文组织美术与文学主任。

胡适是林语堂最难忘的人物，他去世以后林语堂曾从思想与为人两个方面这样评价他：

"胡适的确是个了不起的人。他启迪了当代人士的思想，也为他们的子孙树立楷模。

"终其一生，胡适淡泊谦和，平易近人。

"他是学者，也是好人。但一生所遭受的恶毒批评和攻讦，几乎比任何人多。但是这些谩骂叫嚣丝毫不能影响或改变胡适对发展科学、民主制度以及革新需要的信念。"

后一段话带有浓厚的为胡适抱不平的意味，既不"幽默"，更不"闲适"。不过,它出自英美派文化圈的"自由主义"知识分子林语堂之口,倒也不足为怪,因为他们具有相同或相近的世界观与评判标准。胡适的追随者们大都如此。

梁实秋

梁实秋(1903－1987),原名梁治华,号均默,字实秋。祖籍浙江杭县(今余杭),本人生于北京。1915年秋考入清华学校。1923年赴美留学,先后在科罗拉多大学英文系、哈佛大学研究院、哥伦比亚大学研究院攻读与研究进修。1926年回国,先后在东南大学、暨南大学担任教职。1928年与徐志摩等创办《新月》月刊。徐志摩是胡适的好朋友,胡适虽不列名"新月",但事实上是这一派别的领袖人物,因而梁实秋也就与胡适接近起来了。在他们那个以留学英美的文人雅士为主的小圈子里,胡适对朋友们完全像是一个老大哥的样子,有真诚的忠告,有善意的批评,有无私的帮助,无怪乎大家都服膺他,敬重他,信赖他……

新月派是抱团的。《新月》第一卷第十一期上刊有胡适致梁实秋的一封论翻译的长信,就是帮徐志摩辩护的。胡适在信的一开头就对梁实秋说:

"在《新月》第十期上看了你的一篇论'翻译'的短文,我很赞成你的话:我们研究英文的人应该努力多译几部英美文学的名著,不应该多费精力去做'转译'的事业。"

从这段话可以看出,胡适和梁实秋都主张根据英文原著翻译英美文学作品,不赞成依据其他文种来"转译"。这样说原本也没有什么不对,但却难免会得罪那些英文不大精通,只好依据日文、德文译本再转译英美文学作品的译者。胡适、梁实秋和鲁迅、郭沫若、郁达夫交恶,这也是一个潜存的因素。(依据英文、德文、日文"转译"俄国文学名著也属同一性质。)

胡适对梁实秋说:"翻译是一件很难的事,大家都应该敬慎从事。批评翻译,也应该敬慎将事。过失是谁也不能免的,朋友们应该切实规正,但不必相骂,更不必相'宰'。这个态度,你说对不对?"又说:"你在《新月》第十期上说起《阿伯拉与哀绿绮思的情书》没有 George Moore 的译本。……我有此书,今送上供你校勘之用,也许可以发见一些有趣的材料。"

1930年梁实秋应杨振声(今甫)之邀,到青岛任山东大学外文系主任兼图书馆馆长。山东大学原名青岛大学,校长为赵太侔。这一年8月胡适曾乘船路过青岛并在青岛小住，游览了市容，参观了炮台、观象台、青岛大学以及海滨大会的盛况。戏剧家宋春舫在福山路新一号的寓所很清静，房屋、设备都好，宋春舫主动提供胡适在此处下榻，赵太侔、杨振声、梁实秋、闻一多等朋友都来这里看望过胡适。胡适刚刚在南京召开的中华教育文化基金会年会上被聘为编译委员会委员长，他利用这次来青岛的机会，请梁实秋、闻一多等先拟一个欧洲名著一百种的书目，为编辑丛书作准备。中基会的科学教育顾问委员会也乘胡适来青岛之际，在福山路胡适下榻处开会研究中学教科书的状况，胡适和任鸿隽列席。

胡适1931年1月至1937年芦沟桥事变爆发前，担任北大文学院长。为中兴北大，提高北大，曾创立"研究教授"职位，以吸引一批学有专长的年纪较轻的人才到北大来。梁实秋自然是理想的人选，所以1934年胡适力邀梁实秋放弃山东大学职务，到北大担任研究教授兼外文系主任。

"实秋兄：

"我有一个要紧问题想请你答我。

"北大文学院现在又要我回去，我也想费一年工夫来整顿一番，最苦的是一时不容易寻得相当的帮忙的人。我常想到你，但我不愿拆山大的台，不愿叫太侔为难。现在山大已入安定状态了，你能不能离开山大，来北大做一个外国文学系的研究教授？研究教授月薪五百元，教课六点钟，待遇方面总算过得去。但我所希望者是希望你和朱光潜君一班兼通中西文学的人，能在北大养成一个健全的文学中心。最好是你们都要在中国文学系担任一点功课。

"北大旧人中，如周岂明先生和我，这几年都有点放弃文学运动的事业了，若能有你来做一个生力军的中心，逐渐为中国计划文学的改进，逐渐吸收一些人才，我想我们这几个老朽也许还有可以返老还童的希望，也许还可以跟着你们做一点摇旗呐喊的'新生活'。

"你有意思来吗？请你回我一信。"

此信写于1934年4月26日。5月17日胡适又给梁实秋写去一信，重申："我感觉近年全国尚无一个第一流的大学文科，殊难怪文艺思想之幼稚零乱。此时似宜集中人才，汇于一处，造成一个文科的'P.U.M.C'，四五年至十年之后，应该可以换点新气象。"

看来胡适对梁实秋的期望是很高的，要求也是很高的：他要梁实秋在北大建成一个文学中心，办成全国第一流的大学文科，要梁实秋做生力军的中心。

青岛山明水秀，宜于人居，梁实秋觉得在这里日子过得很好，本无弃此他往之想，但"胡大哥"一再盛情邀请，加之老家在北平，父母不愿他在外地久住，所以一开始也就答应了。然而，山东大学也很需要他这样的人才，校方不肯轻易放他走，梁实秋觉得弄不好也许会得罪朋友，所以又给胡适去信说明自己不便去北大。

他态度上的这一个反复，让胡适很是着急，在第三封信一开头便说："实秋吾兄：你的信使我们大失望。我已与蒋校长商量三次，终不能得妥善办法。因为我们今年急需你来帮忙，所以得你同意后即不曾作任何准备。倘此时你不能来，我们本年非另寻一个相当的人不可，而此时在国内那儿去寻一个比得上你的人来救我们之急！（这不是灌米汤！！）"

胡适向梁实秋提出了一个解决方案："你能否向山大告假一年，先来北大？如一年之后山大还非你回去不可，你再回去。如一年之后，山大已得人，可以不需你回去，你就可以继续留下去。"

"我想了两天，只有上文说的一个办法，就是请你向山大告假一年，不拿薪俸，不取消你的留学一年的资格，遇山大有急需你的地方，你可以回去帮太侔料理了再回来。如此办法，等于北大向山大借你一年。"

胡适之所以强拉硬拽，主要是看重梁实秋确实是一个难得的人才。他曾对杨振声说："今年我们需要一个顶好的人；如实秋不来，我们也得寻一个能勉强比上他的人。此人如是好的，一年之后就不便辞他。此人若是不好的，我们今年就要有大麻烦。这边（北大）辞退一个教授是一件很麻烦的事，所以我们不愿轻易聘教授来替代实秋。"

经过胡适一再努力争取，并经与山东大学协商同意，梁实秋于1934年到北京大学任英文系教授。后又兼任系主任。

《诗刊》（季刊）1931年初由徐志摩、陈梦家、方玮德几位诗友创办，胡适和梁实秋都给徐志摩写信，利用这个平台就新诗发展问题发表见解。梁实秋的信刊登于《诗刊》创刊号，胡适读了之后"颇有一点意见"，就通过写信请徐志摩、梁实秋、闻一多指教。他在信中提出要用试验的态度建立新形式和新风格，特别针对梁实秋的某些观点发表意见说：

"实秋说'新诗实际就是用中文写的外国诗'，说我'对于诗的基本观念大概是颇受外国文学的影响的'。对于后一句话，我自然不能否认。但我是有历史癖的人，我在中国文学史上得着一个基本观念，就是：中国文学有生气的时代多是勇于试验新体裁和新风格的时代；从大胆尝试退到模仿与拘守，文学便没有生气了。所以我当时用'尝试'做诗集的名称,并在自序里再三说明这试验的态度。

"但我当时的希望却不止于'中文写的外国诗'。我当时希望——我至今还继续希望的是用现代中国语言来表现现代中国人的生活、思想、情感的诗。这是我理想中的'新诗'的意义,——不仅是'中文写的外国诗',也不仅是'用中文来创造外国诗的格律来装进外国式的诗意'的诗。

"所以我赞成实秋最后的结论:'唯一的希望就是你们写诗的人自己创造格调','要创造新的合于中文的诗的格调'。他说:'在这点上我不主张模仿外国诗的格调,……用中文写Sonnet永远写不像。'其实不仅是写的像不像的问题。Sonnet是拘束很严的体裁,最难没有凑字的毛病。我们刚从中国小脚解放出来,又何苦去裹外国小脚呢?"

朋友之间的讨论、切磋,不管意见是否完全相同或有所差别,态度都是友好的,都能互相包容,取长补短。毕竟他们属于同一个文化圈,同一种文化派别。

中华文化教育基金会1930年7月在南京召开第六次年会时,决定设立编译委员会,由胡适任委员长。当时胡适制定了一个庞大的计划,其中一项是参照《哈佛丛书》的标准,选择在世界文化史上曾发生过重大影响的科学、哲学、文学等名著,聘请能手陆续翻译出版。人选分甲、乙两组,甲组有丁文江、赵元任、陈寅恪、傅斯年、陈西滢、闻一多、梁实秋,都是留学英美、精通英文的能手,有几个还是"新月"系里的小兄弟。

莎士比亚作品的翻译最初决定由梁实秋、闻一多、徐志摩、叶公超、陈西滢分别承担,计划用五年至十年的时间完成一部莎氏全集的定本。胡适1930年12月23日在致梁实秋的信中,就此事提出了具体的步骤与设想:

"编译事,我现在已正式任事了,……顷与Richards谈过,在上海时也与志摩谈过,拟请一多与你,与通伯、志摩、公超五人商酌翻译Shakespeare全集的事,期以五年十年,要成一部莎氏集定本。此意请与一多一商。

"最要的是决定用何种文体翻译莎翁。我主张先由一多、志摩试译韵文体,另由你和通伯试译散文体。试验之后,我们才可以决定,或决定全用散文,或决定用两种文体。

"报酬的事当用最高报酬。此项书销路当不坏,也许还可以将来的版权保留。"

胡适考虑得很周到,把几位朋友的积极性都调动起来了,他们摩拳擦掌,跃跃欲试。在给梁实秋的复信中，胡适十分高兴地说："莎翁集事，你和一多即动手翻译，好极了。公超也想试译，并且想试试一种 verse 体。志摩刚来，稍稍定居后，大概也可以动手试译一种。"

但后来由于种种原因，其他四个人都没有动手，全部莎士比亚作品的翻译就由梁实秋一个人独自承担了。这是一件极繁难的任务，也可以说是一项重大的文化建设工程。在梁实秋翻译的过程中，胡适不仅寄予厚望而且给以关注。有一次，商务印书馆对梁实秋译的《奥赛罗》提出了三四点小疑问，写信给胡适想请译者复核一遍，胡适当即把译稿送梁实秋，并附上原函。他自己还特别叮嘱了梁实秋一句："此系学问上的商榷，想你不至介意。"

1935年除夕之夜，梁实秋给胡适送了两张戏票，胡适带着一个儿子去观看了莎士比亚名剧《仲夏夜之梦》的演出。一个星期后他给梁实秋写信，说："读《自由评论》第七期里你的《仲夏夜梦》，使我回想到除夕你给我的三个钟头的快乐，我至今还不曾谢你。Tieck的故事，你说给我听过，今夜读你的记述，还觉得很动人。"这无异也是对"小兄弟"梁实秋的肯定与鼓励。（胡适比梁实秋年长十一岁）

一生致力于英国文学研究的梁实秋，没有辜负"胡大哥"的重托与期望，他用长达三十七年的时间独立翻译了莎士比亚的全部剧作，及莎士比亚的诗作三卷。遗憾的是全部剧作未翻译完及出版，胡适就作古了，梁实秋怀着十分感激的心情缅怀道："领导我、鼓励我、支持我，使我能于断断续续三十年间完成莎士比亚全集的翻译者，有三个人：胡先生、我的父亲、我的妻子。"

梁实秋在与胡适的交往中，还有一件小事让他终身难忘，并从中受到莫大教益：

胡适上个世纪30年代初担任北大文学院长时，买了一辆二手的老式汽车，车盘高、车厢高、车门也高，发动时司机须用一把曲尺插进前面使劲摇晃才行。徐志摩戏称它是"我们胡大哥的高轩"。北大下课时，胡适遇见同时下课的熟人总是很客气地招呼搭他的车子。梁实秋就搭过胡大哥的车子，他觉得这辆老掉牙的旧车唯一的好处，就是大雨过后马路上淹水仍能在水里自由自在地开过去。

以后胡适当了北大校长，学校给他配备了一辆新车。有一次梁实秋搭他的新车，正值雨后，路上有很多小水坑，胡适一再关照司机："慢点开，前面有一个水坑。慢一点，慢一点，当心不要把水溅到人身上！"除胡适之外，梁实秋还没有看到过一个人坐在汽车里面,而犹能这样的关心到路上的行人,不免深受感动。他说:"不要以为这是一件小事,一个伟大的人物之所以成其为伟大,往往就在此等小事中表现出来。"

闻一多

闻一多(1899—1946年),原名闻家骅,号友三。湖北黄冈浠水县人。自幼爱好古典诗词和美术。1912年考入北京清华学校,1916年开始在《清华周刊》上发表系列读书笔记,同时创作旧体诗。1919年五四运动时曾代表清华出席在上海召开的全国学联会议。1921年11月与梁实秋等人发起成立清华文学社,次年3月写成《律诗底研究》,开始系统地研究新诗格律化理论。1922年7月赴美国芝加哥美术学院留学,年底出版《冬夜草儿评论》(与梁实秋合著)。1923年出版第一部诗集《红烛》。1925年5月回国,先后在中央大学、武汉大学、青岛大学、清华大学等多所大学任教。1928年出版第二部诗集《死水》。此后长期致力于古典文学的研究。

有一个机遇让闻一多走近了胡适。

1926年冬闻一多从北京来到上海,担任政治大学教授兼训导长。1927年"四一二"政变后政治大学撤销,闻一多暂居潘光旦家中。这时原"新月社"的主要人物胡适和徐志摩等也都在上海,他们先于6月成立了新月书店,又在第二年(1928年)3月出版《新月》月刊。上海滩上因而星月闪耀,英美派文人聚集,一时间真是好不热闹。

《新月》月刊一出马便声称:"我们这几个朋友,……凭这点集合的力量,我们希望为这时代的思想增加一些体魄,为这时代的生命添厚一些光辉。"闻一多是才华横溢的青年诗人,又留学美国,这两项都完全符合加盟《新月》的条件。甚至可以说他是被"拉"进去的,闻一多在给堂弟闻家驷的一封信中讲过:

"徐志摩约今日午餐,并约有胡适之、陈通伯(即《现代评论》上署名西滢者)、张欣海、张仲述、丁西林、萧友梅、蒲伯英等在座,讨论剧院事。"

《新月》每周都有饭局,朋友们借聚餐议论国事天下事文坛事,商讨刊物有关事项,这样闻一多和胡适也就有了经常见面的机会。论年龄、资历和威望来说,胡适是《新月》的精神领袖,闻一多只能算是《新月》的小兄弟。再就写诗而论,胡适是当之无愧的尝试用白话写新诗的第一人和开拓者,而闻一多1920年9月才发表第一首新诗《西岸》。

《新月》的诗人们,对于诗的主张并不完全一样,各自的作品无论内容和形式也有差异。徐志摩讥讽闻一多的诗是"豆腐干",置疑"一多怎么把新诗弄得比旧诗还要规则?"闻一多则不客气地说:"志摩的诗,不论从哪一方面说,都是散文而不是诗。"

胡适和闻一多先后留学美国,但从他们的诗作来看,两人的感受却迥然不同。闻一多在《孤雁》一首诗里是这样描述美国的:

> 啊!那里是苍鹰底领土——
> 那鸷悍的霸王啊!
> 他的锐利的指爪,
> 已撕破了自然底面目,
> 建筑起财力底窝巢。
> 那里只有铜筋铁骨的机械,
> 喝醉了弱者底鲜血,
> 吐出些罪恶底黑烟,
> 涂污我太空,闭熄了日月,
> 教你飞来不知方向,
> 息去又没地藏身啊!

在美国的华侨,洗衣是最普遍的一种赖以维持生计的职业,不用说被许多美国人视为是"下贱"的职业。美国人常常会问中国的留学生:"你的爸爸是洗衣裳的吗?"这种带有轻视含着侮辱意味的问话让留学生们难以忍受。闻一多痛感于此,特作《洗衣歌》一首抒写心中的愤懑:

> 我洗得净悲哀的湿手帕,
> 我洗得白罪恶的黑汗衣,
> 贪心的油腻和欲火的灰,
> 你们家里一切的脏东西,
> 交给我洗,交给我洗。

>铜是那样臭，血是那样腥。
>脏了的东西你不能不洗，
>洗过了的东西还是得脏。
>你忍耐的人们理它不理？
>替他们洗！替他们洗！
>
>胰子白水要不出花头来，
>洗衣裳原比不上造兵舰。
>我也说这有什么大出息——
>流一身血汗洗别人的汗？
>你们肯干？你们肯干？

这样的愤懑以至诅咒在胡适那里是没有的。是不是美国的种族主义并未加诸胡适其身，他在美国受到了特殊的照顾，凡见到遇到的美国人都是"善良"的天使，个个向他张开了"友谊"的双臂呢？对此虽难以细查，但有一点是可以肯定的：胡适描述的美国并不完全真实，至少是不够全面的，他对美国的看法有相当大的片面性。比如在胡适写的《纽约杂诗（总论）》中，我们就只听到了他对以纽约为代表的美国高度发达的物质文明，发出了一片赞颂倾慕艳羡之声：

>四座静毋叱，听吾纽约歌。
>五洲民族聚，百万富人多。
>筑屋连云上，行车入地过。
>"江边"围十里，最爱赫贞河。

然而，美国高度发达的物质文明是怎么来的？它后面又隐藏了什么？掩盖了什么？这些实质性的问题胡适都没有深究，所以他也不可能告诉读者更多的东西。在这一点上，胡适显然不如闻一多。

不过，胡适对闻一多还是很赏识的。他称赞闻一多在《诗刊》第一号上发表的诗作《奇迹》"很用气力，成绩也很好"。1931年1月他从上海回北平时路过青岛，当时在青岛大学任教的梁实秋、闻一多、杨金甫等朋友都来迎接并设宴款待，胡适在1月25日的日记中专门写了一小段，说："我同一多从不曾深谈过，今天是第一次和他深谈,深爱其人。"

胡适"深爱"闻一多这可是真的。唯其深爱,所以倚重。他利用这次来青岛的机会,请梁实秋、闻一多等人拟出一百种欧洲名著的书目,为编辑丛书作准备。回到北平后,胡适于1932年2月15日复信闻一多和梁实秋,提出了翻译莎士比亚全集的若干设想,其中第一条是:"拟请闻一多、梁实秋、陈通伯、叶公超、徐志摩五君组织翻译莎翁全集委员会,并拟请闻一多为主任。"

闻一多这时担任青岛大学文学院长兼国文系主任(在这之前在武汉大学担任文学院长兼中文系主任),梁实秋担任青岛大学外文系主任兼图书馆馆长。担任北大文学院长的胡适,很想把闻一多和梁实秋这两个"新月"小兄弟拉到北大来。他在致梁实秋的一封信中,和盘托出了他的想法(也可说是他的算盘):

"北大请你来英文学系,那是不会有困难的事。我当初的原意是要拖一多也来北大。而一多应当在中国文学系,于该系及一多都有益。但中国文学系是不容易打进去的,我又在忧谗畏忌之中,不愿连累北大及梦麟先生。故我当初即想请金甫来办文科,由他把你和一多拉来。现在金甫的问题,梦麟尚未敢正式决定,故一多来中国文学系的事,我不能进行。

"此事我始终在意,但须相机行事。

"一多在武大及青大所教授的学科,乞你便中开一单子给我,以备需用。

"我始终主张中国文学教授应精通外国文学;外国文学教授宜精通中国文学。故我切望一多能来北大国文系。但此事须有金甫来,始有此魄力整顿中国文学系。梦麟与孟真皆主张把中国文学系让给一班老人,使我急煞!

"此信请与金甫、一多一阅。"

前一个"深爱",后一个"切望",单从胡适的这两个用词,就可以知道闻一多在他心中占有多大的份量了!不过后来闻一多并没有被胡适拉进北大,而是从1932年起回到了母校清华大学,担任中国文学系教授,成为著名的"清华三才子"之一。抗日战争爆发后,闻一多随学校南迁昆明,任西南联合大学教授。执教期间他对中国古代文化进行了广泛而深入的研究,著有《神话与诗》、《唐诗杂论》、《古典新义》、《楚辞校补》等,得到学术界的普遍赞誉。

"新月"系包括"新月社"、新月书店、《新月》月刊,它是中国自由主义知识分子的派别,又主要由留学英美的"海归"们组成。俗话说:物以类聚,人以群分。但闻一多却是一个例外,他在"新月"系中大概属于"另类"人物,是从"自由主义知识分子"群中分化出来的民主斗士。下面不妨从文学与政治两个方面略作分析。

在现代文学史上，创造社与新月社结仇，郭沫若与胡适对立，这是众所周知的。创造社三巨头郭沫若、郁达夫、成仿吾骂过胡适，骂过徐志摩，胡适、徐志摩和他们的"新月"一伙也回骂过。然而，闻一多对郭沫若十分的推崇，他还在清华读书的时候，就在给友人的一封信中说："你看过《三叶集》吗？你记得郭沫若、田寿昌缔交底一段佳话吗？我平生服膺《女神》几乎五体投地，这种观念，实受郭君人格之影响最大。而其一生行事就《三叶集》中所考见的，还是同田君缔交底一段故事，最令人敬仰。我每每……谈及此二君之公开的热诚，辄感叹不已。" 1923年闻一多在《〈女神〉之时代精神》一文中，更是对郭沫若作了高度评价："若讲新诗，郭沫若君的诗才配称新呢，不独艺术上他的作品与旧诗词相去最远，最要紧的是他的精神完全是时代的精神——二十世纪底时代的精神。""有人讲文艺作品是时代底产儿。《女神》真不愧为时代底一个肖子。"这同胡适说郭沫若的新诗"颇有才气，但思想不大清楚，工力也不好"，显然有很大差异。

对胡适的白话新诗，闻一多却不怎么恭维。在《〈冬夜〉评论》中他就说过："胡适之先生自序再版《尝试集》，因为他的诗由词曲的音节进而为纯粹的'自由诗'的音节，很自鸣得意。其实这是很可笑的事。旧词曲的音节并不全是词曲自身的章节。"针对胡适主编的《努力周刊》以及上海《文学旬刊》上的某些反对他的言论，闻一多在一封信中甚至愤慨地说："感谢实秋报告我中国诗坛底情况。我看了那，几乎气得话都说不出。'始作俑者'的胡适先生啊！你在创作界作俑还没有作够吗？又要在批评界作俑？唉！左道日昌，吾曹没有立足之地了！"

不过，闻一多并未否定胡适作为"文学革命"倡导者之一的历史地位。抗战期间胡适曾任驻美大使，卸任后又滞留美国，1944年闻一多在昆明的一次集会上，建议"利用杨振声先生渡美之便，让我们用今天晚会的名义，向于硕果仅存的新文艺引导者胡适之先生转致敬意"。他把"新文艺引导者"的桂冠戴在了胡适的头上，说明了闻一多对胡适的尊重与肯定。

以上是就文学的层面讲的，下面再从政治的层面看看胡适和闻一多的关系。

胡适是中国自由主义知识分子的主要代表，闻一多早期在政治上也持自由主义立场，他们都强调民主精神和自由意志（胡适更多的是鼓吹，闻一多更多的是信仰）；都主张渐进改良，反对或不赞成革命，在西安事变爆发时也都谴责张学良，拥护蒋介石……但胡适是站在"自由主义"立场上，以"在野"（或曰"独立"）的身份，替国民党蒋介石"做面子"，甘心情愿为独裁统治做"民主"装饰品。闻一多则不同，他一旦认清了蒋介石假民主、真独裁的面目以后，就毅然决然地同广大人民群众、同中国共产党站在了一起，为争取人民民主不惜流血牺牲。

1943年春蒋介石的《中国之命运》在昆明发售，蒋介石在书中公开宣扬一个党、一个主义、一个领袖。闻一多读后感到"无论如何受不了"，这成为促使他思想转变的"一个很重要的关键"。自此以后，闻一多对共产党由反感而同情，由同情而支持，并于1944年在罗隆基和吴晗的介绍下秘密加入中国民主同盟。闻一多当时就表示将来一定请求加入共产党。

"拍案而起"的闻一多，1946年7月15日在群众集会上作了《最后一次的讲演》后，倒在了国民党特务的枪口下。未见胡适对此说过什么，作过何种表示。

罗隆基

罗隆基（1896－1965），字努生。江西安福人。1913年考入北京清华留美预备学校。1921年赴美留学，先后入威斯康辛大学和哥伦比亚大学攻读政治学。后赴英国伦敦政治经济学院，获政治学博士学位。1928年回国后在上海光华大学任教。《新月》月刊创办时，罗隆基是参与者之一，负责编辑过月刊的三卷二期至四卷一期。由于刊物的关系，胡适和罗隆基有一些往来，胡适担任中国公学校长，又聘请罗隆基兼任中公教授。他们两个人的关系，主要就是围绕《新月》和"光华事件"而密切起来的……

《新月》的主事者如徐志摩等多是诗人，从事创作，强调刊物的文艺性质。罗隆基是政治学博士，喜欢搞政治，热中于写政论性文章。编辑方针上的不同意见，使得同仁们之间产生了某些不睦，徐志摩和邵洵美就怪罪罗隆基在《新月》上发表政治言论而危及刊物的生存。胡适是《新月》的精神领袖，是"老大哥"，所以罗隆基有一次给胡适写信说：

"此间志摩、洵美等为维持《月刊》营业计，主张《新月》今后不谈政治。'向后转'未免太快，我不以为然。……《新月》的立场，在争言论思想的自由。为营业而取消立场，实不应该。相当的顾到营业则可，放弃一切主张，来做书店生意，想非《新月》本来的目的。先生意以为如何？"

这封信写于1931年8月6日，此时胡适已经辞去中国公学校长职务，从上海回到北平担任北大文学院长。按照这个时间点往前推去，看看从1928年至1930年胡适、罗隆基究竟做了些什么，两人写了些什么文章，《新月》杂志、光华大学又究竟发生了一些什么事件，就可以知道罗隆基写这封信的背景了，由此也就不难理解当时罗隆基为何把胡适作为了靠山。

当年《新青年》同仁也曾就刊物的编辑方针产生意见分歧，胡适认为应"声明不谈政治"，只"注意学术思想艺文的改造"。按照胡适的这个观点，他本应百分百地赞同徐志摩和邵洵美的意见才对，但胡适从1922年创办《努力》周刊起，观点发生了一百八十度的大转变，从过去誓言"二十年不谈政治"改变为"发愤要想谈政治"。事实也的确如此：1929年他在《新月》杂志上就接连发表了政论《人权与约法》、《知难，行亦不易》、《我们什么时候才可有宪法？》、《新文化运动与国民党》，批评国民党当局钳制思想言论自由，践踏基本人权。罗隆基也在《新月》上发表文章，反对国民党实行一党专政。胡适和罗隆基还共同署名，在《新月》第2卷第六、七期合刊上发表了《告压迫言论自由者》。1930年2月由胡适、罗隆基、梁实秋合著的《人权论集》一书由上海新月书店出版，胡适在序言中声言："我们所要建立的是批评国民党的自由和批评孙中山的自由。上帝我们尚且可以批评，何况国民党与孙中山？"

《新月》在上个世纪30年代初期的地位和影响不可小觑，上海《民报》曾载文指出当时中国三种思想鼎足而立：一是共产党即左翼，二是自由主义《新月》派，三是国民党的三民主义。罗隆基在致胡适的一封信中得意地说："想不到《新月》有这样重要"。

俗话说"树大招风"，胡适、罗隆基的上述批评国民党的言论，引起了当局的严重不满。国民党中央宣传部在给国民党上海特别市执行委员会宣传部的一份密令中称："查最近在上海出版之《新月》第二卷第六、七期，载有胡适作之《新文化运动与国民党》及罗隆基作之《告压迫言论自由者》二文，诋諆本党，肆行反动，应由该部密查当地书店有无该书出售，若有发现，即行设法没收焚毁。"国民党上海特别市执行委员会宣传部遵照密令查禁了这一期的《新月》杂志。

胡适和罗隆基秉持相同的自由主义立场说话，恰如两个坐在同一条"新月"板凳上的难兄难弟，他们分别受到了国民党当局的惩处：胡适被迫辞去了中国公学校长职务，罗隆基则被当局逮捕。因罗隆基时任光华大学教授，人们将他的被捕称之为由《新月》而招致的"光华事件"。

胡适在1930年11月4日的日记中，对此有比较详细的叙述：

"今天在蔡先生家午饭,席未散,忽家中人来说有学生为紧急事要见我。我回家,始知罗隆基今天在中公上课,下午一时忽被公安局警察捕去了。

"我即托蔡先生去寻市长张岳军(群),一面托昆三去寻公安局长袁良。我打电话给宋子文,要他即为设法。并打电话安慰罗夫人。

"一会儿,一涵、舒谟都来了。舒谟见了公文,隆基之外,尚有学生邓中邦、张耀先二人也在拘捕之列。

"一会儿,来了学生代表十余人。

"财政部来电话,说子文请次长张咏霓先生去保释,即令秘书郭德华兄持保函去保。

"蔡先生也来了,说他亲去看张群,愿为保释;时郭德华也持张咏霓函来,会于张宅。时隆基尚未送到上海,但张群允即释放。

"六点多钟,罗夫人来电话,说,'胡先生,罗先生回来了。'隆基在电话上说,他的被捕是市党部八区党部告的,警备司令部令公安局拘捕。罪名是'言论反动,侮辱总理'。("总理"指孙中山——引者注。)

"这真是绝荒谬的举动。国民党之自杀政策真奇怪!"

罗隆基被捕后,光华大学政治学社想发起一次大的运动,来要求约法保障。他们派出代表找过胡适,但胡适听了这几个学生的言论颇不愉快,觉得他们是政客一流的人,将来恐于罗隆基有害,所以便委婉地拒绝道:"我十三年来不愿鼓动学生来赞助我的主张。"

当时张群任上海特别市市长,宋子文任财政部长,他们都是国民党政府里面的重要人物。蔡元培是早年加入同盟会的元老,是国民党中央监察委员,时任中央研究院院长,讲话也有相当的份量。胡适利用他同这些国民党上层人物的关系,在第一时间即刻展开营救,使得罗隆基未入狱即保释,免除了囚禁刑讯之苦。

然而案子并没有了结。国民党政府教育部电令光华大学:"罗隆基言论谬妄,迭次公然诋本党,似未便任其继续任职,仰即撤换。"光华大学校长张寿镛将教育部电令抄了一份给罗隆基,并叫人劝他以后不要去学校上课了,光华仍按月给他二百四十元薪俸。

这个事情在光华大学教职员中引起了震动。胡适在日记中说:"如教育部逼光华执行,必有一部分好教员抗议而去。此事是教育部的大错,可以引起大风波。"但教育部电令已在报纸上公开发表,断难收回。怎么办呢?

胡适想出了一个解决办法:第一步,托金井羊向侍从室主任陈布雷说明,"罗事系个人负责的言论,不应由学校辞退他,更不应由教育部令学校辞退他"。第二步,"布雷了解后,然后叫光华去一呈文,说明执行部令的困难,由部中批准撤回,罗君自行辞职"。胡适并表示如果陈布雷愿意和他面谈此事,他可去南京一趟,颇有"为朋友两肋插刀"的味道。

金井羊受胡适之托到南京见了陈布雷。陈布雷表示"撤回命令殊属难能",对于胡适希望与之"面谈"则以"日内无闲"为由婉转拒绝了,同时又表示希望能就此事达成"一个初步的共同认识"。陈布雷对罗隆基的印象十分恶劣,说"隆基无人格,不能对友"。而胡适认为陈布雷这样对待此事"也可谓太糊涂","人言布雷固执,果然"。

金井羊事情办得不顺利,胡适只好再去找张寿镛商量。

"去访张寿镛先生,谈罗隆基事。他大打官话,先要我转告罗君勿再去光华上课,我说,'恕不能转达此意。'

"他又说:'我已把部令抄给他看了,他和我打官话,要来上课,我要禁止他!'

"我说,'承先生把我当作畏友,我老实说,先生这个办法是错的。你最好装作不看见,不知道他来上课。你若禁止他,用什么法子?叫警察?调兵?用学生?'

"他后来软下来了,说:'我一定装作不知道。'他说他可以向蒋介石去说此事,今天去办公事,星期一下午五时一刻拿给我看了,晚车亲自带去南京。"

过了两天,胡适又找金井羊细谈。金井羊仍劝胡适去一趟南京。胡适将他写给陈布雷的一封信,连同全份《新月》杂志,托金井羊再次去南京时一并带给陈布雷。信里用颇为强硬的措词说:

"先生之不能赞同鄙见,我很能谅解。……鄙意'一个初步的共同认识'必须建筑在'互相认识'之上,故托井羊先生带上《新月》二卷全部及三卷已出之三期各两份,一份赠与先生,一份乞先生转赠介石先生。《新月》谈政治起于二卷四期,甚盼先生们能腾出一部分时间,稍稍流览这几期的言论。该'没收焚毁'(中宣部密令中语),或该坐监枪毙,我们都愿意负责任。但不读我们的文字而但凭无知党员的报告,便滥用政府的威力来压迫我们,终不能叫我心服的。"

金井羊怕惹恼了陈布雷,不愿带信,只把全份《新月》杂志带了去。从局外人看来,"光华事件"完全是由《新月》闯的祸,但在胡适看来言论自由是绝对正当、绝对需要的,他让金井羊把他的意见带到南京:"请你告诉他们:'共同的认识'必须有两点：①负责的言论绝对自由；②友意的批评，政府须完全承认。无此二项，没有'共同认识'的可能。"

事未办成不罢休的胡适，亲自跑到罗隆基家中商谈。潘光旦、王造时、全增嘏、董任坚也在座。他提出了三条办法，大意是：①由张寿镛呈文，让教育部自己转寰，然后罗辞职。②教育部说不通，由张寿镛发表谈话说明他不能执行部令，如此罗也可辞职。③教育部和张寿镛均不同意，则由罗声明为顾全学校，抗议而去。

当天下午五时一刻，张寿镛应胡适之约把所拟密呈带来，胡适改了两处，然后打电话叫罗隆基来商量。他们一致约定：如此呈经蒋介石批准，即公开发表，发表后罗隆基即自行辞职。

张寿镛给蒋介石上的密呈中，最后一段是："……今自奉部电遵照公布后，教员群起恐慌，以为学术自由将从此打破，议论稍有不合，必将蹈此覆辙，人人自危，此非国家福也。钧座宽容为怀，提议赦免政治犯，本为咸予维新起见，夫因政治而著于行为者，尚且可以赦免，今罗隆基仅以文字发表意见，其事均在十九年十二月卅一日以前，略迹原心，意在匡救缺失，言者有（无？）罪，闻者足戒。揆诸钧座爱惜士类之盛怀，似可稍予矜全。拟请免予撤换处分，以示包容。刍荛之见，是否有当，伏乞训示祗遵。"

张寿镛在南京拜谒了蒋介石，当面递交了呈文。

蒋介石不大了解罗隆基，便问："这人究竟怎么样？"

张寿镛答道："一个书生，想作文章出点风头，而其心无他。"

蒋介石又问："可以引为同调吗？"

张寿镛连说："可以，可以！"

他从南京回到上海后，向胡适讲了讲晋见蒋介石的情况。胡适听了张寿镛转述的他与蒋介石的那几句对话，忍不住要笑了，对张寿镛说："话不是这样说的。这不是同调的问题，是政府能否容忍'异己'的问题。"张寿镛听不懂胡适说的这些话。胡适请他把呈文正式抄一份给罗隆基，同时叫罗隆基体面辞职，"说明反对原则，而不欲叫光华为难"。

由《新月》而引发的"光华事件"，最后惊动了党国领袖蒋介石，胡适因祸得福，通过陈布雷与蒋介石搭上了关系。1931年10月他与丁文江奉召去南京晋见蒋介石，从此胡适逐渐向蒋介石靠拢，走上了拥蒋反共的道路。

在创办《新月》之后，1929年胡适、徐志摩、梁实秋、罗隆基、叶公超、丁西林还成立了"平社"，出版《平论》周刊。"平"者，实为"评"也，因为免得太露骨，所以才把"评论"的"评"改为了"平和"的"平"。这多少也有些欲盖弥彰，明眼人一看便知。

胡适本想叫罗隆基做《平论》的总编辑，但大家都"逼"他来做，胡适只好勉为其难，于是亲手写了一篇发刊词。平社仿《新月》经常聚餐，有时在外面有时就在胡适家里。活动内容之一是成员们就某项问题进行专题辩论，胡适日记中曾记载在范园聚餐时，罗隆基"述英国Fabian Society（费边社）的历史，我因此发起请同人各预备一篇论文，总题为'中国问题'，每人担任一方面，分期提出讨论，合刊为一部书"。以后在胡适家里聚餐，罗隆基和陈英士两人就"民治制度"这个题目进行过辩论。

胡适回北平后，《新月》仍在维持，"平社"却名存实亡。所以罗隆基在一封信中告诉胡适说："光旦暂时离开了上海，下周即返。增嘏、有干、询美、造时等常见面。我们拟恢复平社。"

胡适就任北大文学院长，罗隆基经常从上海给他写信为《新月》索稿，胡适陆续寄去了部分自传和关于《淮南子》的文章。胡适的面子大，有些作者刊物直接去约稿怕约不来，罗隆基只好托胡大哥转请。那封关于《新月》编辑方针的信函，也是他从上海寄给胡适的。

1932年1月罗隆基接受了刘豁轩的邀请，北上天津担任《益世报》社论主笔。又应张伯苓聘请兼任南开大学政治系教授。

罗隆基在《益世报》上任伊始，2月1日就致信胡适，"主张组织国防政府，造成无党政治局面"。他利用主笔的身份，不断在报上发表言辞激烈的社论，批评国民党政府的对日"不抵抗"方针。1933年秋罗隆基的专车在海光寺附近遭到枪击，他险些儿被暗杀。此后不久《益世报》由于受到压力被迫辞退了罗隆基。胡适12月21日的日记中写道：

"今晚看晚报，始知罗隆基主持社论的天津《益世报》受党部压迫，封锁邮电，故今日的报不能发出，晚上罗君来谈，说他已辞职了。我们谈了两三个钟头。

"罗君自认因父受国民党的压迫，故不能不感觉凡反对国民党之运动总不免引起他的同情。此仍是不能划清公私界限。此是政论家之大忌。"

按照通常的理论，胡适这样说很是正确，单从字面上看也挑不出什么毛病。但要细究起来，就让人费解了：罗隆基和他在《新月》上发表文章批评国民党是争取"言论自由"，正当性不容置疑，当局施以压迫纯属绝对荒谬，那么罗隆基在《益世报》上批评国民党政府，怎又成了"公私"不分，成了政论家的"大忌"

呢？答案（或者说"秘密"）只有一个：胡适这时已经转而支持国民党蒋介石，而罗隆基仍对国民党取批评的态度；胡适将"自由主义"枪口对准了共产党，罗隆基的"自由主义"枪口却没有从国民党身上挪开。尽管都是以"自由主义"作为主要武器，但矛头朝向谁却因人因时地而易。

1934年3月7日胡适乘到天津讲课之便，专门约罗隆基到他下榻的六国饭店。他在当天的日记中说："约罗努生来谈。他们现在要办一个行政研究所，我劝他用全力去研究几个县政府，而不要做什么书本上的行政研究。努生志不在此，此所恐无大成绩。我们又谈他的政治计划，他还想组织政党。努生是一个天生的政客，应该朝这一方面做去。"

不管是贬义也好，褒义也罢，总而言之在胡适眼里，罗隆基"是一个天生的政客"。

主张抗日的第29军军长宋哲元控制北平、天津地区后，罗隆基再次被《益世报》聘为社论主笔。不久他又到了北平替宋哲元办《北平晨报》。1937年1月3日胡适在日记中再次提到罗隆基，语气之间好像有点不大高兴地说："罗努生来替宋哲元办《北平晨报》了。他接事了很多时，不曾来看我。"言下之意是罗隆基应该早早地来看他胡大哥。

抗战爆发后罗隆基积极投身政治活动，他是国民参政会的参政员，又是中国民主同盟早期的领导人之一。与胡适拥蒋亲美反共有所不同，罗隆基抗战胜利后为民主运动奔走呼号，和中共代表团负责人周恩来、董必武等来往甚密。胡适因而同他疏远，对罗隆基的印象愈来愈坏。1947年2月6日在致傅斯年的信中，借美国特使马歇尔的话，把罗隆基骂了一通：

"外国人对我国的观察也有未可一概抹煞之处。……我曾听一个美国朋友说，马帅对中国人士向不下明白坦率的判语，惟对于罗隆基，则曾坦白的说此人一无可取，且不可靠。此可见马帅不是瞎眼人也。"

不是"瞎眼"，意味着眼睛看人一看一个准儿。从陈布雷说"隆基无人格，不能对友"，胡适说"努生是一个天生的政客"，到马歇尔说"此人一无可取，且不可靠"，连贯起来倒是颇为一致的。然而这恐怕是他们的偏见，梁实秋就曾公道地指出："如果一个人在许多样政治理论当中挑选一种比较的他认为最合理的、最适宜的、最有实现可能的，而加以宣扬鼓吹，如果这样的人叫做投机分子，那么我说罗隆基是一个投机分子。如果一个人朝秦暮楚以做官为目的，'有奶就是娘'这样才是投机分子，那么我可断然说罗隆基不是投机分子。"

胡适说过:"为人辩冤白谤是第一天理。"梁实秋也是自由主义知识分子,他这一番话可以视为自由主义者对自由主义者的辩诬。不知自由主义者的胡适以为然否?

罗隆基1957年5月22日在中共中央统战部举行的座谈会上,建议由执政党、民主党派和无党派民主人士组成"平反委员会",检查和纠正"三反"、"五反"、"肃反"运动中的偏差与错误。这与章伯钧的"政治设计院"、储安平的"党天下"被称为三大右派言论,罗隆基随即被划为右派,其所担任的民盟中央副主席、森林工业部部长职务以及全国人大代表资格予以撤消,工资也从四级降到九级。中国的自由主义者就是这样:左也碰壁,右也碰壁,他们总是不得烟儿抽。

第七章

北大人部落（中期）

蒋梦麟　周柄琳　钱穆　毛子水　饶毓泰
吴大猷　江泽涵　罗常培　魏建功　罗尔纲

本章所谓的"中期"，系指蒋梦麟执长北大时期，即从1931年1月起至1936年7月芦沟桥事变爆发。这一时期蒋梦麟出任北京大学校长，胡适任文学院院长，他们带领全校师生共同努力，开创了北大历史上的"中兴"局面。胡适被公认为是北大中兴的有功之臣，他提出的"北大以研究高深学术，养成专门人才，陶融健全品格"成为北大中兴的指导思想。

抗战开始后北大南迁，与清华、南开组建西南联合大学。西南联大虽仍由蒋梦麟执长，不过胡适已由国民政府派往美国担任特命全权大使，与原北大同仁除偶尔通信外没有直接的联系。故而本章未把西南联大时期包括在北大"中期"之内。

1920年3月 胡适（右二）、蔡元培（左二）、蒋梦麟（左一）、李大钊（右一）同游北京西山卧佛寺。

胡适（右一）与北大部分文科教授（摄于1925年）。

蒋梦麟

蒋梦麟（1886－1964）原名梦熊，字兆贤，号孟邻。浙江余姚人。1903年入读浙江高等学堂，1904年转入上海南洋公学，其间中过秀才。1908年考取官费留学美国，主攻教育，是杜威执教哥伦比亚大学师范学院时的学生。1917年获得哥伦比亚大学哲学及教育学博士学位。总计留美时间近十年之久。回国后入商务印书馆工作，曾创办《新教育》月刊。1921年转入北京大学，蔡元培一度辞职时代理过一段时间的北大校长。

蒋梦麟和胡适在美国留学时，尽管所学专业不同，一个主攻教育，一个研读哲学，但都出于同一位老师杜威的门下，而杜威既是哲学家又是教育家。1919年4月，杜威在中国的三位学生胡适、蒋梦麟、陶行知，分别代表北京大学、江苏省教育会、北京大学"知行学会"，邀请杜威来华讲学。三个人相约赶到上海迎接杜威夫妇，除安排并陪同参观游览外，在杜威发表讲演时轮流担任翻译。胡适逗留上海期间就住在蒋梦麟家里，曾由蒋梦麟陪着去拜访了孙中山先生。

同年7月蔡元培短暂辞职后重长北大，设组织委员会协助校长工作，由蒋梦麟出任总务长，胡适为代理教务长。胡适和蒋梦麟在蔡元培领导下合作共事，对北大以及教育体制提出了若干改革的建议。

鉴于"五四"之后学生运动风起云涌，胡适和蒋梦麟还共同发表了《我们对于学生的希望》。他们首先肯定"五四"运动和"六三"运动都是有发生的理由的："在变态的社会国家里面，政府太卑劣腐败了，国民又没有正式的纠正机关（如代表民意的国会之类），那时候干预政治的运动，一定是从青年的学生界发生的。"不过又强调这种运动"是变态的社会里不得已的事"，尤其"单靠用罢课作武器，是最不经济的方法，是下下策"。他们主张"学生从今以后要注重课堂里、自修室里、操场上、课余时间里的学生活动。只有这种学生活动是能持久又最有功效的学生运动"。以后他们对待学生运动基本上就持这种态度。

在胡适的日记中，记载有他和蒋梦麟关于教育问题的谈话：
"梦麟说，北京的教育界像一个好女子；那些反对我们的，是要强奸我们；那些帮助我们的，是要和奸我们。我说，梦麟错了，北京教育界是一个妓女，有钱就好说话，无钱免开尊口。"（1921年6月10日）
"与梦麟谈中国教育史料。我劝梦麟于阴历年假中试作年谱。他说，他想把这四年的事一齐记下来，那更好了，因为这四年中，梦麟经过的事如华盛顿会议，如连年的学潮，皆极重要。"（1924年1月4日）

日记中还有一则蒋梦麟看相的趣事：

"与梦麟同访罗钧仁。钧仁有友人卢毅安先生，本治法律之学，后从法医学方面引他研究看相的书。他颇研究生理学与心理学，尤喜变态心理与关于性欲的书，故他看相颇多奇验。钧仁请他给梦麟看相，他说的话有'多在黑幕中掌大权，在黑幕中操的权比独当一面时大的多'。这话颇奇中。又说他卅一岁到卅五岁进步最慢；此即他在商务时。又说他卅五岁到卅九岁进步较快，此即他来大学时。又说他嗜好甚多，但没有一样可说是沉溺的嗜好；这也像梦麟。我们都很诧异。"（1924年1月5日）

蒋梦麟以后到南京当了国民政府的第一任教育部长。胡适在上海担任中国公学校长期间，由于《人权与约法》等文章以及批评孙中山"知难行易"招致了国民党当局的严重不满，教育部奉令对胡适加以警告，并由部长蒋梦麟签署第1282号《令中国公学》训令。胡适将教育部训令原封不动的退给了教育部长蒋梦麟，还改正了几个错字。

"梦麟部长先生：

"十月四日的'该校长言论不合，奉令警告'的部令，已读过了。

"这件事完全是我胡适个人的事，我做了三篇文字，用的是我自己的姓名，与中国公学何干？你为什么'令中国公学'？该令殊属不合，故将原件退还。

"又该令文中引了六件公文，其中我的罪名殊不一致，我看了完全不懂得此令用意所在。究竟我是为了言论'悖谬'应受警告呢？还是仅仅为了言论'不合'呢？还是为了'头脑之顽旧''思想没有进境'呢？还是为了'放言空论'呢？还是为了'语侵个人'呢？（既为'空论'，则不得为'语侵个人'；既为'语侵个人'，则不得为'空论'。）若云'误解党义'，则应指出误解哪一点；若云'语侵个人'，则应指出我的文字得罪了什么人。

"贵部下次来文，千万明白指示。若下次来文仍是这样含糊笼统，则不得谓为'警告'，更不得谓为'纠正'，我只好依旧退还贵部。

"又该令文所引文件中有别字二处，又误称我为'国立学校之校长'一处，皆应校改。"

胡适之所以敢这么做，恐怕也是因为蒋梦麟与他同出杜威门下又一起在北大共过事，他知道蒋梦麟只不过是奉令行事，公文照转，不会把他怎么样。

1930年12月蒋梦麟辞去教育部长职务，并于次年1月正式出任北京大学校长。胡适辞去中国公学校长后从上海回到北京，重返离别三年无时不在"牵记"与"留恋"的北大。两个老朋友又在一起共事了。

蒋梦麟执长北大一开始曾因经费拮据而颇为踌躇。胡适在中华教育文化基金会董事会第五次常会上，提出中基会与北大合作的方案，为北大争取到了相当数目的特别款项，缓解了北大的经济困难，帮了蒋梦麟的大忙。

文学院长一职原由蒋梦麟自兼，后来他商请胡适担任文学院长兼中国文学系系主任，胡适答应了，但并不在北大领取薪俸，因为他在中基会的"编译委员会"工作，已有薪金收入。这说明胡适同意出任文学院长并非为了想要领取双份薪俸，纯粹是为了帮老朋友的忙，是为了他对北大的那一份浓浓的深情与挚爱。

除了胡适任文学院院长，北大还聘请周炳琳任法学院院长，刘树杞任理学院院长，这样就组成了一校之长下面的新的"三驾马车"。

蒋梦麟和胡适等以"中兴北大"为己任，锐意改革是他们的共识。他们共同拟定了一项北大发展计划，提出"教授治学、学生求学、职员治事、校长治校"，设立校务委员会代替过去的评议会，将文理法三科改为文理法三个学院。并成立北大研究院，为本校及外地本科毕业生继续深造提供平台，蒋梦麟校长亲自兼任研究院院长。

蒋梦麟富有领导和组织工作才能，颇有些"帅才"，有魄力，肯担当。他用人不疑，敢于放手，对胡适、周柄琳、刘树杞三位院长说：

"辞退旧人，我去做；选聘新人，你们去做。"

名校有赖于名师，一个学校办得好不好在很大程度上要看其师资力量是否雄厚。胡适、周炳琳、刘树杞，加上出自北大关心北大的傅斯年，分别利用各自的关系和影响，为北大聘请了许多出类拔萃、国内一流的专家学者。"研究教授"职位是胡适创立的，待遇比一般教授高四分之一，授课时数也比一般教授少。首批入选的"研究教授"人数有15名，他们是：丁文江、李四光、王守竞、汪敬熙、曾昭抡、冯祖荀、许骥（以上为理学院，院长刘树杞也为"研究教授"）；周作人、汤用彤、陈受颐、刘复、徐志摩（以上为文学院）；刘志扬、赵乃搏（以上为法学院）。以后又陆续引进了钱穆、马叙伦、蒋廷黻、俞平伯、梁实秋、饶毓泰、吴大猷等一大批在人文或自然科学领域具有很高造诣的领军人物，使得当时的北大人才济济，精英汇萃。胡适和傅斯年在这方面出力尤多，所以蒋梦麟后来说过这样的话：

"'九一八'事变后,北平正在多事之秋,我的参谋就是适之和孟真两位,事无大小,都就商于两位。他们两位代北大请了好多位国内著名教授,北大在北伐成功以后之复兴,他们两位的功劳实在太大了。"

在这中间自然也会有一些曲折:蒋梦麟执长北大一年之后,曾弃职南下,他从天津给胡适和傅斯年发来一信,诉说其中的原委道:

"我这回的离校,外面看来,似乎有些'突如其来',其实不然。……

"一个学校要办好,至少要有四五年的计划。第一年的计划,不到三个月就破坏。现在简直今天计划不了明天,还有什么希望呢!

"学生的跋扈——背了爱国招牌更厉害了——真使人难受。好好的一个人,为什么要听群众无理的命令呢!

"北平的教育,非统盘筹算,是不易办好的。……没有钱是没法办。这种学校每月用三十五万来维持,也觉得不大值得。李先生说,譬如养一师兵。我说办学如养土匪兵一样,不如不办。"

经费不足的确是困扰教育界人士的大问题,不过蒋梦麟视学生为"土匪"则是他的一种偏见,此话出自北大校长之口更不合时宜。旧时老百姓称当兵的为"丘八",称学生为"丘九",意思是说这两部分主要由青年人组成的社会群体容易聚众闹事,不好管理。但青年学生主要是为了爱国,和纪律涣散的兵痞尤其是毫无纪律的土匪在性质上有根本区别,不应混为一谈。

当时的国民政府行政院院长汪精卫,有意让蒋梦麟重执教育部,而请胡适接替蒋梦麟出任北大校长。对汪精卫的要求胡适不仅辞绝了,他还在病中给蒋梦麟写了一封长信,力劝蒋梦麟留在北大:

"北大的事,我深感吾兄的厚意。但我绝不能接受这种厚意……我是不客气的人,如北大文学院长的事,我肯干时,自己先告诉你,不等你向我开口。但我那番举动,只是要劝告吾兄回北大,只是要使维持北大的计划可以实现;只是要在这几个月计划明年的改革。不料我到北大的第一日就病倒了;直到今日,什么事都没有做。当日的动机,只达到了请吾兄回北大一事。今若并此一事也办不到,若吾兄先丢开北大,我也没有继续担任文学院院长的义务了。

"我现在担任文学院事,既不受薪俸,又不用全日办公,这是'玩票'式的帮忙,来去比较自由。北大校长的事,就大不同了。中基会的董事,编译会的委员长,都发生了问题,我自己的生活与工作两项也根本上发生问题。自由将变为义务,上台容易,下台就很难了。

"……在几年之内我决不自投罗网。(你知道我为中国公学校长的事,筹划下台及继任,凡一个整年,始得脱身而去!)如果你丢开北大,或者政府发表我长北大,我只好连那'玩票'式的院长职务一并辞去,——这不是闹脾气,实在是因为一来我本说的是帮你的忙,二来我还没有算我得的一场大病。

"以上所说,是我的私意。即为吾兄计,似亦不宜抛开北大。……况且此时教育部长非少年有胆气肯作恶人者不能胜任愉快。如平、津高等教育问题,吾兄将如何应付?若一切无办法、无计画,岂可贸然担任?教育部事,最好能选一位与北大无历史关系的少年人去干一两年。吾兄以为如何?北大有许多真心爱护的朋友,'无所为'的尽心帮忙,即此一点,应该可以有为,吾兄舍此苦吃苦做,可以有为的小局面,而另投入一个毫无把握而可以预料其一无可为的政治漩涡,似非我们做朋友的应该劝驾的。"

胡适这封信推心置腹,言辞恳切,并晓以利害,促使蒋梦麟回心转意,续长北大,主持"中兴"。用胡适的话来说,就是要在"无所为"中有所为……

在蒋梦麟执长北大的几年时间里,即上个世纪30年代前半期,通过全校师生一致的努力,北大确实出现了"中兴"的局面,成为北大自成立以来教学质量最高、学术空气最浓的历史时期之一。正如陶希圣所回忆的那样:"梦麟先生是决定一切之人","适之先生是其间的中心","北京大学居北平国立八校之首,蒋梦麟校长之镇定与胡适之院长之智慧,二者相并,使北大发挥其领导作用。"这里所说的"二者相并",可以理解为胡适和蒋梦麟互相支持、配合,形成合力,收到了 1+1>2 的效果。

1937年芦沟桥事变发生后,蒋梦麟南下昆明,执长西南联大。胡适出任驻美大使。抗战胜利后蒋梦麟担任了国民政府行政院秘书长,按《大学组织法》不能再兼任北大校长。继任北大校长者非是别人,正是他的老搭档胡适。不过胡适也曾给蒋梦麟写信并当面讲过:"民国二十年以后,北大复兴,孟邻兄领导之苦心伟绩,弟所深知。北大复员,仍不可无孟邻兄之领导。"故"将来弟归国"亦只"暂代一时,以待孟邻兄之归"。

蒋梦麟对胡适的一番"诚恳"的好意深为感谢,但他不会接受那样的安排。据胡适1947年10月18日的日记:"张岳军院长请吃晚饭,始见孟邻,他新从英国赴太平洋学会回来。我饭后到他寓中谈,雪屏同去。我要把北大校长还给他。前年我得政府电告已发表我做北大校长的事,我考虑后复电,曾说,孟邻兄参加政府是暂时的事;我回国后可代他到他脱离政府之日为止。今年三月中,我已向孟邻说过，他不肯。故今次我南下之前，即与同人说过，此次南行的一个目的即是要把北大还给孟邻。他今夜仍不肯。"

胡适和蒋梦麟晚年都是在台湾度过的。胡适七十大寿时（1961年12月17日），在台北的北大同学会集会庆贺，比胡适大五岁的蒋梦麟也来祝寿。他在讲话中说北京大学几十年来办学经过了三个阶段：初期是以"中学为体，西学为用"，迎接"西学为用"来富国强本，但行不通；蔡元培时期推行中西平等的教育，并倡导中西文化的交流；到了胡适之担任校长时，他是将中国文化重估价值。蒋梦麟没有提到他执长北大时学校呈现的"中兴"局面。

但是胡适却没有忘记蒋梦麟的重大贡献。国民党中央党史编纂委员会编纂北京大学校史，胡适要求"应提及孟邻先生维持北大，整顿北大，尤其是民二十年以后，中兴北大的二十多年的毅力苦心"。为此他致函主编纂工作的罗家伦和洪炎秋："可否请志希兄在第二页第四、五行空格加入两个字，如下：'这种精神（由）蔡校长孑民先生培育于前，（蒋）胡校长发扬于后……'？倘蒙如此修补，至少可以使我个人心安一点。乞两兄考虑为感！"

晚年的蒋梦麟有意续弦，与一位叫徐乐贤的女士结婚。胡适在医院中听说此事在台北引起了满城风雨，细究原因，在于这位女士十七八年来与好几位男士谈婚论嫁，往往采用婚前先要一大笔款子，婚后又要全部财产管理权。她的前夫某位将军只好付出绝大代价，在同她结婚仅七个月之后与之离婚。陈诚、张群等几位老朋友担心蒋梦麟上当受骗，弄得晚年手中不名一文。胡适仔细想过之后，觉得自己对"五十年的老友有最后忠告的责任"，便给蒋梦麟写了一封长信，劝阻说：

"我是你和（陶）曾谷的证婚人，是你一家大小的朋友，我不能不写这封信。我万分诚恳的劝你爱惜你的余年，决心放弃续弦的事，放弃你已付出的大款，换取五年十年的精神上的安宁，留这余年'为国家再做五年的积极工作'。这是上策。"

蒋梦麟原来的夫人陶曾谷也和胡适熟悉。胡适托人把信送到了老友的手里，蒋梦麟对送信的人说："我替国家做了多少事。结婚是我个人的私事，我有我个人的自由，任何人不能管我。我知道外面有一个组织来反对我。这个组织是以北大为中心的。适之先生的信，一定要谈这件事，我不要看。"蒋梦麟还在报上发表谈话，说一位从前北大的老朋友写信劝阻他，他连信也不看就扔在字纸篓里去了。又说："这位老朋友比不上我，他只会在字纸篓里工作。"

蒋梦麟和徐乐贤小姐结婚了，胡适无奈只得表示道贺。然而没过两年，1963

年4月蒋梦麟便向台北地方法院起诉,要求与徐乐贤离婚。此时胡适已经谢世。

蒋梦麟向报界发表谈话,自谓从结婚到现在一年多,"我失望了,我受到人生所不能忍的痛苦,家是我痛苦的深渊,我深深地后悔没有接受故友胡适之先生的忠告,才犯下错误。我愧对故友,也应该有向故友认错的勇气,更要拿出勇气来纠正错误。在经过亲友调处不谐之后,才毅然向法院起诉请求离婚,以求法律的保障"。正是:

> 故友已乘黄鹤去,始悔续弦是深渊。
> 忆昔北大中兴日,老泪纵横愧当年。

周炳琳

周炳琳(1892-1963),字枚荪,浙江黄岩人。1912年以第一名成绩毕业于黄岩县中学堂,1913年考入北京大学预科,1916年升入北大法科经济门。他也是"五四"运动中北大学生领袖之一,曾冲入卖国贼曹汝霖的住宅,火烧赵家楼。后被选为北大评议会临时评议长、北京学生联合会秘书、全国学生联合会常务委员,并作为北大学生代表之一(另一名代表是许德珩),同清华学校代表(闻一多、罗隆基)一起到上海谒见孙中山先生。之后参加了少年中国学会,协助李大钊编辑《少年中国月刊》。李大钊发起成立北京大学马克思学说研究会,周炳琳也参与其中并写过宣传马克思主义的文章。1920年夏毕业后,与罗家伦等五人由学校选派赴美留学,是北大"五大臣出洋"中的一个。

1922年周炳琳取得美国哥伦比亚大学文学硕士学位,后转入英国伦敦大学经济学院和法国巴黎大学深造。1925年8月回国,在母校北京大学经济系任教。不久南下任武汉商科大学教授。1927年任国民党中央党部秘书、武汉政府外交部条约委员会委员,参与废除不平等条约和收回汉口租界的斗争。次年任国民党浙江省党务指导委员会委员兼组织部长。1929年3月作为浙江省代表之一出席国民党第三次全国代表大会。之后他离开了国民党的党务工作,先后担任清华大学经济系教授、北京大学经济系教授。

1931年1月蒋梦麟正式就任北大校长后,聘请周炳琳担任法学院长。胡适、刘树杞加上周炳琳,文、理、法三位院长组成了蒋梦麟信任与依赖的北大"三驾马车",缺一不可,共同为"北大中兴"做出了贡献。

关于胡适与周炳琳的交往,在胡适日记和周炳琳的书信中均有所记述。

"北大开学,梦麟与刘树杞、周炳琳二院长皆有报告,演说者三人,我是其一。我说,北大前此只有虚名,以后全看我们能否做到一点实际。以前'大',只是矮人国里出头,以后须十分努力。

"梦麟与梅荪(周炳琳)皆要我任北大文学院长,今天苦劝我……

"下午与周梅荪谈,也关政治。他是国民党员,但终因北大的训练,不脱自由主义的意味。他说,南京要人如陈果夫、吴稚晖等都真心真意的希望扶助蒋介石的天下成功。其实他们若真有此种自觉的主张,尚不失为有主张的政客。所怕者,盲人骑瞎马,夜半临深池,他们自己灭顶丧身不足惜,国家可大受害了。"

以上为胡适1931年的几则日记。1932年5月胡适和丁文江、傅斯年、蒋廷黻、翁文灏等发起成立"独立评论"社,出版《独立评论》杂志,作为他们"自由主义知识分子"的舆论阵地。按当时法律凡出版杂志须事先向有关主管部门申请登记,胡适作为《独立评论》主编3月间就向北平市公安局长鲍毓麟写信提出了申请,但不知何故未曾办妥。周炳琳是法学院长,胡适请他帮助解决杂志立案问题。周炳琳指点胡适走国民党北平市党部的路子,并在11月23日复信胡适说:

"向市党部声请登记件昨已携交。据云应填两纸(指上下行之声请书而言),琳已嘱市党部宣传科向市公安局取空白,送琳转交先生补填。……"

中国民权保障同盟1932年12月由宋庆龄、蔡元培、鲁迅、杨杏佛等发起在上海成立,宗旨是维护基本民权,争取言论、结社、集会等自由。胡适最初担任中国民权保障同盟北平分会的主席,国民党北平市党部指责北平分会为"非法"组织,周炳琳则在党部纪念周讲演"党治与法治"时对市党部的上述指责"有所辩正"。同时写信叮嘱胡适:"先生勿再对记者发表谈话",如"曾表示意见,望即电话嘱咐勿予发表",因为"琳生怕尤其是某报记者兴风作浪也。"胡适后来因政治犯待遇问题与上海总会的意见不合,而被中国民权保障同盟开除,但这和周炳琳没有什么关系。

针对陈济堂、何键等军人武夫提倡要让儿童从小学到中学的十二年间,读《孝经》、《孟子》、《论语》、《大学》、《中庸》,胡适写有《读经平议》一文,表明他对于学校读经问题的见解:第一,绝对反对小学校读经;第二,绝对反对中学有读经的专课,因为古经传(包括《孝经》,四书)的大部分是不合现代生活的。他用《论语》第十三篇中"一言而丧邦"这句孔圣人讲过的话,批评何键在国民党三中全会提出明令读经的议案，不无讽刺地说道：

"我有一个愚见，要奉劝今日提倡读经的文武诸公。诸公都是成年的人了，大可以读经了，不妨多费一点工夫去读读诸公要小孩子读的圣贤经传。不但一读再读，还应该身体力行。"

周炳琳对胡适的这篇文章很是赞赏，说它"有肉，有骨，并且有刺"。

1935年12月9日北平爆发了大规模的学生抗日爱国运动，即历史上有名的"一二九"运动。蒋梦麟、胡适、周炳琳等北大校领导虽然同情学生抗日爱国，但不赞成学生罢课。胡适12月10日的日记中云："今天到学校，知道学生要罢课，真是幼稚之至。我与梦麟，枚荪忙了一天，不知能挽救否。"

1936年的元旦按惯例新年放假三日，校方强行宣布从4日起复课。蒋梦麟、胡适和周炳琳，一位校长加上两位院长，清早便赶到学校进行督促。胡适在当天的日记中对此有详细的记载：

"……我匆匆吃了早饭，赶到第一院，见枚荪站在第一院门口，门内有纠察队四人，另有'帮闲'者五六人。我入门问时，第一院各班有上课的，有过十之八的人数的。

"枚荪到时，尚未到八点；到八点尚未打钟，枚荪去问，始知有人阻挠。他命令校役打钟，并劝纠察队不要阻挠。但纠察队不肯散去，说不敢阻挠同学，但要劝告同学。枚荪说，'好罢，你们劝他们不上课，我也来劝他们上课！'

"枚荪站在门口，自上午八时直到下午三时。第一院上课可说是他一人之功。

"梦麟也到第二院劝散纠察队。我十点到第二院，纠察队四人只站立而已。

"今天上课成绩不算失败。上午上课者十三班，下午五班。"

另据一份材料，那天早上胡适到得稍晚一点，他先从楼上取了一份英文报纸，佯装看报，心里却在算计怎样对付学生，让他们乖乖地复课。

他明知故问："你们是干什么呀？"

几个学生告诉胡适他们要继续罢课，在民族危机空前严重的现在只能这样做，以此唤起全民族的抵抗意识。

胡适听罢，用讥讽的口气斥责说："你们这也叫爱国？这也叫爱国？"

学生们理直气壮："我们这就是爱国！"

胡适怒气冲冲："你们胡闹！"

学生们不客气了，当面顶撞胡适院长："你才胡闹！"

这一下弄得胡适面红耳赤，很有些下不了台。一位学生问他："胡先生，你对当前的问题是怎样看法？"

胡适余怒未息："我不愿对牛谈！"

他用的是"对牛弹（谈）琴"这句成语。学生们"以子之矛，攻子之盾"，便一齐哄笑了起来："你才是牛！胡适是牛！……"

"七七"事变爆发后，胡适和周炳琳都参加了蒋介石召集的庐山谈话会，胡适日记中有"枚荪来谈国事"、"相向感慨"的记载。他们还在南京一同亲身经历了一回日军飞机的轰炸，据胡适描述当时的情景是这样的：

"回到教育部大楼，飞机警报又来了。……我同枚荪、之椿、逵羽、孟真避到新大楼。有几次似是大炸弹投下，新大楼也震动。不久我们见东北有火光颇大，又不久，我们听见子弹爆炸声，连续不绝者近三十分钟。"

胡适奉蒋介石委派赴欧美开展民间外交，周炳琳等几位朋友在南京送他上船赴武汉。离别的情景和胡适本人的心绪在其日记中也有记载：

"晚上八点半，正料理上船，空袭警报又起了，有翁咏霓、陈布雷、孟真、枚荪、之椿、慰慈诸人和我们父子两人同坐在黑暗中静候到'解除'的笛声，——我独自走到外边，坐在星光下，听空中我们的飞机往来，心里真有点舍不得离开这个有许多朋友的首都。

"九点出门上船，慰、枚、椿送我们。……"

胡适从武汉再转飞香港出境。周炳琳则随校迁至昆明，抗战期间一直在西南联大执教并任法学院长。

1946年胡适就任北大校长后，继续聘任周炳琳为法学院长。

周炳琳对胡适执长北大表示欢迎与拥戴，说："教育在今日难办，而亦愈见其重要。先生此次回来主持北大，于振奋人心实有重大关系。……现有同人大都有热诚愿为开辟工作努力，得先生积极领导，发展之希望当不致太小。"但在胡适正式任命他为法学院长之前，周炳琳曾向胡适表示过辞意："琳在校已十五年，自己检讨，觉过去校之用我，实用溢其量，颇思摆脱行政职务，专一教书，看是否收成较多。"究其原因，一是周炳琳右目患角膜溃疡几至失明，二是由于他在用人上与代理校长傅斯年意见不一致。傅斯年坚决不用日伪时期旧人员，周炳琳则向胡适提出聘用刘志敔来北大做教授。刘志敔在日伪时期做过伪参事，参加了汉奸组织"新民会"，已被判刑。对这样一个人，疾恶如仇的傅斯年哪能容得？傅斯年责怪周炳琳道："法学院更不应该做这样一个榜样。……现在北大的局面，尤其是适之先生在那里受苦，兄比任何人负责都多，兄当积极赞助适之先生，不当出这些怪事。"胡适也认为周炳琳的上述提议不妥。

尽管如此，周炳琳续任法学院长后，仍一如既往支持胡适的工作，并在所分工管辖的范围内积极出主意，想办法，为"北大复兴"竭尽全力。正如他在给胡适的一封信中所说的那样："在责任未脱卸前，自当尽其绵薄，勉事维持并略求改进。"他提出聘请钱君亮为法律系主任，留任钱端升为政治系主任，并请胡适在美国物色几位治社会科学的中国青年学者来北大，充实和加强法学院师资队伍。

当时中国正面临两种前途、两种命运的抉择，国内政治形势极为复杂、严峻，国共两党斗争极为尖锐。作为朋友，作为下属，周炳琳经常向胡适提出忠告：

"武人只知武力足恃，不惜诉诸战争以解决内政纠纷。在此局势中，号称主人翁之人民呼吁无灵，而智识分子尤可怜。若干时下所称为社会贤达者，良心应尚未泯，而竟偏阿成了御用的宝贝，兹可叹也。吾人今日于内战虽不能挽回劫运，然是非须分明，至少应持超然的态度。

"报载先生到（上海）后，对记者谈话，谓将保持自由作风，信仰言论自由，容忍他人之自由。此诚为适时之表示。……注意防备在党争下内部意见不一致，驯至不能互容，以致不但不能矫正时弊，反为外力所乘。"

胡适执意要到南京去参加国民大会，周炳琳特别提醒他道："此时赴会，是否为贤智之举动，琳以为尚值得考虑一番。撇开此举之政治关系不谈——先生对于现实政治之看法，琳绝对尊重，——单讲校务，此时可以说尚未正式上课，事甚繁乱，局面未趋稳定。我们希望校长在此坐镇，事来重心有托。……不是杞人忧天，一年余昆明历次事件之经验已使人成了惊弓之鸟。"

胡适没有听从周炳琳的劝告，径直去了南京，并在蒋介石的政治泥潭中愈陷愈深，以致不能自拔。

周炳琳则与胡适有所不同。他虽然和中共与毛泽东的政治见解不一样，但一向尊重、爱护毛泽东。1936年毛泽东率领红军到达陕北以后，周炳琳、许德珩和他们的夫人曾到东安市场买了一批火腿、怀表、衣服等，托中共地下党人徐冰教授送到延安转给毛泽东。毛泽东回信对他们表示"衷心感谢"。

1945年春国民党在重庆召开第六次全国代表大会，蒋介石内定周炳琳为中央委员，周炳琳拒绝出席会议，更拒绝担任国民党中央委员。在昆明"一二一"事件发生后，周炳琳起草了《西南联大教授会告同学书》，强烈要求当局严惩凶手；闻一多被国民党特务暗杀，周炳琳等四十八位教授联名致电教育部长朱家骅："一代通才，竟遭毒手，正义何在？纪纲何在？"1947年国民党政府宣布中国民主同盟为"非法",又是周炳琳起草抗议书,指责政府"顺我者昌,逆我者亡"。

1948年底北平和平解放前夕,蒋介石派专机接胡适南下。据胡适日记,周炳琳和郑天挺当时都劝他走。不过周炳琳自己没有和胡适一同去南京,而是留在了北平。

钱　穆

钱穆(1895—1990),字宾四,江苏无锡人。九岁入私塾,十三岁入常州府中学堂,后因家贫辍学。为了生计,1913—1919年任小学教员,1923年后在厦门、无锡、苏州等地任中学教员。

作为中国的最高学府,北京大学的教授们大多数都有炫目的学历,留过洋的不知有多少。但也有两个是例外:一个是梁漱溟,另一个就是钱穆。他们两人没有上过大学,口袋里没有装着大学本科或硕士、博士的文凭,基本上是自学成材的。梁漱溟之所以能当上北大教授,得益于蔡元培伯乐识良马,破格重用而钱穆则得益于胡适慧眼识真珠,提携同道。

1929年,胡适和顾颉刚相继到苏州中学讲演,时在苏州中学任教的钱穆得以同他们相识。胡适名气太大,钱穆起初大概还不敢高攀,他只将自己著的《先秦诸子系年》稿本请顾颉刚指教。顾颉刚阅后对钱穆说:"君似不宜长在中学教国文,宜在大学中教历史。"后来钱穆果然由顾颉刚推荐,于1930年秋到燕京大学做了国文系的讲师,这一年他正好三十六岁。

顾颉刚是胡适的高足,两人见面的机会很多,学术上多有切磋。胡适在苏州中学讲演时对钱穆的印象也不错,加之顾颉刚为其鼓吹,所以就把钱穆纳入了他的学术视野之内。自学成才的钱穆也真是争气得很,在这一年的《燕京学报》第7期上推出《刘向刘歆父子年谱》,对康有为的《新学伪经考》大胆提出驳正,从而一炮打响,成为学术界升起的一颗明星。

胡适看过这篇文章后,对钱穆的学术水准及学术勇气颇为赞赏。"昨今两日读钱穆(宾四)先生的刘向歆父子《年谱》(《燕京学报》七)……《钱谱》为一大著作,见解与体例都好。他不信《新学伪经考》,立二十八事不可通以驳之"。(胡适1930年10月28日日记)

1931年夏,钱穆未被燕京大学续聘,他临离开北平之前去向胡适辞行,不巧

胡适不在。次日即致胡适一函,除表示"昨来城拜谒未得晤教,深以为怅"外,特请胡适为他的《先秦诸子系年》介绍出版并写序:

"先生终赐卒读,并世治诸子,精考核,非先生无以定吾书。倘蒙赐以一序,并为介绍北平学术机关为之刊印,当不仅为穆一人之私幸也。"

请名人写序和介绍出版是文坛的通例,一般来讲作者总是请声望比自己高、学问比自己大的长者贤者为自己的著作写序以为推荐。在钱穆眼里,胡适就是这样的一位长者贤者,其实胡适只比钱穆大四岁。

胡适这时担任北大文学院长。钱穆虽无大学学历却有大学问,虽仅为燕京大学讲师,却有惊世文章令学界瞩目。胡适本人是"海归"教授,拥有的博士头衔至少一打以上,但他重学历而不唯学历,根据"不拘一格用人才"的原则,聘任钱穆为北京大学副教授。钱穆被燕大解聘之后,竟意外得到了北大的聘书,而且是由讲师升为副教授,自然喜出望外,对胡适满怀感激之心。

胡适继承蔡元培开创的"兼容并包"、"思想自由"传统,努力在北大营造学术上切磋辩论的氛围,教授们各抒己见,学生们各取所需。这既给了教授们压力,也给了他们动力。钱穆在北大讲授《中国上古史》、《秦汉史》、《中国近三百年学术史》,他感觉到"在北大上课,几于登辩论场"。钱穆还开了一门《中国政治制度史》的选修课,法学院长周炳琳让政治系的全体学生都选修这门课,影响之大可想而知。

胡适和钱穆在学术上也相互切磋,仅举两例:

(一)《与钱穆先生论〈老子〉问题书》,原是胡适致钱穆的一封信,1932年5月7日在《清华周刊》第9、10期合刊上公开发表后收入1933年3月朴社出版的《古史辨》第4册。针对钱穆《关于〈老子〉成书年代之一种考察》,胡适置疑说:"其中根本立场甚难成立"、"此文的根本立场是'思想上的线索'。但思想线索实不易言。""先生对于古代思想的几个重要观念,不曾弄明白,故此文颇多牵强之论。"

梁启超、钱穆、顾颉刚都认为老子出于孔子之后,而胡适则认为老子出于孔子之前,他们在这个学术问题上见解不同。胡适还讲过这样的笑话:"我反对老聃在孔子之后的说法,因为这种说法的证据不足。如果证据足了,我为什么反对?反正老子并不是我的老子。"

(二)钱穆和顾颉刚就"五德终始"的问题进行讨论,胡适也想写文章参与,便先写了一封信给钱穆,将要点略加说明。他认为廖季平《今古学考》还可算是平允,其说"创为今古学之分,以复西京之旧"是否可以成立,"不先决此大问题,便是日日讨论枝叶而忘却根本了"。钱穆作有《周官著作年代考》,胡适有一篇杂记也是讨论《周官》问题的,他便抄了一份给钱穆,请钱穆先生"指教"。

1933年秋,鉴于日本侵略中国的步伐日益加紧,傅斯年与同仁集议编写一部张扬民族意识与爱国精神的中国通史读本,并举办中国通史讲座,由史学界名家教授分段演讲后归纳成书,钱穆分讲其中一节。

当年在北大,讲课最受欢迎、最叫座的教授有两三位:名列第一位的是胡适,钱穆名列第二。胡适倡导白话,钱穆喜爱古文,他们两人在学术观点与治学方法上也并不一样:胡适是西方文化优越论者,极力主张向西方学习;钱穆是中国传统文化尤其是新儒学的代表人物之一,有"通儒之学"的美誉。尽管如此,在当年北大这块学术沃土上,都开出了花结出了果。

在蒋介石的眼里,共产党和明末李自成一样属于不折不扣的"流寇",是心腹大患。1944年学术界曾就明朝衰亡问题展开讨论,钱穆在《国史大纲》中认为:明之所以亡原因是对流寇"长于抚益,而误兵机",对满洲女真又无法议和,随之亡国,若先和满,一意剿寇,尚可救。傅斯年《论建州与流寇相约亡明》持同样的观点。在当时国共两党激烈斗争的情况下,他们显然都是在附合蒋介石抛出的《中国之命运》,为国民党蒋介石"攘外必先安内"、全力剿灭共产党提供"学术"支持。这也就是钱穆和胡适、傅斯年在毛泽东的《丢掉幻想,准备斗争》一文中特别被点名批判的重要原因。

钱穆1949年迁居香港,1966年移居台北,任职于"中国文化书院"(今中国文化大学),为"中央研究院"院士、"故宫博物院"特聘研究员。

毛子水

毛子水(1893-1988),名准,字子水,浙江江山人。六岁入村塾,1911年毕业于衢郡中学,后返乡自修两年。1913年北上考入北京大学理学预科,1917年升入本科攻读数学。尽管学的是数学,但他非常喜爱文学和历史,因此结交了一些北大文科的同学为友。傅斯年、罗家伦等成立"新潮社"和出版《新潮》月刊的时候,毛子水也是发起人之一。在以文科学生为主的社团中,像他这样来自理科的学生可谓凤毛麟角。

胡适是《新潮》的顾问,毛子水也因此有缘走近了胡适。

1919年"新潮社"与另一个学生社团"国故社"曾展开争论,"国故社"主张"昌明中国固有之学术","保存国粹",而"新潮社"则强调当务之急是提倡新文化,整理国故"没有多大的益处"。毛子水写文章批评"追摹国故"的这些人抱残守缺,"既不知道国故的性质,亦没有科学的精神"。对于国故究竟有用抑或无用这个问题,他的看法是:

"我们把国故整理起来,世界的学术界亦许得着一点益处,不过一定是没有多大的。……世界所有的学术,比国故更有用的有许多,比国故更要紧的亦有许多。"

可能是对自己的看法有些拿不准,毛子水就写信向胡适请教。胡适很快作了回答,在1919年10月30日出版的《新潮》第2卷第1号上发表了《论国故学——答毛子水》一文,首先指出:"我们做学问不当先存这个狭义的功利观念","当存一个'为真理而求真理'的态度。研究学术史的人更当用'为真理而求真理'的标准去批评各家的学术。学问是平等的。发明一个字的古义,与发现一颗恒星,都是一大功绩。"

其次,胡适认为:"现在整理国故的必要,实在很多。我们应该尽力指导'国故家'用科学的研究法去做国故的研究,不当先存一个'有用无用'的成见,致生出许多无谓的意见。"

此后胡适又写了《国学季刊发刊宣言》,既肯定了整理国故的必要,又指出整理国故的正确途径与方法:第一,用历史的眼光来扩大研究的范围。第二,用系统的整理来部勒研究的资料。第三,用比较的研究来帮助材料的整理与解释。他的意见对毛子水等"新潮社"成员有很大的帮助与启发,毛子水怀着感激的心情赞扬胡适"非特把几年来精思熟虑的结果告诉大家,并且把以后做学问的道路指示大家"。

毛子水1920年毕业后担任北京大学史学系讲师。1922年与姚从吾等人赴德国入柏林大学专治科学史,曾亲自聆听过大科学家爱因斯坦的讲课,留下了极深的印象。在德国学习期间他与傅斯年、陈寅恪、俞大维、赵元任等时与交往。留学德国前后共有6年时间,留学结束后在中国驻德公使馆商务部任职员。1930年春回到国内,再次任教于北京大学史学系,讲授科学史、文化史等课程。

1931年,蒋梦麟执长北大、胡适任文学院长的时候,毛子水被任命为北京大学图书馆馆长。

蒋梦麟执长北大的功绩之一是建了座新图书馆，他很想使北大图书馆"美国化"，即"完全放在一种新的组织和新的效率之下"。蒋梦麟和胡适相信毛子水对于书籍的了解与判断，也相信他会忠于职守，热爱图书馆工作，然而毛子水是一个没有"美国化"的人，委任他去办新图书馆其实不大相宜。北平图书馆有一位专学图书馆管理的严文郁，蒋梦麟打算请他到北大图书馆负责这项改革工作。胡适赞成蒋梦麟的意见，但这就需要对毛子水的工作另做安排，于是他写信对毛子水说：

　　"为个人计，你最好还是回到史学系来，专整理你的科学史与地理学，在两三年中做点学术的成绩来。同时你也可以在改组后的图书馆委员会里做一个主脑委员，用你的爱好书籍和熟悉书籍的本领来帮助整理这个新图书馆。所以我劝你辞去馆长之职，使梦麟先生可以放手做这改革计划。"

　　胡适这样办事是很周到的，兼顾了各方面的利益，既尊重了蒋梦麟校长的意愿，又考虑到了毛子水今后的发展，从而为办好北大新图书馆创造了条件。

　　抗战期间，胡适出使美国，毛子水则随校迁至昆明，任西南联大教授。为使北大图书馆的珍本、善本免受损失，迁校之初他亲自护送这一批珍贵图书由长沙往桂林、经虎门、过香港、经安南（今越南）海防，再由滇越路运抵昆明，最终平安到达学校。这是毛子水的一大功劳。

　　在西南联大执教期间，毛子水和胡适夫人江冬秀的堂弟江泽涵望门而居。1943年2月11日，他从昆明写信给胡适，报告他们两人"甚平安"，以让远在大洋彼岸为国操劳的胡适放心工作。并汇报说："我近来亦做些文章，但没有十分合意的。将来先生回国时，或有一二篇可'呈博一粲'也。"彼时江冬秀携两个儿子住在上海，所以毛子水又建议胡适"由美寄沪之信，似以由昆明转递为好"。听说胡适有在美期间完成《中国哲学史》的写作计划，毛子水特别在信里说："此自是好事。……深冀闭门户著书之暇，肯以我中华民族当今所最需要之事，内告同胞，外示友邦，庶几仁人之言，百世被其福利也。"不过胡适在美国滞留期间并没有完成《中国哲学史》，而是花了许多时间和精力考证《水经注》去了。

　　抗战胜利后，胡适执长北大，毛子水担任北大教授。有一次毛子水在课堂上讲到宗教问题，他对学生们说："我是不相信宗教的，但我相信宗教在现今世界上，如果能够去掉迷信的部分，对于人类文化的进步还有很大的帮助。"

　　事后毛子水偶然向胡适校长谈起这次讲课，胡适很严厉的对他说："自己不十分相信的事理，切不可对学生说！"

胡适这句话给毛子水的印象之深大概不亚于他听爱因斯坦的讲课。"不证不信"的原则胡适毕生贯彻始终，这一原则教育并感染了一代乃至几代学人，其中也包括毛子水，他一直把胡适的这句话记在心里。后来为胡适写传，毛子水就严格遵循了胡适倡导的"不证不信"的原则，因而他写的那本《胡适传》达到了"纪实传真的境界"，几乎就是一部胡适的信史，虽然比较简略，但准确可靠。

1949年毛子水应台湾大学校长傅斯年之邀，赴台在台湾大学中国文学系教授国文、论语、翻译文学与中国科学史等课程。他还担任台湾"中国语文学会"常务理事、"国家长期发展科学委员会"咨议委员、"中央研究院"评议员等要职。

胡适对毛子水素有好评：

"毛先生真是博学广闻的'学圣'，年轻时就极用功，起初，他学数学，但是对文学极有修养。有一次他写信给我，与我讨论一个极艰深的问题，当时真使我大吃一惊。

"……在七八百年以前，我们的一位大学者吕伯恭先生所提出来的观念：'理未易明'。'理'不是容易弄得明白的！毛子水先生说，这是胡适之所讲'容忍'的哲学背景。现在我公开的说，毛先生的解释是很对的。"

毛子水著有《论语今注今译》、《十三经集注》、《汤誓新说》等，自谓"学问止论语"，《论语今注今译》为其称心之作。胡适称赞说："毛子水先生研究《论语》、《尚书》都有心得。"

从一个北大数学系的学生到最终成为一名国学大师，这就是毛子水走过的道路。在这条道路上，胡适无疑是他的引路人，像灯塔一样指示他前进的方向。

毛子水在多种场合、多篇文章中，阐述了胡适在思想学术文化上的贡献，表达了对胡适的崇敬。他说：

"胡先生确是一个最好的世界的公民。但是正因为他是一个最好的世界的公民，所以便成为一个最标准的爱国者。

"他一生中对于凡可以使国家的学术和文化好一点的事情没有不尽心去做；对于帮助朋友求学的事情他可以做得到的，亦没有不尽心去做。他的爱护好学的朋友，他的热心于教育和文化事业，他的尽瘁于国家最高学术机关，我们都可看作是他的爱国心的表现。

"胡先生所以有这样的影响的力量，不全在他的学问好，不全在他的说话说得漂亮，也不全在他的文章写得好，主要的还在他的立身制行使人钦佩。他的品行，他的道德，真可以够得上'神人共钦'的。"

胡适 1962 年在台湾去世后，毛子水特为亡师撰写碑文。全文如下：

"这是胡适先生的墓。

"这个为学术和文化的进步，为思想和言论的自由，为民族的尊荣，为人类的幸福而苦心焦虑，敝精劳神以致身死的人，现在在这里安息了！

"我们相信，形骸终要化灭，陵谷也会变易，但现在墓中这位哲人所给予世界的光明，将永远存在。"

毛子水的碑文俨然就是一首《胡适颂》。胡适倘若地下有知，也许会重复他生前说过的一句话："毛子水先生忠厚长者，从不妄语……"

饶毓泰

饶毓泰(1891-1968)，字树人，江西临川人。早年毕业于北京大学物理系，后留学德国。1913 年转赴美国，1918 年获芝加哥大学学士学位，1922 年获普林斯顿大学哲学博士学位。

在美留学期间，饶毓泰曾于 1919 年到美国首都华盛顿，与朱经农住在一起，有机会读到了胡适著的《中国哲学史大纲》。佩服之余，便给胡适写了一封信，称赞说："时人著书多无精密之思，即稍能用思，又无胆量说出来，其能用思而兼有胆量者，尚有足下。"饶毓泰用他学科学的眼光来观察，一直认为中国科学落后乃至无科学的原因在于狭义的功用主义深入中国人的脑髓，缺乏那种"为学而治学"的精神，几乎找不到舍身求真之人。这种观点，同胡适在书中所说的中国哲学中绝故的一大原因在于狭义的功用主义如出一辙。胡适讲出了他"年来所欲言而未之出者"的话，真是让饶毓泰觉得有说不出来的愉快！他告诉胡适自己在耶尔大学的学习大约 1921 年期满，回国后将前往天津南开大学教授物理。"京津非远，泰与足下相会日正长也"，饶毓泰在信的末尾表达了这样的愿望。

胡适与饶毓泰友谊的种子就在此时播下了，而更多的直接交往则是在胡适担任北大文学院长之后。为了中兴北大，胡适和理学院长刘树杞挖了南开的墙脚，在 1933 年聘请饶毓泰到北大担任了物理系的系主任。抗战期间饶毓泰随校南迁，在西南联大曾一度担任理学院长兼物理系主任。在他的领导与组织下，抗战前三年物理系就有四五位教授开始研究，八年抗战期间又继续埋头研究，共发表了 50 余篇论文，出版了一本专著，在国际物理学界颇有盛誉。抗战末期，为了胜利后及早复兴北大物理系，饶毓泰还让他的得意门生吴大猷拟就了一份北大物理系的发展计划。

饶毓泰本人历年的研究成果主要是：1922年研究低压电弧的电子发射速率，其所设计的电弧光源的电压比通常低，这是当时气体导电研究的一项新成就。30年代初期从事碱金属原子的斯塔克效应研究，观测到它们的主线系的分裂和位移现象，这一工作丰富了量子力学领域的实验数据。40年代，他在美国与合作者进行分子光谱的研究，为研究同位素气体分子的振动－转动光谱开辟了途径。

1946年8月，胡适从美国回来就任北大校长，重新搭建领导班子时，他以校长的名义聘请饶毓泰担任理学院院长。当时上自校长下至广大师生，都怀有"复兴北大"的强烈愿望，除原有院系亟待恢复元气并大力提升外，北大拟新增农、工、医三个学院，这样聘请优秀人才来校又成了一项重要而紧迫的工作。

我国第一流的科学人才当时多在国外，尤以在美国者居多，胡适委托饶毓泰想方设法搜罗人才为北大所用。饶毓泰也利用同这些人联系较多的方便，动员他们回国到北大来："自适之先生长北大命令发表后，士气为之一振，今方作深远之计划，我愿凡关心中国大学教育前途者多来帮助适之先生。"钱学森是北大极欢迎的教授人选，饶毓泰特别函请郭永怀转告钱学森："中国工程教育尚未上轨道，北大开办工科，无传统的负累，有布新的勇气，凡关心中国工程科学前途者不应该错过这个机会，适之先生与北大同人对钱先生具有无穷希望，亦藉此使钱先生和其他同志与国内无数向上的青年有更深造之机会。"为了表示诚意，北大开办工学院的时间可延迟至1947年秋，以待钱学森归来，但望钱学森此时能答应负责规划。由于种种原因，这件事情没有达到预想的目的，钱学森到了50年代才冲破美方的阻挠回到国内。

除了钱学森外，饶毓泰等还推荐了以下几位到北大任教：聘请陈新民为冶金系副教授，汪德熙为化工系副教授，马仕俊对于微量分析经验丰富，自然也是推荐聘请的人选。

然而有的人能请来，有的人请不来。饶毓泰于是向胡适保证："我们最困难的关头是在今年，我是预备，凡请不到人来授的物理课程，我都来教。"

"我都来教"——这是多么掷地有声的一句话，又是多么可贵的一种精神。戏台上救场如救火，讲台上同样如此。饶毓泰表现出了对北大的极大关心和对校长胡适的最大支持。

1947年3月，蒋介石有意让胡适出任国府委员会委员，汤用彤、饶毓泰、郑天挺以北大文学院长、理学院长、秘书长的身份，联名致电教育部长朱家骅，以

"北大方始复员，适之先生万不能中途离校"为由"力为挽回"。其实胡适本人也不愿任国府委员，北大同仁为之陈情实在是帮了他的忙。

吴大猷

吴大猷(1907-2000)，广东高要人。早年毕业于南开大学。1931－1933年在美国密歇根大学获硕士和博士学位。1933－1934年在美国作光谱学、原子和原子核物理学方面的研究，1933年获博士学位。回国后在北京大学、西南联大任教。

吴大猷是饶毓泰的学生，据他说他第一次见到胡适大约是在民国十七八年（即1928或1929年）。那时吴大猷在天津南开大学物理系读书，有一天他因为有事要请教老师，便到饶毓泰的家里去拜访。饶毓泰曾在信中对胡适说过："京津非远，泰与足下相会日正长也。"所以胡适去天津总要和饶毓泰见见面，畅谈一番。那天胡适正好也在饶毓泰家里，饶毓泰就把吴大猷介绍给了胡适，于是吴大猷有幸认识了这位大名鼎鼎的学者。作为一个还在学校里读书的学生，他自然与胡适高"谈"不上，可能在名人面前有些拘谨也说不定。

1931年，吴大猷得到中基会乙种研究奖的资助，到美国密歇根大学深造。他的一项研究成果为原子的发现及计算开启了途径，获得了博士学位。吴大猷打算在美国把研究进一步深入下去，但中基会的资助已告罄，他就写信向中基会申请延长。胡适那时是中基会的名誉秘书，他帮了吴大猷的大忙，使吴大猷得到了延长一年的基金资助，从而在若干研究项目上又有了新的开拓。

1934至1937年，吴大猷在北大物理系任教，正值胡适做文学院长的后半期。胡适既是领导又是名人，在北大教授会或聚餐会上少不了这位重量级的人物，所以吴大猷有时能见到他。胡适平易近人，极善演讲，喝徽州"一品锅"但从不闹酒，这些都给吴大猷留下了难忘的印象。

抗战期间，吴大猷也随校迁至昆明。在十分艰苦的条件下，他和老师饶毓泰等人辛勤培育物理学的后继人才。以后获得诺贝尔奖金的杨振宁、李政道当时就是在西南联大物理系攻读，他们都是饶毓泰和吴大猷的学生。

胡适执长北大期间，吴大猷去了美国，但他对复兴北大还是很关心的。胡适向白崇禧、陈诚提出拟在北大建立原子物理研究中心，所开列的聘请第一流物理学家的9人名单中就有在美国密歇根大学的吴大猷。

胡适的创议得到了吴大猷的积极响应，他对"胡先生盛意"及"特别待遇"用"至感"二字表示了自己深深的谢意。吴大猷也积极为北大推荐人选，张文裕夫妇就是其中两位，不过他同时也指出了困难之所在：

"目前许多人在外，不愿返国，理由不外数端：（一）在外多能觅得位置，……（二）在外工作自远较在国内为便。（三）国内不仅生活艰苦，即一般政治……等情形，太令人失望。吾侪只有努力，尽可能在学校里造成可工作研究之环境，一面自己工作，一面教导优秀学生，冀其成才。欲造成此环境，必须有'人'及'设备'。欲召致'人'，必须使其知我们之理想，及将来设备发展之可能性。欲有'设备'，则钱之外，尚须有人策划。"

上述所言，都是很有见地的，都是吴大猷亲身体验和观察所得。遗憾的是国内政治情形太糟，胡适不仅不能加以"改良"，反而自己也深陷其中，最后不得不离开北大，离开大陆。关于在北大成立原子物理研究中心的建议，尽管最终是竹篮打水一场空，但吴大猷对胡适"为国家学术尽忠"和对他个人的"奖掖，关切和期望"，表示了"无限的敬佩和感激"。

吴大猷1946年赴美担任密歇根大学客座教授，后又至哥伦比亚大学工作两年。1948年被选为台湾地区"中央研究院"海外院士。50年代初胡适寓居美国期间曾两次回台湾，深感台湾缺乏科学人才，又受老朋友梅贻琦的委托，曾郑重地邀请吴大猷到台湾，以"台湾大学中基会客座教授"的名义，兼任清华研究所客座教授兼顾问委员。1956年，吴大猷允其所请到台湾教学四个月，在台大和清华联合主办的研究生班讲授古典力学和量子力学，以及流体力学和核子间的交互作用问题。他给胡适写信叙说此行的感受，一是"觉得学生不仅求知向学心甚切，且一般程度亦高"。二是"最大的问题是师资的缺乏，广博专精的人材皆少"，加之"学术研究的经费太少，故高深学术工作无法推进"。三是"政府高级（负政策决定之责者）人员则多平凡，无负责胆识，无应付此局面所需之新见识及drive"。胡适认为吴大猷的上述观察很彻底，回信称赞说："你此次在台教学四个月，最辛苦，最负责任，所以最有成绩。"

胡适于1958年4月接任"中央研究院"院长，他对吴大猷更是多有借重。在离开纽约回台北之前曾致信说：

"我今天重读你去年四月三日在《学人》上发表的《如何发展我国的科学》一文，仍感觉你的vision是完全对的。我很盼望你把此文的结论中的四项——特别是第一项的发展我国科学的'五年或十年计划'——写的更具体一点，就当作一个'五年计划或十年计划'写下来。我很愿意带这计划回去做一个探路的地图——做一点开路、铺石子的工作。"

吴大猷应胡适要求草拟了一个"国家长期发展科学的方案",重心在两点:①是政府必须表示有决心,②是必须从"奠定科学基层工作"入手。胡适对此都极表赞成。他在台北邀集同仁讨论多次,依据吴大猷的大旨,制定了一个比较更接近实际的方案。1959年1月台湾地区当局正式通过了所谓"国家长期发展科学计划纲领"并付诸实施。

胡适希望能在"中研院"成立一个数学与理论物理学的中心,由吴大猷主持。"我想请你老兄考虑1960年秋季回国,先作 China Foundation 的 Visiting professor;半年之后,改作NCSD的Visiting professor,或另作更适当的决定。主要的办法是要使你每年至少可以剩余美金五千元以上,作为海外养家之费"。胡适想得很周到。

应该说他对吴大猷还抱有更大的期望——以后由吴大猷来继任"中研院"院长。

"我总觉得我们实在需要你回来领导;我总觉得中研、台大、清华,都实在需要你来给我们做点切实计划(工作的计划与找人的计划)。我回去了近两年,深觉得我太外行了,挑不起'长期发展科学'的担子。现在梅先生病废了,我更觉得我不中用。……但我们实在还有绝大的一块园地需要你来领导培植。所以我的痴心总盼望你能回来住七八个月或八九个月,看看这个地方是否值得你打算久居,是否值得你花费几年工夫去培养出一班青年工作者出来——是否值得你出点力去改造成一块可以留得住青年人努力工作的科学园地。"

吴大猷一年之中有大半年时间在海外(美国或加拿大),所以不大可能回到台湾来,分担胡适"中研院"院长的工作。但他作为"中研院"院士,应胡适邀请于1962年2月回台北出席了"中研院"第五次院士会议。因为听说胡适健康状况欠佳,经常住医院,他一见面就迫不及待地问:

"先生怎么样?"

身着中式长袍的胡适把两袖轻轻一拂,笑着说:"你看我不是很好吗?"

2月24日在胡适举行的招待酒会上,吴大猷代表几位海外院士讲话。其中谈到科学发展必须有研究的环境、政府的支持,其他各方面的配合也是重要的推动力。"要知道发展国家的学术,必须从根本做起;不知哪位先生首先提出'迎头赶上'。——这句话是有语病的。我们要赶上人家,只有当中一条长长的路,没有其他的捷径；不经过这条路，又如何去赶？怎么能超越别人的前面？"

胡适在讲话中表示"赞成吴大猷先生的话"，说"我们中央研究院从来没谈过什么太空、迎头赶上的话"。

这是胡适和吴大猷最后一次同台讲话，而且意见一致。

胡适讲完之后就因心脏病突发猝死。在场的吴大猷不相信胡适竟这样离开了人世，他的耳边，不，在他的心里，仍一再重复着胡适对他讲的那句"你看我不是很好吗？"

1983-1994年，吴大猷出任台湾"中央研究院"院长，从某种意义上说这也是实现了胡适生前的一个遗愿。

江泽涵

江泽涵（1902-1981），安徽旌德县人。幼读私塾，后入乡村小学。系胡适夫人江冬秀的堂弟，胡适是他的堂姐夫。由于有这一层亲戚关系，1918年小学毕业后由胡适带至北京。胡适请了北大英语系的一位学生帮他补习英文，又请了一位绩溪同乡帮他补习数学。至于语文补习，胡适让泽涵尽量看他书架上的古书，并鼓励用他的稿纸练习写作。江泽涵回忆在胡适家中的情况说：

"他自己除了在家中会见朋友和去北大讲课外，常常在书房里辛勤地编写讲义、写文章和写日记。写成的稿子总放在他的书桌上。当他不在书房中时，任凭他的侄子和我翻阅。他的为人如此，而且他的文章论点又新颖易懂，使我思想上深受他的影响。"

也是胡适出的主意，江泽涵报考了天津南开中学并被录取。毕业后又上了南开大学，师从著名数学家和教育家姜立夫，专攻数学。提前半年于1926年初毕业后回北京仍住胡适家中，就近旁听北大数学系主任冯祖荀讲数学分析。是年秋姜立夫教授应聘到厦门大学任教，江泽涵随之前往做助教，他在那里认识了厦大理学院院长刘树杞。1927年暑假，江泽涵考取清华留美公费，入哈佛大学数学系深造，并于1930年获数学系哲学博士学位。后在普林斯顿大学数学系任研究助教，专攻拓扑学——一门抽象的几何学。

蒋梦麟执长北大时，刘树杞由厦门大学调至北大担任理学院长。刘树杞征得胡适和数学系主任冯祖荀同意后，函请江泽涵到北大任教，帮助整顿数学系。由于北京大学是中国的最高学府，堂姐夫胡适又在北大，江泽涵便欣然同意了刘树杞的邀请，于1931年暑假回国，任北大数学系教授，第一学年给数学系一、二年级学生讲课。

自此他和胡适便在北大一起共事，在一个屋檐下朝夕相处了。他们本来就是亲戚，所以有些私房话胡适可以敞开来向江泽涵讲，比如怎样整顿北大以及遇到了什么阻力等等。当时教育经费积欠严重，教授的工资维持不了一家人的最低生活，所以校外兼课之风盛行，课堂纪律松懈，影响了北大的教学质量。胡适费尽周折，利用他在中华文化教育基金董事会兼有职务的方便条件，为北大争取到了为期5年的长期大额资金支持，使各项科研工作得以比较顺利地进行。胡适谆谆告诫江泽涵说："要用全副精力放在教学和研究上，不要像有的教授教员那样打麻将、下围棋和吃馆子喝酒。"

在蒋梦麟、胡适、刘树杞的带领与推动下，北大的整顿收到了明显的效果。文法学院且不说，理学院各系不仅教学质量提高，而且在科学研究方面也认真展开。对数学系的整顿，江泽涵出力良多。胡适是力主北大整顿的核心人物，江泽涵受其影响，自然也要做一名改革派。为贯彻胡适一贯提倡的"北大应注重于提高"的方针，后来北大成立了文史部、社会科学部和自然科学部。数学系还聘请了外国著名的数学家到北大做研究教授，使数学系的整体质量跃上一个新水平。所以江泽涵说："从1931年到'芦沟桥事变'前这一时期中，胡适对理学院的整顿有过相当重要的贡献。"

抗战全面爆发后，胡适出任驻美大使，卸任后又滞留美国。江泽涵则随校迁至昆明，继续在西南联大任教，后又兼任数学系的系主任。1941年，中央研究院在昆明设立数学研究所筹备处，江泽涵被聘为兼任研究员并兼数学研究所筹备主任。

为了搞好数学教学和研究，江泽涵请胡适在美国帮忙物色教授，许宝騄、陈省身、黄用诹、程毓淮等数学家以及外籍教授 Witold Hurewicz 都是其中的人选。聘请外籍教授最困难的是待遇问题，须先有外籍教授的特别外汇津贴，然后才有聘请外籍教授来的希望。于是江泽涵把皮球踢给了堂姐夫胡适："你是否有法子能捐得一笔外汇，先聘请来几位。"

在这几年的时间里，江泽涵与胡适间有书信往返，国事、家事、学校中事无话不谈。

"适之姊夫：……知道你的身体的情形同你留在美国的计划。你能住在纽约完成你的书，真是天假的机会。只盼望你不太穷，还能够使身体更好些，更好。"

"我们在昆明的生活总算舒服,食物毫不受限制。""近两年来我们很可以做点工作。(1943年2月8日致胡适)

"上次信我告诉你,冬秀姊四月内回到绩溪。近来我们接着旌德的信,有的在路上走了一年,有的只两个月。现在我们只知道冬秀姊路过旌德县,在石恒春住了三天。她见着静秀、丕莹的姊夫。她身体康健。她打算五月内到江村去玩。"(1945年8月5日致胡适)

抗战胜利后,江泽涵曾从昆明三次给胡适去信,就胡适是否担任北大校长一事通报情况并提出个人看法:"今日是胜利日,北大的事真是千头万绪,不知从何说起。蒋校长来昆明宣布他要辞职后就回重庆了。他是说你回来继任。他曾要锡予师代理校长,锡予师坚决的拒绝了,现在还是无人负责。本来学校的事都在毅生兄一人手中,他今日飞重庆,听说教育部派他去北平,不知道他真去北平否?现在可以负责的人只有枚荪兄与锡予师在昆明。(枚荪兄似不肯居负责的地位,因为他反对蒋校长兼职颇烈。)我觉得你做不做校长关系不大,但是你越能早回北大一天,于北大的好影响越大。凡是与北大有关的人几乎全体渴望你回来。"

江泽涵的这个态度,无疑对胡适执长北大起了促进的作用。他信中提供的北大人事关系的各种复杂情况,对胡适上任后调整和决定学校负责人选有参考的价值。

胡适执长北大期间,理学院院长饶毓泰出国访问,由江泽涵担任了一年代理院长。这也符合古训"内举不避亲"的用人原则。1947年10月至1949年5月,江泽涵由教育部选派赴瑞士苏黎世国立高工数学研究所进修,跟著名代数拓扑学家H.霍普夫(Hopf)教授继续研究拓扑学。

江泽涵"把政治与业务看作是绝不相干的"两件事,虽然国内在进行大规模内战,但他"相信将来不论是国民党或中共胜利,都需要拓扑学",所以他只专心研究拓扑学,而没有像胡适那样深深卷进政治斗争的漩涡之中。

1949年5月,他自伦敦启程回国,目的地是北平,但忽然接到胡适从美国用英文给他打来的电报,只有一句话:"到台湾去。"江泽涵再三考虑后,只是到台北看望了一下堂姐冬秀和几位师友,便又返回香港。在中共地下党和朋友的帮助下,由香港绕道朝鲜仁川,连夜奔向天津,于8月8日平安回到了北平,回到了北大,担任数学系的系主任。

在关键时刻,在十字路口,江泽涵没有听从堂姐夫的意见,胡适也就没有再勉强他。用江泽涵本人的话:胡适"并不勉强我违背自己的意愿"。

罗常培

罗常培（1899-1958），字莘田，号恬庵。出生于北京一个破落的满族家庭。从小刻苦读书，在上小学、中学时与舒舍予即后来成为著名作家的老舍先生是同学。1919年毕业于北京大学国文系，后又续读北大哲学系，但只读到第二学年，因家境贫寒，生活失去来源，不得不去天津南开中学教书。

"五四"运动以后，随着胡适等新进人物反对文言文、提倡白话文，促进了汉民族共同语的发展和推广，"官话"这个名称逐步被"国语"所代替。1917年2月，国语研究会举行成立大会，将统一国语标准、文字改革等项任务提到了议事日程上，这成为新文化运动的一个重要方面也为"可造之才"的罗常培施展才干提供了舞台。

1924年，罗常培经友人介绍，到刚刚成立的西北大学任国学专修科主任兼教授，教文字学。1927年任教于中山大学，开设的课程有声韵学、声韵学史等。1928年辞去中山大学教授职务，到正在广州筹建的中央研究院历史语言研究所语言组任专任研究员。他在总结前人音韵学成就的基础上，援引印欧比较语言学方法，利用方言和对音等新材料，从一个个专题研究入手，在中央研究院前后七年时间（1928—1934）共写出了20多篇有关声韵学的论文，还出版了《厦门音系》、《唐五代西北方音》、《国音字母演进史》三部专著，从而确立了他在中国语言学界的领先地位。

这样一个难得的人才，"伯乐"胡适当然是不会放过的。蒋梦麟执长北大时期他担任文学院长，负有"聘任新人"的重任，所以1934年胡适便聘请罗常培到北大任教授，后来又让罗常培兼任文科研究所所长。罗常培非常感谢胡适的信任与重托，工作上勤勤恳恳，正如他后来在写给胡适的一封信中所说："从您把我叫回北大来，扪心自问，我不算不努力的一个。"

1936年5月，由胡适和罗常培发起成立了"风谣研究会"，倡导并组织实施对民间文学进行发掘和研究。"风谣研究会"的工作，得到了朱光潜、沈从文等30余位文化教育界人士的积极响应与支持。民间文学是各地方言的载体，是汉族以及少数民族语言多样化丰富化的集中呈现。对民间文学进行发掘和研究，无疑为罗常培的语言与文字研究提供了鲜活而有价值的第一手材料。

那时胡适和罗常培时有接触，一则胡适日记中云："杨遇夫先生邀吃饭，有沈兼士、余季豫（嘉锡）、罗莘田同席。饭后与莘田同归，谈甚久。"

抗战期间，罗常培随北大迁往昆明。1940年继朱自清之后，任西南联大国文系主任。北大、清华、南开虽合为一校，但各自仍保留原先的研究机构，所以罗常培尚兼北大文科研究所所长。

然而他的工作似乎并不顺利，在致胡适的一封长信中曾抱怨学校"从您出国，渐渐失去了学术重心，专以文科而论，如锡予、如觉明，都是想做些事的，一则限于经费，一则限于领导者的精力，处处都使工作者灰心短气"。至于他自己，"自从给您代理系务以来，忽已八九年；到联大后事更琐碎，孟真骂我恋栈，实在是无法摆脱"。"只觉得由您领导的北大文学院战时不能如此消沉下去，所以我做一事，为北大；写一文，为北大，绝没有为个人争名夺利的念头！可是得不到鼓励与同情，如何不教我伤心、烦闷？"

罗常培说他"虽工于教书，却性喜研究"。西南联大的条件确实很差，环境杂乱，公共宿舍毫无门禁可言，罗常培整天应付客人和学生，常常是刚拿起笔来就有人敲门，热闹甚于胡适当年在北平居住的米粮库。这样下去，没有进修的机会，不能专心做研究，在学术上深恐要落伍了！这让罗常培心中很是焦躁不安。

所以他向胡适提出："我恳求您替这看了十年家的老伙计换一换空气。明年可以休假一年，如再请假一年，便可以在国外住两年。我不希望有元任和方桂那样崇高的地位，我只希望有一个较好的Fellowship（研究员位置），让我可以自赡和赡家。我的目的是想把这几年在云南所得的材料，可以整理出来并印出来，国内既无办法，只好'乘桴浮于海'。为所写的东西更科学化、现代化，不能不出去看看Sapir、Bloomfield那一班人所领导的风气究竟如何？并增一些自己旁方面的修养。"

1944年秋，罗常培应美国朴茂纳学院之聘出国讲学。他告诉胡适："我没有念学位的企图，可是很想把我辛辛苦苦在战时所得的一点材料写出来给洋鬼子看看，叫他们知道，一个土学者并不比半瓶子醋的洋博士'推板'，而且也让他们知道中国战时的另一方面。"

在美国讲学虽然授课钟点比国内多，但闲杂事少，尤其是可以利用暑假潜心于研究，这让罗常培回想起了十年前在北海静心斋作研究的生活！然而他并不满足于此，"为恢宏见闻"，有意去美国东部"多会晤几个本行学者"。为此，他在自己四十七岁生日这一天又致信胡适说：

"孙悟空又要请观音菩萨了！我知道先生不喜欢向洋人谈这类的事，但是Please give me a 'break'（请你给我开个恩吧）！即使不得专作研究，至少也希望明年暑假后能到东方去。——听说康纳尔有添设东方学研究的消息。如果观音菩萨不管孙悟空，提防他一路兢斗翻到你眼前去！"

罗常培在美四年，先后在朴茂纳学院、伯克利加州大学、耶鲁大学讲课，指导研究生作博士论文。他还参加了密歇根大学举办的暑期语言研究班，选修了三门课程，会见了美国一些著名的语言学家，了解到美国语言学界的许多情况，对中美两国语言学界的沟通与相互借鉴做了有益的工作。

胡适抗战胜利后奉召回国，担任北京大学校长。罗常培给胡适写信建议说："先生去国后，北大事实上已失去学术重心，要想复兴，须恢复民八至十三以前，或二十年至战前的学术空气。各系须整顿者外语、法律、地质、化学……均须考虑。国文系文学组先生不可不亲自领导。"他所谓的"民八至十三"指1919年至1924年，"二十年至战前"指1931年至1937年，前一时期胡适曾一度出任北大教务长，后一时期胡适担任文学院长，在罗常培和许多北大人士看来，那是北大的学术黄金时代。

另外，罗常培还提出了若干具体的人事安排供胡适考虑："兼士是苦节孤忠，全活留平一部分朋友的名节，非其他某派某系可比，应由先生斟酌，请其回校。凡参加伪校者，即知堂亦在不赦——请先生万勿留情。事务方面毅生确系柱石，但教务非换一个人望所归的不可，枚荪似最适宜。培植后进的意思，仍望先生筹一具体办法。"

罗常培自己是从北大出来的，胡适就任北大校长，他应该义不容辞早日回国相铺佐。不过，他向胡适表示不愿意再作系主任或别的与事务有关的职位，只教几点钟课，带几个研究生。对此可作两种解读：一是"让贤"，便于胡适校长安排更合适的人选。二是他更乐意从事研究。

胡适曾向罗常培表示自己的心愿："得以余剩的十年或二十年，专心做历史的研究则大幸了。"罗常培觉得自己少年蹭蹬、壮志未已，"年四十、五十而无闻焉"，在学术研究上尤当刻不容缓，所以希望胡适准许他继续在美国进修一年。

"我想，为自己，为北大，先生都应该同情我！现在我不仅是对老师说话；我同时是对校长申请！（先生如有意帮我，切勿令孟真阻挠！）如我不能得到深造的机会，我想北大的语音乐律实验室是不好开门的——除非是'另请高明'！"

胡适一定是同意了罗常培的要求的，所以罗常培延至1947年才回到国内。这一年恰逢中央研究院推选第一届院士，鉴于罗常培在语言学研究方面的卓越成就，由胡适和傅斯年分别拟定的人文组院士名单中，都有罗常培。

魏建功

魏建功(1901-1980),字天行,笔名健攻、山鬼、文狸等,江苏如皋人。1918年南通中学毕业。后考入北京大学国文系,在校读书期间师从钱玄同,对文字音韵学研习颇深,1925年从北大毕业。也是钱玄同的动员和推荐,魏建功于1928年参加了国语统一筹备委员会,担任了常委一职,并编辑《国语旬刊》。1929年回到北大任国文系助教,并兼任辅仁大学讲师。在这一年他连续发表了多篇论文,显示出了强劲的学术实力,成为语言文字学界跃起的一颗新星。几篇论文分别是:在《国学月刊》第1卷第1期上发表的《古音学上的大辩论——〈歌戈鱼虞模古读考〉引起的问题》;在《国语旬刊》1929年第2期上发表的《说"相"、"厮"》;在《国学季刊》1929年第2卷第2期上发表的《古阴阳入三声考》;在1929年4月29日《语丝》第5卷第8期上发表的《与人论方言之由来》;在《国语旬刊》1929年第13期上发表的《再说"相"、"厮"》。

胡适倡导文学革命,提倡白话文学,关注国语(包括读音与书面文字)的统一与标准化,"中华民国国语研究会"成立后由蔡元培任会长,胡适、钱玄同、黎锦熙、彭清鹏、陈懋治等人均为会员。现在又有魏建功这样的新秀加入国语与文字改革运动中来,胡适得引以为同志,是他感到很高兴的事情。所以,非常重视人才的胡适在担任北大文学院长之后,提拔魏建功为国文系副教授,魏建功时年仅三十岁,自此魏建功进入了以胡适为核心的北大学术圈子。

在庆贺胡适四十岁生日那一天,魏建功别出心裁,写了一篇题为《胡适之寿酒米粮库》的平话,博得了众人的喝彩。说是"平话",实际上是对胡适的一篇颂词:

"1923年由他主编的北京大学的《国学季刊》发表了宣言,提出三个方向来督责勉励治学的同志。就辟出辨伪研究的大路,开发实地考古的先声。有分教:
世间多少迷路客,一指还归大道中。

走惯了'磨盘'路的中国学术界这才紧趱了一程:从思想的革新到学术的革新,从文学的改革到文字的改革。打民国六年到十一年(1917年——1922年)六年之间全在思想和文学改革的时期中;1923年以后,便进步到了学术革新和文字革新的时期。回头一算,转眼也就如同隔世,所谓'时代'似乎有一日千里的变化,不觉已是十三四年了!这位革新的先锋,他遭母丧、结婚、得子、教书、讲演、著述,中间又生病,又几番在国内外旅行,毁誉荣辱,在精神劳力上都有相当的增损:他也就到了中年,到了四十岁的人了!"

1930年12月17日便是他四十整生日。他的朋友和学生们中间,有几个从事科学考古工作的,有几个从事国语文学研究和文字改革运动的,觉得他这四十岁的纪念简直比所谓'花甲''古稀'更可纪念:因为在这十三四年中间,他所尽力于中国学术的辛苦,应该获得一些愉快,应该享受一点安慰。好在他早有可以自寿的《不朽》,即如这首《誓诗》,尽够当祝语,不用旁人再赞一字了,所以他们不想用什么话来祝贺,只将他十三四年来努力的梗概记下。他们究竟是谁某?原来是这十二个人:

  北平 白涤洲 镇瀛
  宁波 马隅卿 廉
  东台 缪金源 金源
  织金 丁仲良 道衡
  湘潭 黎劭西 锦熙

最后列名的是平话作者魏建功本人。

钱玄同既是魏建功的恩师又是胡适的挚友,他认为这篇平话"修辞立诚",对胡适十三四年来的努力与贡献讲得"刚刚恰好",并无过誉之处。

魏建功在北大讲授古音系研究课程,他的代表性著作《古音系研究》1935年由北京大学出版社出版,被公认为是古音韵学界的宏通之作。

魏建功还兼任北大《国学季刊》编辑委员会主任,这个职务最初在1923年1月刊物创刊时是由胡适担任的,可以说胡适又找到了一个满意的接班人。1937年1月19日胡适曾致函魏建功:"昨天莘田(罗常培)说,心史(孟森)先生有一长文给《季刊》,亦是证实戴东原偷赵东潜《水经注》一案。莘田说你颇有点迟疑。我托他转告你不必迟疑。我读心史两篇文字,觉得此案似是已定之罪案,东原作伪似无可疑。"胡适晚年经过反复考证,推翻了"戴偷赵书"的定案。

抗战爆发后,魏建功随校南迁,在西南联大任教。1940年6月调任教育部所属大学教科用书编辑委员会专职编辑。抗战胜利后被选调赴台湾推行国语,担任了台湾国语委员会主任委员,为在宝岛台湾推广国语做出了重要贡献,促进并加强了台湾同胞对祖国的认同感与归属感。

胡适1946年8月正式就任北京大学校长,曾邀请魏建功回北大并委以训导长的重任。魏建功本是北大毕业又在北大执教的北大人,所以他允诺在台湾推行国语工作告一段落后即回北大,但没有答应担任训导长一职。长期在学校工作的魏建功当然知道训导长一职如果接在手里,就势必要面对风起云涌的学生运动,胡适尚且对付不了,他焉能应付?再说作为学者的他也不愿意像胡适那样置身于政治斗争的炉火之上煎烤。

魏建功1948年受聘担任台湾大学文学院长。胡适一定要他回北大,并亲自写信代魏建功向台大校长庄长恭辞谢。1948年12月初魏建功从台湾回到北平,月底"时不利兮"的胡适就乘蒋介石派来的专机去了南京。有顺口溜《了了歌》云:

魏来了,胡走了;
学生来了,老师走了;
教授来了,校长走了。
叫人来的人走了,被叫来的人留下来了。

魏建功一直在北大中文系任教授,后来担任了北京大学的副校长。

罗尔纲

罗尔纲(1901-1997),广西贵县(今贵港市)人。少年时在家乡贵县中学读书。1924年初冬来到上海,进浦东中学特别班补习,准备报考大学预科。期间曾参加"五卅"爱国运动,到南京路示威游行,抗议英、日帝国主义的暴行。1926年考取上海大学社会学系,这是一所由共产党人领导设立的大学,教务长为邓中夏,社会学系主任为瞿秋白,另外蔡和森、张太雷、恽代英、萧楚女等也都任过教员。罗尔纲后来回忆说,他"一生得到最新的、最丰富的新知"就是在上海大学读书期间。

据罗尔纲自述,1927年"社会上起了所谓'清党'的运动,家乡就搅起了大风波,一个无党派的父亲,也给人家通缉了"。他身心受到很大刺激,不得不弃学到澳门医病,甚至一度产生了厌世的念头。从澳门回到上海后,有一天他从《申报》上看到一则中国公学招生的广告,开头写着"董事长熊克武、校长胡适启……"罗尔纲残烬的心头忽然闪起了光芒,"胡适"恰如他迷途的明灯,因仰慕胡适的学问道德，他不顾一切抱病搬到了学校里来，转学进了中国公学大学部文史学系。

他在晚年写的《关于胡适的点滴》一文中则是这样说的："四一二"政变后，左翼色彩浓厚的上海大学被国民党当局封闭，罗尔纲拿到一张转学证书，但上海几乎所有的大学都慑于当局压力，不敢接受从上海大学来的转学生，只有胡适执长的中国公学接受。在走投无路之际他转学进了中公，削去一个学期的学分，从三年级上学期读起。当时他曾经想过："胡适有胆量不遵政府法令吗？"

不管上述说法哪一种更符合事实，总而言之罗尔纲走近了胡适，成了胡适的一名学生。"到了学校后，每听先生一度演说，我就得了一针兴奋剂，以后身心就渐渐康健起来，思想也得了解放。到了十八年，又蒙吾师赏以学校第一次免费的鼓励，于是一个行尸走肉的青年，居然在先生栽培之下复活起来，而决追随左右以献身于学术"。

1930年6月罗尔纲从中国公学毕业后，一时没有找到合适的工作。胡适对他的勤奋与好学印象颇佳，就自己出钱，留罗尔纲在家帮忙。胡适辞去中公校长后，这一年十一月底举家回到北平，就任北大文学院长。罗尔纲也随同从上海北上，来到了昔日的帝王之都。

在胡适家里，罗尔纲的工作主要是：一，辅导胡家两个公子胡祖望、胡思杜的学习，相当于家庭教师。二，整理胡适父亲胡传的遗集，校正和整理《聊斋全集》。后一项工作使得罗尔纲有机会浏览胡适的全部藏书，这对他从事学术研究大有帮助。

罗尔纲在胡适家中前后共有五年之久，胡适夫妇对他的关怀可谓无微不至。罗尔纲在《师门五年记》中这样记述说：

"……适之师和江冬秀师母待我的恩礼，爱护我、体恤我，把我当做他们的子侄一样看待我，尤其使我感激的，我在师家不过是个抄写人员，地位十分低微，而师家却常常是名流满座，在那种场合下，我这个既敏感又偏狭的人，不免会起自卑感，适之师却早为我顾到这点，每逢当我遇到他的客人时，他把我介绍后，随口便把我夸奖一两句，使客人不致太忽略这个无名无位的青年人，我也不致太自惭渺小。有时遇到师家有特别的宴会，他便预先通知他的堂弟胡成之先生到了他宴客那天把我请去作客，叫我高高兴兴地也做了一天客。适之师爱护一个青年人的自尊心，不让他发生变态的心理，竟体贴到了这个地步，叫我一想起就感激到流起热泪来。我还不曾见过如此的一个厚德君子之风，抱热诚以鼓舞人，怀谦虚以礼下人，存慈爱以体恤人；使我置身其中，感觉到一种奋发的、谆厚的有如融融的春日般的安慰。"

自1932年至1933年，罗尔纲曾一度离开胡家，南归省亲，又因家事羁身，只好留在本县中学作教员，同时兼任贵县修志局特约编纂，负责太平天国史部分的编纂工作。由于"功课上和管理校务上的忙碌，很少有治学的机会，更没有做文章的时间"。

然而他哪忘得了胡适家中春日般的温暖？何况他又有志于做研究，而做研究当然最好是在恩师的身边，耳濡目染，受益大焉！所以罗尔纲又给胡适写了一封长信，希望能够"再允许跟随吾师三年。三年之后，才敢乞先生遇有机会时在北地代找一枝之栖"。

胡适很快回信允其所请，并提出了几个条件。

"尔纲弟：

"我看了你的长信我很高兴。我从前看了你做的小说，就知道你的为人。你那种'谨慎敏勤'的行为，就是我所谓'不苟且'。古人所谓'执事敬'就是这个意思。你有此美德，将来一定有成就。

"你觉得家乡环境不适宜你作研究，我也赞成你出来住几年。你若肯留在我家中我十分欢迎。但我不能不向你提出几个条件：

一、你不可再向家中取钱来供你费用。

二、我每月送你四十元零用，你不可再辞。

三、你何时能来，我寄一百元给你作旅费，你不可辞。如此数不敷，望你实告我。

"我用了这些'命令辞气'，请你莫怪。因为你太客气了，叫我一百分不安，所以我很诚恳的请求你接受我的条件。

"你这一年来为我做的工作，我的感激，自不用我细说。我只能说，你的工作没有一件不是超过我的期望的。"

后来罗尔纲如愿以偿，重又回到胡适家中工作。对于一个青年人来说，这当然也不是长久之计，所以1934年11月胡适推荐他进北京大学文科研究所任助理员。1936年8月改任助教，同时兼任中央研究院社会研究所助理员。胡适是北大文学院长，社会研究所所长陶孟和是胡适的老朋友，罗尔纲由胡适推荐得以到这两个研究单位工作，也是顺理成章的美事。

在此期间，罗尔纲除著有《金石粹编校补》及《艺风堂金石文字伪误举例》外，用主要精力写成了《太平天国史纲》、《太平天国史丛考》、《金田起义前洪秀全年谱》等书，这为他日后成为专门研究太平天国史的著名历史学家奠定了坚实的基础。

胡适对罗尔纲的研究工作十分关心，并经常给予指导。有一次他在协和医院治病，仍给罗尔纲写去一信，就罗尔纲的"新湘军志计划"提出己见：

"关于清代军制事，鄙意研究制度应当排除主观的见解，尽力去搜求材料来把制度重行构造起来，此与考古学家从一个牙齿构造起一个原人一样，都可称为'再造'Reconstruct 工作。

"研究制度的目的是要知道那个制度究竟是个什么样子；平时如何组成，用时如何行使；其上承袭什么，其中含有何种新的成分，其后发生什么。如此才是制度史。

"你的'新湘军志计划'，乃是湘军小史，而不是湘军军制的研究。依此计划做去，只是一篇通俗的杂志文章而已。其中第二、三、四章尤为近于通俗报章文字。

"我劝你把这个计划暂时搁起，先搜集材料，严格的注重湘军的本身……"

胡适具体例举了十项：一，湘军制度的来历。二，乡勇团练时期的制度。三，逐渐演变与分化。四，水师。五，饷源与筹饷方法。六，将领的来源与选拔升迁方法。"幕府"可归入此章或另立一章。七，纪律（纸上的与实际的）。八，军队的联络、交通、斥候等等。（曾国藩日记中记他每日在军中上午下午都卜一二卦，以推测前方消息？）九，战时的组织与运用。十，遣散的方法。

对于学术问题，胡适总是考虑得既深又细，既全面又透彻，既高屋建瓴又宏观微观兼备。"注重湘军的本身"无疑端正了罗尔纲研究"新湘军志计划"的方向，明确了主旨所在。具体例举的十项内容（也可谓之"子条目"）又大大开阔了罗尔纲的思路与视野。即使胡适自己做这项研究，恐怕也莫过于此了，换句话说，胡适"倾囊"倒出，毫无保留地贡献给了自己的学生罗尔纲。

《太平天国史纲》一书于1937年初出版，罗尔纲在书中首次提出太平天国性质是"贫民革命"，"含有民主主义的要求，并且参入了社会主义的主张"。2月21日早上，他兴致勃勃地将自己的这本得意之作拿去送给恩师胡适看，刚从协和医院出来的胡适正盖着被子躺在床上休息，罗尔纲见此情景便说等老师身体完全好后再看不迟，没想到胡适却说他要立即看。罗尔纲心里顿时热乎乎的，借用他致胡适信中的一句话："感激先生的热情又在我心头燃烧着。"

罗尔纲中午回家看到了胡适的条子，叫他午饭后即去。那天吴晗正好来罗尔纲家，他们两个"胡门弟子"一起到了胡家，胡适已经下楼在书房里等候。胡适一见罗尔纲就厉声斥责，说他的这本书"专表扬太平天国光明面，没有说到太平天国的黑暗面"，中国近代自经太平天国之乱，几十年来不曾恢复元气，却没有写，有失史家公正。

胡适大声斥责罗尔纲做学问随意、马虎，令当时在场的吴晗都觉得很尴尬，没想到胡先生这么严厉。罗尔纲挨了胡适的一顿责骂，非但没有反感，反而深以为自己有违师教。

当天晚上胡适在日记中写道："读罗尔纲的《太平天国史纲》一册。下午尔纲与吴春晗同来，我对他们说：'做书不可学时髦。此书的毛病在于不免时髦。'例如（第）132页说：'这种种的改革，都给后来的辛亥时代，以至五四运动时代的文化运动，以深重的影响。'我对他们说：'我们直到近几年史料发现多了，始知道太平天国时代有一些社会改革。当初谁也不知道这些事，如何能有深重的影响呢？'但此书叙事很简洁，是一部很可读的小史。"

清华大学史学系主任蒋廷黻离职另就，有意请在学术上崭露头角的罗尔纲接替系主任的位置。当时仅是助理研究员的罗尔纲不免有些心动，但胡适却反对他去攀登高位。胡适对罗尔纲说："蒋先生是大教授、博学鸿儒，你是什么？你不过对个别历史现象有些了解，怎么能接替这么高级的职位？"在胡适看来，罗尔纲只适合做比较死板一点的研究工作，对于那种需要多方面才能的工作是无法胜任的。他讲明利害，告诉罗尔纲现在的工作单位不错，能得到别人的认同，如果换了个地方，别人还能这样认同你吗？

"知生者，莫如吾师也！"胡适的一席话打消了罗尔纲不切实际的念头或曰非分之想，他后来的研究工作也主要是以考证为主，严格按照胡适"有一分证据说一分话"的要求磨砺自己，勤奋踏实，埋头苦干，在学术领域接连取得丰硕的成果。

芦沟桥事变后北平沦陷，北大内迁昆明与清华、南开组建西南联合大学。社会研究所迁往长沙，复从长沙迁至四川宜宾所辖的江边小镇李庄。罗尔纲自1937年11月脱离北大，转入社会研究所工作。1939年晋升为副研究员，1947年晋升研究员。在这期间他研究清代兵制史，写成《湘军新志》等六种著作。1943年后专门研究太平天国史，写成《太平天国革命的背景》《太平天国史稿》《太平天国考证集》《太平天国金石录》《太平天国史辨伪集》《太平天国的理想国》等书。《李秀成自传原稿笺证》则是他1944年借调至广西通志馆，潜心研究忠王李秀成自传原稿所取得的成果。

不过，社会研究所的研究对象是现实问题，罗尔纲研究太平天国史附属于经济史组，得不到应有的重视，在评衡学术成就（也就是现在所谓的评定学术职称）时难免吃亏，从副研究员晋升为研究员，像他这样一位成果累累的太平天国史专家竟然用了整整八年之久！加上"研究对象不同，其方法亦异，故所资望于师友之指导切磋者很为困难"。这不能不让罗尔纲十分怀念北大，怀念在胡适身边的那些日子。南国不眠之夜，他常常暗自感叹："若非抗战军兴，得在北大研究下去，一定会比今天成就得多。"

抗战胜利后，国民党政府任命胡适为国立北京大学校长，在胡适到任之前暂由傅斯年代理。罗尔纲这时萌生了重回北大的念头，他给尚滞留美国的胡适写信说："学生很想得早日回北大追随吾师，俾得有寸长以自见，不致于没世而名不立。"他具体的研究计划是要努力完成《太平天国全史》和《胡适之先生考证学》两部书，"自信以锲而不舍的精神，十年的岁月，必可附吾师大名得留微名于不朽。伏乞吾师俯念生为人勤朴诚笃，为学孳孳不倦，尚有寸长足录，准回北大研究，则不胜朝夕祈祷之至的了"。

社会研究所所长陶孟和是胡适的老朋友，过去两人既是北大同事又是《新青年》同仁。罗尔纲到胡适家中工作可以说是"来去自由，有求必应"，但要骤然离开社会研究所回归北大，胡适恐有负于陶孟和先生，所以没有贸然应允。而罗尔纲虽有南昌中正大学以高职、高薪相邀（正教授，月薪600元，比在中研院多200元），但他复函胡适："学生记着吾师上谕的教训，恐怕对不着孟和先生，所以已不作轻易的考虑。"后来罗尔纲应南京中央大学史学系主任贺昌群聘请，于1948年下半年到中大兼任正教授，每周讲授太平天国史研究两小时。

罗尔纲一边在中央大学讲课，一边撰写"太平天国史考证学"。书稿原分方法论、史料鉴定、史迹考证三部分，后又拟加史料目录、史事解释、综合著作，共六个部分。他在致胡适的一封信中说："学生所用考证学方法，一点一滴都是敬遵师教，然而所应用到的也只是伟大的师教中的一鳞一爪而已！"在另一封信中又说："学生只是守着不苟且的师教，想来教书也不会没有成绩。学生治太平天国史，致力于辨伪考信方面，自问在学问的大海中不过一点一滴，但世之治此学者，正缺乏这方面。去年芝加哥大学邓嗣禹博士由董彦堂先生之介来向学生请益。昨华盛顿大学施又忠博士又凂彦堂先生介绍来请教，名浮其实，甚深惭愧。学生只有运用吾师治学方法更精密的去从事研究……"

罗尔纲用"春风桃李，说不尽的依慕"来形容他对胡适的感情。不料仅仅过了一年多，大陆政治与军事形势发生巨变，胡适随着国民党蒋介石被逐出大陆，跑美国，去台湾，最后叶落而未归根。

早在1943年，罗尔纲应桂林一家书店相约，写了一本小册子《师门辱教记》，由广西桂林文化供应总社出版。他在书中解释说:"我为什么叫《师门辱教记》呢? 这是因为我著的《太平天国史纲》于1937年春出版了,适之师严厉训饬我偏于太平天国,有背史家严正立场。那时候,许多太平天国史料还没有发现,我也和当时人们一样认为杀人放火、抢劫掳掠是太平天国干的,所以我沉痛地感到有负师教与他对我的希望,因此把书叫做《师门辱教记》"。又说:"我这部小书,不是含笑的回忆录,而是一本带着羞惭的自白。其中所表现的不是我这个渺小的人生,而是一个平实慈祥的学者的教训,与他的那一颗爱护青年人的又慈悲又热诚的心。"

1945年在四川李庄,罗尔纲又把《师门辱教记》作了某些修改,交给卢吉忱由重庆独立出版社重印。胡适应卢吉忱要求为之作序,说这本小小的书给他的光荣比他得到35个名誉博士学位还要光荣。

不过,要说罗尔纲"辱教",恐怕应该是在20世纪50年代,他在批判胡适思想的运动中曾经在《光明日报》上发表了一篇题为《两个人生》的文章,说:"我所用的考据方法是乾嘉学派的考据方法,与胡适的反动考据,从唯心论出发的'大胆的假设'和不问证据的'大胆的发挥'基本上是不同的。"这番话,或者说如此表态,可以视为罗尔纲不仅在政治思想上,而且在治学方法上与胡适作了切割,在他眼里胡适不再是"吾师"了。

胡适倒也没有过多的计较。相反,1952年他在台北从卢吉忱处将修改稿要去带至美国,1958年从美国归来时又把稿子带回台北,足见他对这本书爱惜与重视的程度。就任台湾"中央研究院"院长以后,胡适把罗尔纲的《师门辱教记》改为《师门五年记》,自家出钱在台湾付印。他在后记中声明此书不作卖品,只作赠送朋友之用。

不过,胡适对罗尔纲自述的"革命"经历有些不以为然。罗尔纲未去上海之前曾在南宁师范学校就读,胡适说师范学校学生的数学、外国文都不好,出外升学很不容易,所以只能进上海大学一类的学堂,"结果只是给中共添了一些'有作为的学生'!"

罗尔纲1958年加入了中国共产党。曾任第二届、第三届全国人大代表,第二届、第五届全国政协委员。晚年担任北京太平天国历史研究会顾问、南京太平天国史学会名誉会长。他用毕生心血完成的巨著《太平天国史》,长达150多万字,堪称是太平天国史研究的总结。

实事求是地讲:如果追根溯源,罗尔纲的成就和当年胡适的栽培不无关系。

第八章

政界高端

孙中山　蒋介石　毛泽东　爱新觉罗·溥仪　汪精卫

胡适不是一个关在"象牙之塔"里面的纯粹的文人,他深深卷进了现代中国复杂尖锐的政治斗争。因此,他同政界领袖即所谓"高端人物"都有这样或那样的交往,彼此建立了这样或那样的关系,最后又有着这样或那样的结局。就中国知识分子同政治、同政治家的相互关系来说,胡适无疑是一大典型——或者说是另一类型的代表。

1954年胡适向蒋介石致送"总统"当选证书。

孙中山

1919年5月初,当"五四"学生爱国运动在北京爆发的时候,胡适在上海同蒋梦麟一起拜会了孙中山先生,这是他第一次与孙中山见面。

孙中山寓室内的书架上,摆放的都是那几年新出版的西洋书籍,给了胡适很深的印象。孙中山告诉胡适和蒋梦麟说,他新近写了一部书,快出版了。孙中山那天谈话的内容,也主要是概括地叙述其"知易行难"的哲学观。一些所谓的"革命伟人"享有盛名之后便丢开了书本子,不再读书,不再增进学识的修养,因而也就不可避免地失去了领袖的资格,但孙中山不是这样。胡适在《答唐山大学学生刘君信》中说:"中山先生所以能至死保留他的领袖资格,正因为他终身不忘读书,到老不废修养。"他以孙中山为榜样,主张"青年学生如要想干预政治,应该注重学识的修养"。

孙中山的那本书就是《孙文学说》,出版后先生让廖仲凯寄送胡适并请他作一书评,以期在北京得到"精神上的响应"。胡适应约在《每周评论》31期上撰文评论说:"这部书是有正当作用的书,不可把他看作仅仅有政党作用的书",并称赞孙中山是"实行家","因为他有胆子敢定一种理想的'建国方略'"。

1920年1月29日孙中山在致国民党海外同志的一封信中,对新文化运动作了高度评价,指出:"自北京大学学生发生'五四'运动以来,一般爱国青年无不以新思想为将来革新事业之预备,于是蓬蓬勃勃,发抒言论,国内各界舆论一致同倡。各种新出版物为热心青年所举办者,纷纷应时而出,扬葩吐艳,各极其致。社会遂蒙绝大之影响。虽以顽劣之伪政府,犹且不敢撄其锋。此种新文化运动在我国今日诚思想界空前之大变动。推其原始,不过由于出版界一二觉悟者从事提倡,遂至舆论界放大异彩,学潮弥漫全国,人皆激发天良,誓死为爱国之运动。"孙中山谆谆告诫本党同志:"吾党欲收革命之成功,必有赖于思想之变化。"

胡适是新文化运动的主要倡导者之一,孙中山对新文化运动的赞扬自然包括了对胡适的赞扬,尽管在文章中并未提到胡适的名字。胡适后来在《"五四"的第二十八周年》一文中说:"中山先生的这一番议论'最可以表示当时一位深思远虑的政治家对于'五四'运动的前因后果的公平估价。'",认为"孙中山先生的评判是很正确很平允的"。

20年代民国虽立,但国家尚未统一,仍处于四分五裂的混乱局面。北洋军阀政府控制着北京以及北方广大地区，东北、西南各省由地方军阀盘踞，在长江中下游革命势力与反动势力犬牙交错。各派系军阀勾结外国帝国主义作各自的靠山，连年混战，民不聊生。孙中山力主南北议和，遭到了北洋军阀政府的百般抵制与反对，穷兵黩武的曹锟、吴佩孚依仗手中握有大量枪杆子，妄图"武力统一全国"。孙中山一再碰壁之后，乃决定联俄联共，扶助农工，以广东为革命策源地，进行"北伐"，打倒军阀，用革命武力实现中华民国的统一。

美国实行联邦制，一个州大致相当于我国的一个省。胡适根据美国的政治蓝图，主张中国实行"联省自治"，中心内容一是加大各省的地方权力，使之达到"自治"的程度，并由"自治"的各省联合起来，对中央政府实行有效的制约与监督。二是各省议会制定自己省的法律，由"省议会"和"省宪"对各省军阀实行制裁。对于中央和地方的权限划分，胡适提出的原则是："集权于国，分权于民"，"各省确为一个统一国家的自治省分而不致侵犯中央的权限，不致居服从中央之名而实行割据的分裂。"他认为"打倒军阀割据的第一步是建设在省自治上面的联邦的统一国家"，反对任何个人、任何政党用武力强行统一。他说：

"我们再三考虑的结论：（一）武力统一是绝对不可能的，做这种迷梦的是中国的公贼！（二）宪法是将来的政治工具，此时决不能单靠宪法来统一的。（三）大革命——民主主义的大革命——是一时不会实现的；希望用大革命来统一，也是画饼不能充饥。（四）私人的接洽，代表的往来，信使的疏通，都是不负责任的，都是鬼鬼祟祟的行为。……分赃可用此法，卖国可用此法，谋统一不可用此法。（五）在今日的唯一正当而且便利的方法是从速召集一个各省会议，聚各省的全权代表于一堂，大家把袖子里把戏都掇出来，公开的讨论究竟我们为什么不能统一，公开的决议一个实现统一的办法。"

如果（一）是针对直系军阀曹锟、吴佩孚说的，那么（三）就是针对孙中山说的。这两派胡适都不赞成，所以各打五十大板。然而有一个人受到胡适的称赞，他就是赞同"联省自治"的陈炯明。

陈炯明时任广东省省长兼粤军总司令，曾从广州致函胡适，大加吹捧与拉拢，"适之先生史席：每于报章得诵高文，宏议匡时，精心爱国，敬佩尤至。现在内乱未宁，外侮荐至，想先生必能益抒崇论，指导群众，内安邦国，外奠纷纭。延企光华，曷胜引领。兹以伯庄兄北行，特托代候起居，并致惓悃。倘得藉承惠示，得置周行，其为忭幸，更无也。专此敬颂道祉，诸惟荃照不具"。

1922年6月，陈炯明勾结英帝国主义和直系军阀，背叛孙中山，围攻广州总统府，企图置孙中山于死地。孙中山脱险后被迫逃往上海，重振旗鼓，再造民国，及至1923年春滇桂联军击溃陈炯明后，始重返广州就任大元帅。

这一段尽人皆知、国共两党均有共识的历史，在胡适的记述中却走了样。陈炯明在广州发动叛乱以后，胡适很快就在《努力周报》上接连发表短评，公开为陈炯明的叛变叫好：

"本周最大的政治变化是广东的革命与浙江的独立。孙文与陈炯明的冲突是一种主张上的冲突。陈氏主张广东自治，造成一个模范的新广东；孙氏主张用广东作根据，做到统一的中华民国。这两个主张都是可以成立的。但孙氏使他的主张，迷了他的眼光，不惜倒行逆施以求达到他的目的，……远处失了全国的人心，近处失了广东的人心，孙氏还要依靠海军，用炮击广州城的话来威吓广州的人民，遂不能免这一次的失败。

"……陈炯明一派这一次推翻孙文在广东的势力，这本是一种革命；然而有许多孙派的人，极力攻击陈炯明，说他'悖主'，说他'叛逆'，说他'犯上'。我们试问：在一个共和的国家里，什么叫做悖主？什么叫做犯上？至于叛逆，究竟怎样的行为是革命？怎样的行为是叛逆？"

胡适从"联省自治"的政治主张出发，视陈炯明的叛变为"革命"行动，并赋予他一个崇高的目的：造成"自治的模范的新广东"。在陈炯明遭到举国声讨后，他还一再为陈炯明辩护，声称："反对那些人抬出'悖主''犯上''叛逆'等等旧道德的死尸来做攻击陈炯明的武器。"相反，他对孙中山却多有指责，甚至用"倒行逆施"来否定孙中山以广东为革命策源地，用革命武力实现统一的正确举措。及至孙中山在上海发表声明，"对陈炯明所率叛军，当扫灭之，毋使祸粤者祸国"，胡适竟然还说："他对于陈炯明的复仇念头，未免太小器了。孙氏是爱国爱广东的人，不应该为了旧怨而再图广东的糜烂。"

这些打着"忠告"幌子的刺耳之言深深刻在了孙中山先生的脑海里，从此便有了一个挥之不去的印象："胡即为辩护陈炯明之人"、"胡谓陈之变乱为革命"。国民党主办的《民国日报》将胡适的上述言论斥之为"丧心病狂"，该报副刊《觉悟》发表了《不赞成努力周刊记者的谈话》、《荒谬绝伦的胡适》、《叛逆与革命》、《胡适的伦理》等多篇文章，对胡适进行了严厉的批评。

实事求是地讲，胡适并非同反动军阀沆瀣一气，他是反对军阀统治的，他对北洋军阀政府很不满意。但他提出的"联省自治"，在当时军阀割据，国家处于四分五裂的情况下，非但不能削弱各地军阀的势力，对他们实行约束与制裁，反而会由于各省"自治"进一步加大各地军阀的势力，助长他们的气焰，加剧封建割据，使国家的统一成为完全不可能。陈炯明之所以赞同胡适"联省自治"的主张，无非是要在"自治"旗帜的掩盖下，实现其个人野心，将广东变为他的独立王国罢了，而胡适竟誉之为"革命"，誉之为"模范"，对陈炯明赞赏有加。这种行径轻言之曰天真幼稚，重言之曰政治上糊涂，如果再言重一点恐怕就是——借用他恶评孙中山的一句话——"倒行逆施"了。

孙中山积劳成疾，肝部癌变且至晚期，住进了北京协和医院。家属及友好为延长先生寿命多方求医，中医陆仲安曾给胡适治过病，所以拟请胡适出面向孙中山引荐陆大夫。胡适觉得推荐医生的责任太重，面有难色。汪精卫对他说现在大家都惶急万状，一切以挽救孙先生的生命为第一，孙先生平时对适之先生很客气，由你出面推荐医生孙先生或可接受。胡适于是偕陆仲安大夫前往协和医院，他先进病房探视，历来不信中医的孙中山对胡适说：

"适之，你知道我是学西医的人。"

胡适说："不妨一试，服药与否再由先生决定。"

孙夫人宋庆龄坐在病床边急切进言："陆先生已在此，何妨看看。"

宋庆龄说罢即握住先生手腕，孙中山神情凄惋地伸出手来，而把脸转向内。宋庆龄马上移身过去，在床的内方坐下，眼光与先生对视着。陆仲安大夫旋即为孙中山诊脉、开药方……

过了不到一个月，孙中山便于1925年3月12日在北京病逝了。不过病重时胡适为之请中医看病，总算是尽了一番心意。

1927年4月18日国民政府在南京成立，1928年10月10日蒋介石就任国民政府主席，确立了国民党蒋介石的统治地位。这一时期胡适与蒋介石尚无交往，他秉承自由主义立场，写了多篇文章批评国民党政府，甚至批评孙中山。比如在《知难，行亦不易》一文中，胡适就批评孙中山"知难行易"的哲学"只是要使人信仰先觉，服从领袖，奉行不悖"，其"根本错误在于把'知''行'分的太分明"，从而导致青年只认得行易，不觉得知难，酿成轻视学问的风气，一班当权者以此为招牌，只要人民服从，不允许有丝毫异己的议论。胡适放言说："我们所要建立的是批评国民党的自由和批评孙中山的自由。上帝我们尚且可以批评，何况国民党与孙中山？"不过往后胡适对"国父"孙中山多有颂扬。

蒋介石

胡适由于在《新月》杂志上接连发表了多篇关于"人权"、"约法"的文章得罪了国民党，致使《新月》被查禁，他本人也被迫辞去了中国公学校长的职务。1931年1月，胡适主动修好，他本着"'一个初步的共同认识'必须建筑在'互相认识'之上"，两次给蒋介石侍从室主任陈布雷写信，并托人将《新月》2卷全部及3卷已出版的3期送上两份，一份给陈布雷，一份请陈布雷转呈蒋介石。

胡适的示好得到了回报：这一年10月他到上海参加太平洋国际学会，会前和丁文江奉召去南京晋见了蒋介石。10月14日《申报》南京有专电云："丁文江、胡适，来京谒蒋。此来系奉蒋召，对大局有所垂询。国府以丁、胡卓识硕学，拟聘为立法委员，俾展其所长，效力党国。"

国民政府11月15日开会通过了财政委员会组织法大纲及委员人选名单，政府方面由蒋介石牵头，林森、于右任、宋子文、何应钦等名列其后，胡适则以"学者"身份入围。

1932年5月22日，胡适和丁文江、傅斯年、蒋廷黻、翁文灏、任叔永等人，在北平发起成立了"独立评论"社，创办了《独立评论》周刊。胡适在发刊词中自我标榜说："用'独立的精神'，发表'负责任的言论'，而'不依傍任何党派，不迷信任何成见'。"但事实上胡适的言论已经逐渐在向国民党执政当局靠拢。

这一年的十一月底胡适应邀到武汉大学讲学。其时国民党军队正在向苏区红军发动第四次军事"围剿"，蒋介石亲自担任"围剿"军总司令兼鄂豫皖"围剿"军总司令，坐镇汉口指挥"剿共"。胡适来武汉后，蒋介石以礼相待，曾两次宴请胡适，第一次陪客有陈布雷、斐复恒等，第二次陪客有杨永泰、雷孟疆。胡适在和蒋介石第一次见面时，因为客人较多未便与蒋介石深谈，留下他的一册《淮南王书》，希望蒋介石能从《淮南·主术训》里的主要思想——"重为善，若重为暴"——中领悟做一国元首的法子："'重'是'不轻易'。要能够自己绝对节制自己，不轻易做一件好事，正如同不轻易做一件坏事一样，这才是守法守宪的领袖。"从此以后，胡适便逐渐与蒋介石靠拢，走上了在政治上拥蒋反共的道路，而且愈走愈坚定。作为蒋介石的一个诤臣，一个诤友，胡适以一个无党有偏之身，每当紧要的关头便要站出来，为国民党蒋介石说几句他自认为是有力的"公道话"。

日本侵略者继占领东三省后，又攻占热河，策动所谓"华北自治"，加紧发动全面侵华战争的步伐。中华民族处在了生死存亡的十字路口，民族危机空前严重。而国民党蒋介石却提出"攘外必先安内"，对中共领导的苏区和红军发动一次又一次的军事"围剿"，对日本则奉行"不抵抗主义"，致使强邻入室，疆土日削，大好河山沦于敌手。

胡适虽然反对日本侵略中国，反对日本旨在吞并华北的所谓"冀、察特殊化"，却又不赞成全国武装抗日。之所以采取这种态度，一方面是由于他从美国学来的"新和平主义"思想仍在作祟，一方面也是受了蒋介石"不抵抗主义"的影响。1933年3月4日承德失守后，13日他便同丁文江、翁文灏一起赶往河北保定，会见前来视察华北时局的蒋介石。两人有一段谈话——

胡适问："我们能打吗？"

蒋介石回答："不能，只能在几个地方用精兵死守。"

胡适问："在取消满洲国的条件下，能交涉吗？"

蒋介石回答："日本人不肯放弃满洲国。"

胡适和蒋介石一样寄希望于当时的"国联"，由"国联"调停中日冲突，限制日本侵华规模及至对日本加以制裁。为此胡适不仅提出了"和比战难"的口号，甚至说"我们可以等候50年"。这同蒋介石"和平未至绝望时期，决不放弃和平；牺牲未至最后关头，决不轻言牺牲"的论调如出一辙。

1936年12月12日爆发了震惊中外的"西安事变"，张学良和杨虎城在西安发动兵谏，逼蒋抗日。胡适闻讯后心绪纷乱，当即给张学良拍去一封电报，予以痛斥：

"陕中之变，举国震惊。介公负国家之重，若遭危害，国家事业至少要倒退二十年。足下应念国难家仇，悬崖勒马，护送介公出险，束身待罪，或尚可自赎于国人。若执迷不悟，名为抗敌，实则自坏长城，正为敌人所深快，足下将为国家民族之罪人矣。"

胡适对"西安事变"所持的态度是完全错误的，他属于铁杆"保蒋派"，而且"保"得又甚不得法，竟然赞同亲日派何应钦下达的"讨伐令"，呼吁"不迟疑的，迅速的进兵，在戡定叛乱的工作之中做到营救蒋、陈诸先生的目的"，殊不知这样只能激化矛盾，把蒋介石置于死地。当时蒋介石本人在全国人民的强烈要求下，也不得不接受了中国共产党提出的建立抗日民族统一战线的正确主张，从而实现了第二次国共合作，为全面抗战创造了有利的条件。胡适出于政治偏见，对形势做出了错误的估计：中国共产党及其领导的军队并不是胡适所说的那样，是"一群残破无力的土匪"。中国共产党不计前嫌，不念旧恶，以国家与民族的最高利益为重，力主"西安事变"和平解决，充分说明了中国共产党是最爱国家最爱民族的，绝不是胡适所说"在武装叛乱失败时的一种策略"。

后来胡适对"西安事变"的看法有所改变，他在晚年曾无意中对胡颂平说过这样的话："如果没有西安事变，全面抗战不会那么早的发生，也不会到了今日的局面。"

1937年7月7日，芦沟桥事变发生后的第二天，胡适赶赴江西庐山出席蒋介石召开的谈话会，当面向蒋介石陈述北平的情形以及民气之激昂。随后又在教育组的会议上，提出教育的中心目标"应为国家高于一切"，主张将国防教育列为"常态的教育"等等。这些说明胡适的态度发生了一定程度的积极变化，难怪有人写诗称赞："吾家博士真堪道，慷慨陈词又一回"，而胡适则对之曰："那有猫儿不叫春？那有蝉儿不鸣夏？那有虾蟆不夜鸣？那有先生不说话？"

说话的先生不止胡适一个，还有执掌最高权柄的蒋介石，所谓"地无分南北，年无分老幼，皆有守土抗战之责"，就出自蒋介石的强硬的庐山谈话。

抗日战争全面爆发以后不久，1937年9月胡适受蒋介石委派，以"非正式的外交使节"身份出访欧美，寻求国际上对中国的同情与支持。1938年9月17日国民政府发布命令：特任胡适为中华民国驻美利坚合众国特命全权大使。

胡适在四年驻美大使任上，开展了富有成效的学者外交。他向美国朝野及广大公众阐明中国政府的抗日主张及战略战术，揭露日本帝国主义的侵略行径及其对世界和平的野蛮破坏，及时并正确通报中国的抗战形势，表达并宣传中国人民反对侵略的坚强决心和坚定意志。胡适还直接与美国的银行家接洽，通过商业借款的方式，争取到了美国给予中国两千五百万美元贷款，这对抗战初期处于极端困难情况下的中国而言，无异于雪中送炭。蒋介石为此电贺胡适："借款成功，全国兴奋。从此抗战精神必益坚强，民族前途，实利赖之。"又说："先生并非外交官，而是中国有代表性的学者，在国际间有其极为崇高的声望。自他持节驻美以后，使中美关系更趋于紧密化。"

抗战胜利后，国民政府秉承蒋介石的旨意，任命胡适担任国立北京大学校长。当时中国正面临两种前途、两种命运的抉择：一是以和平、民主、团结、统一为基础，成立各党派共同参加的民主联合政府，实行"和平建国"的基本方针，努力建设一个独立、自由和富强的新中国。二是继续维持并强化大地主大资产阶级专政，维持并强化国民党蒋介石的独裁统治，从而导致政治上进一步分裂、对抗以至军事冲突。胡适在这个关系国家命运与前途的大是大非问题上，采取了十分明确而又顽固的"拥蒋反共"的立场。

对于制宪国民大会，蒋介石和胡适完全持同一的立场。蒋介石需要胡适为其装点"民主"门面，胡适需要通过"制宪"实现自己的政治理想，这是他们合作同事的基础。

一开始蒋介石的态度似乎比胡适更要积极一些。1946年4月20日，胡适还在美国滞留时，报上就公布了胡适为出席制宪国民大会教育团体的代表。6月胡适离美回国就任北京大学校长，刚刚搭建学校行政与教学的主要领导班子，11月10日蒋介石即以国民政府主席身份电邀胡适到南京出席国民大会：

"国民大会准于文（十二）日开会，先生为当选代表，德望允孚，举国景仰，务希即日命驾，莅京出席，藉慰众望……"

尽管校务繁杂忙乱，北大同人希望胡适留校坐镇，推迟两周再去莅会，但胡适仍遵照蒋介石的旨意，于接电后第二天即11日11日飞赴南京。他自己解释说："这次开会，原是有些踌躇的：一则是国内这个局面闹不清，想再等一等，看一看，迟一步再说。二则北大也离不开身……"然而遵旨即往这一事实说明胡适并非勉强与会的，他还是表现出了相当的积极性。

11月15日制宪国民大会在南京国民大会堂开幕。胡适当选为主席团成员之一，并曾作为大会主席接受蒋介石提出的《中华民国宪法草案》。这个宪法草案经一读、二读程序，由胡适等12人组成"决议案整理委员会"，负责整理宪法修正案之条项文句。胡适为之推敲斟酌，夜以继日，废寝忘食。12月25日大会"完全接受"胡适等人的整理意见，宪法草案经三读后付诸表决，"在场代表1485人全体一致起立郑重通过"。

胡适为《中华民国宪法》的出笼尽了大力，从某种意义上说他是这部宪法的催生婆与炮制者之一。这次制宪国民大会因而也被胡适赞誉为"中国实验民主政治"的"一大成功"，给予了极高的评价，说什么"我国有了一部很完善的宪法，国家定可走向康乐之境。目下虽有郁闷，大家要忍耐一时，光明前途，可以立待"。美国特使马歇尔将军、驻华大使司徒雷登也对之赞誉有加。

然而，假的就是假的，"民主"的高调掩盖不住独裁的事实。蒋介石的主观愿望是要坚持独裁和消灭共产党，所以他一方面在南京大张旗鼓、热热闹闹地开国大，一方面又调兵遣将，进攻解放区。1946年6月26日以大举围攻中原解放区为起点，内战全面爆发。10月16日国民党军队占领张家口，被胜利冲昏头脑的蒋介石公然违背政协会议规定，当天下午就下令召开"国民大会"。所谓"开国大，打延安"这句话，就是国民党蒋介石两手策略的概括。

也正因为如此，国民党蒋介石一手操纵、垄断的"国民大会"遭到了中共、各民主党派和全国人民的坚决反对与抵制，中共和各民主党派都拒绝出席伪国大。只有青年党和民社党两个小党出席伪国大，为国民党蒋介石捧场，它们的主要成员都是一些北洋军阀时期的政客和封建余孽。胡适虽然瞧不起这些人可又对"国民大会"唱赞歌，这不能不让他的"民主"高调打了许多折扣。

蒋介石"觉得小党参加政府不易（奏效）"，单由这几个政客和封建余孽捧场脸上无光，有些寒碜，所以"希望在社会贤达方面先做工夫"，请胡适组织一个政党。胡适也"觉得小党派的人才实在不多"，主张"蒋先生应该充分抬出（国民党）党内的最有希望的自由（主义）分子，给他们一个做事的机会。"他在致傅斯年的一封信中说："这是国民党训政最后一年的政府，国民党岂可不冒一点险，抬出一个'全明星'（all star）的政府给国人与世人看看吗？国民党要做广告，这是最好的广告机会。国民党要为将来做竞选工作，这是最好的竞选机会。故这一次改组政府，必须以国民党的第一流人才为主力，配上三五个小党派与无党派的人才，就像个样子了。"

蒋介石有意请胡适出任国府委员兼考试院长，或者再度出任驻美大使，因为胡适是中国"自由主义知识分子"的代表人物，又深得美国朝野的信任，由胡适出山辅佐对蒋介石来说帮助多多，利莫大焉，既可为独裁统治镀上一层"民主"的光环，又便于同美国朝野沟通，取得美国政府更多的援助。蒋介石如此这般盘算一番之后，让王世杰（雪艇）、傅斯年代为征询胡适同意，并在约傅斯年吃饭时交代说："挣面子，要如此。"但胡适考虑再三没有接受，其中的原因在他和傅斯年的来往书信中说得很是明白：

"我因为很愿意帮国家政府的忙，所以不愿意加入政府。蒋先生的厚意，我十分感谢，故此信所说都是赤心的话。

"我在野，——我们在野，——是国家的、政府的一种力量，对外国，对国内，都可以帮政府的忙，支持他，替他说公平话，给他做面子。若做了国府委员，或做了一院院长，或做了一部部长，……结果是毁了我三十年养成的独立地位，而完全不能有所作为。结果是连我们说公平话的地位也取消了。——用一句通行的话，'成了政府的尾巴'！……

"这个时代，我们做我们的事就是为国家，为政府，树立一点力量。"

这是胡适的心里话,也可以说是他的政治哲学:站在"自由主义"立场上,以"在野"的身份,替国民党蒋介石"做面子"即为独裁统治做"民主"装饰品。他用这种方式,用这种手段,支持国民党,帮蒋介石的忙。换句话说,他愿以"独立"地位匡辅蒋介石政权,但不愿入政府做官。胡适在写给王世杰(雪艇)的信中是这么说的:

"……分别后细细想过,终觉得我不应该参加政府。考试院长决不敢就,国府委员也不敢就。理由无他,仍是要请政府为国家留一两个独立说话的人,在要紧关头究竟有点用处。我决不是爱惜羽毛的人,前次做外交官,此次出席国大,都可证明。但我不愿意放弃我独往独来的自由。

"我出席国大,是独往独来的。若我今日加入国府,则与青年党、国社党有何分别?"

胡适在南京还向蒋介石当面力辞。从上海飞返北平后,又有给教育部长朱家骅密呈蒋介石的电报,并恳求朱家骅为之陈说。电报全文如下:

> 主席赐鉴:
>
> 在京两次进谒,已力陈适不能参加政府之苦衷,北归后始读公3月5日手示,极感厚意,但反复考虑,并曾与北大主要同事商谈,终觉适不应参加国府委员会。府委是特任官,决不应兼任大学校长,况此是最高决策机关,尤须常川专任。北大此时尚在风雨飘摇之中,决不许适离开,道义上适亦不愿离开北大。万一命下之日,学校人心解体,不但北大蒙其害,亦甚非国家之福。故只有恳请我公许适不参加国府委员会,许适以超然地位继续为国家社会尽其棉力。迫切陈辞,务恳鉴察原宥。
>
> 胡适。

就好像刘玄德三顾茅庐请诸葛亮出山一样,蒋介石坚请胡适出山。他利用胡适在南京开会的机会,六天之内曾三次约见胡适,之前之后又与胡适函电往返,并在未征得本人同意的情况下就发表胡适为国府委员。

蒋介石的一再相请在胡适的日记中也有详细的记载。1947年3月13日日记云:"晚8点,蒋主席邀吃饭,先约我小谈。我申说我的意见,请他不要逼我加入政府。他说,你看见我的信没有?是托何市长转交的。我说没有。他最后说:

如果国家不到万不得已的时候,我决不会勉强你。我听了,很高兴。出来时对孟真说:'放学了!'"

3月18日的胡适日记中记载最为详细。那天下午4点,蒋介石又约胡适面谈,他对胡适说国府委员不是官,只每月开两次会,胡适也不必经常到会,可以兼任北大校长,处理学校的事务。胡适则对蒋介石说:"现时国内独立超然的国人太少了,蒋先生前几年把翁文灏、张嘉璈蒋廷黻、张伯苓诸君都邀请入党,又选他们(廷黻除外)为中委,这是一大失策,今日不可再误了。"蒋介石承认那是一个错误,但他一定要胡适考虑国府委员的事。

胡适告辞时,蒋介石亲自送他出门,关切地问:"胡太太在北平吗?"

胡适借机发挥,说道:"内人临送我上飞机时,嘱咐说:'千万不可做官,做官我们不好相见了!'"

蒋介石笑着说:"这不是官!"

看来,蒋介石要请胡适出山态度是真诚的,真诚得有些近乎于执拗了。然而又是什么让他改变了主意,暂时放弃了这个打算呢? 胡适一再婉拒自然是一个原因,但还有一个原因更起作用: 蒋介石担心北大学生闹学潮。

1948年蒋介石发动的全国规模的内战进入了第三个年头。由于人心向背,国民党军队在各个战场上接连遭到失败,已成强弩之末。中国共产党领导的人民解放军则愈战愈强,不仅在质量上还在数量上超过了国民党军队。军事形势的重大变化,标志着中国革命的成功和中国和平的实现已经迫近。

蒋介石困兽犹斗,使出浑身的解数,企图维持其摇摇欲坠的统治。1月25日宣布开始实施"中华民国宪法"。三四月间又在南京召开了所谓的"第一届国民大会"(又称之为"行宪国大"),选举"总统"和"副总统",为蒋介石的独裁统治披上"合法"的、"民主"的外衣,藉以加强国民党政府在政治上的地位,打击并削弱共产党和其他民主与进步势力。

胡适自谓:"哲学是我的职业,文学是我的娱乐,政治只是我的一种忍不住的新努力。"自担任北京大学校长以后,胡适用在政治与其他社会活动方面的时间和精力远比主持校务为多,学校里面经常见不到他的影子。而综观胡适的政治构想,简单地说来,就是按照美国的民主政治模式,在中国建立"民主宪政"体制。所以,他对国民党蒋介石一手炮制的"宪法"和自始至终加以垄断操纵的"第一届国民大会",表现出了异乎寻常的兴趣与极大的热情。在大会召开之前,1947年12月15日,胡适就对陶希圣等人说过:"把这次立法院选举好好的办,把总统选举好好的办,都是最好的宣传。"显而易见,胡适再一次把自己的"民主"追求与"自由"梦想,同蒋介石的法西斯独裁统治紧紧绑在了一起。

1948年3月29日上午,"第一届国民大会"第一次会议在南京开幕,蒋介石亲自主持,胡适出席。第二天举行第一次预备会认,由胡适担任大会主席,讨论主席团选举事项。

当时蒋介石集党、政、军大权于一身,在国民党和国民政府内部居于至高无上的领袖地位。按照"伪国大"制定的"现行宪法",总统的权力受到了某些束缚与限制,实际权力掌握在行政院长手中,类似于部分西方国家实行的所谓"内阁负责制"。视权力为生命的蒋介石,当然不会愿意当一个徒有虚名并无实权的总统,又恐大权旁落,由桂系李宗仁取而代之,所以拟请胡适出来参加总统竞选。蒋介石的如意算盘是:让胡适当总统,他自己出任行政院长,继续执掌最高权柄。

3月30日早上,蒋介石约见时任国民党政府外交部长的王世杰,让王世杰出面游说胡适竞选总统一职。胡适是中央研究院人文组院士,他每回来南京都住在鸡鸣寺中央研究院历史语言研究所的楼上。王世杰下午到了鸡鸣寺胡适下榻处,由于国民党内部派系林立,王世杰怕走漏了消息,未敢向胡适讲明来意,遂拉胡适乘小汽车外出兜风。大概是碍于开车的司机,王世杰在车里还是没有敢讲。最后开到了中山陵附近一个僻静的所在,王世杰才向胡适传达了蒋介石的意图。

胡适当晚在日记中对此叙述道:"王雪艇传来蒋主席的话,使我感觉万分不安。蒋公意欲宣布他自己不竞选总统,而提我为总统候选人。他自己愿意做行政院长。我承认这是一个很聪明、很伟大的见解,可以一新国内外的耳目。我也承认蒋公是很诚恳的。"

胡适既然认为蒋介石态度"诚恳",其建议"是一个很聪明、很伟大的见解,可以一新国内外的耳目",那么又为什么没有立即表示欣然接受呢?原来他有种种顾虑:其一是顾虑自己"平和"、"宽容"的性格与蒋介石一贯反复无常、大权独揽的行为不相协调。二是胡适一向标榜"独立",鼓吹"自由主义",不在国民政府里面做官,一旦当了总统,岂不是自食其言,自毁形象,而且授人以柄?当时中共方面,以及众多革命与进步文化界人士,视胡适为国民党蒋介石的御用文人和帮凶,郭沫若就借替胡适改诗,嘲笑胡大博士"做了(蒋介石的)过河卒子,只得奉(蒋)命向前"。后一种顾虑应该说是主要的。

见胡适的态度有些犹豫,蒋介石次日又让王世杰继续做胡适的工作。王世杰约上周鲠生再次找胡适面谈,经过一番"恳劝",胡适表示郑重考虑后再作答复。

"第一届国民大会"已经开幕,选举总统是刻不容缓的事项,人选迟迟定不下来怎好向世人交代?所以王世杰晚8时急不可耐地去胡适那里催讨回音。胡适的态度有些松动了,表示自己可以接受,不过这事应由蒋先生决定。胡适对王世杰说:

"此是一个很伟大的意思,只可惜我没有多大的自信力。蒋先生如有困难,尽可另觅他人,或取消原议,我必不介意。他对我完全没有诺言的责任。"

胡适日记中有内容大致相同的记述。王世杰当时听了喜形于色,立即向蒋介石报告胡适答应做总统候选人,蒋介石很高兴,说:

"很好,我当召集中央执监会议,由我提出。"

文人多思,故多虑。胡适第二天又变卦了,他找到王世杰,声言自己昨天的决定太匆促了,经过仔细考虑,觉得身体健康与能力均不能胜任总统职务。他对王世杰说:"昨天是责任心逼我接受。今天还是责任心逼我取消昨天的接受。"

蒋介石只好亲自出马,于4月3日夜在官邸约见胡适。两人推心置腹谈了许久。蒋介石重申他将于国民党中央执行委员会全体会议上提名胡适为总统候选人,理由是"宪法"里国家的最高行政实权在行政院,他这个人不能做没有实权的总统,所以愿将总统让给胡适,他自己当行政院长,或者由他当总统,胡适任行政院长。蒋介石这番话倒也说得明白、实在——即便是后一种选择,胡适"连私人书柜也料理不清",哪里做得了"日理万机"的行政院长?实权还是得拱手让与蒋某人才行。

胡适见蒋介石的态度诚恳,心里很是感动,说:"让蒋先生决定吧。"这是胡适最后的表态,尽管两天来思想有些反复,但他毕竟还是接受了蒋介石的意见。

私下他对胡颂平说:"我这个人,可以当皇帝,但不能当宰相。现在这部宪法里,实权是在行政院,我可以当无为的总统,不能当有为的行政院长。"看来胡适说的也是大实话。胡颂平曾是胡适执长中国公学时的学生,近几年又协助胡适做些文书工作,是胡适信得过的人。由于担心竞选总统的消息泄露出去,许多新闻记者和不相干的人会蜂拥而至,所以胡适打算到徐士浩家中暂避几天,并叫胡颂平用教育部的密码给北大秘书长郑天挺发一电报,说明自己不能早日回北平去主持校务。

胡适又对北大的同事们开玩笑说:"蒋介石如一定让我作总统的话,我就去做好了,反正国家大事有他蒋介石管,与我有什么关系。到那时,我到南京,把总统府大门一关,还作我的《水经注》考证,总统府门禁森严,我更可以安心搞学问。"

正经话也罢，玩笑话也罢，胡适明白蒋介石是要抓权，那他就对蒋介石投其所好。他也确实想在党国危难之时尽力帮蒋介石一把，为其装点一下已经严重破损的门面，因为1948对蒋介石和胡适来说都是灾难性的一年。

4月4日，国民党中央执行委员会召开临时全体会议，蒋介石首先在会上提出他本人决不参加总统竞选，由国民党提出党外人士作为总统候选人，至于副总统则可由党内同志"自由竞选"。如此议通过，他就可以名正言顺地提议胡适为总统候选人，而将桂系李宗仁排除在总统竞选之外。然而蒋介石的提案仅得到吴敬恒、罗家伦两个人的支持，占绝大多数的"主战派"坚决主张蒋介石为唯一总统候选人，继续统率国民党军队与共军决战到底，否则在"戡乱"时期，主帅易人势必造成军心大乱。蒋介石本人其实是最大的"主战派"，他利用这次中执委全会"测试"自己在党内的威信，既然"众望所归"，也就顺水推舟，提议胡适为总统候选人一事遂胎死腹中。

王世杰遵照蒋介石的旨意，将会议结果转告胡适。胡适有写日记的习惯，他在这一天的日记中写道："今天国民党开临时中全会，蒋君用一篇预备好的演说辞声明他不候选，并且提议国民党提一个无党派的人出来候选，此人须具备五种条件：（一）守法，（二）有民主精神，（三）对中国文化有了解，（四）有民族思想，爱护国家，反对叛乱，（五）对世界局势、国际关系，有明白的了解。他始终没有说出姓名，但在场与不在场的人都猜想是我。这个会上下午开了六点多钟，绝大多数人不了解，也不赞成蒋君的话。"

蒋介石提的五种条件，自然非胡适莫属。胡适将它全盘抄录在自己的日记中，也颇有些得意与自负的成分。不过后一句话——"绝大多数人不了解，也不赞成"却似乎带着一点酸溜溜的意味。

4月8日，蒋介石约请胡适在官邸吃饭，他当面向胡适道歉说："我的建议是我在牯岭考虑的结果，不幸党内没有纪律，我的政策行不通。"

胡适本着一贯的"民主"精神，对蒋介石说道："党的最高干部敢反对总裁的主张，这是好现状，不是坏现状。"

伪国大遭到中共、民盟（"中国民主同盟"）以及无党派民主进步人士的坚决抵制，只有青年党、国社党两个小党参加，他们是国民党花钱买来的"民主"点缀品。因而国民党政权被指责为"一党专政"或曰"蒋介石个人独裁"。席间蒋介石再三表示，希望胡适组织政党。胡适表示自己不配组织政党，但向蒋介石建议国民党最好能分化为两三个政党，以堵住中共对其"一党专政"的责难。胡适的进言，无非是劝蒋介石将点缀之花做大做多一些而已。

胡适留在南京继续参加"第一届国民大会"，并当选为主席团委员。在此期间，北大相继发生罢教罢课和军警特务随意逮捕学生等一系列事件，秘书长郑天挺一再来电告急，北大全体学生也敦促"校长立刻返平，共同维护学校同学生命安全"。但胡适均不为之所动，因为在他看来给蒋介石"做面子"比北大校务更重要得多。

由胡适和吴敬恒、于右任、张伯苓等二百余人发起签署，提名蒋介石为首届总统候选人。4月19日，蒋介石当选为"中华民国"第一任总统，胡适又以大会主席团主席和"民意代表"的双重身份向蒋介石致送当选证书，蒋介石即此"黄袍加身"。宪法相应地做了某些有利于蒋介石的修改，加大了总统的权力，使蒋介石作为总统有紧急处置之权。胡适还在会上第一个连署"动员戡乱时期临时条款"提案。

由独裁统治者蒋介石操纵的"第一届国民大会"，本是南京国民党政府在行将覆灭之前的一场闹剧，然而胡适随后对记者的谈话中，却吹嘘"伪国大"是"真正自由意志的表现"。胡适还提出"和难战易"，表面上不偏不倚，呼吁国共双方"互相让步"，实际将内战的责任强加在中共方面，为蒋介石"戡乱"即"剿共"张目。

中国共产党、各民主党派和全国人民根本不承认伪国大及其炮制的宪法具有任何法理基础，它是非法的。后来中共所提八项"和谈条件"中第一条就是"废除伪宪法"。而胡适的政治主张却同中共和国人意愿相反相悖、南辕北辙，对蒋介石则是小骂大帮忙，这样说一点也不冤枉他。

现在有一种说法，大意是：蒋介石当年让胡适竞选总统是一个圈套，一项计谋，一场骗局，胡适作为一介书生未曾识破，上了蒋介石的当。事实并非完全如此。蒋介石的确是一位玩弄权术的老手，一生不知搞了多少阴谋诡计，但他拟提名胡适为总统候选人，恐怕不能说是"阴谋"而是"阳谋"。因为事先他已经把话讲得很清楚：他不能做没有实权的总统，所以才"物色"了自己信得过而又能加以利用和控制的"适之先生"做"无为的总统"，蒋介石自己做掌握实权的行政院长。后来宪法加大了总统的权力，蒋介石就任了"中华民国第一任总统"。总之，当"总统"也罢，任"行政院长"也罢，蒋介石都是以能否实际掌握最高权力为唯一的考虑，胡适只不过是其作为装饰的点缀品。

胡适是文人，是一介书生，然而像他这样入世的文人，游离或"独立"于政治之外是根本不可能的事情。尽管他标榜"独立",不在国民党政府里面做官,然而这样做只不过是变换一种姿态,使用另一种方式和蒋介石合作,为蒋介石效力。用胡适自己的话来说:"对外国,对国内,都可以帮政府的忙,支持他,替他说公平话,给他做面子。"这有些类似于"曲线救国",只需将"救国"改为"救蒋"或"助蒋"就符合实际了。所以,仅仅把胡适看作是一位文人、一介书生,过分强调"文化"的层面,就未免把胡适这个人物简单化了。从门缝里看人往往会把人看扁,胡适不可能像有些论者说的那样简单、幼稚,会轻易上别人哪怕是蒋介石的当。实际上,胡适和蒋介石合作走的是一条文人比较擅长且有相当迷惑性的曲线。1948年将蒋介石推上"总统"宝座,并给独裁统治披上"民主"、"自由"的外衣,就是一个突出的例证。由此可见:蒋介石和胡适的关系不是欺骗与被欺骗的关系,而是相互合作、配合的关系。

当然,胡适是胡适,蒋介石是蒋介石,他们之间在总体上一致的前提下,也存在一些思想认识上的分歧与矛盾。胡适并不完全赞同蒋介石的某些做法,比如过分依仗甚至迷信武力、大肆镇压学生运动、实行法西斯式特务统治、钳制言论自由等等。美国杜鲁门政府本来一贯支持蒋介石,出钱出枪出炮帮助蒋介石打内战,但国民党蒋介石不仅在政治上、在民心的向背上完全输给了中共,而且国民党军队在战场上接连败北,原先的优势丧失殆尽,面临彻底覆灭的危险。在美国当政者们看来,国民党军队之所以失败蒋介石应负主要责任,所以有意"换马",把希望寄托于"第三势力",由他们相中的"自由主义分子"进入并改组国民党政府,以维护美国在华的利益。

胡适是中国"自由主义分子"的代表,其政治构想是绝对的美国版。他信奉的是美国的实验主义,他崇拜的是美国的所谓民主制度。当时胡适同美国政客们一样,认为国民党失败的重要原因之一是未能完全实行美国式的"民主"。

针对当时极端不利的形势,胡适9月29日利用到南京出席中央研究院第一届院士会议的机会,当面向蒋介石提出:"国际形势之紧张,请政府注意早作准备。"10月28日又对蒋介石进言:(一)局势很艰难,有很大的危险。(二)决不是一个人所能对付,必须建立一个真正可靠的参谋部(三)必须认错,必须虚心。(四)美国援助是不容易运用的,也须有虚心作基础。(五)黄埔嫡系军人失败在没有根底。必须承认这失败。(六)国军纪律之坏是我回国后最伤心的事。(七)必须信赖傅作义,真诚的支持他。(八)北方的重要千万不可忽视。(九)"新经济财政改革"案实有大错误,不可不早早救正。……据胡适自己说,他"很质直的谈了一点多钟的话",蒋介石"很和气的听受"了他的"很逆耳的话"。

坦率地说,胡适对蒋介石的上述多项忠告,都属于枝枝节节,丝毫未触及国民党政权失败的根本原因,这暴露出胡适看待问题一向止于表面,未曾深入事物的本质。抗战胜利以后,全国人民渴望成立民主联合政府,实现和平建国,振兴经济改善生活,而国民党蒋介石却一意孤行,悍然发动全国规模的内战,向解放区全线进攻。蒋介石进行的这场战争的非正义和反人民性质,决定了看似强大的国民党军队必然会输掉这场战争。并不仅仅是因为没有"一个真正可靠的参谋部",也不是黄埔嫡系"没有根底",更不是因为缺少了"美国援助"。再说国民党内部派系林立,相互争斗,蒋介石又一向排斥打击异己和地方势力,胡适要他"信赖傅作义",蒋介石岂会听胡适的?在这一点上胡大博士未免太书生气了。

不过,在蒋介石眼里胡适终究是一位不可多得的人才,又是一个他信得过便于掌控的"诤友",所以左思右想了一段时间后,他有意让胡适接替翁文灏出任行政院长。国民党中央执行委员会常委、宣传部长陶希圣奉蒋介石之命飞赴北平,游说胡适。此时已进入11月下旬,平津战役已经开始,人民解放军将北平国民党守军团团围困。由于实行灯火管制,11月21日飞机在北苑机场降落后,陶希圣只能摸黑进城,赶到胡适家中当面说明来意。胡适明明知道陶希圣传达的是蒋介石的旨意,却摇摇头说:"这是美国大使馆和三两个教授的主张,那是万万做不得的!"接着又指指地上横七竖八的书籍,半是诉苦半是自负地说道:

"你看,现在满地书籍,都没有收拾。我根本不能动,我一动,学校里人心就散了!"

胡适是北大校长,一校之长是学校的主心骨,胡适认为没有他是万万不行的。其实北大具有光荣的革命传统,广大师生正在热切地盼望并迎接北平的解放和北大的新生。1948年胡适在北大虽说尚未"亲离"却已"众叛",学生罢课老师罢教就充分说明了这一点。对于一校之长的胡适来说,北大并不是他可以逍遥自在的世外桃源,而是喷发着炽热熔岩的火山,常常让他心惊肉跳,坐卧不宁。

胡适坚持不去南京组阁,就任行政院长。他心里很明白自己能力有限,回天乏力,11月22日的日记中胡适就此事说了大实话:"陶希圣从南京来,奉有使命来看我。可惜我没有力量接受这个使命。"不过,他对陶希圣坚定地表示:"在国家最危难的时候,我一定与总统蒋先生站在一起。"

正处于"危难"之中的蒋介石,没有丢开陷在北平的老朋友胡适,特派专机到北平接胡适南下。时任国民党青年部长,又曾是胡适的学生与同事的陈雪屏奉命经办此事，他匆匆从南京飞到北平敦劝胡适，说北平的城防一天天吃紧，不如趁早离开。胡适佯称外寇来侵时可以撤退，现在是内战，怎能丢开北大不管？话虽如此说，他还是做了些要走的准备，仅书籍就装了100多箱，而且捆绑已毕。

陈雪屏回南京复命。12月14日深夜，傅作义亲自打电话告诉胡适："总统已有电话，要你南飞，飞机明早8点可到，请做好准备。"15日胡适即携夫人江冬秀于下午3时许赶到南苑机场，随身只带了《甲戌本脂砚斋重评石头记》和正在校勘的几部《水经注》稿本。从住家东厂胡同去沙滩北大，驱车片刻即到，走路大约也只要十来分钟，但胡适无颜去学校辞行，只在临行前的夜里给汤用彤、郑天挺写了一张便条："今早及今午连接政府几个电报要我即南去，我就无准备地走了。一切的事，只好拜托你们几位同事维持。我虽在远，决不忘掉北大。"既不辞行，又连正式写封信的余裕都没有，只得以"便条"相告，这一切说明了胡适走得是多么匆忙、急促。堂堂的北京大学校长就这样狼狈地逃出了北平，从此永远离开了北大。同机南下者仅有双目失明的历史学家陈寅恪等少数几个人。

15日当天夜里10时，胡适乘坐的专机降落在南京故宫机场。几位老朋友早已在机场恭候，他们是：外交部长王世杰、教育部长朱家骅、中央研究院史语所所长、即将赴台就任台湾大学校长的傅斯年，蒋经国代表其父蒋介石也前来迎接。12月17日，蒋介石夫妇在黄埔路总统官邸设宴款待胡适，名为祝寿实为压惊，一向请客不上酒的蒋介石还特地为胡适备了上等洋酒和国产名牌佳酿。此时蒋介石已经在酝酿"引退"，胡适则由北平逃奔而来，个中悲凉不必细说，谁都无心开怀畅饮。

1949年1月1日，蒋介石发表《新年献词》，假惺惺地表示愿与中共举行和平谈判，以换取喘息时间。1月8日蒋介石在总统官邸敦劝胡适去美国："我不要你做大使，也不要你负什么使命。例如争取美援，不要你去做。我只要你出去看看。"1月21日蒋介石宣布"引退"，国民党政府由副总统李宗仁代行"总统"职权，实际上蒋介石仍在幕后调兵遣将，企图卷土重来。

时局变化之快，迫使胡适不得不为自己和家人找一条退路。他让老伴江冬秀随傅斯年去了台湾，长子祖望与儿媳去了泰国。次子思杜未随父南下留在了北平，这让胡适很是生气。

4月6日，胡适遵照蒋介石的敦劝，在上海公和祥码头登上了"克利夫兰总统号"海轮，远涉重洋去美国。太平洋上不太平，波涛汹涌，在船上颠簸了足足有半个月之久。21日驶抵旧金山时，胡适还未入海关，一群新闻记者便围到他跟前来，他们手里拿着刚刚出版的报纸，要求胡适对中国事态的最新发展发表谈话。胡适已经有十多天没有看到报纸了，他从一位记者的手里接过报纸来一看，心中顿时凉了半截！原来那上面用醒目位置刊登着国共两党和平谈判破裂，百万中共军队突破国民党蒋介石苦心经营的长江防线，攻占南京。对于胡适来说这本不是什么出乎意料的事情，但因为不愿意看到，所以当果真来临时他感到有如天塌地陷一般，面对记者们的追问，胡适只得回答：

"不管局势如何艰难，我始终是坚定的用道义支持蒋总统。"

胡适寓居美国期间曾有两次回台湾，都受到了当局的热烈欢迎与隆重接待。第一次是在1952年11月19日，蒋经国代表其父——"总统"蒋介石以及教育界、学术界的人士约有一千余人到机场迎接，几十位摄影记者拥上前为胡适拍照，许许多多的人争着同他握手，胡适笑着说：

"我今天好像是做新娘子。"

当晚蒋介石设宴款待胡适。12月22日上午又请胡适陪同在新竹检阅部队。蒋介石一门心思要"反攻大陆"，胡适检阅后兴奋地附合说："参加检阅的军队六万多人，由于天气关系，没有见到空军配合参加。受检阅的部队装备是新的，体格强健，精神很好，使我看了很高兴。"

除了蒋氏父子外，胡适这次回台湾还和其他政要与党国元老如陈诚、朱家骅、谷正纲、王宠惠、吴稚晖、于右任、程天放等有或多或少的接触。话题自然都离不开"反共"、"复国"。

胡适在台湾一共逗留了两个月。离开之前的晚上曾晋谒蒋介石，两人进行了范围广泛的长谈。第二天胡适（1953年1月17日）乘机赴日本东京转飞美国，他对代表蒋介石到机场送行的蒋经国说："总统对我太好了，昨天我们谈得很多，请你替我谢谢他。"

胡适第二次回台湾是在1954年2月18日，此行主要是为了参加伪"国民大会"第二次会议。在19日举行的开幕典礼上，胡适担任临时主席并致开幕词。又被选为大会主席团主席之一。对中国国民党推定蒋介石、陈诚为正副总统候选人，胡适表示他"十二万分的赞成"，"理由是国家处境艰难，除蒋总统以外，没有人比蒋总统领导政府更为适当，更能有效完成反攻复国建国的历史使命"。而陈诚（时任行政院长）"是蒋总统最适当最理想的助手"。3月22日蒋介石当选为"中华民国"第二任总统，胡适对记者发表谈话说：

"对蒋总统的当选连任表示百分之一百的赞成，今后六年，是国家民族最艰难困苦的阶段,只有蒋先生才能克服一切困难,对蒋先生肯负此项重大的责任表示万分的钦佩和感谢。"

随后不久,蒋介石于7月16日聘请胡适担任了"光复大陆设计委员会"副主任委员,主任委员由"副总统"陈诚兼任。

胡适设想:在台北南港借一块地,他自己出钱盖一所小房子,利用"中央研究院"历史语言研究所的丰富图书,在有生之年完成《中国思想史》、《中国白话文学史》。蒋介石早就想让胡适回台湾,听说胡适有意回台定居,蒋介石表示愿意用他《苏俄在中国》一书的版税所得给胡适在南港盖一所房子,用不着胡适自己出钱。1957年11月4日蒋介石以"总统"身分发布明令:

"代理中央研究院院长朱家骅呈请辞职,应予照准。此令。"

"特任胡适为中央研究院院长。此令。"

1958年4月2日,胡适从纽约启程,4月8日抵台北,"副总统"陈诚率高级官员以及文化教育界人士约500多人到机场迎接。4月9日蒋介石在士林官邸以茶点款待胡适。4月10日上午9时"中研院"举行新任院长就职典礼,胡适正式接受了"中央研究院"的院长职务。他在典礼上讲话说:

"我已经六十七岁了,照西洋的看法已过了六十六岁。学术界有个普遍的规矩,年满六十五岁的学者退休之后,可以做他自己喜欢做的事,把研究工作让生力军补上。我已过了退休年龄一年有半,应该退休,享我退休的权利,做我自己喜欢做的事:着书、写文章。但在这个时候,国家艰难,而时代已进入原子能科学时代,国家需要科学,国家需要学术基础,而我们应为国家努力建立学术科学研究的基础,何况我们对中央研究院三十年来都有密切的关系。希望各研究所长,各位研究员同人同我一致向这个目标前进。"

就职典礼完毕之后接着举行第三次院士会议的开幕式,胡适以院长身分主持,正、副"总统"蒋介石与陈诚均亲自莅会。蒋介石致训词,强调"为早日完成反共抗俄使命","希望今后学术研究,亦能配合此一工作来求其发展"。胡适对应道:"我个人认为,我们学术界和中央研究院挑起反共复国的任务,我们做的工作,还是在学术上,我们要提倡学术。"

台湾当局为胡适在"中研院"所在地台北南港盖好了房子,所需费用除蒋介石一本书的稿酬外,"中研院"还报请"行政院"批准,由"中研院"追加预算20万元。建筑系一栋平式小洋房,占地50坪,有书房一间、客厅连餐厅一间、卧室两间、客房一间,此外还有厨房、配餐室及佣人的小房间。总的面积并不大,但环境很幽静，适宜胡适读书做学问。

胡适在台湾也有不如意甚至很烦心的时候：他卷入了"自由中国"事件。

《自由中国》半月刊1949年11月20日创刊于台北。胡适在从大陆逃往美国的途中，应志同道合者的要求写了一篇发刊词，题为《〈自由中国〉的宗旨》。初期又一度担任《自由中国》杂志的发行人。

《自由中国》杂志是自由主义知识分子的喉舌反映的是自由主义知识分子的意愿，表达的是自由主义知识分子的呼声，鼓吹的是自由主义知识分子的政治纲领。而胡适是中国自由主义知识分子的主要代表人物，是中国自由主义知识分子的灵魂与领袖，所以由他来阐明刊物宗旨和做发行人，自然是顺理成章的事情。后来胡适主动辞去《自由中国》杂志发行人，这一职务改由他的好友雷震（字儆寰）担任。

这一派自由主义知识分子，他们的反共立场是十分明确、毫不含糊。同时这些人又十分崇拜美国的所谓民主制度，认为"反共"事业在大陆遭到失败的重要原因在于蒋介石未能实行美国式的民主。雷震就对时政多有批评，他主张国民党应从失败中吸取教训，实行党政分开和军队国家化，开放言禁。这样就触犯了蒋介石的大忌。1960年9月雷震因《自由中国》案被台湾当局逮捕，并判处有期徒刑12年。

雷震一案不可能不牵涉到胡适。加之胡适不赞成蒋介石连任第三届"总统"，希望他做一个"无智、无能、无为"的"三无"元首，这引起了蒋介石的不快。蒋介石重判雷震，也许含有"杀鸡给猴看"的意味在内。

当时胡适正在美国西雅图出席"中美学术合作会议"，10月7日晚（美国时间）雷案宣判之后，美国各报8日早晨迅速刊登报道。胡适接连两天都不敢见人，公共场所也不敢去，10日那一天他是躲在乡下朋友家里度过的。

胡适为雷震鸣冤叫屈，多方营救未果，致使心情一度十分郁阿。回到台北后，11月18日上午11点半即在张群的陪同下拜谒蒋介石，这次的气氛比之往常似乎显得有些不大融洽。胡适在扼要汇报了"中美学术合作会议"的情况后，快到吃午饭的时间了便对蒋介石说不知道总统还有什么问题要问问他。

蒋介石说："请你谈谈政治形势罢。"

胡适问："国内的？还是世界的？"

蒋介石说："整个世界的。"

胡适只好讲了讲联合国大会和美国大选。说完了他忍不住说：我本来对岳军先生说过，我见总统，不谈雷案。但现在谈到国际形势，我不能不指出……"

胡适将他胸中憋闷已久的话倒了出来，告诉蒋介石说当局对这件事情的处置有欠明智，已经在台湾岛内外产生了很不好的影响，舆论普遍认为政府畏惧并摧残反对党，台湾没有言论自由，仍是戒严区……这样严重的不利后果当局恐怕还没有"深知"。

蒋介石说："我对雷震能十分容忍。如果他的背后没有匪谍，我决不会办他。……我也晓得这案子会在国外发生不利的反响，但一个国家有他的自由，有他的自主权，我们不能不照法律办。"

胡适赶紧声明："关于雷案与匪谍的关系，是法庭的问题。我所以很早就盼望此案能移交司法审判，正是为了全世界无人肯信军法审判的结果。……这样重大的案子，只开了八个半钟点的庭，就宣告终结，就定期八日宣判了！这是什么审判？我在国外，实在见不得人，实在抬不起头来。"

蒋介石皮笑肉不笑，说："胡先生同我向来是感情很好的。但是这一两年来，胡先生好像只相信雷儆寰，不相信我们政府。"

"这话太重了，我当不起"。胡适诚惶诚恐，只得当面重申1949年他刚到美国时说过的一句话："我愿意用我道义力量来支持蒋介石先生的政府。"并对蒋介石郑重表示："我在十一年前说的这句话，我至今没有改变。"

蒋介石这下满意了，气氛终于有了缓和。胡适借机又向蒋介石进言："十年前总统曾对我说，如果我组织一个政党，总统不反对，并且可以支持我……我今天盼望的是：总统和国民党的其他领袖能不能把那十年前对我的雅量，分一点来对待今日要组织一个新党的人？"蒋介石未置可否。

时间已经很晚了，胡适起身告辞。蒋介石亲自送他到接待室门口，两人才握手相别。

尽管发生了雷震一案，但胡适并不愿和蒋介石公开决裂，仍打算与之"相忍为国"。

他把他望七之年回北大的梦想，寄托于蒋介石反攻大陆。蒋介石确实在积极准备反攻大陆，但最终竹篮打水一场空，因此胡适"望七之年回大陆"也成为了永远无法实现的幻梦。

1962年2月24日，胡适在台北因心脏病猝然去世。蒋介石亲往殡仪馆祭吊，并手书挽联盛赞胡适：

新文化中旧道德的楷模
旧伦理中新思想的师表

毛泽东

　　胡适于1917年9月应蔡元培聘请担任北大文科教授,讲授《中国哲学史》。这是哲学门(系)第一学年的必修课。由于胡适讲法新颖,观点与传统相比属于"另类",所以一开始学生们感到有些困惑不解,但后来他的讲课愈来愈受欢迎,听他讲课的人愈来愈多,既有本校本系的,也有外校外系的,原来安排的教室装不下了,改在第一院的大教室。

　　在众多的听课者中,有一位身材高大、操浓重湖南口音的年轻人,他就是在北大图书馆做小小助理员、月薪仅为8块银元的毛润之。因仰慕胡适先生的大名,又对中国古代哲学深感兴趣,所以毛泽东那时旁听过胡适的讲课。后来毛泽东在1936年同美国记者斯略的谈话中说,他在湖南第一师范学校读书时"非常佩服胡适和陈独秀的文章",并奉之为"楷模"。以后来到北京曾拜访过胡适,并请蔡元培、胡适、陶孟和在北大文科楼同他的新民学会会友们座谈,"谈话形式为会友提出问题,请其答复,所谈多学术及人生观问题"。

　　五四运动爆发后不久,由毛泽东担任主编和主要撰稿人的《湘江评论》,于1919年7月14日在湖南长沙出版。《湘江评论》使用白话文,并以"宣传最新思潮为宗旨",这两点不消说最合乎白话文学倡导者胡适的口味。

　　胡适是实验主义哲学的忠实信徒和大力鼓吹者。毛泽东在《湘江评论创刊宣言》中,列举了当时从西方涌入中国的各种新思潮,其中就有实验主义。而《每周评论》上一篇署名"适"的评介文章,则把《湘江评论》和成都出版的《星期日》视为"我们新添的两个小兄弟"。这几乎可以肯定是出自胡适之手,因为陈独秀被捕入狱期间《每周评论》由胡适代为编辑。

　　毛泽东在《湘江评论》第二、三、四期上以连载的形式,发表了长篇论文《民众的大联合》,提出实行社会改造的"根本方法"之一"就是民众的大联合",而民众联合的基础在于反抗压迫者的"共同的利益"。胡适指出《湘江评论》的"长处是在议论的一个方面",称赞《民众的大联合》这篇文章"眼光很远大,议论也很痛快,确是现今的重要文字"。

年轻的毛泽东还领导了声势浩大的"驱张运动",将湖南督军张敬尧驱逐出湖南。1919年12月18日,他率驱张代表团从长沙到达北京,向北洋政府的国务总理靳云鹏提出驱张要求。毛泽东还去拜访了胡适,想争取胡适对湖南学生斗争的支持。返回湖南后的第三天,1920年7月9日,毛泽东在写给胡适的明信片中又重申此意:"湘自张去,气象一新,教育界颇有蓬勃之象。将来有多点须借重先生,俟时机到,当详细奉商,……"

五四前后,出国留学成为青年们的时尚,毛泽东曾起草湖南青年留法勤工俭学计划,但他本人更倾向于对中国"地盘"的实地调查与研究,认为自己无留洋之必要。1920年2月14日,他在致周世钊的信中说:"我曾以此问过胡适之和黎邵西两位,他们都以我的意见为然,胡适之并作过一篇《非留学篇》。"又说:"我们在长沙要创造一种新的生活,可以邀合同志,租一所房子,办一个自修大学(这个名字是胡适之先生造的)。"

1921年7月,毛泽东参加中共一大后回到湖南,他和何叔衡利用船山学社的社址和经费,创办了一所湖南自修大学,为初创立的党组织提供理论学习与宣传的公开场所。胡适的日记中有一记载:"毛泽东依据了我在1920年的'一个自修大学'的讲演,拟成'湖南第一自修大学章程',拿到我家来,要我审定改正。他说,他要回长沙去,用船山学社作为'自修大学'的地址。过了几天,他来我家取去章程改稿。"(记于1951年5月17日)

以上材料说明:早在五四时期毛泽东就和胡适有了一些交往。胡适虽仅比毛泽东年长两岁,但胡适在新文化运动中已经声名显赫,又是北大的著名教授,月薪高达260块大洋,是毛泽东月薪的30余倍。较比年轻、地位低微的毛泽东受了胡适的某些启示与影响也是事实,那个时候在毛泽东眼里胡适是"老师",名副其实的老师。

不过,毛泽东和胡适的交往虽有但并不很多,毛泽东受胡适的影响虽有但也并不算大。忽视他们之间的交往和胡适对毛泽东的某些影响固然不符合事实,但夸大或过分渲染他们之间的交往尤其是胡适对毛泽东的某些影响,同样不符合事实。

那时胡适的哲学思想(实验主义)和政治主张(信奉美国的所谓"民主政治")基本已经定型,此后几十年只有量的增加而无质的变化。而毛泽东却从包括无政府主义与实验主义在内的种种主义、种种学说的比较鉴别中,逐渐接受了马克思主义,用无产阶级的宇宙观作为观察国家命运的工具。这样就必然导致了毛泽东与胡适今后的分野,借用老百姓常说的一句话:他们完全是两股道上跑的车。

寒暑交替，似水流年。当历史的车轮进入了20世纪40年代，毛泽东已经成为中国共产党的领袖人物，在中国的政治舞台上有着举足轻重的地位。

1941年2月，时任驻美大使的胡适有一天从《华侨日报》上看到了该报转载的《关于朱毛的片段》一文，里面有毛泽东的一首诗（《七律.长征》）和一首词（《清平乐.六盘山》），还有朱德的三首诗。胡适看后在日记中大发了一通议论："毛的诗词还可看，朱的诗大坏！……这些新人物偏要做旧诗，真可怪！"具体针对朱德的《贺友人诗》，胡适说"看此诗可知此公不是通人！"针对毛泽东的《七律.长征》，胡适说"看此诗可知此公头脑虽比朱德强多了，也不是很清楚的头脑。"对朱、毛贬了一通之后，胡适笔锋一转，对蒋介石唱起了赞歌："蒋介石不做诗，不写大字，正是他的不凡俗处。"

如果仅仅是谈谈诗倒也罢了，问题在于胡适的政治选择。

众所周知，胡适"拥蒋反共"的立场是十分明确而又顽固的，而他帮助蒋介石用来反对共产党的武器当然不是飞机加大炮（那是需要由美国政府才能提供的），而是所谓的"民主政治"与"自由主义"。这是胡适几十年反共的两件主要思想武器。

若问胡适一再鼓吹的"民主自由政治制度"究竟是指什么？又怎样才能在中国"建立"起来？简单而扼要地说，胡适的政治构想或曰政治方案、政治蓝图可以用一句话概括：就是按照美国的民主政治模式，在中国建立"民主宪政"体制。胡适为此作了长期坚持不懈的努力，终其一生，无怨无悔。然而令世人大惑不解的是：他不为人民大众向实行独裁统治和"一党专政"的国民党蒋介石争民主，要自由，反而一味把"独裁"、"极权"、"反民主"、"反自由"等大帽子扣在中国共产党及其领导人身上，要中共放下武器，服从"中央"（即国民党蒋介石），至多在法定的范围内开展诸如竞选一类的活动。

1945年8月28日，中共中央主席毛泽东抵达重庆，同国民党进行和平谈判。正在纽约出席联合国成立大会的胡适，特地给毛泽东发来一个电报，由他的好友、国民政府外交部长王世杰面交毛泽东。全文如下：

润之先生：

顷见报载傅孟真兄转达吾兄问候胡适之之语，感念旧好，不胜驰念。前夜与董必武兄深谈，弟恳切陈述鄙见，以为中共领袖诸公今日宜审察世界形势，爱惜中国前途，努力忘却过去，瞻望将来，痛下决心，放弃武力，准备为中国建立一个不靠武装的第二大政党。公等若能有此决心，则国内18年纠纷一朝解决，而公等20余年之努力皆可不致因内战而完全销灭。试看美国开国之初，节佛生十余年和平奋斗，其手创之民主党遂于第四届选举取得政权。又看英国工党五十年前仅得四万四千票，而和平奋斗之结果，今年得千二百万票，成为绝大多数党。此两事皆足供深思。中共今日已成第二大党，若能持之以耐心毅力，将来和平发展，前途未可限量。万不可以小不忍而自致毁灭。以上为与董君谈话要旨，今托王雪艇兄代为转告，用供考虑。

胡适，八月廿四日

电文中的"感念旧好，不胜驰念"云云自然是一番客套话。抗战期间国共两党大体上维持着合作局面，国民参政员傅斯年一行六人曾应邀去延安访问。傅斯年早年在北大读书，1919年5月4日学生游行时担任总指挥，由于有这一段光荣历史，又同为"北大人"，所以傅来延安后毛泽东曾与之长谈，并托傅斯年回去后"代问胡适老师好"，胡适于是就借着这个由头给毛泽东发了一通电报。

然而胡适的本意不在叙旧，而是向过去的学生毛泽东施以教诲（"痛下决心，放弃武力"），并晓以利害（"万不可以小不忍而自致毁灭"）。古时候有公主抛绣球选驸马、大户人家小姐抛绣球选郎君之说，这封电报也可以说是胡适向毛泽东抛出的一个政治绣球，它正好适应了国民党蒋介石在重庆谈判中的立场和要求：中共必须放弃武装，取消解放区，以实现全国政令、军令的统一。胡适当时对国民党蒋介石的强大和绝对优势深信不疑甚至估计过高，所以电文中多以"消灭"、"毁灭"之类的词句威胁、吓唬毛泽东，并把他自己摆在了居高临下的位置。

最令人玩味的是，胡适劝说中共放弃武力，做一个类似于美国民主党、英国工党那样的政党，通过和平竞选赢得议会多数从而获取政权。然而，英国工党并不是工人阶级的政党，更不是工人阶级的先锋队组织，英国工党实行的也不是真正意义上的"社会主义"。英国的工党也罢保守党也罢，美国的共和党也罢民主党也罢，它们在本质上都是资产阶级的政党，代表资产阶级的利益。这些政党相互之间展开的竞选无非是驴象之争，是为了便于资产阶级选择更合适更得力更有效的工具，这样的"民主"完全不是像胡适所说的那样"代表全民利益"，这样的政党同中国共产党作为无产阶级先锋队的组织更有本质上的区别。

中国的国情同英美等国有很大的差异。孙中山先生积四十年奋斗之经验，于四处碰壁以后终于悟出了一个道理：推翻帝制，需要起义；打倒军阀，需要北伐。中国共产党在幼年时期也不懂得这个道理，几乎被蒋介石的屠刀斩尽杀绝。此后正如毛泽东所说："看到人家手里拿着东西了，我们就要调查一下。他手里拿的是什么？是刀。刀有什么用处？可以杀人。他要拿刀杀谁？要杀人民。……中国人民也有手，也可以拿刀，没有刀可以打一把。"从无数血的教训及长期斗争的实践中，中国共产党深知没有一个人民的军队便没有人民的一切，而用武装的革命去反对武装的反革命，正是中国革命的特点和优点之一。经过八年抗战，中国共产党领导的解放区有一万万人民、一百万军队、二百万民兵，奠定了夺取最后胜利的雄厚基础（说是"资本"也可以）。蒋介石多年来用"军事围剿"和"政治诱降"都没能使中共"放弃武力"，胡适"闲人偶尔好事"，抛出的绣球又能派上什么用场呢？

"那时候重庆的朋友打电报告诉我，说我的电报已经交给毛先生本人。当然，我一直到今天还没有得到回音"。胡适这样哀叹道。也就是说毛泽东根本就没有理睬"胡适老师"抛给他的绣球，因为不管绣球多么美丽，不管胡适说的多么动人，都不过是一种政治诱降术，只要毛泽东和中共放下武器，蒋介石的屠刀就会毫无顾忌地砍下他的脑袋，中国共产党将再次被掩没在血泊之中，中国革命迄今取得的一切成果将会丧失殆尽，人民大众将永无出头之日。

不过，共产党并没有把胡适完全推到"敌人"营垒里边，只要有可能他们还是尽量争取胡适。中共在关键时刻至少有两次向胡适伸出了橄榄枝。

一次是1948年底北平和平解放前夕，陕北新华广播电台专门有一则胡适的广播，明确告诉胡适只要留在北平，不跟着蒋介石跑，将来仍让他担任北京大学校长兼北京图书馆馆长。地下党也做胡适的工作，劝他留下来。应该说这是很高的"礼遇"了，说明中共对一向持反共立场的胡适网开一面，其中也许还传达出中共领袖毛泽东对他过去的老师胡适存有一份尊重与爱惜之心。《北平1949：危城抉择（下）》对此有比较具体的记载：

"早在1947年12月，毛泽东就曾提出如果胡适不走，就让他做北平图书馆馆长。1948年2月，陈毅在小范围内传达了这个设想。北京大学地下党汪子嵩，曾请胡适的老乡兼麻将友郑昕转告胡适，希望他留下来。解放军围城后，一个地下党学生曾对胡适说，前一天夜里延安广播电台曾对胡适专线广播，希望他不要走，北平解放后，将任命他为北大校长兼北京图书馆的馆长。"

北大许多人都听到了这则广播，然而胡适却以"他们要我吗？"为托辞拒绝了，乘蒋介石派来的专机南下，甘心情愿要做蒋家王朝的殉葬品。

鉴于胡适死心塌地追随国民党蒋介石，许多教授和学生认为在中共提出的战犯名单中应包括胡适。中共中央在祝贺淮海战役胜利的电报中明确指出："现在南京城内尚有头等战犯……及其罪大恶极的帮凶们，例如胡适，郑介民，叶秀峰等人，企图继续作恶。"毛泽东本人在《丢掉幻想，准备斗争》一文中更是直捷了当地将"胡适、傅斯年、钱穆之类"列为"帝国主义及其走狗中国的反动政府只能控制"的知识分子中的"极少数人"。这是学生对当年老师的最好回答。

1954年大陆由批判《红楼梦》研究中的"胡适派资产阶级唯心论"开始，开展了对胡适思想的大规模的全面系统的批判，内容包括胡适的哲学思想、政治思想、历史观点、文学思想、哲学史观点、文学史观点、考据学、《红楼梦》研究等9个方面，从意识形态的各个领域一齐向胡适开火，集中而猛烈。

毛泽东是这场运动的发动者。其实他早就存有对胡适思想进行系统批判的想法，1939年2月22日，在致张闻天的信中，就陈伯达关于孔子、老子、墨子的几篇哲学论文，毛泽东明确指出：章太炎、梁启超、胡适、冯友兰这些人在中国学术上有其功绩，但"他们的思想和我们是有基本上区别的"，"梁基本上是观念论与形而上学，胡是庸俗唯物论与相对主义，也是形而上学。"针对陈伯达在文章中引用了章、梁、胡、冯的许多话，毛泽东特别强调："我不反对引他们的话，但应在适当地方有一批判的申明"，不然"则有使读者根本相信他们的危险"。毛泽东立了一条规矩，又提出了一项任务："尔后发表诸文，凡引他们的话，都是引他们在这些问题上说得对的，或大体上说得对的东西，对于他们整个思想系统上的错误的批判则属另一个问题，须在另一时间去做。"战争年代，戎马倥偬，无暇顾及，这"另一时间"就选在了全国解放以后，中国共产党已经牢固地掌握了政权，大局已定，有充分的时间与条件开展思想战线、意识形态领域里的斗争。之所以把胡适当成了主要靶子，是因为章、梁均已作古，冯关在书斋里做学问，不大过问政治，而胡适就不同了，胡适是资产阶级唯心论的代表人物，在知识界影响大，流毒深，又坚持反共立场，与新生的中华人民共和国为敌。枪打出头鸟，周扬当时就将胡适定性为"中国马克思主义与社会主义思想的最早的、最坚决的、不可调和的敌人"。

有的学者指出："胡适的人生观与价值观体系本原上属于西方资本主义的范畴。这与掌握了政权的无产阶级欲将建构的意识形态与上层建筑发生了抵触、碰撞，因此才有批判胡适运动的应运而生。"

批判迅速升级，无限上纲，突破了"学术批判"的范围，演变成为了一场声势浩大的政治运动或曰政治斗争，胡适在大陆被搞得声名狼藉。

尽管如此，在50年代中期，中共方面也曾通过各种渠道向胡适传话，欢迎他能回大陆来看看，保证"来去自由"。中共方面表示："我们尊重胡先生的人格，我们反对的不过是胡先生的思想。"然而这次胡适还是拒绝了，说什么"没有胡适的思想就没有胡适"。（参见"周鲠生"、"陈西滢"条）

这就引出了1956年2月毛泽东在怀仁堂对知识界代表们说的那一段话："胡适这个人也真顽固，我们托人带信给他，劝他回来，也不知他到底贪恋什么？批判嘛，总没有什么好话。说实话，新文化运动他是有功劳的，不能一笔抹煞，应当实事求是。到了21世纪，那时候，替他恢复名誉吧。"

毛泽东为胡适"恢复名誉"留了一个活口，尽管胡适仍然坚持反共立场，拒绝了他再一次伸出的橄榄枝。

从毛泽东的谈话里还可以看出对胡适思想的那一场大规模的清算与批判其实是历史流动过程中的一时现象，既带有必然性，也带有阶段性，以后会随着历史的流动而淡化以至消失。胡适的名誉终究是会恢复的，只是现在还不到时候。而且"恢复"也只系指对其作出全面评价，并非意味着要百分之百地肯定。事实上，对历史人物的正确评价往往要等许多许多年之后，甚至要过若干个世纪，由那时的人去做。我们现在对胡适的评价仍处在历史流动过程中，出现这样或那样的不同说法是正常的，各执一词也没有多大关系，反正都是滚滚流水中的一滴。

爱新觉罗·溥仪

爱新觉罗·溥仪（1906-1967），字浩然，满族人。清朝末代皇帝，1909年三岁时即位，帝号宣统。1911年辛亥革命推翻帝制，建立民国，溥仪逊位后仍暂居紫禁城内，世人尊其为清逊帝。

1922年5月，胡适应溥仪之约，去故宫与这位已经逊位的末代皇帝见面。他在日记中对此事的前后经过作了详细的记载：

五月十七日：

"今天清室宣统帝打电话来，邀我明天去谈谈。我因为明天不得闲，改约阴历五月初二日去看他。(宫中逢二休息。)

五月二十四日：

"我因为宣统要见我，故今天去看他的先生庄士敦（Johnston），问他宫中情形。他说宣统近来颇能独立，自行其意，不受一班老太婆的牵制。前次他把辫子剪去，即是一例。上星期他的先生陈宝琛病重，他要去看他，宫中人劝阻他，他不听，竟雇汽车出去看他一次，这也是一例。前次庄士敦说起宣统曾读我的《尝试集》，故我送庄士敦一部《文存》时，也送了宣统一部。这一次他要见我，完全不同人商量，庄士敦也不知道，也可见他自行其意了。庄士敦是很稳健的人，他教授宣统，成绩颇好；他颇能在暗中护持他，故宣统也很感激他。宫中人很忌庄士敦，故此次他想辞职，但宣统坚不肯放他走。"

五月三十日

"今日因与宣统帝约了去见他，故未上课。

"十二时前，他派了一个太监，来我家接我。我们到了神武门前下车，先在门外一所护兵督察处小坐，他们通电话给里面，说某人到了。我在客室里坐时，见墙上挂着一副南海招子庸的画竹拓本……

"他们电话完了，我们进宫门，经春华门，进养心殿。清帝在殿的东厢，外面装大玻璃，门口挂厚帘子；太监们掀起帘子，我进去。清帝已起立，我对他行鞠躬礼，他先在面前放了一张蓝缎垫子的大方凳子，请我坐，我就坐了。我称他'皇上'，他称我'先生'。他的样子很清秀，但单薄的很；他虽只十七岁，但眼睛的近视比我还厉害；穿蓝袍子，玄色背心。室中略有古玩陈设，靠窗摆着许多书，炕几上摆着今天的报十余种，大部分都是不好的报，中有《晨报》、英文《快报》。几上又摆着白情的《草儿》，亚东的《西游记》。他问起（康）白情，（俞）平伯；还问及《诗》杂志。他曾作旧诗，近来也试作新诗。他说他也赞成白话。他谈及他出洋留学的事，他说：'我们做错了许多事，到这个地位，还要糜费民国许多钱，我心里很不安。我本想谋独立生活，故曾要办皇室财产清理处。但许多老辈的人反对我，因为我一独立，他们就没有依靠了。'

"他说有许多新书找不着。我请他以后如有找不着的书，可以告诉我。我谈了二十分钟，就出来了。"

爱新觉罗·溥仪，也就是满清末代皇帝，逊位后闭居于紫禁城内，就是过去谓之的"大内"。在政治上他的象征意义要大于实际的意义，所以胡适去皇宫会见溥仪在宫内外均引起了不小的轰动，京城一些报纸把这件事列为头条新闻铺陈渲染，一时间街头巷尾竞相谈论，捕风捉影不一而足。于是7月23日胡适又写了一篇题为《宣统与胡适》的文章，把事情经过重新叙述了一遍，并就某些传闻作了澄清：

"这是五十日前的事，一个人去见一个人，本也没有什么稀奇。清宫里这一位十七岁的少年，处的境地是很寂寞的，很可怜；他在这寂寞之中，想寻一个比较也可算得是一个少年的人来谈谈，这也是人情上很平常的一件事。不料中国人脑筋里的帝王思想，还不曾洗刷干净。所以这一件本来很有人（情）味儿的事，到了新闻记者的笔下，便成了一条怪诞的新闻了。自从这事发生以来，只有《晨报》的记载（我未见），听说大致是不错的；《京津时报》的评论是平凡的；此外便都是猜谜的记载，轻薄的言论了。最可笑的是，到了最近半个月之内，还有人把这事当作一件'新闻'看，还捏造出'胡适为帝者师'、'胡适请求免跪拜'种种无根据的话。我没工夫去一一更正他们，只能把这事的真相写出来，叫人家知道这是一件很可以不必大惊小怪的事。"

如果事情到此为止，那么的确可以不必大惊小怪，甚至可以把它当作胡适写的一篇颇有人情味的白话小说来欣赏，尤其是他专门为此事有感而写的那四句诗："咬不开，槌不碎的核儿，／关不住核儿里的一点生意；／百尺的宫墙，千年的礼教，／锁不住一个少年的心！"这首诗让许多人读了都受到感动。然而随后发生的一件事，却不得不让人们对胡适产生了更大的怀疑和不满。

袁世凯当年使用两手策略，一方面要求南方革命党人答应以后由他做中华民国大总统，交换条件是他负责劝说清帝逊位。一方面又允诺清室若干优待条件，以迫使清帝交出政权。民国建立，帝制结束，作为中华民国大总统的袁世凯颁布了"关于清帝逊位后之优待条件"共八款，其中第四款为"大清皇帝辞位之后，暂居宫禁。日后移居颐和园。侍卫人等，照常留用"。

1924年10月，冯玉祥发动北京政变，曹锟被迫下野，由黄郛代行国务总理，组成新的摄政内阁。鉴于"关于清帝逊位后之优待条件"已实行多年，其间（1917年7月）又发生过辫帅张勋拥溥仪复辟事件，为根绝后患，民国政府拟对优待条件做若干修改，废除溥仪沿用的皇帝尊号，没收清宫，将清室从紫禁城内迁出。鹿钟麟代表民国政府与清室谈判。11月5日，冯玉祥的国民革命军将清逊帝宣统即溥仪一行强逐出宫。那一天胡适住在西山，他闻讯后当晚即给身兼外交与财政两部部长的王正廷写去一信，表示抗议：

"……我是一个爱说公道话的人，今天我要向先生们组织的政府提出几句抗议的话。今日下午外间纷纷传说冯军包围清宫,逐出清帝;我初不信,后来打听,才知道是真事。我是不赞成清室保存帝号的,但清室的优待乃是一种国际的信义,条约的关系。条约可以修正,可以废止,但堂堂的民国,欺人之弱,乘人之丧,以强暴行之,这真是民国史上的一件最不名誉的事。(下略)"

在世人的心目中,胡适本是一位倡导新思想与新文化的新派代表人物,现在却像当年的康有为、梁启超一样由维新派领袖变成了保皇党!这不能不让世人非常骇异,因此批评谴责声浪随之而起。

"……你对于清室问题的意见,我们以为你是根本错误了,并且恐怕这种根本错误的议论,将来或者发生不良的结果,所以我们不能不同你辩一辩。我们根本上认为中华民国国土以内,绝对不应该有一个皇帝与中华民国同时存在,皇帝的名号不取消,就是中华民国没有完全成立,所以我们对于清帝废除帝号,迁出皇宫,是根本上绝对赞同的。这是辛亥革命应该做完的事,而现在才做完,已经是迟了十三年了。清室优待条件,乃非牛非马、不伦不类、古今中外独一无二的一种条件。这是民国对于清废帝的关系,与国际条约的性质,当然不能相提并论。

"你说你'是不赞成清室保存帝号的';换言之,当然就是赞成清室取消帝号的,至于如何取消,惜未具体举出,但是一看下一文:'但欺人之弱,乘人之丧,以强暴行之,这真是民国史上一件最不名誉的事',然则欲使清室取消帝号,必先等待复辟成功,清室复兴,再乘其复兴后之全盛时代,以温和、谦逊、恭敬或他种……方法行之,方为民国史上一件最名誉的事,你这种议论,似乎令人不解。

"寻常所谓'欺人之弱,……以强暴行之'的意义,当然系指强者对于弱者应有之权利,而强行夺取之谓,如果现在我们脑筋中已经没有了'普天之下,莫非王土;率土之滨,莫非王臣'的观念,则对于溥仪先生的帝号,当然不能承认是他应有的权利。所以修改优待条件的举动,当然与强者对弱者强夺完全不同。至于'乘人之丧'的理由,尤其不能成立。清室取消帝号的问题,是民国国体的问题,焉能与一妃之丧拉在一齐?

"总之,吾辈如果赞成中华民国这块招牌,即须承认'清室帝号取消'为正当的、必须的一件事,无所谓'丧'、'弱'的问题。"

胡适去故宫会见溥仪,如果可以用"人情"来解释的话,那么他反对将清逊帝宣统迁出紫禁城,就是一个政治问题了。尽管宣统已经逊位,尽管溥仪当时还很年轻，但"宣统"本身是一个符号，是皇权的象征，溥仪在宫内仍然是"皇上"，紫禁城内仍是一个"小朝廷"，俨然如国中之国。溥仪又在张勋支持下，上演过一场短命的复辟闹剧。这一切都让全国人民，尤其是民国的建立者与拥护者们对之持高度的警惕。不是过虑或杞人忧天，也不是过分，而是实属必要。后来的事实证明，日本军国主义就是充分利用了溥仪这个符号，这块招牌，建立了伪满洲国，把东北三省从中国肢解出去。

还有，将清逊帝宣统赶出紫禁城，这是一个国家的内部事务，不能把它同国与国之间的条约、协定混为一谈，胡适用所谓"国际条约"的框架限制并评判国内事务，当时就受到了法律学家的批评。

胡适当然是要为自己辩护的，但他的辩解却是那么苍白无力，只能以"一个民国的要素在于容忍对方的言论自由"为由，声称"在一个民国里，我偶然说两句不中听、不时髦的话，并不算是替中华民国丢脸出丑。等到没有人敢说这种话时，你们懊悔就太迟了"。

不过"懊悔"太迟的恐怕是胡适本人，及至1931年"九一八"事变他方才觉得"东北情况严重"，感叹"如果当年冯玉祥不把溥仪驱逐出宫，今天北平不知怎样了"。在事实面前他终于承认"那时我反对把溥仪驱逐出去，我错了！"

中华人民共和国成立以后，爱新觉罗·溥仪经过改造成为新公民。1967年因患肾癌去世，享年62岁。火葬后骨灰安放在北京八宝山革命公墓侧室，后遵照周恩来总理指示移放于正室，后又移葬华龙皇家陵园。

汪精卫

汪精卫（1883－1944），本名兆铭，字季新，"精卫"为其笔名。祖籍浙江山阴（今绍兴），本人生于广东三水（今属佛山）。青年时代中秀才，1904年考取公费赴日本留学。后加入孙中山领导的兴中会、同盟会，因谋刺摄政王载沣被清政府判处终身监禁。辛亥革命成功后两度赴法国留学。为反对袁世凯复辟，于1915年底回国参加"护法运动"。中华民国成立后出任要职，历任国民政府常务委员会主席、军事委员会主席、行政院长、国防最高会议副主席、中国国民党副总裁。日本发动全面侵华战争后叛国投敌，在南京成立"伪政府"，任伪南京国民政府主席兼行政院长，堕落为现代史上最大的汉奸。

1923年胡适在杭州养病期间，徐志摩曾约了几个朋友到海宁观钱塘江大潮，其中就有汪精卫。胡适日记云："早车到斜桥，我们先上了志摩定好的船。上海专车到时，志摩同了精卫、君武、叔永、莎菲、经农……一齐来。我们在船上大谈。""看潮后，叔永们回上海去了，马、汪、徐、曹和我回到杭州。晚上在湖上荡舟看月，到夜深始睡，这一天很快乐了。"

据说民国时期有四大美男子，汪精卫名列榜首，胡适也在其中。徐志摩此行观潮的日记中曾说："同行者有叔永、莎菲、经农、莎菲的先生（老师）Ellery，叔永介绍了汪精卫。1918年在南京船里曾经见过他一面，他真是个美男子，可爱！适之说他若是女人一定死心塌地的爱他，他是男子……他也爱他。"无怪乎胡适会感到"很快乐"了。

汪精卫从杭州回到上海后，胡适给他写去一信并附寄了自己作的几首诗。汪精卫很快回了信，除开头奉承胡适的诗"读了几遍，觉得极有趣味"外，接着讲了他心中的疑问："到底是我没有读新体诗的习惯呢？还是新体诗不是诗，另是一种好玩的东西呢！抑或是两样都有呢！这些疑问，还是梗在我的心头。"然后着重说了说他的一个见解：

"我以为花样是层出不穷的，新花样出来，旧花样仍然存在，谁也替不了谁，例如曲替不了词，词替不了诗，故此我和那绝对主张旧诗体仇视新体诗的人，固然不对，但是对于那绝对主张新体诗抹杀旧体诗的人，也觉得太过。"

中过秀才第一名的汪精卫，将他写的旧体诗《晓烟》给胡适寄去看看，并叮嘱道："你如果来上海，要知会我一声。"汪精卫毕竟是搞政治的，不是诗人也无意做一个诗人，所以胡适回到上海后，在日记中出现了"我同精卫回旅馆，谈政治甚久"的记载。这和同日所记"晚上，邀志摩来同餐，谈诗至半夜"迥然不同。

汪精卫因与蒋介石政见不合，1926年5月离开广州前往法国马赛。胡适在这一年的7月赴伦敦出席中英庚款顾问委员会全体委员会议，期间又曾到法国巴黎国家图书馆查阅敦煌史料。他们两人在巴黎一同去看过Johnston（庄士敦），谈话中汪精卫极力陈说中国文学胜于西洋文学，说"古文析义"中的古文在西洋简直没有什么东西可以与之相比。不过胡适对汪精卫的上述"满腹经纶"却并不恭维，相反他在日记中讥评道："此见解甚陋，贻笑于外人。"

汪精卫是政客，胡适以后和汪精卫的交往主要涉及政治领域，包括内政、外交诸方面。

在国民党内部最高领导层，蒋介石和汪精卫明争暗斗，时分时合。"合"是表面的合，一时的权宜之计；"分"是彻底的分，为争夺最高统治权力而相搏。由于蒋介石掌握了"枪杆子"，所以汪精卫尽管在党内拥有"改组派"一大股势力，但在相互争斗中往往处于下风，最后被蒋介石把军权、党权、政权一齐抓在了手里。

1929年9月17日，张发奎在湖北宜昌发表反蒋通电，要求汪精卫回国主政。汪精卫回国后联合桂系共同抗蒋。1930年8月阎（锡山）冯（玉祥）中原大战期间，由他主持在北平召开"中国国民党党部扩大会议"。汪精卫当时曾向张学良提出：①若东北以"党的立场"讨蒋，则他们（改组派）以党的地位参加，党务、政治、军事由东北主持。②若东北以非党的立场讨蒋，则他们以个人地位赞助。③若不讨蒋而主张和平会议，他们又能以对等地位参加，则他们也赞助。汪精卫亲自照此三条拟好文稿后，让郭复初带去找胡适和罗钧任商议。

胡适对一系列国民党内部或曰新式军阀的争斗有他自己的看法和主张。他对郭复初说汪精卫此时应站的高一点，不可令人轻视，若如第一条所议则很失身份。"党务政治军事由东北主持"，是去一蒋又来一蒋，有何补于国家？不如说约法宪法与国民会议等，既已由南京承认，是他们的主张已胜利，此时惟望党人监视代表大会，使他成功；国人监视国民会议，使他成功。胡适当天晚上在面见汪精卫的夫人陈璧君时，重述了他对郭复初讲的这些意见。

陈璧君系马来亚华侨富商陈耕基之女，1912年与汪精卫在广州结为伉俪。她听了胡适的进言，好像没有全接受，对胡适说："无论如何，精卫必不能放弃'党的立场'。"胡适质直地说道："老实说，党到今日，还有救吗？是否能靠北平会馆住着等候差使，月领四五块生活费的二千多人，来中兴国民党吗？精卫还是愿得这二千多人的同情呢？还是愿站在'国的立场'来搏得我们多数人的同情呢？"

由于张学良领导的东北军力挺蒋介石，致使反蒋阵营失败，汪精卫不得不在天津宣布下野。继之粤、桂等反蒋各派在广州另组国民政府，由汪精卫出任领袖、孙科任行政院长，与南京国民政府对峙。迫于压力，蒋介石曾一度下野。1932年1月28日"一二八"事变，日军进攻上海。难以应对复杂局势的孙科辞去行政院长一职，由汪精卫继任，但由于他指挥不动蒋介石的人马，只得请蒋介石出山指挥军队。蒋介石复出后任国民政府主席、中国国民党总裁，军政大权再度揽于一身。

汪精卫担任行政院长后，急于延揽人才。1932年6月18日，他致函胡适，表示："国家多故，灾祸迭乘，疆土日削，萑符遍地。际此剥复之交，非急起从事于物质上精神上之建设，无以支危难而济民生。惟是条理万端，必须集合全国专门人才，共同负责，作精密之研究，方能确立整个的计划，决定实际的步骤，内以整厘庶政，外以抵抗侵凌。台端学识富赡，智虑宏远，辄以簿书倥偬，晤教靡由，仰止景行，有如饥渴。兹就署中休假之便，……会集海内名宿，对于内政外交诸问题切实加以讨论。谨奉书左右，敢请命驾入都，俾亲教益。狂澜待挽，所望斯人，台端志切澄清，想必不吝跋涉也。"

胡适是否应汪精卫之邀赴会不得而知，他的日记、书信及其他资料都未见有相关的记载。不过汪精卫8月6日连发5个通电，以张学良未"出一兵放一矢"而使东北"陷于敌手"，且向中央政府"催索补助军费"为由宣布辞职，再往欧洲。此举意图在于迫使张学良辞职，削弱蒋介石的势力。胡适随即在8月14日出版的《独立评论》第13号上发表了一篇文章《汪精卫与张学良》，其中肯定道："汪精卫先生在本年一月中南京与上海都在最危险的时候，慨然出来担任行政院院长的大任，那种不怕牺牲的态度，使我们很佩服，所以我们对于汪先生的期望很深。"同时又表示对汪精卫因不满张学良而宣布辞职"颇感觉失望"，他在文章中说："我们很盼望汪先生能觉悟他的责任的重大，能早日打消辞意，重新鼓起七个月以前的牺牲精神来支撑当前的危局。那是他补过的唯一途径。若因一时的感情冲动，就不顾国家的危机而以一走了事，那是我们不希望于汪先生的。"后来双方各自作了些妥协，蒋介石说服张学良去欧洲考察，汪精卫则回国复职。

1933年翁文灏决计辞去教育部长职务，汪精卫以行政院长的名义，敦请胡适担任教育部长。他在3月31日写给胡适的信中说："我想之至再至三，专诚求你答应我担任教育部长。明知此是不情之（请？），但你如果体念国难的严重，教育前途的关系重大，度亦不能不恻然有动于中。你如果慨然允诺，我愿竭我的能力，与你共事，替国家及教育，做出一点事来。我专诚企候你的回答……"

胡适当时任北大文学院长，虽然汪精卫言词恳切，但他仔细考虑之后还是谢绝了。他4月8日夜写信给汪精卫说：

"……与先生一同为国家服劳出力，无论谁人都应该感觉这是最荣幸的事。但我细细想过，我终自信我在政府外边能为国家效力之处，似比参加政府为更多。我所以想保存这一点独立的地位，决不是图一点虚名，也决不是爱惜羽毛；实在是想要养成一个无偏无党之身，有时当紧要的关头上，或可为国家说几句有力的公道话。一个国家不应该没有这种人；这种人越多，社会的基础越健全，政府也直接间接蒙其利益。我深信此理，故虽不能至，心实向往之。以此之故，我很盼望先生容许我留在政府之外,为国家做一个诤臣,为政府做一个诤友。"

这是一段很有名的、经常被人引用的话,集中表达出了胡适的政治立场、政治主张和所采用的策略——以"独立的地位",做国家的"诤臣"、政府的"诤友"。这和他后来在致傅斯年的信中所说的以"在野"的身份,替国民党政府"做面子",完全如出一辙。胡适不仅仅对当时的行政院长汪精卫是如此,他对国民党政府、对蒋介石政权也基本是这个态度。

后来胡适向汪精卫推荐由王世杰继任教育部长,汪精卫对此表示感谢。

随着日本对中国的侵略行动日益加紧与扩大,中日关系以及中国对日外交成为了各界普遍关注的头号问题,也是中国政府的重中之重。虽然胡适没有接受汪精卫的建议出任教育部长,但汪精卫仍将答复某先生的一封关于"对日问题"的密电抄件送胡适阅看,并有意请胡适出任驻德大使"为中国将来时局收拾作一番打算"。他称赞胡适说:

"先生虽然不是外交界的人才,但先生对于政治外交,运用丰富的学识与锐利的眼光,极真极远,无所不烛。试问今日,政治界、外交界的老手,有几个及得先生呢?"

他还讲了一番写此信的心情:"不怕先生见笑,昨夜我十二点半就寝,想起这个问题,得了这个答案。我心怦怦然,直到两点半钟,方才睡着。我今早写此信时,我的心情,可以用一句旧话:'臣不胜屏营待命之至,谨拜表以闻',伏乞先生俞允,不要又使我失望。"

这些都说明汪精卫对胡适很是信任,并希望对他能够多有借重。

1933年1月3日,日军占领山海关,2月25日开始进攻热河。由于蒋介石仍奉行对日"不抵抗"政策,仅七天工夫热河全省即陷于敌手。日军乘机扩大事态,于5月包围北平、天津,平津危急,华北危急。国民党政府被迫与日本签订了《塘沽协定》,事实上承认了日本对东北与热河的占领,并拱手将冀东地区置于日军的控制之下,直接导致了殷汝耕伪"自治"政府的出笼。蒋介石和汪精卫对丧权辱国的《塘沽协定》都负有不可推诿的重大而又关键的责任。胡适当时就指出"中央也应负绝大的责任":一是容留汤玉麟在热河;二是容许张学良在华北,又不督责他作有效的准备;三是当此强敌压境之日,中央不责成军事领袖蒋中正北上坐镇指挥,乃容许他逗留在长江流域作剿匪工作,轻重失据,误国不浅……

胡适启程赴美讲学并出席在加拿大召开的"太平洋国际学会"前,于6月13日在南京同王世杰一起去拜会了汪精卫。"精卫已是五十一岁的人了,距我们初见时（1923）恰恰十年。他此时颇憔悴，不似从前的丰满了，胡适在当天的日记中这么说。热河事件，塘沽协定，"华北停战"……是胡适和汪精卫此次谈话的中心议题，胡适主要讲了三点：①此事表示中国政治家还有一点政治的勇气；②此事与上海协定证明"汪蒋合作"的政策是不错的，若没有一个文人的政府正面应付，蒋介石先生的困难更大；③河北（尤其是天津）的保全，于学忠颇是一个重要分子，用一个好人就有一个好人之用，此是一种有意义的教训。汪精卫说日本形势似有小变动，其间似有和平势力渐渐抬头的可能，他要胡适对此予以特别注意。

第二天，汪精卫给胡适带来了一些重要文件，其中包括外交部长罗钧任拟就的新的外交方针，是华北停战以后的新说帖，内容和平多了。

汪精卫原本就是亲日派，又对日本强大的军事力量十分恐惧，所以一贯主张对日采取妥协、退让、求和的方针。由亲日、恐日最后到投降日本是汪精卫的政治轨迹。

与汪精卫在外交上向日本倾斜有所不同，蒋介石所依赖的经济支柱是与英美有紧密联系的江浙财团，在他的周围又多是一些亲美派人士（如宋美龄、宋子文等），所以蒋介石在外交上更多的依赖和仰仗英美势力。留学美国又十分崇拜美国的胡适，虽然也赞成对日求和，但主张在外交上应该同时兼顾日本、苏俄、国联、美国，即由"倾斜"（日本）外交变为"平衡"外交。他还认为汪精卫既为行政院长，又一度兼任外交部长，"以政府领袖首当外交之冲，甚非所宜"。1934年9月24日在致汪精卫的信中，胡适强调说：

"为国家前途设想，我终不愿避嫌不说话，我很盼望先生再思我的老话，与有壬兄同退出外部，慎选一位能实行所谓'同时顾到外交四条路线（日、俄、国联、美）的继任者'。"

胡适对汪精卫说此一建议"以私交论，为爱先生；以公谊论，实为国家设想"。不过汪精卫并不怎么以为然，他在回复胡适的信中自诩为是为国家"守二门"的人，说什么"替人之难，即在于此。宁为被磔的袁崇焕，不为被迫出战的哥舒翰"。

当时国民党执政人物以及社会上都弥漫着一种悲观情绪，认为日本国力雄厚，军力强大，而中国力量太弱，根本不能同日本打仗，打则必败，战则必亡。胡适在《全国震惊以后》这篇文章中就说："我们今天的最大教训是要认清我们的地位，要学到'能弱'，要承认我们今日不中用，要打倒一切虚骄夸大的狂妄心理，要养成虚怀愿学的雅量，要准备使这个民族低头苦志做三十年的小学生。"

面对日本的步步进逼，胡适声言"我自己的理智与训练都不许我主张作战"。他和蒋介石一样寄希望于当时的"国联"（即国际联盟），由"国联"调停中日冲突，限制日本侵华规模及至对日本加以制裁。为此胡适不仅提出了"和比战难"的口号，甚至说"我们可以等候50年"。这同蒋介石"和平未至绝望时期，决不放弃和平；牺牲未至最后关头，决不轻言牺牲"的论调如出一辙。

至于汪精卫就说得更直捷了当了——"中国却是一块肥肉，世界上弱小国可以生存，弱大国则不能生存"。意思即是抗战是"跳火坑"，只有亡国一条路。所以他更加积极地集结一些亲日派分子进行所谓的"和平运动"。

1937年"七七"事变爆发，蒋介石发表了态度强硬的"庐山谈话"。胡适在事变发生后的第二天即从北平赶赴江西庐山，出席蒋介石召集的谈话会，会后又去首都南京。胡适日记涉及汪精卫的有以下数则：

（7月26日）"第二期谈话会今晨非正式的开始，由精卫约谈话。

（7月27日）"精卫先生约第二期谈话会的一部分人聚餐，在聚餐之前有两点钟的谈话。我亦在被邀之列。今天谈的是对日外交问题。精卫宣读中央寄来的一个长文件，叙述廿四年五月至七月九日的几次军事谅解，——即所谓'何梅协定'的历史。我极力劝他请中央发表此件。

华北消息大恶。

（8月17日）"在汪宅开国防参议会第一次会议。会员共十六人……今晚精卫先生主持，列席者有蒋作宾、王雪艇、吴达诠三部长及张岳军秘书长。周恩来代表毛（泽东）君出席。

得知三日中共打下三十只日本飞机，已证实的有廿六只。又知南口小有顿挫。"

直到这时胡适仍主张"大战之前要作一次最大的和平努力"，并且列举了三条理由、两项目标和实行的两个步骤。这是他准备向蒋介石当面提出的，估计也一定和汪精卫谈过。汪精卫在一封信里曾对胡适说"我十分感谢先生的指示"。

胡适奉蒋介石派遣出访欧美，争取国际上对中国抗日的同情与支持。临行之前的9月8日，他在南京曾明确告诉汪精卫、高宗武、陶希圣三个人，他抛弃了和平的梦想了，从此走上了"和比战难百倍"的见解。这个说法见之于胡适致蒋廷黻的一封未发出的信函。

1938年12月18日，汪精卫从战时陪都重庆秘密出走河内，转到香港，跨出了公开叛国投敌的关键一步。时任驻美大使的胡适，于12月29日在病床上给汪精卫发了一个急电，意在对汪作最后的争取。

> 铁如兄亲译请转汪院长：
> 　　上月曾由翁咏霓兄详陈和战问题之鄙见，此时国际形势果好转，我方更宜苦撑，万不可放弃十八个月的牺牲。适六年中不主战，公所深知，今日反对和议，实为国家百年设想，乞公垂听。
> 　　　　　　　　　　　　　　　　　　　　　　　　　　　　　　适。

这封电报到达香港时，汪精卫响应日本近卫首相关于"中日两国调整关系之基本政策"的所谓"艳电"已经发表。在日本侵略者的支持与庇护下，汪精卫及其追随者随后跑到南京建立了伪政府，堕落成为最大的汉奸卖国贼。

汪精卫叛国投敌无异于狠狠打了胡适一记耳光！

胡适会不会觉得自己脸上火辣辣的疼痛？也许不会，因为此一时也，彼一时也。

1944年11月10日，汪精卫病死在日本名古屋医院里。胡适听到日本方面宣布的这一消息后，忍不住说了两个字："可怜！"在11月13日的日记里又写了这样一段话："精卫一生吃亏在他以'烈士'出身，故终身不免有'烈士'的complex（情结）。他总觉得，'我性命尚不顾，你们还不能相信我吗？'性命不顾是一件事；所主张的是与非，是另外一件事。此如酷吏自夸不要钱，就不会做错事，不知不要钱与做错事是两件不相干的事呵！"

这一段话只是胡适的一家之言。汪精卫叛国投敌其实有更深刻的原因，更复杂的背景。

第九章 学界政界两栖友

章士钊　吴稚晖　王世杰　朱家骅　陶希圣

"学而优则仕"是中国知识分子的一大传统。列入本章的几位人物，都是文化人、学者，他们大都做过教授，但后来都从政了，进了官场，成了文化官僚。他们中有的人当了教育总长、部长，有的当了外交部长、宣传部长。

这些人和一般的官僚不同，因为他们曾经是学者教授。他们和一般的学人、文化人也不同，因为他们毕竟成了官僚，成了执政当局的重要成员。

这其中只有胡适是少有的。他是大学者、大教授、大文化人，却始终不愿到政府里面做官。他要是想做官，机会有的是，甚至他有当总统的机会，但他都放弃了。

不过勿要以为胡适不愿做官是因为他不想参与政治。恰恰相反，他与政界的关系从无到有，由浅入深，愈到后来愈是紧密。在学界和政界胡适都有不少朋友，而从学界进入政界，脚踏学界和政界两只船的这些人，本章将他们称之为胡适的"学界政界两栖友"。

1958年胡适在台北机场与迎接他的老友于右任握手言欢。

胡适在台湾与一些老友合影：前排右起为王世杰、陈诚、胡适；第二排右起为张厉生、叶公超、吴国桢、陶希圣；后排右起为张南如、黄少谷、张其的、沈昌。

章士钊

　　章士钊(1881–1973)，字行严，湖南善化县（今长沙市）人。幼读私塾，1901年离家赴武昌，寄读于两湖书院，次年3月考入南京陆师学堂。1903年4月赴上海，加入蔡元培等人组织的军事民教育会，不久被聘为上海《苏报》主笔，并与章太炎、张继、邹容结拜为异姓兄弟。1905年春东渡日本入东京正则英语学校。1907年赴英留学，在爱丁堡大学攻读政治经济兼逻辑学。1911年武昌起义胜利后携眷返国，受黄兴、于右任之邀主持同盟会机关报——上海《民主报》，兼任江苏都督府顾问。

　　"二次革命"失败后章士钊亡命日本，1914年5月在东京创办《甲寅》月刊。1924年段祺瑞上台，他被委任为北洋政府的司法总长、教育总长。在对待"女师大"事件上颇受众人非议，进步师生斥称其为"老虎总长"。执政府垮台后他又出走天津，继续在日租界出版《甲寅》周刊，反对新文学运动。芦沟桥事变后避居上海，因拒绝加入南京"维新"汉奸政府而濒临险境，在杜月笙协助下经香港转赴重庆，国民政府委以"参政员"名义。所著《逻辑指要》1943年在重庆出版。

　　以上经历说明：章士钊既是学者又是一位政界人物。胡适同他在政界相涉甚浅，两人主要是在学术上，尤其是围绕"新文学"问题产生过相当大的纠葛。

　　1915年章士钊在日本办《甲寅》月刊的时候，留学美国的胡适曾寄去一篇译稿（都德所著短篇小说《柏林之围》），章士钊收读后将它发表在刊物的第4期上，他还写信将胡适夸奖了一番，并继续向其约稿。

　　"适之先左右：前辱示书暨小说一种，高怀雅谊，倾感不胜。……左右文才斐亹，读者倾心，如有鸿文，务望陆续惠寄。

　　"曩在他报获读足下论字学一文，比傅中西，得未曾有，倾慕之意，始于是时。不识近在新陆所治何学？稗官而外，更有论政论学之文，尤望见赐，此吾国社会所急需，非独一志之私也。时局日非，国威丧尽，寄居此邦，卧立不宁，不审足下感想何似？能作通讯体随意抒写时事，以讽示国人，亦所尸祝者也。"

　　胡适回复一函，开首便说："顷奉示书，所以奖励末学者弥至，甚愧甚愧。"他告诉章士钊自己在美国专治伦理、哲学，旁及政治、文学、历史与国际法，所学甚多是为了"以广胸襟"。胡适在信中特别提到他写有《非留学篇》一文，"适以今日无海军、无陆军，犹非一国之耻，独至神州之大；无一大学，乃真祖国莫大之辱,而今日最要之先务也。一国无地可为高等学问授受之所,则固有之文明日即于沦亡,而输入之文明亦扞格不适用,以其未经本国人之锻炼也。此意怀之有年,甚愿得明达君子之赞助"。他将这篇文章的原稿寄给《甲寅》编者,"所持见解,自信颇有商榷之价值,以呈足下,请观览焉"。

《非留学篇》已于1914年1月在《留美学生季报》上发表过。经过一些周折,1915年10月《甲寅》月刊第1卷第10号上又将胡适的《非留学篇》重新发表了一次。章士钊以"记者"名义写了一篇《甲寅》编者附记,向读者介绍胡适说:

"按胡君所为《非留学篇》乃登诸去年《留美年报》者。其报仅数百份,流传甚少,而文中所论,实于吾国学术废兴为一大关键,书万诵万不厌其多。今承作者以原稿见寄,亟欲转载本志,以饷读者。而其稿为一友人假去,展转传阅,竟至纷失,良用慨然。当俟函请胡君补写,始能发表。特书数语,以致歉怀。胡君少年英才,中西之学俱粹。本年在哥伦比亚大学可得博士,此诚记者所乐为珍重介绍者也。"

就这样,章士钊与胡适作为编者和作者开始了交往。

胡适率先倡导"文学革命",提倡用白话写诗作文。章士钊则持保守立场,说什么"自白话文体怪行而后,髦士为俚语为自足,小生求不学而名家,文事之鄙陋干枯,迥出寻常拟议之外。黄茅白苇,一往无余;诲盗诲淫,无所不至。此诚国命之大创,而学术之深忧!"由他主编的《甲寅周刊》还刊登广告,明确宣示:"文字须求雅驯,白话恕不刊布。"

1923年8月,章士钊在上海《新闻报》上发表了《评新文化运动》一文,猛烈抨击新文化运动"欲进而反退,求文而得野,陷青年于大阱,颓国本于无形,甚矣运动方式之谈,流毒乃若是也"。针对胡适在《文学改良刍议》中所言"八事",章士钊说道:"吾友胡适之所著文学条例,谓今人当为今人之言,不当为古人之言,此语之值,在其所以为今古之界者而定。若谓古人之言之外,别有所谓今人之言者,崭然离立,两不相混,则适之之说,乃大滑稽而不可通。"他用嘲笑的口吻,讥刺"白话文学"的追随者们"以适之为大帝,绩溪为上京,遂乃一味于《胡氏文存》中求文章义法,于《尝试集》中求诗歌律令,目无旁骛,笔不暂停,以致酿成今日'的底,他它,吗呢,吧咧'之文变"。并断言"白话文之所以流于艰窘,不成文理,味同嚼蜡,去人意万里者,其弊即在为文资料,全以一时手口所能相应召集者为归。此外别无工夫"。

章文发表的时候,胡适正在杭州烟霞洞养病,由表妹曹诚英相随,徐志摩等一些朋友也常去看望他。9月27日,潘力三夫妇到山上来看胡适,晚上两人又在旅馆相遇。潘力三,字大道,也是章士钊的朋友,交谈时他告诉胡适:

"行严近作《评新文化运动》一文,自己说是给适之出了一个题目。"

胡适说:"这个题目我只好交白卷了,因为他的文章不值得一驳。"

潘力三问:"'不值一驳'四个字,我可以带信给他吗?"

胡适点点头,"可以的。"

没过几天胡适到了上海。10月8日下午他去亚东图书馆访汪孟邹,正好章士钊也来了。晚上由汪孟邹作东,请陈独秀、胡适和章士钊吃饭,胡适又当面对章士钊说他的文章不值一驳,并在当天的日记中写道:

"到亚东,行严来,畅谈。行严确是一个时代的落伍者,但他的气度很好,不失为一个gentleman(绅士)。"

更详细的记载见之于胡适写的《老章又反叛了!》:

"那一晚客散后,主人汪孟邹君说:'行严真有点雅量;你那样说他,他居然没有生气。'我对主人说:'你只知其一,不知其二。行严只有小雅量,其实没有大雅量;他能装做不生气,而其实他的文章处处是悻悻然和我们生气。'……他骂我们做白话的人'如饮狂泉','智出伦敦小儿女之下','以鄙俗妄为之笔,窃高文美艺之名,以就下走圹之狂,䵝载道行远之业,……'这不都是悻悻然和我们生气吗?这岂是雅量的表现吗?"

胡适又说:"我们观察章士钊君,不可不明白他的心理。他的心理就是,一个时代落伍者对于行伍中人的悻悻然不甘心的心理。他受过英国社会的一点影响,学得一点吴稚晖先生说的'gentleman的臭架子',所以我当面说他不值一驳,他能全不生气。但他学的不彻底,他不知道一个真正gentleman必须有sportsmanship,可译作豪爽,豪爽的一种表现,就是肯服输。一个人不肯服输,就使能隐忍于一时,终不免有悻悻然诟骂的一天的。"

然而,正是这样一个章士钊,半年前还向胡适表示过"投降"呢!胡适忍不住说道:"'行严的雅量'终是很有限的;他终不免露出他那悻悻然生气的本色来。他的投降原来只是诈降,他现在又反叛了!"

对于这样一个章士钊,胡适的态度也很明确:"我的'受降城'是永远四门大开的。但我现在改定我的受降条件了:凡自夸'摈白话勿读,读亦弗卒'的人,即使他牵羊担酒,衔璧舆榇,捧着'白话歪词'来投降,我决不收受了!"

胡适同时正告章士钊:"白话文学的运动,是一个很严重的运动,有历史的根据，有时代的要求。有他本身文学的美，可以使天下人睁开眼睛的共见共赏。这个运动不是用意气打得倒的。今日一部分人的谩骂也许赶得跑章士钊君；而章士钊君的谩骂，决不能使陈源、胡适不做白话文，更不能打倒白话文学的大运动。"

1925年2月间，有一天胡适在撷英饭馆遇着了章士钊。章士钊说他约了一家照相馆饭后给他照相，出于朋友情谊邀胡适同去拍一张合影，胡适答应了。相片印出来后，章士钊写了一封信告之胡适："适之吾兄，左右相片四张，账已算过，请勿烦心。惟其中二人合拍一张，弟有题词；兄阅之后，毋捧腹。兄如作一旧体诗相酬，则真赏脸之至也。"

他的所谓"题词"乃是一首白话打油诗，因为胡适是用白话写新诗的提倡者和实验者，所以章士钊故意"投其所好"，其中也不免含有某些挑战的意味：

> 你姓胡我姓章，
> 你讲什么新文学，
> 我开口还是我的老腔。
> 你不攻来我不驳，
> 双双并座，各有各的心肠。
> 将来三五十年后，
> 这个相片好作文学纪念看。
> 哈，哈，
> 我写白话歪词送把你，
> 总算是老章投了降。

仿照外交上"对等"的原则，章士钊要胡适写一首旧体诗作为酬答。胡适于是就写了以下四句：

> "但开风气不为师"，
> 龚生此言吾最喜。
> 同是曾开风气人，
> 愿长相亲不相鄙。

胡适的意思很明显：尽管观点不同，一个主张白话，一个主张文言，但作为朋友彼此要相亲，而不要互相鄙视才是。主张白话者写旧诗，主张文言者写白话诗，相互酬答正是彼此相融的一种表现，不失为文坛上的一桩小小佳话。用章士钊的诗句来讲，正"好作文学纪念看"。

自此以后，胡适与章士钊的关系终于变得淡漠了，但有两次他们又直接或间接地站在了一起。

其一，段祺瑞执政府为巩固其统治地位，于1925年2月召开所谓的"善后会议"，各派各系军阀假"善后"之名在直奉战争后重新划分势力范围。中国共产党和国民党都持反对态度，共同主张并发起召开国民会议以解决国事。章士钊由段祺瑞任命为司法总长，他是"善后会议"的积极鼓吹者。胡适也应邀出席了"善后会议"，并帮着出了一些主意。1月18日胡适日记中有云：

"在俱乐部吃午饭，同席的有章行严、林宗孟、许隽人、汤斐予等。我们谈到政治，我主张两事：

"1. 善后会议开会之前宜注重会议规则的订定。例如第二三项会员派代表者，代表发言及表决皆以被代表的人的名义。如薛笃弼投票只算是冯玉祥投票。

"2. 敌国交战尚且先要停战，然后议和；今政府不能制止各省不战，则我们不配谈善后。

"前一项，他们都赞成；后一项，他们不敢赞成。"

胡适出席"善后会议"遭到了许多人的非议，有青年学生指责他与梁启超、章士钊结为把兄弟，认贼为父，卖身于段祺瑞。

其二，1925年8月教育总长章士钊下令解散并强行武装"接收"女师大，引起女师大学生的强烈反对。鲁迅等北大40余位教员发表宣言，抨击北洋军阀政府摧残教育。北京大学评议会为支援女师大，以7票对6票通过决议宣布北大独立，与北洋政府脱离关系。胡适是北大评议会的成员，他在表决时投了反对票，这样做实际上是间接地和章士钊站在了一起，这招致鲁迅和其他一些教授、教员以及青年学生的不满。上海学生联合会致函胡适，指责胡适"舍指导青年之责而为无聊卑污之举，拥护复辟余孽，尝试善后会议，诸如此类，彰彰皎著。近更倒行逆施，与摧残全国教育、蔑视学生人格之章贼士钊合作……"

上个世纪30年代胡适在日记中对章士钊流露出颇为不屑的意思。1934年2月7日的日记中写道："到汪原放家中吃饭，见着章行严，多年不见他了，他现在上海做律师，实在是靠杜月笙等人吃饭。他说，他现在是'吃流氓饭！'我劝他写一部《自传》。他现在吸鸦片烟，每天到跑狗场，甚可怜。"

这一年除夕，上海亚东图书馆有银行欠款五千元，零星欠款二千四百元必须归还。亚东与胡适关系密切，胡适有多种著作系由亚东出版，所以亚东几位朋友托胡适去求章士钊帮忙，希望银行方面能否允许透支或转期，以解燃眉之急。胡适答应了，并在当天日记里记述经过，"饭后去看章行严，他家中有无数的客等着他召见！他见了我，谈起亚东的事，毫无办法，我只好对他说：我已担认了五千元的债款，现在要请你给他们调动二千五百元的现款。他说，无法可想。我说：'若真无法，请你唤一辆汽车，我要赶紧去报告他们，不要担误他们的要事！'我就走了"。这件事显然让胡适很不愉快。

胡适和章士钊的结局南辕北辙，令人玩味——胡适成了蒋介石的座上宾，章士钊则成了毛泽东的老朋友。

吴稚晖

吴稚晖（1865-1953），名敬恒，稚晖为其字。江苏武进人。生地靠近无锡，故又称无锡人，讲一口无锡方言。吴家历代以种田为生，家境贫困。吴稚晖七岁进无锡一私塾接受启蒙教育，1882年十八岁时任私塾教师。1887年考中秀才。1889年进入江阴南菁书院读书，参加乡试中举人。次年到北京参加会试而未中，仍回到南菁书院。不久中日甲午战争爆发，清政府被迫签订丧权辱国的《马关条约》。吴稚晖受康有为、梁启超等领导的维新变法运动影响，1897年冬曾去北京南海会馆拜访康有为。后到上海南洋公学任教，并在无锡崇安寺创办三等学堂，推行新式教育。1901年3月和1902年吴稚晖两次东渡日本，入东京高等师范学校读书。1902年10月，吴稚晖、蔡元培等人发起成立爱国学社，吴稚晖任学监兼国文教员。1903年8月吴稚晖抵达英国。1905年春与赴欧洲的孙中山在伦敦相会，是年冬，吴稚晖在伦敦加入同盟会。1907年，他与张静江、李石曾在巴黎组织世界社，发行《新世纪》，并组织中华印字局，广印书报，鼓吹革命。在此期间吴稚晖受克鲁泡特金思想影响，一度信仰无政府主义。

1911年10月武昌起义爆发后，吴稚晖回到上海，孙中山要他出任教育总长，但吴稚晖坚决推辞，此后10多年时间里他一直致力于教育与科学。1913年1月，他担任国语读音统一会会长，主持制定注音字母。他还发起俭学会，倡导组织青少年赴法勤工俭学。1920-1922年间筹建了中法里昂大学并出任校长。

胡适与吴稚晖较早就有了书信联系。胡适留学美国期间，曾将法国都德的短篇小说《最后一课》译成中文寄回国内，发表在由章太炎任主笔、创刊于1912年的《大共和日报》上。吴稚晖因家兄醒民兼操翻译之事，故而藉此由头给胡适写了一封信，恳请胡适"代购最新欧美名家英文小说，以短篇为贵"。这封信大概写于1913年2月24日。

1917年，胡适由蔡元培聘请回国任北大文科教授。1918年，吴稚晖在唐山路矿学校担任国文教员期间，曾邀请蔡元培、胡适前去讲演。他写给胡适的邀请函言词恳切："先生的演讲，是计算中最先有的，也可以说，就是要为着要听先生等几个人的教训，所以立那个讲演会。因此，先生可怜他们的诚意，想来必可勉允的……"胡适应其所邀去演讲了一次，据胡适在《追念吴稚晖先生》一文中记述说："那一天，我住在教员宿舍里，同他联床，谈了好几个钟头。那是我同吴稚晖先生单独谈话最久的一次。"他亲眼见到吴稚晖住处的墙壁上挂有五千年历史图表，所以就把吴稚晖归入到国内少数治历史的人物里面。

不过，与吴稚晖曾信仰无政府主义不同，胡适在1919年"问题"与"主义"的论争中，在将主要矛头指向马克思主义的同时，对无政府主义也有所批评，指责它们都"是自欺欺人的梦话"，"是中国思想界破产的铁证"。胡适卖力鼓吹的是"好政府主义"而不是"无政府主义"。

1923年，国内思想界就"科学与玄学"展开激烈的论战，用胡适的话来形容"一时笔飞墨舞，题外出题"，好不热闹。丁文江、张君劢分别代表观点对立的两方。吴稚晖参加了这一场笔战，先后发表了《箴洋八股化之理学》、《一个新信仰的宇宙观及人生观》。胡适因为在杭州烟霞洞"养病"（或者说是同表妹曹诚英"卿卿我我"），没有直接参与论战，仅写了一篇《孙行者与张君劢》。但他在11月底为亚东图书馆出版的《科学与人生观》论集撰写了一篇序言，认为"在这篇《科学与人生观》的'起讲'里，我们应该积极地提出什么叫做'科学的人生观'，应该提出我们所谓'科学的人生观'，好教将来的讨论有个具体的争点"。他称赞道："吴稚晖先生的《一个新信仰的宇宙观及人生观》已给我们做下一个好榜样。……我们十分诚恳地对吴稚晖先生表示敬意，因为他老先生在这个时候很大胆地把他信仰的宇宙观和人生观提出来，很老实地宣布他的'漆黑一团'的宇宙观和'人欲横流'的人生观。"后来胡适写有《我们对于西洋近代文明的态度》，发表在1926年6月《现代评论》第4卷第83期上，这篇文章热烈颂扬西洋文明，极力贬低东方文明，据胡适自己讲"其见解差不多全同于"吴稚晖那时"发表的论调"。

吴稚晖是国民党的元老之一，1924年当选为国民党中央监察委员，1927年被任命为国民革命军总政治部主任。在北伐战争取得重大胜利的关键时刻，1927年4月2日，吴稚晖在上海召开的国民党中央监察委员会上率先提出《举发共产党谋叛》的呈文，并与李石曾、张静江、蔡元培、陈果夫几位监察委员共同提出"弹劾共党案"，为蒋介石"清党反共"、发动"四一二"政变铺平了道路。吴稚晖因而被称为国民党蒋介石政权的"催生婆"，他与蒋介石的私交也甚厚，是蒋介石长子蒋经国的老师。

"四一二"政变发生时胡适正在欧美访问的归国途中，他在日本潢滨获悉"国内党争正烈"，"南京已成立了新国民政府"。胡适认为"一班文人出来主张清党反共，确有很重要的历史意义"。当时他对日本报界和中国留学生发表谈话说："蔡元培、吴敬恒不是反动派，他们是倾向于无政府主义的自由论者。我向来敬重这几个人。他们的道义力量支持的政府，是可以得着我们的同情的。"

胡适回到上海后，在蒋介石与宋美龄的婚礼上见过吴稚晖一面。1927年12月，他在同文书院作了几次讲演，把吴稚晖列为"中国近三百年的四个思想家"之一（另外三个是顾炎武、颜元、戴震）。胡适有意将讲演稿加工、扩充为一部单行的册子，所以致函吴稚晖表示自己早有"述吴稚晖"的意思，并请求吴稚晖赐一篇简单的自传，讲一讲"一生思想变迁的历史"，免得他"劈空瞎嚼咀"，以致"徽州胡朝奉冤枉了常州吴老先"。

吴稚晖讲话和写文章，用胡适的话来说爱"嘻嘻哈哈的胡诌"，老头子用他特有的这种调侃幽默近乎油腔滑调的口吻，给胡适回了一信：

"适之先生：

"你老人家还把我这块垃圾堆上的朽木，抬到桌子上去，同'沉檀速降'一齐拂拭着，雕镂了像一样古董，摆在五都之市去。您的苦心，无非要骗人家上那干燥无味的物质上去罢了。但这块朽木虽经着装金的手段，尽管装得怎样的像煞有介事，可奈人皆掩鼻而过，反辱没了先生一片的苦心了。就是我自己，岂但是'受宠若惊'，简直以为忝窃太过，没有地洞好钻，所以不敢冒滥的，碰着响头，来恭谢天语褒奖。"

话虽如此讲，不过吴稚晖仍答应胡适"改日再到先生那里热烈的共说好梦"。而胡适也"终不忍不作一点'好梦'"。从他们两人通信的内容来看，似乎作的是有关以物质文明消除人世争斗的"好梦"：吴稚晖大骂共产党"到了二十世纪，还得仗杀人放火,烧杀出一个人类世界来"。胡适认为"杀人放火,也只有物质文明可以救济"。他揣测吴稚晖"所以痛恨共产党,似犹未免有一分以律己之道律人的意味"。因为在他看来,"吴老先生一生所以大过人者,正在他真能以刻苦律己,而不肯以刻苦责人;他能自己不享用物质上的享受,而希望人人都能享用物质上的享受","故最痛恨一班少年人因金钱而不惜作杀人放火的事"。

胡适改定后的长文题为《几个反理学的思想家》,1928年1月25日至2月15日连载于《贡献》旬刊第6-8号。其中第5节专门论述吴稚晖的新宇宙观和人生观,赞扬"吴先生是个最有历史眼光的思想家,他对于中国文化演变的历史最有精明的研究,最有独到的见解。他那很像过激的主张,其实都是根据于他的历史见解的。他见得透辟,故说得恳切;他深明历史的背景,故不肯作拖泥带水的调和论"。

胡适好话说了一大筐,然而没过多久便和吴稚晖发生了激烈的争吵。

国民政府1927年4月18日在南京建都后,6月改原教育部为大学院,由蔡元培出任院长,吴稚晖、胡适等人为委员。大学院是全国最高学术教育行政机关,另外仿照德国教育体制设立若干大学区,北平为一个大区,统称北平大学,原先的北大降格为下辖的一所分院。

1928年6月15日在大学院召开的全国教育会议上,蔡元培提出北大改名为中华大学,并决定任命李石曾为校长。胡适对李石曾一向印象恶劣,他发言说北京大学之名不宜废掉,李石曾派别观念太深,不宜担任校长。吴稚晖意见则与胡适相左,断言北大之名宜废,李石曾"天与之,人归之","除了石曾之外,还有谁人能去做中华大学校长?"别的委员们也各抒己见,争执不决。胡适转而求其次,主张"维持国府原案,蔡先生仍为校长,由石曾先生代理"。吴稚晖指责胡适"要用蔡先生去牵制李先生",说这种行为是"蜀洛相争"。胡适忍不住了,辩白道蜀洛相争是没有的事。

吴稚晖直跳起来说:"没有!怎样没有?他们不曾通缉易寅村先生、李石曾先生和我们吗?"

他重提当年北大两派斗争的历史:1925年在"女师大"事件中,李石曾力主北大独立,而胡适投了反对票。旧事重提,让胡适心中很是恼火。他对吴稚晖说:"没有的事!我们几个熟人之中,人格上总信得过,不是他们干的事。"

吴稚晖干脆离开座次,跳起来朝胡适大声嚷道:"你本来就是反革命!……"

胡适气愤不过,会后向蔡元培院长提出要辞去大学院教育委员会委员职务。

不仅如此，第二天他还给吴稚晖写了一封信，连讽刺带挖苦地诘问道：

"昨日会议席上，先生曾明对我说，'你就是反革命'。我不愿置辩，因为我并不很懂得'反革命'三个字是什么样的罪名。我是一个糊涂人，到今天还不很明白，今日所谓'革命'是怎样一回事，所以也就不很明白'反革命'是怎样一回事。今天从南京回来，就去寻前几个月公布的《反革命治罪条例》，想做一点临时抱佛脚的工夫；不料寻来寻去，这件法令总避不见面。我没有法子，只好来求先生；倘万一先生有空闲时间，务请先生顾念一点旧交情，指示我犯的是《治罪条例》第几条，使我好早点准备，免得懵懵懂懂地把吃饭家伙送掉了无法找回来。这是性命交关的事，故敢麻烦先生，千万请先生原谅。"

这次尽管互相闹得很不愉快，但并未从根本上动摇胡适和吴稚晖的关系。他们毕竟是一路人，属于同一个营垒，彼此以"党国"为重，终究不计前嫌。1948年4月4日，蒋介石在国民党中央执行委员会临时全体会议上提出他本人不参与总统竞选，由无党派人士作总统候选人，为胡适当选总统开路。然而会上赞成蒋介石这一提议的只有两个人，其中之一就是吴稚晖。这说明此老颇能揣摩蒋介石的意图，对胡适也很器重。

1949年国民党统治行将垮台时，蒋介石派专机接吴稚晖到台湾，委以"总统府资政"的虚职。1952年11月19日在美国做寓公的胡适，应台湾当局邀请到台北访问，第二天即赴台大医院看望因病住院的吴稚晖老人。胡适追忆当时的情景说："那时他的病减轻了一点，他一定不肯在病床上见我，一定要我在隔壁房里坐，他穿了衣服过来，还是那样高声健谈！我走时，他一定要送我到房门口，等我转了弯，他才回病室去。"

1953年10月30日，吴稚晖病逝于台北，享年八十八岁。胡适写了《追念吴稚晖先生》一文，他称吴稚晖是"自由中国的一个最特立独行的怪杰"。

王世杰

王世杰（1891—1981），字雪艇，湖北崇阳人。小小年纪就受到张之洞赏识，以第一名的成绩考入武昌南路小学就读。毕业后入湖北优级师范理化专科学校，1911年肄业于天津北洋大学采矿冶金科。后赴英国和法国留学，1917年获伦敦大学政治经济学士，1920年获巴黎大学法学研究所法学博士。期间曾以旅欧中国学生代表身份，与留欧学生和华工围守中国出席巴黎和会首席代表陆征祥的寓所，使其无法出席会议签字。

1920年王世杰回国以后由蔡元培聘请在北京大学任教，《胡适之先生年谱长编初稿》第二册在"民国九年九月二十日"条中记云："北大开学。……在社会科学方面，过去能教授比较法的，只有王亮畴、罗钧任二君。二君均服务司法部，只能任讲师，不能任教授，今年请到王雪艇（世杰）、周鲠生（觉）、皮皓白（宗石）诸君。于是北大始达到各系平均发展的境界。"王世杰与胡适相识当是在这个时候，后来两人分别升级为校、系领导，胡适一度担任北大教务长，王世杰任北大法律系主任。所著《比较宪法》在我国法学界是一部奠基之作，北大及其他一些大学均作为教材广泛采用。

由王世杰任主编的《现代评论》于1924年年底在北京创刊，胡适为刊物的精神领袖，主要成员为住在吉祥胡同的一批北大教授。刊物所评论的内容涉及政治、经济、法律、文学、科学诸方面，名义上标榜"精神独立"，鼓吹民主科学，针砭时政，但对许多重大问题实际上持右翼观点，在1925年"五卅"及1926年"三一八"两次惨案中都站在了学生运动的对立面。当然各成员的立场和观点不尽相同，每个人的情况前后也有变化，不能一概而论，但作为主编的王世杰和作为"精神领袖"的胡适却是一致而又一贯的。这也预示了王世杰今后的政治选择——他注定要投靠国民党蒋介石。

1927年国民政府奠都南京，王世杰被任命为首任立法委员，当时颁布的许多"法规"大都是由他主持制订的。湖北省政府改组后，省主席张之洞任命王世杰为政务委员，原《现代评论》主要成员、北大教授陈西滢（通伯）、周鲠生、皮宗石（皓白）等也相继来到武汉。为培养急需人才，由王世杰牵头组建国立武汉大学。筹建过程中他曾请求胡适帮助，由中华文化教育基金会从美国退还庚款中提供部分经费支持。

中华文化教育基金董事会由蔡元培任董事长，胡适是董事之一，1929年改选任鸿隽（叔永）为干事。1931年6月18日，王世杰自武汉致信胡适说：

"适之吾兄左右：……武大建筑，现在确实到了一个紧急待援的关头。一切情形现与通伯商好，请其于二十二日赴平，向你们面述。我们觉得：你和叔永兄及子民先生如果再给我们赞援，则规例上之困难总可破除。这回赞援，也许就是一件'不朽'的事。"

1932年3月18日他又致信胡适："敝校年来于武昌城外珞珈山东湖湖滨一

带，建造新校。迭承鼎立赞援，迄于现在，幸已一部落成，移居上课，校中同人及青年学子，莫不同深钦感。惟万里迢迢，今方发轫，全部工程，仅及过半。拟请拨冗惠临，对于敝校同人未来工作予以指示，对于学生赐以教言。……弟 王世杰敬启"

1932年11月，胡适应邀去武汉，与王世杰、周鲠生、陈西滢、皮宗石等一班老朋友重聚江城，下榻于武汉大学招待所。武汉大学建在珞珈山上，东湖一侧，风景绝佳。胡适在王世杰和皮宗石的陪同下，参观了武大的文学院、理学院、图书馆、男女生宿舍……，他赞叹说："雪艇诸人在几年之中造成这样一个大学，校址之佳，计划之大，风景之胜，均可谓全国学校所无。人说他们是'平地起楼台'；其实是披荆榛，拓荒野，化荒郊为学府，其毅力真可佩服。"

武汉大学是作为湖北人的王世杰献给湖北父老兄弟的一个最重最大的礼物，无怪乎他在台湾临终的遗嘱中要对子女说："以后为我立碑时，去掉所有头衔，只须刻上'前国立武汉大学校长王雪艇先生之墓'。"

1931年和1932年间，蒋介石坐镇武昌、南昌指挥和调集国民党军队对红军进行第三、第四次围剿。在武昌时他每周都请王世杰为其讲学一天，王世杰自此开始出入官邸内外，成为蒋介石的一名重要智囊人物，深受蒋介石的赏识与器重。胡适第一次与蒋介石见面，也是在他1932年11月应邀来武汉大学讲学期间。胡适和王世杰都走上了拥蒋反共的道路，只不过胡适始终以学者身份充当"诤友"，王世杰则直接从政，当上了蒋介石麾下的重臣。

1933年时任行政院长的汪精卫在翁文灏辞去教育部长职务后，曾写信商请胡适出任教育部长，胡适没有同意，他向汪精卫推荐了王世杰，他说："雪艇办学成绩极好，又平日对政治甚有见地，教部在此时虽无大可为，然他在政府定可为先生，为政府，添一个有识力的助手。"应该说王世杰从武汉大学校长升任教育部长，胡适是有荐举之功的。

创建武大的成功加上官运的亨通，使得王世杰更加踌躇满志。1933年4月他担任教育部长后，首先计划在首都南京设立一个大学区，利用为举办全国运动会兴建的体育场、游泳池等设施，以此为中心，把中央大学迁来。王世杰还打算在上海以交通大学为中心，将中央大学的医学、商学两院并入，再添一个良好的文理学院，组建成为一所新的国立上海大学。国立大学校长是要由教育部长任命的，换句话说教育部长有任命国立大学校长的权力。王世杰问胡适：

"愿不愿作上海大学的校长？"

胡适说："可以考虑。"

他在当天的日记中称赞："雪艇乐观的可爱，此人是政府中的一重镇。"

1935年12月9日，北平爆发了大规模的学生抗日爱国运动。胡适时任北大文学院长，他和清华大学校长梅贻琦等联名致电教育部长王世杰："此间局势万分紧急，同人切盼政府全力注意华北，明定方针，使此间当局有所遵从，无所推诿，并派大员北来，以免隔阂，遗误大局。"王世杰复电胡适："此间今在极力挽救，仍望面告梅、徐诸校长力持镇静。"胡适和王世杰当时都对学生罢课持反对的态度。

而就紧张的中日关系及应采取的对策，他们两人也有函电往返。1936年6月18日王世杰在写给胡适的信中说：

"来电收到，目前局势如何应付，实属全国存亡问题，绝非河北华北问题，此从各方情报暨日方所提种种条件，可以灼见。弟意非政府根本改定国策，则绝对无路可走。……尊电主张河北应有妥人坐镇，主张外交公开，均极是。日昨志希飞川，已托面达蒋（介石）先生矣。惟尊电有'解决悬案'四字，则易为此间某部分人误解，故未敢以原电转致，缘日人半正式之要求，即在承认伪（满洲）国，接受日籍军政顾问，缔结对俄攻守同盟，而伪国问题，顾问问题，均可为不肖者解作悬案也。（此段望守秘密。）某部分人近竟谓此种要求应予考虑，危险之状，兄可想见。再弟所得负责方面之密报，日人对兄极注意，万祈早日南来一商今后种种教育事体，……"

从信中"未敢以原电转致"、"望守秘密"等语，可以看出王世杰和胡适关系密切的程度，他们是彼此信得过、彼此关切照顾的朋友。但他们的观点不尽相同——胡适当时主张委曲求和，认为"对日本尤不可不做一种可以使我们喘气十年的权宜之计"。王世杰对胡适的意见经过"再四思考，默审实际情势，终觉未妥"。他认为日本发动全面侵华战争迫在眉睫，中国"焉得有'十年喘气'的可能！言至此，真不寒而栗"。

抗战爆发后，胡适受蒋介石委派赴欧美开展民间外交，继又担任驻美大使。他和王世杰经常函电往返商讨国际形势与外交事宜，为发展中美关系最大程度地争取美国援助中国抗战献计献策。胡适任务繁巨，又有权贵（宋子文）掣肘，所以有时心情不免苦闷，王世杰就是他可以与之倾诉的少数知心朋友中的一个。王世杰在一封信中曾这样对胡适说：

"兄一生是一个友多而敌亦不少的人。兄的敌人，有的是与兄见解不合的，这可以说是公敌。有的只是自己不行，受过兄的批评指斥，怀恨不已。这种小人也颇不少。兄的友人可以说都是本于公心公谊而乐为兄助的；也许有些是'知己'，却没有一人是'感恩'。这是兄的长处，任何人所不及的。"

视王世杰为"知己"的胡适，在致翁文灏和王世杰的信中如实告之了他对宋子文的不满，说："某公在此，似无诤臣气度，只能奉承旨意，不敢驳回一字。"又说："我在此毫无用处"，故而"很想寻一个相当机会，决心求去"。这些都是私房话，所以胡适叮嘱道："两兄知我最深，故敢相告，不必为他人道也。"

胡适担任驻美大使为期四年，王世杰对其在驻美大使期间所做出的成绩与贡献作了高度评价："我不相信兄是头等外交人才；我也不相信，美国外交政策是容易被他国外交官转移的。但是我深信，美国外交政策凡可以设法转移的，让兄去做，较任何人为有效。这不是我向兄说恭维话，这是极老实话。"王世杰又深为感慨地说："我们可以得到一个教训，在现代的外交工作上，使节的人格与信望究竟重于使节的外交技能。"

王世杰于1945年当选国民党中央监察委员，并改任外交部长，率中国代表团赴莫斯科与苏联谈判，最后双方签定《中苏友好同盟条约》。国民党蒋介石之所以签订这一条约，目的有二：一是争取苏联参战，最后战胜日本；二是以此在国内牵制中共。抗战胜利后国共两党举行和平谈判，毛泽东亲自飞到重庆与蒋介石会谈，胡适从纽约给毛泽东发来一个电报，要中共"放弃武力"，改走议会道路。这封电报就是由王世杰面交毛泽东的，当时他是国民党政府的谈判代表之一。

暮春三月，江南草长，杂花生树，群莺乱飞。就在这样的美好时节里，1948年3月30日，有一辆官方标记的小汽车从南京鸡鸣寺缓缓驶了出来，里面坐着两位十分显要的人物——一个是国民政府外交部长王世杰，另一位是大名鼎鼎的学者、北京大学校长胡适。王世杰前瞻后顾，欲言又止。胡适若有所思，脸上堆着一副博士的深沉模样。汽车在南京的街巷转悠，又沿着两旁法国梧桐浓荫蔽日的大道一直开到了中山陵附近，两人才下了车，坐在草地上密谈起来。和风软软的；语声低低的，但有两句对话并未随风散去，而是记录在了历史的一纸残页上：

"蒋公说：'请适之先生拿出勇气来。'"

"但我实无此勇气！"

原来在"第一届国民大会"在南京召开时，蒋介石曾召见王世杰，要王世杰出面游说胡适竞选总统一职。王世杰向胡适传达了蒋介石的意图,但胡适却颇有些犹豫。后来王世杰约上周鲠生继续做胡适的工作,胡适的态度才有了些松动。王世杰当即向蒋介石报告胡适愿意出来参加总统竞选,胡适却又变卦了,蒋介石只好亲自出马,于4月3日夜在官邸约见胡适。由于蒋介石的提议最后在国民党中执委会议上未获通过,由胡适竞选总统一事遂胎死腹中。此时又是王世杰遵照蒋介石的旨意,将会议结果转告胡适。王世杰在蒋介石和胡适之间跑来跑去,扮演着传达意见的角色,而蒋介石之所以委以重任,固然是出于对王世杰的信任,同时也是因为他知道王世杰与胡适相交甚厚,是胡适信得过的朋友。

后来在台湾,他们两位老朋友时有往来。王世杰先后出任"总统府秘书长"、"行政院政务委员"、"总统府资政",其间数度沉浮,几上几下。胡适1958年就任"中央研究院"院长。1962年胡适去世,"中央研究院"院长一职由王世杰继任,官海沉浮之后他终于回归"学术",专心著书立述,玩赏古董字画,主编有《故宫名画三百种》和《艺苑遗珍》。1981年4月21日王世杰在台湾病逝。

朱家骅

朱家骅(1893-1963),字骝先,浙江吴兴(今湖州)人。五岁始入私塾读书,十二岁进新式学校南浔正蒙学堂,1907年十四岁改入南浔公学。1908年十五岁到程安高等小学堂任教。同年6月赴上海考取同济德文医学堂(同济大学前身),随Nasauer纳少华博士习德文。1913年按照德国大学医科考试规则通过毕业考试,是同济的首届工科毕业生。于1910年加入孙中山领导的同盟会。1912年元旦孙中山在南京就任临时大总统后,政府派遣稽勋留学生,其中有戴季陶、汪精卫、朱家骅、张群等六十六人。

朱家骅1914年10月入柏林矿科大学采矿工程学系攻读,时值第一次世界大战爆发,遂于12月15日离开柏林,取道丹麦、瑞典、芬兰、俄国回到上海。1917年初经沈尹默介绍,年仅二十四岁的朱家骅由蔡元培聘请,担任了北京大学预科乙部教授。这时北大总共只有28位教授,朱家骅是北大最早的德语教授,也是我国第一代德语教授。后来(1918年8月)他又在蔡元培的帮助下以进修教授名义获北洋政府公费留学。再赴瑞士和德国继续未竟之学业。1920年10月获柏林大学哲(亦称地质)学博士学位。1923年到瑞士苏黎世大学学习英文和经济学研究。1924年1月回国，复任北大地质系教授兼德文系主任。1925年上海"五卅"惨案发生后，北京学生和市民举行各种抗议活动，朱家骅曾参与组织领导。

朱家骅和胡适早年在北大共过事，后又长期执长教育部，既是胡适的"顶头上司"又是他的靠山之一。多年相互支持、依存的工作关系，使两人成为了挚友。

1925年8月20日，胡适在车上一时兴起，将歌德的《弹竖琴人》一首诗译成中文。此诗本有徐志摩的译文，但四个韵脚都错了。胡适和徐志摩都是根据英文译诗转译的，不确定是否忠于原诗。朱家骅留学德国，擅长德文，所以胡适又请他据德文原诗翻译，免得译诗有误，对不起读者。朱家骅接受了这个任务，他在《关于一个译诗的批评》里说：

"……因受了胡先生的委托，现在姑用直译的方法，直接把葛德的《弹竖琴人》(Goethe s Harfenspieler) 第三首之德文原作完全翻出，以资参考，还请适之、志摩两先生批评。"

朱家骅离开北大后于1926年担任广东中山大学校长。后投身政界，在党务、民政、教育等多个部门担任重要职务。他兼任国民党中央党部组织部长同时还是国民党内陈立夫、陈果夫集团（简称CC）的头目之一，不过他本人后来从CC集团分化出来，独成一派。

1931年3月，国府会议通过成立中英文化教育基金董事会，处理英国退还庚子赔款有关事宜，朱家骅为首任董事长。从1932年起任教育部部长（中间有所变更，1945年冬复任）。

抗战爆发后，胡适出任驻美大使，期间朱家骅有书信向胡适报告国内情况，并表示"相望廖廓，感怀增思"之情，他尤其希望胡适能就教育与学术贡献灼见。

适之吾兄大鉴：
……良以教育为立国之本，凡所设施，皆宜内切需要，外符舆情。况当振衰起蔽之会，尤宜博访众议，力求刷新，庶几百年大计，得以确立，不胜大愿。吾兄高瞻远瞩，素所倾心，而关怀教育，尤具热忱，对于今后教育与学术事业改革方面，必多灼见有以教我。务祈惠抒谠论，具体指示，俾作施政之圭臬，公私感幸。

……弟朱家骅

抗战胜利后，胡适执长北大，时任教育部长的朱家骅也是力荐者之一。当时他秉承蒋介石的旨意，于9月3日致电胡适说：

"梦麟兄因任秘书长，依法不能兼任校长，故力推兄继任，（蒋）主席暨弟与北京大学同仁亦均认为非兄莫属，公意如此，务请附允。复员在即，不及征求同意，拟先提（行政）院发表。在兄未返国前，孟真兄虽抱病已久，暂行代理。特电奉达，并请速驾为幸。"

胡适执长北大后免不了要同教育部打交道，于是他和朱家骅的交往就更多了起来。各校急需经费，但复员追加费数额有限，分配很是困难，北京大学分配到了5亿元是很大的照顾了。1947年中美教育基金协定签订，基金总数2千万美金，分20年拨付，每年有100万美金，如能运用得宜，对我国教育事业亦有裨益。因为胡适当过驻美大使，在学界享有盛誉，所以朱家骅又力荐胡适主持其事，希望能借重胡适的个人影响使美方对中方的意见更为尊重，从而有利于工作的开展与协定的执行。中美教育基金董事会的中方顾问共有5人，胡适是其中之主事者。

朱家骅和胡适在应付学生运动方面更是休戚与共。他们函电往返，互通情况，共商对策。"北大不可无兄，北方尤赖兄坐镇"。这句话道尽了作为教育部长的朱家骅对北大胡适校长的依仗倚重之心。1947年胡适用"疏导"的方法平息了一次学生罢课游行后，朱家骅有一次晋谒蒋介石，次日即致电胡适报告好消息："主席对兄竭力安定北方教育，极表感佩，并面嘱张院长，北大经费应宽筹速拨。"

蒋介石悍然发动全国规模的内战，耗费了大量人力、物力、财力，由于军费开支庞大，所以用于教育与科学事业的经费严重不足。胡适曾上书蒋介石并有函电致行政院长张群和教育部长朱家骅，要求为北大增拨经费。然而身为教育部长的朱家骅犹如泥菩萨过河，更有难言之苦衷。他在致胡适的信中诉说道，

"因目前教育上之困难问题，自信看得清楚。值此国家艰危之际，固不能求全部之解决，但至少亦应予人以希望。……高等教育之困难情况，兄所深知。而中等教育困难更甚，国民教育则尤为严重。至于留学界情形，孟真兄函告进修教授及留学生等之困陷窘境，彼等与外国人士之颇多责难，使弟万分难过。而本部动用预算上之外汇虽极少，然亦手续至繁，拖延时日，最后中央银行结汇与否尚不可必，致部中付出之款，领款人能否得到，与何时得到，均不能知。如此情形，弟实在无能为力，只有一去了之，想兄亦能谅我也。"

胡适自担任北大校长后，最让他感到头疼的两大问题一是经费匮乏，二是学潮不断。对于前一个问题，胡适不无抱怨地说："教授们吃不饱，生活不安定，一

切空谈都是白费。"对于后一个问题,胡适不赞成当局使用军警镇压,主张通过法律手段解决。

1947年,昆明大、中学校学生掀起反美扶日运动,当地军警宪特包围云南大学,殴打并抓捕学生800多人,引起全国人民和青年学生的公愤。有鉴于此,胡适同清华大学校长梅贻琦联名致电朱家骅,他们忧心忡忡地说:"军警入校"必致"学校陷入长期混乱,无法收拾",一旦"学生骚动,教员解体,适、琦等亦决无法维持善后。故敢本平日忧虑所及,以去就谏阻此事"。

"去就"意谓辞去校长职务,用通俗的话来说就是准备撂挑子,不干了。朱家骅得知后密电胡适,极力劝阻,言词极为恳切:"……年来承兄偏劳,公私感激,累兄实多,心时不安,乃北大不可无兄,北方尤赖兄坐镇。即弟可放兄,而总统与翁(文灏)兄亦必不能听兄高蹈;北大同人闻之,将更惶恐。故此实不可能之事,祗有万恳顾念大局,勉为其难。倘兄有言辞消息,则华北教育界必将动摇不可收拾。敬布悃幅,公私企祷,弟朱家骅。"胡适只好在北大维持残局。"复兴之梦"肯定是不再做的了,相反,他整天忧心忡忡,惟恐"军警入校"与学生发生激烈冲突,酿成更大事端乃至空前血案。

胡适也将朱家骅视为信得过的挚友,他不愿意在国民党政府里面做官,不愿担任国府委员和参加总统竞选,有几次就是通过朱家骅向蒋介石上条陈,请朱家骅转达意见的。1948年底,胡适从北平逃往南京,在机场迎接他的几个老朋友中就有朱家骅。

国民党蒋介石从大陆败退之后,朱家骅也去了台湾。1955年他从韩国访问回台北途中得了轻微脑出血,经在日本的医院治疗后"右手操作尚欠灵活,言语亦不十分清楚"。胡适得知后十分挂念,从美国写信给朱家骅,"请兄严重考虑请美国最好医学机构重加检查"并"敬祝痊安"。

"中央研究院"成立于1928年,由蔡元培任院长。1940年蔡元培去世后,酝酿新院长人选时许多人都倾向胡适。由于胡适尚在驻美大使任上,最后决定由朱家骅代理院长,这一代就代了十八年! 1957年8月20日,朱家骅因健康原因提出辞呈,蒋介石随即任命胡适为"中央研究院"院长。朱家骅10月30日致信胡适,诚恳地敦促说:

"吾兄于上次选举时已为众望所归,而此次各方仍望兄能出来主持,非仅对院有其极大裨益,即对国家而言,亦有很多贡献。正兄为国效力之处正大,辅助总统,亦必不可少也。"

1958年4月胡适在众望所归中正式就任,接替老朋友朱家骅出任"中央研究院"院长。

朱家骅1963年在台北病故,胡适比他早走一年。

陶希圣

陶希圣(1899—1988),名汇曾,字希圣,湖北黄冈人。其父在河南任知县,故其九岁即入开封旅汴中学,后返鄂就读于武昌英文馆。五四运动爆发时他正好二十岁,在北京大学法科(后改为法学院)读书,他在1919年5月4日那一天参加了学生游行与火烧赵家楼。在北大读书期间陶希圣没有听过胡适的讲课,但他后来一直尊称胡适为老师,所以若干年后胡适在陈诚官邸举行的一次宴会上带着开玩笑的口气说:"我有一个'荒谬绝伦'的学生陶希圣……"

1922年陶希圣自北大法科毕业。后在安徽省立法政专门学校做教员。1924年入上海商务印书馆任编辑,同时在上海大学、上海法政大学、东吴大学等校讲授法学和政治学。

1925年上海"五卅"惨案发生后,陶希圣被上海市学生联合会聘为法律顾问。1927年初应聘担任中央军事政治学校武汉分校中校教官,参加北伐工作。1929年后在上海复旦大学、劳动大学、暨南大学、中国公学、上海法学院任教,同时与周佛海、樊仲云等人创办新生命书局。1931年1月受聘为中央大学教授,讲授中国政治思想史、中国法律思想史。

在20、30年代学术思想界关于"社会史"的论战中,陶希圣是所谓"新生派"的首领,一度尊奉辩证唯物史观但不为左派人士认可。1934年底陶希圣创办了《食货》半月刊,这在研究中国社会史和经济史方面起了奠基与开拓的作用。一般公认陶希圣和郭沫若是最早研究社会经济史的两位开创性学者。

由于陶希圣在这一领域蜚声学界,1931年胡适担任北大文学院长时就聘请陶希圣回到北大来做教授。师生二人治学范围虽有所不同,但也经常在一起切磋学问。在陶希圣看来,胡适的思想与写作的特点"一言以蔽之,就是'清楚'。把问题搞清楚,把事实弄清楚,把话说清楚,这就是他的思想与写作的态度和精神"。从经常的接触中,陶希圣进一步了解了胡适。"他是平实温和的人,但是他对待一个重大事件,立场坚定,态度明白,语意清晰和严谨,断乎没有一点含糊。

他无论在什么场合，一片谈话，一篇演说，轻松时有意义，有兴致；严重时也有立场，有风骨"。

胡适的《中国哲学史》只出版了上册，陶希圣有幸在胡适那里看到了第二册的书稿，主要得是叙述两汉时期的思想。胡适雄心勃勃地对他说："第三册是中古思想史，先要把儒家思想弄清楚。我正在请教汤锡予先生。这一关没有打通，中古的思想史就写不下去。"

对胡适这种"打破砂锅（问）到底"的治学精神与写作方法，陶希圣深感钦佩，他觉得自己能够与胡适老师同在北大任教，受其耳濡目染，真是三生有幸。不过，陶希圣也根据辩证唯物论对胡适在"东西方文化"问题上的观点提出了批评，他在致胡适的一封长信里说：

"一切主张，从片面看，固有绝对是非，从具体看，都不免一利一弊。……在先生全思想系统里，自责没有毛病。但单把自责即'看看人家的行，想想自己的不行'特意鼓吹，对于普通的青年知识界发生什么影响呢？还是立定脚跟，埋头苦干，还是灰心失望，自寻前程呢？"

针对胡适否认帝国主义存在的事实，陶希圣强调"反帝国主义的意识，在这个不自主的国民是要有的。有了这种意识，才能有这种准备。这种意识并不拒绝他们的科学，但决不因崇拜他们的科学，便崇拜他们的一切"。

胡适对此当然不会认可，"六三之夜，已快天明了，三点已敲过，我细读你新答我之文，仍觉你迷误未醒，意气甚盛，故又略答几句"，他在一封致陶希圣的信里这样说。两人经常在书信中讨论乃至争辩起来。

陶希圣认为"'文化无国界'是在长久的理想上，是学者应当认识的；反之，在国民教育上，'国界'恐怕还得留下。我以（为）国际主义者转而重视这'国界'，并不是一时的冲动"。

胡适分作几层意思反驳道："民族抬头，我岂不想？来信所说的吾辈负的教育责任，我岂不明白？但……如来书所说的，'自责'在学术界是应当的，但在教育上则又不应当'自责'而应当自吹：这是一个两面标准（Double Standard），我不能认为最妥当的办法。至少我的训练使我不能接受这样一个两面标准。我不信这样违心的'教育'手段能使这个民族抬头。我们今日所以不能抬头，当然是因为祖宗罪孽深重。我深信救国之法在于深自谴责，深自忏悔，深自愧耻。自责的结果，也许有一个深自振拔而涮除旧污，创造新国的日子。"

尽管两人意见相左，但两人并未伤了和气。胡适对陶希圣说："今夜百忙中又来哓舌，罪过，罪过，但平日实相敬爱，不忍终自外，终望得宽宥也。"陶希圣则对胡适说："我对先生不怪冲撞，反加劝慰的意思，正是一样感激。"

那时陶希圣把他和胡适的关系是这样定位的：胡适许作"诤友"，实是导师。陶希圣则愿作胡适的"谏臣"。他认为"相反的思想有时是相成的"。两人的关系概括为一句话即胡适是陶希圣的"诤友"，陶希圣是胡适的"谏臣"。

"九一八"事变后，日本侵略者进一步染指华北，民族危机日益加深。北京大学的教授们每月以聚餐的形式在一起商讨局势，陶希圣听到胡适这样鼓励同人："只要能在北平一天，就要作二十年的打算。若是北平失陷了，我们在后方任何一个地方，搭茅棚亦可讲学。"这让北大同人们都非常感动。

陶希圣在北大任教一直到1937年芦沟桥事变为止。那一年的7月中旬，陶希圣曾和胡适一起参加了蒋介石主持召开的庐山谈话会，对抗日方针与国防大计贡献意见。蒋介石有意让胡适出访欧美，开展民间外交，争取国际援助，"文胆"陈布雷为此替蒋介石草拟了一封电文稿。开会期间他把文稿拿给陶希圣看，陶希圣当即建议增加"事毕即归"四个字，陈布雷采纳了。后来事情有些变化，胡适出访途中在法国、英国连接蒋介石要其正式出任驻美大使的电报，未回国即直接赴美上任。

庐山谈话会结束后，陶希圣离开北大，弃教从政。1938年7月任第一届国民参政会参政员。在国民党最高权力中心，蒋介石与汪精卫明争暗斗，历来不和。属于国民党内改组派的陶希圣，与汪精卫过从甚密，从而埋下了祸根，差一点成了让千万人唾骂的汉奸卖国贼。

1938年12月，汪精卫从重庆秘密飞抵河内，公开投敌，随行的人员中就有陶希圣。在写给胡适的一封信中，陶希圣为汪精卫和他的叛国行为作了"痛心"的"诡辩"：

"自武汉、广州陷落以后，中国没有一个完全的师，说打是打不下去了。……汪先生及我们都感到一年半的努力进言都成了画饼，更都成了罪状。眼见国家沦陷到不易挽救的地步，连一句负责的老实话都不能说。幻想支配了一切。我们才下决心去国。"

1939年8月，汪精卫任命陶希圣为伪中央常务委员会委员兼中央宣传部长。出于"反共"与"求和"的双重政治目的，陶希圣参与了汪伪与日本的"和平运动"，在上海同日本方面的代表秘密会谈达两个月之久。然而，就在汪伪与日本共同筹组所谓"和平政府"的关键时刻，陶希圣幡然醒悟，汪精卫和周佛海遂对之大起疑心，汪伪特务机关"极斯斐尔路76号"计划将其刺杀并嫁祸于重庆方面。陶希圣在进退失据之际，他唯一想到可以写信表达心声的就是胡适。

"这时，我已陷入极端痛苦的状况，写了一封信给驻美大使胡适，沉痛的诉说一念之差，想到和平谈判，哪知落入日本全盘征服中国、灭亡中国的陷阱。现在无路可走，只有一条死路。"

他在写给胡适的信中为自己剖白道："不意芦沟桥事变以后一念之和平主张，遂演至如此之惨痛结果也！希等最痛心者为日方所提'调整中日新关系要纲'。此项要纲希曾参与谈判，至最终希不愿结束，亦未予签字，因而出走。"甚至表示："希今后决心不再混政治舞台，但求速死耳。"又说："此后希将去之海外，为人所忘以死矣。作战以来，死者累累，此身何必偷生？"

同时他提醒驻美大使胡适：汪伪"另组之政府不独破毁中国，为日方作伥，且妨害英、美等国之经济利益与政治利益，此种实情必须使美国政府得知。"

1940年1月陶希圣脱离魔窟，与高宗武从上海逃到香港，后又到了战时的陪都——重庆。蒋介石网开一面，不仅没有将其治罪，反而重用陶希圣。因而中共方面怀疑那一幕发生在汪伪和日本之间的"和平运动"，还有一位藏在暗处没有直接登场的重量级政治人物——蒋介石。

蒋介石对陶希圣有不杀之恩，陶希圣感激涕零，从此死心塌地效忠蒋介石，追随蒋介石。陶希圣后来当了《中央日报》主笔、国民党中央党部的宣传部长（一说为副部长），蒋介石的《中国之命运》就是由陶希圣捉刀代笔的，1949年元旦，蒋介石的下野文告也出自陶希圣之手。蒋介石逃离大陆时，陶希圣陪蒋介石乘太康舰驶至上海吴淞口复兴岛附近，最后眺望了大陆一眼。

再回头说说陶希圣与胡适。

已经彻底抛弃了辩证唯物论的陶希圣满脑袋装的都是国民党蒋介石宣扬的"一个国家，一个领袖"的思想。1945年4月30日他有致胡适的长信，就国内政局与国际形势提出了10条看法与胡适探讨：（一）民主政治与党派问题，（二）中共武力问题，（三）苏联之世界政策，（四）旧金山大会（即联合国成立）前中共之活动，（五）柏林陷后中共之方向，（六）学界之动向，（七）国民大会可能引起之政（治斗）争，（八）中共之最终目的，（九）政府对苏政策，（十）学术界努力之必要。最后一条主要是针对胡适说的，陶希圣告诉尚滞留美国的胡适："足以领袖学界，转移颓势，使国家克济危难者其人更不在多数。希察委员长之意，先生如能回国，最有裨于此一时机。即万一不能回国，亦必有以贡献于国家存亡荣辱之会。"众所周知，胡适一年后便回到国内，尽其所能帮助国民党蒋介石，"贡献"良多。

1948年蒋介石为挽败局，有意让胡适取代翁文灏出任行政院长。陶希圣奉蒋命从南京飞到北平，当面向胡适传达蒋介石的旨意，并向胡适进行游说。此时已是11月下旬，平津战役已经开始，人民解放军将北平国民党守军团团围困。由于实行灯火管制，11月20日飞机在北苑机场降落后，陶希圣只得摸黑进城。他在《胡适之先生二三事》一文中对此作了比较详细的记述：

　　"……在一个风霜之夜，我到东厂胡同他的住宅，在他的书斋里长谈。他告诉我：他有心脏病，不能胜任这种繁重职务。他说：'像孟真、大维，都可入阁。'我说'你何不选任他们二人之一为副院长，将日常的院务交给他做？'他说：'我不担任这一职务则已，担任了就要负责任，不能推。'

　　"谈到夜深，我告辞回北京饭店。适之先生说：'明天上午我去拜望你。'我说：'明天我再来好了。我那里新闻记者很多，不方便。'他说：'你这次是奉命来的我定要回看，同来舍下再谈。'第二次谈后，他托付我把他的尊大人遗稿与他自己的水经注稿带到南京，交傅孟真先生保存。他说：'我不打算收拾书籍，就这样散在那里。我决意不先走。我一动学校就散了。'"

　　胡适还开了个玩笑，对陶希圣说："我可以做总统，但不能做行政院长。"

　　陶希圣接着打趣道："你若做总统，我谋个小差事。"

　　"干什么差事？"

　　"我想做总统府的副秘书长。"

　　"你就做正秘书长嘛，何必屈就副的？"

　　"那不行，正的太忙。"

　　胡适和陶希圣两人没有谈出什么结果。胡适在22日的日记中只有短短一句话："陶希圣从南京来，奉有使命来看我。可惜我没有力量接受这个使命。"

　　虽说陶希圣以上只是在记述同胡适见面的情况，并未作多少渲染，但从中可以感觉到胡适是一位很重礼节与信义的人，很看重自己对"国家"（也就是对蒋介石政权）和对学校（即北京大学）所负的那一份责任。虽然对具体内容的解读可能会存在差别，但能做什么、不能做什么胡适心里是很清楚的。陶希圣站在国民党的立场上，用自由主义的视角与标准，这样评价他一直尊之为师的胡适：

　　"事实可以证明，每当社会政治上重大事件发生，他总是为国家，站在国家的立场上，坚定不移，任何人不能动摇他，或是曲解他。"

　　胡适去世后，陶希圣送他的挽联是两句话：今看葱郁一抔土，不废江河万古流。

第十章

友校友人

张伯苓　梅贻琦　陈垣　陈寅恪　冯友兰　周鲠生　吴晗

胡适是教育家,作为中国最高学府北京大学的校长、文学院长,他和其他几所著名大学的校长在教育领域共同工作,相互支持,彼此结下了深厚的友谊。

胡适又是名教授,他和其他大学的一些知名教授切磋学问,教书育人,同样结下了深厚的友谊。有几位后来成名的教授原是胡适一手提携起来的。

这些友校、友人,胡适和他们共同支撑起了旧中国的高等教育,在当时的艰苦条件下实属难能可贵。

1947年胡适应邀参加清华大学校庆时与校长梅贻琦（右二）等合影。

胡适与陈垣。（摄于20世纪30年代）

张伯苓

张伯苓（1876-1951），原名寿春，字伯苓，出生于天津一个秀才家庭。早年入北洋水师学堂，1897年毕业后在海军服务，不久离职回天津执教于家馆。1904年赴日本考察教育，回国后将家馆改建为私立中学。1907年在天津城区南部的开洼地建成新校舍，遂改称南开中学堂。1917年8月赴美国纽约入哥伦比亚大学师范学院，师从著名教育家孟禄、杜威等。在此期间他比较系统地学习了西方教育理论，对美国私立大学的办学思想、管理体制等进行了调查，并且广泛接触在美的中国留学生，为南开物色优秀师资。1918年回国着手筹办南开大学，1919年秋正式开学。1937年以前，南开已形成了从小学、中学到大学的完整体系。

自南开创办之日起，张伯苓先后担任南开校长四十余年，培养出了大量人才。社会各界众口交誉，但他自己却谦逊地说："我既无天才，又无特长，我终身努力小小的成就，无非因为我对教育有信仰、有兴趣而已。"

胡适也是教育家，甚至有的人赞誉他是现代中国的孔夫子。胡适和张伯苓共同在教育战线上工作，教育思想也有某些相通或相近之处，所以两人成为挚友是很自然的事。

北京和天津离得很近，胡适执教北大时经常应邀去天津发表讲演。比如1920年新年伊始他就一连三天都在天津：元旦当天与南开学生组织的觉悟社成员谈话，回答学生们提出的诸如"工读互助团"等问题；1月2日杜威讲演《真的与假的个人主义》，由胡适现场翻译；1月3日胡适在天津学生会联合会举行的学术演讲会上作《非个人主义的新生活》讲演。胡适是名人，又善长讲演，故而受到天津听众尤其是南开学生们的热烈欢迎。

张伯苓校长作为东道主热情接待胡适，仅以胡适1922年数则日记为例：

3月23日 "告假往天津讲演。……四时，在南开讲演第二次《国语文学史》。张伯苓、凌冰诸君留我吃饭。谈甚久。饭后伯苓带我去看南开学生的自修室。学生都在室用功，精神极好。南开近年进步很快，是一件可喜的事。

7月30日 "下午二时到天津，搬到南开大学；……

7月31日 "回南开，预备上课。天极热，一举笔就汗如蒸煮。下午二点至三点半，上《国语文学史》。四点至五点半，上《国语文法》，两班都有八九十人。

8月4日　"下午上课。热极了，一身衣服都湿透了。晚七时半，到天津学生同志会，讲演'女子问题'，又湿透了一身衣服。"

8月6日　"有几个学生来谈。陈仲英来，他是澄衷、康乃耳两校的老同学；伯苓也来谈。谈到过午，我们三人同到启思林吃饭，又大谈。回到南开，天忽大风雨，忽然大凉了，颇有秋意。雨中，伯苓与我继续大谈。"

谈话的内容颇富哲学与宗教的意味——

胡适说："我不相信有白丢了的工作。如果一种工作——努力——是思想考虑的结果，他总不会不发生效果的；不过有迟早罢了：迟的也许在十年二十年之后，也许在百年之后；但早的往往超过我们的意料之外。我平生的经验使我深信，我们努力的结果往往比我们预料的多的多。"

张伯苓是基督教徒，他对胡适说："这是你的宗教！你竟比我更宗教的了！信仰将来，信仰现在看不见或将来仍看不见的东西，是宗教的要素。"

1922年7月，中华教育改进会第一次年会在山东济南召开，报到者达300多人，蔡元培、蒋梦麟、胡适、张伯苓、陶行知、汤尔和等教育界"大腕"均出席。会议结束后胡适、张伯苓一行人同车北返，火车过杨柳青时，张伯苓指着路旁土堆问：

"你们猜是什么？"

此处土堆有两个异点：(1)从形状上看，堆上皆有缺口，口开向一方，形似锅灶；(2)从位置上看，在车路的一边，离轨道仿佛有一定的距离，各堆之间相距也仿佛有一定的距离。胡适等均猜不出来，张伯苓便对他们说道：

"我曾用杜威的思想层次，推知这些土堆是当日的电杆桩子；后来电杆移向东，离车路稍远。当筑路时，掘起路旁的土，来堆高车路，故电杆桩子变成土堆了。后来拔倒电杆时，必朝一方倒下，故有一方的缺口。"

胡适也是杜威的学生，张伯苓能"用杜威的思想层次"来解释这一人为的现象，他觉得"此例甚好"，故而记在了日记里面。

张伯苓在他的自传里说："南开学校诞生于国难，所以当以改革旧习惯，教导青年救国为宗旨。"他提出了五项教育改革方针，主张新的教育第一必须改善个人的体格，使宜于做事；第二必须以现代科学的结果和方法训练青年；第三必须使学生能组织起来，积极参加各种团体生活，共同合作；第四必须有活泼的道德修养；第五必须感化每一个人都有为国宣劳的精神。胡适对此评价道："由今日视之，这些不免是老生常谈，然而张氏使这些精神贯注于其学校的生活，成为不可分离的部分，实在是张氏办教育的极大成就。"

胡适称赞张伯苓执长的南开"堪称为现代教育而无愧色。所受课程且有英文、数学和自然的基本学识，尤注重学生的体育。伯苓且与学生混在一起共同作户外运动，如骑脚踏车、跳高、跳远和足球之类。同时注重科学和体育，师生共同学习，共同游戏。张氏于此实为中国现代教育的鼻祖之一"。又说"南开在中国人自办的学校中间，以体育最出名、最有成绩，无论在全国运动会或远东运动会，南开的运动选手成绩都很好，自1920年来，张氏在迭次全国运动会中被聘为裁判长。这些都得力于他终身提倡体育及在各种运动比赛中注重运动道德的缘故"。

"同时注重科学和体育"也是胡适教育思想的一项重要内容。从胡适对张伯苓的上述称赞中可以看出同为教育家对体育的共同关注。

开办之初，南开学校占地面积不过四亩，不到几年便扩充至一百亩以上。1919年，南开大学正式开学，设文、理、商三科，翌年增设矿科。1923年、1924年又陆续设立经济研究所和化学研究所。中学女子部也于1923年设立，1928年又增设实验小学。至1932年，南开共设立了大学部、研究院、男子中学、女子中学、小学五个部门，学生人数达三千人之多。张伯苓执长的南开，成为了众多学生家长向往的求学成才的殿堂。

胡适也不例外。

有一回北大闹过风潮之后，任之先生对胡适说："我们信仰一个学校的表示，是要看我们肯把自己的子弟送进去。现在我有子弟，决不向北大送。"

胡适说："老实说，我自己有子弟，也不往北大送，都叫他们上南开去了。"

事实的确如此，胡适的长子祖望上的就是南开中学。

胡适有一个侄子叫思永，幼时手足骨节处即发现结核，两指与一手均不能伸直，虽对文学颇有天才，但懒惰不肯吃苦。有一年暑期胡适叫他预备功课，在南方报考一所中学，思永却执意要上南开。胡适知道他不能通过考试进入南开，只好托张伯苓先生帮忙，准其入学，无须考试。思永入学后病情转重，功课有近二十点钟不及格，只得退学回北京，不久即夭折。

胡适不仅将自己的子侄送入南开就读，他还担任了南开大学校董会的董事。1928年7月，中华文化教育基金会改组，董事会由包括胡适在内的十五人组成，原董事周寄梅、张伯苓未在其内。为此胡适特致函大学院院长蔡元培，提出："张伯苓管会中会计多年，此次年会举他为董事长，他辞不肯就。他是中美董事都信服的人，似应留他在董事会。我仔细想想，只有我自己辞职，遗缺推荐张伯苓先生，请先生千万俯允所请。"蔡元培回复胡适："周、张诸君之不能仍旧，别有原因；请先生不必因此而让贤。"胡适所请尽管未能如愿，但为贤者让路表现了他对张伯苓先生的一番心意。

1937年"七七"事变后，胡适与张伯苓都应最高当局邀请参加了于7月16日开始举行的"庐山谈话会"，共商国事。7月29日，南开大学被日军飞机炸成废墟，蒋介石安慰张伯苓说："南开为国家牺牲了，有中国即有南开。"胡适闻讯后也致电东京世界教育会会长孟禄博士，请他在大会上宣布日军的暴行。胡适本人是中国出席世教会七届大会的代表，因日本发动全面侵华战争未能成行。7月31日，蒋介石又在南京约吃午饭，在座者有胡适、梅贻琦、张伯苓、陶希圣、陈布雷和宋美龄。蒋介石决定对日作战，宣称可以支持六个月。张伯苓附和蒋委员长对日作战的宣示，不过胡适却对蒋介石建议说"外交路线不可断"。8月17日，他们两人又一起出席了由汪精卫主持的国防参议会第一次会议，（张伯苓的学生）周恩来代表（胡适的学生）毛泽东也出席了这次会议。

华北形势危急，为保存中国教育实力，北京大学、清华大学、南开大学先迁至长沙，后落脚昆明，组成西南联合大学（简称西南联大）。三校原负责人蒋梦麟、梅贻琦、张伯苓任校委会常委。胡适因出任驻美大使未能随校南迁，但为协调三校三方合成一有机的教育整体，他当时曾专门致函张伯苓与梅贻琦。

"临时大学第一区的事，……孟邻兄有信与枚荪兄和我。他说，临时大学实行时，'虽职务各有分配，而运用应有中心。伯苓先生老成持重，经验毅力为吾人所钦佩，应请主持一切。'孟邻兄此意出于十分诚意，我所深知。我们也都赞成此意。所以我把此意转达两公，伏乞两公以大事为重，体恤孟邻兄此意，不要客气，决定推伯苓先生为对内对外负责的领袖，倘有伯苓先生不能亲到长沙之时，则由月涵兄代表。如此则责任有归，组织较易推行。千万请两公考虑。"提出这样的安排也是有道理的，因为张伯苓和梅贻琦是师生关系。

1938年7月，张伯苓出任国民参政会副议长，1945年他当选为国民党中央监察委员。1946年张伯苓七十岁生日时，胡适写了一篇《教育家张伯苓》以表祝贺。文章简要叙述了张伯苓的生平事迹，扼要介绍了张伯苓的教育思想，高度肯定了张伯苓的办学成绩。胡适着重指出："张氏为一热心爱国的人，他以教育救国为终身事业，他的教育学说归纳为'公能'两字，他就以此为南开校训。""南开与张伯苓两个名字，在中国教育史上永占光荣的一页。"

1946年7月，胡适正式就任国立北京大学校长。南开大学为私立大学。1947

年9月22日天津《大公报》刊登一则消息:"北大校长胡适之先生应天津公能学会之请,昨日下午二时半与张佛泉、崔书琴、谭炳训诸氏相偕来津,张伯苓校长、杜建时市长等多人到车站欢迎。胡氏等下车后,即到南开女中休息,据告记者:此来专为公能学会演讲及参加平津市民治促进会理监事联席会,并无其他任务。"胡适的演讲题为《我们能做些什么?》,其中说道南开的校训"公"、"能"是与他关于"好政府主义"的政治主张相一致的。

1948年6月,张伯苓出任南京国民党政府考试院院长,不久即辞去。与胡适始终跟随蒋介石不同,张伯苓1949年拒绝蒋介石父子邀请去台湾,留在了大陆。中华人民共和国成立后,张伯苓曾致电周恩来表示祝贺,对人民政府的各项政策表示赞许。

梅贻琦

梅贻琦(1889-1962),字月涵,生于天津。1904年南开中学第一期学生,深得校长张伯苓的赏识。1908年入保定高等学堂,后考取首批清华庚款官费生留学美国,就读于伍斯特理工学院,并获电机工程硕士学位。1914年学成归国。1916年在清华大学教授物理,后任教务长,其间又一度担任教育部高等教育司司长职务。从1931年起任国立清华大学校长。

梅贻琦是首批庚款官费生留美,胡适是第二批,所以梅贻琦比胡适留学美国的时间要早一些,但没有胡适在美国留学的时间那么长。由于所学专业有别,一个是文科,一个是工科,故而胡适倾心于美国的所谓"民主政治"与实验主义哲学,梅贻琦在这些方面则不像胡适那样强烈与执着。

20世纪进入30年代至抗战以前,是北京大学历史上一个重要的发展阶段,有人将这一时期称之为北大的"中兴期"、"黄金期"。胡适当时担任北大文学院长,他是北大中兴的有功之臣,尤其在网罗名师、提高北大整体学术水准方面颇有建树。梅贻琦则有一句名言:"所谓大学者,非谓有大楼之谓也,有大师之谓也。"这和胡适的主张可以说不谋而合。在他的治理下,清华大学由过去一所虽有些名气但学术地位不高的大学跃身于国内著名大学的行列。

胡适和梅贻琦何时相识无从考据,不过从1931年起他们两人接触比较多。那时北京8所国立高等学校的负责人,包括北大校长蒋梦麟、清华校长梅贻琦、北大文学院长胡适等等经常在骑河楼清华同学会以聚餐的方式，就重大国事与校务进行商讨。据陶希圣在一篇文章中回忆：在清华会餐席上，"胡适之先生是其间的中心。梦麟先生是决定一切之人"。而"月涵先生是迟缓不决的，甚至没有意见的"。这可能和梅贻琦沉静、寡言、慎言的个性有关，叶公超曾用"慢、稳、刚"三个字来形容梅贻琦的做人、读书与做事。

1933年3月，日军以极少数兵力一举攻陷热河，全国为之震惊。热河一带属于东北军的防区，在"九一八"事变中背负"不抵抗"罪名、代蒋介石受过的张学良，在"热河事件"后被迫去职，出访欧洲。据胡适日记所载：1933年3月10日胡适、梅贻琦还有蒋梦麟、丁文江曾应约与张学良将军谈话。

1937年7月7日下午，即日军炮击宛平县城前几个小时，北平市长秦德纯在"黑云压城城欲摧"之际，邀约北平文化教育界20余位负责人，报告局势紧张情况。胡适、梅贻琦均出席，大家开诚布公，交换应付意见。当天深夜11时40分左右，芦沟桥事件变爆发，中国军民开始了艰苦卓绝的全面抗战。7月11日，胡适和梅贻琦一起到江西庐山参加最高当局召开的谈话会，7月31日，胡适和梅贻琦又在南京与蒋介石见面。这些重要活动他们都是在一起的。

北平不保，北大、清华南迁，与天津南开组建联合大学。胡适和蒋梦麟一致推荐张伯苓为学校对内对外的领袖，伯苓先生不能亲到之时则由梅贻琦代表。随着战线不断南移，大片国土沦于敌手，校址最后定在了云南昆明。梅贻琦自1938年起担任西南联大校务委员会常委兼主席，曾是南开第一期学生的他与老校长伯苓先生合作共事自然倍感愉快。不过张伯苓在重庆开办了南开中学，又在自贡市接办了属于"南开系统"的蜀光中学，所以伯苓先生本人抗战期间常驻重庆，于是昆明西南联合大学的校务主要由梅贻琦负责。这一时期胡适担任驻美大使4年，卸任后又滞留美国从事学术研究。

抗战胜利后北大、清华、南开三校恢复原先建制，各自迁回原址。梅贻琦继续担任清华大学校长，胡适则由国民政府任命为国立北京大学校长，并于1946年7月底正式就职。

北大、清华是中国最著名的两所大学，分别由胡适和梅贻琦执长，以往的友谊加上新的工作关系，使他们两人的交往比过去更多了。1947年清华校庆时，胡适曾前去祝贺并与梅贻琦合影留念。在胡适拟定的"争取学术独立的十年计划"中，提出："在十年之内，集中国家的最大力量，培植五个到十个成绩最好的大学，使他们尽力发展他们的研究工作，使他们成为第一流的学术中心，使他们成为国家学术独立的根据地。"这中间就有北大和清华。胡适还提出每年从留学的费用中缩减400万美元，资助包括北大、清华在内的5所国内最好的大学（另三所是武汉大学、浙江大学和南京中央大学）。北大和清华两所大学如兄弟相随、姊妹相伴，这主要是由两校的地位与实力决定的，但也从一个侧面反映出了胡适和梅贻琦两位校长之间亲密合作的关系。

当时胡适和梅贻琦都以复兴北大、清华为念，可惜好景不长——不，应该说"好景"压根儿就没有出现过。由于国民党蒋介石实行专制独裁，发动大规模内战，使得国统区人民生活在水深火热之中，以"反饥饿"、"反内战"、"争民主"为主要内容的学生运动因而一浪高过一浪。有着光荣革命传统的北大、清华是学生运动的中心，胡适和梅贻琦两位校长像拴在一根绳上的两只蚂蚱，为应付学潮就弄得焦头烂额，哪有余力搞教育？

1946年12月24日晚，北平发生了驻华美军强奸北大女生的恶性事件，北大、清华等校学生随即展开了声势浩大的抗议浪潮，全国几十个大中城市的学生群起响应，"抗议美军暴行"的游行示威活动风起云涌。在各界人士尤其是在学生运动的强大压力下，作为北大校长的胡适不得不以受害女生"监护人"的身份出庭作证。清华大学校长梅贻琦则表示不能阻止学生游行，要求当局保障学生的安全。

梅贻琦是国民党中央执行委员，在国共两党斗争中自然属于国民党营垒。胡适虽然表面上站在"独立地位"，但目的是为了以"在野"的身份"帮政府的忙"，他比梅贻琦更加坚定、更加顽固地支持国民党，尤其是蒋介石本人。梅贻琦虽然也不赞成共产党，不赞成马克思主义，但他还不像胡适那样连篇累牍的写文章、作讲演攻击共产党、反对马克思主义。在中共人士和进步师生的眼里，胡适显然比梅贻琦更恶劣更反动。

为了替国民党的反动统治装点门面，抹上一层"民主"、"宪政"的色彩，1947年5月，胡适在北平聚集一些"自由主义知识分子"组成了《独立时论》社，7月又发起成立了"平津民治促进会"并自任理事长。梅贻琦和张伯苓都参加了后一组织，但促进会本身并没有开展什么有影响力的活动。

1948年是国共两党决战之年。这一年解放战争已经进入了第三个年头，人民解放军转入战略进攻，国统区以学生运动为主的第二条战线与之配合，蒋家王朝面临灭顶之灾。为了镇压北平学生运动，南京国民党政府教育部一再密电胡适和梅贻琦，要他们"切实劝导学生力持镇静"，尤其要"注意勿使别有作用之人，在校鼓动学潮，并随时严密防止为盼"。国民党政府还颁布了《维持社会秩序临时办法》，动用军警宪特对付手无寸铁的爱国师生与各界民众。这一年的6月17日，昆明大中学校3万余名学生为抗议美国扶植日本、声援京沪等地学生的正义斗争，宣布实行总罢课。当地驻军和警察包围云南大学，殴打并抓捕学生800多人，引起了全国人民和青年学生的极大公愤。

当时的学生运动以反对国民党统治为目的，多数情况下系由中共地下党组织领导与发动。胡适和梅贻琦都是不赞成学潮的，但他们又无力平息学潮。在对待学生运动的方式方法和策略上，他们同国民党执政当局也有分歧，主张通过法律手段解决，"由正规法院执行"，而不赞成动辄使用军警镇压，担心"若用军警入校，……必致学校陷入长期混乱，无法收拾，政府威信扫地，国内则平日支持政府者必转而反对政府，国外舆论亦必一致攻击政府"。一句话——那样做对国民党政府不利。

1948年8月13日，胡适和梅贻琦联名致电国民党政府教育部长朱家骅，将他们的意见作了陈述。两位校长在电文中还不无疑惧地说："试设想最近云南大学的怪象若重演于北大、清华等校，国家所蒙有形、无形损失固不可胜计，而全校学生骚动，教员解体，适、琦等亦绝无法维持善后。故敢平日忧虑所及，以尽就谏阻此事。深盼政府郑重考虑，并乞务专呈总统为感。"

北平和平解放前夕，中共方面曾通过地下党组织的管道与胡适和梅贻琦接洽，希望他们能够留下来，并表示对他们今后的工作将会适当安排。胡适自感与中共结怨甚深，不免心存疑惧。梅贻琦当时舍不得也不愿离开清华，心想就是共产党来了对他也不会有什么。但两人在国民党蒋介石被逐出大陆之后，一个去了美国，一个跑到了台湾。究其原因，可能胡适是在蒋介石的反共战车上把自己绑得太紧了，而梅贻琦则有这样一个说法："我的走是为了保护清华的基金。"

后来在台湾，胡适和梅贻琦还有一段合作共事的经历。

梅贻琦1955年在台湾新竹筹办清华原子科学研究所，并以此为基础复建清华大学。1958年7月由台湾当局任命为"教育部"部长，兼清华大学校长。鉴于清华大学在台湾复校，于是不少人向胡适建议在台湾恢复、设立北京大学。胡适考虑再三没有同意，因为他认为办一所大学尤其是办一所最好的大学绝非一件容易的事情，再说北京大学以所在地北京（或北平）命名，若在台湾焉能叫北大？

胡适1958年4月自美返台，蒋介石以"总统"名义发布命令，特任胡适为"中央研究院"院长。4月10日即由胡适主持召开第三次院士会议，他在致词中有一处提到梅贻琦，赞扬说：

"现在世界进步已经到了原子能时代,而我们还落在远远的。梅校长代表中华民国刚走上一个方向,在上一个礼拜签字向美国订购了一座原子炉,要一年后才能运到,供作研究。我们要跟着走这条路上。"

1959年2月1日"中央研究院"与"教育部"举行联席会议,宣布成立长期发展科学委员会,由胡适和梅贻琦分别担任正、副主席。1961年12月1日在医院中胡适又应记者要求发表谈话,再一次称赞道:"清华原子科学研究所的建设与原子反应器正式落成,是我老朋友梅贻琦先生晚年对清华大学,对中华民国最大的贡献。"

胡适和梅贻琦两人晚年都患有重病,又都住在台大医院。几十年的老朋友在医院中经常相互探视,彼此问候。

台湾有"青年节"和"儿童节",1961年"青年节"那天梅贻琦看望过胡适,"儿童节"这天胡适坐在轮椅上,由工友推着到对面病房里看望梅贻琦。由"青年"至"儿童",胡适笑着对梅贻琦说:

"我们的年纪越弄越轻了。"

梅贻琦也笑了,心里感到很是宽慰。

胡适在1962年1月10日的日记中,又有一段记载:

"昨夜过梅月涵病室(与我对门),与他告别,谈了几分钟。他说,'我大概还得再住一个多月才可以出院。'

"他是前年五月底住院的,到如今快二十个月了。去年三月到四月间,我还在床上,他可以起床步行到我床边,站着与我同照相。那是他最好的时期。现今差多了。我很感伤。"

负责照料胡适生活的秘书王志维和胡适的特别护理徐秋皎小姐在医院里陪侍胡适。梅贻琦的病情是愈来愈严重了,胡适惟恐听到老友不幸的消息,连电话的响声都感到害怕。但心里终究放心不下,有一天他从病房出来,轻声询问王志维道:

"有没有坏消息?"

王志维告诉他:"没有没有,听说梅先生的病体见好些。"

胡适这才心宽了些。可是第二天他准备再去看望梅贻琦时,徐秋皎劝阻他说:"梅太太同一屋子的女人在祈祷,在唱歌。现在只求上天保佑了。"

胡适于沉痛中含着怒意地大声说道:"这是愚蠢!我本来很想看看梅先生,他也渴望能够见见我。他还没有死,一屋子愚蠢的女人在唱歌祈祷,希望(他)

升天堂——这些愚蠢的女人!"

1962年对胡适和梅贻琦来说是生命终结之年——胡适2月24日在台北因心脏病猝发逝世,梅贻琦5月19日病逝于台北。

陈 垣

陈垣(1880-1971),字援庵,广东江门人。幼年在新会,长至五岁即随父到广州求学。曾参加科举考试,未中。后受孙中山领导的民主革命运动的影响,立志推翻帝制,建立共和。1905年他和几位青年志士在广州创办了《时事画报》,辛亥革命时又和康仲荦创办《震旦日报》,以文学图画作武器进行反清斗争。1912年被选为众议院议员,后因不满袁世凯复辟帝制及其后北洋军阀政府的腐败与专横,遂退出政坛,潜心于教育和学术研究,曾是当年燕京大学的"国学领袖"之一。1921年复出任教育部次长,代理部务。1926年起接任辅仁大学校长,这是一所有德国教会背景的教会大学。

"七七"事变爆发后北平被日军侵占,陈垣虽身处危境,但他仍在大学讲坛上以顾炎武的《日知录》、全祖望的《鲒亭集》勉励学生爱国,还利用史学研究作为武器连续发表史学论著,抨击敌伪汉奸,显示出了不屈不挠的民族气节。在八年抗战期间,他连续撰写了《南宋河北新兴道教考》、《明季滇黔佛教考》、《清初僧诤记》、《中国佛教典籍概论》等多篇宗教史论文以及《通鉴胡注表微》,都含有讽今喻世、抒志表微的用意。

陈垣没有受过正规的史学教育,全靠自己的勤奋与执着长期从事中国宗教史、元史、中西交通史及历史文献学等领域的研究,作出了开创性的贡献。胡适自称有历史癖和考据癖,又和陈垣同在历史文化积淀极为深厚的北京,一个执教北大,一个执长辅仁,故而胡适引陈垣先生为同调,他们两人的交往也主要是在学术方面。

早在1922年胡适就断言:"中国今日无一个史学家",究其原因,在于"南方史学勤苦而太信古,北方史学能疑古而学问太简陋,将来中国的新史学须有北方的疑古精神和南方的勤学工夫。"而"能够融南北之长而去其短者,首推王国维与陈垣"。由此可见陈垣先生在胡适心目中的地位。

陈垣治中国宗教史。胡适读黄震的《黄氏日钞》,在第八十六卷上发现一篇《崇寿宫记》，系摩尼教道士张希声所作，其中有不少材料可作陈垣先生已引材料的旁证，或作未引材料的补充。过去学者之间往往壁垒森严，相互设防，据材料为己有，但胡适却主动将这些材料提供给陈垣作参考，体现了学者之间互助的精神。

陈垣向胡适求询1582年修历之后，以前的史事是否改从新历？胡适以认真负责的态度，细检参考书，答复陈垣说："新历成于一五八二，而各国之采用则互有先后。"同时就一个容易让人忽略的细微末节提示道："纪年家以耶稣生前之年为前一年，而不为0，故纪元前之闰年为第一，五，九等年，而不为四，八，十二等年。"

1925年7月，胡适取道莫斯科赴英国伦敦出席中英庚款顾问委员会全体委员会议。火车途经贝加尔湖时，他怀念起国内几个治历史的朋友，便开始写《介绍几部新出的史学书》，介绍的第一部便是陈垣的《二十史朔闰表》。胡适说：

"这是一部'工具'类的书，治史学的人均不可不备一册。陈先生近年治中国宗教史，方法最精密，搜记最勤苦，所以成绩很大。他的旧作《一赐乐业教考》、《也里可温考》、《摩尼教入中国考》、《火祆教入中国考》，都已成了史学者公认的名著。他在这种工作上感觉中、西、回三种历有合拢作一个比较长历的必要，所以他发愤作成一部二十卷的《中西回史日历》（不久也可出版）。他在做那部大著作之先，曾先考定中国史上二千年的朔闰，遂成这一部《二十史朔闰表》。有了朔闰，便可以推定日历；故此书实在是一部最简便的中史二千年日历。""不但是中史二千年日历，实在是一部最简明、最方便的'中、西、回三史合历'。"

胡适最后写道："我们应该感谢陈先生这一番苦功夫，作出这种精密的工具来供治史学者之用。我们并且预先欢迎他那二十卷的《中西回史日历》出世。这种勤苦的工作，不但给杜预、刘羲叟、钱侗、汪曰桢诸人的'长术'研究作一个总结，而且可以给世界治史学的人作一种极有用的工具。"

"岁月易得，不晤已整两年"，陈垣1928年7月4日致函胡适言道。"年来防线愈缩愈短，成绩极少。去夏成足本《耶律楚材西游录校注》一卷后，仅成《史讳举例》八篇。今将叙目写呈，未识有一盼之价值否？幸不吝赐教。能代译为外国书名，尤所感盼"。陈垣不懂英文，故对胡适有此要求。

1933年4月胡适作《四十二章经》考，曾与陈垣书信往返，就"佛"一词的由来及记载进行商榷。陈垣根据有关史料断定：（一）后汉至魏中叶，尚纯用浮屠。（二）三国末至晋初，浮屠与佛参用。（三）东晋至宋，则纯用佛。胡适对陈说并不完全赞同，他主张"佛"之名称成立于后汉译经渐多信徒渐众之时。他在第二封《答陈援庵先生书》中说:"若依鄙说,则后汉佛徒已渐渐一致用佛之名,故汉末三国时佛教信徒如《牟子》已一律用佛之名,而教外史家如陈寿等亦不能不采用佛字了。如此说法,似稍合于渐变之旨,诚以新名词之约定俗成决非一二十年所能为功也。此次所论,问题虽小,而牵涉的方法问题颇关重要,幸先生恕此'魔之辩护',更乞进而教之。"

学者之间的相互切磋乃至辩难是很正常的事情,因为真理愈辩愈明。

1933年12月30日,岁末年终,天寒地冻。陈垣不顾严寒,特地来找胡适面谈,代表辅仁大学商请胡适担任辅仁校董会董事。胡适在这一天的日记中写道,"陈援庵先生来谈,谈了两个多钟头。他是辅仁大学的校长。辅仁现改组校董会,他来请我做一个董事。"这是陈垣校长的公事。学者见面,公事谈罢接着谈学术:"我们谈'清代朴学方法的来历'。他似乎不很信西洋耶稣会士与清代治学方法无关"。

治元史的陈垣写有《元典章校例》,想请胡适写一篇序,胡适早就应允了。《元典章校例》出版之前,一天早上陈垣把校样给胡适送去,胡适仔细读了一遍。为他人作序可以认真,也可以敷衍,胡适属于前者。为了写好序言,晚上他又翻看王念孙《淮南杂志》序,俞樾《古书疑义举例》等书,预备做成一篇论校勘学的序文。

结果是一篇洋洋洒洒、长达八千字的《序陈垣先生的〈元典章校补释例〉》问世。胡适在序中说道:

"我和援庵先生做了几年的邻居,得读《释例》最早,得益也最多。他知道我爱读他的书,所以要我写一篇《释例》的序。我也因为他这部书是中国校勘学的一部最重要的方法论,所以也不敢推辞。"

胡适充分肯定"陈援庵先生校《元典章》的工作,可以说是中国校勘学的第一伟大工作,也可以说是中国校勘学的第一次走上科学的路"。"我们庆贺援庵先生校补《元典章》的大工作的完成,因为我们承认他这件工作是'土法'校书的最大成功,也就是新的中国校勘学的最大成功"。

胡适对他为陈垣写的这篇序很是满意,说:"此序长八千字,实在是一篇《校勘学方法论》。大概中国论校勘学的方法的书,要算这篇说的最透辟的了。此文的意思是要打倒'活校',提倡'死校',提倡古本的搜求,——是要重新奠定中国的校勘学。"《国学季刊》重登此序时题目就改为了《校勘学方法论》。

由此可见,胡适作序也是在做学问,这样的序文自然是陈垣先生所乐见所佩服的。

有一段时间胡适和陈垣是邻居，分住在北京米粮库四号与一号。他们经常互相串门，过年时还会相互拜年。陈垣家中收藏有程瑶田题程子陶画的雪塑弥勒，胡适题诗一首曰：

瞧这一个大肚皮，瞧他总是笑嘻嘻。
这是佛法这是佛，大家相信莫狐疑。

明天日出肚皮消，连这笑也不存在。
昨天大家乐一场，绝对真实无可赖。

40年代初期，胡适撰写了长篇札记《读陈垣〈史讳举例〉论汉讳诸条》，又写有《两汉人临文不讳考》，两篇文章都刊载于1944年3月昆明出版的《图书集刊》新第5卷第1期上。这时胡适在卸任驻美大使职务后正寓居纽约，他回忆起在北京与陈垣交往的情景，在《后记》中动情地说道：

"援庵先生旧居米粮库一号，我旧居米粮库四号。我们作了多年的邻居，享受了多年的论文切磋之益，他的《〈元典章〉校补》，我曾替他写两万字的长序。现在我们相隔几万里，不知何时才得重有聚首论文之乐。所以我很诚恳的把这两篇论避讳的文字奉献给我的老朋友、老邻居，陈援庵先生！"

1948年年底北平和平解放前夕，胡适乘蒋介石派来的专机南下，陈垣则坚决留在了北平，迎接新中国的诞生。1952年辅仁大学与北京师范大学合并，陈垣任北师大校长，后又兼任中国科学院历史研究所第二所所长。他还历任第一、二、三届全国人大常委会委员。1971年6月21日病逝于北京，享年九十一岁。

关于胡适和陈垣相互关系的结局，却又有一段故事，对胡适而言或者竟是他绞尽脑汁也考证不出个所以然来的一大疑团。

1949年4月29日，陈垣先生写了一封致胡适的公开信，发表在5月11日的《人民日报》上。文章讲到过去他在思想上和政治见解上曾长期受胡适的蒙蔽："我不懂哲学，不懂英文，凡是有关这两方面的东西，我都请教你。我以为你比我看得远，比我看得多"。然而事实教育了他，使他觉醒了，顿悟了。"解放后的北平，来了新的军队，那是人民的军队，树立了新的政权，那是人民的政权，来了新的一切，一切都是属于人民的。我活了七十岁的年纪，现在才看到了真正人民的社会"。针对胡适曾对他说"共产党来了，决无自由"，陈垣以亲身体验反驳道："我现在亲眼看到人民在自由地生活着，青年学生们自由地学习着，教授们自由地研究着。"文章最后，陈垣先生表示希望胡适也能正视现实，幡然觉悟，"希望我们将来能在一条路上相见"——也就是希望胡适能够站到人民的队伍中来，不要做蒋家王朝的殉葬品。

陈垣先生给胡适的这封公开信，在广大知识分子当中产生了很大的反响，却深深刺痛了胡适的中枢神经。1949年6月19日，他在日记中写道："昨晚倪君带来所谓《陈垣给胡适的公开信》的英文译本……其第一段引我给他最后一信的末段（Dec.13,48），此决非伪作的。全函下流的幼稚话，读了使我不快。此公老了。此信大概真是他写的？"

第二天他又仔细阅读公开信，"更信此信不是伪造的（？）可怜！"

第三天倪君给他送来公开信的中文本，"我读了更信此信不是假造的，此公七十岁了，竟丑态毕露如此，甚可怜惜！"

看来胡适也并不那么"宽容"，一旦反目就开骂。

过了几天胡适却又改变了想法，在6月24日的日记中说："我今天细想，陈垣先生大概不至于'学习'的那么快，如信中提及'萧军批评'，此是最近几个月前发生的事件，作伪的人未免做的太过火了！" 25日的日记又说："（蒋）廷黻与我均疑陈援庵的公开信是他先写了一信，共产党用作底子，留下了一小部分作'幌子'（如第一节），另由一个党内作者伪造其余部分。"

1950年1月9日，胡适在《自由中国》2卷3期上更是斩钉截铁地说："有许多朋友来问我：这封《公开信》真是陈垣先生写的吗？我的答复是：这信的文字是很漂亮的白话文；陈垣从来不写白话文，也决写不出这样漂亮的白话文，所以在文字方面，这封信完全不是陈垣先生自己写的，百分之一百是别人用他的姓名假造的。"

他说陈垣从来不写白话文，从来不会用"在生活着"、"在等待着"、"在迎接着"、"在摧毁着"的新语法，更不会说"学生们都用行动告诉了我"一类外国化的语法。胡适离开北平之前，于1948年12月13日夜里曾给陈垣写过一封论学的长信，14日寄出，15日下午他就乘机去南京，16日报上刊登了这一消息，这中间有三天半的时间差。公开信中有云："十二月十三夜得到你临行前的一封信"、"当我接到这信时，围城已很紧张，看报说你已经乘飞机南下了，真使我觉得无限怅惘！"胡适抓住这两句前后记述有差异，断定说这也是"伪造的证据"。

总而言之，当胡适认为公开信是陈垣所写时，就骂陈垣"下流幼稚"、"丑态毕露"。当胡适认为公开信由"共产党的文人"所伪造时，仍以"陈垣先生"称呼过去的老朋友。这就是胡适的待友之道，看来他的界限还是很分明的，即便是一个人有时也会被判若两人。

陈寅恪

陈寅恪（1890-1969），江西义宁（今修水县）人。家世相当显赫，祖父陈宝箴曾任湖南巡抚，父陈三立为清末民初"同光体"诗派代表人物之一。陈寅恪少时在南京家塾就读，从小就能背诵四书五经，广泛阅读历史、哲学典籍。1902年东渡日本，入日本巢鸭弘文学院。1905年因足疾辍学回国，后就读于上海吴淞复旦公学。1910年考取官费留学，先后在德国柏林大学、瑞士苏黎世大学、法国巴黎高等政治学校就读，至1914年第一次世界大战爆发后回国。

1918年冬，陈寅恪又得到江西官费的资助再度出国游学。他先在美国哈佛大学随篮曼教授学梵文和巴利文，1921年又转往德国柏林大学随路德施教授攻读东方古文字学，同时向缪勒学习中亚古文字，向黑尼士学习蒙古语。他在留学期间勤奋学习，具备了阅读梵、英、法、德和巴利、波斯、突厥、西夏等八种语文的能力，尤以梵文和巴利文最为精通。

1925年陈寅恪回国，次年6月与梁启超、王国维一同应聘为清华国学研究院导师，并称"清华三巨头"。"前人讲过的，我不讲；近人讲过的，我不讲；外国人讲过的，我不讲；我自己过去讲过的，也不讲。现在只讲未曾有人讲过的"。因此陈寅恪讲课时总是学生云集，座无虚席。一些教授也都风雨无阻地来听他的课，如朱自清、冯友兰、吴宓、北大的德国汉学家钢和泰等等。大家都觉得听陈寅恪讲课受益良多。

1930年清华国学院停办后，陈寅恪仍留在清华大学担任历史、中文、哲学三个系的教授，并兼中央研究院理事、历史语言研究所第一组组长。他还是故宫博物院的理事。

陈寅恪国学基础深厚，又大量吸取西方文化，成为中国现代最富盛名的学者之一，在历史学、古典文学研究、语言学领域均卓有成就。自古惺惺惜惺惺。陈寅恪和胡适两人年龄相当，治学虽各有所长，然气味相投。陈寅恪经常将自己的学术文章寄赠胡适请予赐教指正,而胡适讲授中国哲学史自然也离不开宗教哲学,陈寅恪在这方面的学识得到胡适的特别器重。以胡适致陈寅恪的两封书信为例:

"承寄示大作,感谢之至。前两篇我太外行了,不配赞一辞。最后一篇,——《大乘义章书后》——鄙见以为精当之至。论判教一段,与年来的鄙见尤相印证,判教之说自是一种'历史哲学',用来整理无数分歧的经典,于无条件系统之中,建立一个条理系统,可算是一种伟大的工作。此种富有历史性的中国民族始能为之。"这样就把陈寅恪述学考据之文提升到了理论的高度,胡适同时又向陈寅恪建议:"鄙意吾兄作述学考据之文,印刷时不可不加标点符号;书名、人名、引书起讫、删节之处,若加标点符号,可省读者精力不少,又可免读者误会误解之危险。此非我的偏见,实治学经济之一法,甚望采纳。(1929年5月20日)

"承赠《支愍度学说考》,今夜读过,得益不少。你用比较法证明'心无'之为误读,固甚细密。但'心无'似即是'无心',正如'色无'即是'无色';……故心无之义,可说是'格义',似不可说是误读译文而不成名词。鄙意如此,乞教正。"又说:"尊著之最大贡献,一在明叙心无义之历史,二在发现'格义'之确解,三在叙述'合本'之渊源。此三事皆极重要。上述之一点,实无关尊著之宏旨,不过我偶想及此,就写出来请教。"(1931年8月29日)

胡适对陈寅恪总的评价是:"寅恪治史学,当然是今日最渊博最有识见最能用材料的人。但他的文章实在写的不高明,标点尤赖,不足为法。"

陈寅恪的夫人唐篔是台湾巡抚唐景崧的孙女,两人志同道合,1928年在上海结婚。胡适的父亲胡传在台湾任职时,曾与唐景崧、刘永福等一起抗击日本并吞台湾,因有这一层关系,所以胡适1931年9月19日应陈寅恪嘱请为唐景崧的遗墨题诗一首:"南天民主国,回首一伤神。黑虎今何在?黄龙亦已陈。几枝无用笔,半打有心人。毕竟天难补,滔滔四十春!"陈寅恪为此致函胡适:

"昨归自清华,读赐题唐公墨迹诗,感谢感谢。以四十春悠久之岁月,至今日仅赢得一'不抵抗'主义,诵尊作既竟,不知涕泗之何从也。"

胡适题诗的前一天夜里,日本军队突袭沈阳我东北军驻地,制造了震惊中外的"九一八"事变,中国军队未进行任何抵抗。陈寅恪为"不抵抗主义"造成的惨祸"涕泗"不已,表现出了知识分子的爱国情怀。

1937年"七七"事变爆发,中国军民开始了全面抗战。胡适以民间大使的身份出访欧美,寻求国际上对中国的同情与支持。陈寅恪则随校南迁,执教于新组建的西南联大。他的父亲陈三立在北平被日军占领后痛不欲生,以八十四岁高龄衰朽之身绝食而死,所以当日本方面托人专程请陈寅恪到已被日军占领的上海授课,满怀国恨家仇的陈寅恪秉持民族大义予以了拒绝。他随即出走香港,取道广州湾至桂林,先后任广西大学、中山大学教授。不久移居燕京大学任教。在繁忙的教学工作中,他仍致力于学术研究,先后出版了《隋唐制度渊源论稿》、《唐代政治史论稿》两部著作,开辟了隋唐史研究的新途径。

出访欧美的胡适于1938年7月26日抵达英国首都伦敦,29日即给剑桥大学写信,推荐陈寅恪担任剑桥大学教授。

1946年抗战胜利以后,陈寅恪再次应聘去英国牛津大学任教。十年前他罹患眼睛两侧视网膜剥离症,一直未施行手术,此次便在伦敦请世界第一流的眼科专家、英国医生埃尔德(S.D.Elder)诊治开刀,结果不仅无效,目疾反而加剧,诊断书的最后结论说双目失明已成定局。陈寅恪怀着失望的心情,不得不辞去聘约,乘船经纽约返回中国。胡适在1946年4月15日的日记中附贴有埃尔德医生给陈寅恪开的最后诊断书,并写了长长一段记述:

"他的船(Priam 末代王)由英国来,明天到纽约,将由巴拿马运河回国。我曾电劝他在此小住,请Columbia(哥伦比亚)的眼科专家一验,看看有无挽救之方。他请熊式一把此意见书寄来,我今天托Mrs.Hartman(哈特曼夫人)送到Columbia(哥伦比亚)的Eye Institure(眼科研究所),请Dr.McNie(麦克尼博士),与同院专家协商。他们都说,Duke-Elder(杜克-埃尔德)尚且无法,我们如何能补救?我请全汉升兄带一信送到船上,把这个恶消息告诉他。我写此信,很觉悲哀,回想到三十年前我看Forbes-Robertson(福布斯-罗伯逊)演Kipling's(吉卜林的)名剧The light that Failed(《灭了的光》),不胜感叹。"

在第二天的日记中又接连感叹:"寅恪遗传甚厚,读书甚细心,工力甚精,为我国史学界一大重镇。今两目都废,真是学术界一大损失。"

他在百忙之中请人到银行办了一张一千美元的汇票,托全汉升带给陈寅恪。

陈寅恪回国后继续在清华大学执教。在双目几乎失明的情况下,仍孜孜不倦地着书立说。

北平和平解放前夕,胡适与陈寅恪一同乘蒋介石派来的专机去南京。不久胡适远涉重洋到美国做寓公,后又到台湾就任"中央研究院"院长。陈寅恪虽然对共产党心存隔阂,但考虑再三拒绝了国民党方面要他去台湾、香港的邀聘,留在广州任教于岭南大学。此举被认为是爱国的表现,周恩来总理在政务院的一次会议上说:"像陈寅恪这样的老一辈知识分子不了解共产党是正常的。他愿意留在大陆,不去台湾,是一位爱国主义者,我们要团结。"

冯友兰

冯友兰(1895-1990),字芝生,河南南阳唐河人。出生诗礼之家,其父冯台异为光绪年间戊戌科进士。幼读诗书,十二岁考入开封中学就读。1912年进上海中国公学大学预科班,1915年入北京大学文科中国哲学门(系)。胡适1917年被蔡元培聘为北大文科教授后,主讲《中国哲学史》,当时冯友兰是哲学门三年级的学生,他听过胡适的这门课,可以说是胡适的亲授弟子之一。

那时胡适一改前任教师的讲法,抛开三皇五帝,直接从老子孔子讲起,这在学生中间引起了不小的骚动。冯友兰晚年在其《三松堂自序》中对此追忆说:"当时我们正陷入毫无边际的经典注疏的大海之中,爬了半年才能望见周公。见了这个手段,觉得面目一新,精神为之一爽。"他认为胡适的这种讲法"对于当时中国哲学史的研究,有扫除障碍,开辟道路的作用"。

冯友兰1918年从北大毕业后,曾在开封中等专科学校短期执教。1919年赴美国哥伦比亚大学留学,师从新实在论哲学家孟大格和实用主义哲学家杜威。1923年夏以《人生理想之比较研究》(又名《天人损益论》)通过博士毕业答辩,获哲学博士学位。1924年回国后在北京见过胡适。当时燕京大学有意聘他,但冯友兰与广东大学事先已有约定,不好不去。说想到出任北洋政府教育部长的章士钊又拟设立国立编译馆以招揽人才,这对冯友兰来说是一个真正的诱惑,因为他并不大愿意教书而愿意做研究。1925年9月3日他就自己的工作问题写信求胡适帮忙。

适之先生左右:

前在京畅谈甚快。出京后以人事匆匆,曾未与先生一信,歉疚何极。燕京事已允就,惟与约定于此时先赴广州一行,以有前约,不可废也。此等研究中国文化之事,于中国有利无害,吾人作之原无不可,但纯在外人机关中服务,区区此心,终觉不安,故私意颇愿于中国诸机关中略兼小事,聊以自慰。近见报载教育部将设国立编译馆,未知果能办成否。近来学生浮惰,教书之事味同嚼蜡,且终日舍己耘人,亦恐耽误自己学问,惟编译之事略可自由,且与研究学问尚不完全不兼容,故私意颇愿于此编译馆中略备一员。若诸师友以为章行严所设机关皆不可加入则已,否则若有机会,甚望先生为图之也。
……

学生冯友兰鞠躬。

编译馆的事情没有着落,于是冯友兰在1925年到广州广东大学任教授。次年离开广东大学回到北京,应聘担任燕京大学教授,讲授中国哲学史。1928年冯友兰又离开燕京大学到清华大学任教授,同样讲授中国哲学史,并兼任哲学系主任。

胡适在北大讲中国哲学史,冯友兰在燕京、清华讲中国哲学史。胡适治中国哲学史,冯友兰也治中国哲学史。

从这个意义上说,把他们两个列入(或视为)"友校友人"也无不可。

冯友兰曾把自己编写的讲义寄赠胡适,胡适回函说:"连日颇忙,不及细读,稍稍翻阅,已可见你功力之勤,我看了很高兴。将来如有所见,当写出奉告,以酬远道寄赠的厚意。"他还告诉冯友兰他"近日写《中古哲学史》,已有一部分脱稿,拟先付油印,分送朋友指正。写印成时,当寄一份请教"。

他们治学和讲课有共同之处,但学术观点并不完全相同。比如胡适并不独尊儒家,他认为老子比孔子要早,冯友兰的观点则与梁启超、钱穆相近与胡适相左,他认为"孔子以前,无私人著述之事",故他把《老子》归入战国时作品。胡适针对冯友兰的观点反驳说:"怀疑《老子》,我不敢反对;但你所据的三项,无一能使我心服,故不敢不为它一辩。推翻一个学术史上的重要人,似不是小事,不可不提出较有根据的理由。"

胡适这样说话有些老师教训学生的味道,不过倒是符合他的身份,胡适毕竟教过冯友兰,虽然从年龄上讲他只比冯友兰大四岁,但辈分放在那儿。

冯友兰却好像有些接受不了,有一次他和朱自清等几个朋友吃饭喝酒,讲起受到胡适批评这件事时心情沉痛,以至眼泪欲滴。朱自清第一次见到冯友兰如此失态。

胡适的《中国哲学史大纲》(上卷)作为"北京大学丛书"之一,1919年便由上海商务印书馆出版了。下卷胡适一直未能写出来,所以1929年收入《万有文库》时只得易名为《中国古代哲学史》。后继者冯友兰在讲课的基础上,于1931年至1934年完成了《中国哲学史》上、下册,陈寅恪为之写的审查报告中说:"窃查此书，取材谨严，持论精确，允宜列入清华丛书，以贡献于学界。"金岳霖也对此书写了审查报告，作了肯定的评价。

胡适和冯友兰都为中国哲学史的学科建设做出了重要贡献，他们两人的有关著述作为大学的基本教材长期使用。冯友兰在《三松堂自序》中说："陈寅恪和金岳霖的两篇审查报告都把我的《中国哲学史大纲》同胡适的《中国哲学史大纲》做比较。这是因为在当时，这一类的书，只有这两部。在历史发展的过程中，无论什么事物，都是后来居上。这是因为后来者可以以先来者为鉴，从其中取得经验教训。无论如何，在中国哲学史研究近代化的工作中，胡适的创始之功，是不可埋没的。"他还说："胡适是在哲学方面用那个指头比较早的一个成功的人。"

冯友兰晚年说的这些话并不完全代表更不等同于他过去的某些看法。当年的冯友兰对胡适先生间有微词，甚至说过颇不尊敬的话。比如胡适的《中国哲学史大纲》（上卷）由商务印书馆出版后，冯友兰对友人说胡适之写不出下卷来是因为他不懂佛学。这正是胡适的"软肋"之所在，因为治哲学史离不开宗教，宗教包括佛教，佛教在中国的输入、传播、影响是哲学史必不可少的重要内容，也是治哲学史的人绕不过去的一道坎，而研究佛教自然最好能懂得梵文，如陈寅恪以及后来的季羡林那样。

冯友兰还批评胡适过于好奇和自信，常以为古人所看不出的他可以看得出，古人所不注意的他可以注意，所以常常抬出古人所公认为不重要的人物来大吹大擂，而于古人所共认为重要的则漠然对之，这是不对的。

抗战期间，冯友兰任西南联大哲学系教授兼文学院院长。从1939年到1946年他连续出版了六本书，称为"贞元之际所著书"，包括：《新理学》(1937)、《新世训》(1940)、《新事论》(1940)、《新原人》(1942)、《新原道》(1945)、《新知言》(1946)。通过"贞元六书"，冯友兰创立了新理学思想体系，成为了中国当时影响最大的哲学家之一。

1946年，冯友兰应美国宾夕法尼亚大学邀请赴美讲学，讲稿整理成《中国哲学简史》一书由纽约麦克米伦公司出版。讲学期间冯友兰曾过访纽约，一位过去教过的学生何炳棣到旅馆来看他，谈话中何炳棣提及清华第六级（1934年毕业）的许亚芬，说她现在斯密丝女校（Smith College）攻读硕士，所作论文题目是《1927年以前胡适对中国文化界的影响》。当时羽毛已丰的冯友兰听了，当即用纯而又浓的河南腔急不能待却略带口吃地说：

"这……这……这个题目很……很……很好。因为过了1927，他也就没……

没……没得影响啦！"

　　冯友兰这样讲并不符合实际情况。1927年以后胡适在中国文化与学术界仍有很大影响，只是他的影响已不限于文化，不限于学术，而是扩大到了思想与政治层面，成为中国"自由主义知识分子"的主要代表人物。再就治学而言，胡适愈到后来似乎愈有自信，1943年1月4日他曾自我肯定道："凡著书，尤其是史书，应当留在见解成熟的时期。我的'中国思想史'，开始在一九一五年～一七年，至今足有二十七年了。上卷出版在一九一九（年），也过二十三年了。但我回头想想，这许久的担阁（耽搁）也不为无益。我的见解，尤其是对中古一个时期的见解，似乎比早年公道平允多了。对于史料，也有更平允的看法。我希望这二十七年的延误不算是白白费掉的光阴。"

　　至于胡适后来对冯友兰的评价，他有两段日记最具代表性。

　　其一，"张其昀与钱穆二君均为从未出国门的苦学者，冯友兰虽曾出国门，而实无所见。他们的见解多带反动意味，保守的趋势甚明，而拥护集权的态度亦颇明显。（1943年10月12日）

　　其二，"写完冯友兰《中国哲学史》书评。……为此事重看冯书两遍，想说几句好话，实在看不出有什么好处。故此评颇指出此书的根本弱点，即是他（冯）自己很得意的'正统派'观点。

　　"'正统派'观点是什么？他自己并未明说，但此书分两篇，上篇必须以孔子开始，力主孔子以前无私人著述，力主孔子'以能继文王周公之业为职志'，'上继往圣，下开来学'。下篇必须叫做'经学时代'，也是此意。（但更不通！）

　　"陈寅恪（审查报告二）说的比他清楚：'中国自秦以后，迄于今日，其思想之演变历程，至繁至久，要之，只为一大事因缘，即新儒学之产生及其传衍而已！'此即所谓'正统派'观点也"。（1955年1月24日）

　　从胡适的上述日记中，仍依稀嗅得出当初他和冯友兰就老子孔子谁先谁后那一场争论的味道来。双方争论的焦点是中国古代哲学史究竟发端于何时何人？两人都坚持己见，加之在政治上的抉择有差异，胡适对冯友兰没有去台湾而是留在大陆很不以为然，说过"天下蠢人无出芝生之右者"这样尖刻的话。甚至到了台湾后，1961年4月30日晚胡适在和钱思亮夫妇随意聊天时，还"爆料"说："（冯友兰）他本来是个会打算的人，在北平买了不少房地产。1950年在檀香山买了三个很大的冰箱带回去，冰箱里都装满东西，带到大陆去做买卖，预备大赚一笔的。他平日留起长胡子，也是不肯花剃胡子的钱。"

其实1948年秋天冯友兰就已经回国，并当选为中央研究院院士、院士会议评议会委员。从时间上来判断，不存在1950年在檀香山买冰箱的事情，胡适那样说显然属于"误记"，带有情绪化的成分。究其根本原因，除学术旧账未理清外，还由于胡适对冯友兰在大陆的种种表现，诸如致函毛泽东表示要努力学习马列主义，认真改造思想，以及所谓的冯友兰"在那边认过130次的错"等等都颇为不屑，既为政治偏见所蔽，言谈话语之间就不免流露出鄙弃的神情来。

胡适和冯友兰的交往中，有一件事值得提一提。

冯友兰有一个妹妹，叫冯叔兰，又名沅君，曾在北京女高师听过胡适的讲课。沅君和陆侃如相识并堕入爱河，但两人都已在家乡与他人订有婚约。沅君的父亲不同意女儿弃约另嫁，冯沅君费了一番周折才将婚约解除。陆侃如也和原妻的关系作了了结。当时冯友兰和陈寅恪在清华共事，他有意将妹妹介绍给陈寅恪，冯沅君知道胡适与陈寅恪相交甚笃，便写信向胡适先生表明心迹："芝生来信介绍陈寅恪给我，这种办法未免大荒谬，我决意谢绝。"胡适一向主张男女婚姻自主，便出面调解，他亲自给冯友兰写了一封信，并让陆侃如持信直接登门交给冯友兰。为把好事做到底，胡适还请蔡元培与他一起为陆侃如、冯沅君作媒。好在陈寅恪和冯友兰都是熟人，不是朋友便是过去的学生，他们都不会驳胡适与蔡元培先生的面子。冯友兰为此事给胡适写过几封信：

"陆君侃如来，奉手示敬悉一切。陆君英年高才，与舍妹婚事，学生个人甚愿，但家慈于去年返回河南原籍，现不在家，已将先生及孑师盛意由邮转达，俟得复信，当即可决定一切也。"（"孑师"即蔡元培）

"侃如来信知与庄女士关系已断，并经律师证明，学生当即以与家慈婉商，家慈虽仍不免疑虑，但已允听舍妹自决。"

"此事告一段落，而先生执柯伐柯亦于是告厥成功矣。"

古语"执柯伐柯"指为人作媒。陆侃如和冯沅君结为伉俪，除了他俩执着求合外，也得力于胡适的从旁相助。这件事虽说不大，但可以让人想起胡适与冯友兰的交往中曾经有过人情友情俱在的那一面。

周鲠生

周鲠生（1889-1971），又名周览，湖南长沙人。出身于一个贫寒的教书先生家庭，十三岁即参加科举考试并中秀才。光绪三十二年（1906）十七岁时赴日本早稻田大学攻读政治经济科，期间加入了孙中山领导的同盟会。辛亥革命爆发前夕回国，以后两年与皮宗石、杨端六、任凯南等人在汉口创办《民国日报》、《汉口民国日报》，因撰文抨击军阀专横和反对袁世凯独裁而被通缉，不得不潜往上海。1913年7月在黄兴协助下，以湖南官费生资格赴英国爱丁堡大学留学，获政治学硕士学位及金质奖章。后又去法国巴黎大学深造，获法学博士学位。

周鲠生1921年回国后，一度在北京大学担任政治系教授，教国际法。因而与大名鼎鼎、已在北大任教的胡适得以结识。不过他执教北大的时间比较短，1926年初即南下参与中山大学的筹备工作，北伐军占领南京后任东南大学教授兼政治系主任。1928年又积极参与筹建国立武汉大学，并从此与该校结缘。1929年9月周鲠生任武汉大学教授兼政治系和法律系主任、法科所所长，1936年7月升任教务长，1945年7月至1949年8月担任武汉大学校长。

胡适和周鲠生同在教育领域工作，所以在这方面的接触成为他们交往的主要内容。

早在1925年9、10月间，胡适曾与周鲠生、王雪艇（世杰）等应邀去武昌大学、武昌商科大学讲演，讲演间隙有扶乩、看窑子生活的趣闻逸事。当时胡适对武汉乃至湖北全省的教育现状很不以为然，认为"武汉的教育最不行"，"湖北仍是没有教育可说"。他提出："此时的救济，在于先定一教育计划，明察中国中部的需要，分期进行，不期于速效，而重在长久之计，使一班以教育为终身事业的人才以全力办理其事，五年之后便可改观。"这个建议得到朋友们的认同与响应，周鲠生以后全力以赴，参与创建并长期执教、执长武汉大学，使武大在中国中部迅速崛起，成为国内一所有名的大学，事实说明他正是胡适所期望的"以教育为终身事业的人才"。

关于中华文化教育基金董事会负责美国退还庚子赔款的管理事宜，胡适应聘担任基金会董事，对此项经费的分配有一定的发言权，他曾为北京大学争取到了中华文化教育基金董事会的资金支持，用于设立奖学金、聘请研究教授、扩充图书仪器设备。国内其他大学及学术机构也视美国退还庚款为一块肥肉，都想分一块吃，武汉大学自然也不例外。1932年6月24日周鲠生给胡适写有一信，请胡适鼎力相助：

"适之兄：

久未通问，近仲揆、叔永诸兄来鄂，藉悉近况为慰。武大新校落成典礼，大驾未如约南来参加，颇令人失望，希望秋季天凉仍来看看武大，与旧友们聚会。……武大建筑只成功一半，图书馆及科学设备尚需文化基金会援助。今年基金会虽然经费困难，想亦不忍坐视武大工程计画之停顿。此事尚望兄鼎力帮助，使基金会接受我们最小限度的请求。"

11月秋凉时胡适去武汉，与周鲠生、王雪艇等一班老朋友重聚江城，并参观了武大的文学院、理学院、图书馆、男女生宿舍……。他称赞"雪艇诸人在几年之中"建造了这样一个大学，"化荒郊为学府，其毅力真可佩服"。他所说的"雪艇诸人"当然包括周鲠生。

抗战爆发后他受蒋介石派遣赴欧美开展民间外交，先从南京乘轮船到武汉，再从武汉乘飞机到香港。途经武汉的活动在胡适日记中有所记述："武汉大学友人打电话来，约我明天上午去玩。""九点渡江，上珞珈山。到武汉大学，会见周鲠生、王抚五、邵逸舟、陈通伯……诸友。"

1947年11月，胡适提出《十年教育计划》，建议在十年之内，集中国家的最大力量培植五个到十个成绩最好的大学，第一个五年特别要以全力帮助北京大学、清华大学、浙江大学、武汉大学、中山大学，使他们限期成为国内最好的大学，成为世界有地位的大学。1948年他又费尽周折，从中华文化教育基金会争取到了25万美元作为几所重点大学的复兴经费，分配给北大10万，中山大学、武汉大学、浙江大学各5万。两次名单上均有武汉大学。

胡适心中有武大，而周鲠生心中有胡适。

周鲠生数度邀请胡适到武汉大学讲演。1948年初夏几位学者应邀在武大讲学，第一天讲座的主讲人便是胡适，另一位是考古学家李济。大多数学生主要是仰慕胡适的大名而来，对李济则比较陌生。周鲠生作为校长站在讲台正中，环视了一下全场听众，微笑着说道：

"我们今天请来了两位贵宾，一位是北大校长胡适先生，姓胡名适、字适之，另一位是中央研究院的著名考古学家李济先生，姓李名济字济之。他们两位的名和字是不谋而合啊！胡适校长昨天给我开玩笑说我把他们两人'押上(珞珈)山'来了！大家知道，我对考古学是一窍不通，好在胡适校长是无所不通，现在就请他代劳给大家介绍一下李济之教授，好不好？"

全场报以热烈的掌声。胡适被推到了前台，擅长讲演的他风趣地说道："你们的周校长是我的老朋友，他才是博古通今哩！他非常谦虚，要我来'跳加官'，其实，我和大家一样，今天是来听李济之先生的讲座。"

胡适简要地介绍了李济的情况，随即李济也站起来寒暄了几句，才言归正传讲了起来。周鲠生"押"胡适"上山"和胡适"跳加官"一时传为美谈。

胡适和周鲠生都出席了1948年3月在南京召开的"第一届国民大会"。蒋介石有意让胡适担任"总统"，为此专门约胡适与之面谈。胡适自己拿不定主意，就找关系密切的朋友商量，他在3月31日的日记中写道：

"八点，约周鲠生来谈，把昨天的话告诉他。请他替我想想。

"午后与雪艇、鲠生谈了三点多钟。我不敢接受，因为我真没有自信心。"

虽然记得很简略，但也可从中看出周鲠生是胡适信得过并可与之商量大事的朋友之一。

周鲠生毕生从事国际法研究，所著《国际法》在世界国际法学中自成一派，在我国国际法学界中具有权威地位。1939年周鲠生赴美从事讲学与研究活动期间，曾担任旧金山国际联盟组织中国代表团顾问。他还被聘为国民政府行政院参议。

胡适早年在留学美国期间就培养起了对政治和对国际问题的浓厚兴趣。以后随着声名日隆，影响愈来愈大，胡适经常就国内外发生的重大政治与外交事件发表评论。在这方面他和周鲠生异曲同工，只不过对周鲠生来说研究国际政治（包括国际法）属于"专业"范围，对胡适来说则是"主业"之外又触类旁通，或者说国际政治是他文、史、哲三把板斧之外的又一把斧头。

在胡适任驻美大使期间，周鲠生也在美国从事讲学与研究活动，他经常向胡适提供情况，贡献意见以供胡适参考。仅举1940年10月17日周鲠生致胡适一信为例：

"今日上午已在'威竞选总部（Hotel Commodore）'唔毕尔，谈及威公之对外政策。毕谓威在金山演说，关于援华之主张实道卢公之所未道，如其当选，对外政策不但不变，且可更为有效之推行，对于援华尤可切实做去。……弟谓金山演说提及援华甚有力量，现宜乘缅（甸公）路开放之机会更作进一步之表示。"

对于国际政治问题的看法，胡适和周鲠生是有差别的，他们两人曾就二战结束后"国际形势里的两个问题"进行相当激烈的辩论。周鲠生写有时论《历史会重演吗？》，胡适读后"颇惊讶我们两个老朋友对国际局势的观察竟相隔离如此之远！"他给周鲠生写了一封信并在《独立时论》上刊布，认为苏联"是一个很可怕的侵略势力"，不赞成周鲠生"谴责'西方民主国家'对德国日本的和约政策的根本改变"——"扶持而利用战时这两个强敌以抵制其他一个战胜的盟国"（即战后美国扶持德国和日本以反对苏联）。周鲠生接读后复函胡适说："我那一篇平淡的时论引出你这一篇哄动全国的大文章,致令国人对于国际局势问题大加注意,这真可谓抛砖引玉,一种意外的收获了。"然后从多个方面予以回应,主要论点是:

（一）对日本的卷土重来,我们不能不十分严密的防止。美国方面复兴德、日的倾向令人担忧。

（二）务须避免第三次世界大战,万一世界大战终不可免,也要避免战争从中苏关系上爆发,避免中国首先作战场。对于苏联以能忍总是忍为宜,不可在国内制造紧张的反苏空气。

（三）共产主义和资本主义的对立或冲突,不是再一次世界大战所能解决的。其实苏联的共产主义固属过激,美国的资本主义也到了顶点。

周鲠生最后对胡适说:"我们两个人对于国际现势的观察并无根本的不同。不同之处在于对待这个局势的态度和想法。我的想法也许是一种wishful thinking or dreaming（如意算盘或梦想）。但是你应当能谅解我一番苦心,因为你是知道我三十年来一贯的提倡世界和平,虽则尚没有到不惜任何代价的程度。"

胡适1948年9月下旬到南京出席"中央研究院"院士会议,周鲠生邀请他顺便去武汉一趟,作几次公开演讲,胡适应允了。10月1日同李济之、周鲠生一起乘江泰轮逆江而上去武汉。抗战开始后的1937年9月8日夜,他曾从南京乘船去过武汉,距今已经过去十一年了,光阴荏苒,岁月流逝,胡适心中颇有些感慨。

这一次胡适在武汉住了三天,讲演了十次,他说自己虽然辛苦,但很高兴,很满意。

然而这又是他最后一次到武汉。随着国内政治与军事形势的巨变,胡适不久就随同国民党蒋介石"败走麦城"——他本人跑到美国做了寓公。周鲠生则和武汉大学的师生们一起欢欣鼓舞地迎接解放。

新中国成立以后,周鲠生担任外交部顾问兼中国外交学会副会长。1956年9月他到瑞士参加"世界联合国同志大会",会议结束后又应"英联合国同志会"邀请到伦敦访问。周鲠生此行负有一项特殊使命:中共高层人士（周恩来）委托他通过陈西滢与胡适联系,希望胡适能回大陆来看看。

周鲠生在伦敦会见了过去长期执教武大的陈西滢,告之了中共高层的示好意向。着重讲明了以下三点（可以视为对胡适的三条特殊政策）:

1. 大陆对胡适的批判,是对胡适的思想,并不是对胡适个人。

2. 胡适如回去，一定还是受到欢迎。

3. 回去看看，还能出来，绝对没有问题。

周鲠生并请陈西滢转告胡适，他个人劝胡适多做学术方面的工作，不必谈政治，应放眼看世界上的实在情形，不要将眼光拘于一地。

周鲠生的上述谈话，既是传达中共高层人士的意向，也表现出了他个人对过去的老朋友胡适仍抱有希望，态度是蛮真诚的。陈西滢写信给胡适，将他和周鲠生谈话的内容作了转述。可是胡适不知从哪儿得来的"情报"，他写信对赵元任说："鲠生居然被中共派到 Toronto 来参加准备红十字会大会，时刻有人监视，刘锴大使与刘瑞恒大使，竟无法同他说半句话！他两眼止直看前面，目不邪视！我至今无法想！"抱着偏见与戒心的胡适辜负了老朋友周鲠生的一番苦心，以"没有胡适的思想就没有胡适"为由拒绝了中共方面的善意，白白失去了回大陆的良机。用北京人常说的一句话：这怪可惜了儿的。

吴晗

吴晗（1909-1969），原名吴春晗，字辰伯。浙江义乌人。其父是秀才，故自幼受传统文化教育影响，喜读历史与历史小说。七岁进本地苦竹塘小学，中学毕业后因家境每况愈下，不得不在一乡村小学教书糊口。1927年秋在朋友接济下入读杭州之江大学预科，一年后转入上海中国公学。1930年来到北平，次年参加北大、清华转学考试，为清华大学史学系录取。在大学期间专攻明史，1934年毕业后在清华大学讲授明史课程。

吴晗在中国公学读书时，正值胡适任中公校长。吴晗听过胡适讲授《中国文化史》课程，对胡适的学识十分钦佩。中公学习的最后一年，吴晗写了一篇论文《西汉经济状况》引起了校长的关注，胡适对这位来自农村的年轻学生颇为赏识。

胡适因为接连在《新月》杂志上发表批评国民党的文章，引起当局的严重不满，被迫辞去了中国公学校长职务，于1930年11月从上海回到北平，不久后正式就任北京大学文学院长。吴晗把《西汉经济状况》那篇论文卖给了大东书局，得稿酬80元，他就用这些钱作盘缠随胡适之后到了北平，打算转学进北大历史系，继续做胡适的学生。吴晗后来在回忆录中是这么说的：

"胡适之被迫离校，在那时候他是反对蒋××（介石）的。他一走，我想在中国公学再念下去也无聊，刚巧有了稿费，就糊里糊涂跑到北平。"

然而他错过了考期，只得再等一年。那点稿费当然不够维持生活的，他又是一个穷学生，幸好经顾颉刚介绍，得以在燕京大学图书馆中日文编考部谋得了一个馆员的差事。吴晗工作之余利用北京图书馆的丰富藏书，于1931年初写成《胡应麟年谱》初稿，并写信告诉了老师胡适。胡适很高兴，他复信给这位过去中公的学生说：

"春晗同学：

"我记得你，并且知道你的工作。

"你作《胡应麟年谱》，我听了很高兴。

"前年我曾推断胡氏'死时年约五十岁'（见我的《文存》三集六三〇），但我的根据还很少，不过是一个假定而已。今得你寻出吴之器所作传，考定他死在万历三十年，年五十二岁，与我的假定相差甚微。

"但你信上在万历三十年下注'一五六二'是大错。不知你何以有此误。此年是一六〇二。生年应是一五五一。

"你的分段也甚好，写定时我很想看看。星期有暇请来谈。……"

这一年暑期吴晗参加北大考试。当时北大和清华都有一项规定：凡转学必须先随同新生参加入学考试，成绩合格后再参加转学考试，也就是要过两个关口。吴晗考试国文得了100分，英文也得了100分，可是数学却得了个大鸭蛋——0分。北京大学没能考上，清华大学因其国文英文成绩优异破格录取。这样，吴晗只好进清华历史系就读，并从此同清华大学结缘。

吴晗报考北大落榜让胡适感到很是遗憾，这促使胡适对北大考试制度进行了某些改革。自1932年起，转学生单考转学的课程，而且文、理科还应各有侧重。这项改革以后为邓广铭考人北大开了方便之门。

虽然吴晗进了清华，但胡适仍一如既往地关心他，帮助他，指导他做学问。

清华大学当时由翁文灏任代理校长，张子高任教务长。吴晗考进清华不久，1931年8月19日，胡适便给他们写了一封推荐信：

"咏霓、子高两兄：

"清华今年取了的转学（生）之中，有一个吴春晗，是中国公学转来的，他是一个很有成绩的学生，中国旧文史的根柢很好。他有几种研究，都很可观，今年他在燕大图书馆做工，自己编成《胡应麟年谱》一部，功力判断都不弱。此人家境甚贫，本想半工半读，但他在清华无熟人，恐难急切得工作的机会。所以我写这信恳求两兄特别留意此人,给他一个工读的机会,他若没有工作的机会,就不能入学了。我劝他决定入学,并许他代求两兄帮忙。此事倘蒙两兄大力相助,我真感激不尽。附上他的《胡应麟年谱》一册,或可觇他的学力。稿请便中仍赐还。匆匆奉求,即乞便中示复为感。"

由于胡适的推荐,经两位校领导首肯,清华大学史学系主任蒋廷黻给了吴晗一个工读生的位子,半工半读,每天工作两小时,整理大内档案。

吴晗视胡适为恩师,他家里有什么变故,自己思想上有什么苦闷与困惑,都向胡适倾诉,希望能得到胡适的指教。

"生本想暑假中在校多念一点书,不料一星期前接到家信说生父病势转重(一年前已病),嘱一放假便带弟一同回家,现定七月初动身回里。倘有不测,生家除生兄弟二人在平读书外,别无长丁,前途茫茫,真是不堪设想!

"适之先生:有一个疑难问题,数月来亘亘于胸,未解决,盼望先生指示一个出路!……"

这后一封信写于1932年1月30日。日本关东军发动"九一八"事变,强占我东三省,蒋介石却对日采取"不抵抗"政策,举国为此震惊,吴晗更是痛心疾首,他在致胡适的信中说:"处在现今的时局中,党国领袖卖国,政府卖国,封疆大吏卖国,……翻开任何国任何朝代的史来看,找不出这样一个卑鄙无耻、丧心病狂的政府,也很难找到这样一个麻木不仁、浑浑噩噩的国民。"几个月来他无时无刻不被这种痛苦所蹂躏,即使在睡后仍陷于一种无可奈何的深思中。

作为历史系的一名工读生,吴晗的工作之一便是整理咸丰、同治、光绪三朝的《京报》。起初几天他倒还感觉兴趣,可是渐渐有对外关系和军事种种记载的出现,吴晗把它们和当前的时局一一比较,不由得更加愤怒,扼腕。"这苦痛不能向有党籍的人吐露,也不能告诉根本没有主张的人,生在过去备受先生的训诲指导,盼望此时先生也能同样地予以解决的方法,并指示一条应走的路"。

胡适虽然也反对日本侵略中国,但他不赞成学生爱国运动惯常使用的罢课、游行示威等方式,他主张青年学生应专心读书,"努力训练自己成为有知识有能力的人才"。胡适的主张当然不能给热血沸腾的吴晗"指示一条应走的路"。

不过,在做学问方面,胡适倒的确为吴晗"指示"了"一条应走的路"——专治明史,但不是要写一部新明史,而是训练自己作一个能整理明代史料的学者。

"秦、汉时代材料太少,不是初学所能整理,可让成熟的学者去工作。材料少则有许多地方须用大胆的假设，而证实甚难。非有丰富的经验，最精密的方法，不能有功。

"晚代历史，材料较多，初看去似甚难，其实较易整理，因为处处脚踏实地，但肯勤劳，自然有功。凡立一说，进一解，皆容易证实，最可以训练方法。"

胡适的这一番指示决定了吴晗今后一生所走的学术道路。用今天的话来说，他的指示是带有方向性的，引导吴晗在纷繁杂乱的学术迷宫中找到自己的学术定位。

不仅如此，胡适还手把手地给吴晗以具体的指导，教他怎样做学问。

"①应先细细点读《明史》；同时读《明史纪事本末》一遍或两遍；《实录》可在读《明史》后用来对勘，此是初步工作。于史传中之重要人的姓名、字、号、籍贯、谥法，随笔记出，列一表备查，将来读文集杂记等书便不感觉困难。读文集中之碑传，亦须用此法。

"②满洲未入关以前的历史，有人专门研究，可先看孟森（心史）《清开国史》（商务）一类的书。你此时暂不必关心。此是另一专门之学。谢国桢君有此时期史料考，已由北平图书馆出版。（孟心史现在北大）

"③已读得一代全史之后，可以试作'专题研究'之小论文（Monographs），题目越小越好，要在'小题大作'，可以得训练。千万不可作大题目。

"④札记最有用。逐条必须注明卷册页数，引用时可以复检。许多好'专题研究'，皆是札记的结果。

"⑤明代外人记载尚少，但如'倭寇问题'，西洋通商问题，南洋问题，耶稣会教士东来问题，皆有日本及西洋著述可资参考。……"

读什么书，作什么笔记，写什么文章……诸如此类琐细的问题，胡适都"指示"得清清楚楚，恐怕没有像他这样细致入微的导师了，也没有像他这样对学生对晚辈关心备至的导师了。须知吴晗并不是北大的学生，胡适纯粹是因为爱才惜才，所以才把吴晗当作了亲授弟子，不取分毫，纯粹是在尽义务。

遵照胡适的指示，吴晗在大学期间专攻明史，写了四十多篇文章，其中《胡惟庸党案考》、《〈金瓶梅〉的著作时代及其社会背景》、《明代之农民》颇受当时史学界名流的青睐。胡适在1934年1月17日的日记中，就写了这样一段称赞的话："读《文学季刊》创刊号中吴春晗所作考证《金瓶梅》的长文。此文甚好。他是中国公学一年生，考进清华史学系，蒋廷黻先生帮助他寻得一件小事，每月可以工读。他的成绩甚好。"

吴晗把这些成果的取得归功于胡适教给他的治学方法，他在自己的毕业照下端写上了"大胆的假设,小心的求证"。

1937年抗日战争全面爆发后,吴晗先后应聘到云南大学、西南联大任教授。他积极投身于抗日民主运动,于1943年7月加入中国民主同盟。1946年8月回到北平,仍在母校清华大学任教,并担任北平民盟的主任委员。作为著名历史学家,吴晗用他丰富的历史知识,写了许多借古讽今的杂文,以辛辣的笔锋揭露国民党蒋介石的黑暗统治,也因此与拥蒋反共的胡适在政治上分道扬镳。

北平和平解放前夕,中共方面曾通过地下党敦劝胡适留下来,以后仍让他担任北大校长兼北平图书馆馆长,但胡适执意乘蒋介石派来的专机去了南京。据说吴晗后来批评北平地下党有关同志工作做得不够,"争取"不力,否则胡适是有可能留在北平的。文革风暴骤起时这成了吴晗的一条罪状。

第十一章

北大人部落（晚期）

汤用彤　陈雪屏　郑天挺　季羡林　邓广铭　千家驹

抗战胜利后，国民党政府任命胡适为国立北京大学校长。胡适于1946年7月底正式就任，至1948年底乘专机离开北平去南京为止，他执长北大为期约两年半左右。本章所谓的"晚期"就是指北大历史中的这一特殊阶段，一般称之为北大的"复兴"时期。

这一时期国共两党激烈斗争，此消彼长。胡适将自己紧紧绑在蒋介石发动的反人民的"内战"战车上，站在所谓"独立"的地位，为国民党蒋介石装点门面。所以，尽管他愿意做五年或十年的北大校长，提出了若干"复兴"北大的计划，提出了《争取学术独立的十年计划》，提出了把北大物理系建成原子物理研究中心的设想，但大多未能实现，最终随着国民党蒋介石被逐出大陆，他也不得不永远离开了北大，做了一个"弃职的逃兵"。

胡适无力回天，《红楼梦》里"才自清明志自高，生于末世运偏消"这两句诗是他最恰当的写照。

汤用彤

汤用彤（1893—1964），字锡予，祖籍湖北黄梅，本人生于甘肃渭源。1911年入北京顺天学堂，1912年考入清华学校。1916年从清华学校毕业后留校任国文教员，并任《清华周刊》总编辑。1917年考取官费留学。1918年赴美入汉姆林（Hamline）大学主修哲学，1920年转入哈佛大学研究院。1922年获哈佛大学哲学硕士学位。同年回国，先后在东南大学、南开大学、南京中央大学任教。胡适担任北大文学院长时应聘为北京大学教授，而且是特设的15名"研究教授"之一。自1934年起任北大哲学系主任。

通晓巴利文和梵文的汤用彤，专治哲学史，精于考订，这两项都和胡适脾胃相投。胡适在北大主讲中国哲学史，开启了研究中古哲学的新路径，而汤用彤后来著有《汉魏两晋南北朝佛教史》、《印度哲学史略》、《魏晋玄学论稿》，两人在学术研究领域有某些相近或相通之处，他们最早就是通过对禅学的研究引为同道的。

1926年胡适赴欧期间，在伦敦和巴黎发现了有关神会的重要材料，从而填补了禅学史研究上的一大缺失。这自然也是汤用彤深感兴趣的，所以他将自己的一篇旧稿寄给了回国后暂居上海的胡适，并请胡适将禅学史副稿借其一观：

"适之先生：前在《现代评论》增刊中见尊作《菩提达摩》，至为钦佩。兹寄上旧稿一段，系于前年冬日在津时所草就。其时手下书极少，所作误略至多，今亦不加修正。盖闻台端不久将发表禅宗史之全部，未见尊书，不能再妄下笔。先生大作如有副稿，能寄令先睹，则无任欣感。达摩'四行'，非大小乘各种禅观之说。语气似婆罗门外道，又似《奥义书》中所说。达摩学说，果源于印度何派，甚难断言也。"

胡适回信肯定汤用彤的《中国佛教史略》中论禅宗一章"大体都很精确，佩服之至。先生谓传法伪史'盖皆六祖以后禅宗各派相争之出产品'，此与鄙见完全相同"。又告诉汤用彤："我在巴黎伦敦发现了一些禅宗争法统的史料，影印带回国，尚未及一一整理。先生若来上海，请来参观。"

胡适的《禅宗史》稿本尚未写定，大部分需要改作，但他在《论禅宗史的纲领》中详细回答了汤用彤的问题，指出8世纪下半至9世纪上半的禅宗派别应以宗密《圆觉大疏钞》卷3之下及《禅源诸诠集都序》所述为最可信的史料。《大疏》分七家，"你所引的《北山录》作者神清即出于七家之一"，胡适这样告诉汤用彤说，两位学者就此进行了一次很好的学术交流。

胡适在回信中由此向汤用彤表示：《禅宗史》稿本改定后，"当寄呈乞正"，"所以先写呈此纲领者，正欲得先生的指示教正耳。千万请勿吝珠玉为盼"。

胡适在上海住了几年，于1931年初回到北大担任文学院长。汤用彤是他聘请来北大的，并给予了"研究教授"的优待——授课比一般教授少，薪津比一般教授高。两位学者在同一所学府里，相互切磋学问的机会也就更多了，胡适日记中对此多有记载：

"汤用彤先生来谈。他说，张衡赋中有引用《四十二章经》的话。我检张衡的全集，未见此语，当问之。

"他说，太平真君毁法诏中……所举刘元真、吕伯强必有重要事实，与佛教史大有关系，刘元真当即是竺法深之师，而吕无可考。此说甚是，当留意考之。

"访汤用彤先生，谈佛教史。他说，前几年康有为在西安，报纸宣传他要盗载明刻佛经出关；今知此项佛经存龙安寺（？），其中一小部分为明藏本，一部分为金代刻本，一部分乃北宋刻。他望我能设法保存。

"读汤锡予的《汉魏两晋南北朝佛教史》稿本第一册。全日为他校阅。

"此书极好。锡予与陈寅恪两君为今日治此学最勤的，又最有成绩的。锡予的训练极精，工具也好，方法又细密，故此书为最有权威之作。

"到北大，与汤锡予先生畅谈。他自认胆小，只能作小心的求证，不能作大胆的假设。这是谦词。锡予的书极小心，处处注重证据，无证之说虽有理亦不敢用。这是最可效法的态度。

"他又说：颇有一个私见，就是不愿意说什么好东西都是从外国来的。我也笑对他说：我也有一个私见，就是说什么坏东西都是从印度来的！我们都大笑。

"其实，这都不是历史家正当态度。史家纪实而已。如果有些好东西是从海外来的，又何妨去老实承认呢？"

汤用彤抗战期间随校迁至昆明，在西南联大任哲学系主任兼北大文科研究所所长。1940年12月17日他和姚从吾、罗常培、郑天挺联名致信时任驻美大使的胡适，请胡适为战后北大复兴未雨绸缪。信中说：

"国家抗战成功已露曙光，国际局势尤见好转，用彤等见国家学校于危难重叠之中均得撑持，实不能不仰怀先生教育之成效，使节之功勋，而益加奋勉。

"……今迁校南来，精神物质均受巨大之损害，学校虽幸而存在，然比之我公亲自主持之时，所留存者不过同人等之老卒残兵。此则如不及时加以振奋，恐昔日之光辉必将永为落照。而且国家厄运似终止有期，本校应可重返旧京，事前亦不能不预为筹备。"

汤用彤等人提出重振北大文学院应先从充实文科研究所着手。具体设想有四：（一）设法使大学本科文学院教师与研究所融合为一，促进其研究之兴趣。（二）聘请国内学者充研究所专任导师，除自行研究外，负指导学生之责。（三）酌量举办少数之学术事业，如重要典籍之校订、古昔名著之辑佚、敦煌文物之复查等等。（四）研究所学生应先读基本书籍再作专题研究，优秀者毕业后学校当为之谋继续深造的机会。

以上设想均有赖于资金的支持，所以信中最后又说道："用彤等默念先生为北大之柱石，文科研究所之创办人，今值我公50大庆，崇德报功，应有以贺。窃议邀集中美友好在美洲筹集专款若干万元为扩充研究所之基金，既伸借花献佛之忱，又作百年树人之计。想先生于勤劳国事之际，必常眷念学校，盼能俯顺微意，惠然允许，北大及中国学术前途实利赖之。"

胡适答应为之设法，筹集款项作为文科研究所基金及西北敦煌考察事业费。

抗战胜利后，1945年9月6日报上公布了国民政府任命胡适为北大校长的消息。汤用彤当天即致信尚在美国的胡适，说："现政府已任先生为北大校长（未到任前由孟真兄代理），同人知悉，莫不欢欣振奋，切望台端能早日返国到校。弟以为今后国家大事惟在教育，而教育之基础，尤在领导者具伟大崇高之人格，想先生为民族立命之心肠当一如往昔，必不至于推却万不应推却之事也。"

汤用彤对胡适出任北大校长表示了热诚的欢迎与期待。1946年7月29日，胡适乘机抵达北平，国民党北平当局显要与北大同人在机场迎接，其中就有汤用彤。

胡适对汤用彤在抗战最艰苦的时候能够高瞻远瞩，提出重振北大文学院和文科研究所的若干设想表示十分赏识并一直记在心里，所以他在执长北大后便以校长名义聘请汤用彤为北大文学院长，他认为汤用彤是担任这一职务的最佳人选。汤用彤从教授、研究教授一直到文学院长都是胡适一手提拔的，足见其对汤用彤的重视与信任。

蒋介石有意让胡适担任国府委员，北大文学院长汤用彤、理学院长饶毓泰、总务长郑天挺联名致电教育部长朱家骅，代表学校表示："北大方始复员，适之先生万不能中途离校。"他们特别强调："今日大局不安，教育界往往为不安之主因，适之先生在北大，对整个教育界之安定力量异常重大。同人爱护政府，爱护学校，并深知适之先生之立场，用敢冒昧陈辞，务祈婉为上达，力为挽回"。胡适本人也不愿意担任国府委员,以专职北大为由力辞不就。

1947年,汤用彤当选为中央研究院院士、评议员,兼任中央研究院历史语言研究所北京办事处主任。

由于时局变化,胡适于1948年12月底匆忙离开北平飞赴南京。临走之前他给汤用彤和郑天挺写了一纸便函:"……连接政府几个电报要我即南去。我就无准备地走了。一切的事只好拜托你们几位同事维持。我虽在远,决不忘掉北大。"

汤用彤留在了北平,留在了北大。1949年2月出任北京大学校务委员会主席,后任北京大学副校长。

陈雪屏

陈雪屏(1901－1999),江苏宜兴人。1920年入北京大学预科,1922至1926年在哲学系本科主修心理学,师从陈大齐先生。1926年赴美国哥伦比亚大学心理研究所进修。1930年回国,担任东北大学教育心理系主任。1931年"九一八"事变后返回北平,在北京师范大学教育系任职。1932年回到母校北大理学院心理系任教,后担任北大教育系的教授。

当年梁启超针对胡适的《中国哲学史大纲》在北大与其辩论时,陈雪屏就是听讲者之一,他还作了生动的现场记录。(参见第四章"梁启超"条)从那时起,陈雪屏就一直服膺胡适,把他视为自己的老师。

然而,他和胡适的师生关系和许多人不大一样,他们没有什么学术上的交往,更多的是政治上的配合与协助。

陈雪屏是三青团头目。1947年国民党、三青团改组后,任国民党中央党部青年部长。他的这样一种政治身份,决定了他在北大扮演的角色。

胡适执长北大以后,任命陈雪屏为北大训导长。

训导长主要是训导学生的,也就是说要应付风起云涌、如火如荼的学生运动。北大历来是学生运动的策源地与大本营,陈雪屏任务之艰巨可想而知。他秉承国民党最高当局的旨意,企图压迫、瓦解甚至取缔学生运动,往往同广大青年学生处在尖锐对立的立场上。进步学生直斥他是特务头子,陈雪屏背负骂名,多少也有些代胡适受过的意味在内。

"沈崇事件"发生后,胡适在南京开伪国大。陈雪屏作为北大训导长,对义愤填膺的学生们说:"该女生不一定是北大学生,同学何必如此铺张。"混在学生中间的国民党特务分子甚至造谣说:"女生是八路,故意勾引美军,造成强奸,以发动学运。"那个施暴的美国兵也狡辩道:"系于街上遇该女,(该女)向其招呼,并云如肯出美金五元,即可陪赴旅馆。"这更加激起了广大学生的愤怒情绪,最终爆发了一场声势浩大的抗暴斗争,从北平席卷各地大中城市。

陈雪屏深感事与愿违,于事无补,尤其是他担任中央党部的青年部长后,陈雪屏觉得自己的"政治色彩更明显了",再继续兼任北大训导长"实在不相宜"。所以他多次向胡适提出辞职,他说:

"近一年来一人兼做几人之事,事情既做不好,精力也渐觉不济。为北大,为我个人,请求先生再考虑,准我辞去训导长一职。我虽只教书,但一定继续为北大,为先生效力,绝对不敢贪懒。"

面对汹涌澎湃的学生运动,加之考虑到严峻的政治形势,胡适同意了陈雪屏的辞职请求,改任贺麟为北大训导长。

陈雪屏并未留在北大继续做教授,而是去了南京,专司国民党中央党部青年部长的事务。此后他的任务更加繁重艰巨了,因为他面对的不仅仅是一个北大、一个北平,而是整个国统区的学生运动他都要应付。那时国民党当局对一波未平一波又起的学生运动又恨又怕,惟恐酿成更大的事端,所以陈雪屏赞成胡适用"疏导"的办法平息学潮。他当面向蒋介石提出了应付学潮的三条具体意见,建议军警宪特抓捕的学生尽快交由法院处理。在致胡适的一封信函中,陈雪屏忧心忡忡地询问:

"北平各校的罢课是否能在短时期内平息下来?地方和学校的配合如何?我因为了解北平的情形,所以也特别着急。部中决定派第一处处长张兴周先生来平,特别让他来见先生,向先生请教。关于和地方合作的事情,可以让他多费些气力。我暂留南京,为的是在决定大计时多说几句话。机器太复杂了,觉得个人的力量太有限,但总不能不尽力。"

胡适用"疏导"的办法,一度将北平的学潮平息下去。陈雪屏密电胡适,告之"此次北平学潮,幸蒙劝导,暂告平息,中央甚感"。"中央"指的是蒋介石。

然而,胡适"疏导"有术,但也有限。以"反内战"、"反迫害"、"反饥饿"为口号的国统区学生民主爱国运动形成了与人民解放军相呼应的第二条战线,让国民党蒋介石陷入全民的包围之中。1948年3月27日,北平警备司令部奉行辕转中央电令,以"共匪策动之组织"为由查禁"华北学联";4月5日大批国民党特务闯入北大,撕毁学生张贴的壁报,抢劫图书、资料;4月11日"北平市学生民众清共大会"在天安门举行，会后游行至沙滩一带，围攻北大学生，并呼唤"打倒共匪老巢北大"、"推翻民主墙"等口号。针对这一系列暴行，北大师生罢课罢教以示抗议。北大学生自治会、人权保障委员会4月2日致电校长胡适："您正在兴高采烈的开着国民大会，但是请您不要忘了我们所受的创痛，更不要忘掉您过去所允许的诺言"。4月13日北京大学教授会也致电胡适，详细叙述事件经过并提出严正要求。

正在南京开伪国大的胡适，收到电报后曾去国民政府教育部和国民党的青年部提出质问，同时为营救被捕学生孟宪功使之得到公正的法律解决而奔忙，哪怕这个学生有共产党的"嫌疑"。回到北平后，胡适致函陈雪屏说：

"……此间各校十日已完全复课，惟被捕学生孟、李二人尚未移送法院，陈武鸣因有训令，故颇固执。弟意浙大被捕三人已送法院了，何必须出一血案然后移送乎？甚盼兄代陈主席请依卅三年公布之特种刑事案件诉讼条件第一条及训政时期约法第九条与八十四条之规定，训令此间当局将被捕而非军人身份者一律即移送法院。此事关系颇重大，宪法即届生效时期，不可不早树立守宪风气。至盼兄努力图之。"

当1948年底人民解放军兵临北平城下时，又是陈雪屏奉蒋介石之命，从南京飞到北平敦促胡适南下，说北平的城防一天一天的吃紧，不如早点离开！胡适有些犹豫不决，陈雪屏回到南京后又给胡适打电报，再次"转达"蒋总统即派专机"务请师与师母即日登程，万勿迟疑。当有人来洽机，宜充分利用"。胡适匆匆飞到南京以后，12月17日下午应邀出席了当地北大校友会举办的"北大五十年校庆大会"，他在会上痛哭流涕地称自己"是一个弃职的逃兵"，未能"与多灾多难之学校同度艰危"。陈雪屏再次担当了现场记录："今日校庆，此间校友集会，校长讲话，痛哭失声，会场凄然断绝。"

到了台湾后，陈雪屏任"教育部"政务次长代理部务，仍一如既往追随、服膺胡适。据他在《谈胡适之先生最后四年的生活》一文记述，胡适曾为别人的小事求他帮忙：

"雪屏兄：送上佟明璋君从香港来信，请你看了即在信上批几个字。卅五年（1946）七月教育系毕业，他必是'伪北大'（指日伪时期的北大——引者注）的学生，那时我还没回国。此项学生的毕业办法，当时似有一种补习（救？）办法。你若记得此人，乞示知此项学生的请求补发证书应如何办理。你在百忙中，乞恕我把这种琐事奉扰。"

"雪屏兄：……此信是今天到的，我知道与你无关，但写信人似乎还记得是你。所以我还给你看看，也许你有可以救助他之处。"

1960年3月，胡适在医院检查身体时，收到了一位小学生的来信，开头便说："我是一个被国家不要的孩子，将来我也不要国家，……"原来这位小学生的父亲是一位准技工，当局对工人家属的实物配给只按二口计算，而他兄弟姐妹共有九人之多。胡适觉得这是一个严重的问题，便把小学生的信给已经升任行政院秘书长的陈雪屏转去，又写了几句希望关注的话：

"在医院收到一封有趣味又很动人的信，谈的是一个真实又很严重的问题，所以我送给老兄看看。我盼望这个问题能得着政府诸公的注意。"

胡适的最后四年是在"中研院"院长任上度过的。陈雪屏充分肯定了胡适在讨论、制定与实施《长期发展科学计划纲领》中所起的主导作用："只要先生在台北，而且身体健康，必定亲自主持。对于款项的分配，研究计划的审查，以及人选的择定，无不不厌其详地亲做结论。"对胡适个人的研究与著述，陈雪屏既充分肯定又不无惋惜地说：

"在这四年期间，先生写了不少的札记、汇钞、改写和未定稿，表面上看似乎非常杂乱，其实有很多重要部分都是写《中国思想史》的中古、近古史的准备工作。可惜由于上面所举的若干因素，尤其是健康关系，而未能实践所想要完成的心愿，这不仅是先生个人的损失，也是整个学术界的损失。"

胡适1962年2月24日在台北猝然去世。陈雪屏是治丧委员会的总干事，作为学生的他为老师送了最后一程。

郑天挺

郑天挺（1899-1981），名庆生，字毅生。原籍福建长乐，生于北京。1907年至1909年先后入北京闽学堂、江苏学堂。1912年考入北京高等师范学校附属中学。1917年考入北京大学本科国文门，"五四"运动时曾积极参加北大学生会的工作。1920年毕业后应聘为厦门大学国文教授兼图书部主任。1921年夏辞职回北京任《京话日报》编辑，同年秋入北京大学研究所国学门，作古文字学研究生。1922年加入北大"清代内阁大库档案整理会"，参加明清档案整理工作。后任教于北京女子高等师范学校、北京法政大学、市立一中等校。1924年至1927年任北京大学预科国文讲师。1928年任浙江大学秘书兼文理学院文科讲师。1930年任教育部秘书，同年底复任北大预科国文讲师兼校长室秘书。

郑天挺是北大研究生毕业，对胡适十分敬重，一向称胡适为"适师"或"适之师"，在胡适面前或给胡适写信时总是自称"生"或"学生"，或在自己姓名前加"受业"二字。他还是一个当"秘书"的好料，1933年被委任为北大秘书长，是校长蒋梦麟和文学院长胡适等校一级领导的重要助手。

胡适抗战爆发后出使欧美开展民间外交，行前他用商人的口吻，以"藏晖"的化名，给郑天挺写了一封信。节录如下：

"久不通问，时切遐思，此虽套语，今日用之，最切当也。弟前夜与孟（蒋梦麟校长）、枚（周炳琳）诸公分别，携大儿子西行，明日可到汉口。……弟与端（钱端升）、缨（张子缨，即忠绂）两弟拟自汉南行，到港搭船，往国外经营商业。明知时势不利，姑尽人事而已。……

"人生最不易得的是闲暇，更不易得的是患难，——今诸兄兼有此两难，此真千载一时，不可不充分利用，用作学术上的埋头闭户著作。弟自愧不能有诸兄的清福，故半途出家，暂做买卖人，谋蝇头之利，定为诸兄所笑。然寒门人口众多，皆沦于困苦，亦实不忍坐视其冻馁，故不能不为一家糊口之计也。弟唯一希望诸兄能忍痛维持松公府内的故纸堆，维持一点研究工作。将来居者之成绩，必远过于行者，可断言也。弟与孟兄已托兴业兄为诸兄留一方之地，以后当继续如此办理。船中无事，早起草此，问讯诸兄安好，并告行，不尽所欲言。伏维鉴察。"

信中所说"兴业兄"指浙江兴业银行，"一方之地"即一万元，均系代称。胡适把同人视为家人，把学校当作一个大家庭，"为一家糊口之计"他出外做"买卖"，临行还给"寒门"留下一笔生活费，并希望同人继续埋头学术研究，相信同人将来一定会有上好的成绩。深情如斯，为人如斯，胡适因而赢得了北大许多同人的尊敬与爱戴。北大同人甚多，胡适独独给郑天挺写信拜托一切，也足见对其信任的程度。

1946年9月胡适就任北大校长时，聘请郑天挺为北大总务长。抗日战争结束不久，又爆发了全国规模的内战，郑天挺和陈雪屏一样可以说都是受命于危难之秋。

胡适是大忙人，经常去南京开会，一走就很长时间，校中诸事全由几位校一级领导代为维持，教务工作由汤用彤、酰泰等各学院院长运筹安排。郑天挺作为北大总务长，以后又改为秘书长，各种杂务缠于一身，更是忙得焦头烂额。他为教职员的薪水不能按时足额发放伤透脑筋,为学校冬日用煤东奔西走,更要为延聘优秀人才所急需的资金一再向上伸手。郑天挺向胡适诉苦道:

"部款已到5亿,将欠款还后仅余1亿,日内又将发薪,复与银行商暂不取消前次合同,大体均已允许。惟邮汇局方面因财政部通令(限5000万)关系,尚待磋商……

"冬煤现由煤炭供应委员会核准烟煤800吨,硬煤400吨,照官价收款,现拟自12月1日起升火,但硬煤仅敷20日之用,尚须再请。

"前得部中电报,允自8月份起月拨生活补助费2亿,尚未拨到……"

北大是国立大学,所需经费由教育部拨发。国民党政府军费开支庞大,用于教育的经费少得可怜,原先每月配给的两袋面粉也被教育部取消了。加上物价狂涨,堂堂的大学教授们几乎和孔乙己一样穷愁潦倒,食不果腹。别看是读书人,饿急了谁都要闹事的,北京大学讲师讲员助教联合会为要求薪津罢教三天,而众多学生亦欲罢课声援。郑天挺只好多方劝止,劝止不成,他一连发了几封电报给在南京开国大的胡适校长,请其尽速返校处理。

电报一:"讲助会为争两袋面粉,拟罢教,已劝止。惟清华、北大全体教职员工警为生活将有联合表示,请两校长在京争取,并以罢工为支援。又学生为解散学联,酝酿罢课三天,今晚大会可能通过。"

电报二:"今日春假,明日起讲助罢教三天,清华北大职员将响应,惟对内仍负责,学生亦有罢课声援说,盼早还。"

电报三:"本日讲助职工为争取两袋面粉并按实际指数调整待遇,罢工罢教,学生罢课支持,秩序良好,请来电,以慰群情。"

电报四:"今晚炽、麟晤陈武鸣,谓明日开单来校逮捕首要,请转陈来电劝止。"

过去有皇帝连下十二道金牌之说,郑天挺对上(校长胡适)则是一连几封电报相告相催,可见事态紧急。事实上,无论领导全校的胡适,还是负具体之责的郑天挺,他们都一样是坐在火药桶上。

有一次记者到北大采访胡适,问及他个人的生活状况时,胡适说:"我的薪水不够用,虽未在校内透支借薪,有几个银行的朋友可以让我立透支户头,但亦得设法还债。"

郑天挺在旁边对记者说:"校长已经贴了不少的钱了。"

胡适又说:"去年7月校长薪津可得28万元,折合美金100多块钱。现在虽调整近百万元,但折合美金,每月仅得35美元。"

郑天挺帮他算了一下细账,"胡校长每天薪水合1块2角美金"。

堂堂的北京大学校长尚且如此,其他教职员的生活就更加困难了。而这种窘况又无法改变,胡适和郑天挺对此都无能为力。

更糟糕的是,军警宪特不时闯入学校抓捕学生,致使广大学生群情激愤,学潮不断。郑天挺作为北大秘书长,对外经常代表学校同军政当局交涉,对内又代表校方与学生们交涉。他夹在两大势力之间,日子很不好过。

1948年4月6日下午3时,郑天挺在东厂胡同召开临时行政会议,北平警备总部突来电话,借口北大学生自红楼向民众广播,扬言将于4时逮捕学生。郑天挺在电话中向警方提出了两点严正要求:一必先通知学校,二必待明天早8时以后。少顷警察局长汤某亲自来校,出示警备司令部密函,以"华北学联首要分子鼓动罢课罢工"为名,要逮捕北大学生自治会理事柯在栎等十二名学生。汤某声称学校附近已戒严,天亮以前必须将名单上的十二位北大学生捕齐。汤某还要郑天挺同往见证,郑天挺当即予以拒绝。双方反复交涉、争执,警察局长最后提出:或立即逮捕,或由学校负责于次日早8时前到案,两者之中必须迅速作出决定。郑天挺考虑再三,只好采取第二种办法,以免警方夤夜闯入学生宿舍,那样必然酿成更大的事端。

郑天挺并随警察局长汤某前往缉查处,宪兵队和刑事警队负责人均在。俗云"秀才遇着兵,有理说不清",彼等以势压人,语多讥讽,郑天挺虽饱受消让,"惟念维护学校尊严、同学生命,遂也忍之"。但在与警备司令部作关键性交涉时仍坚持两点:(一)12名学生填具负责证书,不再活动,由学校看管。(二)如必须逮捕,请移送法院。在校方坚持下,警备司令部不得不同意将十二名学生移送法院处理。

郑天挺这样做是符合胡适一贯主张的,胡适不赞成动辄使用军警镇压,主张通过法律手段解决学潮,"由正规法院执行"。郑天挺贯彻了胡适的主张,一些教授也对校方作如此处置表示满意。

4月11日下午2时,北平的所谓"清共委员会"纠集一批暴徒,公然围攻北大。他们肆口谩骂,高喊"打倒共匪的老巢北大"口号,用石块投击红楼门窗,捣毁教授住宅,有三位男生和一位女士被暴徒强掳上车,至南长街才释放。

郑天挺对此预先有所布置:关闭校门,学生暂不外出,校内由全体工警维护。事件发生后,郑天挺除与北平军政当局交涉外,还当即密电胡适,要求校长转请政府惩罚凶手，严令地方当局切实履行保护学校与师生安全的责任，保证今后不再发生类似事件。郑天挺尽了他作为北大秘书长应尽的责任，而且应该说他所做得一切已经超过了他的责任。

在南京召开的国民大会通过一项建议：由国民党政府加强"剿总职权"，凡中央各部、会所属之学校均应配合"剿总"法令执行职务。北平行辕即予撤消，平、津两市划入"华北剿总"管辖范围。郑天挺对此颇有异议，他认为："北大有自由批评之传统，外间颇多误解，今后处境将益困难。不满现状而有所批评，其人或即最爱国、最忠于党者，一概以奸宄视之，不惟不足以服其心，抑且为奸人张目。大学有其使命，学术研究应有自由，如无实际行动，在校内似宜宽其尺度。若事事以配合为责，奉行不善，其弊害不可胜言"。从郑天挺的这番话里，不难看出胡适对他的影响。

蒋介石打算让胡适出任国府委员、考试院长；这违背了胡适本人的意愿。胡适与郑天挺、汤用彤、陈雪屏商议，由他们三人代表北大致电教育部长朱家骅，强烈表示"适之先生万不能中途离校"。在这件事情上，郑天挺、汤用彤和陈雪屏积极配合胡适，帮了胡适的大忙，用老百姓的一句俗话说，胡适事先与他们"捏估"好了。1947年3月30日，胡适在日记中道出了其中的内情：

"陈雪屏回来，带来孟真一信。

"与郑毅生、汤锡予、陈雪屏商量，由他们去电给政府，说明我不应参加国民政府委员会之意。我也去一电给蒋公，申说此意。"

以后蒋介石又有意让胡适做"总统"，胡适一再推辞不得，只得勉强应允。不过蒋介石的建议在国民党临时中央执行委员会上未获多数人认可。事后胡适发电给郑天挺，说："连日外间有关于我的许多流言，北平想亦有闻。此种风波幸已平静，乞告舍间及同人。"

国民党蒋介石不仅在政治上、在民心向背上完全输给了中共在战场上也是接连败北，面临着彻底覆灭的危险。美国当政者们认为蒋介石对此应负主要责任，所以有意"换马"，把希望寄托于"第三势力"，由他们相中的"自由主义分子"进入并改组国民党政府，以维护美国在华的利益。

郑天挺当时拟定了一份内阁名单，对胡适说他"意想中的人才内阁是这样的：党人少要，旧阁员少要，不必一定是内行，必须有声望、有识见、有担当"。在这份主要由"自由主义分子"组成的内阁名单中，傅斯年任行政院副院长，童冠贤、朱家骅、周鲠生主管内政，王世杰主管外交，俞大维负责国防……胡适将此名单照抄在了他的日记里，时间是1948年11月26日。

然而一纸内阁名单犹如画饼，画饼自然是不能充饥的，所以"自由主义"不能解决中国的任何问题，也无法挽救国民党蒋介石彻底失败的命运。距11月26日仅仅过了不到二十天，即12月15日，胡适就不得不离开北平飞赴南京，临走之前他将北大的事务托付给了汤用彤和郑天挺。据胡适日记记载，当时郑天挺和汤用彤都劝他走。

北平和平解放后，郑天挺留任北大总务长，为学校的正常运转做出了一定的贡献。院系调整时他又调任天津南开大学任副校长。

季羡林

季羡林（1911-2009），字希逋，又字齐奘，山东临清人。六岁入私塾读书。七岁入山东省立第一师范学校附设新育小学。十二岁考入正谊中学，半年后转入山东大学附设高中，开始学习德文，对外国文学产生兴趣。十八岁转入省立济南高中，国文老师是翻译家董秋芳。1930年考入北京清华大学西语系。1934年毕业后在山东省立济南高中短期任教。1935年考取清华大学交换研究生赴德国留学，在哥廷根大学学习梵文、巴利文、吐火罗文等古代语文。1941年获哥廷根大学哲学博士学位。二战期间滞留德国，1945年10月二战结束后回国。1946年起任北京大学东方语言文学系教授、系主任。

季羡林在清华大学读书时，受陈寅恪先生的影响对研究梵文和巴利文产生了兴趣。在德国留学的10年间，他先后师从讲授印度学的瓦尔德施密特教授和西克教授。第二次世界大战结束后，陈寅恪把季羡林推荐给了时任北京大学校长的胡适。胡适不拘一格，重用人才，聘请季羡林为北大教授兼东方语言文学系主任，那一年季羡林年仅三十多岁。一步迈入中国最高学府又获最高学衔，可以说胡适对他有知遇之恩，季羡林自己也抓住了这一次难得的机遇。

"我从小就读胡适的书，从我这一方面来讲，我们算是神交已久。从年龄上来看，我们是相差一个辈分。当他在北大教书最辉煌的时期，我还在读中学，无缘见他，也无缘听他的课。上大学时，我上的是清华大学，所以始终没有一面之缘。我在德国呆了十年之后，由于我的恩师陈寅恪先生的推荐，当时北大校长正是胡适，代理校长是傅斯年，文学院长是汤用彤，他们接受了我，我才能到北大来任教。作为全国最高学府的北大，门限是非常高的，学生进北大不容易，教师就更难。而我一进北大，只当了一两个星期的副教授——这是北大的规定，拿到外国学位的回国留学生只能担任副教授，为期数年——立即被提为正教授兼东方语言文学系主任。当时我只有三十几岁。因此，我毕生感激他们几位先生对我有知遇之恩"。

季羡林和胡适见面的机会非常多。作为东语系主任，他经常要向胡适校长请示汇报工作。作为胡适主编的学术副刊的撰稿人，他则要经常同胡适一起探讨学术问题。"我同适之先生共同工作了才三年"。季羡林说："在这段时间内，他还经常飞往南京，在北平的时间不算太多。但是，做的事情却真还不少。我是系主任，经常要向他这位校长请示汇报工作。我们又同是北大教授会或校委会（准确的名称我记不大清楚了）的成员，同是北大文科研究所（有点像现在的文科研究生院，理科好像是没有）的导师，同是北京图书馆的评议会的成员。最后这一个职位一直到今天对我还是一个谜。评议会成员只有六七位，都是北平学术界的显赫人物。为什么独独聘我这个名不见经传的毛头小伙子担任评议会员？我是既喜，又愧，又迷惑不解。"

北大校长办公室设在孑民堂前东屋，胡适在那里处理校务，会见来访的校内外人士与外国友人，季羡林也是那里的常客。"我的总印象是：胡适是一个好'朋友'，胡适是一个好人"，他"待人亲切、和蔼，什么时候见他，都是满面笑容，从来不摆教授架子，不摆名人架子，不摆校长架子，而且对什么人都是这样，对教授是这样，对职员是这样，对学生是这样，对工友也是这样。我从来没有看到他疾言厉色，发脾气。同他在一起，不会有任何一点局促不安之感"。季羡林还举了这样一个小例子：有一次在教授会上，杨振声把他新得的一件异常名贵的古画拿出来让同人们欣赏，主持会议的胡适把画接过旋即作了一个装入自己口袋的样子，引得大家哄堂大笑。

作为中印文化交流的重要举措，印度著名学者师觉月博士来北大作访问学者，还有十几位印度男女学生到北大留学，胡适委托季羡林接待并照管他们，他自己也多次接见印度朋友。师觉月博士第一次在北大作讲演时，胡适亲自用英文致欢迎词。校长胡适的重视是对东语系主任季羡林在工作上莫大的支持。

胡适信奉实验主义哲学以及由此衍生的"实证思维术"，倡导用严格的考据方法来评判史料，"宁可疑而错，不可信而错"，在学术研究上提倡"大胆的假设，小心的求征"。季羡林完全赞同并效法胡适的治学方法，他说："在学术研究方面，我同他一样，都推崇考据之学，颇能谈得来。"他特别赞赏胡适的"十字诀"即"大胆的假设，小心的求征"，认为这是"胡适对思想和治学方法最大最重要的贡献"。

季羡林著有两篇学术论文：《浮屠与佛》、《列子与佛典》。第一篇发表在《中央研究院史语所集刊》上，第二篇写成后先呈送给了校长胡适。胡适那时为写《中国哲学史》也在认真研究中国佛教禅宗和中印文化关系，并同陈援庵先生有所争论。他连夜看完了季羡林的文章，次日即写信给季羡林说："《生经》一证，确凿之至！"后来胡适对季羡林更是赞赏有加，晚年他在台湾还对年轻的研究工作者说："做学问应该像北京大学的季羡林那样。"

季羡林晚年有《为胡适说几句话》（1987年）、《站在胡适之先生墓前》（1999）等文章发表，并为安徽教育出版社出版的44卷《胡适全集》撰写了长达1万7千字的总序（1996年12月24日写毕）。在这些文章中，他回忆了早年在北大同胡适的一些过往，对胡适提出了他自己的一些看法。《胡适全集》总序开头就是这样一段提纲挈领的文字颇有高屋建瓴之势，令人十分注目：

"在中国近百年来的学术史上、思想史上、文化史上、文学史上，甚至教育史上，胡适都是一个举足轻重的人物，一个矛盾重重的人物，一个物议沸沸扬扬的人物，一个很值得研究而又非研究不行的人物。"

全文的主旨是论述胡适在中国近百年来学术史思想史上的地位。在季羡林看来，"胡适首先是一个学者"，其次是"行动思想家"或曰"思想行动家"。（"严格地讲，他不能算是一个纯粹的思想家"，因为"不管是哲学，还是思想，他都没有独立的体系，而且好像也从来没有想创立什么独立的体系。"）再其次才是……

"刚写上了'政治家'这个词儿，我就想改为'政治活动家'，或者由我杜撰的'政治热心家'或'政治欣赏家'。因为我始终认为，胡适不是一个'政治家'。在胡适所处的时代和地区，同中国历史上一样，一个不'厚'不'黑'的人，是不能成为'政治家'，享受高官厚禄的，而胡适所缺乏的正是这两个要害之点，他仅仅是热衷政治的书生或者'书呆子'。"

季羡林不仅如他所说的那样"明确地亮出我的观点"（34页），而且还剖露了自己在写文章过程中瞬间的心理变化，说明了他将"政治家"改为"政治活动家"的原因。这种真诚的态度是难能可贵的。

大致同样的说法在季羡林其他文章中也有，诸如："胡适是一位非常复杂的人物"、"是一个书呆子"、"他对共产党没有深仇大恨"、"胡适不是国民党蒋介石的忠顺奴才"等等。这些看法显然都寓有他个人的感情色彩在内。

胡适是文人，是学者，是一介书生，这样讲千真万确。然而，许许多多无可辩驳的事实说明：胡适绝不是纯粹将自己关闭在象牙之塔里的文人、学者，他深深卷进了现代中国复杂、激烈、尖锐的政治斗争。尽管他标榜"独立"，不在国民党政府里面做官，但这样做只不过是变换一种姿态，使用另一种方式和蒋介石合作，为蒋介石效力。所以仅仅把胡适看作是一位文人、一介书生，过分强调"文化"的层面，就未免小看胡适了，把他这个人物简单化了，属于"书生看书生，惺惺惜惺惺"。

胡适是中国"自由主义分子"的代表，其政治构想是绝对的美国版。季羡林说："他服膺的是美国的实验主义，他崇拜的是美国的所谓民主制度。只要不符合这两个尺度，他就挑点小毛病，闹着独立性。对国民党也不例外。""他反对共产主义，但是拿他那一把美国尺子来衡量，他也不见得赞成国民党。"问题恰恰就出在这里——用"美国尺子来衡量"中国的事情究竟对不对？适合不适合？其实在政治制度、发展道路、经济模式乃至生活方式上全世界并没有统一标准的度量衡，各个国家都要根据自己国家的实际情况来决定。无论外国的什么"尺子"，只要它脱离了中国的国情，不管它属于"左"或"右"，来自东或西，实际上都是教条主义。外国的经验可以而且也只能加以借鉴，把它当作丈量自己家的尺子，就犯了教条主义的毛病，十之八九会出差错。

由于年代久远，又加之高龄，季羡林有的回忆偶欠准确，与事实难免有不符之处。比如随师觉月博士来北大留学的印度学生，一篇文章说"十几位"，另一篇文章又说"六七位"，相差几近一倍。又比如1948年12月北大50周年校庆，他回忆说胡适满面含笑作了简短的讲话，"只有喜庆的内容，没有愁苦的调子"，更与事实完全不符，属于百分之百的误记。胡适那时已经乘蒋介石派来的专机去了南京，根本不可能现身于在北平举行的校庆活动。季羡林在文章的《后记》中对此作了更正并解释，他说：

"已经发生过的事情是一个现实，我脑筋里的回忆也是一个现实，一个存在形式不同的现实。既然我有这样一段回忆，必然是因为我认为：如果适之先生当时在北平，一定会有我回忆的那种情况，……但那毕竟不是事实。"

用想象代替现实，用主观代替客观，如果从理论上较起真来，恐怕应当归入"主观唯心主义"的哲学范畴。不过在文学创作上"意识流"可以流来流去，偶尔的想象与现实相混，主观与客观颠倒，亦无伤大雅，有时甚至会产生特别的艺术效果。由季羡林先生的主观想象——用他的话来说叫"一个存在形式不同的现实"激发起了我们的一连串想象：假如当年胡适留在了北平会怎样？他还会当北大校长吗？还会有那一场批判胡适思想的运动吗？胡适会不会当作"反革命分子"处理？会不会划为"右派分子"？或者呢，会让他加入政协？甚至让他担任政协副主席的荣誉职位？……"假如鲁迅还话着"让一些学人争得面红耳赤，"假如胡适留在了北平"也同样给人们留下了想象的空间，必定触发人们丰富的联想。

邓广铭

邓广铭（1907-1998），字恭三，山东临邑人。1923年夏考入山东省立第一师范学校。因受新文化运动的影响，1930年冬到北京准备报考北大。第一年北大没考上，便入了辅仁大学就读，但他的心仍向往着新文化运动的发祥地——北京大学。后来他进北大求学的愿望之所以能够实现，得益于胡适对北大新生入学考试制度的一项改革。

过去北大有一项规定：凡转学必须先随同新生参加入学考试，成绩合格后再参加转学考试，也就是要过两个关口。来自上海中国公学的吴晗，就因考试未过关（数学考了零分）而未能转学北大，只好进了清华。胡适担任北大文学院长后对这项制度进行了改革，转学生单考转学的课程就可以了，文科、理科在入学考试时还应各有侧重。由于这项改革，邓广铭得以在1932年考进了北大史学系，圆了自己多年的"北大梦"。

据邓广铭说，他在上高小时就从一位教员那里看到过《胡适文存》，知道了"胡适"的大名。后来到了北京，在入北大前旁听过胡适《中国哲学史》中古一段的讲课，给他的印象是条理井然，作了充分准备。上四年级时因为想写南宋思想家陈亮的传记，邓广铭又选了胡适开的选修课《传记文学习作》。胡适上课之前会有布告，课上讲的多是较大的问题。邓广铭印象最深的是胡适讲怎样收集材料时，告诉同学们要学会剪裁。他举美国做衣服的店铺为例，说剪裁师最要紧，一剪子下来就是多少套衣服。"你拿到了料子，就等于拿到了人物传记的资料，但你不会剪裁就不行"。这对邓广铭有很大的启发，后来他写《陈亮传》

时就采用了胡适老师教给他的方法。

邓广铭花了近两年的时间收集陈亮的资料,写了大约十二三万字,作为自己的毕业论文。胡适看后给他打了95的高分,并加了"这是一本可读的新传记"的评语,尤其是其中"写朱陈争辨王霸义利一章,曲尽双方思致,条理脉络都极清晰"。胡适到处对人称赞这篇论文,"逢人满口说邓生"一时传为美谈,这对初出茅庐的邓广铭是一个很大的鼓励。

胡适同时告诉邓广铭陈亮和辛稼轩是很好的朋友,两人的交往应多花些笔墨,但你对辛稼轩反应的不够。尽管存在不足,但胡适还是很欣赏邓广铭的学术才能。1936年邓广铭毕业后胡适就把他留在了北大,安排他在北大文科研究所任助理员,兼史学系助教。那时胡适是北大文学院长,又兼文科研究所所长。

自此以后,邓广铭和胡适接近的机会就更多了。邓广铭在文科研究所主要从事两项工作,一是与罗尔纲一起整理北大图书馆所藏历代石刻拓片,二是协助钱穆校点整理为编写《国史大纲》而搜集的一些资料。胡适对邓广铭说一个人在三十岁以前做学问应当受到鼓励,在三十岁以后做学问是本分。他还鼓励邓广铭申请中基会的研究资助。1937年春中基会批准了邓广铭的申请,这中间胡适起了关键的作用。

邓广铭为弥补《陈亮传》的不足,打算搞辛稼轩年谱和稼轩词笺注。胡适最不喜欢做学问跟在别人屁股后面走,自己一点创见也没有,他告诉邓广铭说"过去梁启超昆仲曾做过这件事,你现在要搞,得写篇文章表明你的本事超过了梁氏兄弟才行"。邓广铭心里有底,他看过梁氏兄弟的书,知道梁启超的《辛稼轩年谱》是他逝世前在医院里写的,所参考的书籍不多,而且只写到1200年,辛稼轩最后8年根本没来得及写。邓广铭按照老师的建议,写了一篇《辛稼轩年谱和稼轩词疏证总辩证》发表在《国闻周报》上,胡适看了说写得很好。

邓广铭全力以赴搞辛稼轩年谱和稼轩词笺注,积累了丰富的材料。有一个姓郑的人同时也在搞,拿了七八本稿子请胡适帮忙出版,胡适因为去庐山开会,就请邓广铭帮着看一下。邓广铭看完之后得出结论:使用的都是梁启超等人的材料,没有作者自己创获的东西。后来胡适把这个意见转告了郑某,对郑某说现在搞辛稼轩的传记,好坏的标准就是看谁的材料多。于是郑某要求胡适把邓广铭的有关笔记拿给他看,胡适当场拒绝了,说:"你们都搞一个题目,我怎么能没得到他同意就拿给你看呢?"郑某又直接找邓广铭,劈头就说:"你不要做这个工作了!"其掠美之心暴露无遗。

由于中基会对这个项目有一定数量的经费资助，如要改变项目承担人得通过中基会，所以邓广铭去征求胡适的意见。胡适态度很明确，他对邓广铭说：

"你照做，这个人甚陋，你开出了书名，他还不知道到哪儿去看。你做你的，我看他做不出什么好东西来。"

胡适对邓广铭的研究工作给予了一贯的大力支持。他们师生之间的关系也相当融洽、亲近。八月十五中秋节胡适还请邓广铭等几个年轻人到米粮库4号他的家里吃月饼，夫人江冬秀亲手做的馅，送到点心铺去做的皮。

抗战爆发后胡适出任驻美大使，北大南迁与清华、南开组建西南联合大学。邓广铭因中基会资助的研究项目尚未完成，所以没有立即跟随学校迁往昆明。在北平期间他有一次去苦雨斋拜访周作人，见到胡适写给周作人的那首诗《寄给在北平的一个朋友》，以及周作人的答诗（其中有"出门托钵募化些米面"之类）。邓广铭当时心中涌起了无限感慨，于是在1938年11月末写给胡适的一封信中说道：

"吾师的诗札和周先生的答诗，……此间一般师友的议论，都以为较之来诗，无论就立意或措词方面，都逊色得多。周先生素以散淡闲逸，能洁身自好而受到一般人的尊仰，竟不料事变未久，即借口于米盐蔬笋诸事而向人宣称'准备出山'了。"

周作人后来作了汉奸。相比之下，邓广铭对胡适"奉国命于此危难之际"感到无比的钦佩！

他于1938年春把《稼轩年谱》完成并寄交中基会，后经过傅斯年、姚从吾两位先生的帮助，又向中基会申请继续给予资助并获允准，得以让下一步稼轩词集笺注的工作得以进行。邓广铭用大半年的时间写出了初稿。他在上面提到的那封信中告诉胡适说："底稿留存学生手中，俟有机会，须呈乞吾师作最后一次之校正，然后再谋印行事宜。然而再见吾师须在何时，亦复杳不可知……"邓广铭用十六个字形容他当时的心情：孤处于此，莫可商承，临纸神驰，不胜愁叹！"学生拟于明春缴卷后即行离平，但世劫方浩，果将有若何变化，若何结局，全难预测，因而究竟应到什么地方置此身，并应做些什么事情以效此命，也是个至难解决的问题"。

北大南迁后，改由傅斯年兼任文科研究所所长。1939年暑假，邓广铭应傅斯年之召离开日冠占领下的北平，辗转上海、香港、河内到达昆明，投向了母校北大的怀抱。有一年多的时间，他与文研所专任导师陈寅恪同住一楼，朝夕相从。所以在谈到学术师承时，邓广铭说过这样的话："在对我的治学道路和涉世行己等方面,给予我的指导和教益最为深切的,先后有傅斯年、胡适、陈寅恪三位先生。"

1943年7月,经傅斯年鼎力举荐,内迁重庆北碚的复旦大学聘请邓广铭任史地系副教授,两年后晋升为教授。在此期间,邓广铭的三部史学著作《陈龙川传》、《韩世忠年谱》、《岳飞》相继由重庆独立出版社和胜利出版社刊行。

抗战胜利后,国民政府任命胡适为北大校长,在胡适回国之前暂由傅斯年代理。1946年5月,邓广铭回到北平,本拟在北大史学系执教,但正忙于北大复员和重建的傅斯年把他借调到校长办公室,做了一个未经正式任命的"校长室秘书"。1946年7月底胡适到任后,邓广铭仍然在教学、研究工作之余做了相当长一段时间的"校长室秘书",帮助胡适做一些工作。主要是具体主持《文史周刊》的编辑工作,接见部分来访者,以及替校长写回信等等。有人收到回信后大吃一惊,想不到大名鼎鼎的胡适竟会亲笔回信,胡适也说邓广铭的字的确有点像他写得。如此说来,胡适有一些信件可能是出自邓广铭之手的"膺品",淘宝者可要仔细甄别了!

有一件事让邓广铭觉得自己很对不住老师胡适。编《文史周刊》时,胡适交给他两篇稿子,一篇论述曹魏"校事"制度,另一篇是有关《水经注》与卢慎之的通信。邓广铭觉得"校事"制度是胡先生新提出来的,通信说的是赵(一清)与戴(震)的一桩旧公案,所以就把论述曹魏"校事"制度一文编排在了前面,以示新颖和重要。报纸出来后胡适认为不妥,因为通信涉及方法论问题,"校事"云云只不过是一段笔记,并不怎么重要。这本来是一件小事,可上海的进步作家却抓住论述曹魏"校事"制度的这篇文章,指责胡适为蒋介石搞特务政治制造舆论。邓广铭于是觉得是自己给胡适惹了祸,招来了许多麻烦。

邓广铭一直跟随胡适,直到1948年12月胡适离开北大为止。

这一年冬天,南京政府教育部委派傅斯年为台湾大学校长,傅斯年很想拉一批北大的教授去台大任教,以充实师资力量。胡适从北平乘蒋介石派去的专机飞到南京以后,傅斯年屡次以北大校长胡适和教育部长朱家骅的名义致电北大秘书长郑天挺,指明要邀请邓广铭等部分教授南下。郑天挺询问邓广铭本人的意见,邓广铭回答说:

"如果单纯就我与胡、傅两先生的关系来说,我自然应当应命前去,但目前的事并不那样单纯。胡、傅两先生事实上是要为蒋介石殉葬去的。他们对蒋介石及其政府的关系都很深厚,都有义务那样做。我对蒋介石和国民政府并无任何关系，因而不能跟随他们采取同样行动。"

邓广铭留在了北平，继续在北大史学系任教。从1954年起先后任北大历史系中国古代史教研室主任、历史系主任。

1994年6月，邓广铭在一次录音谈话里叙述了他和胡适交往的大致经过，扼要地讲了讲他对胡适的一些看法。"胡先生这个人在我看来，是个纯粹的学者，他绝对不是搞政治的人"；"胡先生一生选择的方向就是作学问"，"他就是希望青年人在学问上有所成就"；"胡先生本人博学于文，他不但关心中国的人文科学的发展，也很关心中国自然科学事业的发展"；"胡先生也有偏激的地方，如在批判中国文化本位问题上他就有偏见"……邓广铭特别肯定胡适提倡白话文学的历史功绩，"不论是宏扬传统文化，还是接受外来文化，白话文都提供了最便利的工具。这个作用没有法子用什么东西来衡量"。至于他把胡适主张的"全盘西化"或"充分世界化"与"现代化"完全等同起来，并说"胡先生影响最大的是什么，他自己没有总结过，我想大概就是这个"。如此"总结"显然不无偏颇，因为"全盘西化"或"充分世界化"不能完全等同于"现代化"，在"现代化"与"全盘西化"或"充分世界化"之间不应简单地划上等号。中国特色的社会主义道路开辟了中国实现现代化的康庄大道，有力地说明了"现代化"并不意味着"充分世界化"，更不意味着"全盘西化"。

千家驹

千家驹（1909-2002），笔名钱磊、一之。浙江武义人。早年就读于北京大学经济系。胡适和千家驹的相交十分有趣：他是先闻其名，后识其人，这中间有一个故事……

1932年，在去南京的火车上，胡适和凌某坐在一个车厢里。当时胡适是北京大学文学院长，凌某则在主办一家二三流的小刊物。但毕竟都是文化界人士，免不了攀谈起来。胡适无意中看到了凌某随身带的刊物上有一篇文章，题为《抵制日货之史的考察与中国工业化问题》。大致翻阅了一下，指着文章的署名问凌某："千家驹是谁的笔名？"

凌某答："这不是笔名，他本姓千。"

胡适又问："千在哪儿工作呀？"

凌某说:"千是北大学生,还没有从大学毕业。"

胡适有些惊讶了:"一个大学生有这般水平,实在了不起。我一定要找他谈一谈。"

回到北京后,胡适就和他的得意门生吴晗谈起这件事。恰巧吴晗和千家驹两人是同乡同学又同年的莫逆之交,吴晗便介绍千家驹去拜访胡适。见面之后,千家驹告诉胡适他在北大经济系读四年级,即将毕业,又说他平时给二三流的刊物写点文章,赚点稿费。胡适是非常爱惜人才的,他问千家驹:

"毕业后准备去哪里工作?"

千家驹有些为难地说:"我工作还没有着落呢!"

那时流传着一句话:毕业即失业,大学毕业后找工作十分困难。胡适主动介绍千家驹到陶孟和主持的社会调查所工作,这是一个受中华教育文化基金会资助的独立研究机构。胡适是中基会董事会的董事,陶孟和对他很是敬重,胡适推荐的人他自然乐于接纳。但后来一打听,才知道千家驹是北大学生会的一个头头,著名的"捣乱分子",很有可能是CP(共产党)。陶孟和有些犹豫了,找到胡适商量这个人要还是不要。胡适的反共立场是尽人皆知的,不过在千家驹的事情上,胡适却不为政治成见所支配,他对陶孟和说:

"捣乱与做研究工作是两码事,会捣乱的人不一定做不好研究工作,况且一个研究机关,你怕他捣什么乱呢?"

千家驹在社会调查所的工作经胡适这么一说,就定下来了。后来胡适写文章作讲演,还举吴晗和千家驹作例子,说明一个人只要有本领,大学毕业后决不会失业。

1934年胡适又主动向蒋梦麟校长提出,聘请千家驹到北大经济系担任兼课讲师。经济系主任赵乃搏认为千家驹从本校毕业不过两年,资格太嫩,怕他讲课下不了台,又嫌千家驹思想左倾,在社会调查所建议并动手翻译马克思的《资本论》,就不大想要。千家驹为此给胡适写信,逐条驳斥彼等"拒绝"之理由。在胡适的坚持下,赵乃搏终于让步,让千家驹当了经济系的兼任讲师,给四年级的学生讲中国经济问题。那些学生其实都是他的老同学。

1936年1月1日,新年元旦。胡适在这一天的日记里特别记了一笔:"四点,到承华园,为千家驹、杨黎音证婚。"

原来他不仅在工作上给了千家驹很大的帮助,在千家驹和杨梨音女士结婚时还是他们的证婚人。胡适在婚礼上,先拿出一本"鸳鸯薄"来让千家驹和杨梨音签名。胡适经常为朋友作证婚人，如赵元任与杨步伟、徐志摩与陆小曼结婚时都是由他证婚。在"鸳鸯薄"上第一位签名的是赵元任，现在又轮到年轻后生千家驹了。因为新娘出于杨门，胡适十分风趣地说："千先生是北大著名的捣乱头儿，但看今天的婚礼却一点革命气息都没有，大概从今天起千家驹已变成杨家驹了。"几句话逗得大家哈哈大笑，婚礼气氛顿时热闹起来。

胡适和几个朋友在北平办了一个刊物《独立评论》，千家驹应胡适之约写过两篇稿子，用的是"一之"的署名。千家驹当时是左翼人士，而《独立评论》具有浓厚的右倾色彩，"誉满天下，毁满天下"的胡适又在进步青年中口碑很低，常遭批判，所以千家驹不愿意用真名在上面发表文章。胡适对此很是谅解，对千家驹的署名从不干涉，对千家驹的文章也从不改动一个字。

"以上经过说明胡先生明明知道我是服膺马克思主义的，在政治立场上我们是不同的，我坚决反对国民党，但他并不以此歧视我，而且处处提拔我，帮我的忙，他从没有想以他的政治思想强加于我或企图影响我，而处处表现出一种宽容精神，即儒家所谓的'恕道'"。千家驹在《论胡适》一文中这么说。

千家驹后来担任广西大学教授，并主编《中国农村》、《经济通讯》。1936年参加全国各界救国联合会，任常委。1945年加入中国民主同盟，任民盟南方总支部秘书长。

他和胡适在政治上的选择有所不同，但千家驹认为胡适"在中国文化史上自有其一定的地位，此非任何政治力量所能抹煞"。如果拿胡适和鲁迅相比较，在他看来又有高低深浅之分，"胡适之洞察力，其深刻度远不能与鲁迅比。鲁迅观察问题之深刻，在现代文人中罕有其匹，胡则受杜威实验主义哲学影响，难免流于浮浅。"千家驹举了这样一个例子：1931年他在北大学生会主办的《北大新闻》上登了一篇文章，说法西斯主义就是"独裁"。胡适看后就写了一篇"考据"文章给《独立评论》，他引经据典，详细考据了法西斯主义发源于意大利的棒喝团，法西斯主义与"独裁"风马牛不相及，并以此讥笑北大学生浅薄无知。由于《北大新闻》上的那篇文章作者没有署名，所以胡适不知道他讥笑的北大学生就是他后来颇为赏识的千家驹。当然更不会想到在他死后多年千家驹会来上一句："究竟是胡适'浅薄'呢？还是北大学生'浅薄'呢？"

胡适对千家驹有知遇之恩，千家驹对此终身难忘。1985年他作有《论胡适》一文，称："胡先生是个书生、学者，但非政治家，更不是政客。"这可视为千家驹对胡适总的评价。

第十二章

故友新交在美、台

陈光甫　雷震　吴健雄　王重民　李济　唐德刚　胡颂平　李敖

"我的朋友胡适之"这句口头禅,从二十世纪二十年代延伸到了五六十年代,从中国大陆传布到了台湾地区甚至美国。

本章所列人物有的与胡适在大陆原本认识,但主要的交往和工作关系,是在美国(如陈光甫、吴健雄)或者台湾(如雷震、李济、胡颂平)。有的是胡适在美国和在台湾新认识的,前者如王重民、唐德刚,后者如李敖。故友也好、新交也罢,共同的一点是胡适同他们患难与共、同舟共济,而他们对胡适的崇敬与信任从未有过一丝一毫的动摇。

胡适与秘书胡颂平。(摄于1958年)

陈光甫

　　陈光甫（1881-1976），原名辉祖，后改名辉德，字光甫。江苏镇江人。1909年毕业于美国宾夕法尼亚大学，回国后投身于银行界。1911年任江苏省银行监督，1914年转任中国银行顾问，1915年6月创办上海商业储蓄银行。1927年国民政府在南京成立后，由陈光甫担任财政委员会主任委员，负责为蒋介石筹募军饷。1928年他出任中央银行理事、中国银行常务董事和交通银行董事。抗战爆发后任大本营贸易委员会中将衔主任委员。

　　胡适和陈光甫原是两股道上跑的车，一个是人文学者，一个是银行家。他们两人最早相识于何时何地已无从考证，但肯定不是在美留学期间，因为胡适1910年考取庚款官费留美时，陈光甫已于前一年回国了。陶孟和1919年3月16写给胡适的一封信中有："在上海时遇陈光辅（甫）君（现为上海商业贮蓄银行总理，乃今之留学生成绩佳者），谈及《新青年》，极为称赞，以为《新青年》将有极大势力于吾国之思想，谓每期必读，并力为鼓吹云。"从这一段话中可以知道陈光甫对《新青年》的态度，阅读《新青年》让他对大名鼎鼎的胡适有所了解。

　　胡适在1928年11月4日的日记中曾有"在陈光甫家吃饭"的记载，同席的还有丁文江、白搏九（志鹍）、王文伯等人，这说明至迟在这个时候他们两人就有些交情了。以后几年在胡适的日记中又多次提到陈光甫：

　　"往访陈光甫，谈了一点多钟。他说，现时各处建设颇有进步，人才也多有新式训练而不谋私利的人。他甚夸程士范。"（1934年6月1日）

　　"我到新六兄处，……托他打电话给陈光甫兄，把亚东（图书馆）的三千元上海银行透支再转一期。"（1934年除夕）

　　"到百乐门，看见宋子文、顾少川、陈光甫、李铭、夏小芳诸人。在那个狂乐的跳舞场上，谁也不感觉空前的经济大恐慌逼人而来，谁也不感觉国家的绝大危难即在眼前！"（1934年除夕）

　　虽只廖廖数语，但银行家陈光甫的形象已跃然纸上，不禁让人想起了茅盾在《子夜》中描写的某些场景。

　　抗战爆发后胡适出任驻美大使期间，陈光甫同他有了紧密的工作关系，并在此基础上建立了深厚的友谊。

　　胡适作为驻美大使，最重要而又最困难的一项任务就是说服美国改变"孤立主义"政策,不仅仅从道义上给中国人民以同情,还要对中国抗击日本侵略给予实际的援助。

战争需要雄厚的财力支持。打仗就是大把大把的烧钱。中国本来就既贫又弱,蒋介石政权的经济支柱——沪宁杭富庶地区又沦于敌手,致使国家财政更加困难。前驻美大使王正廷为向美方贷款,走美国政客的门子,同许多美国政界的"混混"接洽,"他们信任的借款代表,名A.P.Laissue(A.P.莱叟),是一个穷光蛋,住房子欠房租几处,有案可稽;曾四次因诈欺受逮问;今日居然能得王大使信任,委以借六万万金元的大事!"结果"上了大当","辱国误国"。

有鉴于此,国民政府遂派中国银行总经理、贸易委员会负责人陈光甫前往美国借款,又正赶上"中立法案"在美国会刚刚通过,要求借款不行,只有拿桐油、钨砂、锑等战略物资交换。胡适是特命全权大使,他一改前任大使的做法,不假手于美国政客,直接与正式的银行家接洽。经过胡适和陈光甫与美方反复谈判、商讨,最后决定由中方设立一个"复兴商业公司",在国内购买桐油售予美国组织的"世界贸易公司",再由"世界贸易公司"与美国进出口银行订立贷款契约,担保人为中国银行。这在形式上完全是一宗商业借款而非政治性的借款,与"中立法案"无涉。

通过这种合法的方式,美国给了中国2千5百万美元贷款,中国政府利用美国的贷款购买军火和其他军用品迂回运至中国。这对抗战初期处于极端困难下的中国而言,无异于是维持体力乃至生命的一支强心针。由于这一笔美国贷款成功,使中国建立信用而因之获得了其他国家的贷款达5千万美元。

以后随着美"中立法案"的松动,中国又以同样的方式,用滇锡从美国贷款2千万美元。

蒋介石电贺胡适:"借款成功,全国兴奋。从此抗战精神必益坚强,民族前途实利赖之。"王世杰也就借款这件事说:"……在那时,我们抗战已经一年多了,在那时以前我国的驻美使节,且是以老外交家见称的人;可是我们向美国政府交涉借款,毫无成就。这次借款,在胡适之先生就任短期内即告成功,并不是基于他,或者是当时派往华府筹划借款事宜的陈光甫先生有着特殊的外交手腕;主要的原因,是罗斯福总统当时已经完全了解我们政府继续抗战的决心,可是白宫及国务院对于胡、陈两位的尊敬与信赖,也确是借款速成的一个大原因。"

在借款过程中,胡适和陈光甫频频接触,两人紧密配合,各展所长,套用一句名言,他俩是"为了一个共同的革命目标,走到一起来了"。胡适对他与陈光甫的合作有相当详细的记述：

"今天陈光甫兄见总统，下午他告我会见的情形，总统说：'I will do all I can within the law ,and more'（我愿在法律范围内做一切所能做的，并且更多）。可惜光甫们来的太晚。

"今日广州崩溃，敌人入城。

"我与光甫皆十分悲愤。两次见面，皆甚难过。

"光甫来吃饭，谈了五点多钟。又同去吃饭，又谈到十点多钟。看晚报，消息更恶！光甫、德懋都甚懊丧。我力劝他们不可灰心，我说：我们是最远的一支军队，是国家的最后希望，决不可放弃责守。

"今夜财长 H.Monganthan,jr（小 H.摩根瑟），约光甫与我去谈，转达 R.（罗斯福）的意旨。

"我与光甫退出后，同到我家，拟了长电给蒋、孔，报告今夜谈话。

"光甫来谈，始知昨日财部与外部会议，……此会甚关重要！我前晚向 Hornbeck（霍恩贝克）说的话，真是'鬼使神差'，可谓国家有救！

"晚上与光甫招待 Henry.Monganthan,jr（亨利.摩根瑟）部长夫妇吃饭。

"光甫来深谈，他很高兴。光甫办银行三十年，平日只有人求他，他不消看别人的脸孔，此次为国家的事，摆脱一切，出来到这里，天天仰面求人，事事总想不得罪美国财政部，这是他最大的忠诚，最苦的牺牲。我很佩服他这种忠心。

"光甫做此事，真是没有一点私利心，全是为国家。他有时也很愤慨，说：'我头发白了，还来受这气恼，何苦来！'

"我今天对他说，我最佩服他这种委曲求全的精神。

"与光甫细谈借款事。决定先由我向总统开口。借款原则可以桐油加押，不足时加锡为抵押品。

"我去年十二月四日曾密电咏霓转告孟真勿攻击孔庸之。今日要发的电文，大概也是要指出庸之与光甫处处合作，是一年中借款购货大成绩的一大原因。我虑宋子文不能与光甫合作，光甫或急于求去，则美国我方少了一个重要力量。

"下午光甫去看财（政）部长，谈的无结果。他来我处吃晚饭，我们谈到夜深。我翻出我的诗《回响》，读给他听，其最末一节是：

　　　　他终于下山来了，向那密云遮处走。
　　　　'管他下雨下雹！他们受得，我也能受。'

光甫能了解此意。

"下午与光甫同去访 Jesse Jones（杰西.琼斯），谈了三刻钟，他有点聋，谈话甚吃力。我们谈借款事。他对我们说，今天参院财政组审查芬兰借款事，决定提议增加进出口银行资本一万万元，但不幸他们附带加上了一层限制，每国借款不得过三千万元! 此议若成立，于我甚有害。故我们托他设法。

"散出后，光甫与我分头进行挽救此案。

"……晚饭后，光甫到我寓中久谈，他今天收到一信，报告国钦发长电给孔庸之，说借款不应有抵押品及担保。国钦把天下事看的太轻了，太容易了，不想到随便发议论可以破坏大事!"

就这样，胡适和陈光甫在共事中相互支持与配合，从而增进了彼此的了解，加深了彼此的感情。1938年10月31日，陈光甫要胡适一张照片留作纪念，胡适当即写了一首诗，题在他的照片上送给了陈光甫。是这么四句：

<blockquote>
略有几茎白发，心情已近中年。

做了过河卒子，只能拚命向前。
</blockquote>

胡适在诗的后记中又写道："光甫同我当时都在华盛顿为国家做点战时工作，那是国家最危急的时期，故有'过河卒子'的话。"

"过河卒子"这四个字，体现了胡适和陈光甫在国家危急时刻，义无反顾地为国效力的精神。这是他们友谊的基础。至于后来郭沫若替胡适改诗嘲笑胡适做了蒋家王朝的"过河卒子""只得奉命向前"，那是另外一回事，属于借题发挥，与当初胡适给陈光甫题照无关。

孔祥熙（庸之）和蒋介石是连襟，这时担任行政院长，大权在握。傅斯年对孔祥熙疾恶如仇，曾两次上书蒋介石要求将其撤换，并在给胡适的一封长信中历数孔之几大罪状。胡适回电劝他不要"攻击"孔祥熙，傅斯年认为这是因为胡适受了陈光甫的影响，"竟真以为孔有好处，此当以先生在外久，未知其近事，而忘其昔事耳"。于是胡适从华盛顿又回信对傅斯年说：

"我在此看陈光甫手下诸人任劳任怨，一年之中，真能做到'弊绝风清'境界，为 New Dealers 所叹赏佩服。此一组人是老孔所最信任，……以后如此邦能继续有所援助，其最大原因在于陈光甫之做到弊绝风清，为国家省钱，为民族抬高信用。"

抛开孔祥熙姑且不论，胡适这样说其实是对陈光甫的充分肯定。

胡适和陈光甫在华盛顿共事的日子里，除忙于向美国借款外，暇时也有一些趣事、乐事。陈光甫说他看不懂胡适的"词选"，胡适对他这话甚感兴趣，说："我仔细想想，真难怪他看不明白，我选的是最容易的词，然而看这些词确也需要特殊的训练。"

陈光甫毕竟是银行家，没有这方面的特殊训练，不会吟诗弄词。他告诉胡适说他喜欢算命，算命是他的一种消遣，每到一地总要找算命的来算命！胡适便给陈光甫讲了一件像算命的奇事：1928年他在南京参加教育会议期间，曾和蔡元培夫人、杨杏佛、朱经农等几个朋友去紫云洞求签，胡适求得一签云"恶食粗衣且任真，逢桥下马莫辞频。流行坎坷寻常事，何必区区谄鬼神！"胡适看了哈哈大笑，说"鬼神有灵，骂的我好毒！"……

有一天，陈光甫来找胡适，说他已托Buck（巴克）在云南呈贡的湖上买几亩地，筑几间房子，预备十二月或正月回去休养。胡适听了大笑，对陈光甫说："我和你都是逃走不掉的。"

1940年5月4日，陈光甫完成借款任务后从纽约启程回国。胡适在当天的日记中写道："今天光甫从纽约打电话来辞行。我们共事十九个月，他是很不易得的同事。我和他都不求名利，都不贪功，都只为国家的安全，所以最相投。今回别了，我们都很惆怅。"

下午他又收到了陈光甫打来的电报，其中有一句是："Assuring you of our happiest recollections of our time together"（使您确信我们在一起的日子是我们最幸福的回忆）。

后来陈光甫曾将他和胡适作了一番对比，说胡适"是金菩萨，满腹文章"，他"至多只是一尊泥菩萨而已"。针对"近来朋友交游之间延誉过甚"，陈光甫说："幸而我还自知，随处肯藏拙，免得败笔走入法家之眼，或脱控刺入知音之耳。"正是怀着这种"藏拙"的心理，1947年陈光甫婉拒了胡适要他负责为蒋介石争取美援的建议，并且把球踢还给了胡适："要担任这样的工作，我认为非有一位东西文化交流的中国人不可，既懂得中国也认得美国。要我这种有名无实的'专家'来充任，就远不如请老兄这样的'外行'了！"

国民政府委员会系集议决策机构，其职权大于抗战时期的国民参政会，但性质相同。1947年胡适和陈光甫作为"无党无派"人士，由最高当局提名担任改组

后的国民政府委员会委员,一般称之为"国府委员"。胡适在致傅斯年的信中就此事说道:

"在沪所闻,知所谓无党无派的四个国府委员,是我和陈光甫、莫柳忱、胡政之。光甫是1938—1940在美国借得第一二次借款,为美国前财政总长摩根托最敬信者;余三人即马歇尔心目中所谓'中国自由主义者'也!此讯如确,则此四人皆是对美国人的幌子……"

1948年底北平和平解放前夕,胡适由蒋介石派去的专机接至南京,不久(1949年1月)胡适到了上海,应陈光甫邀请暂时住在霞飞路福开森路交界处的上海银行招待所里,这也是老朋友的一番心意。4月6日胡适即乘"克利夫兰总统号"海轮远涉重洋去了美国,从此离开大陆再也没有回来。

1951年在美国当寓公的胡适迎来了六十岁生日,陈光甫从曼谷打电报来祝贺,胡适怀着感激的心情回了一封信:

光甫老大哥:

你的七十大寿,我正在从洛杉矶飞纽约,竟不及打个电话祝寿。过了十多天,反先承老哥从曼谷打电报来给我祝寿!真叫我又感激,又惭愧!……我很佩服你的达观哲学。我去年曾想用古人说的'功不唐捐'('唐'是古白话的'空','捐'是'废弃')(No effort is ever in vain)的意思,写一首诗祝老哥的大寿。匆匆之中,诗竟没有写成。现在看你信上说的'种子'哲学,使我记起我在1919写的一首诗,其中有这几段,我抄在下一页,博老哥一笑。匆匆敬祝双安

弟适之

胡适的这首诗题为《乐观》,和陈光甫的达观哲学正相吻合。诗中写大树被砍作柴烧,但它留下许多种子,种子长出了嫩叶,多年之后又长成大树供人们乘凉。这就是胡适说的"功不唐捐"——他和陈光甫所做的工作没有白费,更不会被遗弃,相反会像种子一样长成大树。

雷 震

雷震（1897-1979），字儆寰，浙江长兴人。青年时期赴日本留学，1923年毕业于京都帝国大学政治学系，后又入大学院攻读宪法。1926年回国，先后担任中学校长、国民政府法制局编审。1934年7月起任教育部总务司司长，在王世杰手下工作。王世杰和胡适是老朋友，雷震因而与大名鼎鼎的胡适博士得以相识。

抗日战争中，雷震得到蒋介石的信任和提拔，担任国民参政会副秘书长。1946年1月出任政治协商会议秘书长。1947年4月任行政院政务委员，1948年底离职，以一介文人被当局派定协助国民党军警"保卫上海"。

此时国民党蒋介石败局已定，正要从大陆溃退至台湾。为挽救危局，从"精神方面"即自由民主问题上"努力"为蒋介石提供"舆论的支持"，胡适、王世杰、雷震、杭立武等一批"自由主义"知识分子在上海几经商量，决定创办《自由中国》杂志，由胡适任发行人，具体编辑事务由雷震负责（实际上就是刊物主编）。胡适和雷震的关系由此变得紧密起来。

中国的"自由主义"知识分子在政治上有两个基本点：一是反对共产党，这是毫不含糊的；二是拥护蒋介石，但有时又对其不够"民主"（按美国标准来衡量）持批评态度。

1949年4月，胡适在逃亡美国的轮船上起草了《自由中国》的宗旨，提出：第一，我们要向全国国民宣传民主与自由的真实价值，并且要督促政府（各级的政府），切实改革政治经济，努力建立自由民主的社会。第二，我们要支持并督促政府用种种力量抵抗共产党铁幕之下剥夺一切自由的极权统治，不让他扩张他的势力范围。第三，我们要尽我们的努力，援助沦陷区的同胞，帮助他们早日恢复自由。第四，我们的最后目标是要使整个中华民国成为自由的中国。

《自由中国》杂志是自由主义知识分子的喉舌，反映的是自由主义知识分子的意愿，表达的是自由主义知识分子的呼声，鼓吹的是自由主义知识分子的政治纲领。而胡适是中国自由主义知识分子的主要代表人物，是中国自由主义知识分子的灵魂与领袖，所以由他来阐明刊物宗旨和做发行人，自然是顺理成章的事情。

胡适提出的上述四条宗旨决定了《自由中国》的反共性质。1949年11月20日《自由中国》正式在台北创刊，发刊词就是胡适写的《"自由中国"的宗旨》。以后在每期的卷首上都赫然登载，显示了胡适作为中国"自由主义"知识分子的主要代表人物，是《自由中国》杂志的旗帜和灵魂。不过胡适本人觉得他提出的四条宗旨"实在不够用"，没有"提国家的独立"，故而又致函雷震："千万请台北各朋友，实行组织一个'自由中国'的组织，细细讨论一套切合今日需要的宗旨。"

胡适远在美国，难以直接操作，所以1951年8月他辞去了"发行人"的名义，主动"挑起一个负比较实际责任的撰稿人或海外通讯员"。《自由中国》一度改为"编辑委员会发行"，后由雷震担任杂志的发行人兼主编。

雷震在政治上和胡适一样持反共立场，但他身在台湾，对于蒋介石的威权独裁统治更有切实的感受，因而批评的锋芒较多的指向了蒋介石。他在国民党内部纠集一些人组成所谓的"改革派"，反对蒋介石为连任"总统"而修改"宪法"，反对"以党治国"、"以党治军"，主张开放"党禁"，"取消一党专政"，甚至酝酿成立一个"反对党"……《自由中国》杂志连篇累赘地发表社论和署名文章，鼓吹上述观点与主张。

其实这也代表了胡适一贯的思想。按照美国的民主政治模式在中国建立"民主宪政"体制是胡适毕生追求的目标，而按照美国的标准来衡量，蒋介石政权当然还不够"民主"，有加以"改进"的必要。所以，胡适在公开讲话和私人信件中，对雷震采取了积极支持与鼓励的态度。

他给雷震打气："《自由中国》第四卷十一期有社论一篇，论'政府不可诱民入罪'。我看了此文，十分佩服，十分高兴。这篇文字有事实，有胆气，态度很严肃负责，用证据的方法也很细密，可以说是《自由中国》出版以来数一数二的好文字，够得上《自由中国》的招牌！我正在高兴，正想写信给本社道贺，忽然来了'四卷十二期'的'再论经济管制的措施'，这必是你们受了外力压迫之后被逼写出的赔罪道歉的文字！……我因此细想，《自由中国》不能有言论自由，不能有用负责态批评实际政治，这是台湾政治的最大耻辱。"（1951年8月11日胡适自美国致雷震信）

"如果《自由中国》真有被禁售的事，那么我们更应该为此事向政府力争，……自由中国不可没有自由，不可没有言论自由。总统和行政院长在这个国难时期，更应该切实鼓励言论自由，使人民的苦痛、政府的毛病，都有上下周知的可能。"（胡适致《自由中国》全体编委信）

他直接投书蒋介石，称："民主政治必须建立在多个政党并立的基础之上，而行宪四五年来未能树立这基础，是由于国民党未能抛弃'党内无派，党外无党'

的心理习惯。"

胡适1958年4月应召回到台湾,就任"中央研究院"院长。5月27日《自由中国》杂志社为他举行了欢迎宴会,胡适在致词中当面对雷震大加赞扬:

"这几年来,如果说言论自由格外普遍,我觉得雷先生的功劳最大。我说,台湾应该替他造一个铜像,以表示他是真正争取言论自由的英雄、好汉、斗士。"

雷震曾就组织"反对党"一事多次找胡适商量,他的意思是请胡适出来组党并做党魁,由他担任秘书长,负责实际工作。但胡适考虑到"中央研究院"是一个学术机关,自己作为院长又出来搞政治实不相宜,所以极力劝雷震出来组织,他可以站在旁边赞助。胡适对雷震说:

"我可做你们的党员,召开成立大会和党员大会时,我一定出席讲演捧场。"

雷震说:"恐怕党未组成,而人已坐牢了。"

胡适笑道:"国民党已把大陆丢掉了,今日总该有点进步吧!"

雷震说:"今日地盘小了,可能握得更紧吧!"

胡适意味深长地说:"你是读过四书的,孟老夫子说过,'待文王而后兴者,凡民也。若夫豪杰之士,虽无文王犹兴。'俟河之清,人生几何?"

雷震懂得胡适的意思是鼓励他们自己出来组党,不必等待他出来领导而始为之。胡适在南港寓所留雷震吃晚饭,为了预祝新党成功,因心脏病戒酒的胡适特地拿出一瓶白兰地来,敬了雷震一杯,他自己也陪了半杯……

秀才造反,三年不成。面对当局严加戒备的形势,胡适又提醒雷震:"你说的话,我自己说的话,都会记在我的账上。'杀君马者道旁儿',人家都称赞这头马跑得快,你更得意,你更拚命的加鞭,拚命的跑,这头马一定要跑死了。"

姜是老的辣。胡适建议新党的名称可叫"中国民主党",不必称是"反对党"(那样对当局太刺激),只是一个在野党,目标"是为改善选举,是争民主"。这也是胡适一贯的立场——以"在野"的身份,"独立"说话。

以上所述主要依据《雷震回忆录》,与胡适在他的书信、日记中的记载略有不同。

胡适虽然主张"民主",提倡"言论自由",但他无意同蒋介石对立。本其一贯的立场,胡适后来与雷震等人适当拉开了一点距离。当雷震再次来请他出面支持并告之新党拟于9月间正式成立时,胡适对雷震说:

"我不赞成你们拿我来作武器,我也不牵涉里面和人家斗争。如果你们将来组织成一个像样的反对党,我可以正式公开的赞成,但我决不参加你们的组织,更不给你们作领导。"

针对社会上"反对党呼之欲出"、"胡适博士始作俑"的传言，胡适在1957年8月29日从美国写给雷震的一封长信中反复声明他"从来没有梦想到自己出来组织任何政党"、"千万不可轻易假定胡适之可以（或能够）出来领导一个反对党"。他直捷了当地对雷震说：

"丁月波和你都曾说过，反对党必须我出来领导。我从没有回信。因为我从来不曾作此想。我在台北时，屡次对朋友说，——你必定也听见过，——盼望胡适之出来组织政党，其痴心可比后唐明宗每夜焚香告天，愿天早生圣人以安中国！我平生绝不敢妄想我有政治能力可以领导一个政党。我从来没有能够叫自己相信我有在政治上拯救中国的魄力与精力。

"如果台湾真有许多渴望有个反对党的人们，他们应该撇开一切毫无事实根据的'讹言''流言'，——例如胡（适之）、蒋（庭黻）在美国组党的妄传，——他们应该作点切于实际的思考，他们应该自己把这个反对党建立起来，应该用现有的可靠的材料与人才做现实的本钱，在那个现实的基础上，自己把这个新政党组织起来。胡适之，张君劢，顾孟余……一班人都太老了，这些老招牌都不中用了。"

1959年1月13日胡适又向雷震提出忠告："鄙意以为此时民社党既然还领津贴，最好不要在下周就招待记者，宣布今后不要政府帮助的话。"他还把收到的匿名信转给雷震细看，叮嘱说"不必给任何人看。这个情形是严重的"。意在提醒雷震注意当局公开和暗中的警示。

雷震不知从哪里得到的情报，说："国民党当局已告诉美国人，他们对新党不取缔，任其组织。"又说"（国民党）中央党部放出空气，说十二月地方选举，将准候选人公推监票员。"雷震等人因而信心大增，他们置胡适的劝告于不顾，执意组织反对党，并把成立并发表宣言的时间定在美国总统艾森豪威尔访台，或胡适参加"中美学术合作会议"自美返台之后。在这种情况下，胡适只好表态说：

"你们的党还没有组成，先就痛骂人，先就说要打倒国民党，先就'对国民党深恶痛绝。'国民党当然不会'承认'你们的党了。

"你们要组党，本来同美国人无干，更同艾总统的来台绝无关，所以我劝你们不要赶在艾克到台之前几天发表宣言。把两件不相干的事，故意连系起来，叫人看上去，好像有点相干，——那是不诚实。

"现在我很郑重的劝你们千万不要等候我'到台后再宣布'。"因为"我此时不能悬想，你们的组党宣言发布时我能取什么态度。"

胡适和雷震都高举"民主"、"自由"旗帜，这是他们的共同之处。不过两人此时也有一些不同——胡适反共但不反蒋，充其量做蒋氏的一名"诤臣"（或"诤友"），雷震则反共而又反蒋。结果反共的雷震因为反蒋被扣上了红帽子，作为"共党间谍"遭到当局严厉查处。

台湾执政当局早把眼睛盯住了雷震和《自由中国》，曾一再对之发出警告，动用官方舆论工具进行"围剿"，由法院以"伪造文书"、"诽谤"为罪名控告、传讯雷震。在"国防部总政治部"的"特字第99号"极机密文件中，不点名地对胡适进行了多项指责。

最后，1960年9月4日，台湾当局以涉嫌"叛乱条例"第10条之规定为由，由台湾警备司令部将雷震及其《自由中国》杂志的三位同人傅正、刘子英、马子啸拘捕羁押。10月8日台湾警备司令部军事法庭判处雷震有期徒刑十年。11月17日"国防部高等复判厅"驳回雷震等人的抗告，核准对雷震等人的罪刑判决。雷震随即被解至台北郊外新店安坑军人监狱关押……

雷震被逮捕的时候，胡适正在美国首都华盛顿参加"中美学术合作会议"。有一种解释是：蒋介石之所以选择胡适不在台湾的时候下手，可能既是"杀鸡给猴看"，又要给"老朋友"胡适留一点面子。

美国各大报迅速报道了雷震被捕的消息，胡适闻讯后忧愤交加，有两天甚至不敢在公开场合露面，因为他实在抬不起头来。这倒并不是他真的把自己当作了一只"猴子"，看见"鸡"给杀掉了害怕、难过，他是觉得这一事件严重损害了台湾在国际上的形象，"政府必蒙摧残言论之恶名"，"将贻笑世界"。

胡适从美国给台湾"行政院长"陈诚连续发去了几封电报，除为雷震申辩，说"雷敬寰爱国反共，适所深知"外，着重指出："政府此举不甚明智"，不仅会"毁坏政府的名誉"，"徒然使政府蒙滥用红帽子陷人之嫌"，并且"因雷案而昭告世人全岛今日仍是戒严区，而影响观光和投资"，对台湾经济直接造成损害。

回到台湾后，胡适又在张群陪同下拜谒蒋介石，当面向蒋介石陈述了他对雷震一案的看法。蒋介石仍把雷震与"匪谍"硬扯在一起，并且言道"胡先生好像只相信雷敬寰，不相信我们政府"。这是一句很重的话，胡适只得重申"我愿意用我的道义力量来支持蒋先生的政府"。（参见第八章"蒋介石"条）

胡适营救雷震未能奏效。他唯一能做的，是在身陷囹圄的雷震六十五岁生日时，亲手抄了南宋杨万里所作《桂源铺》中的四句诗来向老朋友贺寿：

> 万山不许一溪奔，拦得溪声日夜喧。
>
> 到得前头山脚尽，堂堂溪水出前村。

雷震在狱中被关了整整十年之久，他 1970 年出狱时胡适早已去世。

吴健雄

吴健雄(1912—1997)，原籍江苏苏州，生于上海。其父吴仲裔主张男女平等，曾在家乡创办明德女子职业学校，故而她从小就受到良好的家庭熏陶与教育。读完小学后，1923 年考入苏州第二女子师范学校。期间胡适与杜威曾一道应邀来学校讲学，胡适讲演的题目是《摩登妇女》，内容为妇女应该如何在思想上走出旧的传统。喜爱看书的吴健雄已在《新青年》等杂志上读过胡适的文章，校长杨诲玉知道她对胡适非常仰慕，便让她来作现场记录。胡适的演讲令吴健雄眼界大开，"思绪潮湃，激动不已"，她像着了迷似的次日又追随到东吴大学再次聆听。吴健雄自己认为一生中影响她最大的两个人，一个是父亲，另一个就是胡适先生。

二十年后，胡适和吴健雄都仍对那次演讲仍记忆犹新。

吴健雄说："你的讲演最动人，最有力量。……我听到了你那次在苏州女中的演讲，受到的影响很深。后来的升学和出洋，都是从那一点出发的。虽然我是一个毫无成就的人，至少你给我的鼓励，使我满足我自己的求知欲，得到人生的真正快乐。"（1943 年 2 月吴健雄致胡适信）

胡适说："那年我在苏州讲演之后，叶圣陶（那时在苏州一中作教员）曾写一篇小说，说一班教员听我演讲，当时的大兴奋，过后的讨论，讨论后的无结果的悲哀。……我并不因此悲观。我曾说，'无心插柳，尚可成荫；有意栽花，当然要发。'我一生到处撒花种子，即使绝大多数都撒在石头上了，其中有一粒撒在膏腴的土地里，长出了一个吴健雄，我也可以百分快慰了。"（1943 年 5 月 10 日胡适致吴健雄）

不过胡适当年演讲的时候已是大名鼎鼎的北大教授，吴健雄作为一名女中学生，大概还没有机会走近他的身边。

1927 年，吴健雄以最佳成绩从苏州第二女子师范学校毕业，并获准保送升入东南大学（中央大学前身）。按当时规定，凡保送上大学的师范学生需要先在小学教书、服务一年。于是她进入上海私立中国公学，一面继续学习，一面在低年级（也称为"华童公学"）任教。胡适1928年4月至1930年5月担任中国公学校长，吴健雄入中公求学与服务正值胡适任校长期间，于是她有幸再次与素怀敬仰的胡适先生近距离接触，成为了胡适名副其实的学生。

胡适校长还兼任文理学院院长，每周讲课两小时，讲授中国思想与文化史。在"清朝三百年思想史"课程讲完之后进行了一次考试，胡适改完卷子兴奋地对马君武、杨鸿烈两位先生说：

"我从来没有看到一个学生，对清朝三百年思想史阐述得这么透彻，我打了一个100分。"

马君武、杨鸿烈两位先生也说班上有个学生总得一百分。他们三人分别把这个学生的名字写了下来，拿出来一对，居然都是"吴健雄"！

吴健雄尽管文史基础扎实，但她并不打算沿着这条路走下去，而是立志要打破"女生不能上理工科"的世俗偏见。所以，1930年她入中央大学攻读的是数学专业，后又被伦琴、贝克勒尔、居里夫妇、爱因斯坦等科学巨匠深深吸引，在第二学年申请转到了物理学系。

"九一八"事变后，京、沪等地爱国学生在南京总统府门前举行静坐示威，迫使蒋介石不得不出来当面向学生们宣示抗日。作为一个爱国的女学生，吴健雄当时成为大家公推的学生示威游行的领头人。

1934年，吴健雄以优异成绩完成了中大的学业，她的毕业论文题为《证明布喇格定律》。不久她即赴美继续深造。

1936年8月，胡适到美国出席"太平洋国际学会"，之后又参加哈佛大学建校三百周年纪念活动，并在哈佛发表学术讲演。彼时吴健雄正在美国加利福尼亚大学攻读物理学博士学位，在一个偶然的机会下，有幸与过去的校长和老师胡适先生见面叙谈。胡适对这次见面虽颇意外，但感到十分高兴，在11月初离美返国前他给吴健雄写了一封信，谆谆教导说：

"此次在海外见着你，知道抱着很大的求学决心，我很高兴。昨夜我们乱谈的话，其中实有经验之谈，值得留意。凡治学问，功力之外，还需要天才。龟兔之喻，是勉励中人以下之语，也是警惕天才之语，有兔子的天才，加上乌龟的功力，定可无敌于一世。仅有功力，可无大过，而未必有大成功。

"你是很聪明的人，千万珍重自爱，将来成就未可限量。这还不是我要对你说的话。我要对你说的是希望你能利用你的海外住留期间，多留意此邦文物，多读文史的书，多读其他科学，使胸襟阔大，使见解高明。我不是要引诱你'改行'回到文史路上来；我是要你做一个博学的人。

"凡第一流的科学家，都是极渊博的人，取精而用弘，由博而反约，故能有大成功。国内科学界的几个老的领袖，如丁在君、翁咏霓，都是博览的人，故他们的领袖地位不限于地质学一门。后起的科学家都往往不能有此渊博，恐只能守成规，而不能创业拓地。

"以此相期许，你不笑我多管闲事吗？"

抗日战争爆发后胡适出任驻美大使，吴健雄曾就国际对华情势致信胡适说："美国虽坚持中国门户开放主义，可是畏首畏尾；真料不到这次Hull居然有勇气对日宣布废约。无怪有一次Mrs.McDuffic幽默地对我说，这废约事恐怕还是您老人家帮Hull的忙才决定的哩！"她高兴地告诉胡适："父亲上星期又有航空快信来，他是很高兴，美国人民自胡大使接任后对于我国抗战已渐表同情，他说非胡大使之德望感人，曷克臻此。想不到女儿是您的信徒，连父亲也变作你的歌颂者了。"

胡适在大使任上经常到美国各地发表讲演，向美国朝野和广大公众阐明中国政府的抗日主张，揭露日本军国主义的侵略罪行，表达并宣传中国人民反对侵略的坚强决心和坚定意志。1940年赴洛杉矶讲演时，胡适曾在百忙之中与他过去的学生吴健雄约谈。在他动身离开洛杉矶的那天，吴健雄早起一见倾盆大雨，心里不知是愁还是喜。十时左右她打电话到胡适下榻处讯问，被告之胡适大使已经离开那儿了。这正应了人们所熟知的标点位置不同、意义完全相反的例句："下雨天留客，天留人不留。"吴健雄怀着激动与歉意，于4月3日给老师写了一封信：

"这次你来，因为酬酢太多，未免太辛苦。老师居然在百忙中抽出时间让我和您谈谈，您试想我是多少欢喜？可惜我迟去多时累您等；到现在，我还是觉得十二分抱歉的。

"这是你病后第一次到西方来，您并不比以前瘦，精神也好，不过脸色似乎远不如以前好。希望那仅仅是一层仆仆旅途的风尘而已。

"您曾经说过的，暑间也许能来，希望别给事情留了。

"现在我决定下年度继续留此，多得些经验。……西来的学生都说您在华盛顿工作过度，希望老师为国珍重。"

毕竟是女性，观察细致，文笔也好。吴健雄如果从事文学创作，肯定也是第一流的。这也说明她听从了胡适老师的教诲，是一个博学的人，一位出类拔萃的知识女性。

1940年吴健雄获博士学位。1944年她参加了美国研制原子弹的"曼哈顿计划"，由于解决了连锁反应无法延续的重大难题而广受赞誉。

在这之间，1941年2月一个星期日的午后，胡适在纽约和吴健雄亲切谈话。他屡次问起吴健雄的生活情况，吴健雄告诉他说："在此除午夜梦回时感思家之苦外，一切都很快乐，男女朋友众多，情谊亦深厚，浑然忘却自己是他乡之客；只是有时候酬酢太多，认'收放心'为苦事耳。"胡适笑了，叮嘱吴健雄一定要从"容忍"和"宽恕"两方面去加强修养。吴健雄说她一向不甘心容忍，常常认为容忍是懦弱者的表现，听了胡适的一番教训才领略到能在合理范围内容忍和宽恕，如像胡适先生那样，恰恰是做人的伟大之处。

吴健雄在她2月24日夜写给胡适的信中对这次谈话有简要的追述，信中她还写道：

"我这一阵子没有给您写信，一方面因为知道您忙，不敢打扰您；在另一方面却又怕您以为我误会您的意思，使您感到不安，其实以我对您崇敬爱戴之深，决没有误解您的可能，请绝对放心好了。"

针对有些人做事爱拖泥带水，又有许多人爱飞短流长，吴健雄心里很替胡适叫冤。"念到您现在所肩的责任的重大，我便连孺慕之思都不敢道及，希望您能原谅我，只要您知道我是真心敬慕您，我便够快活的了"，她这么诚挚地表达道，信的末尾是这么两段：

"今晨上山顶'Big dome'（大圆屋顶）去的时候，桉树（eucalyptus）夹道，香味清新可爱。希望下次您来时，让我驾车陪您参观我们的Giant Cyclotron（巨型回旋加速器），因为这庞然大物将来完成时，可称是世界工程上一大奇迹。

"此次见您时，您清瘦了不少，希望在归途中好好休息一下。您现在真是任重道远，不知战事何年才能结束，才能让您完成您要做的工作和要写的书。敬祝一路平安。"

1942年5月30日，吴健雄在美国与袁家骝博士结婚。袁家骝是袁世凯之孙，和吴健雄一样都是物理学家，在RCA（美国无线电公司）从事有关国防的科学研究。吴健雄5月10日便早早写信告之了胡适："老师，家骝和我预定在本月三十日举行婚礼，我们相识有六年之久，彼此知道得很清楚。……举行婚礼那日我只邀请最知己的几位朋友，不愿惊动许多朋友。我真希望那时候西方有某大学请您来致毕业演说词，那我便可借光了！"

1957年华裔科学家杨振宁与李政道提出"弱相互作用中宇称不守恒"理论，共同获得了诺贝尔物理学奖。这一理论随后由吴健雄的试验得到证明。胡适对此是这样说的：

"李政道、杨振宁两位青年中国科学家获得诺贝尔奖金时，国内许多人，为了吴健雄博士在这份最高的荣誉中没有份，而感觉十分不公平。这种感觉，在美国科学界人士中，也是一样的。因为李、杨两人都是研究理论物理的，他们以一支粉笔，一块黑板，构想，推理出了震惊世界的学说，推翻了物理学上基本的对等定律。但是如果没有吴健雄博士利用美国国家标准局的设备，埋头进行试验，终获证明的话，对今后科学发展有重大影响的李杨定律，将仍旧只是一个推理。尽管诺贝尔奖金办法的规定自有其理由，可是一般人为吴博士鸣不平，也是人之常情。因此在诺贝尔奖金得主公布之后，美国很多地位极重要的学会、团体，却相继颁赠荣誉奖章给她。普林斯顿大学于1958年6月17日，授予她科学博士名誉学位，在赞词中说她是'享有被称为全世界最前列的女性实验物理学家'。"

另据刘家璧在《讨论"大胆假设小心求证"之我见》中称：1957年2月4日胡适赴纽约出席了李政道、杨振宁、吴健雄三位科学家的欢迎会，胡适在掌声中站起来讲话，说吴健雄女士是他在中国公学时的学生，成绩很优良，他为他能有像吴健雄这样出众的学生引为非常光荣。同时李、杨二位均出身于西南联大，北京大学是联大的一分子，尤其是杨振宁的父亲杨武之是他的老朋友，他更感到光荣与高兴。吴健雄在讲话中首先表示谢谢胡先生过去对她的指导，说这次他们研究的结果并没有什么特别的地方，不过是根据胡先生平日提倡的"大胆假设，小心求证"的科学方法。

胡适1958年4月10正式就任"中央研究院"院长。在他的主持下，举行了第三次院士会议，新选出了"四十六年度"院士14人，其中数理组有林家翘、吴健雄、杨振宁、李政道、潘贯、林致平、朱兰成，吴健雄是第一位女院士。这一次是"中研院"第二次选举院士，带有补选的性质。袁家骝在第三次选举（四十七年度、四十八年度合并办理）时也当选为"中研院"院士。世人羡称吴健雄和袁家骝为"物理夫妇"、"院士夫妇"。

1962年2月，"中研院"在台北举行第五次院士会议，胡适院长邀请吴健雄、袁家骝、吴大猷等海外院士出席。2月20日星期四下午三点一刻，吴健雄一到机场就迫不及待地给胡适打电话，胡适拿着电话很高兴地对她说：

"健雄，你们到了吗？我十分高兴。不知道你们愿意住在乡下，还是住在城里？两边都给你们预备了住处。你们愿意住在城里，也很好。大猷也刚到，现在也在我这里。他是住在皇后饭店。你们也住在这座旅馆好了。等你们住定以后，我们再谈吧。"

一个多小时后吴健雄和袁家骝到胡适寓所来了，胡适走到玄关门口欢迎他们。那天他特意穿上了黑色的西装，系着略有红色的领带。吴健雄对胡适说："我们真是远道来看先生的。"

他们在书房里叙旧谈天，话题从胡适的健康状况，到即将召开的院士会议……吴健雄忽然风趣地对吴大猷说："你是饶毓泰先生的学生，饶毓泰和我都是胡先生的学生，在辈分上来说，你应该喊我'师叔'的。"大家都哈哈大笑。

客人走后胡适对秘书胡颂平说："我下午谈话的时间是久了一点，但我很高兴。"他还叫胡颂平第二天一定要去听听吴健雄在台湾大学有关"对等律"的演讲。胡颂平听了演讲后回来向胡适作了汇报，正巧袁家骝来电话，胡适在电话中说：

"我派我的秘书胡颂平去参加，我已知道健雄今天演讲的成功，我特别高兴。请你替我贺贺健雄。"

2月24日第五次院士会议在"蔡元培纪念馆"举行。下午五时酒会开始，胡适走到麦克风前致词，讲到高兴处，他给大家讲了一个"真实"的故事：

"我常向人说，我是一个对物理学一窍不通的人，但我却有两个学生是物理学家：一个是北京大学物理系主任饶毓泰，一个是曾与李政道、杨振宁合作证验'对等律之不可靠性的'吴健雄女士。而吴大猷却是饶毓泰的学生，杨振宁、李政道又是吴大猷的学生。排行起来，饶毓泰、吴健雄是第二代，吴大猷是第三代，杨振宁、李政道是第四代了。中午聚餐时，吴健雄还对吴大猷说：'我高一辈，你该叫我师叔呢！'这一件事，我认为生平最得意，也是最值得自豪的。"

这是胡适生前最后一次讲话。由于心脏病突发他倒在了地上，从此再也没能起来。

他在最后一次讲话中讲了一个生动的师生四代、薪火相传的故事，故事中的唯一女性叫吴健雄，她是胡适最得意的学生，是胡适将一粒种子撒在膏腴的土地里，生长出来的最美丽、最骄人的一朵花……

王重民

王重民（1903-1975），字有三，河北高阳县人。1921年进保定直隶第六中学，1924年考入北京高等师范学校国文系。1928年从高师毕业后，在北海图书馆(北京图书馆前身)整理古籍和主持编制大型书目、索引，兼任河北大学国文系主任和北京辅仁大学讲师。1930年任北海图书馆编纂委员会委员兼索引组组长。1934年被派往国外，先后在法、英、德、意、美等国著名图书馆搜求我国流失海外的珍贵文献，选照了敦煌及其他佚书照片多达三万余张。1939年秋受聘于美国国会图书馆，整理馆藏中国善本古籍。

王重民与胡适相识是在胡适任驻美大使期间。1941年2月，胡适曾派王重民到日军占领下的上海，将从北平转移至沪上的一批善本书设法搬运来美国。2月1日胡适在日记中云：

"到国会图书馆，与Archie MacLeish & A.W.Hummel（阿奇.麦克利什和A.W.休默尔）商量上海存书的事，决定由我派人去作一次实地勘察。

"王重民兄来谈，决定他去上海。"

原来在芦沟桥事变爆发前，国立北平图书馆所有善本书已运抵上海保存，计甲库一百八十箱，乙库一百二十箱。寄存地点最初在法租界亚尔培路科学社图书馆，后转至吕班路震旦博物院。1940年在希特勒闪电攻势下，法国贝当政府战败投降，其在远东的利权为日本所攫取，日本宪兵随时可能闯入上海的法租界内搜查。我国学术界对这一批善本书能否不被日人掠去忧心忡忡，北平图书馆馆长袁守和拟运至美国寄存国会图书馆，但若由美国国会图书馆出面，恐引起日方注目，徒惹许多麻烦甚至造成祸端，故"胡先生再四思维，遂由个人供给资斧，派重民返国一行"。王重民在一封信中这么说，"重民受命，乃于二月三日离华盛顿，八日在旧金山登舟，二十八日抵香港，谒袁守和先生，于三月四日同赴上海"。

王重民在上海用了三个月的时间，从最称善本的甲库一百八十箱中选其最要者，剔去重本与书本重大而少学术价值部分，然后再就版刻与内容选了最善最精的善本书，整整装了一百箱。箱编号码和书编目录各中文一份，英文两份。彼时江海关已在日本人的严密监管之下，如何运出颇费周折，所以延至11月方才寄到美国。不久日本偷袭珍珠港，王重民抢在太平洋战争爆发之前，从上海搬运了一百箱善本书到美国来，无疑是一件幸事，胡适因而对他特别赏识与器重。

以后由于《水经注》，胡适和王重民的交往变得频繁起来。

《水经》本是汉代桑钦著的一部地理书，北魏时郦道元为之作注，遂以《水经注》为书名流传于世。在一千多年中间，传抄者不计其数，致使错误百出，尤其是经文（即《水经》原文）与注文混淆，难以辨别。清代乾嘉学者以校勘见长，全祖望、赵一清、戴震（东原）曾先后对《水经注》重新加以校注。然而对三家新注，后来的学者评价不一，有一些人认为戴震（东原）抄袭了赵一清、全祖望的注本，这成为了学术史上的又一大公案。

胡适对这一公案早有所闻，但由于没有细读全书，故而始终未发一言，在学术上采取了慎重的态度。及至1943年他卸任驻美大使闲居纽约，深为《水经注》所迷，又一再受在美国会图书馆工作的王重民鼓动，才决心全力以赴，审视并了却这一陈年积案，目的并非要为戴震洗冤，只是想摆脱一切成见，再作一次考订，以求满足他自己"求真实"与"求公道"的标准。

王重民在胡适面前自称"后学"，他也对《水经注》感兴趣，在撰写善本书目提要时曾就一部《水经注》校本写了一篇跋语，就学术史上的那一大公案发表己见说："按清儒之治《水经注》，全（祖望）、赵（一清）、戴（震字东原）三家最称巨擘。戴本最先出，赵本次之。乾嘉间学者以赵本多同于戴本，遂谓赵攘戴书，莫之能辨。道光、咸、同以来，始反其案，至今日已成定谳。"

他将文章请胡适指教，并一再动员胡适："胡先生，你若不开审这案子，我怕将来不会有别人肯干这件事的。你既有意重开审判，必须现在就做，现在不做这事，将来回国后，决没有这清静工夫来做这件大工作了。"

胡适说："考订离不开材料。尽可能多地占有材料，是做好学术研究必须首先要做的一件事。"

王重民郑重表示："我在国会图书馆工作，可以帮助胡先生。"

恰巧胡适这一年担任了美国国会图书馆东方部的名誉顾问，他利用这个方便条件，加之有王重民的协助，从华盛顿国会图书馆借阅所藏各种版本的《水经注》及有关资料，总计达200多万字。那一段时间胡适住在纽约，王重民的工作地点在首都华盛顿，他们两人通信密集，王重民不仅帮胡适查阅、抄录材料，还就有些问题提出来与胡适切磋。在胡适致王重民的书信中，我们可以经常读到这样一些文字：

"赵氏《水经注释》的《四库提要》，国会藏赵载元刻本现损失首页之前半，下页自'写，是以莫辨'起。我想馆中定有《四库提要》刻本多种，欲烦兄用最早一种本子为我补抄此前半页《提要》，至'写'字为止。并乞全抄书题下一切注语，如'浙江省采进'之类。并乞代查各种《提要》本子，此书是否均注明'浙江省采进'字样？（今《四库珍本》各书，如沈炳巽的《水经注集释订讹》，《提要》下并不注明'浙江省采进本'字样。然则注明此种字样，起于何种本的《提要》？）并乞代查此篇《提要》之尾，是否有注校上年月之本？其年月有无异同？《提要》本文末句'外间诸刻，固不能不以是为首矣'之'刻'字，是否各本《提要》均相同？

"有二小点，敬乞一查，并乞示知，至感。

(1)聚珍版戴校《水经注》有无刻书年月？……

(2)馆中有无乾隆《御制诗集》？若有之，乞代一查他的《御制题〈水经注〉六韵》诗作于何年何月？

"此次来书，最可以证明考证之不易。赵书之入四库，有目录可稽，有《提要》可证。然而我和你两人至今不能确知此事真相如何，至今不知最初采进的本子和后来（五十一年）的本子有多大的异同。此事比较易考，尚且如此！何况更茫昧的事，如东原何时见着赵书，或是否得见赵书？

重民兄：

连接一月十、十一、十二、十四、十五各书，得益不可胜说。……当然，最大的得益，是老兄指出赵怀玉四十九年刻的《四库简目》已有赵书一事。此事使我明白许多相关事项。多谢多谢！

适之

"前承寄馆藏初刻刻印黄晟本，其上有过录何义门、沈学子朱蓝校本。我细看始知是过录杨希闵过录本，其原本即杨刻《汇校》的底本。可惜过录不全，但此本已给了我很大的助力。《辩伪》文中有些问题，若无此何抄校本，颇难解答。敬记此，以谢厚谊。

"《辩伪》一文，得兄厚相（助）印可，至感至慰。此文得成，皆由兄之时加鼓励，时加襄助也。……"

王重民不仅自己给胡适查书抄书，还让他的夫人也一起帮胡适查书抄书，故胡适信中又有："嫂嫂代抄的《四库全书考证》，关于赵书，……此又一反证也。""嫂嫂代校魏源一文，《魏集》本无'不能曲讳'四字。我检章寿康本，亦无此四字,是我失校。故此文只有此两本,周本与章本,诚如嫂嫂所说。""顷检芝城(加哥)归装,似失去了兄抄的《两浙輶轩录》的施廷枢传。倘蒙嫂嫂再抄此文见示,感谢不尽!""此案卷交嫂嫂抄辑,最妥最好!这是我们三个人合作的一种工作,并不是'沽名',望嫂嫂不要抗议。"

胡适和王重民围绕《水经注》尽享"日日通书论学之可乐!人间炮火遍地,能享此清福者有几人!"以后胡适回到国内,上海和北京的朋友们听说他想要弄清《水经注》这个案子,又纷纷主动送来了不同版本的《水经注》,或提供有关的线索。胡适总计收集到的各种版本的《水经注》近30部,其中有不少珍本、善本。他反复、仔细比较戴震(东原)、赵一清、全祖望三家《水经注》校注本的异同,并以其他书籍相对校,从校勘学方面,从《水经注》字句讹误的校正方面,爬罗剔抉,以全还全、以赵还赵、以戴还戴,并在此基础上寻找出了10组证据,说明戴震校注《水经注》时根本未见赵一清注本,从而推翻了"已成定谳"的"戴偷赵书"的旧案。

通过考证《水经注》,胡适对王重民的学识和人品很是赏识,萌生了要王重民今后去北大执教的想法。1944年11月27日他在致王重民的信中说:

"我很盼望你将来能到那恢复后的北大去教授,并且盼望你(无论将来到何地去)在此时计画将来愿专力领导的研究学科。我认得吾兄这多年,只觉得你读书最勤最博,几乎无所不知。但我至今不敢说你将来治学会专向那一条路。便中很想听你自己说说这个问题。"

当时二战尚在激烈进行中,此事不可能付诸实施。抗战胜利后国民政府任命胡适为国立北京大学校长,胡适在未回国之前,就拟任命王重民为北大图书馆主任,但未向王重民明言此事,因为王重民的工作问题还要与北京图书馆馆长袁守和协调,代理校长傅斯年又不愿在北大办职业化的班次,图书、博物两系拟在团城另办。但王重民闻讯后给胡适写信说:"真想不到竟蒙我公重视到这班地步,能不叫我感激涕零!先生的计划没肯向重民说,想或因碍于守和先生方面,或因曾一度有此计议,又欲令重民多读书,遂不肯以行政事委之。然闻信之下,念及如此知遇之恩,情感自有一度甜酸交并也。"

紧随胡适之后,王重民于1947年回国,任职于北平图书馆。这一年暑假北大中国文学系创办图书馆学专科,王重民由胡适聘请,兼任北大中文系教授,主持图书馆学组的教学。当初王重民中学毕业后报考北大未被录取,多年之后在胡适提携下当上了北大教授,也算是圆了自己的"北大梦"。

北大中文系图书馆学专科后改为本科，王重民任系主任。1949年北平和平解放后，他又兼任北京图书馆副馆长。1952年他辞去北京图书馆职务，专事教学，1956年王重民任北京大学图书馆学系主任，曾主持制定全国图书馆学发展规划。王重民著述颇丰，在古文献学、目录学、版本学、图书馆学、敦煌学等诸多方面均有建树。

李 济

李济（1896-1979），字受之，后改济之。湖北钟祥郢中人。1911年考入清华学堂，1918年官费留美，入麻州克拉克大学攻读心理学，次年改读人口学专业。1920年转入哈佛大学人类学专业，获哲学博士学位。1922年回国，任南开大学人类学和社会学教授。1925年任清华大学国学研究院人类学讲师。

作为我国考古学的奠基人之一，李济早在1924年便开始田野考古。1926年主持发掘山西夏县西阴村新石器时代遗址，这是中国学者最早独立进行的考古发掘。1928年至1937年，他又主持了震惊世界的河南安阳殷墟发掘，使殷商文化由传说变为信史，并由此将中国的历史向前推移了数百年，被视为人类文明史上最重大的发掘之一。1929年初，应聘出任中央研究院历史语言研究所考古组主任。1936年赴欧洲讲学，1938年被推选为英国皇家人类学会名誉会员。1946年参加中国政府驻日代表团工作，索讨日本侵华期间掠去的中国文物。1948年底随考古组去台湾，被推选为"中央研究院"院士。根据河南安阳殷墟发掘撰写的《安阳》一书是李济晚年用英文写成的一部力作，1977年由美国西雅图华盛顿大学出版部公开出版。

因为田野考古，加上又在历史语言研究所工作的关系，李济与我国早期地质学家丁文江、史语所所长傅斯年过从甚密，而丁文江和傅斯年都是胡适最亲密、最信赖的朋友，所以通过丁、傅的介绍，李济与胡适得以认识并时常见面。1948年初夏，他们两人曾一起应邀在武汉大学讲学，胡适将自己演讲的经验告诉李济："讲演前饭绝对不能吃得太饱，只可以吃半饱，能喝点酒更好，吃得饱了，讲演时就会气力不够。"因为大多数学生主要是仰慕胡适的大名而来，对李济则比较陌生，胡适便简要地介绍了李济的情况，并且谦逊地说："我和大家一样，今天是来听李济之先生的讲座。"（参见第十章"周鲠生"条）

在和胡适的交往中，李济通过一些小事"见微而知著"，对胡适做学问和处

世为人的态度有了深刻了解,并为之感动。仅举两例:

一,李济从安阳出土的文物中见到有一个跪坐姿态的石头人像,就像现在日本人在家跪坐的姿态一样,但日本人跪坐起于十五六世纪,比安阳出土的文物至少晚两千多年。为了研究这一人像的跪坐,他翻阅了不少书籍,还是未弄清中国的跪坐历史。一次他偶然和胡适谈到这个问题,胡适问他有没有读过朱子的文章?朱子的文章中有一篇叫《跪坐拜说》,他要李济去查一查。李济查看之后,终于把中国的跪坐历史弄清楚了,写了一篇文章《跪坐蹲居与箕踞》。原来在汉以前四川与中原隔绝,直至汉朝文翁将经书带至四川,四川方因之文物大盛。宋代四川人为感激文翁,特刻其像供之,此像即为文翁跪坐姿态。这也就是说中国的跪坐历史从商朝起,一直延续至汉末,以后才有了椅子、凳子。中国的跪坐后来传至朝鲜,再传至日本。李济说他研究的这一"跪坐"问题是一个极偏冷的门类,但偶与胡适谈及,胡适便马上告诉他可以在什么书中去找寻考据,"这就是他学问渊博的证明,这学问乃是他自己手不释卷,一步一步地养成读书的习惯,而在无数个岁月中堆积起来的"。

二,在武汉大学讲学时,胡适和李济住在一起,共享洗澡间。工友每天都把房间收拾得很干净,洗澡盆也擦得很清洁。李济天天洗澡,胡适却有时洗有时不洗。武汉素有"火炉"之称,李济忍不住问胡适:"一天讲演下来已经很累了,为什么不洗个澡舒服一点呢?"胡适回答道:"我有一个习惯,洗好了澡,一定要把洗澡盆洗干净。"一般人洗完了澡把水放掉就完事大吉,但胡适不愿把洗澡盆上的污垢留给别人或第二天让工友来擦洗,讲演太累了他也没有气力把澡盆擦洗干净,所以他有时宁可不洗澡。这种"不轻易役人"的作风很让李济感动,他效法胡适的榜样,"从此就改变作风,洗完了澡一定把澡盆擦洗干净,直到如今"。

胡适和李济的密切交往是在台湾工作的时期。

1956年在美国做寓公的胡适给李济写信表示了想回台湾的意向。

"我近来有一个妄想,想请骝公与兄替我想想:

"我想在南港院址上,租借一块小地,由我自己出钱,建造一所有modern方便的小房子,可供我夫妇住。……其他海内外院士可以仿行,将来在南港造成一排学人住宅。

"我觉得史语所的藏书最适于我的工作(1948年我曾长期用过);又有许多朋友可以帮助我。"

骝公即朱家骅——"中央研究院"代理院长。傅斯年去世后"中研院"史语所所长由董作宾担任，董作宾转到香港大学任教后由李济继任。所以胡适请他们两个以及钱思亮、毛子水等老朋友帮助筹划。那些个老朋友早就盼望胡适能回台湾定居，蒋介石也想请胡适到台湾来帮他撑门面，所以于1957年11月4日发布明令：特任胡适为"中央研究院"院长。

不料胡适因胃溃疡作了胃部切除手术，需要治疗、调养一段时间，短期内不能回台北履行职务。故而他致电蒋介石，建议由李济暂代院长，负责处理院务。得到蒋介石首肯后，胡适给李济写了一封信，说：

"我真感觉十分抱歉，把中央研究院的事赖（至少暂时赖）到你身上！你可以相信，我在十一月初三发的英文电，初四发的中文电，因病体未复原恳辞院长，并请任命老兄为院长，都是十分诚恳的，我在七八月间曾有信表示佩服你在短期中做到百废具举的成绩。故我推举你是诚心的。……"

李济很关心胡适的病情，对胡适的一番心意也很能理解，在一次越洋电话中，他问胡适："什么时候可以回来？"

胡适说："病好了一定回来。"

李济又问："阳历四月是不是可以回来？"

胡适答道："可以回来。"

得到胡适肯定的回答，李济又和胡适商定了召开院士会议的日期。

李济接受了代理院长的任命，1958年1月11日"中央研究院"在台北举行了新旧院长交接仪式，卸任院长朱家骅亲自交代，由代院长李济代为接受，这样胡适正式就任后就不必再办交接手续了。胡适于2月间短期来台，不久又回美国继续治病并处理一些事情，临走前叮嘱李济说：

"最要紧的是要请吾兄继续代理院务，养成一个 tradition，我每出国，即当然请吾兄代理院务，以后有了这个传统的风气，就没有麻烦了。"

"中国银行的印鉴，我还没有送去。我很想征求你的同意，印鉴改为你和汉升兄两人合签的印鉴，可以不用我签字最好。"

1958年4月胡适正式就任"中央研究院"院长，他在就职典礼上致词说，希望各研究所所长和各位研究员同人同他一道努力建立学术科学研究的基础。他特别提到了李济，说："李先生在中央研究院有多年的历史关系，比我年轻，年富力强，在学术上也有贡献。"在工作中李济始终是胡适最亲密的同事，是胡适的左膀右臂，"中研院"凡有大事、要事胡适必和李济商量，征求李济的意见，对李济委以重任。

人才决定一切。"中央研究院"需要聚集第一流的专家学者，因而院士提名与选举是一件大事，1961年6月9日胡适致信李济说：

"文史各学科的提名实在太不成样子，你我均不能坐视。鄙意仍盼老兄领导，提出文史的候选人，范围不妨包括中研院、台大、及海外治文史者，用院士五人合提的方式（前年提过的人，如陈康、陈槃均不妨再提。）

"如需我召集本组之选举筹备会的委员（雪艇、汉升、树人、从吾、你、我）一谈，或本组的在台院士（你、我、雪、董、姚、劳、凌纯声七人）一谈，乞用电话示知。"

6月23日胡适又致信李济："前次会谈院士提名事，已有详函与元任、方桂，请他们用电话会商，本年语言学应提一人或二人，及人名，并请他们复电。今天得复电，说'We nominate Chou Fakao'。我已代他们两人签名了。今将我去函及回电送呈，乞兄请所中专家将'资格说明'各项填清，并乞补签提名人数为感。"信末又提及"考古学提名表，亦乞早办为感。"

李济对胡适主持、领导"中央研究院"的工作给予高度评价，说："胡先生做中研院院长，他绝不管各所里面琐细的小事，他慎重的选择所长，各所里面的事务都由所长自行处理。他绝不加过问。而在他任内，也并没特别扩充研究院的范围。只增加一个植物研究所，找李先闻先生回院做所长。其余中研院的各所，都是前任所留下的规模。第二是关于院士的选举。胡先生对于选举新院士，非常慎重，资格著作的审查很严，许多著名的数理科学家和人文社会学家的新院士，差不多都是在胡先生任内选出来的。"

1962年2月24日，胡适在"中央研究院"院长任上猝然去世。大家都在想纪念他的方法，却得不到十分满意的结论。李济认为若从永久性的纪念说，像胡适先生一生的成就，可以说是"自有千古"，不需要任何纪念性的标帜。换句话说，他留下来的工作成绩，就是纪念他最好的纪念品。历史上的人物，如韩愈、朱熹这一类的人，是用不着别人纪念他的，胡适就属于这一类著作等身的文化巨人，自有丰碑长存于天地之间。

于是"中央研究院"史语所的同仁们各就本人的工作写了一篇纪念文章，结集为《故院长胡适先生纪念论文集》。李济在序言中深情地说：

"史语所同仁有幸，在胡先生最后的几年生活中，得与他朝夕相处，所获到的益处，方面是很多的；但他留在南港最深刻的印象，仍是他那做学问的方法。"

唐德刚

唐德刚（1920-2009），安徽合肥人。幼时在私塾念书。1939年秋考入重庆国立中央大学历史学系，1943年毕业，获学士学位。1944年在安徽学院史地系讲授《西洋通史》。1948年赴美留学，获哥伦比亚大学博士学位，后留在哥大任教，讲授《汉学概论》、《中国史》、《亚洲史》、《西洋文化史》等课程，又兼任哥伦比亚大学中文图书馆馆长职务长达七年。

哥伦比亚大学是当年胡适留美时深造的地方，他在哥大研究院追随杜威攻读实验主义哲学。从这个意义上说，胡适和唐德刚是哥大的校友，尽管各自入校的时间相差三十多年，年纪相差也近三十岁。

两人相识是在胡适从大陆跑到美国做寓公的时候。1954年5月，哥伦比亚大学为建校二百周年举行各种庆祝活动，胡适作为成就卓著的知名校友受到邀请，回母校与师生们同庆。唐德刚是文法科高班的研究生，在校园里偶尔见过胡适，一个老学长，一个小学弟，老少两辈人就这样认识了。唐德刚后来回忆说：

"晤面的场合多半是我是个穿着工作服，正在作工的学生；他则是校方邀请的主客之一。但是胡先生总要找个机会走过来和我们作工的学生和小职员们，拉拉手嘻嘻哈哈聊一阵。……两三次偶尔晤面之后，他老人家便能称名道姓起来，有说有笑，使对方无拘无束把胡适之真的看成'我的朋友'了。

"胡先生那时经常在哥大图书馆内看书，来时他总归要来找我，因为我是馆内他所认识的、唯一的一位华裔小职员。我替他借借书，查查书。有时也为他开开车，……

"他对哥大的爱护绝不下于他对北大的爱护，其居心之纯朴，真是情见乎辞。记得有一次胡先生要我替他借一本大陆上出版的新书。我说哥大没有这本书。胡先生惊讶地说：'我们哥伦比亚怎能没有这本书？！'"

胡适和唐德刚接触多了，也就自然而然地成为了朋友，一老一少结成了忘年交。

其时唐德刚在攻读美国史博士学位，他觉得这是费力不讨好的傻事，有心改行却又缺乏魄力。胡适在唐德刚的众多的师友中，是唯一劝他"不问收获"读下去的人，这位把哲学作为职业的睿智老学长，根据自己丰富曲折的人生经验，向唐德刚和他的青年朋友阐释生命的意义，说："生命的意义就是从生命的这一阶段看生命的次一阶段的发展！"也许是尝够了寓公生活的艰辛，胡适还不只一次的告诫唐德刚"年轻时要注意多留点积蓄"。老年人往往是年轻人的一面镜子，老年人的经验之谈能给年轻人许多教益，老年人的肺腑之言也会让年轻人受到感动，胡适和唐德刚在接触中就是这样的，在唐德刚眼里胡适是和他们年轻学子"一起同舟共济的老乘客"。

据胡适说，他和唐德刚的老辈们还有点世交，能数出一大堆唐家老辈的名字来。唐德刚只知道过去他们家在北京长住过，和在北京的安徽籍政界名流有千丝万缕的关系，但胡适讲起徽州话来他可是一句也听不懂。但毕竟都是安徽人，胡适对他与唐家的乡情和世谊颇为珍惜，唐德刚对胡适这样一位安徽籍名人从内心深处也很敬仰并引为骄傲。

正因为有"乡谊"，所以胡适有时请唐德刚到他家去品尝太太烧的"安徽菜"，江冬秀烧菜有如她打麻将的技术一样精湛。俗话说"亲不亲，一乡人"，唐德刚去胡家吃饭时只需加双筷子，并不特意为他准备，这种亲如一家的感觉，加上地道的"家乡口味"，使得唐德刚既饱了口福又得着了温暖，如同在父母身边一样。

唐德刚对胡适的寓公生活有一则记述："……在这盗匪如毛的纽约市，二老幽居，真是插标卖首！一次胡先生外出，胡太太一人正在厨房烧饭，一个彪形大汉的窃贼，忽然自防火楼梯，破窗而入。幸好胡太太没有学会一般美国女人临危时的尖叫，她老人家只是下意识地走向公寓大门，把门打开，返身对那悍贼，大叫一声'Go！'真是积善之家，必有余庆，那位大黑贼，看了胡老太太一眼，真的从门口'Go'了。她老太太把门关好，又径直地回厨房烧菜去了。"

做寓公的胡适无私车可坐，只能挤公共汽车，被人推来搡去。有一次唐德刚开车去接他，但是电话里事先未说清楚，让胡适等错了街口，"最后我总算把他找到了。可是当我在车内已看到他，他还未看到我之时，他在街上东张西望的样子，真是'惶惶如丧家之犬'！等到他看到我的车子时，那份喜悦之情，真像三岁孩子一样的天真"。

惟其"惶惶"，方才"喜悦"，所以"惶惶"也好，"喜悦"也罢，都是落魄中的胡适的写照。窘困之时，盼人相助，这也是人之常情。

为了维持生活，胡适曾在1950年5月间接受聘请，担任了普林斯顿大学所属葛斯德东方图书馆的管理员，聘期是两年。期满后又被续聘为该馆的荣誉主持人。唐德刚了解了胡适的窘况后很想帮帮这位"流亡异域、风烛残年的老前辈的忙"，他乘哥伦比亚大学罗致人才充实汉学教研的机会，有一次向哥大当轴建议

聘请胡适来工作,没想到这位"当轴"竟说了一句:

"胡适能教些什么呢?"

尽管他是微笑着说的,但已经让唐德刚心里凉了半截。胡适能教些什么?——啊啊,胡适可是"中国文艺复兴之父",大名鼎鼎、著作等身的大学者,当过中国最高学府北京大学的校长啊!胡适又是哥大的知名校友,以他现在的身份和学识,就是当哥大校长恐怕也绰绰有余!然而唐德刚同时也知道,"当轴"这样说反映了美国文教界对华人学者插足美国学府抱着抵制的态度,担心抢了他们的饭吃。"只许狗摇尾巴,不许尾巴摇狗"——这就是霸气十足的美国人典型的行事法则。怎么能让胡适去作摇尾之材呢?

胡适也明白这一点,他曾说过:"外国学者弄中国学术的,总不免有点怕我们,我们大可以不必在他们手里讨饭吃或抢饭吃。"

唐德刚没有帮上胡适的忙,胡适也不计较,相反,他听唐德刚说哥大图书经费按各系科注册学生人数分配,读汉学的学生只有廖廖几位,摊到的图书经费也就少得可怜(仅有二百元),胡适就主动去找几个"有钱的校友"捐两千块钱给哥大购买中文图书。"他自觉是老辈,是哥大的父兄。对这个大家庭底兴衰荣辱,他是有直接关系和责任的。所以任何破铜烂铁,他如果能替哥大争一份,他都要替哥大争一份。期许之深,推爱之切,足令旁观者感动"。

哥伦比亚大学的东亚研究所附设有中国口述历史学部,其任务是记录并整理中国著名人物的口述自传,由纽约时报财团所经营的美洲微缩胶片公司影印发行。胡适作为中国学术文化教育界的著名顶尖人物当然在入选之列,他的口叙自传是由唐德刚襄赞,陆陆续续记录、整理和编写出来的。两个中国人的英语都十分娴熟,他们的工作语言英汉双语并用,底稿则多半是先汉后英。因为哥大当局对中文稿丝毫不感兴趣,对英文稿则催要甚急,所以唐德刚为争取时间把中文稿统统删去了,怪可惜的。

"其实当年胡先生和我由汉译英时,也曾费了一番心血"。唐德刚在《回忆胡适之先生与口述历史》一文中说道:"因为胡适的自传与一般名人的自传在性质上颇有差别。其他名人传记多半以叙事和说故事为主;而胡传则重在论学,尤其是讨论中国的古典著作,是一部学术性的自传(intellectual autobiography),就翻译来说,则故事易翻,而论学难译了。"

唐德刚举了一个例子:有一次胡适和他讨论梁启超编辑的《新民丛报》,唐德刚顺口译为 The People Miscellany,胡适认为不妥,说"新民"二字应译为

renovated people。唐德刚所译虽不免"以词害意"，但较为顺口些，胡适所译"以意害词"，也有欠缺。两人研究了半天也没有找出一个恰当的译名来，由此可见翻译之难。不过，从他们老少两辈相互切磋、平等对待、认真研究、仔细比较的态度中可以想象那种情景是多么让人感动。

这项工作从1957年冬正式开始，由胡适和唐德刚两人合作，正式录音十六次，另有胡适和唐德刚对各项问题的讨论以及唐德刚访问胡适的问难与感想，篇幅甚巨，但未收入正式录音之内。

唐德刚在《写在书前的译后感》中说："胡适之先生这本自述，从头到尾原是他老人家说给我一个人听的。他那时想象中的'将来读者'，则是美国大学里治汉学的研究生。因此我也就遵从他底意思，在章目结构、材料取舍上，以'美国研究生'为对象。同时我自觉我对这些可能的读者们，汉文底子和学习风尚，所知较深，因而在编稿时，有许多地方也是我替他硬性作主，其后才由适之先生查阅认可的。所以在那十余万言原稿的背后，还有胡老师与笔者千百万言的讨论和对话。"

原定的《自述大纲》分为三篇共二十九节，由于1958年4月胡适离开美国回台北就任"中央研究院"院长，所以只完成了全稿的"前篇"十二节，内容仅从家世出生叙述到壮年时期，所以是一部未定稿。按最初的计划，口述自传与胡适的《四十自述》英译本合而为一，《四十自述》中已有的故事在口述自传中不再重复。唐德刚在繁忙的工作之余挤出时间帮助修改《四十自述》的英文译稿，1959年12月5日胡适曾自台北致函唐德刚说："翻译《四十自述》是不容易的事。蒙你们修改纪五的译本，我很感谢。"

胡适对口述历史很重视，认为这既有必要又急需抢救，近代史研究所的郭廷以也提倡"口说的历史"。胡适在台北和郭廷以专门邀请了六位老人吃饭，将《四十自述》分送给他们，希望几位老人都来做口述历史的工作。在上面提到的写给唐德刚的信函中，胡适着重讲了这件事情：

"此间近代史研究所郭廷以先生发起 Oral History。昨晚我和他出名请客吃饭，请的客有贾景德、赵恒惕、莫德惠、何成浚、张知本、傅秉常。

"都是已允作第一批 Oral History 的谈话的老人（贾、赵皆已八十岁了）。他们似乎都很起劲。

"郭君已请沈云龙先生专管这件事。沈君是搜集现代史料最勤最富的学者。

"这件事，可以报告 Dr. Wilbur，他一定很高兴。将来我们这边若有成绩，也许可以同 Columbia 的 Oral History 合作。"

吃饭的地点在台北市中园，胡适日记中列出的客人名单中还有朱家骅、胡秋原、张致远、沈云龙，这几位可能是陪席。

口述历史，胡适和唐德刚由个人合作进一步发展到台湾和美国相关学术机构的合作，这也是对唐德刚工作的一种支持。

1972年秋，美国哥伦比亚大学公布了一部分中国名人的口述自传，其中包括胡适自述，唐德刚记录整理的英文文本。此时胡适已经去世多年，唐德刚也已转入纽约市立大学任教，并承担了一份相当繁重的行政工作。哥大率尔影印发行，未免有些草率，幸好台湾传记文学社取得了胡适口述自传的中文翻译权，刘绍唐遂与唐德刚联系，希望由唐德刚承担起汉译的任务，以便《传记文学》月刊按期分章发表。唐德刚尽管在海外谋生不易，事务繁杂忙乱，但他仍接受了这份额外的工作，利用晚间和周末，在十分疲劳的状态下将英文本重又译成中文，当时他是这样想的：

"如今胡先生已长眠地下，绍唐兄要我独立再由英文稿译回中文，承命之余，二十年前旧事，重涌心头，真是感慨万千。我生为炎黄子孙，把原稿回译以飨国人，我自觉是有道义上的责任的。再者我试翻手头残笺，发现哥大所公布的稿子与胡先生当初和我合拟的计划也不无出入。……今日绍唐兄既有此指派，我也想乘此机缘把这宗文稿再稍加整理，以为祖国保留一份较为可靠的先贤遗作。"

怀着一颗炎黄赤子的心，怀着知识分子的责任感，怀着对祖国对先贤的热爱之情，唐德刚终于完成了胡适口叙自传的改译工作，"'复原'给中国读者们看"。他颇有把握地说："窃思译文中虽小误多有，大错应不会太多，甚或没有。"

顺便说一下，唐德刚为胡适口叙自传作有大量的详尽的注释，颇具文史价值，对之有进行专门研究与剖析的必要。当然，其中某些观点在我们看来值得商榷。

中文胡适口叙自传在台北《传记文学》月刊上连载，以后又由传记文学出版社出版单行本，唐德刚写有《编译说明》和《写在书前的译后感》。大陆出版时书名《胡适的自传》，并用括号注明"胡适英语口叙，唐德刚翻译整理"，它成为了研究胡适的一本重要参考书。

胡颂平

　　胡颂平（1904-1988），浙江温州人。肄业于虹桥高小。1922年考入温州省立第十师范学校。1926年考入广州中山大学，次年转入上海中国公学，1930年毕业，得法学学士。毕业后一度担任上海敬业中学和浦东新陆师范学校教员，1933年转任国立同济大学校长室秘书。1937年抗日战争爆发后，任浙江省政府主席朱家骅的秘书，此后二十年，不论朱家骅升迁何种要职，他都一直作为秘书追随朱家骅左右。

　　胡颂平在中国公学就读期间正值胡适担任中国公学校长，所以胡适和胡颂平有一层师生关系，胡颂平对此说得较为详细：

　　"胡适之先生是我在吴淞中国公学念书时的校长，又是文理学院兼任院长。我是社会科学院的学生，只在暑期班上选修他的'中国近三百年来的几个思想家'，又旁听过他在大礼堂主讲的'文化史'。在他两年多的任期内，我曾去他家见他两次。但我于十九年（1930）毕业之后不久，他搬回北平去了，十多年没有见面的机会。"

　　胡颂平后来追随朱家骅，而朱家骅和胡适又是老朋友。朱家骅长期担任教育部长，1946年7月胡适就任北京大学校长以后，经常到南京教育部办事，胡颂平作为部长秘书总是热情周到地接待，并代为办理一些事情。正如胡颂平自己所说："他每次来南京，我总是抽空拜谒，偶有一些琐事，也交给我去办。这是我为他服务的开始。"

　　1958年在台湾，朱家骅因健康原因辞去"中央研究院"代理院长职务，由胡适接任"中研院"院长。胡颂平这一年已经五十多岁了，但仍顺理成章地从前任院长秘书过渡为继任院长秘书，从朱家骅的秘书成为了胡适的秘书。"由于多年的师生关系，我很高兴得留在他的身旁工作"，胡颂平这样说。

　　朱家骅过去属于CC（陈立夫、陈果夫）派系，担任过国民党中央调查统计局局长，"中统"和"军统"一样都是特务组织，胡颂平长期担任朱家骅的秘书，所以有人据此推测他继任胡适秘书，乃是为了奉上峰之命对胡适进行"监控"，不过并没有确凿的史料能够证实这样的推测。胡颂平曾经向胡适讲过他和朱家骅的关系："我是廿六年八月才开始跟他工作，廿八年调进他的机要室，一直到四十六年为止，足足二十年。四十六年朱先生辞掉中央研究院之后，我是替他办机要的，无论如何也不能留下，只有先生来当院长，我才留下来。我知道我的能力有限，但觉得我应该留下替先生工作的。"

"纵论天下事，旁及古今人"。胡适晚年经常向胡颂平谈论一些人物以及诸多历史事件与文化现象，胡颂平也的确都记录了下来，这或许是引起别人怀疑进而作上述"推测"的原因。这样记录了大约一年，被胡适发现了，一开始胡适有些紧张，不知道胡颂平这样做到底是何用意？胡颂平解释这是他作秘书的习惯，也是一种爱好——对历史与文化的爱好。他让胡适看看这些记录，胡适本着"疑人不用，用人不疑"的原则，对胡颂平说："你还是当我不知道的记下去，不要给我看。将来我死了之后，你的记录有用的。"以后几年胡适更没有对胡颂平产生过什么怀疑。

"中研院"为胡适院长安排了两位秘书，胡颂平负责文书，王志维照料日常生活，还有一位徐秋皎小姐作特别护理，胡适和身边的这些工作人员相处都很好。每当客人来访时，胡颂平不认识的，胡适就向客人介绍说："这是我从前的学生"，对外国客人总是介绍说："My Secretary"。胡颂平每听到胡适院长向客人介绍他是秘书，心里就感到惭愧，"我不敢说我是胡先生的秘书，更不敢说我是胡先生的助手。我深深的感到我在胡先生跟前还是一个小学生，只配当一名学徒"。他把当了胡适四年秘书看作是"当了四年的学徒"。

有一次胡颂平从图书馆借书回来，经过胡适的书房门口，胡适看见了，就招手喊了一声"秘书先生"！胡颂平走进书房，胡适递给他一张稿纸，慈祥地笑着说："刚才我想请你替我拟一个应酬的贺电，你出去了。我自己拟了这个电稿，请你看一看，这样说法得体吗？"胡颂平接过看了之后，心里禁不住既敬佩又感慨，觉得胡适拟个普通的电文也和他一贯写文章一样，就连只言片字也从不苟且。乘这机会他对胡适说：

"先生，一般人都这样说，真正够得上可以当先生秘书的只有两个人，可惜这两个人都已过去了。"

胡适问："他们指的是哪两位？"

胡颂平说："一位是丁在君，还有一位是傅孟真。"

胡适正色言道："这都是瞎说，他们两位的学问比我好，都可以当我的老师。"

胡颂平是一位老秘书，也是一位十分称职的大秘书。在胡适未到任之前，他曾从美国给朱家骅写有一封一千五百字的长信，叙述他作胃溃疡大手术的经过，末尾提出"转请颂平兄复写"出来，给其他几位老友和儿子祖望看看。胡颂平不曾复写过，但他怀着兴奋的心情，当晚便复写了四五份，按胡适要求分送诸人。这还是胡适就任"中研院"院长一年以前的事。受到"复写"的启发，胡颂平在胡适就任"中研院"院长以后，胡适晚年写的信札百分之九十五都由胡颂平亲自过录，得以保存。这是胡颂平作为秘书的一大功劳。

胡适有一次对胡颂平说："过去在大陆上，在国外，我的信札不知丢了多少。这几年有你替我录稿，使我的信札都保留了，我要特别谢谢你。"

胡颂平说："先生的信札都被人宝藏起来，都在人间，我相信将来终会出来，不会丢了的。"

一院之长的胡适平时交办给秘书胡颂平的无论是摘录一些参考资料，写一封简单的信稿，或是接洽某一件事情，都从来不用命令的口气。他总是说："我想请你帮我做一件事，你有空时去办，不忙，不忙。"胡颂平办好复命时，胡适总会说"谢谢你"或"太麻烦你了，多谢多谢"。

不过他对胡颂平的要求也是很严格的——严格得像是一位老师，而不是严厉得像一位上级。

有一天胡适审阅《努力周报》的抄稿，发现几乎每一页上都有错字，便对胡颂平说："一个没有训练的人来校对几十万字的稿子，是不容易的。颂平，你是训练过了，也有不精细的地方。你在《中国教育史料》（舒新城编的）上抄录张百熙《奏办京师大学堂》几个字照书里的题目抄，没有错；但在目录上还有一个'疏'字，叫做《奏办京师大学堂疏》，你就不注意了。一个有训练的人，遇到这些地方就该知道原书有错，就该设法校正的。"

又有一次，胡适看了院中给各位院士的公文稿，感到有点不合适，就向胡颂平说："这班院士都是我的老朋友，我想在这稿子上添上'吾兄'两字都无法添入。他们都是学术界的人士，也不惯看这样的公文。这样的公文，连一点人情味也没有；而且我们的中央研究院不是机关，尽量避免用公文。"胡颂平遵照胡适的指示，以后院中的文件尽量改用私函，由胡适签名后发出。

胡适从不希望人家称他"院长"。有时外面打电话给胡颂平，询问"胡院长"的什么事情，胡颂平也就顺口答道"胡院长"如何如何，胡适听见了，很严肃地对胡颂平说："我们中央研究院，不是衙门，你为什么不对他们说'胡先生'？或是称我'胡博士'，也可以，但千万不要再喊'院长'。我们是一个学术机关，称官衔，让作官的人去称吧。我们这个只有一百四五十人的亲密的小小学术团体，一切都该富有人情味。最好不要动公事，一动公事，人情味就差了。"

胡颂平是胡适的秘书，也是胡适的助手。

有一回胡颂平向胡适建议道："先生学问的方面这么多，无论是思想史，文学史，或者佛教史，或者水经注，……任何一方面都可以够别人研究一生的，何不趁时候多收几个徒弟，每一方面都有一二个徒弟，亲自指导他们研究，将来都是得力的助手。近年各大学出来的优秀青年不少，我们去物色几位好吗？"

"很难，"胡适说："我们院里有一定的名额，不能为我多添人员。新毕业的年纪太青（轻）了也不行。真正可以当我的助手的，他们到大学去教书都是名教授了；能当名教授的，还肯做我的助手吗？我在国外时，就不容易找到合适的助手。你慢慢的留意也好。"

五六十年代，两岸对峙，文化隔绝，大陆的书不能在台湾出版。有一次胡适对胡颂平说："你如遇到赵叔诚，有两部书应该请商务再版的。一部是黄晖的《论衡校释》，算是一千年来注释《论衡》最好的一部书。另一部是汤用彤的《佛教史》第一册，是写汉魏两晋南北朝时代的佛教史，第二册写隋唐时代，此地还没有。如果商务害怕不敢出的话，我可以替他写一篇序，你告诉他。"胡颂平按照胡适的嘱咐找了赵叔诚，商务印书馆借了胡适的藏书影印，使得大陆学者的这两部学术著作有了台北版，供台湾学人研读使用。

胡适是"新红学派"的创立者，晚年他在台湾根据新发现的材料撰写《脂砚斋重评石头记》影印本的新跋文。在台大任教的吴相湘将其收藏的《文献丛编》二十本送来供胡适参考使用，都是有关曹家和李煦的奏折。胡适收到后，他自己检查《文献丛编》中收录的曹寅折118件，曹颙折17件，曹頫折46件，共181件，胡颂平检查李煦的奏折共316件。新跋文的上半段，主要考证两个问题：一是《红楼梦》的作者问题，一是《红楼梦》的本子问题。胡适写好后请胡颂平先看一看，他对胡颂平的学识和判断力是充分肯定与信任的。胡颂平看后对胡适说：

"我看了一遍，知道四十年前的两个问题，得了一个非常清楚的概念；这样作一个总结，不是很好吗？"

胡适说："这样写下去，可能要有一万五千字，还是要删得短些。只留一个架子；改作第二段也可以。"

星期日的夜里，已经十一点三刻了，胡适走进胡颂平的房间，说："我今夜写得太晚了！跋文大致已写好，装一个头尾就好了。我这样的写法——"

说到这里，他又回到自己的书房去拿稿子。胡颂平跟了进去，胡适把稿子递给他，接着说："你给我先看，很不客气的看看明白不明白。今晚就留在你这里。

你看怎么样？太长了吗？"

胡适说过他的文章都"是用气力写成的"，胡颂平亲眼看到胡适在病后赶写出来这样一篇论证严密、材料丰富的跋文，深深体味道胡适那句话里包含有多少艰苦的意义。

胡适经常工作到深夜，胡颂平也常常陪胡适工作到深夜。

胡适作为一院之长，对下属非常体恤。

1959年7月胡适应邀赴檀香山，出席由夏威夷大学主办的"东西方哲学讨论会"。出访期间所有海内外寄给胡适的文件均由胡颂平摘录要点，隔几天向胡适报告一次，有些比较重要或不能摘录的，就将原件给胡适寄去，这样做便于胡适在外也能及时考虑回复。

胡适动身之前留下一封信，吩咐王志维等他上了飞机再交给胡颂平。胡颂平收到后拆开来一看，原来里面装了一张两千美元的支票，胡适以此作为对胡颂平和王志维两位身边工作人员的补助。胡颂平和王志维商量后，当下就联名给胡适写信，说："我们的生活虽然清苦，但我们在先生身旁学得'做人的道理'和读书的方法，可以终身受用不尽。我们受赐已多，不能接受先生的补助，请先生宽恕我们的违命之罪。"胡适从夏威夷复信胡颂平，重申："我留下的支票，请你不必推辞，并请你劝王志维兄也不要推辞，这点小小意思，请你们两位不可推辞了。"

"中研院"院址在南港，当局在那里为胡适盖了一栋平式小洋房。胡颂平住家在台北市里，他每天到南港来上班，下班后再回台北去。胡适和胡颂平既是上下级关系，又是师生关系，相处之中别有一番情谊在里边。

"颂平同学：明天是中秋。我在家不出门，请你到我家里一谈"，这是胡适约胡颂平来家中共度中秋佳节。

"今天你可以不回去吃你太太自己烧的菜吗？""我不晓得你的太太会答应我留你在此地吃饭吗？"这是胡适在留胡颂平吃晚饭。胡颂平有不爱在外面吃饭的习惯，但胡适每月总有几次留他吃饭，胡颂平一般都会留下来，他吃过师母江冬秀烧的蕨菜。如果有约好的事情必须回台北去办，他也会向胡适道谢并说明原委，这时胡适又会幽默地笑着说："我晓得你是爱吃你太太自己做的菜。"

一天夜里，已经十点多钟了，胡适叫徐秋皎来问胡颂平在作什么？胡颂平以为胡适一定是有紧要的事情要同他商量或者叫他马上去办理，便跟着徐秋皎走进了胡适的书房。胡适慈爱地对他说："颂平，你太用功了，我故意叫你来聊天的。徐小姐说你太拘谨,你不要太客气,坐下来谈。你太客气了,我倒不安了。"

胡颂平有一次生病住院,胡适十分关心,特地写去一信问候:

"颂平:

"你见好了吗?我们都牵挂得很。

"你有维贤帮忙,我放心得多了。

"这边没有什么事,你可以安心静养。不要急于出院。

"你要什么小说书吗?

"谢谢你的大少爷给我送书来。他一口地道的四川话,把我弄糊涂了,几乎想不起他说的'爸爸'是谁!

"祝你早早完全恢复!"

胡适自己晚年几度大病住院,医生一再警告他不能多见客人。但想见他的客人又总是那么多,——"我的朋友胡适之"这句话从大陆传播到了台湾,从二三十年代影响到了五六十年代。为了胡适的健康,胡颂平拟定了限制见客时间的办法,但却无法实行,因为胡适首先就不同意。胡适对他说:

"人家远道来看我,你对客人说我不能接见的理由,要说多少话,要费多少时间,人家还是不高兴的回去;不如由我自己来接见。我可以很快的送客。你要知道,说一个'不'字很困难,说一个'是'字就很容易了。何况和有些客人谈话,可以启发我的思想。"

胡颂平只好遵命照办,但他私下总会事先提醒客人胡适院长身体有恙,请谈话不要太久,最好不要超过五分钟。胡适却是从不冷待客人的,主要的事情谈完了,为了不让主客之间出现短暂的静默,他还会主动想出别的话题。"我早想告辞了,可是胡先生谈得很起劲,中途不能站起来",延时的客人往往对胡颂平秘书这样解释说,脸上掩饰不住满足的神情。一位阿根茡大学的哲学教授规里斯(Quiles)由蒋慰堂陪着来向胡适请教"禅宗"的问题,胡适同他整整谈了一个钟头,使规里斯感到"如沫春风",临走时说:"现在我对禅宗的整个概念全明白了。我在日本研究了三个月,还不如这一点钟的得益。"无怪乎客人都希望能同胡适博士多谈一会儿了,弄得胡颂平也无可奈何。

胡适就任"中研院"院长后,尽管事务繁忙仍笔耕不辍,而他写作的时间往往是在深夜。他曾对胡颂平说过:"假定我还有十年的工作时间,我要刻苦把必要的东西写出来,至少要计划计划。"在大陆时胡适曾出过四集《胡适文存》,他打算续编第五、第六集,另外再编一本《诗存》。1960年胡颂平拟了一份胡适近年发表的文章目录，准备照《文存》印成新的集子，以庆祝胡适七十大寿。胡适那时在美国治病，他看了目录以后写信给胡颂平，说：

"我想，今年不必赶印此一集。（一）其中神会两篇，我要收入《神会和尚全集》。（二）有些文字不值得收集。（三）我今年决不做七十生日，因为我到十二月还只有六十九岁。（四）这个年头，那有过生日的兴趣？"

1962年2月24日，"中央研究院"在台北举行第五次院士会议，除台湾岛内的院士参加外，还有几位在海外的院士也远涉重洋赶来出席。胡适非常重视这次院士会议，胡颂平协助胡适做了大量准备工作。

在会议举行的前一天，2月23日下午六点多钟，胡颂平还在餐厅校改胡适写的《康乃尔传》，胡适看到了就慈祥地笑着说：

"颂平，这是不急的工作，你有空时去作好了，用不着在此地赶。回家太晚了，你太太不会怪你吗？"

胡颂平于是把校稿带回家去，第二天一早又赶到南港。

2月24日上午，第五次院士会议正式举行，由"中研院"院长胡适主持。这是他最后一次主持院士会议：2月24日是胡适生命终结的一天。作为秘书的胡颂平对胡适的"最后一日"有详细的记录：

"九时，先生宣布开会后，就开始选举。共选了三次，选出（新）院士七人⋯⋯

"先生报告今天下午五时的酒会，希望全体院士都能参加。

"下午一时，与出席院士共同午餐。

"饭后回到住宅时，已是两点半钟。这时看见刘锴托朱抚松带来的一把放大镜，放在卧房的书桌上，说：这给老年人是很有用的。先生自己把了脉搏，80多跳，一切都正常。说罢就上床休息了。

"四点四十分，先生起床了，说：'我刚睡下去，没有睡着，起来小便之后，就睡着了，睡得很好。今天我是主人，我们应该早点上山去。'

"胡颂平看表还只有四点十几分，说：客人还未到。新闻记者到的很多。他们看见先生到了会场，一定要来问些问题，加上酒会的时间，不是太累了吗？

"⋯⋯这时已是四点三刻了。先生说：'我作主人，我们还是上山吧。'

"到了山上蔡元培馆，院士、评议员及应邀参加来宾已经到了一百多人。

"五时酒会开始。先生高高兴兴的走到麦克风前致词，⋯⋯"

"这时正是六点半，客人开始回去了。先生还站在刚刚讲话的地方，和一些告辞的人握手，正要转身和谁说话，忽然面色苍白，幌了一幌，仰身向后倒下，后脑先碰到桌沿,再摔到磨石子的地上。""一代哲人,就这样在环绕他周围的许多学人无限悲痛之中与世长辞了。"

通过胡颂平的记述,胡适的"最后一日"给世人留下了清晰而又难忘的印象,在历史上留下了真实的记录,从这个意义上来说胡颂平也功不可没。

胡适逝世后,继任院长王世杰组织了一个"胡故院长遗著整理编辑委员会",同仁们推定由胡颂平负责胡适年谱的编纂工作。胡颂平担心这个任务超出了自己的能力范围,一开始不敢应承,但王世杰坚持非他不可,胡颂平也就接受了下来。他依照南宋史学家李焘的"事远则略,事近则详"的原则,采用长编体裁,认真仔细地考定胡适一生的行止、著述与地点,然后按照时间的先后顺序,将所搜集的资料及他自己历年记录的胡适的言论揉在一起,历经十余载功夫,宵衣旰食,呕心沥血,终于编纂了长达300余万字、10册之巨的《胡适之先生年谱长编初稿》。1982年付梓,1984年5月由台湾联经出版事业公司出版。此外还编有《胡适之先生晚年谈话录》一书。

胡颂平编纂的《胡适之先生年谱长编初稿》和《胡适之先生晚年谈话录》都是研究胡适的必读参考书,这也正应了胡适生前对他说的那句话:"将来我死了之后,你的记录有用的。"哲人的话往往既是箴言,也是预言。

李　敖

李敖,1935年生于哈尔滨,祖籍吉林扶余县。少年时随父母先后居住北平、上海,并在两地上学。1949年举家赴台。1954年考入台湾大学法律系,未满一年退学,复考入历史系就读。毕业后做蒙元史专家姚从吾先生助手,继之考入台大历史研究所。在蒋氏父子(蒋介石、蒋经国)统治台湾时代,曾因反对国民党而数度入狱。他著作颇丰,尤以政论见长,"骂人"为甚,在台湾几乎家喻户晓。

李敖认识胡适很晚,接触也很少,不过他写的关于胡适的书却有多种。

据李敖说,他在上小学时就知道了胡适的大名,这可能是因为他的父亲李鼎彝1922-1925年在北大国文系读书时,胡适是任课老师之一。李鼎彝后来在与家人言谈话语之间免不了会提到胡适,让儿子李敖听着了。李敖上初中时借到了一本《胡适文选》,阅读之后深受影响,从此胡适便成为了他心目中崇拜的偶像,用现在的时髦语言来说:李敖成了胡适的一名"粉丝"。

李敖家住台中，1952年10月1日，年仅十七岁的他在台中车站上给胡适投去了一封信，这封信写得很长，足足有两千字。

然而石沉大海。没有任何回音。

但李敖崇拜胡适之心并未因此改变。1954年台湾大学陈世熙等人办了一家《这一代》杂志，他们向李敖约稿，还在读高中二年级的李敖爽快地答应了，写了一篇论《胡适文存》的文章，可是陈世熙等对刊登这篇文章有顾忌，给李敖退了回来。

一出马便不顺利。

李敖倒沉得住气。过了两年，陆啸钊办的《大学杂志》将他的这篇文章拿去发表了，似乎没有产生什么影响：一般杂志上的小人物的文章不会引起读者的注意。

又过了将近一年，李敖的女友罗君若忽发奇想，向李敖建议道："何不寄给《自由中国》？他们一定登！"

"《自由中国》？对啊对啊。"

《自由中国》1949年11月20日在台北创刊，发行人一开始是胡适，后由雷震担任杂志的发行人兼主编。这是一家"自由主义"派系的杂志，自然乐于刊登支持"自由主义"的代表人物胡适的文章。李敖将文章删去了一部分，由罗君若帮他重新抄好，投寄《自由中国》杂志，果然在1957年3月1日刊登了出来。

这是李敖唯一一次在《自由中国》杂志上发表文章，然而就是这一篇文章成了他结识胡适的敲门砖，为李敖走近胡适提供了机遇。道理很简单：胡适虽远在美国，但《自由中国》杂志他是每期必看的，有一个叫"李敖"的青年人写文章评论他的《文存》，胡适自然也会留意并记在脑海里。

1958年4月，胡适从美国回到台北就任"中央研究院"院长。台湾大学校长钱思亮是胡适的老朋友，李敖是从台大出来的学生，于是胡适在百忙之中把李敖约到钱思亮家中见面叙谈，他又高兴又有些惊讶地说：

"呵！李先生！连我自己都忘记了、丢光了的著作，你居然都能找得到！你简直比我胡适之还了解胡适之！"

这次谈话时间比较长，以后李敖和胡适只小谈过三次：一次是在台大医院，一次是在台大文学院门口，一次是在"中央研究院"。胡适给李敖写过三封信，一副墨宝，李敖穷困的时候胡适送过他一千元钱，他们实际的交往就只有这些。

1960年9月，雷震因《自由中国》事件被台湾当局逮捕并判重刑，胡适受到了一些牵连，他赖着同蒋介石的特殊关系得以过关。随后不久，1961年11月6日，胡适在"亚东区科学教育会议"开幕式上发表讲演，题为《科学发展所需要的社会改革》，其中涉及中西方文化问题而在台湾岛内招致众多的批评。胡适讲他"说了二十五分钟的话，引起了'围剿'"，指的就是这件事情。

在对胡适的一片"围剿"声中，1962年元旦，李敖在《文星》9卷3期上发表了《播种者胡适》一文。他盛赞胡适"在中国近代史上的真价值和真贡献"，尤其是"他对中国现代民主思想的贡献"。他称颂胡适是新文化、新思想与现代化的"播种者"，批评那些"乱骂"胡适的人和"乱捧"胡适的人都"通通抓不到痒处"……

李敖的这篇文章酿成了一次大笔仗，原来的"关于中西文化的论战"尚未停歇，又加进了与之相关的"关于播种者胡适的论战"。有国民党背景的《学宗》讥讽李敖是"被胡适全心全力支持的西化太保"，《世界评论》捕风捉影甚至无中生有地推断"李敖与胡适之先生有深厚的世交关系"。李敖则以"全无此事"、"全是造谣"相回应，指责对手"疑神疑鬼"、"害己害人"。

胡适本人对李敖这篇"卫护胡适"的文章，据说看了之后并不开心，这可能是因为李敖在文章中也批评胡适做的是"开倒车的学术"，"花大部分时间与精力在东方'学术'的考证上，辨伪上"，终"脱不开乾嘉余孽的把戏，甩不开汉宋两学的对垒，竟还披着'科学方法'的虎皮"。

其实这种观点并非李敖独有，更不是他的"发明"。早在许多年以前，陈西滢就曾经在《现代评论》上撰文说："提倡新文学的恰巧是胡适之先生，一个对于研究国故最有兴趣的人。"陈西滢将"代表新文学运动"的胡适为青年学生开列国学最低限度阅读书目视为"不幸"。胡适当然不会同意陈西滢对他的指摘，更何况后生小子李敖？

李敖写文章爱骂人，骂人又不大讲究分寸，权衡轻重，又不看对象是谁，难免惹得胡适不高兴。钱思亮先生告诉李敖，胡适去世后他帮助整理遗稿，发现有一封胡适就《播种者胡适》写给李敖的信，但胡适的近亲好友将这封信"妥为保管"了。李敖当时没有见到这封信，他想一定是被"封锁了"……

这封信的原件现藏台北胡适纪念馆，并已被一些学者在文章中引用，想必李敖先生已经看过了。信中胡适对李敖说：

"我知道这一个月以来，有不少人称赞你做的《播种者胡适》那篇文字，所以我要写这封信，给你浇几滴冷水。我觉得那篇文字有不少的毛病，应该有人替你指点出来。所以我不能不自己担任这种不受欢迎的工作了。

"第一，我要指出此文有不少不够正确的事实。如说我在纽约'以望七之年，亲自买菜做饭煮茶叶蛋吃'，——其实我就不会'买菜做饭'。如说我'退回政府送的六万美金宣传费'，——其实政府就从来没有过送我六万美金宣传费的事。又如说'他怀念周作人，不止一次到监狱看他'，——我曾帮过他家属的小忙，但不曾到监狱去看过他。……"

2005年9月，李敖到大陆访问，应邀在北京大学作过一次讲演。讲演的最后他说了一段有关胡适的话："我捐了35万块人民币给胡先生，要求给胡适在北大立个铜像。就是告诉大家，当年我们那样子打击胡适思想，其实胡适思想是最温和的，对我们是有利的。现在我们开始知道了，立个铜像给他。当年胡适在我穷困的时候送过1000块钱给我，我今天用了35万人民币，相当于150万台币，相当于1500倍来还胡先生这个人情，大家知道吗？你们是这种人吗？你们不是。你们可能有点钱，可能舍不得，觉得这个铜像不花也好，我花了。"

北大未于回应。

有人说胡适给北大留下了一份精神遗产，有人说胡适给北大留下了沉重的精神负担；有人说胡适给北大添了光彩，有人说他使北大受损蒙羞；有人说北大应该为胡适立碑，有人说北大不应该为胡适招魂。啊！胡适留下了太多的争论，太多的话题……

第十三章

红颜知己,"小脚村姑"

韦莲司　江冬秀　曹佩英

在阅读本章之前,读者最好能看一看胡适说的两段话:

"吾于家庭之事,则从东方人;于社会国家政治之见解,则从西方人。

"我自知可以大好色,可以大赌。我对于那种比较庄重的生活,如读书做诗,也容易成嗜好,大概也是因为我有这个容易沉溺的弱点,有时我自己觉得也是一点长处。我最恨的是平凡,是中庸。"

为什么提倡"自由恋爱"的胡适却又屈从于封建包办婚姻?为什么留学美国的洋博士娶了一位旧式小脚村姑?为什么爱慕上一位洋小姐却又止于柏拉图式的精神恋爱?为什么恪守婚约却又禁不住去尝婚外恋的苦果?……

以上这两段话,是打开胡适在爱情、婚姻问题上种种难解之谜的钥匙。

胡适的美国女友韦莲司。(摄于1930年)

胡适与妻子江冬秀。(摄于1917年12月)

瞻仰胡适遗容的人络绎不绝。

胡适去世后,众多友人在其墓园中凭吊。

韦莲司

韦莲司（Edith Clifford Williams）是胡适在美国留学时结交的女友。胡适就读康奈尔大学期间曾登门拜访过地质学教授韦莲司（H.S.Williams），从而有机会认识了这位教授的第二个女儿。据胡适在《美国的妇人》一文中描述，韦莲司小姐的行状与个性是：

"这位女士是一个有名的大学教授的女儿，学问很好，到了二十几岁上，忽然把头发都剪短了，把从前许多的华丽衣裙都不要了。从此以后，她只穿极朴素的衣裳，披着一头短发，离了家乡，去到纽约专学美术。她的母亲是很守旧的，劝了她几年，终劝不回头。她抛弃了世家的家庭清福，专心研究一种新画法；又不肯多用家中的钱，所以每日自己备餐，自己扫地。她那种新画法，研究了多少年，起初很少人赏识，前年她的新画在一处展览，居然有人出重价买去。将来她那种画法，或者竟能自成一家也未可知。但是无论如何，她这种人格，真可算得'自立'两个字的具体的榜样了。"

胡适是东方的美男子，他很快就赢得了这位美国小姐的芳心，两人在一起时相谈甚欢，不在一起时书信往返，通过思想交流，感情迅速递增，韦莲司遂成为了胡适的异国红颜知己。胡适《留学日记》中有如下记载：

"星期六日与韦莲司女士（Edith Clifford Williams）出游，循湖滨行，风日绝佳。道尽，乃折而东，行数里至厄特娜村（Etna）始折回，经林家村（Forest Home）而归。天雨数日，今日始清明，落叶遮径，落日在山，凉风拂人，秋意深矣。是日共行三小时之久，以且行且谈，故不觉日之晚也。……回至女士之家已六时，即在彼晚餐。晚餐后围炉坐谈，至九时始归。"

"韦莲司女士归自纽约，以在纽约美术院所见中国名画相告，谓最喜马远《山水》一幅。此幅余所未见，他日当往访之。"

"韦女士与余行月光中，因告余以印度神话'月中兔影'。其言甚绝，记之……

"余一日语女士吾国古代有'折柳赠别'之俗，故诗人咏柳恒有别意，女士今将去此适纽约，故以垂柳图为别云。"

仅此数例足见两人交往之密，感情之深。韦莲司比胡适大五岁，她有思想、有学问，而且在当时美国社会中颇有些"异类"的样子，用胡适的话来说"即在所谓最自由放任之美国亦足骇人听闻"。胡适来自中国，他同韦莲司小姐有着不同的文化背景，从两个人的实际交往来看，早期更多的是胡适受韦莲司小姐的影响较多，甚至用"指导"二字来形容也不为过。这也是很自然的，因为韦莲司小姐毕竟是东道主，地地道道的美国人，而胡适是外来客，存在一个学习和熟悉美国文化的问题，这方面韦莲司堪称是他的良师益友。胡适在写给韦莲司小姐的信中就说过：

"长久以来，我一直需要一个能导我于正确航向的舵手。但到目前为止，除了你，没有第二人，能给我这种所急切需要的劝告……"

又说："在我们交往之中，我一直是一个受益者。你的谈话总是刺激我认真的思考。'刺激'这个字不恰当，在此应该说是'启发'。我相信思想上的互相启发才是一种最有价值的友谊。"

在写给母亲的信中，胡适也毫不掩饰地直言："儿在此邦所认识之女友，以此君为相得最深，女士思想深沉，心地慈祥，见识高尚，儿得其教益不少。"

胡适对韦莲司的倾慕、认同甚至服膺从一个侧面反映出了胡适对美国文化的认同，这也是他逐渐成为"亲美派"人士的缘由之一。从这个角度看待和研究胡适与韦莲司的关系，比单纯用眼睛盯着他们两个人"卿卿我我"更有意义，虽然后者也是需要的一环。

青年男女之间的感情是很容易从友谊演变、发展为爱情的，这中间不存在什么不可逾越的鸿沟，胡适和韦莲司亦如是，尽管他们来自不同国度，又属于不同的民族和人种。胡适在一首调寄《满庭芳》的词中就说过这样的话：

> 枝上红襟软语，
> 商量定，
> 掠地双飞。
> 何须待，
> 销魂杜宇，
> 劝我不如归？

有的论者把这几句词解读为胡适和韦莲司小姐已经发展到了谈婚论嫁的程度，要说这也不是没有可能，他们两人也不是没有突破"男女之大防"的机会和条件，但毕竟都未能成为事实。胡适"永远不把一个男人或一个女人视为可以玩弄的东西，并以之为达成自私或不纯洁目的的手段"。韦莲司则主张："只要性吸引的真谛被清楚地了解，看重它本来的价值，自觉地抛开它的实用性，自觉地将注意力转向这种交往中的较高层次的一方面。"她要胡适"斩断情丝，悬崖勒马，应着重'高级'的情性之交，勿岌岌于'色欲之诱'"。两人约定"此后各专心致志于吾二人所择之事业，以全力为之，以期有成"。

他们这样说也可能有些冠冕堂皇。局外人探究其原因，有的认为是"礼教害人"：冯顺弟一再要胡适早日归国与江冬秀完婚，像她这样的中国旧式农村妇女不可能接受一个碧眼金发的洋小姐作胡家的儿媳，而胡适又不愿亦难以违背母命；也有人认为是"种族主义害人"：韦莲司小姐的母亲极力反对女儿同一位中国留学生发展这种关系。胡适本人在其《藏晖室札记》卷七"二二'容忍迁就'与'各行其是'"（写于1914年11月3日）中说过："吾于家庭之事，则从东方人；于社会国家政治之见解，则从西方人。"如果我们从胡适自身找原因，毋宁说是他的这种折衷主义哲学既误了自己，又误了别人。

1917年6月离开美国回国的时候，胡适对韦莲司是那样的依依不舍："我感觉朋友所在的地方即是我家。……你的友谊丰富了我的生活，也深化了我的生命，想起你就让我喜悦！我希望我们往后一直保持联系。"十年以后，1927年胡适为解决哥伦比亚大学博士学位问题去美国，其间曾与女友韦莲司晤面，两人再次分别时，同样依依不舍的韦莲司最后选择了理智，她对胡适说："让你走，是如此的艰难，老友——但是你留下来也是不会有什么好结果。生命充满了离合聚散，在离合与聚散之间，我们工作。"

尽管胡适和韦莲司小姐未能结成秦晋之好，但两人的友情保持了终生。一个在中国，一个在美国，总是见少离多。后来胡适虽然当了几年驻美大使，但公务繁忙，也无暇与韦莲司多从过往。胡适晚年在美国当寓公时，有夫人江冬秀相伴，自然也没有韦莲司"插足"的余地。他们思想的交流与感情的倾诉，主要通过鸿雁传书。据统计，从1914年他们在美国结识到1962年胡适在台湾去世，胡适写给韦莲司的书信（包括明信片）有175件之多。

韦莲司终身未婚。

江冬秀

1904年胡适离开绩溪去上海求学时，曾由母亲做主，与比他大一岁的江冬秀订婚。江冬秀是旌德江村人,旌德离绩溪很近,这门婚约是由胡适一位执教私塾的本家叔父介绍的。胡适原名胡洪,江冬秀的母亲到胡家相亲时见过,十分满意。冯顺弟也想早些为儿子定下婚事,以了却做人母的一桩心愿,并告慰亡夫的在天之灵,所以在送胡适到上海读书之际与江冬秀的母亲共同替儿女定了亲,并许以待胡适成年后完婚。那一年胡适才十四岁,少不更事,情窦未开,在他的记忆中当时的情景是这样的:

> 初春冷雨,
> 中村箫鼓,
> 有个人来看女婿。
> 匆匆别后,便轻将爱女相许。

　　江冬秀缠着一双小小的脚,又认不了几个字,可以说是一位典型的农村姑娘,现在有些书里常常不无戏谑地称她为"小脚村姑"。胡适到上海读了几年书,学问增进了不少,眼界开阔了许多,加之年龄又大了几岁,他对自己的这桩婚姻不满意是完全可以理解的,在为《竞业旬报》写的文章《婚姻篇》中,胡适曾断言:"中国男女的终身,一误于父母之初心,二误于媒妁,三误于算命先生,四误于土偶木头。随随便便,便把中国四万万人,合成了许许多多的怨耦,造成了无数不和睦的家庭。"所以当满了十七岁,冯顺弟催促他回绩溪完婚时,胡适一拖、再拖,在给母亲的信中甚至说"此事今年万不可行",并列出了种种理由。不过,事母至孝的胡适也没有完全拒绝与江冬秀的婚事,用他自己的话来说:"我对于我的旧婚约,始终没有存毁约的念头。"

　　胡适去美国留学以后,结识了碧眼金发的韦莲司小姐,彼此引为知己。不过,有一天胡适接到老家寄来的照片,冬秀立于母亲旁边,那一副婆媳和顺的样子让他十分感慨,当即题了一首诗:

> 图左立冬秀,
> 朴素真吾妇。
> 轩车来何迟,
> 劳君相待久。
> 十载远行役,

　　　　遂令此意负。

　　在1914年6月6日的日记中,胡适又不无歉疚地说:"冬秀长于余数月,与余订婚九年矣,人事卒卒,轩车之期,终未能践。"如今他的母亲年纪已经老了,盼子成亲的愿望比以往更加炽烈,胡适再也没有拖延之理由,何况按照旧时婚姻习俗,江冬秀虽是一小脚村姑,但与胡适的夫妻"名分"已定,万难更改,胡适只好抱着"我当授君读,君为我具酒""此中有真趣,可以寿吾母"的善良愿望,与冬秀完婚了。也许在他内心深处,确实想过两人也许由此"能长成真实之爱情"。

　　胡适从美国回来后,应蔡元培聘请在北大任教,半年之后,即1917年寒假,便回到故乡绩溪与江冬秀完婚。

　　胡适毕竟是新派人物,他带头示范"文明结婚":一不请算命先生择定吉日,二不拜天地,三改旧日叩头为鞠躬,想要以此来改变一下乡间旧式的结婚陋习。婚礼定在12月30日,旧历十一月十七日,胡适生日的那一天举行。他亲自撰写了大红喜联:"三十夜大月亮　念七岁老新郎"(是年胡适虚岁二十七)。胡适一方面为讨母亲喜欢,二来也是为了弥补一下对冬秀的歉疚之情,所以婚礼办得相当热闹,宾客来得很多。胡适身着西服革履,俨然是一位留学美国的洋博士、最高学府北京大学的海归教授。江冬秀也不像过去的新娘子那样一身通红,她穿的是胡适在北京为她定做的短褂和黑缎绣花裙子,这多少有些"咸与维新"的味道。伴娘是一位十五岁活泼健康的女孩——曹佩英,她是胡适三嫂的妹妹,管胡适叫"糜哥"。鞭炮声噼噼叭叭。当胡适偕冬秀依照新式礼仪向老母三鞠躬时,冯顺弟乐得合不上嘴,多年来悬在她老人家心里的一块石头终于落地了!

　　是夜新派教授与小脚村姑双双携手入洞房,生米煮成了熟饭。

　　岁末年初,胡适在家中住了将近一个月,照新式的说法,这是他和冬秀的蜜月。灯前絮语,窗外月明,胡适高兴之际写了好几首《新婚杂诗》——

一

　　十三年没见面的相思,于今完结。
　　把一桩桩伤心旧事,从头细说。
　　你莫说你对不住我,

我也不说我对不住你，——
且牢牢记取这十二月三十夜的中天明月！

四

记得那年，你家办了嫁妆，我家备了新房，
只不曾捉到我这个新郎！
这十年来，换了几朝帝王，看了多少兴亡，
锈了你嫁奁中的刀剪，
改了你多少嫁衣新样，——
更老了你和我人儿一双！——
只有那十年陈的爆竹，越陈偏越响！

五

十几年的相思刚才完结，
没满月的夫妻又匆匆分别。
昨夜灯前絮语，全不管天上月圆月缺。
今宵别后，便觉得这窗前明月，
格外清圆，格外亲切！
你该笑我，饱尝了作客情怀，别离滋味，
还逃不了这个时节！

胡适一个人回到了北京，诸多朋友同事向他贺喜，胡适请了两次客以表答谢。半年之后他把冬秀接来同住，一个新派教授和一位小脚村姑就这样过起日子来了。胡适在写给母亲的信中叙说道："自冬秀来后，不曾有一夜在半夜后就寝。冬秀说她奉了母命，不许我晏睡。我要坐迟了，她就像一个蚊虫来缠着我，讨厌得很！"

他们夫妻两个人的距离之大，差异之悬殊，那是显而易见的，有些人恭维胡适"不背旧婚约，是一件最可佩服的事！"也有人将新派教授和小脚村姑的结合视为"民国史上的七大奇事"之一，但很多人认为他们两个很不般配，江冬秀远远配不上胡适之。还有传说陈独秀曾力劝胡适离婚，甚至拍桌骂胡适，但胡适终究不肯。胡适本人对这个"传说"予以否认，不过他在日记中记载了同商务印书馆老板高梦旦的一次谈话，很能说明他对这件婚事的态度。

高梦旦说:"这是一件大牺牲。"

胡适说:"我生平做的事,没有一件比这件事最讨便宜的了,有什么大牺牲?"

高梦旦问:"何以最讨便宜?"

胡适回答道:"当初我并不曾准备什么牺牲,我不过心里不忍伤几个人的心罢了。假如我那时忍心毁约,使这几个人终身痛苦,我的良心上的责备,必然比什么痛苦都难受。其实我家庭里并没有什么大过不去的地方。这已是占便宜了。最占便宜的,是社会上对于此事的过分赞许,这种精神上的反应,真是意外的便宜。我是不怕人骂的,我也不曾求人赞许,我不过行吾心之所安罢了,而竟得这种意外的过分报酬,岂不是最便宜的事吗?若此事可算牺牲,谁不肯牺牲呢?"

话虽如此说,但胡适在给族叔胡近仁的一封信中,却又透露出了难以言明的隐情:"吾之就此婚事,全为吾母起见,故从不曾挑剔为难(若不为此,吾决不就此婚,此意但可为足下道,不足为外人言也。)今既婚矣,吾力求迁就,以博吾母欢心。吾之所以极力表示闺房之爱者,亦正欲令吾母欢喜耳。"这些话可以作为前面一番话的注解:胡适正是为了不伤别人的心从而使自己心安,才与江冬秀结为夫妇的,但在他的内心深处却埋下了不安分的种子。

在与表妹曹佩英移别情恋后,胡适本来有离婚的打算,无奈江冬秀以"先杀死儿子再自杀"相威胁,吓得我们的博士只得忍痛割弃了与表妹的浪漫而温馨的恋情。江冬秀那年已生有二子:长子祖望五岁,次子思杜二岁。当胡适提出离婚时,她抱着思杜,拖着祖望,一只手举着菜刀,大声对胡适说道:

"你要同我离婚,我母子三人就死在你面前!"

此事在朋友们中间几乎尽人皆知。徐志摩的一首诗道尽了胡适的无奈:"隐处西楼已半春,绸缪未许有情人;非关木石无思意,为恐东厢泼醋瓶。"那个"醋瓶"(江冬秀)可是不得了,"泼"将起来会大大坏了先生的名声,一向主张"宽容"的胡适不得不对之忍让三分,徐诗中那一个"恐"字活脱脱地表现出了胡适对自己的"小脚太太"无可奈何。

有妇之夫的徐志摩和有夫之妇的陆小曼,双双陷入爱河,因而受到众多人的指责,胡适却持支持的态度,这引起了江冬秀的不满。联想到胡适也是有妇之夫却同曹诚英有染,江冬秀有一次愤愤地对"新月社"成员叶公超说:

"你们都会写文章,我不会写文章,有一天我要把你们这些人的真实面目写出来,你们都是两个面目的人。"

正说着胡适从楼上下来听到了，便对小脚太太说道："你又在乱说了。"

江冬秀当着叶公超的面骂胡适："有人听我乱说我就说。你还不是一天到晚乱说。大家看胡适之怎么样，我是看你一文不值。"

在朋友面前胡适不能辩白也不想辩白，以后他找了个机会向叶公超诉苦说："这几个月之内我们没有办法，像我太太这种人，我只能跟她同桌子吃饭，别的话我不能讲，她这个脑筋跟我们都不同。"

以后他们夫妻的生活又恢复了常态：江冬秀几乎天天在家中设牌局，与亲朋好友作方城之戏，胡适则躲在书房里读书写文章。有时麻将声实在太大了，吵得胡适心烦，他就只好站起来去把书房的门关严……

胡适有一首诗《我们的双生日》，从中可以窥见他们夫妻的日常生活：

> 她干涉我病里看书，
> 常说，"你又不要命了！"
> 我也恼她干涉我，
> 常说："你闹，我更要病了！"
> 我们常常这样吵嘴，——
> 每回吵过也就好了。
> 今天是我们的双生日，
> 我们订约，今天不许吵了。
>
> 我可忍不住要做一首生日诗。
> 她喊道，"哼，又做什么诗了！"
> 要不是我抢的快，
> 这首诗早被她撕了。

很显然，江冬秀是出于对丈夫健康的关怀才"干涉"胡适病中看书和做诗的，在她看来读书费眼睛，做诗费脑子，还不如打四圈麻将玩玩开心。小脚太太哪里知道对胡适这样的大教授来说看书是生话中的第一要事，他做的诗犹如他的生命那么宝贵，你"撕了"岂不要了他的命？夫妻双方由于文化相差过于悬殊，往往造成彼此互不理解，江冬秀就是一例。胡适对小脚太太的"干涉"气不过却又恼不得，只得快快抢过去收好，诗中"抢的快"三个字活灵活现地表现出了他的无奈。因为有约在先，生日不许吵嘴，我们猜想也许胡适当时还会向小脚太太无可奈何地笑上一笑。不管怎么说，从诗中流露出来的至多是夫妻情分，而不是男欢女爱。

国民党蒋介石从大陆溃败之际，胡适于1949年4月去了美国，一年多以后夫人江冬秀也从台湾来到纽约同住。靠着胡适的一点小储蓄，夫妇俩在美国相濡以沫，日子过得凄凉而又惨淡：住处逼窄不说，菜要自己买，饭要自己做，衣服脏了要自己洗，还要自己打扫自家的清洁卫生。更无专车可坐，出行得乘公共交通工具。

他们的六十六岁双生日是在寓居美国期间过的，有二十多位亲朋好友前来贺寿，江冬秀当着大家的面对胡适说：

"做你们胡家媳妇可真要命。"

胡适端着茶杯笑道："你祖父当年发誓不把子女嫁给我们绩溪人，可是你还是嫁给我，真是活该，活该！"

1958年4月，胡适从美国回到台北，就任"中央研究院"院长。他只身独处了好几年，虽然周围有许多好朋友，虽然"中研院"为他配备了两位秘书，一位管文书一位管生活，还有一位特别护理，但毕竟缺少了家庭温暖。1961年10月18日，江冬秀也从美国回到台北，胡适亲自到机场迎接。10月30日，"中央研究院"全体同仁眷属举行"欢迎胡夫人茶会"，由李济主持并致欢迎词。胡适站起身来致答词，他说：

"我是奉命，奉太太之命说话的。太太来了之后，我的家确实温暖了，不像过去那样的孤寂了。太太来了之后，我的生活好像有了拘束；但有了一分拘束，就少了一分自由。好的（在?）太太每个星期要到城里住一二天，她不住在此地的一二天，我又完全自由了。我们那个时代，——五十年前的时代，现在年轻的人是不会了解的。我和我的太太订婚之后，我们从未见过面。到我民国六年回国，我走了一天的路去看她，还是看不到，一直到了结婚那天才见面的。我有两句诗：'宁愿不自由，也就自由了。'——这就是说有了拘束。'宁愿不自由，也就自由了'，可以在今天P.T.T.俱乐部里对全体同人说的话。以后欢迎同人眷属到我家里来玩。最后谢谢大家的好意。"

胡适说的"P.T.T.俱乐部"是一个新的典故。还在江冬秀回来之前，有一天叶楚生来看望胡适，他带着10枚法国打电话用的符号币，上面铸有3个法文字母P.T.T，中国人把它拼成Pa Tai-Tai，读音与"怕太太"相同。有些爱开玩笑的人就将法国的符号币视为"惧内协会"的会员证。叶楚生叫胡适把这十枚符号币当作会员证"全权分配给十位惧内的同志",这当然也是在开玩笑。胡适告诉他美国有P.T.T的类似组织,提倡男人对太太要"三从四德":太太的命令要服从;太太上街买东西、看朋友、打麻将要跟从;太太发错了脾气,冤枉了先生,要盲从;太太买贵重的东西要舍得,太太发脾气要忍得("得"与"德"谐音)……叶楚生听得哈哈大笑了,心想胡适见多识广,学富五车,讲起这一类笑话来也头头是道,妙趣横生,让人既增长知识又忍俊不禁。

后来这个"Pa Tai-Tai(怕太太)"的趣谈传开去,有人便问胡适是不是具有"惧内协会"的会长资格?胡适风趣地笑道:"会员的资格,会员的资格。"

江冬秀回到台北不久,1961年12月17日胡适七十大寿。过了新年,有一天早上他对镜梳头,看到自己病后头发白得多了,方自有些伤感,老伴江冬秀在旁边笑着对他说:"你打扮打扮,年纪轻得多,也很漂亮了。"

胡适笑了,伤感情绪一扫而光:"江冬秀小姐,我从来没听过你说我漂亮,从来没听过你说我漂亮的话呀!"

俗云:少年夫妻老来伴。胡适和江冬秀也许缺乏少年之爱,但老来相伴终生未尝不是一件好事与幸事。1962年2月24日,胡适在台北因心脏病发作猝然去世,江冬秀抱着他的遗体不断呼唤:"适之,我的亲人啊!……适之,我对不起你,你会先我而去。"他们夫妇生前曾有约定:谁先去世,仍健在的有权决定先逝者的安葬方法。江冬秀主张棺葬,所以有关方面遵照她的意愿,用上等香杉木为胡适定制了棺柩。

曹诚英

1923年夏天,以"病假"为由从北京南下上海的胡适跑到杭州西湖住了3个多月,其间和表妹曹诚英演绎了一段婚外的恋情:

> 多谢你能来,
> 慰我山中寂寞,
> 伴我看山看月,
> 过神仙生活。

一切都是和平的美，

　　一切都是慈祥的爱。

　　曹诚英，即曹佩英又名佩声，安徽绩溪旺川人，生于1902年，比胡适小十一岁。胡适和江冬秀结婚的时候，这个小表妹曾在婚礼上做过冬秀的伴娘。由父母包办，诚英十六岁与胡冠英结婚，后又主动离异。1920年她考入杭州第一女子师范读书。胡适去杭州西湖养病期间，曹诚英去看他，表兄妹在烟霞洞共度了一段快乐甜蜜的日子。胡适在日记中记载云：

　　九月十三日　今天晴了，天气非常之好。下午我同佩声出门看桂花，过翁家山，山中桂树盛开，香气迎人。我们过葛洪井，翻山下去，到龙井寺。我们在一个亭子上坐着喝茶，借了一副棋盘棋子，下了一局象棋，讲了一个莫伯三的故事。(莫伯三，法国小说家，现译为莫伯桑。——引者注) 到四点半钟，我们仍循原路回来。下山时，不曾计算时候，回来时，只需半点钟，就到了烟霞洞口了。

　　九月十四日

　　同佩声到山上陟屺亭内闲坐，……我讲莫伯三小说《遗产》给她听。上午下午都在此。

　　九月十八日

　　下午与娟下棋（诚英乳名丽娟）。

　　夜间月色甚好，（今日阴历初八）在月下坐，甚久。

　　九月十九日

　　与佩声出门，坐树下石上，我讲一个莫伯三故事"Toine"给她听。

　　夜间月色不好，我和佩声下棋。

　　九月二十一日

　　早晨，与娟同看《续侠隐记》第二十二回"阿托士夜遇丽人"一段故事，我说这个故事可演为一首记事诗。后来娟遂催促我把这诗写成。我也觉得从散文译成诗，是一种有用的练习，遂写成《米桑》一篇，凡九节，每节四行，有韵。

　　这样的诗情，这样的温馨，这样的甜蜜，都是诚英带给他的。胡适兴奋、满足之际，做了好几首诗抒写当时的情景与自己的感受，由于是婚外的恋情，胡适不便明言，所以诗中多用暗喻的手法：

怨歌

那一年我回到山中，
无意中寻着了一株梅花树；
可惜我不能久住山中，
匆匆见了，便匆匆他去。

拆掉那高墙，
砍倒那松树！
不爱花的莫栽花，
不爱树的莫种树！

别赋

我们蜜也似的相爱，
心里很满足了。
一想到，一提及离别，
我们便偎着脸哭了。

半年之后，
习惯完全征服了相思了。
"我现在是自由人了！
不再做情痴了！"

在烟霞洞里过着神仙般的生活，胡适陶醉是陶醉了，不过回到北京的家中却让结发之妻江冬秀逮着大闹了一场。气闷不过的他离家出走，跑到西山借宿友人处，写了一首题为《秘魔崖月夜》的诗：

依旧是月圆时，
依旧是空山，静夜；
我独自月下归来，
这凄凉如何能解！
翠微山上的一阵松涛，

惊破了空山的寂静。

山风吹乱了窗纸上的松痕,

吹不散我心头的人影。

啊啊！他心里割舍不下佩英，忘不了悬在西湖上空那一轮皎洁的明月，忘不了烟霞洞里那一段神仙般的生活。"坐也坐不下，忘又忘不了。刚忘了昨儿的梦，又分明看见梦里那一笑"，离开了情人的日子胡适真是受尽煎熬。

据胡适自己说："我是一个富于感情和想象力的人，但我不屑表示我的感情，又颇使想象力略成系统。"又说："我自知可以大好色，可以大赌。我对于那种比较庄重的生活，如读书做诗，也容易成嗜好，大概也是因为我有这个容易沉溺的弱点，有时我自己觉得也是一点长处。我最恨的是平凡，是中庸。"与曹诚英的那一段婚外的恋情正是胡适"弱点"与"长处"的最好的佐证。

胡适作为新派人物，虽然提倡男女婚姻自主，但他自己却屈从母命，刚刚僭越雷池一步而又畏缩不前，一再与他所爱而又爱他的女子（如韦莲司、曹佩英）失之交臂，未能结成秦晋之好、并蒂之莲。幸福的婚姻对于没有能够冲破包办婚姻藩篱的胡适来说依然是水中之月、镜中之花，到后来他只能用"情愿不自由，也是自由了"来自我慰藉或曰自我调侃。

当年曹诚英不得不离开胡适，胡适曾写诗劝她："及早相忘好，莫教迷疑残梦，误了君年少。"但诚英对胡适却是痴情不改，一再表示："糜哥，我爱你，刻骨的爱你。"胡适帮助她入南京东南大学农艺系就读，以后又由他推荐到美国康奈尔大学农学院留学，并获遗传育种学士学位。据说她后来又谈过两次恋爱，但都没有什么结果。学业有成的曹诚英终其一生未再嫁人，也许从某种意义上说她是为心爱的"糜哥"而"殉情"。

胡适与曹诚英的最后一次见面是1949年2月6日在上海，当时国民党蒋介石大势已去，胡适准备亡命美国。行前友人设宴为之践行，胡适特地约了在复旦大学任教的佩英来，想与表妹见上一面。佩英来后，第一句话便是对胡适说：

"糜哥，不要再跟蒋介石走了！"

胡适没有答话，只是笑了一笑。像这样的大事他自有主张，是不会听小表妹的，尽管他在内心深处对佩英挚爱如初。曹诚英将一枚戒指和一点美钞托汪协如送给胡适，胡适收下后写了一封信请汪协如转给佩英。汪协如接信后问："怎么没封口？"胡适说："熟人带信，不要封口的。"

曹佩英一直珍藏着胡适写给她的信。"文化大革命"开始以后,她将这些书信连同她自己写的诗文和日记包成一大包,交给了住在杭州的老诗人汪静之代为保存。汪静之年轻时也曾爱慕过曹佩英,两人多年来保持着友谊,汪静之是佩英晚年颇为信赖的一位挚友。曹佩英对汪静之说:"你们可以看,等我死后,要把它烧掉,不要留下来!"1962年胡适在台北逝世,1973年曹佩英病逝于上海,汪静之把那包东西付之一炬了……

第十四章

外国友人

杜威　罗素　泰戈尔　司徒雷登

胡适早年留学美国，回国后又极力颂扬西方文化,曾任中英庚款顾问委员会中方委员、中华教育文化基金董事会董事,还做过驻美大使。所以他同外国人打交道的机会非常多,和一些外国人结成了好朋友。本章仅选四位,他们是:实验主义哲学家杜威、英国哲学家罗素、印度诗人泰戈尔、曾任美国驻华大使的司徒雷登。胡适同这几位外国朋友的关系各具特色,中国人对这几位老外也褒贬不一。

胡适与杜威。(约摄于1940年)

胡适（右三）、徐志摩（右二）等欢迎印度诗翁泰戈尔来华访问并与之合影。

杜 威

约翰·杜威（John Dewey, 1859—1952）生于佛蒙特州伯灵顿。在家乡上完了州立大学，20岁即获得文学士学位。后入霍普金斯大学，并在1884年获哲学博士学位。曾执教于密执安大学、明尼苏达大学、芝加哥大学，从1904年起担任哥伦比亚大学哲学教授、终身教授。作为实验主义哲学流派的最大权威与首脑人物，杜威不仅桃李满天下，而且著作等身，仅目录就达125页。

实验主义是19世纪末20世纪初产生于美国的一种哲学思潮，属于主观唯心主义的哲学范畴。代表人物先后有哲学家查理·皮尔斯（1839—1914），哲学家、心理学家威廉·詹姆斯（1842—1910），哲学家、教育学家、社会学家约翰·杜威。皮尔斯首先表述了实验主义的基本原则，詹姆斯创立了"激进经验论"和"肌能心理学"，三人之中作为后起之秀的杜威，起初信奉黑格尔主义，但不久即转向实验主义，并以"经验论的自然主义"或"自然主义的经验论"相标榜，直接了当地把实验主义定性为"美国的工具主义"。

胡适在美国哥伦比亚大学毕业院（研究院）攻读哲学时，杜威任哲学部长，系首席教授，其所代表的实验主义哲学让胡适崇拜得五体投地。胡适曾这么讲过："我在一九一五年的暑假中，发愤尽读杜威先生的著作，做有详细的英文提要，……从此以后，实验主义成了我的生活和思想的一个向导，成了我自己的哲学基础。"

"我的思想受两个人的影响最大：一个是赫胥黎，一个是杜威先生。赫胥黎教我怎样怀疑，教我不信任一切没有充分证据的东西。杜威先生教我怎样思想，教我处处顾到当前的问题，教我把一切学说理想都看作待证的假设，教我处处顾到思想的结果。这两个人使我明了科学方法的性质与功用……"

胡适是实验主义哲学的信徒，又是杜威的亲授弟子，求学期间曾参加过杜威家中举行的文化界人士聚会，这对一位学生来讲是非常荣耀的。他把报上登载的《杜威先生小传》剪下来贴在自己的日记本上。胡适的博士论文题为《中国古代哲学方法之进化史》，最后考试答辩由杜威等六位主考。1917年6月，胡适回国之前向杜威辞行，杜威对胡适言道他对于国际政局之关心甚过别的任何事情，并叮嘱胡适如果有关于远东时局的言论可寄给他，他"当代为觅善地发表之"。这让胡适十分感动，在日记中特地记了一笔。

胡适在北大初期的一项重要活动就是他引进了杜威的实验主义哲学。

1919年2月间，杜威偕夫人阿丽丝（Alice C.Dewey）从美国到远东旅行，在日本东京帝国大学作短期讲学。也是杜威学生的陶知行（又名行知）得悉了这一消息，他先托郭秉文过日本时与杜威联系，然后又从南京写信告诉了胡适，希望"这件事我们南北统一起来打个公司合办"。胡适视杜威为恩师，盼望与之相见有如盼星星盼月亮一般，故对陶知行的建议表示欣然同意。蒋梦麟也是杜威执教哥伦比亚大学师范学院时的学生，其热切之情不亚于胡适。他们三个人经过几番商量，同年3月由他们分别代表北京大学、北大"知行学会"和江苏省教育会邀请杜威来华讲学。杜威博士愉快地接受了三位学生的邀请，答允他在日本讲学完毕之后直接去中国，并愿在中国逗留一年时间。在写给胡适的信中杜威这样说：

"这是很荣誉的事，又可借此遇着一些有趣的人物。我想我可以讲演几次。"

胡适等人随即对有关事宜开始了紧张的准备，除筹措俸金、安排行程外，还有一项是鉴于国人当时对杜威还比较陌生，所以有必要对杜威的思想先作一番通俗的介绍。胡适自告奋勇担当起了传播者的角色，3月初旬他在教育部会场就实验主义作专题演讲，在介绍了实验主义的由来和演变，介绍了皮尔斯与詹姆斯之后，着重阐述了杜威哲学的根本观念：(1)经验就是生活，生活就是对付人类周围的环境。(2)在这个应付环境的行为之中，思想的作用最为重要；一切有意识的行为都含有思想的作用；思想乃是应付环境的工具。(3)真正的哲学必须抛弃从前种种玩意儿的"哲学家的问题"，必须变成解决"人的问题"的方法。

讲演稿经过胡适整理后发表在《新青年》6卷4号上，全文共分7章，长达2万9千字。这是胡适介绍实验主义哲学的一篇重要文章，也是他要着力引进杜威实验主义哲学的一项举措。

杜威夫妇5月1日抵达上海。4月底胡适就专程从北京赶到上海去迎接，去码头迎接的还有蒋梦麟、陶知行诸人。为了替杜威鸣锣开道，5月2日胡适又应江苏省教育会之邀在上海专门作了一次讲演，开场白是这么说的：

"此番美国大教育家杜威博士到中国来，江苏省教育会请他明天、后天到这儿来演说，又因为我是他的学生，所以叫我今天晚上先来演讲。方才主席说我是杜威博士的高足弟子，其实我虽是他的弟子，那'高足'二字可也不敢当，不过今天先要在诸君面前把杜威博士的一派学说，稍稍演述一番，替他先开辟出一条道儿，再加些洒扫的功夫，使得明天诸君听杜威博士的学说有些头绪，那也是做弟子的应尽的职分。"

胡适再次详细介绍实验主义，他首先指出"实验主义是十九世纪科学发达的结果"，然后从方法论、真理论、实在论三个方面对实验主义进行了扼要的阐述。在讲演末尾概括说："总之，我们人类当从事实上求真确的知识，训练自己利用环境的事物，养成创造的能力，去做真理的主人。"

第二天，杜威在上海作来华后的第一次学术讲演，由胡适担任翻译。杜威尽管名气大，学问大，但不善言词，用我们的话来说属于那种"壶里汤圆倒不出"的教授。他讲演时显得很费力，一个字一个字慢慢地说下去，甚至一个动词、一个形容词、一个介词也要慢慢想出再讲下去。虽然胡适称赞说"在这里你可看出他讲课时选择用字的严肃态度"，但终不免让听众感到枯燥乏味，幸亏胡适富有讲演（讲课）的才能，又长于翻译，对老师的每句话都能心领神会，并用他所提倡的"白话"加以顺畅流利地翻译。杜威的讲演经他翻译犹如锦上添花，一位叫程天放的听讲者回忆当时的情景说：

"那时我是复旦大学三年级的学生，一天报上登载杜威博士在江苏省教育会公开演讲，由适之先生翻译，我和许多同学都去听。当时适之先生在《新青年》上鼓吹文学革命，批评旧传统、旧习惯，上海一般知识青年都震于他的大名，却没有见过他，也没有看过他的照片。在电车上我们就想象胡适是怎样一个人物，大家认为他一定西装笔挺，神气十足，是一个典型的留学生。等到他陪杜威走上讲台时，穿的是一件长衫，态度谦恭和蔼，不像一般留学生，而像中国传统的学者，大出我们意料之外。"

杜威夫妇5月29日抵达北京。9月22日蔡元培在北大宣布：经与美国哥伦比亚大学商定，北京大学聘请杜威为客座教授，为期一年。这样北大就"引进"了一位洋教授，而杜威则把北大当作宣扬实验主义哲学的一个重要平台。胡适对此很是高兴，很是满意，因为他又可以和老师朝夕相处，切磋学问了。正如他后来所说的那样：

"杜威博士来华，正值大学动手革新的时候，但是我们几个人提倡的力量太弱，一点小小的风光还不配照遍全国。这时候杜威博士来了，我们不知借了他多少光，因而照到多少地方。杜威博士的学说，是活的哲学方法，他代北京大学做知识上的引导，尽了许多的力。"

杜威连续在北京作了若干次大的学术讲演："近代教育的趋势"（3讲）、"社会哲学与政治哲学"（16讲）、"教育哲学"（16讲）、"伦理学"（15讲）、"思想的派别"（8讲）。五大题目共计58讲，全统一在实验主义的旗帜之下，内容涉及教育、社会、政治、伦理各个方面，可以说是杜威实验主义哲学在这些领域里的延伸、扩展和具体化。记录稿各报全文刊载，并印成单行本，在学界乃至社会上产生了很大的影响，人们用赞赏的口吻称杜威博士的系列讲演为著名的五大讲演。

胡适为杜威做翻译，忙前忙后，乐此不疲。有的讲演题目是杜威和胡适共同商定的，比如"社会哲学与政治哲学"就是由胡适向杜威提出，杜威很赞成，遂就这个题目作了长达16次的讲演。这也是杜威第一次正式发表他的社会哲学与政治哲学，在此之前他还不曾有政治哲学一方面的系统的大著问世。

杜威除了在北大担任客座教授外，还到外校和外地讲学，足迹遍及奉天、直隶、山西、山东、江苏、江西、湖南、湖北、浙江、福建、广东共十一个省。

胡适也是哲学家和教育家，杜威讲演时他不仅仅充当翻译的角色，有几次他还借题发挥，自己上台讲演一番。比如杜威在天津青年会讲"真的与假的个人主义"，胡适第二天就在天津学生联合会的学术讲演会上讲了"非个人主义的新生活"。又比如杜威在太原山西大学礼堂讲演"品格之养成为教育无上之目的"，胡适接着就讲演"娘子关外的新潮流"，学生们听了杜威和胡适的讲演后都极为兴奋，纷纷要求转学北大，到娘子关外的新潮流中沐浴和搏击一番。

杜威的夫人阿丽丝也曾应邀在北京女子高等师范学校讲演。校长方还事先让一位英文教员转告她："今天演讲时务必注重学生服从的紧要。"杜威夫人委婉地拒绝说："请你告诉方先生，我不便把全篇演说的意思一齐更换了。"胡适在《每周评论》上用"天风"的署名发表了一篇短文，批评方还"既然怕新教育的思潮，应该用他对付女学生的办法，把大门锁了，不许杜威夫人进来，岂不很妙？既让她进来了，又要请她讲'服从的紧要'，不但丢脸，也未免太笨了"。

杜威原定在北大担任一年的客座教授，后又延长了一年，之所以如此，一个重要原因是北京爆发了"五四"学生爱国运动，并迅速扩展到全国许多大中城市。杜威夫妇在他们的一封家信上写道："这里的政治气氛又紧张了。据说中国代表团没有在和约上签字。"两天以后，他们写信给美国家人："中国不签和约，这件事所含的意义是什么，你们是不会想象得到的。政府的全体官员赞成签约；一直到十天前，总统还说签约是必要的。不签约这件事是舆论的胜利，而且是一些青年男女学生们所掀起的舆论。"

杜威对中国的青年学生抱着同情的态度，这些青年学生的爱国热忱"迷住"了他，正在"奋斗"着的中国"迷住"了他。虽然他的哲学并不能解决中国的根本问题，但这个"奇怪的国家"对他具有一种也可以用"奇怪"两个字来形容的魅力与吸引力。于是他决定在中国多居留一段时间，以便做更多的观察和了解。哥伦比亚大学接受了杜威博士的请求，把他的假期从一年延长至两年。北京大学自然欢迎之至，胡适更是欢迎之至。

1919年10月20日是杜威博士六十岁生辰，胡适等在北京为其贺寿。

杜威博士在中国总共呆了两年又两个月，其足迹遍及华北四省、华中五省、华南两省。中国当时22个省分中他去过11个省，即当时中国的一半的省他都去过，不仅仅是游山玩水，主要是讲学，播撒实验主义哲学的种子。

1921年7月11日，杜威从北京启程返回美国。临走之前十天，即6月30日，北大、高师等五团体在中山公园来今雨轩为杜威举行饯别宴会，胡适出席并代表北大致词。他还应孙伏园的请求，将这篇致词改写为一篇文章在《东方杂志》18卷13号上发表，题为《杜威先生与中国》。文中说：

"自从中国与西洋文化接触以来，没有一个外国学者在中国思想界的影响有杜威先生这样大的。"之所以如此，理由之一是"杜威先生不曾给我们一些关于特别问题的特别主张，——如共产主义，无政府主义，自由恋爱之类，——他只给了我们一个哲学方法，使我们用这个方法去解决我们自己的特别问题。他的哲学方法，总名叫做'实验主义'"。胡适接着阐释实验主义包涵了两个基本内容（我们可以把它理解为实验主义哲学的基本要义）：

一，历史的方法 不把一个制度或学说看作一个孤立的东西，总把他看作一个中段：一头是他所以发生的原因，一头是他自己发生的效果；……这个方法的应用，一方面是很忠厚宽恕的，因为他处处指出一个制度或学说所以发生的原因，指出他的历史的背景，故能了解他在历史上占的地位和价值，故不致有过分的苛责。一方面，这个方法又是最严厉的，最带有革命性质的，因为他处处拿一个学说或制度所发生的结果来评判他本身的价值，故最公平，又最厉害。

二，实验的方法 至少注重三件事：(1)从具体的事实与境地下手；(2)一切学说理想，一切知识，都只是待证的假设，并非天经地义；(3)一切学说与理想都须用实行来试验过，实验是真理的唯一试金石。实验主义只承认那一点一滴做到的进步。

杜威也在会上致词并由胡适译为汉语。他首先向北大、高师等五团体表示感谢，然后说："这个两年，是我生活中最有兴味的时期，学得也比什么时候都多。中国是一个教育的国家，外面来的人能在知识上引起好奇心，感情上引起好理想,并且也能引起同情心,故到中国来旅行者很是有益。我向来主张东西文化的汇合,中国就是东西文化的交点,我相信将来一定有使两方文化汇合的机会。"

杜威夫妇临走之前,胡适带着妻子和一个儿子去看望过他们,同他们共进午餐。杜威一家在北京饭店的屋顶花园请胡适夫妇吃饭,同座的还有蒋梦麟、陶知行、丁文江等人。有一次杜威夫妇在公园请一些朋友饮茶,胡适帮着订座位。胡适还和杜威夫妇及他们的女儿到容光照相馆合影留念。杜威走的那天,胡适怀着"惜别的情感"到车站与老师话别。他在当天的日记中写道:

"杜威先生这个人的人格真可做我们的模范!他生平不说一句不由衷的话,不说一句没有思索过的话。只此一端,我生平未见第二人可比他。"

胡适觉得"中国真懂得杜威先生的哲学的人,实在不多",故而他"很想使大家注重这一个真正有益的一点——方法"。杜威走后,胡适在北大开了一门课:"杜威著作选读"。最初限定选读此班的学生不得超过三十人,但第一天讲课就来了六十多名,由此可见受欢迎的程度。

自鸦片战争以后,闭关锁国的古老中华被西方列强用枪炮把国门强行打开,随着西学东渐,西方各种主义、学说、思潮、主张、观念竞相传入中国,掀起了一阵又一阵、一波又一波的浪潮。实验主义哲学作为浪花中的一朵,也正是在这样的历史背景下输入国内的,胡适作为"中介"无疑起了推波助澜的作用。应当说,胡适信仰杜威的实验主义这是他个人的自由、个人的选择,本身无可厚非。把实验主义引进北大,引进到国内,让人们知道天底下还有这样一门学问,观察世界还有这么一种视角,对待问题还有这么一种思路,解决困扰还有这么一种方法,作为活跃学术思想,开启国人耳目,未尝不是一桩有意义的事情。从这个角度来讲,胡适也是一位从西天取经的和尚。

不过,实验主义否认真理的客观性,片面夸大主观能动作用,把真理仅仅当作"实用"的"工具",即所谓"有用即真理",从而为剥削和压迫、为侵略和扩张提供了"理论"依据。实验主义者还反对用革命的手段对不合理的社会制度(包括经济基础及其上层建筑以及与它们相适应的意识形态)作根本性的变革,提倡一点一滴的改良,麻痹以至消解被压迫群众的革命斗争意志,胡适在这方面表现得尤为突出。

因此,中国先进的知识分子、革命的政党,并没有接受而是摒弃了实验主义,他们用马克思主义即无产阶级的宇宙观作为强大的思想武器,观察国家的命运,寻求并提出从根本上解决现实社会重大问题的正确途径与方法。胡适引进并大力鼓吹杜威的实验主义哲学，作为学术活动固然有"首倡"之功，但要说因此而扰乱了一部分知识分子和青年学生的思想，胡适恐怕也难辞其咎。

胡适和杜威先生别后经常有书信来往。1926年8月胡适抵达英国伦敦，出席中英庚款顾问委员会全体委员会议，期间曾收到杜威9月30日从纽约百老汇给他寄来的一封信。杜威在信中除告之他的夫人"身体不适"、"心脏病发作"外，着重讲了他去年夏天以来"对比较政治学颇感兴趣"，对胡适"提到的比较哲学的事颇感兴趣"。1927年1月胡适自欧洲转赴美国纽约，在哥伦比亚大学见过杜威先生一面，后又到杜威家中看望夫人阿丽丝，始知"她病已久，此时神经已坏，一部分尚可作用。她不知身在家中，前数星期自以为在中国，日日谈北京"。这不由得让胡适想起了前几年杜威夫妇在中国访问和讲学的情景，对比之下觉得现在杜威夫人"其状甚可怜"。

杜威请胡适吃饭，他的儿子Fred（弗雷德）作陪。弗雷德是一个银行家，给胡适的印象颇有点"hardened up"（强硬），武断的厉害。胡适心想：一个大哲学家的亲儿子就不肯虚心思想，使人叹教育之力之弱小！

胡适应邀在哥伦比亚大学作哲学讲演，题为《中国哲学的六个时期》，共分六篇。他把第二篇"统一的时期"的草稿请杜威过目，杜威读后很是称赞。胡适原本打算随便讲讲，可是讲演稿越写越有趣，对他自己很有益处，于是决计用心写出来，将来加以修正作为一本英文书。杜威赞成胡适把此书写成付印。

胡适这回从欧洲转道美国，主要目的是为了正式拿到哥伦比亚大学的博士文凭。十年以前他的博士论文考试虽然通过了，但当时并没有拿到博士文凭，也就是说没有正式获得博士学位，至多是一个Ph.D.candidate（待赠博士）。所以有一些人说胡适是"假博士"。这次胡适带来了100本1922年在上海印刷出版的博士论文，由杜威玉成，经过补交手续，始由哥伦比亚大学校方正式颁予"哲学博士"学位。

30年代末至40年代初期，胡适担任驻美大使及卸任后滞留美国作学术研究期间，还多次与恩师杜威先生见面，参加过庆贺杜威八十岁生日的聚会并致辞。仅举数则胡适日记：

1938年6月12日

"去Great Neck（大峡谷）访杜威先生于其儿子Fred（弗雷德）家，路上大雷雨。与杜威先生同回New York（纽约）。路上我问他近来计划什么著作，他说，有三部书：……Fred（弗雷德）说，老人家有三种小嗜好：一是看侦探小说,一是爱解报纸上的Cryptogram(字谜),三是爱解报纸上的'射复'字谜(Cross word puzzle)。我大笑。

1939年10月20日

"晚上到Pennsylvania Hotel(宾夕法尼亚饭店)赴杜威先生八十岁生日纪念聚餐会,到者约有七百人。说话的有:Dr.Boyd Bode(博伊德.博德博士)(主席)……我自己。"杜威本人没有出席,仅送来一篇文章由拉伦博士代读:"寿星避寿,早已到他大女儿家去了。"

1943年1月14日

"Mrs. Granville Smith (Fvelyn Dewey)(G. 史密斯夫人)(伊夫林.杜威)邀去与Dr.Dewey(杜威博士)同吃饭。他老人家今年八十三岁半了,新经一次重要手术,居然起床出门了,使我很高兴。"

杜威和胡适,一个美国人和一个中国人,既是师生又是挚友。正如胡适所说:"杜威先生是我的老师。我们三十九年来,不但是师生的关系,而且还是很好的朋友。他在六十岁的时候在北平讲学;那个时候我在北京大学,我替他做翻译。以后他到太原、天津、济南各地去讲学,我也替他做翻译。我们又继续几十年的朋友关系。……"

罗 素

伯特兰·亚瑟·威廉·罗素(Bertrand?Arthur?Wieeiam?Russell, 1872——1970),英国哲学家、数学家、社会学家。1872年出生在英国威尔士莫矛斯郡一个贵族世家。幼年时父母双亡,由祖母将其抚育成人。1890年考入剑桥大学攻读数学,三年后转攻哲学。1908年成为剑桥大学讲师(后任研究员),并与人合作开始撰写《数学原理》,三年后发表。二战期间因反战入狱半年。1946年发表了巨著《西方哲学史》。1950年由于"多产而重要的哲学著作,并以此成为人道主义与自由思想的代言人"而获得了该年度的诺贝尔文学奖。1959年发表了《西方智慧》。后开始撰写《罗素自传》,并在1967年九十五岁高龄之际完成了自传的写作。

胡适在美国留学期间就关注过罗素的一些言论。第一次世界大战爆发后,胡适受美国流行的"新和平主义"思想影响,自附于"和平派",一些留美学生讥笑其为"不争主义"。罗素当时曾撰写文章，提出："反抗敌国的侵略将使这种侵略变成一种灾难，它使敌国产生忧虑，从而认为自己的侵略行为是正义的。所以，在文明国家中，不争主义似乎不仅是久远的宗教理想，而且是实践智慧的源泉。只有自傲和忧虑是接受不争主义的障碍，但军事荣耀可以由更高尚的自豪去克服。对现代文明国家坚不可摧的清醒认识，则有助于克服忧虑感。"胡适将罗素的上述言论引为同调，他在日记中写道："Bertrand Russell 乃当代哲学巨子，亦发此言，可见吾所持论初非梦想妄语也。"

1920年10月，罗素来华访问，先经过上海，后到北京讲学达半年之久。北京有一班学生组织了"罗素学术研究会"，请罗素莅会指导，擅长讲演的罗素回来后对胡适说：

"今天很失望……"

胡适问："何以故？"

罗素摇摇头说："一班青年问我许多问题，如'George Eliot 是什么？''真理是什么（What is truth）？'叫我如何回答？只好拿几句话作可能的应付。"

胡适笑道："假如您听过我讲禅学，您便可以立刻赏他一个耳光，以作回答。"

按照胡适对"禅机"的解释，"真正的禅机，不过给你一点暗示。因为不说破，又要叫人疑，叫人自己去想"。也就是告诉罗素他不必正面回答学生们的问题，只给一点暗示叫他们自己去想好了。这就是禅学，这就是哲学，罗素对此颇以为然。

罗素对胡适的印象颇佳，评价也很高，在其所著《中国的问题》一书中说："谈到中国现存的人物中，具有必要的才智者，就我亲自接触到的而论，我愿意举胡适博士为例。他具有广博的学识，充沛的精力，对于致力中国之改革，抱有无限的热望。他所写的白话文，鼓舞着中国进步分子底热情。他愿意吸收西方文化中的一切优点，但是他却不是西方文化盲目的崇拜者。"

罗素在北京期间生病了。1921年5月12日胡适拜访英国朋友毕善功（Bevan）教授，同毕善功一起去看望罗素先生。他在当天日记中写道："罗素一病几死，现已没有危险，但仍不能坐起。"过了一个月，6月13日胡适又和赵元任去看望罗素，日记中写道："罗素的病已好了，右脚还肿，但已能起坐，谈话时精神甚好，这是可喜的事。"

罗素的夫人是一个很有学问的美国女子，但罗素这次来华却与勃拉克女士同行，两人且已同居。他的夫人在英国起诉要求离婚，法庭判决离异。6月30日晚

8时，胡适与丁文江为杜威一家和罗素一家（罗素和勃拉克女士）饯行，因为罗素病后尚未完全恢复，故而就在罗素寓处设席，陪客有庄士敦、剑桥大学教授帕瓦小姐和赵元任夫妇。在这一天的日记中，胡适粘附了一则英国法庭判决罗素夫人离婚的英文剪报，还转述了毕善功看望罗素的一段趣闻：

"勃拉克女士新近已受孕，约本年十一月生产。前日毕善功去看他们，罗素说：'我们有一件新闻报告你，——我不久要有一个嗣子（beir）了。'毕先生是一个很老实的英国人，他竟不知怎样回答才好，顿了一顿，只说'很好！很好！'勃拉克说：'罗素先生近来很喜欢，因为他从来不曾有过小儿女。'毕先生说：'勃拉克女士，你生下了孩子，可要交给国家去公育吗？'勃拉克答道，'这种资本主义的国家，我不交给他！'罗素笑说，'就是共产主义的国家，我也不交给他！'"

罗素是哲学家，胡适自称是哲学史家。罗素后来在《早期中国哲学》中对胡适所著的《先秦名学史》进行了评述，对胡适本人的贡献给予了积极评价。罗素说："当我们阅读由欧洲人翻译的中国哲学家的著述时，我们可以通过那些注释和评论发现这些翻译家们并未理解中国哲学的观念，错译的现象时有发生。对于不懂汉语而想了解中国哲学的人来说，这种情况是很令人失望的。但现在，胡适先生的出现使之得以改观。他对西方哲学的精通丝毫不逊于欧洲人，而英文写作的功力则可与许多美国教授相媲美，同时在移译中国古代典籍的精确性方面外国人更是无可望其项背。"罗素特别赞赏胡适"作为一个爱国者，他力求发现与西方相连的新思想的历史之源。他表明，在儒家学说尚为诸家之一的时代，那些此后被视为异端的哲学家形成了不少我们习惯于认作现代社会的观念，而这些观念就其哲学价值来说要远远超过那些正统传统所产生的东西"。

作为中英庚款顾问委员会三位中方委员之一，胡适1926年8月4日抵达伦敦，出席顾问委员会全体委员会议。到后即从下榻的格鲁夫那旅馆给罗素先生打电话，联系未果，又于6日给罗素写去一信：

    罗素先生：

      我毕竟在英国了！我是四号到的。我打电话到府上，但却听到贤伉俪都出城了。

      你一向好吗？我盼望你度假回伦敦之后能有机会见你。赵元任博士托我向你致候。

这封短简寄到你的伦敦居停,因为我手头没有你现寓的正确地址。若来信请径寄中国公使馆转便妥。此候

近安

适谨启

胡适在伦敦住了十天,因为想要到巴黎国家图书馆查阅敦煌资料,所以收到罗素回信后没有及时回复,就匆匆去了巴黎。8月27日他从巴黎给罗素寄去了一张明信片,告之自己的大概行程:

罗素先生:

没有及早复信,歉疚殊深。尊函到达之日,我的行程尚未确定。现在我在巴黎,会在此多逗留一周然后转往瑞士。当你回伦敦时,我也会在九月尾左右赶回;盼望那时能得图良晤。敬候阖府安康。

胡适谨启

胡适在两封信中表达了同一个意思:"我毕竟在英国了!""盼望那时能得图良晤"……这些话充分说明了他想要与罗素先生会面的强烈愿望,颇有些"溢于言表"的样子。

据胡适日记:这一年年底,12月19日罗素在家中请胡适吃茶。两人谈了一会。

泰戈尔

罗宾德拉纳特·泰戈尔(Rabindranath Tagore,1861—1941),印度诗人、文学家、哲学家。生于印度加尔各答一个富裕家庭,自幼受到良好教育。他的父亲是地方上的一位印度教宗教领袖,泰戈尔本人参加领导了印度的文艺复兴运动。他的诗歌主要是用孟加拉国语写成的,在孟加拉国语地区非常普及,印度和孟加拉国两国的国歌都是采用泰戈尔的诗歌。除诗歌外他还写有小说、小品文、游记、话剧和2000多首歌曲。代表作《吉檀枷利》(意即"献诗")由泰戈尔亲自译成英语,"由于他那至为敏锐、清新与优美的诗;这诗出之于高超的

技巧，并由于他自己用英文表达出来，使他那充满诗意的思想业已成为西方文学的一部分"，因而获得了1913年度诺贝尔文学奖。他是首位获得诺贝尔文学奖的印度人，也是首个获诺贝尔文学奖的亚洲人。

为了抗议1919年札连瓦拉园惨案，泰戈尔拒绝了英国国王授予的骑士头衔，他是第一个拒绝英王授予荣誉的人。

1924年4月，泰戈尔首次来华访问，先到上海，后至北京。那时泰戈尔的作品在中国已有译本，谢冰心、徐志摩、林徽音等均受其影响，对泰戈尔崇拜备至。由徐志摩等人发起组织的"新月社"及后来派生的《新月》杂志、新月书店，都是根据泰戈尔的诗集《新月集》命名的。

泰戈尔在北京受到文化界的热烈欢迎，4月26日由"讲学社"主持在北海静心斋举行了欢迎会，梁启超、蒋梦麟、胡适、蒋百里、熊希龄等40余人出席，徐志摩和林徽音更是像一对金童玉女一样跟随泰戈尔左右。胡适在中国是率先倡导白话新诗的诗人，又是北大的名教授，自古惺惺惜惺惺，他和泰戈尔相见恨晚，虽然年龄相差较大，但彼此敬重。

5月8日这一天正好是泰戈尔的六十四岁生日，北京文化界特举行戏剧演出为这位印度诗翁祝寿。主持人胡适用英语致词，称赞泰戈尔是革命的诗哲。因为泰戈尔请梁启超给他取了一个"竺震旦"的中国名字，所以胡适又十分风趣地说道："今天一方面是祝寿贺老诗哲六十四岁的生日，一方面又是祝寿一位刚生下来不到一天的小孩的生日。"全场的人包括老诗哲在内都笑了，泰戈尔头一次领略到了胡适擅长讲演的风采。

接着由林徽音、徐志摩、林长民等用英语演出泰戈尔的戏剧《杞特拉》(Chitra)，林徽音扮演剧中的女主角。在中国看到由中国人演自己写的戏剧，泰戈尔很是高兴。

泰戈尔游览了长城和明十三陵，还应溥仪邀请去故宫吃茶并参观。

不过，也有让他老人家扫兴和烦恼的事：5月10日泰戈尔在真光影戏院的讲演中，抨击"西方文明重量而轻质，其文明之基础薄弱已极，结果遂驱人类于歧途，致演成机械专制之惨剧"。泰戈尔诗歌创作的重要内容与主题之一是赞美和平的自然的生活，他当场朗诵了几首，以强化并补充以上论述。不料事与愿违，一些激进的年青人反对他的讲演，在会场上散发传单攻击泰戈尔"反对科学"，甚至"激颜厉色要送他走"。

针对这种情况，两天后安排泰戈尔在真光影戏院作第二次讲演时，特意让胡适做主席。胡适当仁不让，他向听众介绍泰戈尔，说泰戈尔人格高尚，富有人道主义精神和牺牲精神，我们对他都应该怀有敬意。一向主张"宽容"的胡适，认为主张不同就生出不容忍的态度，或者竟取不容忍的手段，无异是自己打自己的嘴巴，所以他劝告大家要尊重泰戈尔讲话的自由，不能做任何没有礼貌的举动。

其实泰戈尔抨击西方文明的那些话胡适并不赞同。众所周知，在中西文化比较的论战中，胡适热烈地颂扬西方文明，近乎诅咒地指摘东方文明，甚至说"讥贬西洋文明为唯物的（Materialise），而尊崇东方文明为精神的（Spiritual）"，这种议论"是一时的病态的心理，却正迎合东方民族的夸大狂；东方的旧势力就因此增加了不少的气焰"。这样尖锐的话语虽然是针对国内一些人士讲的，并不包括泰戈尔在内，但胡适和泰戈尔对东西方文化所持的观点显然有所不同，只不过胡适能够"容忍"罢了，他并不因观点相左而失去对诗哲泰戈尔的敬重。

泰戈尔有一次颇为不解地对胡适说："你听过我的讲演，也看过我的稿子。他们说我反对科学，我每次讲演不是总有几句话特别赞叹科学吗？"

胡适安慰他，劝他不要烦恼，不要失望。他对泰戈尔说："这全是分量轻重的问题，你的演讲往往富于诗意，往往侧重人的精神自由，听的人就往往不记得你说过赞美近代科学的话了。我们要对许多人说话，就无法避免一部分人的无心的误解或有意的曲解。'尽人而悦之'，是不可能的。"

在泰戈尔六十四岁生日前夕，胡适把他写的一首诗《回向》书成条幅，作为贺礼送给泰戈尔，并将诗的大概意思讲给泰戈尔听，泰戈尔懂得了这是胡适用诗来安慰他。"回向"是大乘佛教的一个重要思想，意谓已成"菩萨道"的还得回向人间，为众生努力。这首诗原作于1922年10月19日，胡适说他"是用世间法的话来述这一种超世间法的宏愿"：

    他从大风雨里过来，
    向最高峰上去了。
    山上只有和平，只有美，
    没有压迫人的风和雨了。

    他回头望着山脚下，
    想着他风雨中的同伴，
    在那密云遮着的村子里，

忍受那风雨中的沉暗。

他舍不得离开他们，
他又讨厌那山下的风和雨。
"也许还下雹哩，"
他在山顶上自言自语。

瞧啊，他下山来了，
向那密云遮处走。
"管他下雨下雹！
他们受得，我也能受。"

诗中所表达的正是济世度人的宗教哲学，也是一种积极的人生态度：先知先觉者历经风雨磨练之后，不忘仍处在风雨沉暗中的同伴而毅然回向寻找，并且坚信不管下雨下雹，众生受得，我就能受！胡适用它来赠给泰戈尔，对这位印度诗翁是莫大的安慰，也是对其精神的赞扬。

泰戈尔1929年3月第二次来华路过上海时，在徐志摩家里停了几个钟头，略事休息。那时胡适也在上海，3月19日早上8点钟他和徐志摩及其夫人陆小曼去码头迎接这位印度诗翁。许多印度人带着小孩子，手里拿着花，也来迎接他们仰慕的圣者，个个都双手合十恭敬行礼。然后胡适又领着儿子祖望前去徐志摩家里，和泰戈尔、徐志摩、陆小曼等一起合影留念。第二天一大早又赶到码头上为泰戈尔送行。

这次泰戈尔在华逗留了将近3个月，访华结束后于6月15日自上海启程回印度。胡适因为忙没有法子去码头送行，只是托徐志摩代为向泰戈尔致意。泰戈尔请徐志摩将他的两册书送给胡适，并给胡适写了一个短简：

  To Hu Shih （致胡适）
  Remember me （记着我。）
  Rabindranath Tagore （泰戈尔）
  June 15, 1929

短简中的关键与核心是三个字：记着我，言简意赅的三个字发自泰戈尔的肺腑。

胡适说："泰戈尔用孟加拉国国语作诗作文，他的著作全是用孟加拉国的方言写的，泰戈尔的成就使得孟加拉国国语成为了印度的一种最传诵的文学语言，所以泰戈尔最同情中国的白话文学运动"。反过来说，这也正是胡适欢迎泰戈尔、热情介绍泰戈尔的原因。

司徒雷登

司徒雷登（John Leighton Stuart, 1876-1962）生于中国杭州，父母都是早期到中国来的美南长老会传教士。司徒雷登十一岁时到美国弗吉尼亚州上学。在大学期间受"学生志愿国外传教运动"的影响而转到神学院。1904年结婚后携妻子回到杭州，成了第二代美南长老会传教士。清光绪三十一年（1905年）开始从事传教，并钻研汉语。1908年任金陵神学院希腊文教授，1910年任南京教会事业委员会主席，辛亥革命时兼任美国新闻界联合通讯社驻南京特约记者。1919年1月被聘为燕京大学校长，胡适与司徒雷登开始交往就是在这个时候。

众所周知，北京大学是新文化运动的发祥地，而胡适又是这个运动的中坚人物之一。燕京大学是由几个小的教会大学——汇文大学、华北协和大学、华北协和女子大学合组而成的，虽系美国教会所办，但毕竟设在中国北京，不能不受到新文化运动的影响。当时一班顽固的基督教传教士都认为北大提倡的思想解放运动对宗教来说无异于"洪水猛兽"，有几个传教士甚至在英文报纸上发表文章，攻击北大提倡"无政府，无宗教，无上帝"。司徒雷登虽然也是一位虔诚的基督信徒，不过他的思想比较开明，认为北大提倡的思想解放运动不应该轻易被否定，表示愿意了解这一运动并与运动的倡导者们合作。

经过几个朋友的奔走、接洽，1919年春天在西山卧佛寺开了一个谈话会，司徒雷登率领二三十个基督教徒参加，北大方面出席的有蔡元培、李大钊、胡适、陶孟和、顾孟余。谈话会开了整整一天，上午由双方各自说明在思想和宗教信仰上所持的立场，下午则围绕"立场虽然不同，我们还能合作吗？"展开热烈的讨论。结论是双方可以在许多社会事业上充分合作。

通过西山谈话会，胡适和司徒雷登彼此印象都不错。

司徒雷登为燕京大学的发展做出了重要贡献。他四处募捐，在北京西郊建造了一所景色美丽而又面积宽阔的新校园，众多中西风格的楼舍错落有致。他还不惜重金延请中外著名学者来燕京任教，提升燕京大学的知名度和学术地位。

1921年燕京大学打算改良国文部，司徒雷登校长有意请胡适去主持，但胡适因为舍不得离开北大没有同意，他推荐了周作人，周作人当时也答应了，然而不久他患了肋膜炎，此事遂搁置了一年之久。1922年3月4日上午，司徒雷登带着刘廷芳来到胡适家中重申前议，周作人也来了，胡适再次向司徒雷登和刘廷芳介绍周作人，他们谈得很满意，"后来周先生就做了燕大国文系的第一个新教授"。

1925年胡适应邀在燕京大学教职员聚餐会上讲话，谈的题目是《今日教会教育的难关》。他提出了两个问题，或者说是两点希望与要求：第一，教会教育能不能集中一切财力人力来办极少数真正超等出色的学校，而不去办那许多中等下等的学校？第二，教会学校能不能抛弃传教而专办教育？这两个问题尤其是第二条可能会让教会学校难以接受，所以胡适说他情愿"做一次魔鬼的辩护者，好让诸位尽来驳我"。

司徒雷登对胡适提出的第一个问题显然具有共识。除建造新校园、聘请名教授两项外，1927年燕京大学与哈佛大学合作组成了著名的哈佛燕京学社。到20世纪30年代，燕京已发展成为中国学术水平最高的教会大学。胡适在《司徒雷登回忆录》的导言中对此称赞道：

"燕京大学之梦终于实现。我站在朋友和邻居的地位，带着非常关切的心情看这所大学逐渐发展；我可以说司徒博士创办大学的成功，主要是在于两方面。第一，他和他的同事的的确确是从'没有'的境地来计划，来建立一所规模完整的大学，而且是中国境内十三所基督教大学当中最大的一所，它的校园，也是世界最美大学校园中的一个。第二，他理想中的这一所大学越来越成为一个中国的大学，它在哈佛燕京学社的协助下，是基督教新教各大学中第一个有最完善的中国文化研究部门的大学。"

当然，对燕京大学及其他教会学校在中国的设立也可以作另外的解读：那是美帝国主义对中国的"文化侵略"，目的在于造就一批亲美派知识分子。

1931年"九一八"事变后，司徒雷登亲自带领数百名燕京大学师生上街游行，抗议日本对中国的侵略。随着日本占领我国东三省后又进一步进逼华北，中华民族面临生死存亡的危急关头，国内与国际形势发生了重大变化，胡适在1937年1月24日的日记中有一段记载："司徒雷登来谈。我才知道他近来很活动政治。

上次韩复榘南下见蒋,是他媒介的。此次他又曾去奉化见蒋。他曾见宋子文、宋庆龄、端纳。他的见解却不很高明。我剀切的和他谈了一点多钟。"日记中没有披露谈话的具体内容,但估计和中日关系与"西安事变"有关,因为宋子文、宋庆龄、端纳当时都在为营救蒋介石奔忙,他们主张与发动兵谏的张学良和杨虎城两位将军进行谈判并作适当让步,接受中共提出的建立抗日民族统一战线的主张,以换取对蒋介石的释放。而胡适虽然拥蒋却又甚不得法,竟然赞同亲日派何应钦下达的讨伐令,那样无异于置蒋介石于死地。胡适还义愤填膺地指责张学良是"自坏长城"的"国家民族之罪人"。司徒雷登与宋子文、宋庆龄、端纳的意见大概相同,所以胡适说他的见解不很高明。

1937年7月7日芦沟桥事变爆发,北大、清华南迁。燕京大学因系美国教会所办,所以留在北平未动,成为北平沦陷后仅有的一小块乐土。但也好景不长,1941年日军偷袭珍珠港,美国向日本宣战,在北平的司徒雷登因拒绝与日军合作,被日军关进集中营,直到日本投降后才获释。1945年,获释后的司徒雷登继续担任燕京大学校长。

1946年7月11日,司徒雷登出任美国驻华大使。杜鲁门政府对华政策的核心是:"美国出钱出枪,蒋介石出人,替美国打仗杀中国人,借以变中国为美国殖民地。"司徒雷登积极奉行杜鲁门政府的对华政策,配合马歇尔将军以"调停"为名,支持国民党蒋介石进行反共反人民的大规模内战,然而人心的向背决定了战争的胜败。1947年10月21日,司徒雷登以大使身份在南京请胡适吃午饭,他对胡适说"中国政府一两个月后就得崩溃"。当时国民党蒋介石已经抛出了所谓的《中华民国宪法》及《宪法实施准备程序》,国民党军队又攻占了延安,蒋介石和胡适都正在得意忘形,所以胡适对司徒雷登关于形势的判断不以为然,在当天的日记中很不客气地说:"此老今年七十一,见解甚平凡,尤无政治眼光。"

其实司徒雷登对于中国形势的判断比胡适务实、清醒得多。就在1947年7月至9月,人民解放军转入了全国规模的进攻,至1948年相继发动辽沈、淮海、平津三大战役,国民党军队的主力已被歼灭殆尽。在国民党蒋介石败局已定的情况下,司徒雷登妄图拉拢胡适一类的所谓"民主个人主义者"组成中间势力,但在觉悟了的中国人民和广大知识分子的抵制后也未能得逞。1949年4月,人民解放军占领南京,司徒雷登没有跟随国民党政府南下广州,而是留在了南京。

胡适乘蒋介石派去的专机从北平逃到南京后,特意拜会了司徒雷登大使,当着这位洋朋友的面哭了一通鼻子,后来司徒雷登在向美国国务院的报告中说:

"……和胡适那次谈话令人很难过,因为他要向国民政府效忠,在此种竭忠尽智上,他代表的爱国理想是最纯洁的。所以蒋总统虽然有他的缺点,也应当得到支持才对。在国民党诸领袖之中,几乎只有他没有贪婪的污点,没有官场中那些典型的不道德行为,所以他应当得到支持……胡适眼里含着眼泪问我,他说看在老朋友的关系上,让我告诉他他应当向蒋总统说些什么话。他说他已经决定放弃他的学术研究,他问我他应当对国家做些什么事。我告诉他,国民政府的弱点是精神方面的,不是军事方面的,就是无斗志。老百姓对政府的养民能力失去了信心,对忍受战争之苦的目的起了疑问。在这种情况下,美国政府是无能为力了。我再三请蒋总统务必要取得舆论的支持。我不知道胡适还能不能像30多年前发动新文化运动那样大告成功,如今在自由民主问题上再领导一次'新思想运动',或是'文学革命'。他说在日本投降之后,他没有竭尽其才能在这一方面努力,而因为太自私才回到学术研究活动上去,深以此为恨事。"

如果司徒雷登的记述无误的话,那么只能说明胡适过分看重了自己,过分夸大了他的能量,以为只要他在司徒雷登所说的"精神方面"即自由民主问题上"努力"为蒋介石提供"舆论的支持",就能改变甚至左右国共两党的斗争格局乃至整个中国的形势。这未免显得颇有些不自量力了,或者说简直是在吹牛皮。

1949年8月2日,司徒雷登不得不悄然离开中国返回美国,这标志着美国杜鲁门政府对华政策的彻底失败。中共领袖毛泽东用一发政治重炮为之送行——《别了,司徒雷登》。据说在司徒雷登离开中国前夕,曾经和中国共产党高层秘密接触,表示有意前往北京磋商美国承认中华人民共和国政府事宜,但是被美国政府提前召回,未能成行。

美国国务院抛出的《美国与中国关系白皮书》,把失败的责任全都推给了国民党蒋介石,国务卿艾奇逊在给杜鲁门总统的信中说"中国内战之恶果,非美国政府所能左右"。这引起了胡适的不满,胡适在流亡到美国的最初一段时间甚至拒绝与美国官方晤面。

司徒雷登回到美国后,先是被国务院下了"禁言令",后来又被麦卡锡主义者骚扰,不久患了脑血栓,导致半身不遂和失语症,于1962年9月19日在华盛顿病故。

司徒雷登著有回忆录《旅华五十年记》,最初由台北《大华晚报》社于1954年12月出版。胡适在为它写的导言中说:"关于老友司徒博士对于中国'白皮书'的评论以及他对于他自己伟大国家对中国应该采取什么政策的看法,我愿意诚挚表示我的完全同感。"胡适在导言中引用了《马太福音》第二十七章第二十四节的一句话:"流这义人的血,罪不在我。"这句话不无埋怨、不无讽刺地称美国政府可以说"罪不在我",其中多少也含有些为司徒雷登大使抱屈的意味。

图书在版编目（CIP）数据

胡适人际关系/桑逢康著．－上海：文汇出版社，2010.9

ISBN 978-7-80741-774-3

Ⅰ.①胡... Ⅱ.①桑... Ⅲ.①胡适（1891－1962）－人间交往－研究 Ⅳ.①K825.4

中国版本图书馆CIP数据核字（2010）第127579号

胡适人际关系

作　　者 /	桑逢康
责任编辑 /	刘　刚
特约编辑 /	黄　亨
装帧设计 /	周夏萍
出版发行 /	**文汇**出版社
	上海市威海路755号（邮政编码200041）
经　　销 /	全国新华书店
印刷装订 /	江苏常熟大宏印刷有限公司
版　　次 /	2010年9月第1版
印　　次 /	2010年9月第1次印刷
开　　本 /	640×960　1/16
字　　数 /	330千
印　　张 /	30.5
书　　号 /	ISBN 978-7-80741-774-3
定　　价 /	56.00元

作者未能联系上的照片版权所有者，望见书后拨冗联络